U0562730

本书为国家社会科学基金项目最终成果

（项目批准号：09XZX008；结项证书号：20151025）

壮族伦理思想研究

ZHUANGZU

LUNLI

SIXIANG

YANJIU

唐凯兴◎等著

人民出版社

目　录

理论概述篇

承载形态篇

规范践行篇

现代价值篇

绪　论

　　壮族是我国人口最多的一个少数民族，具有悠久的历史和灿烂的文化，在千百年的历史发展中，生活在祖国南疆广袤土地上的壮族及其先民，不仅为开拓疆土、缔造和发展中国统一的多民族国家作出了贡献，而且还创造了许多独具特色和富有成就的物质文化和精神文化，其中，也包括内涵丰富的壮族伦理思想。作为壮族文化的核心和中华伦理思想的重要组成部分，壮族伦理思想不仅对壮族经济社会的发展乃至国家的统一和稳定起到了重要的历史作用，对当代我国尤其是壮族地区的社会主义现代化建设也具有重要的现实价值。为此，研究壮族伦理思想，对于继承我国文化的优秀遗产，充实和丰富中华伦理文化的宝库，拓展我国伦理思想的研究领域，以及加强社会主义道德建设，提高社会道德水平，弘扬民族精神，进而促进我国现代化事业的发展，都具有十分重要的意义。

一、壮族及其社会历史概况

（一）壮族历史渊源和族称

　　壮族是我国 55 个少数民族中人口最多的一个民族。据国家统计局发布的 2010 年第六次全国人口普查统计数据显示，壮族人口共有 1692.63 万人①，广西壮族自治区是壮族的主要分布区，共有 1444.84 万壮族人口，占全

---

① 国务院人口普查办公室、国家统计局人口和就业统计司编：《中国 2010 年人口普查资料》，见 http://www.stats.gov.cn/tjsj/pcsj/rkpc/6rp/indexch.htm。

国壮族总人口的85.36%①，其他部分壮族人口主要分布在与广西相邻的云南
文山州、广东连山县、贵州从江县和湖南江华县等地，基本上连成一片，形
成大聚居、小分散的分布格局。

　　壮族也是一个源远流长、历史悠久的民族。现代民族学、历史学界一
般公认壮族是由中国古代岭南越人的一支发展而来，与载于史籍的百越族群
支系西瓯、骆越是一脉相承的。我国古代越人包括很多支系，分布范围很
广，号称"百越"。《汉书·地理志下》引臣瓒注称："自交趾至会稽七八千
里，百越杂处，各有种姓。"可见长江以南广泛分布着越人。而其中分布于
广东西部和广西境内的西瓯、骆越等支系，则同壮族有极密切的渊源关系，
因为古代西瓯、骆越活动的地区，正是后来壮族的主要聚居区。西瓯人的住
地，从广西的东北部一直延伸到北部湾和广东西南部地区。公元前221年，
秦始皇统一六国之后，接着进军岭南，在今桂东北和桂东地区曾遇到西瓯
人的顽强抵抗，《淮南子·人间训》记载有：秦始皇统一岭南时，命卒开凿
灵渠，"与越人战，杀西瓯君泽吁宋"，说明西瓯人当时就居住、活动在这
里，而这一带地区正是后来壮族的聚居区之一。骆越人的住地，则主要在西
瓯人的西南方向，并与西瓯人的住地紧紧连接，形成了自桂东南至粤西南一
带的西瓯、骆越的杂居区。据《旧唐书·地理志四》所载，郁江流域的郁平
县（今广西桂平）、粤西南茂名（今属广东）为"古西瓯、骆越所居"，即
该地区为西瓯、骆越的杂居区。而宣化（今广西邕宁）县以南地区，则为
"古骆越地"。②据《史记·南越尉佗列传》的记载："佗因此以兵威边，财物
贿遗闽越、西瓯、骆，役属焉"，则把"西瓯、骆"连在一起，这里所说的
"骆"，即骆越。③由于西瓯与骆越系同一族源，所处地域相近且杂居，语言
风习相似，因而有的史料记载将该两者作为同一族类的异称。如《史记·赵
世家》注引《舆地志》云："交趾周时为骆越，秦时曰西瓯。"《汉书·南粤

---

①　国家统计局：《广西2010年第六次全国人口普查主要数据公报》，2012年2月28日公布，
　　见 http://www.stats.gov.cn/tjsj/tjgb/rkpcgb/dfrkpcgb/201202/t20120228_30385.html。

②　《壮族简史》编写组、《壮族简史》修订本编写组：《壮族简史》，民族出版社2008年版，
　　第8页。

③　张声震主编：《壮族通史》（上），民族出版社1997年版，第285页。

传》亦云:"西瓯即骆越,言西者以别东瓯也。"可见,史书记载的古西瓯、骆越人的居住的地方,就是后来壮族聚居的区域,壮族是古西瓯、骆越人的后裔。

大量的考古学研究资料也证明,自古以来,壮族及其先民就在华南——珠江流域繁衍生息,壮族的祖先古西瓯、骆越人是岭南的土著民族。根据考古发现,早在80万年以前,百色盆地已有古人类活动,他们制造的手斧等大型石器风格独特,世界闻名。考古工作者在广东曲江发现的"马坝人"化石,是距今10万年前旧石器时代中期的古人类遗存;在广西柳江县通天岩发现的"柳江人"化石和在来宾市兴宾区麒麟山发现的"麒麟山人"化石,是距今5万年和距今2万至3万年前旧石器时代晚期的古人类遗存;在桂林市郊甑皮岩洞穴也发现了距今约1万年的新石器时代早期人类骨骼和生活遗址,这些人类在体质特征上继承了上述三遗址人类的特点,表明生活在这一地区的人种已经形成。[1]并且,根据体质人类学研究考证,现代壮族的体质特征与在柳江县通天岩发现的"柳江人"化石和在甑皮岩遗址发现的"甑皮岩人"的体质特征有诸多相似和相同之处,表明了他们之间的继承和发展关系。[2]而所发现的这些古人类化石和古人类文化遗址的地点,也正是古西瓯、骆越人的分布区和现在壮族的聚居地。这也从一个侧面证明了古西瓯、骆越人是壮族的祖先,壮族及其先民是岭南的土著民族。

壮族及其先民族称的演变到壮族名称的形成和统一,经过了一个很长的历史发展过程。在"壮"的名称出现之前或同时,壮族在历史上还有各种不同的他称和自称称谓。早在两千多年前的周代,壮族祖先就以瓯、邓、桂国、百濮、产里、九菌等名称载于古籍。如前所述,秦代前后,出现了西瓯、骆越的称谓。汉至隋唐,又以乌浒、俚、僚等名见称。宋代始在局部地区出现"撞"、"僮"的称谓,明代又有"㑧"称出现。

"乌浒"是紧接西瓯、骆越在东汉时出现的族称,《后汉书·南蛮传》记载说:"灵帝建宁三年(公元170年),郁林太守谷永以恩信招降乌浒人十余

[1]　张声震:《壮族历史文化与〈壮学丛书〉——〈壮学丛书〉总序》,《广西民族研究》2003年第1期,第39页。

[2]　张声震主编:《壮族通史》(上),民族出版社1997年版,第79—80页。

万内属，皆受冠带，开置七县"。光和元年（公元178年）"合浦乌浒蛮反叛"。三国时吴国万震的《南州异物志》又说："交、广之界，民曰乌浒，东界广州之南，交州之北。"这表明，被称为"乌浒"人的族群活动区域是在广东的西南部、广西的南部和西南部地区，与前期史籍所称的西瓯、骆越人活动的区域大体相同，并且这些史书既未提到乌浒人从何处迁来，也未说明骆越人何时从此处迁走。由此推知，乌浒人与西瓯、骆越人是有密切的渊缘关系的。①

继"乌浒"之后，史书记载又称在壮族地区居住的人们为"俚"和"僚"。万震的《南州异物志》有对俚人的记载："广州南有贼曰俚，此贼在广州之南，苍梧（今广西梧州）、郁林（今广西贵港）、合浦（今属广西）、宁浦（今广西横县）、高凉（今广东阳江等地）五郡中央，地方数千里。"显见，俚人活动的地方，与乌浒人活动的地方交错，说明了两者之间的关系。宋人乐史撰的《太平寰宇记》中有云："贵州（今广西贵港）连山数百里，皆俚人，即乌浒蛮。"更明确地道明了"俚"与"乌浒"之间的密切关系。②"僚"的名称，最早见于晋人张华所著《博物志》："荆州极西南界至蜀，诸民曰僚子。"后来，僚的使用范围逐渐扩大，分布在陕西、四川、贵州、云南、广西、广东、福建、江西、湖南、湖北等地的古代一些族群，都曾被称为"僚"。在岭南地区，"僚"则多与"俚"、"乌浒"、"蛮"等并称，称为"俚僚"、"乌浒僚"、"蛮僚"、"洞僚"、"山僚"等，"僚"于是也成为壮族先民的一种族称。③晋人裴渊的《广州记》记载说："俚僚贵铜鼓，唯高大为贵，面阔丈余，方以为奇。"

"狼"的名称，多见于明代以后，有"狼人"、"狼兵"、"狼田"的记载，邝露的《赤雅》卷上称："狼兵鸷悍，天下称最"。据《明世宗嘉靖实录》载：广西"大率一省狼人半之，瑶撞三之，居民二之"。

① 《壮族简史》编写组、《壮族简史》修订本编写组：《壮族简史》，民族出版社2008年版，第12页。

② 《壮族简史》编写组、《壮族简史》修订本编写组：《壮族简史》，民族出版社2008年版，第12页。

③ 《壮族简史》编写组、《壮族简史》修订本编写组：《壮族简史》，民族出版社2008年版，第13页。

"壮"的称谓，最早出现于南宋，史书上记载为"獞"或"僮"。宋人范成大在《桂海虞衡志》中说："庆远、南丹溪洞之民呼为'僮'"。南宋李曾伯在上宋理宗赵昀的奏折中，也提到宜山有"撞丁"，是指壮族武装组织及其所属士兵。宋人朱辅的《溪蛮丛笑》则指明南方的"溪蛮种类有五：曰苗、曰瑶、曰僚、曰僮、曰仡佬"。到了元代，"獞"的含义发生了变化，已不是指特定的武装编伍组织和士兵，而是指特定的人们共同体，称为"獞人"或"獞民"。明清以后，文献上作为族称的"僮"，和当时的苗、瑶、侗、仡佬等一样，多被写成反犬旁，是带有侮辱的称谓，反映了封建统治者的民族歧视观念，民国以后，才改为人旁（单人旁或双人旁）。①

和以往的西瓯、骆越、乌浒、俚、僚及明代出现俍的称谓基本上为他称不同，南宋时出现的"僮"的称谓则是壮人的自称。壮学研究学者覃乃昌认为：一个民族自称的出现，是一个民族自觉意识的具体表现。南宋"僮"名称的出现，是壮民族形成的一个标志。②此后，"僮"、"布僮"是壮族比较普遍的一种自称。并且，由于壮族居住的地域广阔，支系繁多，各地方言不同，壮族还有"布依"、"布越"、"布雅依"、"布僚"、"布侬"、"布那"、"布曼"、"布斑"、"布傣"、"布土"、"布陇"、"布沙"等20多种自称。"布"在壮语中是"人"的意思。在壮族的各种自称中，都有"布"这个总的称呼。如"布壮"汉语意即为"壮人"，"布土"即为"土人"；"侬"壮语意为"森林"，"布侬"的意思即"住在山林中的人"。

1949年中华人民共和国成立后，经过民族识别，并遵照本民族的意愿，广西、云南、广东等省区所有不同称呼的壮族统一称为"僮族"。这是壮族名称的首次统一，对增强壮民族意识和民族团结起到了极为重要的促进作用。但由于"僮"是多音字，在读音上容易混乱，且含贬义（原有用"獞"），1965年，根据周恩来总理的提议和壮族人民的意愿，将宋代以来文献记载的僮族改称"壮族"。"壮"有健壮、茁壮是意思，意义好，又不会使人误解，这一建议得到了壮族人民的拥护。此后，"僮族"便称为"壮族"。

① 《壮族简史》编写组、《壮族简史》修订本编写组：《壮族简史》，民族出版社2008年版，第11页。
② 覃乃昌：《壮族稻作农业史》，广西民族出版社1997年版，第222页。

（二）壮族地区的自然环境与经济模式

壮族聚居地区，四周边缘多山，境内山峦起伏，石灰岩分布很广。西部有纵横云南省文山壮族苗族自治州并延伸到广西那坡县的六诏山脉，有绵延于广西西部的岑王老山、金钟山、青龙山等；北部有九万大山、凤凰山和天平山等桂北边缘山脉；东部广东连山有五岭之一的萌渚岭绵延起伏；中部有大瑶山、莲花山、大明山、都阳山等；南部和西南部边沿有十万大山、大青山等。由于长期的雨水侵蚀，形成了壮丽的石林、岩洞、伏流等奇特的岩溶地貌。壮族地区河流众多，纵横交错。有左江、右江、红水河、郁江、龙江、柳江、黔江、桂江等大河，汇流于西江，再向东南经广州入南海；还有盘龙河、普梅河等向南流，经越南入北部湾；此外还有锦江，流经越南入海。由于河流众多，河流径流量大，地表水资源极为丰富，但分布不均。

壮族地区地少山多，素有"八山一水一分田一片海"之称。山区、丘陵占土地面积的 82% 左右，石山面积大，分布广，特别是壮族主要聚居地——广西西部地区，被视为当代人类生存条件最恶劣的地区之一，"九分石头一分土"的裸露型喀斯特地貌占了当地面积的 60% 以上。壮族地区南部还有一片宽阔的海域，大陆海岸线 1595 公里，北部湾为最大的海湾，是我国与越南共同的海域。

就地理气候而言，壮族地区地处低纬地带，属亚热带季风湿润气候区域。气温高、夏长而炎热，冬短而暖和，热量丰富，雨季长，雨量充沛，因此生物种类繁多，自然资源十分丰富。但是，由于壮族地区石山面积大，生产条件差，气候炎热多雨，旱涝灾害时有发生，也严重影响和制约着经济的发展。

壮族地区独特的自然地理环境，对种植水稻和各种亚热带作物极为便利，有着发展稻作农业的很大潜力，由此也造就形成了壮族以稻作农业为主的经济生产模式。学界的大量研究也说明了壮族及其先民的家园左右江、邕江流域是稻作农业的起源中心之一，壮族及其先民适应了当地的自然地理环境和气候，将野生稻驯化为栽培稻，是我国最早发明人工栽培水稻的民族之一。此外，壮族在亚热带水果种植和不少经济作物种植方面，在我国历史及现今也是名列前茅的，壮族地区是我国南亚热带水果产区之一，水果种类繁多，味道鲜美，荔枝、龙眼、芒果等水果产量名列全国前茅；甘蔗产量和种植面积是全国之最，成为世界十大产糖区之一。此外壮族地区还有田七、罗汉果、八角等许多中外驰名的经济作物和名贵药材，土特产资源非常丰富。

壮族的自然地理环境和农业经济模式对壮族人们的社会生产方式、生活方式、社会心理和道德思想观念的形成也产生了重要的影响，是壮族文化和壮族伦理思想形成的重要客观条件。

（三）壮族历史发展阶段简述

壮族历史悠久，根据考古学家在百色盆地旧石器文化遗存的考古发现，早在 80 万年以前，在壮族及其先民繁衍生息的土地上就已有古人类活动[1]，自史前旧石器时代至今，壮族及其先民经历了漫长的发展历史。在张声震主编的《壮族通史》中，编者认为，壮族是一个历史悠久的古老民族，遵循人类社会发展的普遍规律循序划分，在其社会发展长河中，也经历过了人类社会发展普遍经历过的原始社会、奴隶社会、封建社会、资本主义社会的历史阶段，这是壮族作为中华民族大家庭中的重要一员与汉民族发展史上的共同性。但自秦始皇统一岭南后，壮族又一直是在统一国家的中央王朝的统治下，与汉族及其他多民族杂处下生活、繁衍和发展的，因此，壮族社会发展的各个阶段和历史时期也有自己的差异性。据张声震主编的《壮族通史》及其为《壮学丛书》所作序言，认为壮族的历史发展"经历了先秦远古时代的自主发展、秦汉至民国时期在中央政权治理下与汉族和其他少数民族杂处中生存和发展、中华人民共和国成立后的民族区域自治三个阶段"[2]。

早在先秦远古时代，壮族先民处在自主发展阶段，其社会结构是原始氏族部落社会及其向阶级社会的过渡。自秦兼并岭南，形成统一的多民族国家后，从秦汉至民国期间，是壮族在中央政权治理下与汉族和其他少数民族杂处中生存和发展阶段。在这一阶段，历代中央政权对壮族及其先民地区推行不同的制度，壮族社会发展也相应经历了几个不同的历史时期，即：秦

---

① 郑超雄：《壮族文明起源研究》，广西人民出版社 2005 年版，第 3 页。

② 张声震：《壮族历史文化与〈壮学丛书〉——〈壮学丛书〉总序》，《广西民族研究》2003 年第 1 期，第 39 页。

至隋的郡县划一时代——奴隶制形成与发展时期，唐至五代的羁縻制度时代——奴隶制由发展到衰亡时期，宋至清的土司制度时代——封建领主制时期，清中叶至民国时代——资本主义列强入侵和旧新桂系统治的半殖民地半封建社会时期。1949年，中华人民共和国成立后，实行民族平等政策，壮族被承认为一个民族，壮族从此进入民族区域自治的时代。根据《中华人民共和国宪法》和《民族区域自治实施纲要》，1958年，建立了广西壮族自治区，以及云南省文山壮族苗族自治州，1962年又建立了广东省连山壮族瑶族自治县，壮族人民享有了民族平等的地位和权利。从1984年到1987年，又分别在云南、贵州、广东、湖南省境内壮族杂散居区域建立了若干壮族乡，使散居的壮族在乡一级行政区域也能享受到平等自治的权利。①

在悠久的历史发展中，作为我国人口最多的少数民族，生活在在祖国南疆这片广袤土地上的壮族及其先民，以勤劳、智慧和勇敢，不仅为开拓疆土、缔造和发展中国统一的多民族国家作出了贡献，而且还创造了许多独具特色和富有成就的物质文化和精神文化，诸如大石铲文化、稻作文化、亚热带水果种植、制糖棉纺技艺、干栏文化、铜鼓文化、神话传说、歌圩文化、花山崖壁画等等，这些闪烁着人类智慧之光的文化成果，为丰富和发展中华民族光辉灿烂的文化宝库，为人类文明的发展，作出了重要的贡献。与此同时，壮族人民也创造形成了具有民族特色的丰富的伦理思想，成为了壮族灿烂文化的重要组成部分。壮族伦理思想作为蕴含和表现于壮族神话传说、歌圩文化、铜鼓文化、壁画文化、体育艺术、传统习俗、岁时节日等各种文化形态和各个构成部分中的观念性、思想性文化，属于壮族文化的深层结构，是壮族文化的核心，是壮族人民精神生活中的重要内容，不仅对壮族社会的发展起到重要的历史作用，对壮族现代社会经济文化建设也具有重要的现实价值。

---

① 张声震：《壮族历史文化与〈壮学丛书〉——〈壮学丛书〉总序》，《广西民族研究》2003年第1期，第39—40页。

二、壮族伦理思想研究的兴起和发展

壮族是我国除汉族以外人口最多、历史悠久而又富有道德传统的少数民族，其伦理思想发端于远古社会。一直以来，壮族伦理思想作为壮族文化的核心和精神实质，对于协调或规范壮族人们的言论和行动，调节本民族内部、外部的各种人际关系与社会关系，乃至对壮族地区社会稳定和经济发展、壮族人民的精神生活和物质生活的丰富和发展都起着重要作用。然而，在较长的历史时期中，由于社会历史的原因，对壮族伦理思想鲜有研究，更缺乏研究的专门性和系统性。对壮族伦理道德的研究主要是在新中国成立以后，特别是 20 世纪 80 年代我国实行改革开放以来。在这一时期，随着壮学研究的兴起和民族伦理学的诞生，对壮族伦理思想的研究，逐渐受到学术界的关注，学者从不同学科领域进行了研究，并取得了长足的发展。

（一）壮族研究的发展和壮学的产生为壮族伦理思想系统、深入的研究奠定了深厚的基础

1. 壮族研究的发展过程与壮学的兴起

壮学是在传统的研究壮族的基础上于 20 世纪 90 年代提出并形成的一个新的学术话语。虽然壮族有着悠久的历史，其族源不仅可以上溯到有史时期的"西瓯"、"骆越"，甚至可以追溯到岭南的史前人类，在中国古籍中也很早就有了关于壮族先民的记载，但对壮族及其先民研究的历史并不长，严格意义上的壮族研究始于 19 世纪末。对 19 世纪末以来壮族研究的一百多年历程，学界研究大致划分为三个阶段，即：19 世纪末至 20 世纪初中期，外国人研究壮族阶段；20 世纪 20 年代至新中国成立时期，中国人研究壮族阶段；新中国成立以来的壮族研究阶段。①

然而，前两个阶段的壮族研究却有着很大的局限性。在外国人研究壮族这一阶段，不仅研究领域和范围非常有限，研究方法和手段也很单一，甚

---

① 　张声震：《建立壮学体系刍议》，《广西民族研究》1997 年第 1 期，第 62—63 页。

至还先入为主的把壮族与泰族混为一谈，武断地视壮族为泰族进行研究，因此这一阶段的壮族研究充其量只是泰族研究的一部分。从 20 世纪 20 年代至 40 年代，开始了中国人对壮族的研究，中国政府面对西方列强对我国边疆的侵略，加强了对边疆少数民族的治理，相应的，一些富有爱国热情的学者也开始关注对边疆少数民族的研究。1928 年中山大学《语言历史研究周刊》发表了钟敬文的《僮民考略》等文章，成为了中国知识分子开始壮族研究的标志；而后，刘锡蕃于 1934 年出版了我国研究壮族最早的著作《岭表纪蛮》，徐松石于 1935 年、1946 年、1947 年也先后出版了《粤江流域人民史》、《泰族僮族粤族考》、《东南亚民族的中国血缘》等著作，从而结束了外国人垄断壮族研究的局面，使外国人对壮族的研究从此退居次要地位。但是，由于这一时期社会动荡不安，潜心于壮族研究的学者还比较少，研究基础资料缺乏，研究深度不够，成果分散而未形成系列化等。并且，也由于受中原汉文化中心史观的影响，这些学者的研究也还有含混不清或自相矛盾的观点，使得当时的壮族研究仍有很大的局限性，更不可能有壮学概念的提出。①

新中国成立后，党和国家实行民族平等、民族团结和各民族共同繁荣的政策，壮族被确认为统一的多民族国家大家庭中平等的一员，建立了广西壮族自治区，云南、贵州、广东、湖南等省壮族居住地方也分别建立了各级壮族区域自治政府，开启了壮族历史的新纪元，壮族研究也从此走上一个全新的发展阶段。尤其是进入 20 世纪 80 年代改革开放以来，党的各项民族政策得到恢复和落实，壮族研究更是取得了前所未有的研究成果。一是党和国家对少数民族工作文化建设高度重视。新中国成立后，各级政府就组织了强大的研究阵容，对包括壮族在内的各个少数民族的社会制度、经济基础、历史发展、民族关系、语言习俗和宗教信仰等情况，开展了比较系统全面的调查，对壮族传统文化遗产进行了收集整理，撰写了大量有价值的调查报告，编辑出版了广西、云南等区域的壮族社会历史调查系列丛书。二是壮族研究的学术机构和团体纷纷建立，从事壮族研究人员日益增多，研究队伍不断壮大。20 世纪 50 年代以来，在广西，不仅先后建立了民族研究所、壮学研究

---

① 张声震：《壮族历史文化与〈壮学丛书〉——〈壮学丛书〉总序》，《广西民族研究》2003 年第 1 期，第 51 页。

中心、民族文化艺术研究院、民族医药研究所等研究机构，在广西民族学院、广西师范大学等多所高校也相继建立了与壮族研究相关的研究院所，各地的民族研究学术团体也相继成立；同时，中国科学院、中国社会科学院、中央民族大学以及云南、广东等省与壮族研究有关的学术机构也相继建立起来，对推动壮族研究发挥了极为重要的作用。三是对外开放带来研究视野的拓展，壮族研究领域的对外学术交流日趋活跃。特别是"壮泰传统文化比较研究"国际合作项目的实施，使学者们对壮族研究的视野扩大，对壮族的民族特征有了更加全面深入的认识。四是研究领域不断开拓，研究层次日益加深，研究成果大量涌现，研究质量也逐步提高。据统计，从 20 世纪 50 年代到世纪末，国内公开出版研究壮族的论著共 107 部，其中有 101 部是 20 世纪 80 年代以后出版的，占 94%，此外还发表研究壮族的论文 800 多篇。在这一阶段，壮族研究的领域涉及了壮族的起源、社会发展史、语言文字、古崖画、青铜器、铜鼓文化、壮语地名、壮族宗教信仰、壮族哲学思想、伦理道德、民间文学艺术、音乐舞蹈、壮族医药、壮族风俗、壮族经济史、壮族与周边民族关系研究等范畴[1]。

壮族研究的深入发展和研究成果的涌现为壮学的提出和壮学体系的建立提供了深厚的基础，催生了壮学。1991 年 1 月广西壮学学会成立是壮学产生的重要标志，1999 年 4 月在广西武鸣县举行的壮学首届国际学术研讨会，则标志着壮学发展并走向世界。[2]

2. 壮族研究的发展和壮学兴起带动了对壮族伦理思想的研究

壮学学会的成立，壮族研究的发展和壮学的兴起进一步带动了壮族伦理文化的研究，为壮族伦理思想的系统、深入的研究奠定了深厚的基础。首先，随着壮族研究的发展，研究领域的不断开拓，研究范围的扩大和深入，壮族伦理道德受到了壮学学者的关注，他们的研究视野触及了壮族伦理道德的研究。一方面，不少壮学学者从壮族发展史、壮族文化现象的宏观视角对

---

[1]　张声震：《壮族历史文化与〈壮学丛书〉——〈壮学丛书〉总序》，《广西民族研究》2003年第 1 期，第 52 页。

[2]　张声震：《壮族历史文化与〈壮学丛书〉——〈壮学丛书〉总序》，《广西民族研究》2003年第 1 期，第 52 页。

壮族伦理思想进行了嵌入式研究，将壮族伦理思想归入一般意义的壮族文化形成过程的梳理、发展现状的描述、未来趋势的展望等研究之中。如：张声震主编的《壮族通史》（民族出版社 1997 年出版）系统归纳了壮族文化在各个历史时期的发展路径与演变脉络；梁庭望的《壮族文化概论》（广西教育出版社 2000 年出版）多角度地整体探讨了壮族物质文化、精神文化及其现代化问题；李富强的《人类学视野中的壮族传统文化》（广西人民出版社1999 年出版）从人类学视角揭示壮族传统文化所具有的内在特质；覃乃昌的《布洛陀寻踪：广西田阳敢壮山布洛陀文化考察与研究》（广西民族出版社2004 年出版）探寻了壮族的"文化之源"；覃圣敏主编的《壮泰民族传统文化比较研究》（广西人民出版社 2003 年出版）对壮族与国外近邻民族包括伦理道德在内的各种文化现象进行了全面系统的比较研究；等等。这些研究认为壮族伦理思想与壮民族的形成和发展同步，是壮族历史文化中的重要组成部分。另一方面，壮族哲学思想及伦理道德观念也拓展成为了壮族和壮学研究的一个分支领域，有学者尝试对壮族伦理道德进行了专门研究。如：黄庆印的《壮族人民传统道德观念初探》（《广西民族学院学报》1985 年第 3 期）、黄鹏的《从广西情歌中看壮族青年的爱情道德观》（《青少年探讨》1988 年第 2 期）、梁庭望的《壮族〈传扬诗〉的伦理道德观》（《学术论坛》1983 年第 4 期）、岑贤安的《壮族道德哲学探论》（《学术论坛》1992 年第 5 期）、李一鸣的《试论壮族民间故事所体现的壮族人民的伦理道德观》（《广西民族学院学报》1994 年第 6 期）、王克的《论壮族传统伦理道德与壮族地区经济建设》（《贵州民族研究》1995 年第 3 期）、凌春辉的《论壮族民间传说的道德意蕴及其现代价值》（《广西右江民族师专学报》2005 年第 1 期）、曾杰丽的《壮族民间信仰的和谐生态伦理意蕴》（《广西民族大学学报》2008 年第 6期）等文，对壮族伦理道德观念做了初步有益的探讨，肯定了在壮族民间文学等文化现象中蕴涵着壮族人民的爱国爱家、团结互助、尚情重义、诚实正直、勤劳节俭、尊老爱幼、男女平等、善待自然、要求平等、主张公平等诸多富含积极价值的道德观念及其价值。

其次，壮学研究的广泛开展，促使壮族研究的基础资料得到不断挖掘和整理，更是为壮族伦理思想的深入研究提供了丰富的研究资料和有利条件。20 世纪 50 年代以来，为了弥补壮族在历史上没有统一规范的民族文字，从而缺乏历史档案资料和研究基础资料的缺陷，经过广大文化工作者和壮族研究学者的努力，许多壮族宝贵的历史文化遗产得到了挖掘整理和编辑出版。如在 20 世纪中期，广西少数民族社会历史调查组经过对壮族地区进行广泛深入的调查，撰写了数百万字关于广西大新、上林、百色、宜山等地的壮族社会历史调查报告，并于 1983—1987 年由广西民族出版社编辑出版了《广西壮族社会历史调查》第 1—7 册，2005 年，国家民委又组织力量对该七册《广西壮族社会历史调查》等相关民族问题丛书进行修订再版，并于 2009 年统一由民族出版社出版发行。相应的，云南、广东等省，也组织了有关文化工作者和学者，对其本省的文山、连山等壮族聚居地开展社会调查，也分别出版了有关这些壮族地区的社会历史调查资料。此外还有：《壮族百科辞典》编纂委员会组织编写的《壮族百科辞典》1993 年由广西人民出版社出版；张声震主编的《〈布洛陀经诗〉译注》1991 年由广西人民出版社出版，在此基础上，2004 年 4 月广西民族出版社编辑出版《壮族麽经布洛陀影印译注》（1—8 卷）；同时，2004 年 4 月，云南人民出版社也出版了经云南民族学会壮学研究会有关学者历时 10 年搜集、整理，并由何正廷主编的《壮族经诗译注》；梁庭望、罗宾译注的《壮族伦理道德长诗传扬歌译注》由广西民族出版社 2005 年出版；等等。无疑，这些研究资料的整理和编辑出版，都为人们系统深入研究壮族以及壮族伦理思想提供了非常珍贵的基础资料和有利条件。

在壮学研究不断发展的基础上，对壮族伦理道德的研究越来越受到关注，有更多的壮学学者进入了壮族伦理道德研究的行列，对壮族伦理思想的研究得到了不断发展，继续取得了不少的研究成果。

（二）民族伦理学的形成及各族别伦理思想的持续研究促进了壮族伦理思想的研究

民族伦理学是以民族的道德现象为研究对象的一门交叉学科。在我国，现代意义上的民族伦理学的研究始于 20 世纪 80 年代，党的十一届三中全会后，随着改革开放全面推进和深入发展，在科学研究领域也呈现出兴旺繁荣的景象，各门学科研究得到恢复和更为深入发展，许多新学科相继涌现，众多交叉边缘学科应运而生。而伴随着党的民族政策的恢复和进一步贯彻落实，以及少数民族地区开放开发战略的实施，也使不少伦理学和民族学的学者将研究视角更多地转向少数民族伦理道德问题的研究。20 世纪 80 年代以来，在少数民族伦理道德研究方面发表了大量的研究论文，出版了许多学术著作，从而促使了民族伦理学这门介于民族学和伦理学之间的新兴边缘学科的诞生。民族伦理学这门具有中国特色的交叉学科的建立，为全面而系统深入地研究中国各民族伦理思想提供了学科依据，目前，我国民族伦理学研究在学理上日趋精进，在范围上不断拓宽，在实践上更加注重为现代化建设服务，呈现出可喜的发展前景。

随着民族伦理学的诞生，学者们不仅从宏观的角度研究民族伦理学的对象、内容、方法等理论问题；从中观的角度研究我国少数民族伦理思想的表现形式、内容、特点、类型等问题，并且还从微观角度分别对我国各少数民族的伦理思想进行了持续的研究，不少学者的研究视角也涉足了壮族伦理思想的研究。如高发元主编的《中国少数民族道德概览》（云南民族出版社1992 年出版）对包括壮族在内的我国各少数民族道德习俗和道德风貌进行了介绍；熊坤新的《民族伦理学》（中央民族大学出版社 1997 出版）对民族伦理学进行了宏观、中观、微观三个层面的划分，将各个民族的伦理思想研究归入微观领域，称为族别伦理思想，并对蒙古、回、藏、维吾尔、壮、满等部分具体少数民族的伦理思想进行了研究，这是对族别伦理思想研究的最早论著之一。此外，郑英杰的《中国少数民族伦理文化通论》（中国文史出版社 2002 年出版）从中观的角度对中国少数民族伦理文化的基本内涵、社会生活伦理、人生礼仪与婚丧道德、民族宗教伦理、民族节日伦理、民族关系伦理、少数民族精神文明建设等问题进行了研究；李资源的《文明的呼唤：中国少数民族传统伦理道德研究》（广西人民出版社 2004 年出版）则从整体性和共同性角度对我国少数民族传统道德思想及其现代建设做了研究；贺金瑞、熊坤新和苏日娜的《民族伦理学通论》（中央民族大学出版社 2007年出版）也在中观层面就民族经济伦理、民族政治伦理、民族伦理文化、民族和谐社会伦理、民族生态伦理、民族宗教伦理等问题进行了论述，这几部从共同性或中观层面对民族伦理学进行研究的著作都涉及了对壮族伦理思想的研究。

上述学术界多个学科领域对壮族伦理思想研究所取得的诸多富有价值的成果，为壮族伦理思想的进一步系统深入和全面的研究奠定了深厚的基础和有利的条件，也促使我们提出了"壮族伦理思想研究"的研究课题并获准国家社会科学基金项目立项。项目立项以来，正是有了上述这些良好的基础和有利的研究条件，经过本项目组成员的努力，对壮族伦理思想的形成发展、基本特征、承载形态、主要规范以及现代价值等方面的研究又呈现出一批有影响的成果。

三、壮族伦理思想研究的目的和意义

道德是人类社会生活发展到一定阶段的产物，它源于人们的社会生活需要，又服务于人们的社会生活。壮族是中华民族大家庭中的重要一员，也是我国人口最多的一个少数民族，在自己的长期的历史发展和社会生活中，壮族也形成了本民族丰富的伦理道德思想和道德实践，具有本民族特色的伦理道德传统。作为一种特殊的社会意识和一个民族文化的核心内容，壮族伦理思想不仅在壮族人民精神生活和物质生活中居于特殊重要的地位，对壮族的社会历史发展发挥了多样性的功能和重要的能动作用，对于推进壮族社会经济的发展，维护国家的统一和壮族地区社会秩序的稳定，促进壮民族文化的发展和民族凝聚力增强，以及壮族地区良好社会风尚的形成都起到了极为重要的社会作用。并且，壮族伦理思想也构成了中华伦理文化的重要组成部分，在中华伦理思想的发展中占有重要地位，作出了富有创造性的贡献。然而，由于社会历史的原因，历史上对壮族伦理思想鲜有研究，更缺乏专门性、系统性的研究。虽然，自20世纪80年代我国改革开放以来，随着壮学研究的兴起和民族伦理学的诞生，对壮族伦理思想的研究，逐渐受到学术界的关注，有了长足的发展，并取得了不少富有价值的成果，但从总体上看，仍表现为研究尚处于一般化和分散状态，较少深入和系统；研究数量不多，研究领域不宽，专题研究的论文专著不多见等情形。与对藏族、维吾尔族、

蒙古族、回族等少数民族的伦理思想研究相比，对壮族伦理思想的研究相对滞后，可以说，对壮族的族别伦理学研究尚属起步阶段，是薄弱环节，对其的应然研究与实然状态不相称。为此，全面系统和深入研究壮族伦理思想，考察和探讨壮族伦理思想的历史发展、基本特征、承载形态、主要内容和伦理规范准则，研究和揭示壮族伦理思想的地位作用和时代价值具有极为重要的理论意义和现实意义。

就其理论意义而言，第一，可以拓展和深化壮学的研究，为壮族历史文化研究提供新视角。壮学是以壮族社会群体及其文化为对象，进行历史性、现实性和整体性的系统研究的一门综合性学科，涵盖壮族历史、政治、经济、宗教、道德、习惯法规、文学艺术、风俗等壮族社会生活和文化生活的各个方面。经过壮学学者数十年的努力，已在壮族历史、语言文字、民族风俗、文学艺术、宗教信仰、民族关系等较多领域取得了一系列显著成果，构建形成了壮学研究体系。然而，相比之下，在壮族伦理道德研究方面还较薄弱，取得成果不多，也尚未见有专著面世，可以说，对壮族伦理思想这一领域的研究，正处于起步阶段。因此，加强对构成壮族文化重要内容的壮族伦理思想的研究，能够拓展壮学研究的领域，为壮族历史文化研究提供新视角，为壮族独特的民族凝聚力提供新的理论支点，揭示壮族亲和力、凝聚力、向心力的精神文化根源，进一步推进壮学研究的深化和系统化。第二，可以拓展民族伦理学研究的领域，为族别伦理学研究提供新内容，促进我国民族伦理学的繁荣发展。壮族是我国人口最多的一个少数民族，也是一个富于道德情感和道德传统的民族，在其悠久的历史发展中，也形成了协调和规范本民族人们各种道德关系的道德观念和道德准则，进而汇集形成了本民族独特而又丰富的伦理思想。无疑，加强对壮族伦理思想的研究，对于拓展深化民族伦理学的研究，充实族别伦理学的研究内容，推进我国民族伦理学的繁荣发展具有非常重要的理论价值。第三，可以充实和丰富中华伦理文化的宝库，拓展我国伦理思想的研究领域。中国是一个统一的多民族国家，也是有着五千年文明史的礼仪之邦，在悠悠历史长河中积淀形成而又博大精深的中华伦理文化是包括壮族在内的各民族共同创造的。在中国伦理思想的文化宝库中，汉民族的伦理思想以其精深、系统、完整的理论形态而占居极其重要的地位，而包括壮族在内的各个少数民族的伦理思想也是绚丽多彩、富有特色的，这些宝贵的历史文化遗产与汉民族伦理思想交相辉映，相互影响、相互交融，成为了中国伦理思想的不可分割的重要组成部分。因此，发掘、整理和研究壮族伦理思想，是对中华伦理文化宝库的重大贡献，对于拓展中国伦理思想的研究领域，进而促进有中国特色的社会主义伦理思想体系的构建有着重要的理论价值。

就其现实意义来看，也体现为以下方面：第一，有助于壮族人民对本民族历史文化的了解，加强对壮族文化的保护、传承和发展。作为一种特殊的社会意识，壮族伦理思想是壮民族文化的核心内容，在壮族文化发展中具有特殊重要的地位，加强对壮族伦理思想的研究，对于增进壮族人民对本民族历史文化的深层次了解，更加全面地认识本民族，从而增强民族自信心、自豪感和民族凝聚力，以及对于发掘、保护、传承和发展壮族文化都具有特殊重要的现实价值。第二，有助于增强国内外各民族对壮族的了解，增进民族团结和文化交流。壮族伦理思想是壮族文化的重要构成内容，通过对壮族伦理思想的深入研究，可使人们对壮族及其历史文化有更为全面、系统的认识，从而增进国内外各民族之间的相互了解，加强民族团结，发展我国的社会主义民族关系，促进壮族文化与世界其他民族文化的交流和沟通。第三，有助于推进我国社会主义道德建设，为民族地区的思想道德教育提供丰富的教育资源。社会主义道德建设是我国社会主义精神文明建设和文化建设的重要内容，其目的是协调人们之间的各种社会关系，维护社会秩序和促进社会发展。要加强社会主义道德建设，首要的任务就是要构建社会主义道德体系，形成全社会基本的道德共识。而我们所要构建的社会主义道德体系，应该是对中华各民族所创造的优秀道德文化传统的继承和弘扬。可以说，作为统一的多民族国家的重要一员，壮族优秀传统道德也是壮族人民留给当代的宝贵的精神财富，也必然成为构建社会主义道德体系的重要组成部分。研究壮族伦理思想，对于加强社会主义道德建设，提高社会道德水平，为民族地区加强思想道德教育提供丰富多样的教育资源和生动活泼的教育方式也具有重要的现实价值。第四，有助于促进壮族地区经济、政治、文化建设与社会和谐发展。壮族发展的历史证明，和世界上各民族伦理道德一样，壮族伦理道德作为一种特殊的社会意识和强大的精神力量，对于协调壮族人们之间的各种人际关系和社会关系、推进壮族社会经济的发展，维护国家的统一和壮族地区社会秩序的稳定，促进壮族文化的发展和民族凝聚力增强，以及良好社会风尚的形成都起到了极为重要的社会作用。在推进我国社会主义现代化建设发展的今天，深入研究壮族伦理思想，发掘壮族优秀传统道德，进而发挥壮族伦理道德的功能和作用，对于壮族地区的现代化经济、政治、文化建设和社会和谐发展都将产生重要的影响和作用。

四、壮族伦理思想研究的内容和方法

（一）壮族伦理思想研究的内容

本书系国家社会科学基金项目"壮族伦理思想研究"的最终研究成果。除绪论外，本书对壮族伦理思想研究的主体内容分为理论概述、承载形态、规范践行、现代价值等四篇共十五章。

1. 理论概述篇。该篇共两章，主要研究概述了壮族伦理思想的内涵特点、地位作用和形成发展等基础理论问题。第一章尝试解读了壮族伦理思想的基本内涵和概念，简要概述了壮族伦理思想的多种表现形态和主要内容，论述了壮族伦理思想的主要特点和地位作用。研究认为：壮族伦理思想是壮族人民在长期历史发展的进程中，从本民族生存发展的特殊自然和社会历史条件出发，逐渐积累形成的对社会道德现象、道德关系思考的各种道德观念和伦理学说的总称。壮族伦理思想是中华伦理思想的重要组成部分，也具有自身独特的表现形式、丰富内容，呈现出自发性与继承性、多样性与直观性、交融性与开放性、民族性与权威性的基本特点，在历史发展长河中，壮族伦理思想在壮族文化和中华伦理文化的发展中具有重要的地位，对壮族人民的社会生活和历史发展发挥了多样性的功能和重要的能动作用。第二章初步探讨了壮族伦理思想萌发形成和发展的历程。研究认为：壮族伦理思想发端于远古，先秦时期是壮族伦理思想的萌发形成阶段；秦至清初时期，伴随着壮族社会历史的发展以及历代中央王朝逐步加强对岭南壮族及其先民居住地区的统治，壮族伦理思想在与以儒家伦理思想为主流的中华各民族伦理思想相互渗透、相互融合中不断传承发展；近代以来，壮族传统伦理思想在不断传承的同时，西方资产阶级伦理思想和马克思主义伦理思想也开始在壮族地区传播，并对壮民族的道德观念和道德实践产生了影响；新中国成立后，壮族传统伦理思想在社会主义道德理论和社会主义核心价值体系指导下，摒弃糟粕，传承精华，促使壮族优秀伦理道德在社会主义条件下得到了大力传扬和发展。

2. 承载形态篇。该篇共四章，主要研究探析了壮族伦理思想的各种承载形态及其中所蕴涵的壮族伦理道德观念和道德传统。自第三章至第六章，分别研究探析了壮族民间文学中的伦理思想、壮族传统艺术、体育文化中的伦理思想、壮族传统习俗中的伦理思想、壮族民间信仰文化中的伦理思想等。研究认为：由于社会历史原因，和汉民族相比，壮族文字创制与使用相对落后，在历史上没有形成统一流行的文字，这也使得壮族伦理思想在总体上尚缺乏完整的理论体系，在一定程度上也尚未分化形成为独立存在的社会意识形态，因此，从其表现形式或承载形态看，壮族对社会道德关系认识反映所形成的道德观念和伦理思想，大量融汇和承载于壮族史诗神话、传说故事、民间歌谣、民间戏剧、铜鼓壁画、传统体育等民间传承文化，壮族的生产习俗、生活习俗、婚恋习俗、礼仪习俗、岁时节日习俗等传统习俗文化，以及壮族的崇尚信仰文化等富有民族特色的壮族文化形态中。在这些壮族文化的各种表现形态和各个构成部分中，蕴涵着热爱家国、维护统一的爱国主义情感，互助团结、维护集体的协作观念，注重礼貌、热情好客的交往伦理，尊老爱亲、邻里和睦的家庭道德，尊崇自然、爱护环境的生态伦理，勤劳勇敢、艰苦创业的优秀品质，不惧邪恶、敢于斗争的反抗精神，善恶分明、扬善弃恶的评价准则，热爱生活、追求幸福的人生态度等极为丰富的壮族伦理思想和道德传统。

3. 规范践行篇。该篇共五章，主要研究论述了壮族道德规范体系以及壮族践行道德规范的道德教育和修养的实践活动。自第七章至第十章，分别对壮族公共生活道德、壮族婚姻家庭道德、壮族经济伦理、壮族政治伦理等道德规范和伦理观念进行了较为系统的归纳论述。研究认为：壮族伦理道德作为一种社会准则，和人类其他道德一样，也主要是以规范的形式发挥作用的。壮族人民在长期的历史发展和社会生活中也形成了对人们之间社会道德关系的认识和反映，以及处理人与人、人与社会、人与自然之间关系的道德规范和道德行为准则，形成了在壮民族的社会公共生活、婚姻家庭生活、经济生活、政治生活等领域用于调节本民族内外部各种道德关系的道德规范层次体系，并以具有民族特色的规范表现形式存在于人们的思想观念和行为模式中，呈现为壮族的公共生活道德、婚姻家庭道德、经济伦理、政治伦理、生态伦理等一系列丰富的壮族伦理道德规范的内容。第十一章论述了壮族关于道德教育和道德修养的观念认识和实践活动。研究认为：道德教育和道德修养是壮族道德实践活动的两种重要形式，是壮族社会道德的规范要求转化为人们个人的道德意识、意志、信念和行为习惯，促使壮族道德规范由他律转向自律的道德规范运行机制的重要构成。壮民族在长期的历史发展和道德生活实践中形成了关于道德教育、道德修养的观念认识，并创造形成了具有本民族特色的、形式多样的道德教育方式和道德修养的方法、途径，对于壮族社会道德规范的传播和传承，道德规范由他律转向自律，培养人们形成良好的道德观念和道德品质，起到了极为重要的作用，也对当代社会的道德教育和人们的品德修养有着重要的启示。

4. 现代价值篇。该篇共四章，主要研究探讨了壮族伦理思想在我国现代化建设中的现实价值。自第十二章至第十五章，从壮族伦理思想与我国社会主义现代化建设的相互关系角度，分别探讨了壮族伦理思想对现代市场经济建设、现代民主政治建设、现代先进文化建设、社会主义和谐社会和生态文明建设的价值及其价值实现路径。研究认为：壮族伦理思想不仅在壮族地区经济社会的发展和中华民族的文明进步中曾经发挥了重要的历史作用，在当代，壮族伦理思想的优秀成果也仍然具有不可忽略的现实价值。诸如热爱国家民族、维护祖国统一的爱国主义精神，讲礼尚义、济困扶危的社会公德观，尊老爱亲、邻里和睦的家庭道德观，诚信敬业、团结协作的职业道德观，勤劳节俭、诚实守信的经济伦理观，民众为本、掌印为民的政治伦理观，尊重自然、保护环境的生态伦理观，以及笃行践履、勤学崇智的修身观念和实践等壮族人民大力传扬的道德观念、道德精神和道德传统，对于促进我国社会主义市场经济的健康发展、推动壮族地区全面建成小康社会目标的实现，对于我们加强社会主义民主政治建设和推进政治体制改革、维护国家边疆的安全稳定，对于加强社会主义先进文化建设、培育与弘扬社会主义核心价值观和改进社会道德教育，对于构建社会主义和谐社会和加强生态文明建设等都具有非常重要的现实价值。为此，要坚持以社会主义核心价值体系为指导，正确审视和大力挖掘壮族伦理思想中有利于社会主义现代化建设的积极因素，多手段开发利用壮族丰富的优秀伦理文化资源，促使壮族伦理思想的现代价值得到有效实现。

（二）壮族伦理思想研究的方法

壮族伦理思想作为一个刚刚起步的新的研究领域，属于伦理学与民族学交叉学科民族伦理学的微观领域族别伦理思想研究的范畴，也是壮学研究的一个重要领域，可以说，属于交叉学科的研究。因此，壮族伦理思想的研究方法，也应该是整体性、多学科、多层次的，应主要在伦理学学科研究领域中确立自己的理论视角和研究方法，并综合运用伦理学、民族学、社会学、文化学、历史学、壮学等学科的理论与方法。

研究壮族伦理思想最根本的方法是要坚持马克思主义基本理论方法为指导。应该认识到，马克思主义的辩证唯物主义和历史唯物主义是科学的世界观和方法论，是我国各门学科理论研究的基本原则和方法，也是壮族伦理思想研究的根本指导原则和方法。也就是说，在研究壮族道德现象和道德观念时，必须在辩证唯物主义和历史唯物主义这一根本方法论原则的指导下，运用历史分析、阶级分析和理论联系实际等基本原理和方法，将它们放在一定的历史条件下，即一定的社会经济生活和政治制度下加以考察，分析这些道德观念和伦理思想所代表的阶级、阶层的利益，以及历史上的地位作用等。同时，壮族伦理思想的研究也是在民族学、壮学的理论视角下进行的，民族学研究的重要指导思想马克思主义的民族理论也应作为基本的指导原则，在研究分析与壮族政治、法律、文学、艺术、习俗、宗教等文化形态交织融汇在一起的壮族道德现象和道德观念时，也要特别注意运用马克思主义的民族理论以及严格按照党和政府所制定的民族政策进行正确的解释说明。

研究壮族伦理思想，还应综合运用一般社会科学以及民族学、社会学、文化学、历史学等多学科基本方法。壮族伦理思想是以壮族的道德现象、道德观念和道德理论为研究对象，介于伦理学、民族学、壮学之间的一个社会科学交叉研究领域，无疑，一般社会科学研究常用的方法，如归纳法和演绎法、系统研究法和比较研究法应该成为壮族伦理思想研究的基本方法。此外，民族学、社会学、文化学、历史学、民俗学、文学、宗教学、壮学学科研究的基本方法也应借鉴成为壮族伦理思想的研究方法。

壮族伦理思想作为一个特殊的研究领域，应主要在伦理学学科研究领域中确立自己的理论视角和具体的研究方法，主要有以下几个方面。

第一，价值分析的方法。伦理学是一门有关善的价值科学，研究人们的行为、品质和与之相应的道德思想和道德规范，需要依据一定的善恶评价标准对人们的思想、行为的善恶性质进行价值判断，分清哪些是有价值的、哪些是无价值的，哪些是负价值的。因此，价值分析方法是伦理学研究的重要方法，研究壮族伦理思想也必须采用这一方法。通过对壮族伦理思想的历史发展、承载形态、道德观念和道德规范及相应的道德实践活动的全方位、多层次的综合研究，进而探讨分析壮族伦理思想发展的内在规律和价值意义，并对壮族传统伦理道德中具有积极价值的成分做出现代诠释，发掘其对现代化建设的现实价值。

第二，文献梳理研究的方法。收集文献资料并进行归纳、整理和分析，是学科研究的基础性工作，对于壮族伦理思想研究这一刚刚起步的领域而言，这一方法采用尤显重要。在研究过程中，我们不仅对已挖掘整理出来的壮族历史文化的基础性资料进行了广泛收集，还尽可能收集在民间收藏的反映壮族文化的文献资料和具体案例，进行系统的阅读钻研、悉心整理和归纳分析，力求提炼、挖掘蕴含于其中的壮族道德观念、道德理论和道德传统；同时，还大量收集、研读、分析和借鉴了伦理学及其他各学科领域的相关文献和研究成果，力求对壮族伦理思想有较为系统和全面深入的研究。

第三，实证调研的方法。实证调研是民族学、社会学等社会学科主要的研究方法，要真实的考究和记录壮族丰富的道德传统和伦理思想，实证调研的方法也是必不可少的。如上所述，由于社会历史的原因，壮族在历史上没有统一规范的民族文字，从而导致缺乏历史档案资料和研究的基础文献资

料，壮族伦理思想也尚缺乏完整的理论形态，要深入研究壮族伦理思想，除
了要尽量利用已有的文献资料和前人的研究成果外，还必须要进行深入的实
地调查和田野考察，在详尽占有资料的基础上进行认真研究，才能对壮族伦
理思想有较为真实、准确和全面的分析研究。因而，我们在研究过程中，通
过课题组成员先后到广西各地，以及云南、广东、湖南等省的有关壮族聚居
地进行了实地考察调研，通过课题组成员工作生活在百色这一壮族聚居地的
直观感受和观察，获取了不少有关壮族伦理思想研究的第一手数据、资料和
案例，为深入研究壮族伦理思想，揭示壮族道德现象、道德风貌提供了许多
生动的材料和例证。

第四，吸收多学科知识理论和成果的方法。壮族伦理思想的研究，主
要是以伦理学的基本原理作为基础理论，需要运用伦理学的基本原理和方法
进行研究分析。同时，还与其他相关学科如哲学、民族学、社会学、文化
学、历史学、民俗学、文学、宗教学、壮学等有着千丝万缕的联系，因此，
在研究过程中，我们还注意到了与这些相关学科的联系，大量地借鉴了这些
相关学科的知识和理论，吸收了这些学科研究的许多有益的资料和成果。

理论概述篇

　　壮族是我国一个历史悠久、人口众多而又富有道德传统的少数民族，自远古以来，壮族及其先民就在华南——珠江流域这片祖国南疆广袤的土地上劳动创造、生息繁衍。在长期的历史发展进程中，壮族及其先民在共同劳动、共同生活中结成了人与人、人与社会、人与自然之间的特殊的社会关系，他们从自身生存发展的特殊自然和社会历史条件出发，逐渐积累形成了对社会道德现象、道德关系思考的各种道德观念和伦理学说，构成了壮族文化的重要内容，也成为了中国伦理思想的重要组成部分。可以认为，壮族伦理思想是在壮族及其先民长期的社会生产、生活实践中萌发形成和不断发展的，涵盖了壮族公共生活道德、婚姻家庭道德、经济伦理、政治伦理、生态伦理以及道德教育和修养的观念与实践等丰富的内容，并承载于壮族民间文学、传统艺术、体育文化、传统习俗、岁时节日、信仰崇尚等形式多样的本民族文化形态中，呈现出自发性与继承性、多样性与直观性、交融性与开放性、民族性与权威性等突出的特点，在历史发展长河中，不断发展的壮族伦理思想对壮族文化和中华伦理文化的发展及丰富都具有重要的地位，对壮族人民的社会生活和历史发展也发挥了多样性的功能和重要的能动作用。为此，要全面深刻地研究壮族伦理思想，首先要致力于对壮族伦理思想的基本内涵、承载形态、主要内容、显著特点以及形成发展等基础理论的研究。通过这些基础理论的研究，为深入探析和系统考究壮族伦理思想做好必要的筑基工作。

第一章　壮族伦理思想概述

壮族作为一个人口众多、历史悠久而又富于道德传统的民族，在其漫长的历史发展过程中，创造了许多独具特色和富有成就的本民族物质文化和精神文化，也创造形成了具有本民族特色的丰富的伦理思想。壮族伦理思想是中国伦理思想的重要组成部分，也具有自身独特的表现形式、丰富内容和基本特点；在历史发展长河中，壮族伦理思想对壮族文化和中华伦理文化的发展都具有重要的地位，对壮族人民的社会生活和历史发展也发挥了多样性的功能和重要的能动作用。

第一节　壮族伦理思想的基本内涵

一、道德、伦理与伦理思想

道德是人类社会生活中特殊的社会现象，是人们社会生活的一个极其重要的部分。早在原始社会，道德这种特殊的社会现象就产生了，而且广泛地存在于原始先民的实际生活中。但是，"道德"这一概念则是人类进入文明社会后才出现的。在我国古代典籍中，"道德"的含义比较广泛，使用也较早。最初"道"与"德"是分开使用的。道的原始含义是道路，表示是行人之路。后来逐渐引申为支配自然和人类社会生活的法则、运行规律、准则、规范和道理等多种含义。最初的"德"和"得"同义，指占有奴隶和货币也即得到财富之义。进而将获得天下的方法、才能、品德等主观因素均称为"德"。后来人们将"德"的意义进一步扩展，认为"德"是对"道"的认识并践履后有所"得"。将"道德"合为一词使用，最早见于春秋战国时的《管子》、《荀子》诸书。《管子·君臣下》曰："君之在国都也，若心之在身体也，道德定于上，则百姓化于下矣。"《荀子·劝学》篇中说："故学至乎礼而止矣，夫是之谓道德之极。"意为在社会生活中的人，如果一切都按"礼"的规定去做，就算达到了道德的最高境界。至此，"道德"有了较为确切的意义，即指人们在社会生活中所形成的道德品质、道德境界以及调整各种伦常关系的道德原则和规范。在西方，"道德"一词源于拉丁文"moralis"。这个词的复数"mores"指社会的风尚习俗，单数指个人性格、品性等，因此，其原意为风俗、习俗、性格。后来引申为原则规范、行为品质、善恶评价等含义。从中外"道德"一词的历史演变看，表明道德既是一种普遍的社会现象，也是一种特殊的社会现象。道德的存在是一个客观的社会事实，自古以来就是人类社会生活的一个重要方面。在人们的社会生活中，人与人、人与社会、人与自然之间必然会发生各种各样的联系，会存在不同的利益关系，也会产生各种各样的矛盾。为着维护一定的社会秩序，调整人们之间的矛盾，维护一定的利益关系，就需要一定的规范来调整和约束人们的行为，道德准则就是最基本的社会规范之一。并且，道德现象还包含着极为广泛的内容，不仅是一种行为规范，也是人们行为善恶的评价标准及行为品质等。所谓道德，就是人类社会生活所特有的，由社会经济关系决定的社会意识和上层建筑成分，是以善恶为评价标准，依靠社会舆论、传统习俗和人们的内心信念维系的，调整人与人、人与社会以及人与自然之间关系的心理意识、原则规范和行为活动的总和。

"伦理"是与"道德"意义相近的概念。在中国古代典籍中，最初，"伦"和"理"也是两个词。"伦"，从人，从仑，有类、群、辈分、秩序等含义。许慎在《说文解字》中解释说："伦者，辈也"。孟子在《孟子·滕文公上》中说："教以人伦，父子有亲，君臣有义，夫妇有别，长幼有序，朋友有信。"所谓"人伦"就是人与人之间的辈分关系以及由此而引申出来的类别、秩序等关系。这里提到五种人伦关系，就是著名的"五伦"。"理"的本义为"治玉"。许慎在《说文解字》中也指出："理，治玉也。"即指依照玉本身的纹路来雕琢打造玉器的意思。后来引申为事物的条理、道理的意思，也即治理、协调社会生活和人际关系道理、准则。伦理连用，最早见于秦汉之际的古籍《礼记·乐记》，曰："乐者，通伦理者也。"意思是说，懂音乐的人与伦理相通。乐理之通于伦理，均在一个"和"字上，"和"蕴含着和谐、和美、秩序、位次等意。此后，人们开始广泛使用"伦理"一词，"伦理"含义一般是指人与人之间的关系以及处理这些关系应当遵循的道理和准则。在西方，"伦理"一词源于古希腊语"ethos"，原意指"家"、"住所"、"场地"，后来引申为驻地居民的风俗、习惯、气质和性格等含义。公元前 4 世纪，古希腊哲学家亚里士多德从风俗、习惯、性格、气质等含义出发，构造了一个形容词"ethicos"，表示"伦理的"、"德行的"。后来他又构造了"ethika"即"伦理学"，用以指研究道德问题的学科。此后，西方开始广泛使用"伦理"及"伦理学"概念。

可见，无论从中国，还是从西方考察，"道德"和"伦理"两个概念，基本意义相似，都是指社会道德现象，指通过一定原则和规范的治理、协调，使社会生活和人际关系符合一定的准则和秩序。人们所称的伦理学或道德学、道德哲学，尽管说法不同，实际上都是指研究道德的科学。但在实际使用上又有所不同，"道德"较多地指人们之间的实际道德关系，故一般用以表示实际生活中的道德现象。"伦理"则较多地指有关人们之间道德关系的道理，故一般用以表示道德理论。研究社会道德现象的科学，就被人们称为伦理学。

如果说伦理学是一门系统的研究社会道德现象的科学，是一门关于道德的学问。那么，伦理思想我们可以界定为：伦理思想就是人们在人类社会生活中对社会道德现象、道德关系认识反映所形成的各种道德观念和伦理学说的总称，是人类对自身道德关系的认识和反映。我国著名伦理学家罗国杰认为：道德观念和伦理学说，都是伦理思想的重要内容，但两者既有联系，又有区别。伦理学说比较深刻、全面，有一定的理论体系；而道德观念则比较简单、零碎，而且多散见于历史叙述、文艺思想、宗教思想、政治思想和法律思想中。① 我国著名学者张岱年也认为：在文化系统中，伦理道德学说是人类对社会生活秩序和个体生命秩序的深层认识，在各种文化形态中处于

---

① 罗国杰主编：《中国伦理思想史》（上卷），中国人民大学出版社 2008 年版，第 1—2 页。

中心地位。① 可以说，伦理思想与政治思想、法制思想、宗教思想、文学艺术等社会思想文化一道，共同构成社会意识形态，属于精神文化的范畴。

中国作为世界上文明发达最早的文明古国之一，具有悠久的历史和光辉灿烂的文化，在漫长的历史发展过程中，也形成了极为丰富和别具特色的道德观念和伦理学说，具有中国自己道德观念和伦理学说产生、发展的历史。从远古时代中国伦理思想的发端，到近代以来资产阶级伦理思想的形成发展和马克思主义伦理思想在中国的传播与发展，在我国社会发展的各个历史时期和阶段，中国历代先贤和思想家们，从中华民族生存发展的特殊自然和社会历史条件出发，形成了他们对社会道德现象、道德关系思考的种种道德观念和道德学说，给后世留下了极为宝贵的伦理思想。并且，中国伦理思想就其表现形态及其研究内容来看，都有着中华民族独具的方式和特点。罗国杰在其主编的《中国伦理思想史》中认为：和西方早在公元前 4 世纪至公元前 3 世纪即亚里士多德时代就已经形成了独立的、系统的伦理学体系不同，中国的伦理思想，在很长的历史时期内，一直同哲学、文学、宗教、历史、政治、法律等各种思想融为一体，在学科上未能形成相对独立的理论系统，这是同中国传统思想的特点相联系的，是中国思想史上的一个特殊现象。② 而从伦理思想家对道德现象研究思考的问题来看，中国思想家们对道德研究思考的问题也与西方思想家们有着显著的不同。对此，在罗国杰主编的《中国伦理思想史》中，将中国伦理思想家们研究所涉及的主要问题，概括为十个方面，即：道德原则同物质利益的关系问题；道德的最高理想问题；道德修养问题；道德品质的形成问题；道德评价问题；人生的意义问题或人生价值问题；道德的必然和自由的关系问题；道德规范问题；德治和法治问题等。③ 此外，中华民族在长期的历史发展中形成的对社会道德现象、道德关系认识反映的各种道德观念还体现于人们社会生活的各个方面，渗透在各种社会文化现象中。

---

① 张岱年、方克立主编：《中国文化概论》（修订版），北京师范大学出版社 2004 年版，第 210 页。
② 罗国杰主编：《中国伦理思想史》（上卷），中国人民大学出版社 2008 年版，第 2 页。
③ 罗国杰主编：《中国伦理思想史》（上卷），中国人民大学出版社 2008 年版，第 6—11 页。

二、壮族伦理思想的内涵

壮族作为中华民族多元一体格局中的重要一员，作为我国人口最多的少数民族，在漫长的历史发展中，也和中华各民族一道，共同创造了中国的历史和文化。同时，也在自己长期的生产和生活历程中，从本民族生存发展的特殊自然和社会历史条件出发，提出了他们对社会道德现象、道德关系思考的各种道德观念和道德理论，形成了具有本民族特色的丰富的伦理思想，构成了中国伦理思想的重要组成部分，为丰富和发展中国伦理思想作出了贡献。

壮族伦理思想是指壮族在长期历史发展进程中对社会道德现象、道德关系认识反映所形成的各种道德观念和伦理学说的总称。它是壮族在长期的社会生活中形成的对人们之间社会道德关系的认识和反映，也是壮民族在社会道德生活中处理人与人、人与社会、人与自然之间关系的道德准则和行为价值标准。作为一种思想观念文化或者说精神文化，壮族伦理思想体现了壮族文化中的精神世界和价值观念，属于壮族文化的深层结构，是壮族文化的核心。和历史上中国伦理思想的表现形态一样，壮民族对社会道德关系认识反映形成的道德观念和伦理思想并未形成独立存在的理论体系，而是与壮族政治、法律、文学、艺术、宗教以及风尚习俗等文化观念和形态相互渗透融合在一起，蕴涵于壮族文化的各个方面。

与其他社会意识形态和任何民族伦理思想的形成相同，壮族伦理思想也是在人类社会发展到一定阶段，在一定的社会历史条件下逐步形成和发展的。壮族是一个具有悠久历史的古老民族，壮族伦理思想发端于先秦远古时代，在壮族以布洛陀神话为代表的"体系神话"中，就向人们展示了人类社会开端壮族先民淳朴的道德观念和伦理思想；自秦汉至民国时期，壮族在中央政权治理下与汉族和其他少数民族杂处中生存和发展的漫长历史阶段，受中央王朝倡导的以儒家伦理为主流的中华伦理思想的影响，壮族人民不断创造、发展和留下许多包含丰富伦理思想的传说、故事、民歌、民俗文化及其他文化典籍，《布洛陀经诗》、《传扬歌》就是其中的典型代表作。新中国成立以来，壮族传统伦理思想的优秀成分，在社会主义的历史条件下得到了弘扬发展，成为了我国社会主义道德的重要组成部分，对我国现代化建设以及壮族地区的现代经济、政治与文化建设及社会和谐发展发挥了重要的作用。

第二节　壮族伦理思想的表现形式和主要内容

一、壮族伦理思想的表现形式

从表现形式或称承载形态看，壮族伦理思想蕴涵于壮族文化的各种表现形态和各个构成部分中。一方面，和历史上中国伦理思想形成的特定社会历史条件及其表现形态一样，壮民族对社会道德关系认识反映形成的道德观念和伦理思想并未形成独立存在的理论体系，而是与壮族政治、法律、文学、艺术、宗教以及风尚习俗等文化观念和形态相互渗透融合在一起，蕴涵于壮族文化的各个方面。另一方面，由于社会历史原因，和汉民族相比，壮族文字创制与使用相对落后，在历史上没有形成统一流行的文字，这也使得壮族伦理思想在总体上尚缺乏完整的理论形态，在一定程度上也尚未分化形成为独立存在的社会意识形态，因此，壮族人民千百年来生活、生产经验的积淀形成的深厚的伦理思想观念和道德传统，大量地融汇和表现于壮族民间文学、传统艺术、体育文化、传统习俗、岁时节日、信仰崇尚等形式多样的壮族文化形态中。因此，我们也将着力研究和解读蕴涵于这些壮族文化形态中的伦理意蕴，以更为深刻地领略壮族伦理思想和民族精神。

（一）壮族民间文学

壮族民间文学是壮族人民在长期的历史发展中，适应物质生产、社会生活和精神生活的需要不断口头创造和传承的民间语言艺术。千百年来，壮族民间文学作为壮族文学的主体，不仅在壮族文学史上具有举足轻重的地位，是壮族文化的主要表现形式，也成为表现壮族人民伦理思想观念的重要载体。壮族民间文学表现为多样体裁，有气势恢宏、魅力永久的神话史诗，寓意深邃的传说与故事，优美动人的山歌民谣，发人深省的谚语格言，富于哲理的寓言，诙谐幽默的笑话等。这些多种体裁的壮族民间文学反映了不同时期人们对现实所持的态度，以及他们为幸福而斗争的精神和对未来的憧憬，也蕴涵着极为丰富的壮族人民的道德观念和伦理思想。

神话是关于神的幻想性故事，是人类最古老的口头创作之一。每个民族在其童年时代都产生过自己的神话，这些神话通过幻想的方式，反映了远古时代各民族先民对客观世界的认识，也反映了人们对自然界的斗争以及支配自然的愿望。壮族神话是我国南方少数民族诸多古朴神奇的神话史诗中浓墨重彩之笔，其题材多样，内容丰富，脉络可寻，气势恢宏，经过世代传唱和整理，已形成一个以布洛陀神话为代表的自成系列的"体系神话"①。壮族"布洛陀"体系神话多角度、多侧面地反映了壮族先民的价值观念、思维方式和行为规范，成为壮民族心路历程的忠实记录和民族精神的集中体现。同时，也生动地表现了壮族自古以来就具有的劳动创世、天人合一、和谐互助、敬长亲幼等良好的道德风尚和道德传统，蕴涵着丰富的道德观念和伦理思想。

民间传说是劳动人民口头创作的与一定历史事件、历史人物或一定地方风物密切相关的传奇故事。它被人们称之为是劳动人民"口传的历史"。民间故事是劳动人民口头创作的一种文学体裁，通常是指以通称的人物、广泛的背景、完整的情节来表现生活的散文叙事作品。千百年来，壮族人民在创造自己的社会历史和灿烂文化的同时，也以口头创作的形式创造了大量丰富多彩的壮族民间传说与民间故事，其种类形式多样，内容题材相当广泛，历史跨度绵长久远。这些壮族民间传说和故事形象、生动、真实地展现出壮族社会的历史发展，也饱含着壮族人民对自己乡土的热爱和怀念，彰显了壮族人民的生活态度和道德传统，反映了壮族劳动人民的道德评价观念和道德理想追求，记录了壮族伦理思想的发展历程，成为了承载壮族伦理思想的重要载体。

民歌是劳动人民集体的口头诗歌创作，属于民间文学中可以歌唱和吟诵的韵文部分。壮族是一个酷爱唱歌善于唱歌的民族，自古以来有着"以歌为乐，唱歌为戏，倚歌择配"的传统习俗和诗性思维与表达的文化特征，从生产劳动到社会斗争，从男女爱情到礼仪风俗，从节庆娱乐到知识传授，人们以歌问路访寨，以歌迎宾接客，以歌寻偶择配，以歌记载历史，以歌教育后代，等等，民歌渗透在壮族社会生活的各个领域，人们逢事必唱，无处不

---

① 张声震：《壮族历史文化与〈壮学丛书〉——〈壮学丛书〉总序》，《广西民族研究》2003年第1期，第44页。

歌，以求通过歌唱的形式来描景叙事、抒发情怀和表达心志。因此，民歌是壮族人民普遍熟悉的一种民间口头创作形式，它对壮族人民的诸多作用，是其他民间文学体裁难以相比的，因而也被称为是"壮族文学的脊梁"①和"壮族传统文学的主流"②。壮族民歌不仅体例复杂，种类繁多，通常人们将其分为劳动歌、风俗歌、生活苦歌、革命歌、情歌、盘歌、哲理歌、儿歌等。而且题材广泛，内容丰富，涉及社会生活的一切领域，从天文地理、神话传说到岁时农事、社会生活、伦理道德、恋爱婚姻等，无所不包。它不仅全面而真实地记录了不同时代的社会风尚，表达了壮族人民的思想感情，反映了壮族人民的世代生活和斗争，而且从不同角度和方面反映了壮族人民丰富伦理思想的道德观念，体现了具有壮族特点的道德倾向和道德风貌，成为了承载壮族伦理思想的重要文学体裁和传播壮族道德观念、陶冶人们道德品行的重要教育手段。

民间谚语是劳动人民口头创作、言简意赅并具有一定认识、教育作用和含有哲理的定型化语句，是一种极为精练短小的语言形式。其内容极为丰富，既有对自然规律、社会规律的认识，也有对生产经验和生活经验的总结，还有对社会斗争和阶级斗争的反映，几乎涉及人类社会生活的各个方面。在长期的历史发展中，壮族人民也创作了许多言简意赅、寓意深刻的民间谚语，包含着十分广泛而深刻的思想内容，涉及时政、社会、教育、交往、修养、生产、生活、自然等诸多方面，渗透到壮族社会生活的各个方面，是壮族人民智慧的结晶。其中，也蕴含着极为丰富的伦理思想和道德观念，对劝导人们以德为善，净化社会风气起到了积极的作用。

（二）壮族传统艺术

艺术作为一种文化形态，是指通过塑造形象来反映社会生活，表达人们思想感情的一种社会意识形态。艺术起源于人类的社会劳动实践，是一定的社会生活在人们头脑中的反映的产物。作为一种重要的文化形态，艺术通过某种特定的媒介符号如绘画、雕塑、音乐、舞蹈、戏剧等来反映和描述事

---

① 胡仲实：《壮族文学概论》，广西人民出版社1982年版，第32页。
② 张声震：《壮族历史文化与〈壮学丛书〉——〈壮学丛书〉总序》，《广西民族研究》2003年第1期，第48页。

物及其价值关系的运动与变化过程，从而对人的认知、情感和意志进行交流、诱导、感化和训练，来表现和反映社会生活，表达人们的思想感情和价值观念。艺术有多种表现形式和种类，绘画、雕塑、建筑、音乐、舞蹈、戏剧、曲艺、电影等任何可以表达美的行为或事物，都被人们称为艺术。壮族人民在长期的社会生活实践中，凭借自己的聪明才智，创造了异彩纷呈的灿烂传统艺术，如千姿百态、意蕴丰富的民间歌舞；风格各异、影响深远的壮族戏剧；五彩缤纷、富有特色的锦绣文化；千古传响、风情万种的铜鼓艺术；纯真质朴、魅力无限的花山崖壁画；神秘悠远、扣人心弦的天籁琴声等。在这些具有壮族风格的艺术文化中，也形象地反映和表达了壮族人民的思想感情和道德观念，蕴涵着壮族自古以来就形成的敬畏自然、尊重生命，英勇顽强、艰苦奋斗，热爱生活、乐观向上，诚实守信、真诚待人，尊敬长辈、爱护妇孺等道德传统和伦理思想，具有极大的艺术感染力。

（三）壮族传统体育

体育是一种特殊的社会现象，是以发展身体运动、增强体质为基本特征的教育过程和社会文化现象。源于人类生存和社会发展需要而不断形成产生的各种不同形式的体育活动，从其一开始形成就具有强身健体、娱乐身心和社会教育的功能。因此，自古以来，各民族创造的丰富多彩的传统体育活动也总是与该民族的历史文化、民风习俗和思想道德观念紧密相连、交织融合，反映着该民族的民族个性、民族思想情感、民族思维方式以及伦理道德等，成为该民族历史文化和思想道德表现传播的重要载体。壮族作为一个有着悠久历史文化的民族，在几千年的历史发展中，也创造形成了风格独特的民族传统体育文化。在众多富有特色的壮族传统体育项目中，既有表现生产生活的打扁担、打榔、踩风车，有反映宗教、祭祀活动和军事武技的跳天灯、打铜鼓、射弩、蚂蚜舞，有表现民族风情风俗的舞翡翠、抛绣球，又有健体强身的板鞋竞技、抢花炮、打陀螺，以及满足民族群众文化娱乐的芭芒燕、龙舟渡、舞狮、舞龙等，这些形式多样、内容丰富的活动，不仅反映了不同时期壮族人民对现实所持的态度，以及他们勤劳勇敢、奋勇进取、憧憬未来的精神品质，也成为表现和传播壮族人民道德观念和伦理思想的重要载体。

（四）壮族传统习俗

习俗是指人们在一定社会群体生活中逐渐形成并共同遵守的习惯和风俗，是人类在日常活动中世代沿袭与传承的社会行为模式。各民族在自己的历史发展过程中，都形成了具有自己民族特色的风俗习惯。习俗作为民族文化的重要组成部分，是民族社会心理和价值观念的表现形式，直接反映和体现了一个民族的民族精神和生活风貌。各民族习俗的内容也十分丰富，渗透到人类社会活动的各个领域，表现在民族物质文化和精神文化生活的各个方面，包括生产和生活习俗、家庭婚恋习俗、人生礼仪习俗、社交习俗、节庆习俗等。壮族在自己的历史发展进程中，在一定的社会物质生活条件、自然和文化环境条件下，为了满足民族的社会生活需要，也历代相沿、群居相染而积久形成了本民族的传统社会习俗，并呈现出生产习俗、生活习俗、礼仪习俗、节庆习俗等丰富多彩的生活画面，构成了壮民族文化的重要成分。作为壮族行为规范和社会道德的重要组成部分，壮族传统习俗与壮民族的价值观念和道德文化交织融合、相互凭借，从人们社会生活的各个方面表现了壮族人民的道德观念和道德精神，还有力地强化了壮族传统道德的规范和教化功能，对壮族思想道德的传承和社会道德风尚的维护起着重要的作用。

（五）壮族节日文化

传统节日作为一个国家或民族历史文化长期积淀的结晶，是一种内容丰富、涵盖面广的社会文化现象，是一个民族文化和习俗的重要构成部分。相比民族文化的其他组成部分如生产和生活习俗、社交礼仪习俗、家庭习俗和人生习俗等，传统节日具有更大的包容性和复合性，包含了民族建筑、民族服饰、民族饮食、民族礼仪、民族信仰、民族娱乐等各种文化现象，是各种民族文化表现形式的综合，被公认为是民族文化的重要载体，凝聚着多方面的民族传统和思想精华。

作为中华大家庭中人口最多的少数民族，在几千年的发展中，壮族也形成了数量众多、形式多样且内涵丰富的传统节日，与中华各民族的文化和风俗交织融汇，壮族既普遍流行中华各民族共有而又加入了自己民族元素的传统节日，如春节、端午、中秋等；也形成和传承着自己民族特有的节日如蚂蚂节、花婆诞节、霜降节等，共同构成了中华民族丰富多彩的节日文化。

壮族传统节日数量众多，形式多样，群众容量巨大，节日的起源和内容也各具特色，有"四季皆聚庆，无月不过节"之称。并且，作为稻作民族，壮族的节日是依据农历展开，贯串一年始终，从一年之始的春节到岁末的除夕，壮人每月都有自得其乐的节日。这一连串五彩缤纷的岁时节日，或是源于生产实践、生活习俗和农事节气，或是源于壮族先民的原始崇拜信仰，或是对重大历史事件和人物的纪念，在内容和形式上都具有浓郁的民族特征，融入了壮族的生产和生活习俗、社交礼仪习俗、家庭习俗、人生习俗和信仰习俗等种种文化事象，渗透着壮民族的社会心理和信仰崇尚，是壮民族精神、民族感情、文化血脉和思想精华的凝结和表现。其中，也深刻地反映了壮族人民的伦理道德观念，蕴涵着壮族社会伦理、家庭伦理和生态伦理等丰富的内容，成为了壮族伦理思想的重要载体，为壮族伦理道德的教育和传承提供了有效的途径和方式。

（六）壮族民间信仰

民间信仰是产生于原始社会并传承至今的在民间根深蒂固、影响深远的一种社会文化现象。所谓民间信仰是指民众自发地对具有超自然力与超人神力的精神体的信奉、敬畏与崇拜。包括原始宗教在民间的产生与传承、创生宗教在民间的渗透与演变、民间广泛的俗信与禁忌以及一般民众的普通迷信。民间信仰是少数民族在历史和现实生活中普遍存在的一种社会文化现象，渗透到人们的社会政治、经济、日常生活等各个方面。虽然，由于社会历史的原因，壮族没有全民统一信仰的传统，但壮族和其他民族一样也有自己的民间宗教信仰，并且表现出多层次、多信仰的特征。早在原始社会时期，壮族就形成了早期的原始宗教，表现为自然崇拜、鬼魂崇拜、生殖崇拜、图腾崇拜、祖先崇拜等多神崇拜信仰；而后，壮族"万物有灵"的多神信仰进一步演变形成了原生型民间宗教，出现了壮族麽教信仰、壮族师公教信仰等；秦汉以后，随着汉文化以及道教和汉传佛教的传入，也出现了壮化道公信仰和壮化僧公信仰等创生宗教。此外，在壮族民间，也还有对自己民族历史上的英雄人物——壮族民间保护神的信仰崇拜。总体而言，壮族原始宗教的影响还比较普遍，壮人的宗教观念相对泛化。尽管如此，在壮族民间信仰文化中，也表达和反映了壮民族关于保护生态、扬善抑恶、集体为大、诚实善良、乐于助人、安分守己、追求幸福、知恩图报、尊老爱幼、和睦相处等丰富的道德观念和伦理教谕，对壮族民众产生了引导和感化作用，对人们生活和社会的发展都有着重要影响。

二、壮族伦理思想的主要内容

壮族伦理思想是指壮族人民在长期历史发展进程中，从本民族生存发展的特殊自然和社会历史条件出发，形成的对社会道德现象、道德关系思考的各种道德观念和伦理思想。壮族伦理思想不仅表现形式多样，其内容也极为丰富，主要表现为公共生活道德、婚姻家庭道德、经济伦理、政治伦理，以及关于道德教育、道德修养的认识与实践等。

（一）壮族公共生活道德

公共生活道德亦称社会公德，是指人们在社会交往和公共生活中应当共同遵循的基本道德行为规范，它是人类在社会生活中根据共同生活的需要而形成的，对维系公共生活和调节人与人之间的关系具有重要作用。壮族公共生活道德是壮族人民在本民族长期的社会历史发展中，在人们的社会交往和公共生活实践中逐渐发展积累起来的，并为本民族社会成员所公认、并须共同遵循的最基本、最起码的道德行为规范。作为壮族道德规范体系的重要构成，壮族公共生活道德在维系和调节壮族社会公共生活中人与人、人与社会、人与自然的关系方面提出了一系列基本的道德行为要求，其主要内容有热爱家国、维护统一，注重礼貌、热情好客，团结互助、济困扶危，遵守规约、维护公益，正直诚实、讲究信用，尊崇自然、保护环境等。这些要求，作为调整壮族人民社会交往和公共生活的道德行为规范，对维系壮族地区社会公共生活，调节人们之间的道德关系，促进生产发展和推动社会进步都起到了重大作用。

（二）壮族婚姻家庭道德

婚姻家庭道德，是指人们在婚姻家庭生活中应当遵循的行为准则，是调节婚姻关系、家庭内部成员以及与家庭生活密切相关的人际交往关系的道德规范，涵盖了夫妻、长幼、邻里之间的关系。壮族在其漫长的社会历史发展和婚姻家庭生活及其衍变发展中，适应壮族婚姻家庭生活协调与完善的需要，也逐渐形成了具有本民族特色的婚姻家庭伦理。壮族婚姻家庭伦理是调节壮族婚姻家庭中人们之间相互关系的道德规范的总和。作为壮族道德规范体系的重要组成部分，壮族婚姻家庭伦理对调节和维系壮族婚姻家庭生活的各种伦理关系也提出了追求婚恋自由，择偶重德、人勤心善，男女平等、相互敬重，夫妇守道、相敬如宾，孝敬长辈、尊老爱亲，兄弟相让、妯娌相亲，邻里和睦、善待孤寡等一系列基本伦理道德规范要求，并表现出追求婚恋自由，尊重和褒扬妇女，相对宽松的离婚环境，同情寡妇、再嫁不难，治家勤为本、居家俭为先，持家和为本、齐家情为上等鲜明的本民族婚姻家庭伦理的特征，对协调壮族婚姻家庭生活中人们的相互关系发挥了重要作用，对壮族人民婚姻家庭生活各个方面产生了广泛而深刻的影响。

（三）壮族职业伦理

职业伦理，是指从事一定正当职业的劳动者，在职业活动中应当遵循的具有自身职业特征的行为规范，以及与之相应的道德观念，是一般社会伦理在职业或行业生活中的具体体现。壮族在自己漫长的历史发展过程中，在特定的社会生产条件下，随着生产力的发展，社会分工的形成与发展，也形成了稻作农耕、养殖业、渔猎、林业等经营模式和各个相对稳定的职业，进而形成了在职业生活领域处理人们之间的关系的职业伦理观念和道德要求。勤劳敬业、诚实守信、公平公正、团结协作等就是壮民族在长期的职业活动中形成，并用于调节人们在职业活动中各种道德关系的职业伦理道德要求。并且，在壮族稻作农耕、养殖业、渔猎、医药等一些重要的职业活动领域，也形成了一系列具有本民族特色的职业伦理规范要求。

（四）壮族经济伦理

经济伦理是人们在生产、分配、交换和消费等经济活动中形成的伦理规范以及对社会经济行为的道德评价。壮族作为历史悠久的民族，在长期的以稻作农耕为主的经济生产活动和经济生活中，也形成了他们对生产、分配、交换、消费等各个环节经济活动中的道德现象、道德关系思考的经济伦理思想，并用于调节人们在经济活动中的道德行为，也成为了评价人们经济行为的道德价值标准。壮族经济伦理思想作为壮族在经济生产活动中调节人们道德关系的规范和评价人们经济行为的伦理观念和道德要求，体现在生产、分配、交换、消费等经济活动中的各个环节，以及壮族各个职业活动领域，其基本观念和主要内容体现为：吃苦耐劳，互助互济的劳动伦理；追求平等，恪守本分的分配伦理；诚实守信，良心为本的交换伦理；崇尚节俭，适度索取的消费伦理，等等。壮族这一系列朴素的经济伦理思想和道德要求对壮族社会经济活动有着深刻的影响，为壮族的生存和发展提供了不可或缺的精神动力和道德支持，在当代壮族地区经济建设和发展中也有着重要的现实价值。

（五）壮族政治伦理

政治伦理是指政治主体（包括阶级、国家、政党、官员、民众等）在政治活动与政治行为中所信奉和应遵循的伦理准则。政治伦理作为反映政治与道德关系的范畴，是人们的政治生活与道德生活相互结合、相互渗透的结果。长期以来，在壮族的社会政治生活中，受中华传统政治伦理思想的影响，也形成了一系列以儒家倡导的修身、齐家、治国、平天下政治伦理思想为主导的政治伦理思想观念，提出了热爱祖国、民族团结、反对侵略、抵御外侮、追求公平、反抗强权、民众为本、掌印为民、厚仁载物、谨慎修身、讲信修睦、整齐治家等许多的政治伦理主张。壮族一些重要的历史人物，也在他们所处的特定历史条件下，提出了不少有益的政治伦理观念主张。这些政治伦理思想，对于调节壮族社会政治生活的道德关系，维护壮族民众的政治地位和政治权利、维护壮族地区的社会秩序和稳定以及增强民族认同与国家认同，都曾经并将继续发挥重要作用。

（六）壮族道德教育与道德修养

道德教育和道德修养是壮族道德实践活动的两种重要形式，是壮族社会道德的规范要求转化为人们个人的道德意识、情感、意志、信念和行为习惯，促使壮族道德规范由他律转向自律的道德规范运行机制的重要构成。壮民族在自己的历史发展过程与生存发展条件的基础上也形成了本民族特有的道德教育和道德修养的方法、途径，因此，壮族人民关于道德教育、道德修养的观念认识和实践探索，也构成了壮族伦理思想的重要内容。

壮族道德教育的方法主要有长者言传身教、艺术形象熏陶、生活实践教育、乡俗民约教化、文体活动渗透等多种表现方式，并具有直观朴素、潜移默化，灵活运用、寓教于行，形式多样、生动活泼的特点。这些形式多样、特色鲜明的道德教育方法促使壮族社会道德规范要求得以传播和传承，对培养壮族人民形成良好的道德观念和道德品质起到了极为重要的作用。壮族在长期的道德实践活动中，也提出了具有本民族特点的品德修养观念，形成了笃行践履、勤学崇智、乐善改过、明礼守法、谨慎言语等一系列道德修养的方法，这些品德修养的方法对于促使壮族社会倡导的道德规范由他律转向自律，帮助人们及其后代的品德养成也起到了重要作用。

第三节　壮族伦理思想的主要特点

马克思主义的民族理论认为，民族是在一定的历史发展阶段形成的稳定的人们共同体。一般说来，民族在历史渊源、生产方式、语言、文化、风俗习惯以及心理认同等方面具有共同的特征。其中，共同的历史渊源是一个民族客观存在必不可少的前提、基础；共同生产方式是形成为一个民族的物质条件；在前两者基础上形成的共同语言、文化、风俗习惯以及心理认同则是形成为一个民族的精神条件。斯大林说过："各个民族之所以不同，不仅在于它们的生活条件不同，而且在于表现在民族文化特点方面的精神面貌不同。"① 这就强调不同的文化特质，是区别不同民族的显著的标志。人类社会发展的历史也表明，每个民族，无论大小，都有自己的只属于本民族而为其他民族所没有的特点，这也应该包括思想文化方面的特点。壮族及其先民在其所处的自然环境和特定的生产方式条件下，在长期的历史发展过程中创造形成的壮族伦理思想，呈现出以下几个方面的突出特点。

一、自发性与继承性

就其形成和发展看，发端于远古时代的壮族伦理思想带有明显的自发性与继承性的特点。从遥远的古代开始，壮族及其先民就一直劳作、生息、繁衍在祖国南疆——岭南这片广袤的土地上。在漫长的原始社会发展时期，

---

① 《斯大林选集》（上卷），人民出版社 1979 年版，第 63 页。

壮族的祖先在恶劣的自然环境下，为了求得生存和发展，人们共同劳动、共同生活、相互保护，必然结成了特殊的且又较为经常而固定的各种社会关系，并形成了日益复杂的认识这些关系的自我意识和观念。正是在这些意识观念和社会关系中，萌发了道德关系和道德观念的萌芽。而后，伴随着社会分工的发展，人们之间的各种关系日趋复杂，个人与个人、个人与集体之间的利益矛盾也日益突出，从而产生了从道德意识上约束人们的行为、调解各种利益矛盾，以维系一定社会秩序的必要性。于是，在壮族先民的社会生活及他们的自我意识中，也自然形成了有关善与恶、祸与福、利与害等最初的道德观念，并以原始禁忌和风俗习惯的形式表现出来，成为维系和调节人们之间关系的一些简单的道德准则。在壮族许多远古神话中，就向我们展现了人类社会开端壮族及其先民协调人与人，人与天上、人间、地下三界之间的道德关系所形成的劳动创世、尊崇自然、和谐互助、敬长亲幼等淳朴的道德观念。而从古人类社会以来，虽然，壮族作为我国一个历史十分悠久的少数民族，也经历过了人类社会发展普遍经历过的各个社会历史形态，与汉民族的发展程度大体接近，但在新中国成立前，壮族在其发展的相当长的历史阶段，生产方式还比较落后，生产工具简陋，生活和居住条件恶劣。在这样的生产、生活条件下，人们形成的道德观念还大量地保留着原始道德观念的痕迹，具有明显的自发性和朴素性的特征，人们更多的是从自我感情、感觉和传统的禁忌、风俗和习惯等直观的形式来把握现实的道德关系，并自发地用原始社会以来形成和传承下来的本民族的道德准则来调节和规范自己的行为。并且，由于长期以来壮族社会分工的不发达和文字语言发展的落后，对人们形成的道德意识缺乏深入的理性思考和理论研究，也使得壮族伦理思想未能形成系统、完整的理论形态，具有明显的自发性特征。

马克思主义伦理学认为，道德作为一种特殊的社会意识形态，不仅由一定的社会经济关系所决定，也能够积极能动地获得和保持自己的特殊性，具有相对独立性，道德的发展具有自身的传承性。这是由于，在人类社会的发展过程中，道德反映的不仅是社会的经济关系、阶级关系，而且也反映经济关系、阶级关系之外的其他社会关系，这些关系具有超越特定的经济关系、阶级关系，超越特定社会历史条件的普遍的稳定性的特点，所以每个时代的道德，不仅是当时历史条件下特定社会经济关系的反映，而且是某些延续若干时代以至一切时代的社会关系的反映，这就使道德显示出自身相对独立发展的历史。和其他各种社会意识形态一样，壮族伦理思想一旦形成，也具有继承性，其发展也是一个承前启后、前后连续的相对独立发展的历史过程。在壮族社会发展的每个时代，人们提出和表现出来的道德观念和伦理思想，都具有由他们的前辈传下来的历史内容作为自己这一时代伦理思想的前提和出发点的特性，并伴随着壮族社会历史的发展一代一代地传承下来。而在对壮族伦理思想的研究中，我们也看到，千百年来，壮族人民在一定的社会经济关系和生产、生活条件下所形成的崇尚勤劳、鄙视懒惰、团结协作、慷慨助人、尊老爱幼、以礼相待、尊崇自然、和谐相处、热爱国家、抵抗外侮等道德观念和伦理思想，以及承载这些伦理思想的各种壮族传统习俗和文化形态也伴随着社会历史的发展而在壮族人民中一代一代地传承下来。

二、多样性与直观性

壮族伦理思想在表现形式上具有多样性和直观性的特征。如前所述，由于中国社会历史和文化思想发展的特殊性，壮族伦理思想也与中国伦理思想的形成和表现形态一样，在很长的历史时期内，并未形成相对独立的学科理论体系，而是与壮族文学、艺术、法律、宗教以及风尚习俗等文化形态相互渗透融合在一起，蕴涵于壮族文化的各个方面，并借助壮族文化的多种形态得以延续和发展。并且，还由于壮族在历史上没有形成统一流行的文字，壮族伦理思想也未能形成系统的、完整的理论形态，也使得壮族人民在生产、生活实践中形成的道德观念、道德传统和伦理思想，主要是通过多样的、直观外显的方式和手段加以表现和传播。但凡壮族民间文学、传统艺术、体育活动、礼仪交往、风俗习惯、岁时节日、信仰崇尚等各种口头传授的民间传承文化和众多的社会习俗仪式活动，都在不同程度上成为了壮族伦理思想表现、承载和传承的方式和手段。例如：在壮族地区广泛流传的《布洛陀》、《姆洛甲》、《布伯》、《莫一大王》、《侯野射太阳》、《妈勒访天边》等许多神话传说中，不仅形象、生动地向后人展现了本民族最初如何从人类发展的开端出发，步履艰难而又威武雄壮地行进于人类社会征途上的足迹，反映了壮族先民的价值观念、思维方式和行为规范；也揭示了古代壮族人民的伦理思想和道德观念及其演变，以文学形象的方式生动地表现了壮族自古以来就形成的不畏艰险、劳动创世，尊崇自然、天人合一，集体为大、互助团结，敬老孝亲、慈爱幼小等丰富的社会伦理、家庭伦理和生态伦理的道德观念和良好的道德传统。

壮族是一个能歌善唱的民族，具有发达的诗性思维和表达的民族文化特征，在壮族社会生产、生活的各个方面，人们都能以歌代言，无事不歌。因而，被称为是"壮族文学的脊梁"的壮族民歌，自然也成为了反映壮族人民道德观念、道德风貌和承载壮族伦理思想的非常重要的表现形式，以及道德传播和道德教育的重要手段。壮族热情真诚、谦和友善的规范准则和道德风尚在壮族的礼俗歌谣中就有充分表现。每当有客到来，主人会以歌待客，唱迎客歌、祝酒歌；上门做客者也会唱赞歌、谢歌，以歌答谢。主客双方热情真诚、以礼相待。云南广南壮族一首迎客歌就唱道："喜迎远方客，到桃源坝美；老乡伸出手，山村张开臂。大家手牵手，互相肩并肩；情和情相融，心和心相连。"① 产生于明代并广泛流传于广西壮族地区的《传扬歌》，就是一部由劳动人民集体创作被专门用来阐明和传播壮族伦理道德的哲理长歌。全歌长达 2100 行，内容涉及个人规范、家庭伦理道德、社会道德等。《传扬歌》开篇就写道："提笔细思量，道理要传扬，编歌警世人，共同明主张。"② 在做人规范方面，歌中唱道："说千条万条，勤劳是头条"，"劝告青年人，行为要端正"，"做个正直人，不枉寿百年"，等等，要求人们养成勤劳节俭、诚实正直的品质。可以说，壮族诗性语言表达的文化特征，使之更为注重通过民歌这一直观外显的艺术形象来传播民族道德观念，陶冶人们的道德品行，因而也形成了壮族有别于汉族及其他民族的道德教育的显著特点。

壮族丰富多样的生产习俗、生活习俗、礼仪习俗、婚恋习俗、节庆习俗等直观外显的社会生活画面，也与壮民族的价值观念和道德文化交织融合、相互贯通，从社会生活的各个方面表现了壮族人民的道德观念和道德精

① 范西姆主编：《壮族民歌 100 首》，广西人民出版社 2009 年版，第 253—255 页。
② 梁庭望、罗宾译注：《壮族伦理道德长诗传扬歌译注》，广西民族出版社 2005 年版，第 111 页。

神，有力地强化了壮族传统道德的规范和教化功能，对壮族思想道德的传承和社会道德风尚的维护起着重要的作用。如"打背工"的生产习俗，表明壮人在古代社会就形成了团结互助的朴素道德；"打标为记"和"插标"的习惯，彰显了壮族人民待人处事诚实守信、正直重义的道德品行；"添粮祝寿"的生活习俗，反映了壮族尊老敬老的伦常孝道；壮族同辈之间、晚辈与长辈之间素有的尊称、谦称和昵称的礼仪习俗，也展示了壮族举止注重礼貌、言行文明、敬重长辈、关怀幼小的道德风尚。

三、交融性与开放性

壮族伦理思想还具有交融性与开放性的特征。民族从来都不是孤立存在的，每个民族在其自身的发展过程中，总是要同其他民族在政治、经济、文化等方面发生联系和交往。而我国各民族间的大杂居、小聚居的状况和特点，也必然会使各民族的伦理文化相互渗透和交融。① 长期与各民族杂居共处以及壮族稻作农业的经济生产模式也形成了壮族开放包容的民族文化特征。自秦汉以来秦始皇统一岭南之后，壮族地区纳入了中央集权制的统治之下，历代中央王朝不仅对壮族地区施行"以夷制夷"、"以其故俗治"的统治策略，还在壮族地区开设书院，兴办科举，加速了汉族文化尤其是儒家文化在壮族地区的传播和渗透。壮族子弟上学读书，学的是汉文化，识的是汉文化，接受的是汉文化的熏陶；自唐代以来在壮族地区出现的古壮字，是壮族文人受汉字影响，模仿汉字创制的。加上历代大量华夏汉族的逐步南迁"与越杂处"，汉文化在民间也得到广泛传播，更使得汉文化对壮族的影响日益加深。这些，都促使壮族在与汉族及其他民族的共处交往中，不断吸收汉族和其他民族的伦理思想文化，特别是接受和认同中央王朝所尊崇的以儒家伦理为主流的中华伦理思想，使中华各民族伦理文化与壮族伦理文化相互渗透、相互融合，并推动壮族伦理思想不断发展。同时，壮族在生产和生活实践中形成和发展的道德传统及其所包含的道德精神也对中华伦理思想的丰富发展作出了富有创造的贡献。

---

① 李资源：《文明的呼唤——中国少数民族传统伦理道德研究》，广西人民出版社 2004 年版，第 132 页。

壮族伦理思想的交融性与开放性，在壮族各个社会生活领域所体现出的伦理思想和道德观念中，都有显著的反映。诸如在社会公共生活和经济生活领域，壮族人民所表达和倡导的重义轻利、崇尚集体、维护公益、勤劳节俭、重礼好客、诚实守信等道德观念，无不是中华伦理思想的鲜明体现。在家庭生活领域，壮族人民在日常生活以及在壮族伦理道德之集大成《传扬歌》等壮族文化典籍中所表达出来的敬老孝亲、父慈子孝、夫温妻顺、兄弟互让、妯娌相和、邻里和睦的家庭道德观念，这不仅是壮族在本民族长期发展中形成的道德传统，也与儒家伦理特别注重孝道有关，是中华家庭伦理道德的反映。在政治生活领域，以儒家"修身、齐家、治国、平天下"为核心内容的中华传统政治伦理思想也在壮族地区得到广泛传播和认同，对壮族政治伦理道德观念产生了重要的影响。而这点，我们无论是从壮族民众中表达的"我不种田地，叫你肚子扁"①，呼唤官家要"掌印为民"的民本观，"富贵由天定，由命不由人"、"谁不想富贵，八字已安排"的天命观，还是从忻城莫氏土司、瓦氏夫人等不少壮族土司尊崇儒家纲常道统，提倡忠君爱国、仁民爱物、勤于政事、节俭勿奢的政治伦理规范，并注重厚仁载物、崇智尚勤、博读经史、讲信修睦、慎言力行的修身实践等，都有明显的例证。

四、民族性和权威性

壮族伦理思想具有的民族性和权威性也是显而易见的。所谓民族性，一般认为就是为本民族全体成员所共同具有的不同于其他民族的那一部分特有的属性。黑格尔在谈到民族精神时曾指出："民族的宗教、民族的政体、民族的伦理、民族的立法、民族的风俗，甚至民族的科学、艺术……都具有民族精神的标记。"② 在伦理道德方面也是如此。作为单一的民族共同体，由于在历史上形成了共同的语言，有着共同的历史渊源、共同的经济生活、共同的文化、共同的风俗习惯和民族心理认同，也必然会在民族道德观念文化上具有自己民族的特有属性。无论是在民族道德的起源和形成方面，还是

---

① 梁庭望、罗宾译注：《壮族伦理道德长诗传扬歌译注》，广西民族出版社2005年版，第113页。

② [德] 黑格尔：《历史哲学》，生活·读书·新知三联书店1956年版，第104—105页。

在民族道德观念的主体认识和理解、民族道德评价的标准、民族道德情感的表达方式以及民族道德行为准则等方面，往往都会因民族不同而表现出各自的差异。对此，恩格斯曾有这样的论述："善恶观念从一个民族到另一个民族、从一个时代到另一个时代变更得这样厉害，以致它们常常是互相直接矛盾的。"① 同样，壮族的伦理道德也不例外，壮族伦理思想的形成和发展虽然受到以儒家伦理文化为核心的中国伦理文化的影响，但也具有与自己的民族精神、民族文化相适应的独特方面，表现出自己民族道德的特有属性。首先，在壮族的道德观念和伦理规范的表达方式上，就具有显著的民族性。壮族酷爱唱歌、逢事必唱、无处不歌的民族文化传统培养造就了壮族发达的诗性思维，因此，种类多样的壮族民间歌谣自然就成为了反映壮族人民的道德观念，表达壮族伦理思想的非常重要的方式，无论是社会公共生活道德、家庭婚姻道德、经济伦理、政治伦理，还是传播伦理思想的道德教育和道德修养实践活动，在壮族民歌中都有大量的反映和体现，积世代壮族人民集体智慧而成的《布洛陀经诗》和《传扬歌》，正是表达和传播壮族道德观念和伦理思想的两部经典长诗。壮族这种诗性思维和表达的传统，也形成了壮人道德品行以歌熏陶、由歌养成的特点。此外，许多壮族特有的传统艺术、民间体育、传统习俗、岁时节日、信仰崇尚等都成为了壮族伦理思想的重要表达方式。其次，壮族伦理思想所表达的内容方面也体现出鲜明的民族性。例如：虽然壮族受儒家伦理影响也极为注重家庭孝道，但壮人并不重男轻女，壮族女性有一定的地位。② 由于壮族妇女承担着繁重的生产劳动和家务劳动，以及壮族的招郎入赘和倚歌择配婚姻习俗，由此形成了壮族婚恋自由、家庭成员平等的道德观念，《传扬歌》中说道："生女有福气，田地交给她。招婿来上门，今世也成家。生得好男儿，都说福气大。儿媳创家业，里外会筹划。"③ 在壮族家庭中，虽然丈夫居于主导地位，妻子居于从属地位，但丈

---

① 《马克思恩格斯选集》第 3 卷，人民出版社 2012 年版，第 469—470 页。

② 参见梁庭望、罗宾译注：《壮族伦理道德长诗传扬歌译注》（前言），广西民族出版社 2005 年版，第 41、56 页。

③ 梁庭望、罗宾译注：《壮族伦理道德长诗传扬歌译注》，广西民族出版社 2005 年版，第 117 页。

夫也不能对妻子动辄训斥打骂，而是主张夫妻要互爱互帮，夫妻和睦，在《传扬歌》中反复传扬："一家两夫妻，相敬不相吵。有事多商量，和睦是个宝。"[①]"夫妻一条心，勤俭持家忙。不见众亲友，家贫变小康。小事各相让，大事好商量。言语当谨慎，和睦把家当。"[②] 再次，壮族伦理道德在调节范围方面体现的民族性更是不言而喻的。在壮族人民的社会道德生活中形成产生的壮族伦理规范，也自然能被壮民族成员所接受认可，成为本民族成员进行善恶评价的道德标准和共同遵循的道德行为准则。

壮族伦理道德在对壮族成员道德行为的调节中也体现出了其权威性。由于历史和社会的原因，以及自然环境、居住条件等因素，在新中国成立前，壮族社会生产发展相对缓慢，生产力水平较低，道德发展水平也相对比较落后。尽管如此，并未弱化本民族道德对人们行为的调节功能，与这种生产力发展状况和道德发展水平相适应，人们往往把道德的义务和道德评价准则，看成是一种外在的力量和神灵的警诫，是传统和习俗的要求，习惯于将本民族长期以来约定俗成的行为道德戒律看成纯粹是外界赋予的确定不移的法则，无须作任何论证和解释，于是，社会生产、生活似乎成为"风俗的统治"。正如列宁所指出的那样："公共联系、社会本身、纪律以及劳动规则全靠习惯和传统的力量来维持，全靠族长或妇女享有的威信或尊敬（当时妇女往往不仅同男子处于平等地位，而且有时还占有更高的地位）来维持"。[③] 例如，旧时壮族地区的许多地方，一般都由为人们信服的乡老、村老或族老主持制定，或者是沿袭传统习惯而成的乡规民约、村规民约、族规、禁忌等，这些规约的内容涉及生产、生活、伦常、救难扶危等各个方面，主要是维护当地的社会秩序和生产秩序的条律，且相当多的内容属于道德行为规范。这些乡规民约、村规民约、族规、禁忌等对于调节村落之间、乡民之间、家族和家庭之间的各种利益关系和道德行为，维护社会公共秩序发挥了重要的功

---

① 梁庭望、罗宾译注：《壮族伦理道德长诗传扬歌译注》，广西民族出版社 2005 年版，第 131 页。

② 梁庭望、罗宾译注：《壮族伦理道德长诗传扬歌译注》，广西民族出版社 2005 年版，第 131 页。

③ 《列宁选集》第 4 卷，人民出版社 2012 年版，第 28 页。

能。再有，壮族许多社会公共生活伦理规范、家庭婚姻伦理规范的要求，虽然常常通过传统的生产习俗、生活习俗和礼仪、节日习俗加以表达和体现，但这种传统习俗的道德调节却具有很强的权威性。例如：父母逝世后，作为儿孙的是否操办葬事，守孝是否彻底，祭品是否丰厚，等等，对习俗的信守程度成为了对人们是否遵循孝道的评价标准，如当事者认真履行之，则博得众人的赞誉；做不到，就遭到人们的指责，被视为缺乏孝道或不孝。壮族七月十四节，也称"鬼节"，是壮族仅次于春节的大节，非常隆重，壮人世世代代在这个节日祭奠远祖。节日期间，在外工作、打工和学习的壮人，无论工作多忙，离家多远，都会千方百计赶回家去祭拜祖先，表达强烈的祖先崇拜和对逝去先人的怀念。并且，整个节日的祭祖活动中，祭祀唯恐不恭，供品唯恐不丰，其追先悼远之情，洋溢其中，也非常明显地表明了传统习俗对人们道德行为调节的权威性。对于违背道德伦常的行为，壮人还往往通过歌谣、谚语及禁忌习俗等方式表达出深恶痛绝的诅咒，如对于子女晚辈不孝敬父母长辈的行为，社会的道德评价不仅仅是一般的谴责，而且还会给予"这种孩子别让他发家，生女让她死，生男让他灭，脚跟没有福血染，腰间没有背带缠，堂屋无人拜，上梯无人扶，下田无人陪，下地无人跟，走亲戚无人送，杀鸡无人吃巴腿，糍粑无人尝，火灭无人添，鳏寡无生育，背痒无人抓，头虱咬无人捡"[①] 这样"断子绝孙"的恶毒诅咒，这种非常严厉的道德谴责更是强化了壮族道德调节功能的权威性。

第四节　壮族伦理思想的地位与作用

一、壮族伦理思想的地位

（一）壮族伦理思想是壮族文化的核心

壮族伦理思想是壮族人民在长期的生产和生活历程中形成的对社会道德现象、道德关系思考的各种道德观念和道德理论，在壮族文化发展中具有非常重要的地位。壮族伦理思想所以在壮族文化发展中处于如此重要地位，

---

① 张声震主编：《布洛陀经诗译注》，广西人民出版社 1991 年版，第 927—930 页。

是由伦理道德具有的对社会文明进步的特殊使命决定的。马克思主义伦理学认为，道德是一种调节社会生活中人与人、人与社会集体之间关系的特殊的行为规范。与其他社会意识形态相比较，道德有着区别于其他意识形态特殊的本质，这种特殊本质就在于道德是一种特殊的规范调节体系。道德规范不同于法律规范、政治规范和宗教规范的地方在于，道德规范对人们行为的调节是用善恶作为评价标准，借助社会舆论、传统习俗和人们的内心信念来实现的，是一种非制度化、非强制性的和内化的规范。① 道德这一调节方式表现出了他律性与自律性相结合、规范性与主体性相结合以及持久性与广泛性相一致的特殊性。相比法律、政治这些强制性的社会规范而言，道德主要不是被颁布、制定或规定出来的，而是处于同一社会或生活环境的人们在长期的共同生活过程中逐渐积累形成的要求、秩序和理想，表现为社会的道德风尚和个人的道德风貌，并以此来调节人们的利益关系，呈现出润物细无声的柔性特征。② 我国古代思想家孔子就认为："道之以政，齐之以刑，民免而无耻；道之以德，齐之以礼，有耻且格"③。可以说，道德规范比强制性的法律、政治规范对人们行为的调节更为重要、更为根本，它通过启迪心智、激发情感、敦劝规约和激励教育等柔性约束的手段，来深入人们的灵魂深处，引导人们追求社会的文明和高尚的情操，做有文明道德的人。正是在这个意义上，伦理学研究一般认为，在构成社会意识形态的观念文化中，伦理道德文化居于核心地位，它同政治文化、法制文化、宗教文化、艺术文化、民族文化等相比，更能体现社会的进步与文明。道德文化是人类文化的最重要的标志，它构成并衡量着人类内在最深刻需求的抑恶扬善的精神力量，促成人类文明由低层次进入高层次。④ 中国共产党第十四届六中全会作出的《中共中央关于加强社会主义精神文明建设若干重要问题的决议》指出："社会主义思想道德集中体现着精神文明的性质和方向，对社会政治经济的发展有巨大的能动作用。"这正是从伦理文化在社会文化中的核心地位来阐述的。

---

① 罗国杰主编：《伦理学》，人民出版社 1989 年版，第 53 页。
② 《伦理学》编写组：《伦理学》，高等教育出版社、人民出版社 2012 年版，第 122 页。
③ 《论语·为政》。
④ 黄钊等：《中国道德文化》，河北人民出版社 2000 年版，第 6 页。

　　而文化学、民族学的研究也都认为，一个民族文化的核心是本民族认同的文化价值观，包括价值观和伦理道德在内的精神文化是民族文化的深层结构。虽然每个民族的价值取向不尽相同，也并不是一成不变的，随着社会经济、政治的变革也会发生改变。但一个民族普遍认可和遵循的道德传统、道德行为准则和道德价值取向总是构成民族价值观的重要内容，并构成为一个民族文化的核心。中华民族在长期的历史发展过程中所形成的许多优秀伦理文化传统也成为了中华各民族普遍认同的主流价值观，一直被人们视为是中华文化的核心内容。诸如：注重社会整体利益，强调公忠为国，倡导"国而忘家，公而忘私""先天下之忧而忧，后天下之乐而乐""国家兴亡，匹夫有责"，以国家、民族利益为重的爱国主义精神；重视人格修养，强调重德精神，崇尚"富贵不能淫，贫贱不能移，威武不能屈""地势坤，君子以厚德载物"等气节情操的思想精华；重视仁以待人，"己所不欲，勿施于人"，尊老爱幼、热情好客，济困扶危、风雨同舟的仁爱精神，强调人际和谐的美德；重视以义制利，强调贵俭，恪守清正廉洁的思想原则；强调积极入世和自强进取精神，关注和倡导"修身、齐家、治国、平天下"，"天行健、君子以自强不息"的人生理想；等等。在当代，我国倡导的社会主义核心价值体系的基本内容也包括以爱国主义为核心的民族精神和社会主义荣辱观为基础的道德要求。党的十八大报告从国家制度、社会集体、公民个人三个层面向全社会倡导的"富强、民主、文明、和谐""自由、平等、公正、法治""爱国、敬业、诚信、友善"的社会主义核心价值观，无一不是道德层面的价值观念和行为准则要求。

　　作为一种思想观念文化或者说精神文化，壮族伦理思想也体现了壮族文化中的精神世界和价值观念，属于壮族文化的深层结构，是壮族文化的核心。壮族学者梁庭望在论述壮族文化时，不仅认为价值观是壮族文化深层结构的重要表现，构成了壮族文化的灵魂。① 而且还认为不断创造的价值取向，安宁有序和谐的价值取向，助人为乐排忧解难的价值取向，埋头苦干不喜张扬的价值取向，乐于吸纳积极进取的价值取向等这些壮族的道德观念和道德

---

① 梁庭望：《壮族文化概论》，广西教育出版社2000年版，第548页。

传统构成了壮族文化价值体系的重要内容。① 可以说，壮族在自己长期的历史发展中形成的热爱故土家园、增进民族团结、维护祖国统一、抵御外敌入侵的爱国主义精神；集体为大、团结互助、济困扶危的集体主义观念；埋头苦干、勤劳节俭、勇敢顽强，敢于斗争的道德精神；热情好客、慷慨助人、诚实正直、信守诺言的道德风貌；热爱生活、乐观向上、崇尚自由、向往幸福的道德理想；以及尊老爱亲、家庭和谐、邻里和睦、善待孤寡的家庭伦常观念等等道德观念、道德传统和伦理规范准则，作为壮族人民认同的价值观念和壮族文化的核心构成，对于壮族及其文化的形成发展，壮民族凝聚力的加强，壮族地区的社会风尚、道德面貌、文明状况乃至壮族经济社会、历史的发展都发挥了不可低估的重要功能和作用。

（二）壮族伦理思想是中华伦理思想的重要组成部分

壮族是中华民族多元一体格局中的重要一员，也是人口最多的少数民族，壮族人民在长期历史发展进程中创造形成的具有自己民族特色的丰富的伦理思想，是中华伦理文化的重要组成部分，在中华伦理思想的形成发展中占有重要的地位。

壮族是一个富于道德情感和道德传统的民族，早在远古时代，壮族及其先民就从本民族生存发展的特殊自然和社会历史条件出发，提出了他们对早期社会道德现象、道德关系思考的各种道德观念，萌发了早期的壮族伦理思想。秦汉以来，秦始皇统一岭南后，壮族地区正式纳入了中国版图，处于中央集权制的统治之下。随着中央王朝对壮族地区政治统治的加强、教育科举的兴办以及历代大量华夏汉族人口的逐步南迁"与越杂处"，汉文化逐渐浸润岭南，深刻地影响了壮族文化。壮族在与汉族及其他民族的共处交往中也促进了壮汉文化交融互动，一方面，壮族不断吸收了汉族和其他民族的伦理思想文化，特别是接受和认同中央王朝所尊崇的以儒家伦理为主流的中华伦理思想，使壮族伦理文化与中华各民族伦理文化相互渗透、相互融合，并推动壮族伦理思想不断发展；另一方面，壮族在生产和生活实践中形成和发展的道德传统及其所包含的道德精神也对儒家伦理为主干的中华伦理文化产

---

① 梁庭望：《布洛陀文化——壮族价值观的摇篮》，载李富强主编：《中国壮学》第二辑，民族出版社 2006 年版，第 181 页。

生影响，以自己独特的方式为中华伦理思想的丰富发展作出了富有创造的贡献。

壮族在长期的历史发展过程中创作形成的许多历史著述、民间文学以及社会活动中，都阐述和蕴涵了大量极为丰富的伦理思想。其中的典型代表作是在壮族地区广为流传的《布洛陀经诗》、《传扬歌》两部经典的民间长诗。

《布洛陀经诗》是壮族及其先民在漫长的历史岁月中创作并不断补充发展而成的，它是在壮族民间口授文传至今的一部古老而又恢宏的经典诗篇，也是由壮族民间布麽（巫师）用古壮字记录编写并保存与传承下来的经诗唱本，因而被视为是壮族麽教经诗。于 1991 年由广西人民出版社出版的《布洛陀经诗译注》序文认为：《布洛陀经诗》产生流传的年代已经久远，从其内容分析，可能起源于母系氏族社会向父系氏族社会转变的时代，尚带有母系氏族社会的痕迹，随后又经历了奴隶社会、封建社会，一直延传至今。① 而其以古壮字记载的文本成书年代，据学者研究，很有可能是明末清初这一时段。② 《布洛陀经诗》是一部唱诵壮族创世始祖神布洛陀创造天地万物、规范人间伦理的长篇神话史诗，素有壮族传统文化"百科全书"之称。从内容上看，它广泛地触及了壮族社会各个历史时期的社会生产、生活以及宗教活动，对人类社会起源、伦理道德、宗教禁忌、风土人情及人民社会生活的各个方面都有描述和反映，其中也以大量的篇幅反映了壮族的伦理道德问题，揭示了古代壮族人民的伦理道德观念及其演变，列举和提出了许多调节壮族群体社会中人们道德关系的社会道德行为规范，也堪称壮族伦理道德规范集大成之经典诗篇。

《传扬歌》是壮族民间百姓专门用来阐明和传播壮族伦理道德哲理长诗的总称，在民间古壮字手抄本中写作《欵傳揚》。"欢"为壮语译音，即山歌；"传扬"是借汉词，其原义不变；"欢传扬"汉译是"传扬歌"，意为传播和颂扬伦理道德的歌。《传扬歌》虽然形成于明代，但是经过漫长历史进

---

① 张声震主编：《布洛陀经诗译注》（序），广西人民出版社 1991 年版，第 10—11 页。

② 李小文：《壮族麽经布洛陀文本产生的年代及其"当代情境"》，《中央民族大学学报》（哲学社会科学版）2005 年第 6 期，第 109 页。

程逐步萌发和积累起来的，其基本思想形成于唐宋，明代定型于改土归流过程中，清代进一步加工润色。可以说，它是经由众多歌手反复传唱、加工、修改、润色而逐步完善而成的，是壮族人民集体智慧的结晶。在我国各少数民族的类似作品中，由民间创作的囊括一个民族伦理道德的长诗，目前发现的只有壮族《传扬歌》。①《传扬歌》全面地阐明了壮族关于处理人们相互关系应当遵守的道德准则，提出了许多调节规范人们社会公共生活和家庭婚姻生活行为的道德规范，阐述了不少道德教育和修养的途径和方法。可以说它是壮族人民的一部"道德经"，其中所阐发的伦理思想和道德观念，一直是壮族人民所依据遵循的道德规范准则和评价人们行为善恶的价值尺度，也是古代壮族人民道德教育传承的重要教科书。

壮族伦理思想在壮族神话传说和故事、民间谚语、传统体育和艺术、习俗礼仪、岁时节日、信仰崇尚等整个民族精神文化生活和社会实践活动的各个方面，也都有广泛而生动的体现。概括起来，壮族伦理思想的主要内容有：在公共生活道德方面，提出了热爱家国、维护统一，注重礼貌、热情好客，团结互助、济困扶危，遵守规约、维护公益，正直诚实、讲究信用，尊崇自然、保护环境等一系列基本的道德规范要求。在婚姻家庭道德方面，提出了择偶重德、人勤心善，男女平等、相互敬重，孝敬长辈、尊老爱亲，兄弟相让、妯娌相亲，邻里和睦、善待孤寡等诸多的道德规范要求。在经济伦理方面，倡导和主张吃苦耐劳、互助互济的劳动伦理观；追求平等、恪守本分的分配伦理观；诚实守信、良心为本的交换伦理观；崇尚节俭、适度索取的消费伦理观等。在政治伦理方面，提出了热爱祖国、民族团结、反对侵略、抵御外侮、追求公平、反抗强权、民众为本、掌印为民、厚仁载物、谨慎修身、讲信修睦、整齐治家等政治伦理主张。在道德教育和道德修养的道德实践中，也形成了长者言传身教、艺术形象熏陶、生活实践教育、乡俗民约教化、文体活动渗透等多种教育方式；形成了笃行践履、勤学崇智、乐善改过、明礼守法、谨慎言语等一系列道德修养的方法。这些大量表现反映出来的壮族伦理思想和道德准则规范以及道德教育和道德修养的方式方法，不

---

① 李资源：《文明的呼唤——中国少数民族传统伦理道德研究》，广西出版社 2004 年版，第 66 页。

仅是壮族历史上形成并代代相传的道德传统，无疑也是中华民族传统美德和中华伦理思想的重要组成部分，在中华伦理思想的形成和发展中，壮族作出了非常重要的贡献。

二、壮族伦理思想的社会作用

马克思主义伦理学认为，道德是一种由社会经济关系决定并为其服务的特殊社会意识形态。一方面，道德是社会经济关系的反映，道德的产生、发展和变化归根到底都是由社会经济关系决定的。正如恩格斯所说的："人们自觉地或不自觉地，归根到底总是从他们阶级地位所依据的实际关系中——从他们进行生产和交换的经济关系中，获得自己的伦理观念。"[①] 另一方面，道德也具有相对独立性和对社会生活的能动作用，道德一旦产生，就必然以自己特有的方式为一定的经济基础服务，对人们的社会生活具有特殊的重要功能，对社会历史的发展产生巨大的能动作用。一般认为，道德的功能是多元的，认识功能和调节功能是其最基本的功能，此外，还有导向功能、教育功能、激励功能等。道德的这种能动作用主要表现在：对其赖以产生的经济基础的形成、巩固和发展具有促进和维护作用；对社会生产力发展具有重要影响；对人际关系的协调和社会生活秩序的稳定具有维护和保证作用；对相应的社会政治、文化发展具有影响作用等。道德作为一种特殊的意识形态对社会发展所具有的能动作用是其他意识形态所不能替代的。

壮族伦理思想是壮族人民在长期的社会生活中形成的对社会道德现象、道德关系思考的各种道德观念和道德理论的总称。作为壮民族在社会生活实践中形成产生的关于处理人与人、人与社会、人与自然之间关系的道德认识和道德规范，壮族伦理道德也具有一般的社会道德所具有的共同本质特征，它源于壮族的社会生活和社会经济关系，融汇于壮族的生产、生活、文学、艺术、宗教和传统习俗之中，支撑着壮民族的心理和意识，对壮族人民的社会生活和历史发展也发挥了多样性的功能和重要的能动作用。千百年来，壮族伦理思想作为一种特殊的社会意识和强大的精神力量，对于推进壮族社会

---

① 《马克思恩格斯选集》第 3 卷，人民出版社 2012 年版，第 470 页。

经济的发展，维护国家的统一和壮族地区社会秩序的稳定，促进壮民族文化的发展和民族凝聚力的增强，以及良好社会风尚的形成都起到了极为重要的社会作用。

（一）推进壮族地区社会生产力的进步和经济的发展

从人类历史的发展过程来看，非经济因素，尤其是道德所激发的精神动力，对经济生产的发展具有至关重要的作用。恩格斯曾经说过："经济的前提和条件归根到底是决定性的。但是政治等等的前提和条件，甚至那些萦回于人们头脑中的传统，也起着一定的作用"。[1] 无疑，恩格斯所说的人们头脑中的传统包含道德或者与道德密切相关，道德具有加速或延缓经济关系的形成和发展的作用。道德对社会经济发展的作用主要体现在，道德可以为经济发展提供精神动力，为经济主体提供内在活力，为经济组织提供整体合力，为经济活动提供道德上的价值。[2] 壮族是一个历史悠久的民族，远古以来，壮族及其先民就在祖国南疆这片广袤的土地繁衍生息，面对岭南恶劣的自然生态环境，他们不惧艰辛，筚路蓝缕，开拓耕耘，推进了壮族地区生产力的发展。壮族人民在长期的社会生产、生活实践中形成的不畏艰险、劳动创世、勤劳勇敢、团结协作、开拓进取、顽强斗争等等的伦理诉求、道德品质和道德传统，无疑就是促进壮族地区社会进步发展的精神动力和内在活力。正是道德的力量促使壮族人民在自己耕耘开拓的这片土地上，推动着社会生产力的进步和发展，不断创造社会财富，促进社会变革，从而使广大壮族地区也遵循着人类社会发展的普遍规律，紧跟中华大家庭历史发展的脚步经历过了人类社会发展普遍经历过的原始社会、奴隶社会、封建社会等历史阶段，进入到了今天社会主义现代化建设的时代。

（二）维护祖国南疆的稳定、国家的统一和民族的团结

道德作为一种由社会经济关系所决定的社会意识形态和上层建筑中的重要组成部分，不仅对社会经济的发展具有巨大的能动作用，它与上层建筑中其他的社会意识形态，也是相互联系、相互作用的。正如恩格斯所说，

---

① 《马克思恩格斯选集》第4卷，人民出版社2012年版，第604页。
② 《伦理学》编写组编：《伦理学》，高等教育出版社、人民出版社2012年版，第132—133页。

"政治、法、哲学、宗教、文学、艺术等等的发展是以经济发展为基础的。但是，它们又都互相作用并对经济基础发生作用。"① 在社会上层建筑的各因素中，政治因其和经济基础的直接、集中的联系往往居于核心地位，而政治和道德又有着极为密切的联系，政治对道德有支配、制约的作用，道德反过来对政治也具有独特的影响和作用。道德能够为相应的政治服务，维护其正义性与合理性，同时排斥与之完全不同的政治制度，使社会形成一个共同的思想观念、基本的行为准则和道德评价标准，从而在社会成员同心同德的基础上，实现社会局面的安定团结和社会秩序的稳定。② 纵观我国社会发展历史，正是中华民族在漫长的历史岁月积淀形成的以爱国主义为核心的团结统一、爱好和平、勤劳勇敢、自强不息的民族道德精神和共同价值观，为中华民族的生存和发展提供了不竭的精神动力，维护中国统一的多民族国家的发展模式，确保了中华民族能够饱经沧桑而不亡、历尽磨难而重生，并创造了世界历史上唯一未曾中断的灿烂的中华文明。

在中华民族久远绵长、灿烂辉煌的发展历程中，壮族作为我国地处边疆、人口最多的少数民族，为保卫祖国南疆的领土完整和安全稳定，促进国家的统一发展和多民族的团结建立了不可磨灭的功劳，作出了非常巨大的贡献。究其原因，壮族伦理道德精神功不可没。壮族在历史发展和社会实践中形成的热爱家园、抵抗外侮的爱国精神；埋头苦干、不喜张扬的奉献精神；和睦友善、乐于助人的协作精神等道德精神和价值观念，成为几千年来影响和支撑壮族人民强大的精神动力。正是这些道德精神，使得壮族人民对中国统一的多民族国家具有强烈的归属感和认同感，自觉融入中华民族大家庭，他们一直固守祖国的南疆，开疆辟土，辛勤耕耘，与中华各民族友好相处，很少主动与周边国家和民族交恶；他们虽然远离国家政治中心，国家观念却很强，从来不分裂中国，并始终维护祖国领土的完整。当着国家、民族面临外来侵略时，他们也总是奋不顾身，英勇奋战，抵抗外侵，保家卫国。从历史上看，自唐宋以来，在各个不同的历史朝代，壮族人民都为缔造中国大一统的政治局面，为维护祖国南疆的安全稳定和中华各民族的团结发挥了不

---

① 《马克思恩格斯选集》第 4 卷，人民出版社 2012 年版，第 649 页。

② 《伦理学》编写组编：《伦理学》，高等教育出版社、人民出版社 2012 年版，第 133 页。

可估量的重要作用。对此，著名壮学学者梁庭望先生评价说：壮族"这种宽容、温和、内向的民族性格……民族社会内部不那么动荡，彼此和谐放心生产，社会相对安定"，"使岭南成为中国民族矛盾最少的地方之一，新中国成立以来，也是中央政府比较放心的地方，这都是众所周知的事实。"[①]

(三) 促进壮族文化的形成发展和民族凝聚力增强

在社会意识形态和社会文化系统中，伦理道德是一种极为深刻的文化现象，道德文化不断汲取其他文化因素的养料，在文化的整体氛围中成长，并以其特有的方式存储在人们的习惯、风俗、礼仪规范之中，进入人们的内心世界，长久地占据人们的精神空间。[②] 和其他文化类型相比，道德文化是构成人的本质的内在精神力量，在文化系统中居于核心地位，是文化的内在精神或价值内核。作为一种特殊的社会意识形态和极为深刻的文化现象，道德与其他社会意识形态和文化现象相互联系，相互作用，不仅渗透在其他社会意识形态和文化现象之中，也影响着其他社会意识形态和文化的形成和发展。

壮族伦理思想作为壮族文化的核心，也体现了壮族文化中的内在精神与核心价值观念，构成了壮族文化的灵魂，对壮族文化的形成发展产生了深刻的影响作用。一方面，壮族伦理道德与其承载的各种文化形态相互促进、交融发展，壮族伦理思想以壮族民间文学、戏曲艺术、传统体育、风俗习惯、节日文化、民间宗教等文化形态为载体，壮族的各种文化形态又以壮族的伦理道德为其表现的重要内容，借助道德的内容和价值得以发展传承，作为文化的内核，壮族道德的发展推动了壮族其他文化的发展。特别是由于社会历史的原因，壮族伦理思想并未形成独立存在的文化形态，更使得承载它的各种文化形态借助其内在的道德精神和价值得到充分发展。如在壮族文化发展史上两部经典巨著，《布洛陀经诗》是在壮族地区广为流传经典史诗，它既是壮族民间文学的一部古老而又恢宏的经典代表作，也是由壮族民间布麽（巫师）用古壮字记录编写并保存与传承下来的壮族麽教经诗唱本，《传

---

① 梁庭望：《布洛陀文化——壮族价值观的摇篮》，载李富强主编：《中国壮学》第二辑，民族出版社 2006 年版，第 193 页。

② 魏英敏主编：《新伦理学教程》（第二版），北京大学出版社 2003 年版，第 201 页。

扬歌》则是一部在广西壮族地区广泛流传的壮族民间伦理道德哲理长诗的总称，这两部鸿篇巨制因其丰富而深刻地体现了壮族道德精神而成为壮族文化的经典及教育的百科全书代代流传，无疑也丰富发展了壮族文化的宝库。又如壮族是个酷爱唱歌的民族，由于缺乏全民族统一通行的文字，壮族民间文学承担了本属文字负载的知识传授和道德教化等功能，并以壮族民歌最具代表性，作为一个历史悠久、酷爱唱歌的民族，壮族子女从小就在浸泡在歌海中，接受歌谣文化的熏陶，许多深奥的社会道德和做人道理通过歌谣表现形式达到了道德教育效果。壮族的民歌文化也因其全面而真实地记录了不同时代的社会风貌，从不同角度和方面反映了壮族人民丰富的伦理思想而具有深刻的价值内涵，从而得到充分的发展和传承，被誉为是"壮族文学的脊梁"。① 另一方面，壮族道德作为人类行为实践领域中一种以指导人们行为为目的、以形成人们正确的行为方式为内容的实践精神，② 也成为激发了壮族人民文化创造力的巨大的精神动力，促使壮族在社会历史的发展中创造了许多在人类文化史上富有特色和影响深远的物质文化和精神文化，诸如稻作文化、干栏文化、铜鼓文化、歌圩文化、戏曲文化、花山崖壁画文化等。

不仅如此，壮族伦理道德作为壮族文化的内在精神和壮民族核心价值观念的重要内容，其在对壮族文化的发展发挥影响作用的同时，也在壮族历史发展过程中对于形成民族的性格特征，强化民族意识，振奋民族精神，增强民族凝聚力也起到了很重要的作用。不少研究认为，壮族人民在社会生活实践中形成和倡导的热爱家国、民族团结，集体为大、团结互助，助人为乐、济困扶危，埋头苦干、勤劳勇敢，乐于吸纳、积极进取，安宁有序、和谐稳定，乐观向上、崇尚自由，诚实正直、信守诺言，天人合一、崇尚自然，孝老爱亲、家庭和谐等道德观念和道德规范准则，构成了壮族文化价值体系的核心内容。这些壮族人民所认同的价值观念与道德精神蕴涵和融汇在壮族的各种文化形式中，借助人们熟悉的生产、生活实践和风俗习惯加以潜移默化的渗透和传播，促使人们在历史岁月的积淀中年复一年地受到熏陶和教育，接受本民族的道德观念和行为规范，感受本民族道德精神的魅力，成

① 胡仲实：《壮族文学概论》，广西人民出版社 1982 年版，第 32 页。
② 罗国杰主编：《伦理学》，人民出版社 1989 年版，第 54 页。

为了振奋民族精神，增强民族凝聚力，推动壮族生存和发展的强大精神动力。正是壮族的道德精神促使壮民族形成了良好的性格特征，培育了壮族这样一个勤劳苦干、团结奉献的人口众多的民族，为今天祖国南疆的繁荣奠定了基础。①

（四）调节维护壮族地区的社会生活秩序，促使良好社会道德风尚的形成

道德作为一种特殊的社会意识形态，有着区别于其他意识形态的特殊的本质，这种特殊的本质在于它是一种对人们行为的特殊的规范调节方式，是一种调节人与人、人与社会集体之间关系的特殊的行为规范。正如张岱年先生所说的："道德就是人们的行为的规矩或准则，也就是人们对于家庭，对于本阶级以及其他阶级，对于本民族以及其他民族，所采取的行为的一定的标准。道德在本质上是为了某一范围内的人们的利益而提出的对于人们行为的约束或制裁。"② 道德这种特殊的行为规范不同于法律规范、政治规范的地方在于，它是一种非制度化、非强制性的规范，同时也是一种内化的规范。道德对人们行为的调节是借助社会舆论、传统习俗和人们的内心信念来起作用的，是一种通过启迪心智、诉诸感情、敦劝规约、激励教育来使其发挥作用的软约束或柔性约束。③ 道德一旦产生，就必然以自己特有的方式对人们的社会生活发挥其重要的调节功能，以规范约束人们的行为方式，维护和调整社会生活秩序。

壮族人民在长期的共同生活过程中逐渐积累形成的伦理诉求和道德规范，对维护和调整壮族地区人们共同的社会生活秩序，规范和约束人们的道德行为，保证人们社会生活的正常进行，也发挥了极为重要的调节功能。无论是壮族传统伦理道德之集大成的《传扬歌》所阐述的壮族公共生活道德、家庭婚姻道德和个人做人规范与修养；还是通过壮族人民的传统习俗、民间传承文化、民间信仰文化和乡规民约等各个方面承载和体现的壮族伦理思想观念和道德规范，都对调节、规范和约束壮族人们之间的道德关系和道德行

---

① 梁庭望：《壮族文化概论》，广西教育出版社 2000 年版，第 580 页。

② 张岱年：《中国伦理思想发展规律的初步研究》，载《张岱年全集》第 3 卷，河北人民出版社 2007 年版，第 452 页。

③ 王泽应编著：《伦理学》，北京师范大学出版社 2012 年版，第 68—69 页。

为发挥了重要的作用。在社会发展的历史长河中，通过各种民族特有的方式
体现表达的壮族道德观念和道德规范体系，依靠社会舆论、传统习俗和人们
的内心信念，很好地发挥了其对社会生活秩序和人们的道德行为的调节和规
范作用。如在《传扬歌》以及许多壮族歌谣中，都有许多规劝、告诫人们要
有良好的勤劳节俭、诚实做人、正直善良、求知好学、孝敬老人、睦邻友
善等的伦理规范主张；对于懒惰、偷盗、赌博、欺诈、蛮横、忤逆等不良行
为，则给予了社会舆论的强烈谴责。在《传扬歌》中，就有不少这样的规
劝、告诫："劝诫年青人，行为要端正。勤劳无价宝，做贼人憎恨。"[1]"人穷
有骨气，黑夜不行偷。他人一叶菜，过路绕开走。"[2]"同是受苦人，出门莫
贪财。牵得大牛走，引出阎王来。"[3]"劝你贪心者，莫去贪他人。土官查到
时，罪惹上你身。要有啥规矩，先找人家问。恐来日受苦，受罚罪不轻。"[4]
显然，这些借助社会舆论和传统习俗提出的教育和劝诫，对于指导人们如何
做人、如何做事，帮助人们形成良好的道德行为，维护社会生活秩序，促进
良好社会风尚的形成产生了重要的作用。

---

[1]　梁庭望、罗宾译注：《壮族伦理道德长诗传扬歌译注》，民族出版社 2005 年版，第 122 页。
[2]　梁庭望、罗宾译注：《壮族伦理道德长诗传扬歌译注》，民族出版社 2005 年版，第 122 页。
[3]　梁庭望、罗宾译注：《壮族伦理道德长诗传扬歌译注》，民族出版社 2005 年版，第 123 页。
[4]　梁庭望、罗宾译注：《壮族伦理道德长诗传扬歌译注》，民族出版社 2005 年版，第 184 页。

第二章　壮族伦理思想的形成与发展

马克思主义伦理学认为，道德是人类社会生活发展到一定阶段的产物，它源于人类社会关系及对社会关系的意识和调节，道德产生之后，其发展演变随着社会关系特别是社会经济关系的变化而变化。① 和人类社会道德的形成发展轨迹相同，早在先秦远古时期，壮族先民在长期的共同劳动、共同生活中结成了人与人、人与社会之间的特殊的社会关系，逐渐积累形成日趋复杂的各种观念，在这些关系和观念中，包含着道德关系和道德观念的萌芽，促使了壮族伦理思想的萌发形成。秦至清中叶时期，伴随着壮族社会历史的发展、社会经济关系的变化以及历代中央王朝逐步加强对岭南壮族及其先民居住地区的统治，壮族伦理思想在与以儒家伦理为主流的中华各民族伦理思想相互渗透、相互融合中不断传承发展；近代以来，壮族传统伦理思想在不断传承的同时，西方资产阶级伦理思想和马克思主义伦理思想也开始在壮乡传播，并对壮民族的道德观念和道德生活产生了重要的影响；新中国成立后，壮族传统伦理思想在社会主义道德理论和社会主义核心价值体系指导下，摒弃糟粕，传承精华，促使壮族优秀伦理道德在社会主义条件下得到了大力传扬和发展。

第一节　先秦时期壮族伦理思想的萌发形成

在原始社会的早期，壮族先民群居在森林、山洞中，过着原始的采集

---

① 王泽应编著：《伦理学》，北京师范大学出版社 2012 年版，第 89 页。

和渔猎生活，大约在旧石器时代晚期，壮族先民社会进入了氏族社会的发展阶段，他们在长期的共同劳动、共同生活中结成了人与人、人与社会之间的特殊的社会关系，逐渐积累形成日趋复杂的各种观念，在这些关系和观念中，包含着道德关系和道德观念的萌芽，促使了壮族伦理思想的萌发。可以说壮族的道德观念和伦理思想发端于远古，这在许多古代壮族神话中已依稀可见。虽然，由于其产生年代久远而又缺少文字记载，要再现其伦理思想比较困难，但是我们可以从"他们遗留下来的无生命的碑石器具；他们关于艺术、宗教及人生观的认识——其中一些是我们直接获得的，另外一些则是以传奇、神话及童话故事的形式经由传统传承给我们的"①，来重现这一时期壮族先民的伦理思想。在此我们主要是通过梳理和分析壮族神话传说和巫师经文来重现这一时期壮族先民的伦理思想。

一、伦理道德观念与原始宗教相伴而生

宗教与伦理的产生具有相同的源流。学者万俊人就认为："在人类原始生活中，宗教与道德之间的界限并不明确。相反，在原始人类对外部世界和自身生活的认识尚未获得充分自律的情况下，原始道德与原始宗教几乎无法区分。"②先秦时期，壮族先民在生产和生活的实践中，对于自然和社会的一些现象，有了初始的认识，形成了一些朴素的观念，其中就包括壮族的原始宗教和伦理思想。它们二者都是壮族先民在与大自然搏斗中应对困难危险，寻找幸福的过程中不断形成的。在恶劣的自然条件下，壮族先民出于对神的敬畏，他们总是怕触犯神而招来灾祸，于是就在他们的意识中逐步树立起"神"的权威，以减少"神"带给他们的灾难，由此包括自然崇拜和祖先崇拜的原始宗教得以产生。在同样的过程中，壮族先民为了生存和种族的延续必须处理好人与自然、人与人的关系，壮族最初的伦理思想也就由此产生了。

---

① ［奥］西格蒙德·弗洛伊德：《图腾与禁忌》，上海人民出版社 2005 年版，第 6 页。
② 万俊人：《寻求普世伦理》，北京大学出版社 2009 年版，第 38 页。

（一）壮族原始宗教中关于壮族先民祖先崇拜的叙述，反映了壮族先民趋向文明的道德观念形成和转变过程

《布洛陀经诗》第六篇《伦理道德·唱童灵》中就叙述有：从前还没有伦理，没有孝丧的礼仪，活人吃死人的肉，做房屋杀父亲吃他的肉，也会杀了外甥用肉给外婆送礼。后来有个名叫童灵的小孩，他看见母牛生崽很辛苦，回来告诉母亲，母亲告诉他牲畜生崽不算辛苦，妈生你们这些宝贝才艰难。童灵了解母亲的艰辛后，就告诉大家不要吃人肉，他母亲死后，他还设灵守孝。① 这段经文就反映了先秦时期壮族先民已经开始有了人类文明道德意识的觉醒，从对父母的不"孝"，到对父母尽"孝道"。《布洛陀经诗》还讲了壮族先民从没有规矩、没有礼仪到有辈分规矩、讲礼貌的过程，提出了"孝"、"敬"、"礼"等伦理道德观念。

（二）壮族原始宗教中关于祭祀禁忌的叙述，表明了宗教是先秦时期壮族先民的道德观念的主要表现形式

先秦时期，壮族先民最初对道德规范没有自觉的认识。他们在调节和处理人与人、人与自然及人与社会的关系时，不是源自于自身的理性思考和情感需要，而是依托于鬼神崇拜和巫术来进行。如在《布洛陀经诗》第六篇《伦理道德·解母女冤经》中描述有：女儿出嫁后回家来争财产而引起矛盾，母亲对女儿诅咒，诅咒应了，女儿家被鬼神惩罚，女儿去问布洛陀和姆洛甲怎么解除，在他们的指引下女儿解除了诅咒，生活美好如初。② 在《布洛陀经诗》之《解父子冤经》、《解婆媳冤经》等中都有相似的表述。从中我们可以看到，壮族先民非常重视维护家庭的团结，但是维护这种团结，却是依托于对鬼神灵魂的崇拜产生的种种禁忌实现的。

此外，壮族先民对于违反社会公德等行为的评判也是依托于宗教仪式来实现的。如对偷盗等行为的"神判"就是一个很好的说明。据《广西壮族社会历史调查》丛书中的记载："从前，本地壮族人民凡遇偷盗事件的争执，便到雷王庙去进行'神判'。神判前，由争执的双方各找一人代替赌咒，找不到别人代替的，则由自己赌咒，如果被指为偷盗犯的人因找不到别人代为

---

① 张声震主编：《布洛陀经诗译注》，广西人民出版社 1991 年版，第 539—564 页。

② 张声震主编：《布洛陀经诗译注》，广西人民出版社 1991 年版，第 1018—1063 页。

赌咒，更要引起对方和社会的怀疑。神判的方法很简单：用竹竿一条，一端挂个小篮，篮里燃香数枝，由巫师拿着念神一通，双方对神赌咒，接着杀小猪、公鸡各一只祭神，求神暗中惩罚偷盗者或诬赖者。"①

（三）壮族原始宗教中关于自然崇拜的叙述，体现了壮族先民对自然的敬畏，反映了先秦时期壮族先民人与自然和谐相处的生态意识

壮族先民最早的宗教信仰和世界上其他古老民族一样是自然崇拜。壮族先民往往选择那些与他们日常生活有着密切利害关系的自然现象加以崇拜，如火、水、树木、土地、山石等等，这种观念直到今天还深深地影响着壮族地区人们的思想观念。如居住在百色县那毕乡（今百色市右江区汪甸瑶族乡）壮族群众就认为任何一个山、川、木、田等都有神坐镇，除了不可触犯之外，还必须经常以食物、钱财等来孝敬它，否则它会找上门来责罚你，你便大祸临头。对某山某水等自然物都认为是有神的，人们多崇拜之。在该乡大毕屯附近有个叫顶香的地方，据说二十多年前有个老人想从那里走过去，一直走了三天还不出七步远，因而人们说此地有雷公，使得长期以来没有人敢走进那里。②

壮族奉行"大地万物各有其道、相生相克和相互依存的生态观念"。③这种观念以壮族先民的原始天地观为基础，在行为上表现为对自然和图腾的崇拜，在规范上依托各种禁忌和习惯法来约束人们的行为，其目的在于"追求人与自然的平衡和谐关系，主张人类要珍惜自然资源，利用和开发要适度，保持自然生态的平衡"④。在这种观念的影响下，壮族先民在开垦土地、砍伐树木、利用水源等方面遵循自然规律。因为壮族先民相信，如果过度开发，就是违反天理，就会激怒众神，必将受到严重惩罚。

以上我们可知，先秦远古时期壮族先民的道德规范往往被"幻想或者制定出无数的图腾偶像、风俗、礼仪甚至禁忌、巫术，并把它们作为完整的

---

① 广西壮族自治区编辑组、《中国少数民族社会历史调查资料丛刊》修订编辑委员会：《广西壮族社会历史调查》（一），民族出版社 2009 年版，第 266 页。
② 广西壮族自治区编辑组、《中国少数民族社会历史调查资料丛刊》修订编辑委员会：《广西壮族社会历史调查》（二），民族出版社 2009 年版，第 228—229 页。
③ 覃彩銮：《试论壮族文化的自然生态环境》，《学术论坛》1999 年第 6 期，第 119 页。
④ 覃彩銮：《试论壮族文化的自然生态环境》，《学术论坛》1999 年第 6 期，第 119 页。

原始人行为规范大家族中的重要组成部分"①。显然，这一时期壮族先民的道德规范带有浓厚的宗教色彩，因为它是通过宗教形式来表现的，而且其本身也是壮族原始宗教的组成部分，因此严格意义上讲不能类同于今天的伦理道德规范。"但它们确实把壮族先民纳入到了统一的行为模式之中，以宗教的神圣权威迫使每一个人逐渐强化对规范的服从和对个人行为的约束从而逐渐演化为成员自觉遵守的风俗习尚。"②

二、壮族神话传说大量展现了先秦时期壮族先民纯朴的道德观念

马克思说过，神话是"已经通过人民的幻想用一种不自觉的艺术方式加工过的自然和社会形式本身"③。壮族神话传说和原始宗教一样，都是壮族"童年时代"生活、思想和信仰的反映，它能真实而生动地反映壮族先民生活的方方面面。因此，我们研究先秦时期壮族伦理思想时，须到壮族神话传说中去挖掘。

（一）壮族神话传说中对古代神话英雄的描述，表现了先秦时期壮族先民对勇敢、互助、勤劳等美德的尊崇

1. 壮族神话传说中对为部落的共同利益而勇敢献身的英雄及其高贵品质的崇敬和赞扬，表现了先秦时期壮族先民朴素的集体主义道德观。先秦时期壮族先民征服自然的能力很低，单靠个人的能力很难生存，所以个人对集体的依赖性很强，因此维护部落的共同利益就成了这一时期壮族先民社会道德的重要准则。由此在壮族地区流传反映壮族先民为了维护部落或集体利益而敢于自我牺牲的神话传说就非常多，如流传于云南南部壮族聚居区的神话传说《水珠》就说道：岩刚为了解决寨子的旱情去寻找"万水之源"的水珠，不怕艰难，勇斗毒蜂和蜘蛛，终于找到了水珠。但是自己却在搏斗中累倒，身体化成了山梁，头变成了山峰，而口就变成了群众梦寐以求的泉眼。④

---

① 罗国杰主编：《伦理学》，人民出版社 1989 年版，第 44 页。
② 戚卫红、杨明：《上古时代中国伦理思想之演变》，《求索》2012 年第 1 期，第 230 页。
③ 《马克思恩格斯选集》第 2 卷，人民出版社 2012 年版，第 711 页。
④ 蓝鸿恩主编：《壮族民间故事选》，上海文艺出版社 1984 年版，第 82—89 页。

2. 壮族神话传说中对英雄人物劳动事迹的叙述，反映了先秦时期壮族先民有了热爱劳动的美德。"凡是在我国古代神话所褒杨的具有威望的神，或是神性的英雄，几乎无一不与劳动有关。"[①] 在壮族姆洛甲神话中，姆洛甲是一位造天地、造人类和万物的女神。她吹一口气，升到上面便成了天空；天空破漏了，抓把棉花去补就成了白云；天空造成了，她发现天小地大，盖不住，便用针线把地边缝缀起来，最后把线一扯，地缩小了，天盖得住了。然而地又不平了，大地边沿都起了皱纹，高凸起来的就是山，低凹下去的是江河湖海。[②] 在壮族布洛陀神话中，布洛陀得到神符后开始创造万物，他造人、造太阳、造火、造谷米、造牛等等，通过劳动创造战胜了强大的自然力量，使壮民族得以生存与繁衍。这些神话传说，无不反映壮族先民热爱劳动的美德。壮族先民所崇拜的神，不是虚无缥缈的东西，它来源于壮族先民的劳动过程中，在壮族先民的神话或经诗中，神往往是一种用某种劳动工具武装着的十分现实的人物。因而，这些神话传说反映了壮族先民对劳动的热爱和对取得劳动成果的自豪。《布洛陀经诗》序歌（一）中就说道："耕田种地有经书，也全凭布洛陀的功德"[③]，"每天摆桌子喝酒，每天歌舞三次，也全凭布洛陀的功德。"[④]

3. 壮族神话传说中对英雄人物探索大自然秘密的叙述，反映了先秦时期壮族先民不畏艰难、不达目的不罢休的刚毅性格。"妈勒访天边"是壮族人民熟悉的神话传说。其主要内容是：古时壮族先民在探索自然的过程，大家都想去看天边是什么样。在讨论的过程中，老人、年轻人、小孩都各自说了理由，但最后一位年轻的孕妇说的理由最合理，大家就同意她去访天边了。她在途中生下儿子（勒），两母子历经重重困难走了几十年，但母亲年老走不动了，叫儿子一个人继续向前寻找天边。[⑤] 这个故事充分说明了壮族先民在探索自然的过程，有一种不畏艰难、前赴后继的品质。在壮族的神话

---

① 徐金城：《中国古代神话伦理思想初探》，《道德与文明》1985 年第 3 期，第 40 页。
② 周作秋、黄绍清、欧阳若修等：《壮族文学发展史》（上），广西人民出版社 2007 年版，第 44 页。
③ 张声震主编：《布洛陀经诗译注》，广西人民出版社 1991 年版，第 22 页。
④ 张声震主编：《布洛陀经诗译注》，广西人民出版社 1991 年版，第 28 页。
⑤ 蓝鸿恩主编：《壮族民间故事选》，上海文艺出版社 1984 年版，第 37—39 页。

传说中，还有与雷神相斗的布伯、射日英雄特康等等，他们那种为坚定的信念而敢于战斗、敢于牺牲的精神，深为鼓舞人心。这些具有百折不挠、不畏艰险、富于自我牺牲的神话英雄形象，生动地反映了先秦时期壮族先民在个人品德上纯洁、高尚的道德特征。

（二）壮族神话传说中对人与自然关系的叙述，体现了先秦时期壮族先民人与自然和谐一体的生态意识

1. 壮族神话传说中对大自然神化的叙述，反映了先秦时期壮族先民与大自然有着一种密不可分、相互依存的关系。壮族传世史诗《布洛陀经诗》之《造天地》篇中，在描述宇宙天地的形成时，认为岩石是天地万物的本原。《经诗》多次提到岩石，讲道：从前"古老世界还没有安置"，"天不成天地不成地，天和地相盖……后来雷公用手抓起捏成大石块，雷公捏成大盘石，大石块稳定了大地，大盘石稳定了天下。"但是，"宇宙大地未形成"，于是古人造出了螺蜂和蜣螂（拱屎虫），大石块被螺蜂咬，被蜣螂拱，"把大石破成两边，把石头劈成两片，一片往上升，造成装雷公的天。……一片往下沉，造成装蛟龙的地。"终于"造成了天和地"。① 而后，岩石还"造成四季阴阳"，"变成黑色的母黄牛，变成一头公水牛。"② 在《布洛陀经诗》之《造人》篇中，还描述了布洛陀"派下一个四脚王③，四脚王到地上造人，造了手又造脚，用坡上的茅草来烧，捏泥巴做头和颈，造出新人笑盈盈"④。这一古老史诗告诉我们，在壮族先民的思想观念中，天地万物都是从石头、泥土、茅草等自然物产生的，人类源于自然物、人与自然本是兄弟。壮族古歌谣《赶儿进山林》也唱道："娘呀娘，你赶儿上山，儿幸得吃果；如今山林里，麻笃快成熟，儿愿做猴子——呼勃！"⑤ 这首歌谣虽然主要是讲母亲为生活所迫，忍痛将自己的孩子赶进山林，以野果为生，但也充分反映了壮族先民与大自然的密切关系。

---

① 张声震主编：《布洛陀经诗译注》，广西人民出版社 1991 年版，第 78—88 页。
② 张声震主编：《布洛陀经诗译注》，广西人民出版社 1991 年版，第 90—91 页。
③ 四脚王：原注指会变色的蜥蜴。传说是雷王老婆的情夫。
④ 张声震主编：《布洛陀经诗译注》，广西人民出版社 1991 年版，第 131—132 页。
⑤ 周作秋、黄绍清、欧阳若修等：《壮族文学发展史》（上），广西人民出版社 2007 年版，第 28 页。

2. 壮族神话传说中对天灾和人祸原因的叙述，反映了先秦时期壮族先民已经意识到了违背自然规律会遭到惩罚。在神话《布伯》中，布伯是作为敢于反抗天神的英雄出现的，这表明了壮族先民在长期的生产实践中，对自然界的某些现象或规律已经逐渐地有所认识，并力图要从自然力的束缚下解脱出来。① 但是这种解脱不能违背自然规律，否则就会遭到惩罚。这在同一神话《布伯》也有讲述，布伯与雷王战斗，激恼了雷王，结果引发洪水，人类差点遭到灭顶之灾。这就从侧面说明了壮族先民已经意识到违背自然规律、破坏生态秩序就会遭到大自然的惩罚。壮族传世史诗《布洛陀》，以经文的形式告知大家要爱护山林水源、爱护禾苗庄稼、尊老爱幼、勤俭持家、乐于助人等等，如果不这样做的话，就会遭受各种天灾人祸。

3. 许多神话传说借助其教化功能传递着生态保护观念，表达了壮族先民尊崇自然、保护自然的伦理意识。壮族神话《祖宗神树》讲述了：随着壮族先民人口的增多，大家决定分散到各地去居住，但是担心分散之后将来子孙互不认识。于是决定到山上去种三种树。第一个上山种了木棉树，第二个上山种了大榕树，第三个上山种了枫树。今后凡是走过有这三种树中任何一种树的村寨，都是我们兄弟的子孙。② 这个神话虽讲述的是壮族先民迁徙的故事，但其中也借助了神话故事独特的教化功能，间接地也向后人传递了生态保护的伦理观念。因为借助于神话传说的广泛传播，壮族先民一直把它们看作神树，禁止乱加砍伐和损伤，甚至有直接对它烧香祈祷、顶礼膜拜的，这样就起到了生态保护的效应。

第二节　秦至清中叶时期壮族伦理思想的发展

秦以来，历代中央王朝逐步加强对岭南壮族及其先民居住地区的统治，大批汉人开始与"越人杂处"，与壮族及其先民杂居的汉人，带来了中原的

---

① 周作秋、黄绍清、欧阳若修等：《壮族文学发展史》（上），广西人民出版社 2007 年版，第 152 页。

② 周作秋、黄绍清、欧阳若修等：《壮族文学发展史》（上），广西人民出版社 2007 年版，第 77 页。

思想文化，加之中央王朝也逐步在壮族地区推广中原的思想文化，这不仅在一定程度上推动了壮族地区的经济发展，也使得中原的思想文化逐渐影响了壮族及其先民的思想文化观念，从而促使壮族伦理思想在与以儒家伦理思想为主流的中华伦理思想相互交融中不断传承发展。

一、秦汉至隋时期的壮族伦理思想

如前述，秦汉至隋时期，壮族先民的称谓多有更迭，主要有以下几种：西瓯、骆越、乌浒、俚、僚等。要说明的是，"西瓯、骆越、乌浒、俚、僚等族称，在时间次序的先后上，大致如此，但并非都是上下衔接的关系，有的是交错并存的。"① 秦末，自秦始皇统一岭南后，岭南地区开始处于中央王朝的直接统辖之下，南越王赵佗在岭南地区推行"和集百越"的政策，在生产上大力推广中原汉族的先进生产技术，同时在思想文化上推广汉族文化，在生活上鼓励汉、越通婚。两汉时期继续沿用秦朝"以其故俗治"的政策，不改变壮族先民地区原有的社会政治经济文化制度，而是仍以其固有的形态进行统治。南朝政权在壮族先民地区设置特殊的"左郡"、"左县"，其出发点也是不干预壮族先民内部事务，用当地土酋来治理其内部事务。隋朝时期，中央政府大量任用土酋为官，让他们自己管理自己，加之隋朝在壮族先民地区整治吏治，惩治贪官，使得俚、僚人"大崇恩信，民夷悦服，溪洞生越，多来归附"② 。同时隋朝继续沿用前朝鼓励汉人南迁、推广汉文化的政策，并在壮族先民地区开办学校，这些都对壮族先民地区的社会发展起到了促进作用。从上述政策来看，它们具有很强的延续性，我们可以统称为"羁縻"政策。这一时期，随着壮族先民社会经济文化的发展，壮族先民的伦理道德观念也在变化和发展。

（一）壮族先民的公共生活道德发生了变化

自秦到隋，大量汉人迁入壮族先民地区，随之而来的中原汉文化也被传播到该地，并逐渐深入壮族先民社会。壮族先民在与他们的交往中，也逐渐接受汉文化，受此影响，壮族先民的公共生活道德观念发生了变化。

① 张声震主编：《壮族通史》（上），民族出版社1997年版，第292页。
② 《隋书》卷五十五《列传第二十·侯莫陈颖》。

在公共生活和人际交往方面，壮族先民逐渐接受中原伦理文化的影响，做事讲话更为注重礼仪文明，人与人之间变得更加和睦。随着中央王朝对壮族先民地区统治的加强，壮族先民地区的社会经济、社会制度发生了较大的变化，比较明显的表现就是部落之间的纷争和战争减少了。社会经济政治环境的变化，必然影响伦理思想观念的变化。据《汉书》记载："粤人之俗，好相攻击，前时秦徙中县之民南方三郡，使与百粤杂处。会天下诛秦，南海尉它居南方长治之，甚有文理，中县人以故不耗减，粤人相攻击之俗益止，俱赖其力。"① 由此我们可知，秦末壮族先民改变了过去相互攻击、相互仇杀的恶俗，而变得讲文明，讲道义。两汉时期，汉平帝任命锡光为交趾太守，他教导壮族先民，使其渐知礼仪。东汉恒晔避战乱来到交趾，向壮族先民宣示礼教之义，"越人化其节，至闾里不争讼。"② 到了隋代，令狐熙担任桂州总管 5 年期间，兴办官学，传播汉族文化，改革不良习俗。在这些措施的影响下，壮族先民在公共交往中更为趋向友善和睦，不再相互攻击，而是形成了"相攻击之俗益止"的安定和睦局面。

（二）壮族先民在政治伦理观上趋向认同中央王朝

对国家大一统的认同逐步加深。秦始皇开发岭南的秦瓯战争之后，使世居岭南的壮族先民更直接、更广泛地接受了中原汉族文化特别是儒家思想。西汉陆贾曾两次来到岭南。第一次是受汉高祖委派与赵佗谈判，他用儒家的思想感染了赵佗，赵佗对陆贾解释道："居蛮夷中久，殊失礼义。"③第二次是受汉文帝的委派来劝说赵佗，赵佗受其影响，表示愿为藩臣。之后历经两晋、南朝和隋朝，中央王朝都很重视教育，受此影响，壮族先民中也出现了一些文士，如养奋、申朔等。这些有识之士接受了中原儒家文化的熏陶，把中原王朝的统治奉为正统，儒家思想逐渐深入壮族先民社会中，进一步地巩固了对国家大一统的认同。如隋朝时期，隋文帝册封一位忠于中原皇朝、维护岭南安定统一的高凉冼氏夫人为"谯国夫人"，赐予物品。谯国夫人也时时不忘教育要求子孙们以自己为榜样，忠贞于中原封建国

---

① 《汉书》卷一下《高帝纪》。
② 《后汉书》卷三十七《恒荣丁鸿列传》。
③ 《史记》卷九十七《郦生陆贾列传》。

家。① 据《隋书》卷八十《列传第四十五·谯国夫人》记载，每年大会，谯国夫人都会将皇朝赐物陈列于庭，告诫其子孙说："汝等宜尽赤心向天子。我事三代主，唯用一好心。今赐物具存，此忠孝之报也，愿汝皆思念之。"

（三）壮族先民的婚姻习俗及观念发生了变化

在婚姻观念上，部分壮族先民学习汉人婚姻习俗，兴婚聘礼仪。壮族先民在汉人南来前，在婚姻上有盛行抢婚、"不落夫家"和"依歌择配"等习俗。《后汉书》就载："骆越之民无嫁娶礼法，各因淫好无适对匹，不识父子之性，夫妇之道。"② 秦至隋年间，部分壮族先民与汉人通婚，也接受了汉族的媒聘习俗，"初设媒聘，始知姻娶。"③ 东汉时期，任延任九真太守时，就发文书给所管辖各县，"各使男年二十至五十，女年十五至四十，皆以年齿相配"④，如遇到"其贫无礼娉，令长吏以下各省奉禄以赈助之"⑤，结果同时娶妻的有两千多人。隋代也有类似的记载，"傍南山杂有獠户，富室者颇参夏人为婚，衣服居处言语，殆与华不别。"⑥

二、唐至五代时期的壮族伦理思想⑦

唐朝至五代时期，壮族先民有俚、僚、西原蛮（黄洞蛮）、乌浒等名称。唐时期，中央王朝在顺利地统一了壮族先民分布区之后，依据当时壮族先民社会发展不平衡的特点，对该地区的东西部分别采取了两种不同的治理政策，在东部与全国各地一样设置正州、县；在西部则实行羁縻州县制，先后共设置羁縻州 57 个，羁縻县 48 个⑧。五代时期，壮族先民分布区与中原相对而言较为稳定，南汉基本承袭了唐朝对壮族先民的治理政策。"羁縻"统治时期，中央封建王朝对壮族先民分布区的统治日益加强，羁縻州县遍布

---

① 张声震主编：《壮族通史》（中），民族出版社 1997 年版，第 566 页。
② 《后汉书》卷七十六《循吏列传》。
③ 《后汉书》卷八十六《南蛮西南夷列传》。
④ 《后汉书》卷七十六《循吏列传》。
⑤ 《后汉书》卷七十六《循吏列传》。
⑥ 《隋书》卷二十九《志二十四·地理上》。
⑦ 本小节论述的部分内容，已以《唐宋时期壮族道德思想研究》为题，刊发于《前沿》2012 年第 11 期。
⑧ 张声震主编：《壮族通史》（中），民族出版社 1997 年版，第 429 页。

西部，南下汉人也不断增加，促进了这个地区经济社会水平的提高。在无虞县（今广西上林县）就出现了"粮粒丰储，纵有十载□（无）收，□从人无菜色"①的景象。生产力的发展，使文化艺术的发展成为可能，唐代以后通晓汉文的壮族文人不断涌现，他们用诗歌讴歌家乡的壮丽河山，也哀吟贫苦百姓的悲苦命运，揭露当时黑暗的社会现实。壮族先民在自身发展和在逐步接受中原汉文化的影响下，伦理道德观念也有了发展变化。

（一）在公共生活道德方面崇尚礼仪，成为风气

唐代以前，壮族先民社会虽已接受中原文化的熏陶，但此影响大都集中在壮族先民中的统治阶级，并未能普及到广大壮族先民群众当中。随着中央王朝统治势力的逐步深入和加强，大批汉族官僚到壮族先民地区为官，兴办学校，推行社会改革等。如柳宗元任柳州刺史时，采取措施来改变壮族地区迷信巫鬼，有病不求医，占卜祭鬼神和男好游惰等习俗，使得"古龙城池，被服柳侯之化，渐知遵法，禁耳诗书，厢民尤为淳秀。服饰礼制，严然土风，各乡俍土，户多勤俭"②。马揔任安南都护和桂管经略观察史时，"用儒术教其俗，政事嘉美，獠夷安之。"③韦正贯任岭南节度使时，"南方风俗右鬼，正贯毁淫祠，教民毋妄祈。"④这些举措，对壮族风俗改良无疑起到了积极影响。唐岭南西道羁縻澄州（今广西上林县域）壮族首领韦敬办在其撰写的《六合坚固大宅颂碑》中也写道："庶男杰壮，妙女更极，人皆礼仪，俱闲秽色。"⑤其意思是男人们雄心壮志，年轻妇女更是不甘落后，人人都讲礼仪，抛弃不良习俗。由此可见当时人们去陋习，崇尚礼仪，似是已成为了一种风气。

（二）在婚姻道德方面与汉族通婚频繁，在嫁娶习俗上兼收并蓄且又保持自身特点

这一时期中央王朝在壮族先民地区统治方式的改变，促进了壮族先民地区尤其是西部地区向封建制的转化。新的封建婚姻形态随着封建制度的不

① 张声震主编：《壮族通史》（中），民族出版社1997年版，第539页。

② （清）王锦修、吴光升纂：《柳州府志》卷十一。

③ 《新唐书》卷一百六十三《列传第八十八·孔穆崔柳杨马》。

④ 《新唐书》卷一百五十八《列传第八十三·韦张严韩》。

⑤ 黄庆印：《壮族哲学思想史》，广西民族出版社1996年版，第76页。

断完善逐步确立起来，一夫一妻制的聘娶婚开始成为壮族地区主要的婚姻形式。

壮族先民与汉族通婚自秦汉以来就有，到唐代时，虽有地方官下令禁止，但是禁而不止，"蕃獠与华人错居，相婚嫁"仍不断出现，而且壮族先民中的上层人物更是如此。到唐代时，礼部尚书许敬宗就因嫁女给僚人首领冯盎而被贬为郑州刺史。在封建统治下，少数民族地位低下，像冯盎这样的上层人物都想通过与汉族官员联姻的方式来提高自己的地位。当然一般的壮族先民与戍边战士、南来的汉族平民相互通婚则是杂居生活、往来增多的必然。

壮族先民与汉族通婚，在嫁娶习俗上与汉族有相同点，但也有一些独特之处。一是壮族先民托人说媒不是很重视财物。《太平寰宇记》卷一百七十《交州风俗》载："索夫人之未婚前，先送槟榔一盘，女食尽，则成亲。"① 二是壮族先民在托人媒妁沟通说合之前已互相认识，而不像汉族结婚之前青年男女尚不认识。《太平寰宇记》卷一百六十五《废党州风俗》载："古党洞夷人索妇，必令媒人引女家自送，相见后复即放女归家，任其野合，胎后方还，前生之子，例非已胤。"②

要说明的是，壮族先民所居各地政治、经济发展极不平衡，与此相适应，虽然聘娶婚成为婚姻的主要形式，但在一些地方歌婚、卷伴婚、入寮婚仍然继续存在，这在史籍中多有记载。歌婚，《岭外代答》中载："岭南嫁女之夕，新人盛饰庙坐，女伴亦盛饰夹辅之。迭相歌和，含情凄惋，各致殷勤，名曰送老，言将别年少之伴，送之偕老也。……凡送老，皆在深夜，乡党男子，群往观之，或于稠人中发歌以调女伴，女伴知其谓谁，以歌以答之，颇窃中其家之隐匿，往往以此致争，亦或以此心许。"③ 卷伴婚，《桂海虞衡志》中载："南州法度疏略，婚姻多不正，村落强暴，窃人妻女以逃，转移他所，安居自若，谓之卷伴，言卷以为伴侣也。"④ 入寮婚，《桂海虞衡

① （宋）乐史：《太平寰宇记》，中华书局 2007 年版，第 3252 页。
② （宋）乐史：《太平寰宇记》，中华书局 2007 年版，第 3154 页。
③ （宋）周去非著，杨武泉校注：《岭外代答校注》，中华书局 1999 年版，第 158 页。
④ （宋）范成大著，齐治平校补：《桂海虞衡志校补》，广西民族出版社 1984 年版，第 31 页。

志》中载："婿来就亲，女家於五里外结草屋百余间与居，谓之入寮。两家各以鼓乐迎男女至寮，女婢妾百余，婿僮仆至数百。"①

（三）在政治伦理方面敢于反抗压迫剥削

唐至五代时期，壮族先民社会的阶级矛盾和民族矛盾日益加深。中央封建王朝一面采取羁縻州县的统治手段，另一面又推行民族歧视和民族压迫的政策，如在唐代，统治者就咒骂和污蔑少数民族为"禽兽"。在这一过程中，代表中央政府的地方官员与壮族先民发生冲突，引起他们的反抗。唐代的韩愈指出："黄贼皆洞獠，无城郭，依山险各治生业，急则屯聚畏死。前日邕管经略史德不能绥怀，威不能临制，侵诈系缚，以至憾恨。"②韩愈虽然对壮族先民有所贬低，但其在客观上指出由于地方官吏的压迫与剥削，必然会引起壮族人民的反抗。面对压迫，壮族先民不断地揭竿而起。唐至德元年（756年），黄洞蛮首领黄乾曜、真崇郁与陆州武阳朱兰洞蛮皆起兵反唐，推武承斐、韦敬简为帅，"合众二十万，绵地数千里，署置官吏，攻桂管十八州"。③不久，容管各州俚獠之众，不堪唐朝"频诏征发岭南兵募"之苦，于广德元年（763年），岭南溪洞俚僚首领梁崇牟、覃向联合西原蛮首领吴功曹起兵攻占容州，坚持斗争十余年之久。④贞元十年（794年），黄乾曜之子黄少卿起兵，攻陷邕管13州，部众达20余万；元和元年（806年），黄少卿诈降，受封为归顺州刺史；元和十一年（816年），黄少卿又联合黄少度、黄昌欢再次起兵，势及岭南十八州。⑤这些斗争无疑体现了壮族人民反抗压迫和剥削的道德品质。

壮族英雄史诗《莫一大王》，也是描述这一时期壮族先民智斗官差和多次抵抗中央王朝军队围剿的故事。它深刻地反映了唐至五代时期壮族先民社会阶级和民族斗争激烈的历史现实，歌颂了壮族先民敢于反抗封建统治者压迫剥削的不屈不挠的斗争精神，表达了广大壮族先民要求民族平等、安居乐

---

① （宋）范成大著，齐治平校补：《桂海虞衡志校补》，广西民族出版社1984年版，第35页。
② 《新唐书》卷二百二十二下《列传第一百四十七下·南蛮下》。
③ （宋）乐史：《太平寰宇记》，中华书局2007年版，第6329页。
④ 《新唐书》卷二百二十二下《列传第一百四十七下·南蛮下》。
⑤ 《新唐书》卷二百二十二下《列传第一百四十七下·南蛮下》。

业、过美好生活的热切愿望。

（四）道教、佛教传入壮族地区，对壮族先民的伦理观念产生影响

唐至五代时期，壮族先民的巫文化和道教结合在一起，逐渐形成一种具有地区特点和民族特点的宗教力量，一直主宰着壮族人民的物质生活和精神生活。[①] 佛教也于这一时期传入壮族地区，但影响不如道教大。据《太平广记》载："南人率不信释氏。虽有一二佛寺，吏课其为僧，以督责释之土田及施财，间有一二僧，喜拥妇食肉，但居其家，不能少解佛事。土人以女配僧，呼之为师郎。或有疾，以纸为圆钱，置佛像旁；或请僧设食，翌日，宰羊豕以啖之，目曰出斋"。[②] 巫、道相结合后，一是宣扬宿命论，认为鬼神在现实世界中操纵人们的生活；人们要想获得力量来控制鬼神，就只能求巫问道。二是宣扬轮回因果报应的观点，认为今生不求神敬鬼，来世就不能安生。这些思想至今仍对壮族人民群众的思想道德观念产生一定的影响。

三、宋至清中叶时期的壮族伦理思想

北宋时壮族先民有俚、僚的称谓，但已有变化，有称"布土"或"土人"。到南宋时期开始出现"撞"或"僮"的称谓，宋人范成大在《桂海虞衡志》中说："庆远、南丹溪洞之民呼为'僮'"。南宋时广南西路经略安抚史李曾伯在上理宗赵昀《帅广条陈五事奏》中说："如宜（今广西宜州市）、融（今广西融安县）两州，则淳祐五年（1245 年）亦有团结旧籍：在宜州则有土丁、民丁、保丁、义丁、义效、撞丁共九千余人，其猗撞一项可用。"[③] 上述撞丁指的是武装组织及其所属士兵。南宋"僮"名称的出现，被学界认为是"壮族形成的重要标志"[④]。到了元代，"撞"的含义发生了变化，已不是指特定的武装编伍组织和士兵，而是指特定的人们共同体，称为"僮人"或"僮民"。明、清时期，"僮"已遍布广西。北宋王朝为了加强在壮族地区的统治，将隋唐时的羁縻州县制度加以强化，推行土官制度，"因其疆域，

---

① 方素梅：《巫、道思想和壮族文化的结合》，《广西民族研究》1990 年第 2 期，第 103 页。

② （宋）李昉、扈蒙、李穆等：《太平广记》卷 483《蛮夷四》。

③ （宋）李曾伯：《可斋杂稿》卷 17。

④ 覃乃昌：《壮族稻作农业史》，广西民族出版社 1997 年版，第 222 页。

参唐制，分析其种落，大者为州，小者为县，又小者为峒，凡五十余所。推其长雄者为首领，籍其民为壮丁"①。元代，在壮族地区采取招抚政策，凡归附的首领皆授予大小不等的土司官职，让土司世袭统治其地其民。明代，在壮族先民地区的土司制度日臻完善，最终形成了土司制度，但土司必须听从中央王朝的任命和调遣，"袭替必奉朝命，虽在万里外，皆赴阙受职。"②明中期后到清初，随着土司制度弊病的逐渐显露，中央王朝政府在壮族地区大规模推行改土归流政策。在这一时期，随着壮族地区经济、政治制度的发展变化，也促使壮族伦理道德有了发展。

（一）儒家的伦理道德更为壮族广泛接受

学校教育是儒家思想传播的一种重要形式，宋朝以来为了加强统治，纷纷在壮族地区开设学校来传播儒家思想。我们可以通过宋至清朝开设学校的数量来间接分析儒家思想在壮族地区的传播情况。据统计，宋朝在壮族地区共设府、州、县学41所。元朝恢复、修葺宋朝41所学校中的35所。明朝广西府州县学为69所，与宋相比，其州县学的设置已到壮族聚居的桂西地区。清朝在壮族地区共设置府、厅、州、县学86所。③即使在边远之地没有学校，土官地方的贵族子弟也到外面来上学。《文献通考》载："近岁，洞酋多寄籍内地，纳粟补授"，"子弟有入邑应举者"。④这说明儒家学说的影响已更广泛地深入壮族聚居区域，不少壮族子弟在接受教育、吸纳儒家学说的同时，也不断地接受了儒家伦理思想。如清时期壮族文人大家与教育家张鹏展（上林县人），在其许多著述中就体现了较为丰富的伦理思想。诸如在修身、持家、交友方面，他认为"静以修身简以养德，入则笃行出则友德"；在教育培养学生上，对学生提出"忠、浩、廉、节"的四字要求；在家庭生活中，以孝敬父母为美德；等等。⑤

---

①　《壮族简史》编写组、《壮族简史》修订本编写组：《壮族简史》，民族出版社2008年版，第41页。

②　《明史》卷三百一十《列传第一百九十八·土司》。

③　张声震主编：《壮族通史》（中），民族出版社1997年版，第780—782页。

④　（宋）马端临：《文献通考》卷三百三十《四裔七》。

⑤　参见黄庆印：《壮族哲学思想史》，广西民族出版社1996年版，第127—129页。

（二）出现了壮族伦理道德长诗《传扬歌》

《传扬歌》产生的年代，据梁庭望、罗宾等学者的研究："《传扬歌》
（二）是清代前期的作品；《传扬歌》（三）则是清乾隆年间的作品；《传扬歌》
（一）形成是个漫长的过程，其散歌可能在隋唐甚至更早就已经产生，宋代
形成雏形，基本定型于明代。"①《传扬歌》是壮族民间伦理道德长诗的总称，
它形象地宣传了壮族人民做人的道德规范和伦理观念，并以壮人喜闻乐见的
山歌形式，传播传承着壮族的伦理道德思想观念。《传扬歌》中反映的壮族
伦理思想主要包括三个方面的内容：

1. 个人修养方面。在修养方法上，强调从儿童时代起，就要加强教育
引导；在修养的内涵上，一是重视勤劳节俭，二是重视读书，三是重视做人
的品格，强调做人要正直善良，反对偷、赌、吹牛、蛮横、欺诈、抢劫和勾
引他人妻女，要正确交友，要正确处理与邻里的关系。

2. 家庭伦理道德方面。重视家庭关系，一是要孝敬老人，同时要关照
邻里的鳏寡老人；二是要正确处理兄弟、妯娌、夫妻、姑嫂之间的关系。

3. 社会道德方面。首先提出了公平、平等的要求，强烈谴责不公平现
象。二是藐视王权，要求做官就要为民，强烈谴责官员残酷压榨百姓的行
为。三是抗议财主们的残酷剥削，反对剥削和压迫。

（三）在婚姻道德上反对封建买卖婚姻，追求婚姻自由

这一时期，随着中央封建王朝对壮族地区控制的加强，封建统治阶级
对壮族人民的剥削更加残酷，使壮族人民遭到痛苦和不幸。在婚姻方面，一
方面，封建礼教对壮族青年的迫害日益加深；另一方面，壮族青年男女反对
封建买卖婚姻、追求婚姻自由的愿望日益强烈，因而在这一时期，产生了大
量的以争取婚姻自由为主题的长歌。如《马骨胡之歌》、《双姑传》、《鸳鸯
岩》、《幽骚》等等。这些长歌主题思想基本相同，主要是揭露、控诉封建礼
教坑害人民的罪恶，批判封建买卖婚姻，表达了壮族人民追求婚姻自由的道
德观念，热情地讴歌壮族人民坚贞的爱情和美好的情操。

---

① 梁庭望、罗宾译注：《壮族伦理道德长诗传扬歌译注》，广西民族出版社 2005 年版，第
50—51 页。

第三节　近代以来壮族伦理思想的发展

鸦片战争以后,壮族社会发生了很大的变化,和其他很多民族一样开始走向半殖民地半封建社会。这一时期的壮族传统伦理思想在自身的传承过程中,还在与汉族和其他民族的交往中不断吸收他们的伦理文化加以充实而有了新的发展。但同时,伴随着中国近代社会历史的发展,在资本主义经济文化入侵的同时,马克思主义也开始在中国传播。这就使得西方资产阶级伦理思想和马克思主义伦理思想相继在壮族地区传播,它们都对壮民族的道德观念和道德实践产生了重要的影响。

一、壮族传统伦理思想在近代的发展

近代以来,壮族人民在发展传承本民族长期形成的道德行为准则和规范的同时,伴随着壮族地区经济社会的发展和壮族人民反抗外来侵略的斗争,也使壮族传统伦理思想在这一时期增添了新的内容。

(一)伦理思想和道德观念不断丰富,道德规范不断完善和系统化并广为流传

萌发于先秦远古时代的壮族伦理思想,伴随着壮族社会历史的发展,也得到不断的丰富和完善。在近代,壮族传统伦理思想在不断传承过程中也得到了新的发展。一些壮族文人,如黄朝桐、黄诚沅等,著书撰文阐述自己的伦理道德思想,以教化民众。同时,在壮族社会公共生活、婚姻家庭生活、经济生活、政治生活等领域逐渐形成了较为完善和系统的道德规范要求,并通过各种表现形式在壮族地区广泛地流传,为人们所遵循和践行。这一时期,族规和乡规民约成为了壮族伦理思想的主要表现形式,在此,主要介绍壮族族规和乡规民约中的伦理思想和道德规范。

1. 族规中的伦理思想和道德规范。壮族的许多地方,一般都有家族组织制。家族是以父系为血缘、同姓同祖的关系来组织的,每个家族又按血缘的亲近分为几房,同一房族血缘关系最亲近,关系亦比较密切。家族有族长,族长由族内的人们推选有威望的人来担任,其职责是执行"族规"以及

调处族人相互间的关系。族规大体上有以下内容：一是重人伦，分尊卑，即是尊卑长幼的次序不得混淆和同族之中不得通奸乱伦；如宜山县（今宜州市）洛东乡坡榄村韦氏宗祠所定族规中就写道，"一议凡我族众，即归祠堂，同支一脉，礼当先重人伦，分别尊卑。男女老少，各守廉耻，不得私通奸淫，逆礼乱伦，玷辱门风等弊"①；二是族人要相互团结，不要钩心斗角，不得勾结外人偷盗或抢劫本族，如上述族规中也写道，"一议我等既系同族祠堂至亲，礼宜同心相友，不得挟嫌勾生食熟，私心向外，勾贼劫抢，盗窃分赃"②；三是行为方面，即禁止偷窃、赌博、为非作歹等行为。

虽然，壮族族规在一定程度上起到了约束族人行为的作用，但在本质上是为了维护封建宗法制度和秩序，这些族规在国民党政府推行保甲制度后，作用慢慢在减弱。

2.乡规民约中的伦理思想和道德规范。近代时期，壮族地区的许多乡村，都制定有乡规民约。这些乡规民约是根据当时当地的情况制定的，同时沿袭古老的习惯法，内容涉及生产、生活、伦常、救难等等，就伦理道德来说，乡规民约有维护农业生产秩序的规定，如龙胜各族自治县道光二十九年的乡约中写道，"遇旱年各田水渠各依从前旧章取水灌溉，不得改换新强塞隐夺以至滋生讼端，天下事利己者谁其甘之"③；也有维护生活秩序的规定，如龙胜各族自治县同治十一年的乡约中写道，"地方各宜安分守己，不准滥崇油火恶棍闯祸，倘遇口角细故经，鸣头甲排解，不准借端妄所又不准滥中理论，如理情不遂使计唆讼肆行放愆，送官究治"④。乡规民约是可以修改的，其形式是通过群众集体议论，其执行时有严厉的集体制裁，以及自然产生的头人在人们中的影响和作用。

---

① 广西壮族自治区编辑组、《中国少数民族社会历史调查资料丛刊》修订编辑委员会：《广西壮族社会历史调查》（五），民族出版社 2009 年版，第 66 页。

② 广西壮族自治区编辑组、《中国少数民族社会历史调查资料丛刊》修订编辑委员会：《广西壮族社会历史调查》（五），民族出版社 2009 年版，第 66 页。

③ 广西壮族自治区编辑组、《中国少数民族社会历史调查资料丛刊》修订编辑委员会：《广西壮族社会历史调查》（一），民族出版社 2009 年版，第 99 页。

④ 广西壮族自治区编辑组、《中国少数民族社会历史调查资料丛刊》修订编辑委员会：《广西壮族社会历史调查》（一），民族出版社 2009 年版，第 99 页。

　　显然，壮族的乡约中伦理思想对于当时发展生产，维护社会公德，维持社会秩序有着重要的意义，但也存在一定的局限性。如乡规民约的修改到了后期，较多地体现了统治者的意愿，里面充斥着许多封建伦理道德观念。如龙胜各族自治县龙脊乡光绪四年的乡约中注明，是根据各个时期统治者的下列示谕来制定的，如"奉上宪赵大人于道光二年正月内赏谕安民谕尔无知愚民穷极莫做强盗事""奉府署高主于同治五年十二月赏示严禁窝盗以绝生端滋事"① 等等。

　　（二）壮族人民在抗击帝国主义的侵略中，表现了反抗外来侵略的坚强意志，彰显了爱国主义的信念

　　鸦片战争以后，西方帝国主义侵略势力开始进入我国壮族地区，而西方资本主义列强对中国的侵略，往往是以教会和传教士为先锋，在我国各地建立教堂，进行文化侵略，并以宗教外衣为掩护，为其经济、军事侵略服务，同时还在我国国内培植其侵略势力。19 世纪 40 年代以后，洋教开始传入壮族地区，其中法国天主教的传入和活动最为突出，这些传教士与官府勾结在一起，在宗教外衣的掩盖下，进行各种非法活动，干着种种罪恶勾当，引起了壮族人民的强烈不满和反抗。面对帝国主义的宗教侵略行径，19 世纪 50 年代至 19 世纪末，壮族等各族人民反抗帝国列强侵略的英勇斗争此起彼伏，在广西田林、西林、凌云和永安等地，人们激烈反抗邪恶洋教，怒杀马赖、马仙等作恶多端的洋教士，爆发了震惊一时的"西林教案"、"乐里教案"和"永安教案"，对帝国主义的宗教侵略势力给予了沉重打击。② 在军事侵略方面，18 世纪 70—80 年代，法帝国主义进犯越南河内，并企图打开我国西南边境的缺口，进而侵入我国内地。富有革命传统的壮族人民在民族英雄刘永福的领导下，组成黑旗军，奔赴越南英勇抗击法国侵略者。随后，壮族将领、清朝云贵总督岑毓英，也率领由众多壮族将士组成的清滇军，在我国西南边境抗击法帝国主义侵略军，充分显示了壮族人民保卫边疆的爱国精神。③ 尔后，

① 广西壮族自治区编辑组、《中国少数民族社会历史调查资料丛刊》修订编辑委员会：《广西壮族社会历史调查》（一），民族出版社 2009 年版，第 101 页。
② 参见张声震主编：《壮族通史》（中），民族出版社 1997 年版，第 881—886 页。
③ 参见张声震主编：《壮族通史》（中），民族出版社 1997 年版，第 866—874 页。

壮、汉等各族人民又在爱国将领冯子材的领导下取得镇南关大捷,有力地抗击了法帝国主义的侵略。壮族人民在抗法斗争中作出了巨大的贡献,他们可歌可泣的英雄事迹,在壮乡广为传颂。如《中法战争史歌》、《刘二打番鬼歌》、《冯子材打老番歌》、《冯子材大闹凉山》和《猛大杀老番》等等①。这些歌谣和传说故事,短小精悍,生动活泼,洋溢着民族自豪感和乐观主义的战斗精神,充分表达了壮族人民反抗帝国主义侵略的坚强意志,彰显了爱国主义的坚定信念。

二、西方资产阶级伦理思想的冲击和影响

近代以来,随着资本主义列强对壮族地区的入侵,壮族社会政治、经济、文化上发生了较大变化,逐步走向半殖民地半封建社会。文化思想方面,壮族传统的文化受到资本主义文化的冲击,资产阶级的自由竞争、自由平等、讲究科学的思想,以及天主教、基督教等外来宗教思想逐步在壮族地区传播。资产阶级文化思想一方面与壮族传统的伦理思想发生矛盾和冲击,同时也给壮族地区带来了外部世界的信息、新文化,对壮族的道德观念产生了一定的影响。

1.“上帝创造万物,人在上帝面前一律平等”的思想在壮族地区的传播。洪秀全、冯云山等来到壮族地区的贵县、桂平、平南、武宣一带传播基督教主张的上帝创造万物和人在上帝面前一律平等的思想时,处在破产境地的壮族人民很快就接受了,并纷纷加入拜上帝会。据史料记载:武宣东乡“壮族人占十分之六以上,壮族村庄占三分之二以上”;“东乡大约有好几百人参加太平军,古和村全村都去。以前这些地方都是壮族人居住的”。在象州也是如此,“太平军来时,这里有很多壮人跟太平军去了。……新寨去的最多,因为太平军在新寨住。……除新寨外,附近村村都有人跟太平军去。”②

2.自由、平等、博爱的伦理道德思想在壮族地区开始传播。资产阶级

---

① 周作秋、黄绍清、欧阳若修等:《壮族文学发展史》(中),广西人民出版社 2007 年版,第 844—862 页。

② 广西通志馆编:《太平天国革命在广西调查资料汇编》,广西人民出版社 1962 年版,第 221—225 页。

维新派首领康有为两次来广西讲学，两广总督岑春煊（壮族）常来听讲并和他纵谈时事，颇为维新思想所动。1897年，康有为在唐景崧、岑春煊等人的协助下，在桂林发起成立了"圣学会"，汇集开明绅士、青年学子达200多人，其中不乏壮族优秀分子，传播维新主张。1899年，广西巡抚黄槐森在桂林开设"体用学堂"，开创了广西近代史上第一所既学中学又学西学的新型学校。被誉为"边民先觉"的归顺（今靖西县）壮族学者曾汝璟就曾在此学堂就读。1902年，广西巡抚丁振铎将广西体用学堂改为广西大学堂，开设课程有伦理、经学、历史、政治等。1905年，清政府废除科举后，广西当局也以兴办学堂为急务，使广西各类学堂发展起来。据1908年统计，龙州有两等小学堂1所，学生129人；初等小学堂17所，学生547人；归顺建两等小学堂8所，学生639人；初等小学堂9所，学生467人。[①] 在边远的壮族聚居区恩隆县（今田东县），1905年将原来的经正书院改为恩隆两等小学堂，1906年又在县内新建了详周、平马、四平、林逢、作登5所小学堂。此外，还特意开设土司学堂，专门培养壮族土官子弟。在土司学堂章程中，明确规定该学堂必须以"养成土族人才，改良土属之政治、风俗、文化为宗旨"。[②]

三、马克思主义伦理思想开始在壮乡传播并对壮民族的道德观念和道德实践产生重要影响

1917年，俄国"十月革命一声炮响，给我们送来了马克思列宁主义"[③]。1919年爆发了五四运动，促进了马克思列宁主义在中国的广泛传播。1921年，中国共产党成立，1925年10月，广西成立了党的地方组织。投身到大革命洪流的壮族人民，受到了革命文化的洗礼和教育，特别是在邓小平、张云逸、韦拔群等领导发动百色起义，创建左右江革命根据地的过程中，更是涌现出一大批壮族先进青年，他们接受了马克思主义，马克思主义伦理思想对壮民族中的大批先进分子的道德观念和道德实践产生了重要的影响。在此，主要列举壮族革命先驱韦拔群的事例，叙述和探讨中国共产党成立后壮

---

① 张声震主编：《壮族通史》（下），民族出版社1997年版，第1047页。
② 张声震主编：《壮族通史》（下），民族出版社1997年版，第1051页。
③ 《毛泽东选集》第四卷，人民出版社1991年版，第1471页。

族先进分子是如何接受、发展和实践马克思主义伦理思想的。

（一）践行全心全意为人民服务的价值观念和道德精神

1. 热爱人民，处处为人民群众的利益着想。在战斗中，韦拔群首先考虑的是如何保护人民群众利益的问题，他亲自指挥群众坚壁清野，转移到山洞隐蔽，并做好生活安排、疾病治疗和安全保卫等等工作。在反"围剿"的战斗中，他和战士同甘共苦，一起吃南瓜、红薯、树叶，没有被子就和大家一起烤火过冬。在开办农讲所时，针对经费十分紧缺的情况，韦拔群变卖家产来解决经费问题。

2. 重视军队思想政治工作，强调不能扰民，要获得人民群众的支持。韦拔群时常对指战员说："宋朝的岳家军有冻死不拆屋，饿死不掳掠的纪律。我们革命军队，必须坚强勇敢、纪律严明，才能得到群众拥护，才能立于不败之地。"[1] 他模范地遵守党纪军纪，并要求每个指战员要立场坚定，意志刚强，不怕难，不怕死，坚决为党和人民的利益牺牲自己。1930 年，东兰赤卫军总指挥牙苏民牺牲时，韦拔群在给他写的挽联上写道："在红军，任赤军，都是救人民而奋斗。你先死，我后死，大家为革命而牺牲。"而韦拔群自己为了革命，失去了 16 位亲人，连祖宗的坟墓也被国民党反动派挖掘，取出尸骨，淋上汽油焚烧。韦拔群把"革命"、"坚持"、"到底"作为自己三个儿子的名字，表明自己坚持革命到底的决心。

3. 对党无限忠诚，顾全大局，大公无私，光明磊落。红七军前委决定第十九、第二十两师离开右江根据地，参加北上作战的行动，留下韦拔群为师长的二十一师坚持根据地斗争。韦拔群坚决、愉快地执行党的决议，把原第三纵队的人员、武器、马匹全部补入主力部队，自己只留下不足一个连的人马和几十支旧枪返回东兰。针对有些战士不愿离开、闹情绪时，韦拔群说："我们的目的是解放全人类，祖国处处是家乡！现在你们离开家乡，将来你们就会胜利地返回！"[2] 红七军的指战员深为韦拔群这种大公无私、顾全

---

① 中共广西区委党史资料征委会、《左右江革命根据地》编辑组：《左右江革命根据地》（下），中共党史资料出版社 1989 年版，第 661 页。

② 中共广西区委党史资料征委会、《左右江革命根据地》编辑组：《左右江革命根据地》（下），中共党史资料出版社 1989 年版，第 661 页。

大局的共产主义精神所感动。

(二) 提出和倡导各民族平等团结、和睦相处的民族伦理观

1. 提出了各民族平等团结、和睦相处的伦理观。恩格斯曾说:"所有的无产者生来就没有民族的偏见,所有他们的修养和举动实质上都是人道主义的和反民族主义的。"[1] 这句话用在韦拔群身上再恰当不过。韦拔群各民族平等团结的民族观最早是以革命口号的形式提出来的。1921 年 9 月,韦拔群从南宁回到东兰县领导壮、汉、瑶各族群众成立改造东兰同志会,就提出要"取消一切侮辱瑶族同胞"的称号,提出要"为瑶胞谋利益"的革命主张。1923 年 5 月,韦拔群在东兰县西山召开群众大会,第一次向瑶族同胞提出"五不口号",即"不交租"、"不还债"、"不纳税"、"不叫山主为相公老爷"、"不给山主抬轿"。1923 年 10 月 21 日,韦拔群率领 1000 多名国民自卫军进攻东兰县城取得胜利后,立即召开有 2000 多名群众参加的庆祝大会。韦拔群在群众大会上郑重宣布了"取消苛捐杂税、废除各种契约,提倡民族平等和男女平权"[2] 的三大政策。为了更有效地贯彻"尊重瑶胞"的民族平等思想和"团结瑶胞"的口号,1929 年 11 月 10 日,韦拔群率领农军攻下东兰县城后,把马克思主义关于民族问题的基本理论与东兰的民族实际结合起来,颁布实施了《最低政纲草案》,明确提出开展土地革命和实现各民族平等的口号。《最低政纲草案》涉及瑶族同胞的主要内容有:在"关于瑶民方面"提出:"1. 提高瑶民的智识教育。2. 瑶民经济、政治、教育、工资上与其他人民一律平等。3. 严禁虐待瑶民。4. 没收山主的山场、土地、森林,分给瑶民。"[3] 在"关于地方一般的设施"中提出:"革命的工农兵、瑶民及劳动妇女有居住、行动、集会、结社、言论、出版之自由。"[4]

2. 大力宣传各民族平等团结的思想。韦拔群大力开展民族平等团结的

---

[1] 《马克思恩格斯全集》第 2 卷,人民出版社 1957 年版,第 666 页。

[2] 左右江革命历史调查组:《左右江革命史料汇编》(第一辑:史料综述),内部资料,1978 年,第 18 页。

[3] 《中国现代革命史资料丛刊·左右江革命根据地资料选辑》,内部发行,人民出版社 1984 年版,第 173—174 页。

[4] 《中国现代革命史资料丛刊·左右江革命根据地资料选辑》,内部发行,人民出版社 1984 年版,第 176 页。

宣传工作，在东兰、凤山的很多角落都留下了他的足迹。他与苗胞、瑶胞们共同劳动，一起吃南瓜饭，喝玉米粥，喝野菜汤，一起睡火塘旁，没有丝毫隔阂和歧视的意味。韦拔群也反复教育广大壮、汉族人民群众，不要叫瑶人为"勒升"（壮语，即壮族长辈对小辈的称呼）或"瑶佬"，而要统称为瑶友，对年长者男的称为"爹"，女的称为"妈"，同辈的互称为兄、弟、姐、妹，很受瑶胞的欢迎。韦拔群还与瑶族精英分子黄大尤、牙蒙木、罗万运、韦立七、陈思、陈卜色等人结为"老庚"，扩大了党在瑶族群众中的影响，培养了更多的革命干部。韦拔群的宣传工作，符合瑶族群众的生活习俗，因而深得瑶族群众的尊敬和爱戴，大家都亲切地称他"拔哥"，体现了韦拔群与各族同胞之间亲密无间的友好关系，体现了他在右江地区的崇高威望，以致在瑶族地区广为流传"拔哥爱瑶胞"、"瑶胞勇救拔哥"的佳话就不足为奇了。就连用尽各种办法来抓捕韦拔群的国民党也只能发出哀叹："瑶民，韦拔群呼之为瑶友，因之为基本力量，是以几（经）围剿，未克歼灭。"[1]

3. 认真执行各民族平等团结的政策。韦拔群教育农民运动干部带头执行民族平等的政策，他参加革命后带头践行"解放瑶胞"的思想，并且从自身做起，解放家中的瑶族长工，让他们回家成为自由民。1925年9月，韦拔群在东兰创办农民运动讲习所，当时有少数学员称呼瑶族人为"瑶佬"，韦拔群对这些错误言行及时制止并进行了批评教育。如针对有的学员称呼瑶族学员为"瑶佬"时，韦拔群就指出："不能这样称呼瑶族学员，只有地主老财才这样称呼他们，过去地主老财把他们看作野人，不许他们下山，他们为了养家糊口活命，才被迫给人做长工，当轿夫，瑶家、壮家的受苦人都是受压迫剥削的阶级兄弟呀！不要歧视他们。"[2] 在开办农讲所期间，韦拔群注意在日常学习生活中检查学员的行为，发现有不尊重瑶胞的行为，予以批评教育。1930年上半年，他在自己的家乡东里屯试办共耕社时，也吸收瑶人参加共耕社。在他的带领和教育下，很多农民干部都这样做了。如韦拔群的好战友陈伯民，他家就雇有瑶族长工韦卜新及其妹二人，在韦拔群的影响下，陈伯民都叫他们回家做了自由民。因此，韦拔群深受瑶人的拥护和爱

---

① 中共广西壮族自治区区委宣传部等编：《百色红旗》，中共党史出版社2001年版，第83页。

② 陆秀祥编：《东兰农民运动》，广西民族出版社1986年版，第174页。

戴。他们说："今日得见天日，脱离奴隶地位，得到自由解放，是得到拔哥的情咯！"

总之，始终坚信共产主义信念，相信和依靠人民群众，重视各民族平等团结，为人民群众的利益奋斗终生的革命斗争，是韦拔群伦理价值观念的充分体现，反映了韦拔群全心全意为人民服务的道德品质。

第四节　壮族伦理思想的现代传扬与发展

壮族伦理思想作为一种特殊的社会现象，有其自身的发展规律。它的发展，是伴随着与其相关的客观物质条件和主观精神条件的发展变化，通过自身的传承和变异的矛盾运动来进行的。中华人民共和国成立后，壮族地区社会经济发生了重大变化，在文化建设方面，壮族伦理思想也在社会主义道德理论和社会主义核心价值体系的指导下，摒弃糟粕，传承精华，在社会主义条件下得到了大力传扬和发展。

一、壮族伦理思想现代传扬与发展的指导思想

（一）以社会主义核心价值体系为指导

坚持以什么为指导是传扬与发展壮族伦理思想的根本问题，不仅决定着壮族伦理思想发展的目标与方向，也决定着壮族伦理思想的性质。

1.从理论层面来看，社会主义核心价值体系是社会主义制度在价值层面的本质规定，是对马克思主义伦理思想的丰富和发展，它对于"巩固马克思主义在意识形态领域的指导地位、巩固全党全国人民团结奋斗的共同思想基础，对于促进人的全面发展、引领社会全面进步，对于集聚全面建成小康社会、实现中华民族伟大复兴中国梦的强大正能量，具有重要现实意义和深远历史意义"[①]。因此，传扬与发展壮族伦理思想，必须坚持社会主义核心价值体系的指导地位，坚持社会主义先进文化的前进方向，坚持为人民服务、为社会主义服务，把满足人民群众的精神文化需求作为传扬与发展壮族伦理

---

① 中共中央办公厅印发：《关于培育和践行社会主义核心价值观的意见》，新华网，2013年12月23日。

思想的出发点和落脚点。

2. 从现实需要来看，当前，壮族地区在政治、经济和社会等方面正经历着前所未有的重大改革，壮族人民的生产和生活方式也随之发生深刻变化，这对壮民族的价值观念和思想活动产生了重大的影响。各种伦理道德观念涌入壮族地区，壮民族在伦理道德思想的选择上变得日益多样和多变。在这种现实情况下，我们只有坚持社会主义核心价值体系的指导地位，才能真正在壮族社会形成共同价值追求，才能保证壮族伦理道德发展的目标和方向。

（二）与壮族传统伦理文化相承接

壮族传统伦理文化是壮民族在长期共同的社会实践中形成并累积起来的宝贵的精神财富，是壮民族文化中固有的并且延绵不断的一种历史文化传统。壮族传统伦理文化承接着过去又昭示着未来，我们传扬与发展壮族伦理思想要结合时代特点对壮族传统伦理文化加以继承和发扬，使之与当代社会相适应、与现代文明相协调，既要保持民族性，又要体现时代性。

1. 壮族传统伦理文化是传扬和发展壮族优秀伦理道德的基石。在几千年的发展中，壮民族形成了热爱祖国、平等团结、和睦相处、勤劳勇敢等优秀伦理道德观念。这些观念，是古往今来壮族人民奋发向上、百折不挠的精神支柱，也是壮民族生生不息、发展壮大的强大精神动力。剥离这些传统伦理文化，传扬和发展壮族优秀伦理思想将会成为"无源之水"。

2. 壮族传统伦理文化是传扬和发展壮族优秀伦理道德的思想材料。传扬和发展壮族优秀伦理道德，实际上就是为了适应社会不断发展的需要，对传统伦理文化进行挖掘、整理、加工和改造的过程。离开传统伦理文化的思想材料，不可能真正建立起适应壮族社会不断发展的新型壮族伦理道德。

总之，我们在推进壮族传统伦理文化现代传扬与发展的过程中，一定要尊重伦理道德观念发展的规律，对其有意识、有目的地进行改革，掌握好适度原则，使壮族传统伦理文化顺应历史发展，实现壮族传统伦理与社会主义核心价值观的有机统一，促进壮民族地区各项事业的和谐、健康、快速发展。

（三）与壮族地区现代经济社会发展相适应

经济基础决定上层建筑是马克思主义的一个基本观点，"随着经济基础的变更，全部庞大的上层建筑也或慢或快地发生变革。"① 伦理道德作为上层建筑的一部分，它的发展必将受制于经济基础。反过来我们可以认为，超越一定经济发展阶段的伦理思想的调适只能是空谈。因此传扬和发展壮族伦理道德，还应遵循与壮族现代社会发展相适应的指导思想。

1. 传扬和发展壮族伦理思想须与壮民族地区的实际相结合。目前，壮族地区和全国一样，正处于社会主义现代化建设的全面发展过程中。因此，在传扬和发展壮族伦理道德时，要注意挖掘壮族伦理道德思想中的社会伦理、经济伦理、政治伦理和生态伦理方面的精华，使其适应壮族地区经济社会发展和现代化建设的要求。总之，壮族伦理思想中一切有利于解放和发展社会主义生产力，一切有利于国家统一、民族团结、社会进步的，一切有利于追求真善美、抵制假丑恶、弘扬正气的，一切有利于公民行使权利与履行义务，用诚实劳动争取美好生活的思想，我们都应当继承、发扬和发展。

2. 传扬和发展壮族伦理思想须与社会主义市场经济相结合。由于历史原因，壮族地区经济文化基础相对薄弱，而这样的基础又给封建的、愚昧的、落后的伦理道德观念提供了生存的土壤。如听天由命、安贫乐命、重农轻商、中庸忍让等观念，这些伦理道德观念如果不加以摒弃或加以新的解释，对发展社会主义市场经济是极为不利的。不改革，就会阻碍壮族社会改革的步伐，给壮民族地区原本就相对落后的经济文化发展增添新的阻力。因此，我们在传扬和发展壮族伦理思想时，必须要正确审视壮族传统道德，摒弃壮族传统伦理中的糟粕观念，破除旧的、落后的道德观念对壮族人们思想的束缚，吸取符合社会主义市场经济发展要求的优秀部分，并赋予其新的时代内涵，以促进壮民族地区市场经济体制的有效运行。

二、壮族伦理思想现代传扬与发展的路径选择

壮族伦理思想源远流长、内容丰富，是中华民族传统道德的重要组成

---

① 《马克思恩格斯选集》第 2 卷，人民出版社 2012 年版，第 3 页。

部分，是我国进行思想道德建设的重要思想源泉。那么在社会主义现代化建设过程中如何实现壮族伦理的现代传扬与发展？我们认为应该做好以下几项工作。

（一）正确对待壮族伦理思想的两面性

任何民族文化，都是精华和糟粕的统一，都有积极与消极的两面作用。壮族伦理思想也是如此，它积极的一面促进了壮族社会经济、政治和文化的发展；而消极的一面则阻碍壮族社会的发展。例如，勤劳朴实、安于本分的品质，使人自甘淡泊，刻苦自立，但也容易使人满足现状，安贫守旧。因此当我们面对壮族伦理思想的两面性时，必须采取科学认真的态度，正确区分其中的精华与糟粕。对壮族传统伦理思想中积极的优秀的部分，我们应加以继承和弘扬；对壮族传统伦理思想中消极的糟粕的部分，我们应坚决加以铲除和摒弃，消除其影响。

科学正确地区分壮族伦理思想中的精华与糟粕是有标准的，其标准是看这些伦理思想是否能顺应时代发展的要求，是否有利于民族团结和民族进步，是否有利于壮民族政治、经济、社会和文化的发展。有利于民族团结、繁荣发展的伦理观念，我们应当传扬和发展；有弊无利或弊大于利的伦理观念，则应予以摒弃，各级政府或部门应通过耐心细致的说理、引导，逐步消除其影响。

（二）着力发展壮族地区的物质文明

从马克思主义关于物质和意识的学说，我们可以得知，物质可以变精神，精神也可以变物质。周恩来同志也讲："风俗习惯的改革，要依靠民族经济基础本身的发展，不要乱改。"[①] 因此以经济建设为中心，根据壮族地区的实际情况，建立起强大的物质文明，是搞好壮族地区文化建设、传扬和发展壮族伦理道德的物质前提。

1. 从壮族自身来讲，一是要坚持自力更生的方针政策。壮民族，要进一步解放思想，更新观念，从民族自身和地区实际出发，充分发挥自身优势，克服"等、要、靠"的思想，不断深化改革、扩大开放，充分发挥自身

---

① 转引自图道多吉主编：《中国民族理论与实践》，山西教育出版社 2001 年版，第 326 页。

的主动性和创造性，促进本民族地区经济发展。二是要坚持开放的方针政策。要发展壮族地区的物质文明，必须继续打破由于社会历史和自然条件造成的闭塞的局面，加大改革开放的力度，不仅向国内其他民族、地区开放，还要向全世界开放。在开放的过程中，积极利用国内外的投资、先进技术与管理经验，以加快壮族地区的经济发展，增强经济实力。

2. 从国家层面来讲，一是要大力帮扶壮族地区发展经济。加大对壮民族地区经济发展的政策支持，如完善财政补贴制度，加大对壮民族地区财政转移的支付力度；在资金筹措方面也要向壮民族地区倾斜，给予优惠贷款条件和利率，等等。二是组织经济发达地区加大对壮民族地区的支持力度，增强它们之间的横向联系。这样，随着国内外先进地区物品和人员的不断涌入，扩大了壮民族与外界的接触面，壮民族群众在与他们的交往、联系中，也不断地改变着自身的生产方式和生活方式。生产和生活方式的改变，必然会导致壮民族伦理道德的改变。

总之，只有大力发展壮族地区的物质文明，才能从根本上消除旧传统、旧观念以及某些落后于时代的伦理观念的生存土壤，才能使传扬和发展壮族伦理观念的目标明确，步伐坚定，使壮族伦理思想的传扬和发展能够服务于壮族社会经济建设的发展和进步。

（三）加强对壮族优秀伦理文化的教育传承

建设中国特色社会主义先进文化的根本任务是要着力培育"四有"公民，切实提高全民族的思想道德素质和科学文化素质。壮族伦理道德作为一种文化，教育和传承壮族优秀伦理文化的落脚点就是要提高壮民族的整体素质。

1. 加强对壮族优秀伦理文化的教育传承有重大的意义。壮族世居在祖国的南疆地区，受各种因素的影响，旧的传统伦理思想观念"包袱"较重，如近年来出现的大修庙宇、婚丧事大操大办、迷信活动增多等现象；加之，处于边境地区，各种西方伦理思想观念也易通过边境贸易等形式对壮族群众进行渗透。而壮族传统伦理思想中的优秀文化，如热爱国家民族、维护祖国统一的爱国主义精神，知礼尚义、济困扶危的社会公德观，尊老爱亲、邻里和睦的家庭道德观等，对于推动壮族地区全面建成小康社会目标的实现，对于加强社会主义民主政治建设和推进政治体制改革、维护国家边疆的安全稳定，对于加强社会主义先进文化建设、培育和弘扬社会主义核心价值观和改进社会道德教育，对于构建社会主义和谐社会和加强生态文明建设等方面都具有非常重要的现实价值。因此我们必须加强对壮族优秀伦理文化的教育和传承。

2. 教育传承壮族优秀伦理文化的重要条件是要发展教育和科学。大力发展壮民族地区的教育和科学，营造良好的文化环境，是传扬和发展壮族伦理道德的重要条件。传扬和发展壮族伦理道德，不是纯精神性的东西，它不仅需要物质文明作基础，其本身也需要物质作保障。要加大对教育和科学事业的投入，不断提高壮民族的素质，为壮族地区培养更多的德才兼备的人才。这样才能为传扬和发展壮族优秀伦理文化提供人才和智力支持。

3. 教育传承壮族优秀伦理文化要充分利用各种宣传媒介。要充分发挥各种宣传媒介如报纸、杂志、广播、影视、互联网、手机等的作用，利用壮族群众喜闻乐见的民族文化形式，教育和传承壮族优秀伦理文化，引导壮族群众在遵守基本思想道德规范的基础上，培育和践行社会主义核心价值观，不断追求更高层次的思想道德目标。

承载形态篇

　　壮族作为一个具有悠久历史和道德传统的民族，在长期的生活、生产和社会实践中，壮族人民不仅以非凡的智慧创造了绚丽多彩的物质与精神文化，形成了具有民族特色的丰富的伦理思想，成为了壮族人民精神生活中的重要内容，也构成了中华伦理思想的重要组成部分。但是，由于社会历史原因，和汉民族相比，壮族文字创制与使用相对落后，在历史上没有形成统一流行的文字，这也使得壮族伦理思想在总体上尚缺乏完整的理论体系，在一定程度上也尚未分化形成为独立存在的社会意识形态。因此，壮族人民千百年来生活、生产经验的积淀形成的内涵丰富的伦理思想观念和道德传统，大量地融汇和表现于壮族民间文学、传统艺术、传统体育、民族习俗、岁时节日、信仰崇尚等形式多样的壮族文化形态中。研究解读壮族史诗神话、传说故事、民间歌谣、民间戏剧、铜鼓壁画、传统体育等民间传承文化，壮族的生产习俗、生活习俗、婚恋习俗、礼仪习俗、岁时节日习俗等传统习俗文化，以及壮族的信仰崇尚文化等壮族文化形态中蕴涵的伦理意蕴，将使我们对壮族伦理文化有较为系统的了解，有助于我们更为深刻地领略壮族的伦理思想和民族精神。

第三章　壮族民间文学中的伦理思想

　　壮族民间文学是壮族人民在漫长的历史发展过程中，适应物质生产、社会生活和精神生活的需要不断口头创造和传承的民间语言艺术。千百年来，壮族劳动人民世代口耳相传、丰富多彩的民间文学作为壮族文学的主体，不仅在壮族文学史上具有举足轻重的地位，是壮族文化的主要表现形式，也成为表现壮族人民伦理思想观念的重要载体。特别是由于社会历史原因，壮族没有统一规范的传统文字，壮族民间文学就成为了壮族形象的历史，其功能和价值异乎寻常。①

　　壮族民间文学异彩纷呈，体裁多样，有气势恢宏、魅力永久的史诗神话，寓意深邃、情节曲折的传说和故事，优美动人的山歌民谣，发人深省的谚语格言，富于哲理的寓言和诙谐幽默的笑话等。这些多体裁的民间文学都是壮族人民在长期的劳动生活和社会生活中根据自己的爱憎好恶而创作的，反映了不同时期人们对现实所持的态度，以及他们为幸福而斗争的精神和对未来的憧憬，也蕴涵着极为丰富的壮族人民的道德观念和伦理思想。

第一节　壮族布洛陀体系神话中的伦理思想②

一、壮族布洛陀体系神话概述

　　神话指主要产生于原始社会的关于神的幻想性故事，是人类最古老的

---

① 梁庭望：《壮族文化概论》，广西教育出版社 2000 年版，第 506 页。
② 本节的主要论点和论述内容，已以《壮族布洛陀"体系神话"中的伦理思想探析》为题，刊发在《百色学院学报》2012 年第 2 期。

口头创作之一。它是原始人类所特有的一种社会意识形态，以不自觉的艺术创作方式和主观幻想的形式反映远古时代人类对自然界的认识、与自然界的关系和人类的社会生活。由于远古时代人类各种意识形态尚未分化，神话成为各种原始意识的统一体，包含了人类最早的宗教、哲学、习俗、伦理、文学、艺术、自然科学等多方面的知识。神话的内容尽管神奇、神秘甚至荒诞不经，但却都是远古时代人类社会生活和思想的曲折反映。每个民族在其童年时代都产生过自己的神话，这些神话通过幻想的方式，反映了远古时代各民族先民对客观世界的认识，也反映了人们对自然界的斗争以及支配自然的愿望。马克思说："任何神话都是用想象和借助想象以征服自然力，支配自然力，把自然力加以形象化；因而，随着这些自然力实际上被支配，神话也就消失了。"神话"也就是已经通过人民的幻想用一种不自觉的艺术方式加工过的自然和社会形式本身"[1]。

壮族神话正是壮族先民在原始思维基础上不自觉地把自然和社会生活加以形象化而形成的一种幻想神奇故事，是壮民族对宇宙起源、人类由来、文化形成、社会秩序等自然现象和社会现象进行探索和思考的生动记录。

自 20 世纪中叶以来，壮学学者经发掘、采录和整理，发现了极为丰富的壮族神话资源。这些壮族神话的流传与保存主要有两种方式：一是在壮族民间百姓中代代口头流传。这些口头流传的神话资料，经众多壮学学者的收集整理，已编辑出版了《壮族民间故事选》、《壮族神话集成》、《神弓宝剑》、《女神 歌仙 英雄》、《布伯》、《盘古国与盘古神话》等多部壮族神话著作。二是由壮族民间布麽（巫师）以古壮字记录编写为经诗唱本寄存与传承下来。经在各地广泛收集，并于 1991 年由广西人民出版社出版的《布洛陀经诗译注》，就既是一部壮族麽教的经文，也是一部唱诵壮族创世祖神布洛陀创造天地万物、规范人间伦理的结构宏伟、气势磅礴的长篇神话史诗。口头流传和经书记载的壮族远古神话作品，具有体裁形式的多样性，既有被称为神话故事传说的散文体，也有被称为神话史诗的韵文体。往往两种体裁同时流传，特别是那些重要的、有代表性的作品如《布洛陀》、《布伯》等更是

---

① 《马克思恩格斯选集》第 2 卷，人民出版社 2012 年版，第 711 页。

如此。

综观壮族远古神话，可谓题材多样，内容丰富，脉络可寻，气势恢宏。根据蓝鸿恩、农冠品、梁庭望、周作秋等诸多壮学专家考证，认为：壮族神话从其构成看，主要有开天辟地神话、天象神话、人类起源神话、图腾神话、物种起源神话、迁徙神话、英雄神话等。[①] 形成一个以《布洛陀》神话为代表的自成系列的"体系神话"。[②] 这一体系神话，从纵向勾勒，呈现为：一团急速旋转的气体→三黄神蛋→金甲天神（开辟神）→三界→姆洛甲（生育女神）→布洛陀（创世男神）→布伯（战神）→伏依兄妹（再传世神）→肉团→人类→岑逊王 / 莫一大王（英雄神）的神话谱系。[③] 壮族神话还存在横向体系神话，据《布洛陀经诗译注》这部著作记载，在以创世祖神布洛陀为核心统辖下的神祇就有一百三十多位。这一纵横交织的布洛陀体系神话，基本上概括了壮族神话的主要内容，较为明晰地反映了古代壮族祖先的生产斗争、社会生活、风俗习惯、原始宗教等社会形态和社会意识，生动记录了从原始社会逐步进入阶级社会、从血缘婚到对偶婚、从渔猎时代到农业时代的历史演变进程，被称为史前时期壮族社会的百科全书。

二、壮族布洛陀体系神话展示了人类社会开端壮族先民纯朴的道德观念

在壮族以布洛陀为代表的神话体系中，有关于天地形成、人类起源、万物创造的《布洛陀》[④]、《姆洛甲》[⑤] 和《盘古兄妹》神话；有记录壮族先民探索自然奥秘、思考日月星辰等各种自然现象的《太阳、月亮和星星》、《妈勒访天边》；有反映壮族先民与洪水、干旱等自然灾难和毒蛇猛兽作斗争的

---

① 周作秋、黄绍清、欧阳若修等：《壮族文学发展史》（上），广西人民出版社 2007 年版，第 15 页。

② 参见张声震：《壮族历史文化与〈壮学丛书〉——〈壮学丛书〉总序》，《广西民族研究》2003 年第 1 期，第 44 页。

③ 参见梁庭望、农学冠编著：《壮族文学概要》，广西民族出版社 1991 年版，第 5 页。

④ 壮族人文始祖。在壮族各地流传的民间神话中，根据各地壮语译音不同，还有布洛朵、保洛陀、陆驮公公等称谓，本书统称为布洛陀。

⑤ 壮族创世女神。在壮族各地流传的民间神话中，根据各地壮语译音不同，还有姆六甲、乜洛甲、咪洛甲等称谓，本书依据农冠品编著的《壮族神话集成》（广西民族出版社 2007 年版）一书，统称为姆洛甲。

《布伯的故事》、《侯野射太阳》、《水珠》、《杀蟒哥》等；有讴歌赞颂百折不挠、敢于斗争的壮族英雄的《莫一大王》、《岑逊王》等；还有体现壮族先民为了谋生而频繁迁徙的艰难历程的《祖宗神树》、《艾撒和艾苏》等等。这些神话史诗，形象地向后人展现了本民族最初如何从人类发展阶梯的底层出发，步履艰难而又威武雄壮地行进于人类社会征途上的足迹，叙述了本民族如何经历了漫长的历史时代而绵延不绝的概貌，多角度、多侧面地反映了壮族先民的价值观念、思维方式和行为规范，成为壮民族心路历程的忠实记录和民族精神的集中体现。同时，也揭示了古代壮族人民的伦理思想和道德观念及其演变，生动地表现了壮族自古以来就具有的劳动创世、天人合一、和谐互助、敬长亲幼等良好的道德风尚和道德传统，蕴涵着丰富的道德观念和伦理思想。

　　（一）表达了壮族先民不畏艰险、劳动创世的伦理诉求

　　开天辟地、创造万物的创世神话在壮族神话体系中占有重要的地位。壮族民间有不少造天地的神话传说，其中流传最为广泛、影响最为深远的是姆洛甲造天地说和布洛陀造天地说。在《姆洛甲》神话中，姆洛甲是一位造天地、造人类、造万物的女神。她吹一口气，升到上面便成了天空；天空破漏了，她抓棉花去补就成了白云和星星。天空造成了，姆洛甲发现天小地大盖不住，便用针线把地边缝缀起来，最后把线头一扯，地就缩小了，天虽能盖住了地，但却高低不平，大地边沿起了皱褶，高凸起来的就是山，低凹下去的就是江河湖海。① 在《布洛陀》神话中，布洛陀是一位万能的创造神，他开天辟地、创造万物、安排秩序、制定伦理、无事不知、无所不能，是壮族人民心中的创世神、始祖神、宗教神和道德神。相传在远古时代，天地分为三界，天上面叫上界，由雷公管理；地上面叫中界，由布洛陀管理；地下面叫下界，由"图额"（水神）管理。天地形成之初，天和地离得很近，人们在地上活动时头总是碰着天，三界的人说话也互相听到，人们的日子很难过。于是，人们就向布洛陀诉说，布洛陀就用大斧砍来一棵高大的铁木树，用力把天顶了上去，于是，天升得很高很高，又把地加成三十三座山那么

---

① 　蓝鸿恩：《广西民间文学散论》，广西民族出版社 1981 年版，第 25 页。

厚。可是，顶上去的天收缩像一把伞，盖不往大地，布洛陀就用手把地皮抓起来，高凸起来的成了山或岭，低凹下去的变成了江河，地面就缩小了，天盖得住了。一个很好的天和地就形成了。① 天地形成使人类有了生存活动的空间，为了让人类生活得更好，布洛陀还不停地造万物、定秩序。在《布洛陀经诗》这部长篇神话史诗中，几乎各篇还围绕创造来展开描述了布洛陀创造万物的功绩，他不断的造火、寻水、造田、造稻谷、造牛、造狗、造鸡、造水车、造干栏、造衣服、造祭仪、造文字；他还教会壮民耕田种地、穿衣居住的各种生产技能和生活技能，带领着人们进行各种各样的劳动创造，从而战胜了强大的自然力量，使壮民族得以生存与繁衍。

总之，在布洛陀"体系神话"中，被"神格"化的布洛陀、姆洛甲是壮族先民集体力量、智慧和品德的化身，他们身上折射出了壮民族自强不息、不断探索、不断实践的精神，以及崇尚劳动创造，依靠勤劳勇敢和不断创造来发展社会、繁荣人间的伦理价值观念。

（二）反映了壮族先民尊崇自然、天人合一的生态伦理

在壮族的许多古代神话中，我们还可以窥见壮族先民朴素的"天人合一"自然观和渴望战胜自然、主宰自然、协调人与自然之间的生态伦理观念。在《布洛陀》和《姆洛甲》的神话中，就反映了壮族始祖如何通过造天造地、安排世界万物而协调天上、人间、地下三界之间的伦理道德关系。神话叙述了布洛陀、姆洛甲这两位创世祖神开天辟地，为人类的生息繁衍开拓了空间，然后又孕育人类，创造人间。为了人类的生存发展，他们又发明人工取火、烧烤熟食、寻找谷种、造地种田；为了稻作生长，又寻找水源、挖井引水、造水车、造耕牛，进而造马、造猪、造鸡鸭、造鱼等等。这一神话不仅表达了古代壮族先民按照自己认识自然的能力，借助想象来支配自然的愿望，也表明了他们对人类的生长离不开自然万物，人与天地、与世界万物之间存在"和谐性"的认识和思考。

《姆洛甲》神话中还有姆洛甲"捏土造人"的生动记载：天、地、海洋形成之初，大地一片沉寂，后来经过长久的雨露滋润，大地上长出了草，草

---

① 参见农冠品编著：《壮族神话集成》，广西民族出版社 2007 年版，第 35—63 页。

上长出一朵花，花里长出一个披头散发的妇女，她就是宇宙间第一个女始祖神姆洛甲。……姆洛甲见大地毫无生气，便想造起人来。她撑开两脚，站在两座大山上，突然吹来一阵风，觉得尿很急，于是撒一泡尿，尿湿了土地。她便用手把泥土挖起来，照着自己的样子捏了很多泥人，用乱草蒙盖起来。经过七七四十九天，打开蒙盖的乱草一看，这些泥人便活起来了，到处乱跑乱跳。姆洛甲又采集了很多杨桃和辣椒，撒向人群，大家就来抢，结果抢到杨桃的成了女人，抢到辣椒的成了男人，从此人间有了男女之分。[①] 在神话的描述中我们看到，古代壮族直截了当地否定"上帝创世说的宗教神学观念，以朴素的辩证观点说明了一切生物都是自然界由低级向高级长期发展演变的结果。始祖姆洛甲自身是由气体、花等自然物长期运动凝结而成的，始祖姆洛甲借以创造人类的是风、土、草、辣椒、杨桃等物质实体，这里找不到上帝，也没有神灵，他们用自身所熟悉的事物来说明天地万物产生的原因"，[②] 这无疑就是自然万物和谐共生的朴素生态伦理思想的萌芽。

《布伯》神话则反映了壮族先民力图按照自己认识自然的能力，借助想象来支配自然、协调三界矛盾、维护人与自然之间"和谐"的愿望。神话讲述的是"中界"在布伯时已与上界雷王、下界龙王不和。雷王不降雨使中界大旱。布伯为拯救人类免遭旱灾之苦，他上天与雷王争斗，最后智胜雷王，并将之囚于木笼。雷王趁布伯外出之机，向布伯的两个孩子即伏依兄妹骗取蓝靛水，喝后力气大增，冲开木笼逃回天界。临走前，雷王拔下一颗牙齿送给伏依兄妹作为报答。雷王回到天上就打开天池闸门企图淹没人间。尽管本领高强的布伯与雷王奋力交战，斩断了雷王一条腿，并劈去了雷王的上嘴唇，但最终未能幸免于难。这场大水使天下人尽葬于滔滔洪水之中，唯有对雷王有恩的伏依兄妹依赖雷王报答坐在由牙齿长成的葫芦里随水漂流才幸存下来，人类才得以繁衍延续，避免了灭种的后果。这一神话虽然以英雄布伯的斗争失败为终，但却渲染了壮族先民力求改造自然征服自然的昂扬斗志，要求人类遵循自然规律、与自然和谐相处，表征了人类在与自然界的斗争中

---

① 蓝鸿恩搜集整理：《神弓宝剑》，中国民间文艺出版社 1985 年版，第 2 页。
② 覃毅克：《古代壮族神话歌谣中的哲学萌芽》，《广西右江民族师专学报》1998 年第 2 期，第 16 页。

从自然王国走向必然王国的历程。如若违背自然规律，必将会受到大自然的惩罚，如布伯战雷王最终失败，洪水滔天淹没人间就是最好的例证。只有谋求与自然的妥协与和解，懂得与自然和谐相处，才是人类的生存发展之正道。这些神话无疑体现了古代壮族先民的睿智与卓见，表现出一种超前的、可贵的、理性的生态观念。①

（三）讴歌了壮族先民富于智慧、敢于斗争的道德品质

神话是一个民族童年时代生活与思想观念的反映，在漫长的社会发展中，古代壮族先民在气候炎热，山高林密，荆棘丛生，毒蛇猛兽遍布，洪水毒瘴常袭的自然环境繁衍生息，这种艰苦恶劣的环境赋予了壮民族求生存发展的顽强意志和勇敢精神，铸造了壮族先民不怕灾祸、不惧邪恶，富于智慧、敢于斗争的道德品质，这种精神和品质在壮族神话中也有很多生动形象的反映。

上述提到的《布伯》神话中的布伯与主宰一切的天上雷王的斗争实际上就是对人与自然作斗争的深刻反映，也使我们看到了壮族古代先民为了生存不屈不挠地与干旱等恶劣气候环境抗争的拼搏精神。此类神话还有《侯野射太阳》（有的地方也叫《特康射太阳》或《朗正射太阳》）、《挨朱奴》、《水珠》等。《侯野射太阳》是在广西龙州一带流传着的神话故事，其大意是：古时候，天上只有一个太阳，后来雷公又造了十一个。十二个太阳晒得大地如火烧，水源干涸，草木枯焦，禽兽所剩无几，人们的生活苦到极点。那时有个巨人名叫侯野，是个能拉动十二米长的弓箭的打猎能手，人们便去找侯野想办法。侯野砍来树木，制了一张最大最硬的弓和十一支箭。然后爬上最高的山，见十二个太阳并排挂在天边，便拉弓射箭，把十一个太阳一个个地射落了下来，留下了最后一个太阳，可是这个太阳给吓怕了，慌忙躲进海底去，再不敢出来。于是，天和地漆黑一团，寒风刺骨，人们又去找侯野想办法。侯野跟大家商量，请母鸭把公鸡背到海中央，公鸡叫了一天一夜，那个太阳才从海底慢慢升起来。从此，天上只有一个太阳，热时不算太热，冷时不算太冷，暖和宜人，树木花草重新繁茂，禽兽也渐渐繁殖，人们过着欢

---

① 参见陈金文：《人与自然的搏阄——壮族神话〈布伯〉的文化解读》，《长江大学学报》（社会科学版）2008 年第 2 期。

愉的生活。① 流传于云南文山一带的《挨朱奴》的神话，则叙述了英雄挨朱奴战胜风灾的故事，有一年，刮了一场特大的暴风，挨朱奴知道是"风公风母"作怪，就邀集了铁脚杆、铁脑壳、耳舀水和钻地风一起去和"风公风母"作斗争，经过惊心动魄的搏斗，终于制服了"风公风母"，消除了风灾。② 在壮族地区广为流传的英雄史诗神话《莫一大王》《岑逊王》，也为我们刻画了既不惧灾祸，敢于同自然界作斗争，疏通积水，围山造海，造福百姓；也不畏强权，敢于同贪婪、残暴、压迫人民的统治阶级土司和皇帝作斗争的壮族英雄形象。在这些神话所描述的众多壮族英雄身上，集中地体现了壮族人民的勇敢、力量和智慧，特别是败而不馁、锲而不舍、百折不挠的坚韧战斗精神。

　　流传在云南文山州一带的《艾撒和艾苏》也是一篇反映古代壮族先民为了生存不断迁徙，踏遍青山寻找乐土的感人至深的神话。神话叙述了艾撒和艾苏两兄弟寻找"幸福快乐"的前后经过，在艰苦跋涉的旅途中哥哥艾撒好吃懒做，怕苦怕累，贪图安逸，最后甚至干脆半途而废，而弟弟艾苏却牢记母亲的嘱咐，一个人坚定不移地往前走。一路上，艾苏不但要克服灼人的天气所造成的困难，而且还要随时与路上的各种猛兽妖怪作斗争，历尽艰难险阻，在顽强拼搏、不断斗争中创造了幸福，到达了目的地。③ 这一神话故事褒贬兼顾，一方面热情赞扬了艾苏战胜恶劣环境寻找幸福乐土，解救人们于危难的勇敢坚强的精神，另一方面则鞭挞了艾撒的怯懦与自私，表现了壮族先民对美好生活的执着追求和热切向往，以及不惧艰苦，不怕困难，敢于斗争的品质。

　　（四）褒扬了壮族先民集体为大、和谐互助的社会道德观念

　　维护氏族部落集体共同利益，共同劳动，相互协作，和睦共处，是人类早期在原始社会生产条件下形成的调节人与人、人与社会之间关系的道德观念和伦理行为准则，壮族及其先民自古以来也形成了这些良好的道德观念和道德品质。布洛陀"体系神话"中有诸多篇幅就形象生动地赞美了壮族先

① 参见蓝鸿恩主编：《壮族民间故事选》，上海文艺出版社 1984 年版，第 42—47 页。

② 参见蓝鸿恩主编：《壮族民间故事选》，上海文艺出版社 1984 年版，第 90—95 页。

③ 农冠品、曹廷伟编：《壮族民间故事选》，广西人民出版社 1982 年版，第 32—43 页。

民以集体为大，互助团结、和谐有序的道德观念和道德品质。

在布洛陀"体系神话"中，众多神化了的人物形象，无论是开天辟地、繁衍人类的创世神、始祖神、生育神布洛陀、姆洛甲、伏依兄妹，还是战天斗地、勇斗邪恶的战神、英雄神布伯、特康、莫一大王、岑逊王等，这些壮族人民崇敬的神话人物，无一不是为众人利益而努力奋斗直至献身的神圣和民族英雄。布洛陀之所以被人们尊为至高至上的始祖神，不仅在于他具有超凡的智慧和才能，还在于他具有为众人排忧解难的崇高品格，他不辞辛苦地创造天地万物，规定人间秩序，创造了丰功伟绩却依然住在山脚下冰冷潮湿的岩洞里，他年老体衰走路时拿棕榈藤木拐杖，仍常常受请出来为众人办事，鞠躬尽瘁。创世女神姆洛甲，在神话传说中是一位为壮族民众的利益而不辞劳苦、四处奔走的造天地、造日月、造红水河、孕育人类、培育稻谷、训育耕牛的神灵，她勤劳、善良、质朴、坚毅，充满自我牺牲精神，执着追求创世事业。布伯神话中的伏依兄妹虽知晓兄妹结婚有悖人伦道德，也在多方劝说下深明再续生命、繁衍人类之大义，从而答应结为夫妻，承担起重新繁育人类之大任，使人类得以繁衍发展下来，他们也因而被誉为再传世神。

在《布洛陀经诗》这部长篇神话史诗中，以赞美的语言讴歌了众位为群体利益服务、为众人作出杰出贡献的传世神和造物神，展现了原始社会人类重视维护氏族和部落集体利益的道德特征和伦理原则。诸如造天的天王氏、造地的地王氏、造火的燧巢王、造牛的顺王、造菜园的上梁王、造房屋的山屋王、造水车的备放王、造谷仓的狼汉王、造渔网的他业王等等，他们一个个不畏艰难造万物，一样接一样造齐全，一样接一样造成功。这些神实际上是壮族先民勤劳勇敢、埋头苦干道德品质的真实写照。

此外，布洛陀"体系神话"还展示了壮族先民团结一致、互助和睦的良好风尚，叙述了天地万物的创造是如何在布洛陀统领和统筹安排下，众神各司其职、分工协作来完成的历程，向人们唱诵了"十条小沟汇成溪，十条溪水汇成河，十条河水汇成江，十条大江汇成海，十个大海汇成洋"①的齐心协力干事业的道理。

---

① 张声震主编：《布洛陀经诗译注》，广西人民出版社1991年版，第51—52页。

（五）记述了壮族先民步入文明之初的婚姻家庭伦理观念

在壮族布洛陀"体系神话"中，还记述了壮族先民在原始社会时期以及步入文明之初的婚姻家庭伦理观念。《布洛陀经诗》这部长篇神话史诗就以相当大的篇幅记载了壮族有关父子、母女、婆媳、兄弟之间的家庭伦理道德，对尊敬长辈，孝敬父母，慈爱幼小，家庭和睦的家庭伦理风尚给予了肯定和颂扬，对不敬老人、不养父母、没有良心的不孝女儿和媳妇给予了严厉的谴责和鞭挞。

在神话史诗中多处看到布洛陀、姆洛甲教诲人们，要懂得敬老孝亲，"村里有王就问王，地方有长老就问长老"①，"老人的话就是宝，老人的话就是药"②。老人的话是灵验的，做儿女晚辈的要尊重老人，说话不能顶撞老人，不能对老人粗言恶语。倘若子女晚辈不听规劝，不孝顺，必遭恶毒诅咒，受到断子绝孙、灾祸横生的报应。例如"这种孩子（指不孝之晚辈）别让他发家，生女让她死，生男让他灭，脚跟没有福血染，腰间没有背带缠，堂屋无人拜，上梯无人扶，下田无人陪，下地无人跟，走亲戚无人送，杀鸡无人吃巴腿，糍粑无人尝，火灭无人添，鳏寡无生育，背痒无人抓，头虱咬无人捡"③。"不让这种儿女繁衍，有仔拿去水坑埋，有仔拿去池塘淹，有仔就拿去地里活埋，有仔拿去水坑埋，无母的小鸡养不大，无娘的孩子长不高，无儿女来抱，成不了父亲"④。而那些接受规劝教诲，诚心孝敬父母、公婆，杀猪祭供父母亡灵的晚辈后生，才可能过上"火样红"的日子。

值得一提的是，布洛陀"体系神话"有许多感恩教育的篇幅，倡导为人儿女应铭记父母恩情，孝敬父母，生时赡养双亲，死后棺木安葬。神话史诗中的唱童灵故事，叙述了童灵看到母牛生仔的痛苦，并知道母亲当年生育自己比母牛更为痛苦后，决心不按惯例在母亲死时给大家分食，而是造棺材安葬母亲，用牛肉代替分给大家，披麻戴孝为母亲守孝。童灵的做法实际上就是人类伦理道德意识的觉醒，这种觉醒假借经过求问神灵布洛陀，得到布

①　张声震主编：《布洛陀经诗译注》，广西人民出版社 1991 年版，第 45 页。
②　张声震主编：《布洛陀经诗译注》，广西人民出版社 1991 年版，第 40 页。
③　张声震主编：《布洛陀经诗译注》，广西人民出版社 1991 年版，第 927—930 页。
④　张声震主编：《布洛陀经诗译注》，广西人民出版社 1991 年版，第 974—982 页。

洛陀的肯定后大家就予以接受和服从。从此，社会风俗大变，大家都以童灵
为榜样，用棺材安葬自己去世的亲人，改变了远古社会人吃人的陋习和野蛮
的食人葬俗，人们树立起了最基本的人伦观念，童灵也被认为是壮族历史上
首创孝规和厚葬习俗的人，受到后人尊崇。

　　显然，在壮族远古神话中，通过对童灵、伏依兄妹故事的叙述，也真
实反映了在人类早期壮族先民曾有过食人之风、血缘婚配等野蛮习俗的历史
遗迹，以及随着生产力的发展，食物来源的不断增加，人类社会的进步，这
些野蛮习俗逐渐革除，趋向文明的家庭婚姻伦理道德逐渐形成并发展的历史
进程。

第二节　壮族民间传说和故事中的伦理思想①

一、壮族民间传说和民间故事概述

　　民间传说是民间文学的重要体裁，它是劳动人民口头创作的与一定历
史事件、历史人物或一定地方风物密切相关的传奇故事。虽然从神话脱胎而
来的民间传说中有幻想的成分和附会的情节，但不是以幻想的形象和情节来
构成故事，而是以客观的历史人物、事件或地方风物为根据，运用文学表现
手法和历史表达方式构建出来的，因而在本质上是真实的，它在叙述一定的
历史事件和人物中表达了劳动人民的思想愿望，反映了人民的历史观、道德
观和爱憎情感，因此，人们又称之为是劳动人民"口传的历史"。中国少数
民族的民间传说极其丰富，主要包括人物史事传说、风物传说、习俗传说
等。人物史事传说是通过艺术加工、幻想、虚构等手法，以历史长河中发生
的重大历史事件和历史上著名人物为叙述中心的传说。风物传说是关于地方
的山川名胜、文物古迹、花草树木、禽鸟虫兽、乡土特产等的由来、特征和
命名的传说。习俗传说是关于各地各民族的节日、婚丧和游艺等风俗习惯的
形成原因的解释性传说。

　　民间故事作为民间文学的一个门类，有广义和狭义的理解。广义理解

---

① 本节的主要论点和论述内容，已以《论壮族民间传说和故事的伦理意蕴》为题，刊发在
《百色学院学报》2013 年第 6 期。

的民间故事包括神话、传说在内的，是人民口头创作中叙事散文作品的总称。狭义理解的民间故事通常是指以通称的人物、广泛的背景、完整的情节来表现生活的散文叙事作品。包括生活故事、民间寓言、民间笑话、民间童话等。我们这里的论述取狭义。生活故事又称"世俗故事"、"写实故事"，是生活气息较浓、现实性较强的民间故事。民间寓言是寓意深刻的哲理故事。民间笑话是幽默、滑稽性的短小故事，其讽刺锋芒指向昏庸贪婪的封建统治者，也常常揭露批判人民内部的某些不良思想作风。民间童话也称幻想故事，包含丰富的想象成分，充满浪漫色彩，这些幻想实际上是劳动人民强烈愿望的一种曲折反映，其题材来自人们在现实的生产、生活和社会实践。

　　壮族是一个历史悠久的民族，千百年来，壮族人民在创造自己的社会历史和灿烂文化的同时，也以口头创作的形式创造了大量丰富多彩的壮族民间传说与民间故事。壮族民间传说和民间故事作为壮族民间文学的两种重要体裁，是壮族人民口头创造的叙事散文作品的最为庞大的部分，其种类形式多样，内容题材相当广泛，历史跨度绵长久远。在民间传说中，有叙述历史长河中重大事件及壮族人民崇敬的著名人物的《侬智高》、《刘三姐》、《韦银豹的传说》、《金田起义》、《刘二打番鬼》、《邓斌的传说》、《拔哥的传说》等人物史事传说；有通过叙述壮族地区的山川名胜、文物古迹，借以表达壮族人民的思想情怀的《花山壁画的传说》、《铜鼓的传说》、《岩刚河的传说》、《大明山的来历》、《红水河的传说》、《逃军粮》、《一幅壮锦》等风物传说；还有壮族人民对已经逝去的岁月里欢乐和苦难的追忆所形成的关于节日和其他的习俗的传说，如《三月三的传说》、《达媓》、《娅拜节》、《歌圩传说》、《枫叶驱妖》等。在民间故事中，有现实性很强，强烈表达壮族劳动人民的爱憎、褒贬的思想感情的《一百鞭》、《财主与家奴》、《公颇的故事》、《不是龙地》、《鬼吃鸭子》、《哄土司下马》、《两件新袍子》等生活故事；有寓意深刻，说明一定哲理性道理的《和老虎做朋友的人》、《狼和天鹅》、《老虎和腊西》等寓言故事；还有以丰富的想象力来反映人与自然、人与社会的关系，表达壮族人民的美好愿望的《救月亮》、《勇敢的阿刀》、《金色的种子》、《妈勒访天边》、《石匠》、《人熊姑爷》、《神医三界》、《达加与达伦》等幻想故事。这些壮族民间传说和故事形象、生动、真实地展现出壮族社会的历史发展，饱含着壮族人民对自己乡土的热爱和怀念，表达了壮族人民的生活态度和思想情感，是壮族人民传承留给我们的宝贵的精神财富。

二、壮族民间传说和故事的伦理意蕴

从伦理学的视野看，壮族民间传说和故事，也极为丰富地反映了壮族劳动人民的道德观念和道德理想，记录了壮族伦理思想的发展历程，表达了壮族人民对真善美的追求，成为了承载壮族伦理思想的重要载体和表达方式。

（一）崇尚道德，彰显了壮族劳动人民的优秀道德品质

壮族人民自古以来就具有英勇顽强、敢于斗争，爱国爱家、反抗侵略，互助团结、维护集体，热爱劳动、勤俭持家等许多良好的道德品质，壮族民间传说和故事就充分彰显了壮族人民的优秀道德品质。

1.讴歌了壮族人民英勇顽强，敢于斗争的精神品质

在壮族民间传说和故事中，在类型上，无论是人物史事传说、风物传说，还是生活故事、幻想故事，对壮族人民的这一精神品质都给予了充分的表达。在内容上，从两大方面交织展开，与危害人类的自然力量作斗争和与压迫人民的社会力量作斗争。

反映与危害人类的自然力量勇敢斗争的传说故事，有与毒蛇猛兽作斗争的故事，如《杀蟒哥》、《石良》等，古代壮族人民栖息的岭南多有毒蛇猛兽，对人们的生产生活都构成很大的威胁，这类传说故事中描写的毒蛇猛兽是人类的敌对面，它们危害人类的生命安全，人类为了生存就必须奋起抵抗。《杀蟒哥》里的大毒蟒"长十来丈，有大水桶般粗"，它常常吃人、吃猪、吃牛羊。面对毒蟒，勇猛健壮的壮族青年"杀蟒哥"挺身而出，迎战大蟒，经过生死搏斗，终于杀了大蟒，为民除了害。[1]《石良》中的石良同九头毒蟒血战三天三夜，最后杀死毒蟒，自己也壮烈牺牲。[2] 有与恶劣的自然环境作斗争的传说故事，如《岩刚河的传说》（又称《水珠》、《特甘训孽龙》）讲述了壮家青年岩刚，为了解除干旱给人们带来的痛苦和灾难，寻找

[1]　参见蓝鸿恩主编：《壮族民间故事选》，上海文艺出版社1984年版，第76—78页。
[2]　参见蓝鸿恩主编：《壮族民间故事选》，上海文艺出版社1984年版，第79—81页。

万水之源的龙珠，为人民群众谋幸福，他历经艰辛，勇斗守住龙珠的凶恶大蜘蛛，最后牺牲自己，引来清泉。①

反映与压迫人民的社会力量作斗争的传说故事，有《侬智高的传说》、《红水河的传说》、《勐卡造反》、《金田起义》、《刘三姐》、《宝葫芦》、《神医三界》、《财主与农民》等等，这些传说故事讴歌了壮族人民勇于反抗压迫人民的统治者的勇敢斗争精神。《侬智高》传说赞颂了壮族英雄侬智高的英勇气概，他机智勇敢，仗义勇为，率领农民起义反抗压迫人民的北宋统治者，深得壮族人民的爱戴。《金田起义》叙述了壮、汉等民族组成的太平军起义反抗清王朝的腐朽统治、打击敌人的战斗事迹，歌颂了太平军在洪秀全等领导下，坚决击退敌人猖狂进攻的英勇斗争精神。在壮族人民中家喻户晓、妇孺皆知的《刘三姐》传说，以聪明能干、善歌善舞的刘三姐为壮族歌手、歌师和歌王的艺术化身，高度赞扬了刘三姐身上所体现的壮族劳动人民的勤劳勇敢，不畏强暴，永不妥协的反抗封建压迫的斗争精神。《宝葫芦》、《神医三界》、《财主与农民》、《老三与土司》、《公颇的故事》、《不是龙地》等故事，则反映了壮族劳动人民憎爱分明、藐视权贵、无所畏惧的道德品质，以及他们不甘压迫、机智勇敢地同剥削人民的贪婪、好色、凶残的财主土司等统治者作斗争的勇敢精神。

2. 赞美了壮族人民爱国爱家、反抗侵略的高尚情操

自古以来，壮族人民在和中华各民族人民长期共同生活的社会实践中形成了对自己故土家园、民族和祖国无比热爱的爱国爱乡情感和精神，这在壮族许多民间传说故事中都有反映。首先，壮族众多的山水风物传说抒发了壮族人民对生于斯长于斯的美好家园的无比热爱之情。如人们熟悉的《桂林山水传说》、《柳州鱼峰山传说》、《花山壁画的传说》、《三七的传说》，以及几乎壮族地区各县市都有的风物美景传说，把家乡的壮丽山河、优美的名胜古迹、独具特色的民俗风情和杰出的历史人物加以理想化和神奇化，抹上浪漫色彩，赋予动人情节，使人们从优美的文学语言和动人的故事情节中感受到家园的美好，深刻地蕴涵着壮族人民对自己家园、民族的深厚感情。其

①　参见蓝鸿恩主编：《壮族民间故事选》，上海文艺出版社1984年版，第82—89页。

次，不少人物史事传说故事还直接表现了壮族人民保家卫国，抗击外来侵略的民族气概。如在壮族地区流传的《侬智高的传说》，就讲述的是北宋时期壮族英雄侬智高率领壮族人民对频繁进犯我国的交趾王英勇抗击，打败了交趾王的故事。近代以来，壮族民间流传的不少抗法战争的故事，如《刘二[①]智取三炮台》、《刘二破敌恋》、《大摆坛罐阵》、《冯子材大败番鬼佬[②]》、《冯子材大闹凉山》等，也以一个个生动的故事讲述了壮族人民崇敬的民族英雄和爱国将领刘永福、冯子材带领百姓和军队抗击法国侵略军的英勇行为，反映了我国南疆边境地区壮族人民和士兵顽强抗击法国侵略者的决心和浴血奋战保卫祖国的英勇事迹和民族气概。

3. 赞颂了壮族人民济难扶危、维护集体的集体主义精神

壮族民间传说和故事，也极力褒扬了壮族人民自古以来形成的互帮互助，济难扶危，为集体利益而献身的优良品德。如上述传说故事中所提到石良、岩刚、侬智高、刘永福等壮族人民心目中的英雄，不仅具有顽强斗争、除暴安良、捍卫家园的英勇气概，同时也都是为了壮族人民的集体利益而英勇献身的英雄。在壮族地区广为流传的《逃军粮》传说，也生动地刻画了蓝莎英这一感人至深的人物形象，相传宋朝年间，广西的苗、瑶族民众联合起义，朝廷派大军南下，并征调大批壮族青年组成军队配合官军一起镇压起义队伍，一户壮族猎户蓝莎奇、蓝莎英兄妹，也一起被征入伍。莎英兄妹不忍残杀苗、瑶族兄弟，又愤于官军残暴，便杀死朝廷将领，率领壮人队伍逃进深山。在官军追击，壮兵遭受重重围困，队伍粮尽无援时，为了救助饥饿的伤员，未婚的莎英欲效仿莎奇的妻子挤奶汁喂伤员未成，却挤出了鲜血滴落在山上，第二天长出一棵棵开着粉红花的矮树，结出了蜜一样甜的像奶头模样的果子，果子救了许多在饥饿中挣扎的伤员。为了得到更多的果子解决全军的军粮，莎英又来到山上，不惜抽剑划破两个乳房，让奶血溅遍山坡野岭，顿时风雨大作，电闪雷鸣。雨过天晴，不见了莎英的踪影，只见满山遍野地长满了小树，每棵小树都结满了奶头一样的甜蜜的果子。队伍解除了饥饿的困迫，振奋了精神，一以当十，杀出重围，与苗瑶兄弟会合，打败了官

---

① 刘二即刘永福，清代抗法黑旗军首领。

② 番鬼、番鬼佬均系当地人民对法国侵略者的蔑称。

军。后来，这种当过军粮的果子就被称为"逃军粮"，即桃金娘。① 蓝莎英这种为集体献身的崇高品质和忘我境界也被壮人代代传颂。

流传于河池、宜山、都安等地的《三月三的传说》，也为人们讲述了一个感人的关心百姓疾苦和民众利益的人物形象。传说古时有个在朝廷当官的壮族人韦达桂，他学识丰富，才能过人，十分关心壮家百姓疾苦，他的俸禄也大都拿来救饥济贫。一年壮区大旱，他立奏皇上免征皇粮。皇上因此忌恨他，想要除掉他，连出难题为难，但他运用才智对付，皇上无奈，只好把壮人的粮赋免了。后来皇上还是不能容他，派出皇兵追捕他，放火烧了他躲藏的枫树林。皇兵走后，乡亲们在一棵大枫树树洞内找到他的遗体。那天正是三月初三，人们含泪把他葬在枫树旁，用酒、蛋、糯米饭祭奠，顿时狂风大作，枫叶、红兰草、黄杞子等纷纷落到碗碟上，糯米饭呈现出红、黄、蓝、紫、白五种颜色。此后，为了纪念韦达桂，壮人每年三月三，都在野外搭棚，摆上五色糯米饭祭奠亡灵，唱歌表达对韦达桂的怀念之情，由此形成三月三节俗。② 这一传说不仅揭露、谴责了封建统治者的残暴，也表达了壮族对为人民着想、为人民造福的贤人的敬重和怀念，是壮族人民维护公益、热爱集体的道德观念的具体表现。此外，还有不少壮族传说故事，如武鸣、宁明等地的《大明山的来历》，红水河流域的《红水河的传说》，隆林的《金钟山的传说》，等等，都为我们展现了一个个为了壮族人民集体的利益而不惜牺牲的英雄形象，他们身上所表现出的济难扶危、献身集体的精神，正是壮族劳动人民优良品质的真实写照。这种品质也是支撑壮族人民在恶劣的环境中历尽艰辛顽强地生存并不断地发展壮大的宝贵精神财富。

4. 传扬了壮族人民热爱劳动、勤俭持家的道德传统

劳动创造世界，劳动在人类生存和发展中始终起着决定性作用，也是劳动人民生活中最为重要的内容。壮族民间传说和故事的一个永恒主题就是对勤劳善良、纯朴节俭的壮族人民传统美德的歌颂。大量的壮族故事传说，以生动具体的事实表明勤劳才是致富和幸福的源泉，而懒惰则是衰败和丑恶的主要原因。在壮族著名故事《一幅壮锦》中，老母亲要按她理想中的世界

---

① 参见蓝鸿恩主编：《壮族民间故事选》，上海文艺出版社 1984 年版，第 143—152 页。
② 参见韦其麟：《壮族民间文学概观》，广西人民出版社 1988 年版，第 86 页。

织一幅壮锦，懒惰的老大和老二反对，因为他们不愿替妈妈上山打柴，勤劳的老三热心地支持妈妈，把全家的农活都承担起来。母子经过三年辛劳，织成了美丽的壮锦。壮锦太美，仙女羡艳，刮起大风把壮锦卷走。妈妈要三个儿子去寻找，老大、老二害怕经过火山大海，途中得到一盒金子就到别处享福去了。老三不要金子，骑着大石马穿过火山大海，不怕火山烈焰的烧烤，不怕冰山巨浪的冲击，终于取回了壮锦。锦上美丽的田园屋舍忽然变成现实世界，锦上的红衣仙女和他成了亲，他们耘耕着锦绣田园，生活甜美。而老大、老二花完了金子，又不愿劳动，最后沦为乞丐。① 故事表明了这样一个真理：人们向往的美好理想和幸福生活只有通过长期的艰苦奋斗、辛勤劳动来创造获得；同时，也鲜明地表达了壮族人民对勤劳美德的赞美和对懒惰鄙视的伦理观念。流传于广西龙州一带的《石匠》的寓言故事述说了一个石匠羡慕财主的富贵安逸，仙人让他变成财主。财主要向大官打拱作揖，他又羡慕大官的高贵威风，仙人又让他变成大官。大官出巡，猛烈的太阳晒得他难受，他觉得太阳厉害，羡慕太阳的威力，仙人又让他变成太阳。太阳却被乌云遮了，他又变作乌云；乌云被风吹散，又变作风；风吹不动石头，又变作石头。一天来了几个石匠要凿石头，他害怕极了，心想还是当石匠好，仙人又让他变回石匠。从此他勤勤恳恳地劳动，成为人人尊敬的石匠。② 故事饶有风趣，一环扣一环，曲折而生动，通篇洋溢着对劳动和劳动人民的赞美，表达了壮族劳动人民对劳动感到无比的自豪和光荣的道德情感。此外，《百鸟衣》、《神箭》、《卖酒张》、《挖金子》等故事，都以一个个生动的事例歌颂了热爱劳动、勤俭持家的美德，谴责了好逸恶劳、贪得无厌的劣行。

（二）扬善弃恶，反映了壮族人民的道德评价观念

善恶，是伦理学的一对基本范畴，是人们概括德行与无德的最一般的概念。通常意义上，善与道德，恶与不道德是同义语。在社会生活中，人们往往会依据一定社会、民族或阶级的道德准则规范，对具有积极意义的道德行为进行善的道德评价，对具有否定意义的不道德行为作出恶的评价。通过善的评价，表达人们对某种道德行为的赞赏，通过恶的评价，表明人们对某

---

① 参见蓝鸿恩主编：《壮族民间故事选》，上海文艺出版社1984年版，第166—173页。

② 参见农冠品、曹廷伟编：《壮族民间故事选》，广西人民出版社1982年版，第278—280页。

种不良行为的谴责。题材广泛、内容丰富的壮族民间传说和故事，也反映了壮族人民扬善弃恶的道德评价观念。素有道德传统的壮族人民，在道德实践中也形成了鲜明的善恶评价准则，这在壮族的许多民间口头创作中也有充分的表现，在大量的壮族传说和故事中，一方面尽情讴歌和赞美了劳动人民的忠诚、勇敢、互助、友爱、无私、朴实、勤劳、节俭等优秀品德；另一方面也愤怒鞭挞和谴责人类具有的凶暴、残忍、虚伪、狡诈、贪婪、愚蠢、懒惰、自私的恶劣品性。

　　被称为壮族"灰姑娘"的《达架与达仑》是一个在壮族地区广为流传的传奇故事，故事中的达架姑娘在父母先后身亡之后，受到后母虐待，而后母所生的达仑，备受宠爱。达架生母九泉之下不忍女儿受苦，变成母牛帮达架纺织，被后母所杀；生母再变乌鸦帮忙，让达架戴金饰、穿绸衣、穿金鞋去赶歌圩，在圩上因失落一只金鞋，被一英俊公子拾得金鞋，找到达架，二人相慕相爱结为夫妻。后又遭后母和达仑嫉妒，将达架推入深井淹死，达仑假扮成达架到公子家。达架即变为一只斑鸠飞到公子家叫道："咕咕咕，咕咕咕，美妻换个麻脸婆！"，"咕咕咕，黑心妇，谋害人妻霸人夫，心毒赛过九尾狐！"揭穿了达仑母女的罪恶阴谋，达仑又设计将斑鸠杀死。斑鸠死后又变成一丛翠竹，达仑发现后试图砍竹烧毁，幸得一老妪相救，老妪还助公子找回达架，夫妻团圆。最终达仑自作自受被舂碓舂死，后母伤心而后气绝身亡，母女死后醒悟过来，遂变成一对秋焦鸟，日夜不停的用鸣声告诫人们："害人害己！害人害己！"① 这个传奇故事以善恶为准则，从道德评价上着力描写和赞美了达架勤劳、善良的优秀品德，揭露和谴责了达仑母女的狠毒、残忍的品性，塑造了达架和达仑母女这两种分别代表善和恶的道德形象，旨在引导人们弃恶扬善。

　　《神医三界》是一个在广西河池壮族聚居地流传的惩恶扬善的幻想性故事。故事的主人公三界，在幼年时父亲因大旱交不起租而被官府活活打死，只好随母亲外出逃荒。途中善良的三界遇见被雷公锁在石洞的山神，在山神的指引下变得力大无穷，救出了山神，成为了包治百病的神医。三界回到乡

---

① 参见蓝鸿恩主编：《壮族民间故事选》，上海文艺出版社 1984 年版，第 185—198 页。

间，专给穷苦百姓治病，医好和救活了不少人。遇到穷的揭不开锅的人来治病，不仅不收钱，往往还送一些米粮给他们；遇到富人来求医，他都摇摇头。为此，穷苦百姓很爱戴他，富人则对他恨之入骨。三界还喜爱打抱不平，官府却不敢惹他，也很恨他。故事最终，神医三界以自己的善良和智慧，惩罚和斗败了狡诈的商人和狠毒的土司。① 显然，故事以三界作为勤劳善良的劳动人民的化身，把为富不仁的狡诈商人和凶狠残暴的官府土司作为邪恶力量的代表，褒扬了代表道德正义的三界，鞭挞了代表邪恶力量的奸商和土司，鲜明地表达了壮人扬善惩恶的道德评价观念。

此外，不少壮族传说和故事，通过故事中正反两方面人物形象的塑造，歌颂和赞扬了代表道德正义的正面人物，惩罚和鞭挞了邪恶力量和丑恶现象的反面形象，以此表明壮族人民的善恶分明、扬善惩恶、择善弃恶的道德评价准则。如《刘三姐》、《神医三界》、《一百鞭》、《公颇的故事》、《老登的故事》等，讴歌赞扬了三姐、三界、公颇等劳动人民的勤劳勇敢、聪明机智、忠厚善良、乐观自信的优秀品质，同时也揭露、谴责了凶狠残暴、贪婪悭吝、荒淫无耻的剥削阶级的丑恶品性。在壮族民间还流传有许多"兄弟"、"姐妹"一类的故事，如《大姐和二妹》、《黄狗耕田》、《三颗种子》、《太阳山上取金子》、《特索的故事》等等，也通过对不同人物形象的塑造，赞扬了勤劳、正直、诚实、无私的弟弟或妹妹，惩罚了懒惰、贪婪、毒辣、奸巧的哥哥和姐姐，鲜明地体现了壮族劳动人民的善恶道德观。《莫笑邻居起火》、《老鼠吃犁耙》、《猴子与镜子》、《大鹏与龙虾》等一类短小而寓含哲理的民间寓言故事，也都辛辣地讽刺了社会生活中的自私自利、幸灾乐祸、贪心骗人、自欺欺人、自以为是等不良行为，鲜明地表达了劳动人民对真、善、美的追求和对假、丑、恶的鞭挞。

（三）热爱生活，表达了壮族人民的道德理想追求

理想是人们对未来生活和社会的向往和追求。人们在社会生活中所形成的道德理想，则是指一定社会历史条件下的人们，所追求和向往的完善的社会道德制度、道德关系和美好的道德风尚以及完美的道德理想人格。任何

---

① 参见农冠品、曹廷伟编：《壮族民间故事选》（第一集），广西人民出版社1982年版，第126—129页。

一个社会、民族和阶级，都会在一定的历史条件下，从一定社会、民族和阶级的利益和愿望出发，形成和树立反映代表自己民族、阶级利益的道德理想，以激励鼓舞人们的高尚道德追求。壮族人民在长期的生活、生产实践和社会道德生活中，也形成了对未来美好的道德关系、道德风尚向往和追求的道德理想，在壮族人民以口头创作的形式创造的丰富多彩的壮族民间传说与民间故事中，也在很大程度上表达了壮族人民热爱生活、向往自由的道德理想追求，并按照壮族人民的愿望描述和塑造了一个个具有道德理想人格的壮族人民敬仰的人物典范。

"刘三姐"的传说，在壮族地区流传得最为广泛、家喻户晓、影响深刻，不但有民间口头流传，也有古籍和地方志的文献记载。千百年来，善歌能唱的壮族人民以刘三姐这个人物形象来表达自己民族的性格特点和思想感情，人们赞誉刘三姐为壮族歌手、歌师、歌圣和山歌的鼻祖，一直怀着敬佩和爱戴之情传颂着刘三姐动人的故事。传说中的刘三姐，是一个聪明、善良、能歌、善唱、勤劳、美丽的姑娘，她热爱生活、追求自由、不畏强暴、敢于反抗，具有开朗、活泼、倔强的可爱性格。总之，在不断流传的故事中，人们把历代最优美的山歌和她的名字相联系，把许多劳动人民优秀品质集于她一身，这实际上是壮族劳动人民根据自己的愿望和理想塑造刘三姐的形象，不仅把自己民族的优秀传统以及劳动人民的性格特征综合体现在她的形象里，也把壮族劳动人民渴望幸福、追求平等、向往自由的道德理想融入了刘三姐这一壮族人民精心塑造出来的劳动妇女的光辉形象和理想人格中。直至今天，刘三姐这一光辉形象也一直活在壮族人民的心中。

侬智高是一个在壮族历史上真实存在，并一直受到壮族人民敬仰的著名人物，在关于侬智高的各种民间传说中，人们依据侬智高率领农民起义军抵御交趾入侵和反抗北宋王朝所表现出的不屈不挠、勇敢顽强的精神和品质的史实，进一步加以传奇化和神奇化，用自己民族特有的方式，赋予了侬智高在壮族人民心目中理想人格所具有的英明神勇、救危扶难、仗义勇为、为民造福等许多优秀道德品质，把他塑造成一位神话式的英雄人物。这些延绵不断的神奇传说，不仅借以表达了壮族人民对自己民族英雄的无比崇敬和怀念的情感，实际上也是借助侬智高这一壮族人民思想感情孕育出来的理想人格，来表达广大劳动人民追求自由幸福的愿望和社会理想的真实心声。

近代以来，由壮族人民书写的壮族社会历史，也接连发生了许多惊天地、泣鬼神的重大历史事件，这些历史长河浪潮的冲击给人们留下了不可磨灭的印象，因而在壮族人民自己的口头创作中又增添了更为丰富的太平天国传说、抗法战争传说、左右江革命传说、红军传说等。在这些传说中叙述的许多壮族人民敬仰的历史人物，也被人们加以艺术加工，按照人民的情感和意愿，赋予了这些人物更为传奇的色彩和更为完美的道德品质与理想人格，借以表达壮族劳动人民渴望推翻压迫、消灭剥削、要求平等、向往自由的道德理想追求。特别是20世纪20年代以来，广西各族人民在中国共产党的领导下，进行了英勇卓绝的新民主主义革命斗争，邓小平、韦拔群等领导发动了举世闻名的"百色起义"、"龙州起义"，建立了左右江革命根据地，在这片红土地上，壮族和各族人民一道，为了革命的理想和对自由解放的追求，前仆后继、英勇顽强，进行了艰苦卓绝的斗争。这场壮烈的革命运动也在壮族人民的口头创作中得到充分的反映。人们创作了不少关于邓小平的传说，如《分暖》、《邓斌骑老虎走了》、《红鲤鱼》、《一把红薯片》、《闪闪的星星》、《血染的磨刀石》等；关于韦拔群的传说，如《赴狗肉宴》、《奇怪的脚印》、《拔哥智取"红花"》、《炮弹也怕韦拔群》、《渔翁救拔群》等。这些革命传奇故事既表现了壮族人民对无产阶级革命领导者所具有的忠于革命、高瞻远瞩、英明睿智、大智大勇、和蔼可亲、关爱人民的高尚品德和理想人格的热情讴歌；同时也表达了壮族人民对无产阶级领导的人民革命渴求解放翻身、建立人民当家作主的新社会的革命理想的向往。

在壮族的《老三与土司》、《蛤蟆皇帝》、《公颇》、《公天》、《老登》、《不是龙地》、《鬼吃鸭子》、《哄土司下马》、《两件新袍子》等许多生活故事中，大多以穷苦劳动者为故事主人公，故事热情赞扬了劳动者的聪明才智、勤劳善良，无情鞭挞了剥削压迫者，揭露、嘲讽了剥削压迫者的丑恶和愚蠢，这些故事不仅反映了壮族人民聪明、机智、勤劳而又富于幽默诙谐的理想人格，也通过劳动人民自己的口头创作反映了壮族人民不甘忍受剥削压迫而敢于抗争的精神品质，要求自由平等的理想和愿望。而《三个媳妇》、《万事不求人》、《宝葫芦》等故事，通过着力表现妇女的智慧才干，以及她们作为生活主人的气度和力量，也表达了壮族劳动妇女热爱生活、敢于追求人格自主、男女平等的精神和理想。

（四）口耳传承，成为了壮族道德教育的重要手段

壮族民间传说和故事寓德于文，口耳传承，以"耳染目濡"的途径，通过一个个生动的艺术形象，以老百姓喜闻乐见的方式把壮人在社会生活中形成并倡导的道德观念、道德理想以及道德评价标准"心授"给广大壮族百姓，潜移默化地影响着一代代壮人的品行，成为了壮族道德教育的重要手段。

一方面是壮人教育青年一代的重要"伦理教科书"。恩格斯曾说："民间故事书还有一个使命，这就是同圣经一样使他们有明确的道德感，使他们意识到自己的力量、自己的权利和自己的自由，激发他们的勇气并唤起他们对祖国的热爱。"①这段话很精辟地道出了民间文学的道德意蕴及其道德教育的功能。壮族民间传说和故事题材广泛，形象感人，深植于壮族老百姓的生产与生活中，其中承载着勤劳勇敢、诚实正直、舍生取义、爱国爱家、扶危济困、爱憎分明、明智聪慧、乐观向上等深刻的伦理内涵，使得壮族青年一代在耳濡目染中不断地理解和接受这些伦理思想，并在长期潜移默化的过程中形成了自己的伦理品格。如《刘三姐》、《侬智高的传说》、《拔哥的传说》等人物传说即使到了今天，依然是当代壮人津津乐道、百听不厌的不老传说，更是教育壮族青年晚辈铭记祖先、传扬壮族传统优秀伦理品质不可或缺的道德资源。总之，壮族民间传说和故事在流淌的岁月中，不断传播和颂扬着壮族伦理规范和做人道理，成为了壮族人教育青年一代的重要"伦理教科书"。

另一方面是激发壮人道德理想、追求幸福生活的重要手段。在壮族民间传说和故事中，很多是反映壮人勇于与大自然作斗争以及反抗黑暗势力，追求自由平等和幸福生活的。如《公颊的故事》、《财主与农民》、《老三与土司》、《刘三姐》、《侬智高的传说》、《拔哥的传说》等，这其中蕴含着的不畏强权、乐观向上、公平正直、守望相助的伦理品格一直激发着壮人在面对"八山一海一分田"的艰苦环境时，凭着勤劳勇敢的生存智慧坚守着家园，

① 《马克思恩格斯全集》第 2 卷，人民出版社 2005 年版，第 84 页。

乐观地面对生活；在面对强权威逼时，凭着刚正不阿，人穷志不穷的精神斗志揭露和反抗黑暗势力，追求属于自己的幸福；在民族危难时刻，凭着家国一体的爱国情怀保家卫国，为自由和正义而战。在今天，它依然激励和教育着壮人勇于面对现实、不畏艰难、开拓进取，朝着全面建成小康社会的目标迈进。

第三节　壮族民间歌谣中的伦理思想①

一、壮族民间歌谣概述

民间歌谣是劳动人民集体的口头诗歌创作，是民歌、民谣和儿歌、童谣的总称，属于民间文学中可以歌唱和吟诵的韵文部分。中国古代歌与谣分称，主要有两种解释，《毛诗故训传》云："曲合乐曰歌，徒歌曰谣"；《韩诗章句》云："有章曲曰歌，无章曲曰谣"。现代通常将民歌的歌词部分和民谣合起来称为民间歌谣，简称为民歌。民间歌谣是人类历史上最早产生的语言艺术之一，自古以来，民间歌谣因其词句简练，押韵上口，风格清朗，便于传诵等性质和特征而为群众喜闻乐见，成为人们表达思想、抒发感情的重要的民间文学形式。

中国民间歌谣数量巨大，内容广泛，品类繁多，根据不同的分类标准，有各种不同的分类，从内容出发，结合某些特殊功能，通常将它们分为劳动歌、仪式歌、时政歌、生活歌、情歌、历史传说歌、儿歌等。作为中华各族人民以自己的艺术天才和集体智慧创造出来的一份极其珍贵的文化财富，中国民间歌谣不仅具有较高的文学性、艺术性和思想性，而且还具有重要的社会价值，它直接介入劳动生产、爱情婚姻和日常生活的方方面面，成为民众生活中不可缺少的一部分；作为一部反映社会生活的"小百科全书"，民间歌谣对现代各门人文学科乃至自然科学都提供了重要的研究素材，具有重要的研究价值。

壮族酷爱唱歌善于唱歌，是一个歌伴人生的民族。自古以来有着"以

---

① 本节的主要论点和论述内容，已以《论壮族民间歌谣的伦理意蕴及其社会价值》为题，刊发在《百色学院学报》2013 年第 4 期。

歌为乐，唱歌为戏，倚歌择配"的传统习俗和诗性思维的文化特征，从生产劳动到社会斗争，从男女爱情到礼仪风俗，从节庆娱乐到知识传授，人们用歌问路访寨，用歌迎宾接客，用歌寻偶择配，用歌记载历史，用歌教育后代，等等，可谓逢事必唱，无处不歌，民歌渗透在壮族社会生活的各个方面。正如壮族传说中歌仙刘三姐所唱的："壮家本来爱唱歌，唱得情和意也和。下涧两岸成歌海，皆因人人爱唱歌。"壮人好歌习尚，史籍记载很多，刘锡蕃在《岭表纪蛮》中说："无论男女，皆认唱歌为其人生观上之切要问题。人而不能歌唱，在社会上即枯寂寡欢，即缺乏恋爱求偶之可能性；即不能号为通今博古，而为一蠢然如豕之顽民。"①

　　与壮族民歌发达密切相关的，是壮族历史悠久的"歌圩"传统习俗，并形成了独具特色的"歌圩"文化。所谓歌圩，就是壮族人民每年数次定期举行的节日性聚集的民歌集会活动。壮族许多地区，都有传统的唱歌的盛大节日"歌圩"。歌圩大多在春秋时节举行，尤以农历三月为最盛。小歌圩参加者有一两千人，大歌圩达数万人之多，参加者以青年男女为主体，不分男女老幼。歌圩期间，人们以歌相会，披露心声，交情结缘。歌圩的存在，也使壮族青年男女，从小就受到严格的歌谣训练，通过歌圩感受民歌的魅力，也在日常生活与劳作中，受到民歌即兴创作的训练。从某种意义上讲，每一个壮族青年，都是一位歌手，同时也是一位诗人②。

　　素爱唱歌的习尚和歌圩盛行的传统习俗，培养了壮族发达的诗性思维，也形成了壮族特殊的民族心理素质和审美观、价值观，使壮族人民最喜爱也最善于用歌谣来表现生活生产和斗争，抒发思想感情。对于壮族人民而言，歌谣不但是阶级斗争、社会宣传和教育后代的武器和工具，而且还具有鼓舞劳动热情，进行社会交际，陶冶道德品行以及举行仪式、表示爱情、传授经验、自我娱乐等诸多方面的社会价值。因此，歌谣是壮族人民普遍熟悉的一种民间口头创作形式，对壮族人民的诸多作用，是其他民间文学体裁难以相比的，因而也被称为是"壮族文学的脊梁"③，在张声震为《壮学丛书》所作

---

① 刘锡蕃：《岭表纪蛮》，商务印书馆 1934 年版，第 156 页。
② 胡仲实：《壮族文学概论》，广西人民出版社 1982 年版，第 34 页。
③ 胡仲实：《壮族文学概论》，广西人民出版社 1982 年版，第 32 页。

的总序中，称其为"壮族传统文学的主流"①。

二、壮族民间歌谣承载了壮族伦理思想的丰富内容

壮族民歌不仅体例复杂，种类繁多，而且题材广泛，内容丰富，涉及社会生活的一切领域，从天文地理、神话传说，到岁时农事、社会生活、伦理道德、恋爱婚姻等无所不包。从其内容和性质看，通常人们将其划分为劳动歌、风俗歌、生活苦歌、革命歌、情歌、盘歌、哲理歌、儿歌等。这些种类多样、题材广泛的壮族民间歌谣，不仅全面而真实地记录了不同时代的社会风貌，表达了壮族人民的思想感情，反映了壮族人民的世代生活和斗争，也从不同角度和方面反映了壮族人民丰富的伦理思想和道德观念，体现了具有壮族特点的道德倾向和道德风貌，成为承载壮族伦理思想的重要文学体裁，以及传播壮族道德观念、陶冶壮人道德品行的教育和修养的重要手段。

（一）劳动歌赞美了壮族人民热爱劳动、艰苦创业的优良品质

生产劳动是人类最基本的实践活动，在劳动中产生的劳动歌成为了人类社会最古老的民间歌谣。根据目前对壮族歌谣的收集整理，壮族的劳动歌很丰富，几乎是人们从事什么样的劳动，就有什么样的劳动歌，如《十二月田歌》、《种稻谣》、《戽水谣》、《训牛歌》、《丰收歌》、《打鱼歌》、《打猎歌》、《纺纱歌》、《织锦歌》、《木匠歌》、《建房歌》、《植树歌》、《榨油歌》等。这些伴随生产劳动产生的劳动歌，或直接描写劳动的情景和过程，或叙述生产劳动的经验，或反映生产劳动的时节和农事，大多表现了人们从事农业生产的欢悦心情，传授了劳动的常识和经验，抒发了劳动者崇尚劳动、热爱劳动的思想情怀，歌颂了劳动人民辛勤劳动、艰苦创业的优良美德。如在壮族地区广为流传的刘三姐歌谣中，有许多描写劳动、赞美劳动的歌谣，歌中唱道：

"姐纺棉，耕种纺织不得闲；自己纺来自己染，自己缝来自己穿。"

"锦梭手中拿，织鸟又织花，花间不离鸟，鸟飞来朝花。凤凰帮传

---

① 参见张声震：《壮族历史文化与〈壮学丛书〉——〈壮学丛书〉总序》，《广西民族研究》2003年第1期，第49页。

话，小声传给他，花开花红了，何时来摘花？"①

"采茶姐妹上茶山，一层白云一层天；满山茶树亲手种，辛苦换得茶满园。"

"为人不吃苦中苦，哪成世间人上人；蜜蜂为花飞过岭，鸬鹚为鱼下水深。"②

"上个岭顶下个坡，肩膊挑担嘴唱歌；一路挑来一路唱，路头几多歌几多。

上个岭来下个坪，肩膊挑担脚步沉，唱起山歌身有力，千斤重担也变轻。"③

这些歌谣，语言优美、自然朴实，充满了劳动的乐趣与自豪，赞美了劳动，歌颂了勤劳，表现了壮族人民热爱劳动的情操，对引导人们建立正确的劳动观念起到了陶冶教化作用。

壮族还有反映农事活动的节令歌，如广西一首节令歌唱道：

正月雨水落连连，立春过后农忙天。

二月惊蛰撒谷本，春分来到护秧田。

三月清明插秧忙，谷雨赶播中造秧。

四月小满雨不断，立夏耘田赶时光。

五月芒种快快过，夏至来到收六禾。

六月小暑过去了，大暑玉米挂满坡。

七月立秋一来到，四处开水灌禾苗。

八月上旬是白露，秋分赶耘晚造苗。

九月寒露播小麦，霜降来到把田翻。

十月立冬塘干了，小雪开沟挖塘忙。

① 潘其旭、韦玺：《歌海传奇——歌仙刘三姐》，广西人民出版社 2009 年版，第 82 页。
② 石丽琳：《刘三姐歌谣与壮族民间教育》，《广西民族大学学报》（哲学社会科学版）2008 年第 6 期，第 21 页。
③ 潘其旭、韦玺：《歌海传奇——歌仙刘三姐》，广西人民出版社 2009 年版，第 66 页。

> 十一月来是大雪，冬至来到人不闲。
>
> 十二月来小寒到，大寒天冷过一年。①

这首节令歌简洁而准确地把一年十二个月田间主要劳动内容叙述了出来，既歌唱了劳动，也传播了生产知识。

（二）习俗歌唱颂了壮族人民重礼好客、谦和友善的社会道德传统

习俗歌也称礼俗歌、仪式歌。壮族自古以来重礼好客且能歌善唱，这种习俗风尚，也大量地在壮族习俗歌中得到体现。但凡节庆、祝寿、婚嫁、丧葬、社交、待客等各种民俗活动，都有特定的仪式，咏唱有关的习俗歌。这些习俗歌以诗的语言和审美形式描绘了人们的社会生活和人生过程，表达了人们内心的思想感情，也反映了壮民族自古以来形成的重礼好客、谦和友善的公共道德规范要求和道德传统，蕴涵着深厚的伦理意蕴。

如在迎送客人时唱《迎客歌》、《送客歌》，就是壮族社交活动隆重的礼仪，一首"多谢了，多谢四方众乡亲，我今没有好茶饭，只有山歌敬亲人"就是人们耳熟能详的刘三姐以歌代言的谢客歌。注重礼仪的壮族人民在平时的交往中，诸如到外村或别家去做客，也都会咏唱《赞歌》，以歌赞山、赞水、赞村、赞屋、赞酒、赞菜、赞人等等，主人也会以歌迎客，礼貌自谦，体现了壮民族谦和好礼的道德素养。如一首《赞屋歌》唱道：

> 客：今晚哥来到，见妹村庄好。
>
> 谁人找风水，此地是龙宝。
>
> 人聪明伶俐，人好屋高扬。
>
> 瓦片盖上边，密密如凤翅。
>
> 凤翅盖得暖，妹屋好又好。
>
> 主：像叶盖屋顶，难亏哥来到。
>
> 道路不成路，客人来往少。
>
> 家是三根竹，屋是六根柱。

---

① 梁庭望、农学冠编著：《壮族文学概要》，广西民族出版社1991年版，第93页。

　　鸡钻也被卡，狗钻要趴下。

　　蜂钻要缩针，妹屋真难住。①

有老人过生日，庆贺的来客会唱《祝寿歌》：

　　今年好光景，昨夜托好梦，

　　上方的贵客来卖马，下方的贵客来送寿。

　　卖马我不要，送寿我全收，

　　今天献给你老人，祝你老人添福寿。

　　寿象金丝乌，千岁才白头，

　　富贵常和你作伴，康乐陪你度春秋。②

　　哪家有小儿三朝或满月，亲朋前来看望道喜，也唱喜庆礼俗歌赞美小儿，祈福小儿日后长大前途无量，有首《满月酒歌》这样唱道：

　　小小凤凰飞出窝，一飞飞到我堂前，

　　凤凰样样逗人爱，笑也甜来哭也甜，

　　甜声传出村寨边，老老少少都安然，

　　指盼凤凰飞过岭，又管地来又管天。……③

　　这些祝贺歌，无一不反映了壮族谦和好礼的道德观念和淳朴浓厚的社会风情。

　　（三）生活苦歌和革命歌谣反映了壮族人民敢于反抗压迫、要求平等自由的道德诉求

　　生活歌通常指反映人民日常生活状况的歌谣。生活在社会底层的壮族劳动人民，由于长期受到封建制和奴隶制的禁锢和压迫，因此，在他们的生

① 覃静、石红：《寓教于歌的壮族歌谣》，《歌海》2006 年第 5 期。
② 韦其麟：《壮族民间文学概观》，广西人民出版社 1988 年版，第 199 页。
③ 韦其麟：《壮族民间文学概观》，广西人民出版社 1988 年版，第 200 页。

活歌中，有很大一部分是反映劳动者尤其是劳动妇女苦难的生活苦歌。这些生活苦歌，忠实地反映了壮族广大劳动者的不幸与悲叹，揭露了统治剥削阶级的罪行和不合理的社会制度，也表达了人民对剥削压迫的不平、愤怒和反抗，在道德层面上表明了壮族劳动人民扬善鄙恶的道德评价观，也表现了他们敢于反抗压迫、要求平等自由的道德诉求。

对劳动人民贫困痛苦生活真实写照的苦歌，如：

粥水稀零零，照见我愁颜；
吃了一大碗，无米沾牙根。

——广西贵县《无米沾牙根》[①]

难又难，一筒玉米吃三餐，
过了三餐又一日，吃水留渣再煮还。

——广西田东《难又难》[②]

控诉剥削阶级的残暴，要求自由平等的苦歌，如：

财主过年乐洋洋，奴婢到死日夜忙，
舀水又嫌水不热，扫地又说地还脏。
……

财主过年乐融融，奴婢舀饭双手捧，
人家送饭有鱼肉，奴婢吃饭辣椒送。
财主心肠真毒辣，热天喊你帮扇凉，
挨更挨夜不得睡，蚊叮虫咬不得讲。

---

① 周作秋、黄绍清、欧阳若修等：《壮族文学发展史》（上），广西人民出版社 2007 年版，第 217 页。
② 周作秋、黄绍清、欧阳若修等：《壮族文学发展史》（上），广西人民出版社 2007 年版，第 218 页。

> 财主心肠毒过蛇，喊你捶背又推拿，
>
> 若还不合他心水，拳打脚踢又咒骂。
>
> 财主本是坏心肠，走过路边草死光。
>
> 奴婢有苦诉不尽，几时云开见太阳？
>
> ——广西桂平县《奴婢歌》①
>
> 我们不吹又不赌，为何活命这么难！
>
> 只因土官征徭役，罚钱罚款番又番。
>
> 卖田卖地家产尽，又卖房屋来赎身；
>
> 人讲石头能翻身，何时蛇身换龙身！
>
> ——大新县《恨土官歌》②

　　一方面，生活苦歌表达了壮族劳动人民对剥削压迫的不平、愤怒和要求平等自由的道德诉求，激发了人们的反抗精神和革命斗志，推动了壮族人民的革命运动；另一方面，壮族人民革命运动的掀起，也为壮族民歌增添了新的政治和伦理内容，丰富和发展了壮族的歌谣文化。在壮族历史上先后发生的太平天国运动、共产党领导的左右江土地革命运动以及中国人民的抗日战争中，就形成了大量的革命歌谣，这些革命歌谣忠实的反映了壮族人民革命斗争的历史，赞颂了人民革命斗争，表达了人民反抗剥削压迫、要求自由解放的心声，起到了激发人民的革命斗志的作用，成为了壮族劳动人民进行革命斗争的精神武器。太平天国革命期间流传的一首《烧炭歌》就唱道：

> 不穷不来烧炭卖，有吃谁愿满山爬；
>
> 口口黑烟吞下肚，总有一天变火花。
>
> 烧炭的人也是人，不是生成命苦辛；

---

① 周作秋、黄绍清、欧阳若修等：《壮族文学发展史》（上），广西人民出版社 2007 年版，第 222—223 页。

② 胡仲实：《壮族文学概论》，广西人民出版社 1982 年版，第 120 页。

财主逼债官要税，不打江山不得平。①

土地革命时期的革命歌谣如：

穿鞋不怕鞋子烂，跌山不怕拉耳环；
壮人革命不怕死，死为革命心也甘！

——天峨民歌②

拔哥领导搞革命，为我人民除祸害；
民国十八行土改，全为群众来打算。

办农所于白帝岩，犯苦犯难为人民；
拔哥领导搞革命，为我人民除祸害。

革命坚决干到底，牺牲自己为谁来；
民国十八行土改，全为群众来打算。

——东兰民歌③

在艰苦卓绝的抗日战争岁月中，壮族人民也创作了很多好民歌，表达了壮族人民同仇敌忾、抗战到底的爱国主义情怀。诸如：

红水河滩浪腾腾，亲自送儿去参军；
大刀放在儿肩上，日寇不垮不收兵。

吃笋要剥黄壳壳，唱歌要唱抗日歌；

① 周作秋、黄绍清、欧阳若修等：《壮族文学发展史》（中），广西人民出版社2007年版，第806页。
② 胡仲实：《壮族文学概论》，广西人民出版社1982年版，第125页。
③ 广西壮文工作委员会、广西民族学院主编：《壮族民歌选集》，广西人民出版社1958年版，第24页。

团结起来打鬼子，打垮鬼子才安乐。

——《亲自送儿去参军》①

戽水要戽长谷川，犁头对准土肥原，

砍柴要到松山砍，砍了松山劈板垣②。

——《砍了松山劈板垣》③

（四）情歌表达了壮族青年追求美好爱情、崇尚婚姻自由的婚恋道德

壮族情歌是表现劳动人民爱情生活的歌谣。它对青年男女爱情生活的各个阶段、各个侧面，如初识、试探、互相赞美、热恋、离别相思、对封建婚姻制度的反抗、对真挚感情的追求等，均有生动的反映。在壮族民歌中，情歌在数量上比任何一类歌谣都更为丰富，具有很高的艺术性，不乏许多歌谣的精品。这些情歌不仅反映了壮族的整个婚恋过程，如见面歌、催请歌、赞美歌、追求歌、挑逗歌、初交歌、相思歌、重情歌、别离歌、祝贺歌、埋怨歌等；而且，这些不同类型的情歌，也蕴含深刻的道德思想内涵，表达了壮族人民对封建婚姻制度的反抗和对美好爱情生活的热烈向往，反映了壮族人民崇尚婚姻自由，追求真挚感情，择偶注重道德品行标准的健康淳朴的婚恋道德观。

在旧时封建社会，壮族青年男女为了反抗封建礼教的束缚，争取婚恋自由，大胆地以情歌来诅咒封建礼教和追求自由恋爱与幸福婚姻。就如一首很具代表性的情歌所唱：

不怕死，怕死的人不来连，

一刀把头砍落地，还唱三声要团圆。

---

① 周作秋、黄绍清、欧阳若修等：《壮族文学发展史》（下），广西人民出版社 2007 年版，第 1218 页。

② 该歌谣中的长谷川、土肥原、松山、板垣均指日本侵略军的高级将领。

③ 周作秋、黄绍清、欧阳若修等：《壮族文学发展史》（下），广西人民出版社 2007 年版，第 1222 页。

　　　　开山劈岭种玉兰，生死不离这枝花，
　　　　双刀架颈我都愿，五马分尸由在它。

　　　　不怕死，怕死何必又来连，
　　　　砍头好比风吹帽，坐牢如同坐花园。

　　　　砍头当脱帽，剥皮当换衣，
　　　　头断血流心还在，阎王殿上结夫妻。①

还有一首情歌唱道：

　　　　越打越骂越不怕，越打越骂越有情，
　　　　前门打了三百棍，后门招手又来跟。

　　　　不怕爹娘来打骂，不怕县官有王法，
　　　　天塌下来一起顶，压死也要成一家。②

　　　这些情歌，淋漓尽致地表达了壮族青年男女对封建礼教和宗法制度的蔑视，为了爱情幸福甚至不惜牺牲生命，可见他们不折服于任何阻挠，互相爱慕，追求幸福爱情和自由婚姻的坚定决心和意志。

　　　不少壮族情歌还道出了壮族青年男女对待恋爱、婚姻的美好理想和愿望，唱出了他们择偶注重内在道德品行的标准和条件，表现了他们淳朴健康的爱情观和审美观。

　　　有的情歌表达了壮家儿女对爱情坚贞不渝、始终如一的真挚情感，如一首人们非常熟悉的刘三姐歌谣就唱道：

　　　　连就连，我俩结交定百年。

---

①　韦其麟：《壮族民间文学概观》，广西人民出版社 1988 年版，第 245—246 页。
②　韦其麟：《壮族民间文学概观》，广西人民出版社 1988 年版，第 246 页。

　　　　哪个九十七岁死，奈何桥上等三年。①

有的情歌则充满了对劳动的赞美，以勤劳作为择偶的重要条件：

　　　　有钱有势不嫁他，妹爱犁耙后生家，
　　　　犁嘴犁出千条路，耙齿耙出万朵花。②

有的情歌表现了壮家青年注重择偶的品行，更为强调内在心灵美：

　　　　真心连，不讲手镯不讲钱，
　　　　讲起钱财连不久，不讲钱财久久连。
　　　　穷不嫌，爱哥人品不爱钱，
　　　　腊月霜打心也暖，荒月喝水心也甜。③

壮族情歌中还有两首《麻脸好》和《莫嫌丑》这样唱道：

　　　　麻脸好，麻脸也有麻脸连；
　　　　不信你看菠萝果，外面麻麻里头甜。④

　　　　莫嫌丑，人丑心好有人连；
　　　　扣肉还垫芋头底，巧女也伴拙夫眠。⑤

（五）盘歌表现了壮族人民求知好学、明智聪慧、富于创造的道德智慧
　　盘歌是男女双方在对唱中互相盘问、逗乐和斗智的歌谣，又叫问答歌、

---

① 韦其麟：《壮族民间文学概观》，广西人民出版社1988年版，第240页。
② 韦其麟：《壮族民间文学概观》，广西人民出版社1988年版，第238页。
③ 胡仲实：《壮族文学概论》，广西人民出版社1982年版，第238页。
④ 胡仲实：《壮族文学概论》，广西人民出版社1982年版，第117页。
⑤ 胡仲实：《壮族文学概论》，广西人民出版社1982年版，第117页。

碰头歌、猜谜歌或斗智歌，它通过答问来表现人们的聪明才智。盘歌的风习在壮族地区普遍流行，在盘歌对唱中，大都触景生情，临机发挥，即兴问答。其题材极其广泛，内容非常丰富，天上地下，古往今来，自然界以及社会生活中的种种事物和现象，无所不包，表明了壮族人民具有丰富的知识和无比的智慧才能。盘歌的体裁和答问方式也多种多样，既有猜谜测智式、考问难题式、智力测验式、知识传授式，也有探情表意、抒发生活感受等。

猜谜测智式盘歌列举二则如下，其中一则唱道：

> 问：什么生蛋万万千？什么生蛋叫连连？
>
> 什么生蛋隔江抱？什么生蛋海中间？
>
> 答：蚂蚁生蛋万万千，母鸡生蛋叫连连，
>
> 脚鱼生蛋隔江抱，鳖鱼生蛋海中间。①

另有一则为：

> 问：哥你聪明又会说，唱个猜歌问阿哥：
>
> 什么下水去生蛋？什么上岸来造窝？
>
> 什么有口没有眼？什么有眼看不清？
>
> 什么入水沉到底？什么水上跳蹦蹦？
>
> 什么有脚走不动？什么独角走四方？
>
> 什么无脚山崖过？什么四脚怕山石？
>
> 答：阿妹开口唱猜歌，看哥答得着不着：
>
> 蛤蟆下水去生蛋，龟鳖上岸来造窝，
>
> 蚯蚓有口没有眼，猫头鹰有眼看不清，
>
> 田螺下水沉到底，"杆桑"②水上跳蹦蹦，
>
> 板凳有脚走不动，雨伞独脚走四方，

---

① 覃静、石红：《寓教于歌的壮族歌谣》，《歌海》2006 年第 5 期。

② 音译，一种类似蜘蛛的昆虫。

青蛇无脚山崖过，水牛四脚怕山石。①

智力测验式盘歌如：

　　问：三百六十一只缸，问你分成几船装？
　　　　不准那船多一只，不准那船少一缸。
　　答：三百六十一只缸，十九只船来分装，
　　　　不多不少一个样，每船十八多一缸。②

考问难题斗智式盘歌有如：

　　问：问哥第一句，
　　　　请哥你回答：
　　　　天上有多少颗星？
　　　　筛箕有多少个眼？
　　答：妹是采棉人，
　　　　棉花就是天星数；
　　　　妹是织布人，
　　　　布眼就是筛箕眼。
　　问：问哥第二句，
　　　　请哥你回答：
　　　　什么马尾能弯上天？
　　　　什么龙尾能弯下地？
　　答：砖窑上的烟，
　　　　好像马尾弯上天；
　　　　天上的彩虹，

好像龙尾弯下地。①

知识传授式盘歌有如：

问：阿哥读书看得透，听说古人样样忧。

谁人造得屋连厕，寒暑风雨有处投？

谁人造得名和姓，同姓亲族不婚媾？

若哥不会答这话，不要和妹来唱酬！

答：古人生活样样忧，人无房屋畜无厕，

虽然盘古分天地，未同如今样样有。

有巢造得屋连厕，寒暑风雨有处投。

周公造得娶嫁礼，同姓亲族不婚媾。②

总之，在这些大量的壮族盘歌中，我们可以真切感受到壮族人民对社会知识、自然知识的探寻、求学和总结，对智慧学识的尊崇，以及所表现出的聪明才智和惊人想象力。并且，在盘歌对唱中，谁懂得多，谁就会被视为是有才学和知书达理的人而深受人们的尊敬。这就非常鲜明地表现了壮族具有的求知好学、明智聪慧、富于创造的道德智慧和传统。

（六）哲理歌阐述传扬了壮族人民的伦理思想和道德观念

特别值得一提的是壮族民歌中的哲理歌。壮族是一个善歌的民族，也是一个讲究礼仪、具有道德传统的民族。民歌作为壮民族表达思想感情、传授知识、教育后代的重要手段，也被人们用来阐明和传播人生哲理和社会伦理规范。在壮族民间口头创作的歌谣中，也出现了许多关于社会道德、伦理规范的哲理歌，这些哲理歌在流传的过程中，逐渐汇聚，形成了哲理长诗这一民歌类型。《传扬歌》就是全面集中反映和传播壮族伦理道德的哲理长歌。

---

① 周作秋、黄绍清、欧阳若修等：《壮族文学发展史》（上），广西人民出版社 2007 年版，第 245 页。

② 周作秋、黄绍清、欧阳若修等：《壮族文学发展史》（上），广西人民出版社 2007 年版，第 224 页。

《传扬歌》是广泛流传于广西壮族地区的壮族民间伦理道德长诗的总称，在民间古壮字手抄本中一般写作《歡傳揚》。"欢"为壮语译音，即山歌；"传扬"是借汉词，其原义不变；"欢传扬"汉译是"传扬歌"，意为传播和颂扬（做人道理）的歌。这类歌流传下来的既有明代时民间创作的《欢传扬》，也有清代初年蒙廷守创作的《欢传扬》。2005 年由广西民族出版社出版，由梁庭望、罗宾译注的《壮族伦理道德长诗传扬歌译注》收录了《传扬歌（一）》（明代时民间创作的《欢传扬》）、《传扬歌（二）》（清代初年蒙廷守创作的《欢传扬》）、《传扬歌（三）》、《百岁歌》、《不忘父母恩》五部长歌。

这五部长歌，以明代时民间创作的《欢传扬》为最著名、最具代表性。全歌长达 2100 行，分为天下不公、财主、官家、穷人、志气、求嗣、养育、教诲、勤劳、做人、交友、睦邻、尊老爱幼，择婿、为妻、夫妇、妯娌、分家、鳏寡、后娘等 20 个部分，内容涉及个人规范、家庭伦理道德、社会道德等。歌的开篇就写道："提笔细思量，道理要传扬，编歌警世人，共同明主张。"在做人规范方面，要求人人必须要具有勤劳节俭、诚实正直、团结互助、扶危济困等优秀品质，如歌中唱道："说千条万条，勤劳是头条"，"劝告青年人，行为要端正"，"做个正直人，不枉寿百年"等。在家庭伦理方面，视尊老爱幼、和睦相处为伦理准则，强调"壮家好传统，敬老和爱幼"，"莫忘父母恩，辛苦养成人"，"一家夫妻俩，相敬不争吵"，"兄弟妯娌间，要和睦相亲"等。在社会道德方面，提出公平、平等道德主张，对壮族封建社会中所存在的阶级矛盾和等级森严的制度，以及由此造成的种种不合理现象从道义上进行了揭露，如："土不如石重，称不如戥均，地不如水平，有高下之分，若以上补下，搭配才公平。""人们当醒悟，嫔妃拥在后，白银烂在仓。""天下众财主，楼房比山高，一家百峒田，三妾来伺候。"……

总之，《传扬歌》作为壮族伦理道德长歌，全面地阐明了壮族关于处理人们相互关系应当遵守的道德和规范，提出了道德教育和修养的途径和方法。对恪守优秀伦理道德的行为给予了热烈的赞扬和歌颂，对社会上种种违反传统伦理道德的行为进行了猛烈的抨击和鞭挞，反映了壮人对善与恶、美与丑、真与假的鲜明态度和善恶观，是壮族优秀伦理道德之集大成。它可以说是壮族人民的一部"道德经",成为壮族人民评价人们行为善恶的价值尺度,也是古代壮族人民用来训诫子女、教育后代的教科书。

三、壮族民间歌谣是壮族伦理道德传播和教育的重要方式

壮族人民在他们口头创作的各种题材、类型的歌谣中,不仅从各个不同的角度充分表达了他们的思想感情和道德观念,蕴含着丰富的伦理思想,并且,壮族诗性思维和语言表达的文化特征,更使民歌这种人们喜爱的民间口头创作的文学形式成为传播道德观念,进行道德教育和陶冶道德情操的极为重要的方式,形成为壮族道德传播和教育区别于汉族等其他民族的显著特点。

(一)壮族民歌是向青年一代进行道德教育的重要方式

由于缺乏全民族统一通行的文字,壮族民间文学承担了本属文字负载的传授知识和教育后代等功能,并以壮族民歌最具代表性。作为一个历史悠久、酷爱唱歌的民族,壮族子女从小就在浸泡在歌海中,接受歌谣文化的熏陶,并且由于民间歌谣具有的淳朴自然、直观通俗、韵味和谐、朗朗上口、易歌易记、流传方便等特征而更为贴近生活实践,贴近民族心理,使得这种社会底层文化更易于被理解和接受,成为普通百姓表情达意的常用方式,许多深奥的社会道德和做人道理通过歌谣表现形式达到了道德教育效果。在家庭的生活中,幼年学歌,青年唱歌,老年教歌,围绕家庭生活和社会交往的各个方面,人们传唱哲理歌、礼仪歌、诉苦歌,以歌传教成为民间教育的固定模式;在社会交往中,一年数次歌圩活动的参与,老歌手的指导传授,风俗歌、劳动歌、情歌、盘歌的传唱,无疑都使壮族后生在耳濡目染中感受到其中承载的伦理文化的深刻内涵,理解接受这些伦理思想的教育,并在长期潜移默化的过程中形成了勤劳节俭、诚实正直、团结互助、扶危济困、勇于斗争、谦和友善、求知好学、明智聪慧等道德品质。如上所述的哲理长诗《传扬歌》,就是在壮族民间广泛流传用于传播和颂扬社会伦理规范和做人道理的民歌,也成为了壮族老年人教育青年一代的伦理教科书。

(二)壮族民歌是革命时期激发人们道德理想和革命斗志的精神武器

在壮族历史上发生的历次革命运动中,民歌也被用于表达人民的革命

信念和道德理想，成为激发人民革命斗志的精神武器。如在左右江土地革命时期，富于诗情、善于以歌记事的壮族人民和中国共产党领导的人民军队——红七军、红八军也创作了大量的革命红歌。这些红歌不仅从各个侧面反映了这场轰轰烈烈的革命斗争，也表达了军队和人民百折不挠、坚强不屈的理想信念，如一首东兰民歌也表达了这样的信念："各叔伯，众乡亲！高抬头，听原因：不用害怕白匪军，后面还有老红军。那时那日红军到，扫尽乌云定天晴！"① 歌词中的这些乐观主义精神和坚定的革命信念，成为鼓舞人民革命斗志的有力的精神武器。韦拔群，这位壮族人民的优秀儿子，右江农民运动的领袖，右江苏维埃政权和红七军的领导人之一，同时也是一位能歌善唱的壮族歌手，为了配合革命斗争的需要，他在群众中进行革命宣传，发起组织了"歌会"，创作了许多脍炙人口的山歌，如一首《组织自卫队》歌谣唱道："组织自卫队，农会定得胜；工农齐当兵，斗争一定赢。去打国民党，造反要齐心；组织自卫队，农会定得胜。各同志齐心，奉命为人民；工农齐当兵，斗争一定赢。"② 这就充分发挥了歌谣的宣传教育、鼓舞民众的作用，也在壮族文化教育史上留下了弥足珍贵的革命歌谣。

（三）壮族民歌是新时期传播社会道德新风尚的重要手段

壮族民间歌谣作为壮族人民对社会生活的口头表达，是一种活态文化，它不可能像出土文物一样，凝固封存于某个既往的历史时空，而是会随着社会生活的变化被赋予了不同的内涵和诉求。新中国成立后，在党的关怀下，壮族人民也和各兄弟民族一样当家做了主人，行进在社会主义道路上，民歌也成为壮族人民宣传党的政策，歌颂社会主义新风尚，揭露批评不良习气，推动社会主义建设和开展各项运动的重要手段。早在新中国成立之初，壮族人民就创作了大量的民间歌谣，深情地歌颂中国共产党、歌颂人民领袖、歌颂社会主义新生活。如一首《毛主席的恩情》这样唱道："东方太阳升，熊熊像火焰，太阳就是毛主席，照暖了穷人的心。过去穷人受气，如今穷人欢喜，有穿又有吃，全靠恩人毛主席。吃果想种树人，饮水念挖井人，今日得

---

① 胡仲实：《壮族文学概论》，广西人民出版社 1982 年版，第 125 页。

② 周作秋、黄绍清、欧阳若修等：《壮族文学发展史》（下），广西人民出版社 2007 年版，第 1179 页。

翻身，不忘毛主席的恩情。"① 一首《哪里有花哪里香》唱道："哪里有花哪里香，哪里有风哪里凉；哪里有了共产党，哪里人间胜天堂。"② 在社会主义生产建设中，民歌也成为了激发人们劳动热情的有效手段，人们唱着"春到鸟争鸣，睡不宁，决心早起床，赶工四处嚷，急忙忙，家家抢出峒。撒种点瓜春，赶着耕，嚷纷纷下田。春到鸟争鸣，睡不宁，决心早起床。赶耕田种地，季又季，秋收冬种忙，赶工四处嚷，急忙忙，家家抢出峒"③ 的歌谣，展开了热火朝天的社会主义劳动竞赛。

改革开放以来，壮族人民不断与时俱进，加快了社会主义现代化建设步伐，致力于脱贫致富、全面建成小康社会目标的实现，反映壮族人民与时俱进、改革开放精神风貌的新民歌也不断呈现，如一首"高唱富民政策好，甘雨甜露心田浇；稳夺高产靠科技，串串硕果随风摇"④，热情宣传了党的富民政策；一首"今众西装大翻领，金表皮鞋水晶镜；腰包手机叮咚响，发财信息环球通"⑤，热烈歌颂了社会主义新生活；等等。总之，在政府部门的倡导和壮族民间艺人的努力下，壮族民间歌谣更为贴近实际、贴近生活、贴近群众，通过母题创新，在现代生活中得到不断弘扬和发展，成为传播先进文化和思想，加强道德教育的重要方式，不断在壮族大地上播撒希望。

第四节　壮族民间谚语中的伦理思想

民间谚语也是一类重要民间文学形式。所谓民间谚语是劳动人民口头创作、广为流传、言简意赅，具有一定认识、教育作用和含有哲理的定型化语句。谚语是一种极为精练短小的语言形式，是各民族语言的精华，是人民

---

① 广西壮文工作委员会、广西民族学院主编：《壮族民歌选集》，广西人民出版社 1958 年版，第 2 页。

② 周作秋、黄绍清、欧阳若修等：《壮族文学发展史》（下），广西人民出版社 2007 年版，第 1317 页。

③ 广西壮文工作委员会、广西民族学院主编：《壮族民歌选集》，广西人民出版社 1958 年版，第 14—15 页。

④ 刘忠环：《穷山僻壤变富饶》，《右江日报》2000 年 7 月 1 日第 3 版。

⑤ 李少庆：《两老对唱今胜昔》，《右江日报》2006 年 6 月 25 日第 3 版。

世世代代集体经验和智慧的结晶，其内容极为丰富，既有对自然规律、社会规律的认识，也有对生产经验和生活经验的总结，还有对社会斗争和阶级斗争的反映，几乎涉及人类社会生活的各个方面。因此，民间谚语在向人民传授生产、生活知识，指导人们分清是非善恶、激发斗争精神，培养人们的优良品德等方面都发挥了重要的作用。

壮族作为一个历史悠久的民族，壮族人民也创作了许多言简意赅、寓意深刻的民间谚语。虽然，与壮族其他民间文学形式比较，对壮族民间谚语的搜集整理相对落后，但从目前的整理挖掘看，在壮族民间也流传和保存有大量的民间谚语，包含着十分广泛而又深刻的思想内容，涉及时政、社会、教育、交往、修养、生产、生活、自然等诸多方面，渗透到壮族社会生活的各个方面，是壮族人民智慧的结晶、经验的宝库和非常珍贵的民族文化财富。从其内涵看，壮族谚语作为一种潜藏在民间的文化形态，也蕴含着极为丰富的伦理思想和道德观念，对劝导人们从善从德，净化社会风气起到积极的作用。

一、反映了壮族的社会公德观

为了维持正常的社会秩序和生活秩序，人们在社会交往和公共生活中，总要遵循一定社会形成的处理人与人、人与社会关系的基本社会道德规范，壮族民间谚语有许多就是对壮族人民在长期的社会实践中积累形成的社会公德观念的概括和反映。诸如：

勤劳节俭。"勤不富也饱，懒不死也饿"；"只怕人懒，不怕天旱"；"勤人嫌日短，懒人嫌天长"；"勤人不怕日头晒，懒人害怕雨露湿"；"俭是富锁，奢是穷根"；"勤俭不会穷，坐吃山也崩"；"不怕冷和雨，就有吃有穿；做工怕出汗，别想米满仓"；"力小勤快有饭吃，力大懒散饿肚皮"；"勤是镇家宝，懒是蛀家虫"；"单勤不俭，有针无线"；"日大吃三餐，金山也会完"等。

团结和睦。"团结一心，不怕天崩"；"众人搬山易，独桨撑船难"；"条线不成绳，棵果不成园"；"鱼不离潭，皮不离肉"；"眼睛额上挂，到处惹人骂"；"树大成荫鸟来宿，胸怀宽阔朋友多"；"独柴难烧，独树怕风摇"；"房窄能合住，肚窄难相处"；"人帮人才强，人欺人就弱"；"山和山不相遇，人和人总相逢";"锦上添花天下有，雪中送炭人间稀"等。

礼貌好客。"宁可儿子饥，不能让客饿";"货有三等价，客不分远近";"恶语伤人，最坏良心";"好话三分暖，话好软人心";"志高人一步，言让友三分"等。

不贪不占。"小时偷弟饭，老大偷钱罐";"寒不偷他人衣，饿不偷他人食";"鸡贪吃嗉破，人贪心惹祸";"鸟贪吃易死，人贪财害命"、"牛贪吃跌崖，人贪财害己";"穷要穷得干净，饿要饿得硬心"等。

扬善抑恶。"勿与狼同伙，莫与虎同窝";"莫要狼走才张弓，切勿蛇过才下棍";"刀无钢不利，人无理难行";"纸不能包火，歹心人自知";"为善夜夜睡香，作恶日日心慌";"恶人被雷劈，肚烂挨虎吃";"偷盗赌钱啃犁嘴，耕田种地吃千年";"赌钱不种田，叫你饿十年"等。

二、表现了壮族的家庭道德观

家庭是社会关系的特定形式，在社会生活中起着极为重要的作用。家庭道德就是维系婚姻家庭关系，调节家庭内部成员和家庭生活密切相关的人际交往关系的行为准则规范。壮族历来重视家庭，并在长期的家庭生活和社会交往活动中，形成了尊敬长辈、孝敬父母、慈爱幼小、夫妻恩爱、家庭和睦的道德观念和伦理风尚，这在壮族民间谚语中也有较多的表现。如：

"父不骂孝子，母不打勤儿";"一个老子养十个儿子养得成胖子，十个儿子养一个老子养得像猴子";"天高不能压太阳，儿大不能压爹娘";"不供养父母，到你老年也辛苦";"恩恩爱爱喝清水也甜，吵吵闹闹吃龙肉也淡";"公鸡打架头对头，夫妻打架无冤仇";"丈夫和妻子，要一世相帮";"吃好穿好，不如夫妻白头老";"暖不过火炉，亲不过父母";"对父母要敬重，对婴儿要呵护";"共在一屋就是姐妹，要互让互顾"等。

三、提出了做人道德品质的要求

壮民族是一个注重道德传统的民族，为了使本民族的道德观念深入人心，形成人们良好的道德品质，壮族人民也在自己创作的富于哲理的谚语中，提出了老实、谦虚、诚信、正直、淳朴、善良等许多做人必须的品德要求。如："火要空心，人要实心"；"深山有猛虎，世上有能人"；"选菜要选撤，选人要选心"；"脚勿踏两船，心勿摆两面"；"树大鸟来停，心实朋友多"；"宁作好分离，不互欺相处"；"要打当面鼓，莫敲背后锣"；"滚水不响，响水不滚"；"树靠根，人靠心"；"船靠舵正，人靠心正"；"为善夜夜睡香，作恶日日心慌"；"不做坏事，不怕雷劈"；"只可扶人起，不应推人倒"；"宁伸扶人手，莫伸害人舌"；"人好有人合，路直有人走"等。

四、归纳了道德教育和道德修养的方法

为了帮助人们学会做人，使壮人及其后代形成符合壮族伦理思想和道德观念的行为品质，壮族广泛流传、言简意赅、寓意深刻的民间谚语，还总结归纳了不少有着积极意义的道德教育和道德修养的方式方法。

在道德教育方面，提出重视家教、言传身教的主张，如："鸡会啼就阉，仔从小就教"；"养子不教如养驴，养女不教如养猪"；"稻好靠秧，儿长靠母"；"树小扶易直，树大扳弯难"；"木板不刨不光滑，木条不修不笔直"；"木不凿不通，人不教不懂"；"上歪一尺，下歪一丈"等。

在个人品行修养方面，规劝人们要勤学明智、言行谨慎、洁身内省、躬行践履、积善成德等，如："人勤生百宝，人灵出千巧"；"刀越磨越利，人越学越灵"；"泉水挑不干，知识学不完"；"木不刨不光，久不学则忘"；"蚂蚁爬树不怕高，有心学习不怕老"；"患难时要坚毅，顺利时要谨慎"；"话到嘴边留半句，事到理上让三分"；"漂亮不在穿衣，能干不在会说"；"做大事的人，应谨慎于微"；"冷不抢别人的夹衣，饥不偷吃别人的饭"；"走路走不正，舌头短三分"；"口讲手做说话灵，光讲不做水浮萍"；"出水才见两脚泥，实践方悟有道理"；"行是知之始，知是行之成"；"要别人下水，自己先脱鞋"；"行善如凳，作恶必崩"；"鸟靠翅膀飞翔，人靠美德来往"等。①

---

① 本节所列谚语主要引自韦其麟：《壮族民间文学概观》，广西人民出版社 1988 年版，第 313—319 页；韦达：《壮族谚语与人生经验》，《广西社会科学》2003 年第 9 期，第 177—180 页；《隆林壮族历史名胜风物选》编撰委员会：《隆林壮族历史名胜风物选》，右江日报印刷厂 1997 年版，第 221—226 页；方大伦、黄宗信：《红水河的传说》，广西民族出版社 2000 年版，第 253—288 页。

　　由上述可见，壮族民间谚语以生动、形象、简洁的语言，概括反映了壮族人民的伦理思想和道德观念，规劝人们注重德教，践履修身，为培育壮人的品德风貌发挥了不可忽视的作用，也不失为承载壮族伦理思想的重要民间文学形式。

第四章　壮族传统艺术、体育文化中的伦理思想

　　壮族是一个具有悠久的历史文化和道德传统的民族，在长期的历史发展和社会生活实践中，壮族人民凭借自己的聪明才智，创造了异彩纷呈的传统艺术和风格独特的体育文化。作为壮族伦理思想的重要载体，具有壮族风格的艺术文化，形象地反映和表达了壮族人民的思想感情和道德观念，蕴涵着壮族自古以来就形成的敬畏自然、尊重生命，英勇顽强、艰苦奋斗，热爱生活、乐观向上，诚实守信、真诚待人，尊敬长辈、爱护妇孺等道德传统和伦理思想，具有极大的艺术感染力。壮族形式多样、富于特色的传统体育活动，也蕴涵着勇敢顽强、艰苦奋斗，热爱生活、崇尚和谐，尊重他人、团结协作，正直坚毅、积极向上等丰富伦理思想，并以贴近生活、灵活简单、寓教于乐等壮族特有的方式来表现和传播壮族人民道德观念和伦理思想，传承壮族优秀伦理文化，陶冶人们的道德品行，推进了人类自身的身心健康发展和社会稳定和谐发展。

第一节　壮族传统艺术中的伦理思想

一、壮族异彩纷呈的传统艺术概述

　　艺术的含义非常广，就艺术的本质而言，不同的艺术本质其内涵也不一样，从艺术的社会本质看，艺术是一种特殊的社会意识形态和特殊的精神生产形态，它通过生产实践活动，反映从物质世界到精神世界、从生产关系到思想关系的人类的全面的社会生活，创造美的精神产品，满足人类精神

上的审美需要。① 艺术在不同的时期所代表的内容也不同。在古代指六艺以及术数方技等各种技能，在《后汉书》卷二十六《伏湛列传》中写道，"永和元年，诏无忌与议郎黄景校定中书五经、诸子百家、艺术"，李贤作注为"艺谓书、数、射、御，术谓医、方、卜、筮"；宋孙奕在《履斋示儿编·文说·史体因革》中说道，"后汉为方术，魏为方伎，晋艺术焉"。在当代，艺术也有多种含义，或者特指难以获得成就的经术或比喻富有创造性的语言、方式、方法及事物等，如毛泽东在《〈共产党人〉发刊词》中写道，"党创造了坚强的武装部队，因此也就学会了战争的艺术"；或者比喻形象独特优美、内容丰富多彩的事物，如萧军在《五月的矿山》第八章中写道，"这字写得艺术极了"。

本章所研究的"艺术"是作为一种文化形态的艺术，是指通过塑造形象来具体地反映社会生活，表达或寄托人们某种思想感情，而又比现实生活更具有典型意义的一种社会意识形态。艺术起源于人们的社会生活劳动实践，是一定的社会生活在人们头脑中反映的产物。作为一种重要的文化意识形态，艺术通过某种特定的媒介符号如绘画、建筑、雕塑、篆刻、文字、诗歌、音乐、舞蹈、戏曲、园林等反映和描述具体事物及其价值关系的运动与发展变化过程，从而对人的情感、认知和意志进行交流、诱导、感化、训练和培养，来表现和反映社会生活，表达人们的感觉知觉、思想感情和价值观念。艺术有多种表现形式和类型，包括静态的视觉艺术如绘画、雕塑、器乐、工艺、建筑和动态的表演艺术如戏剧、曲艺和舞蹈等，也可划分为造型艺术绘画、听觉艺术曲艺、视觉艺术舞蹈以及视听艺术铜鼓等。在这些多种类型的艺术形式中，形象生动地表达和反映了人们丰富的思想观念和复杂的社会生活，也成为了特定社会、民族伦理道德观念的载体。

壮族是一个勤劳、智慧的民族，壮族人民在长期的社会历史发展中，凭借自己的聪明才智，用各式各样的动作、鲜艳夺目的色彩、优美动听的声音以及意蕴丰富的言辞把自己所曾经体验过的多姿生活和丰富情感通过优美的舞蹈、清脆的音乐、绝妙的绘画、精湛的曲艺、宏伟的建筑等多种形态表

---

① 王宏建主编：《艺术概论》，文化艺术出版社 2000 年版，第 53 页。

达出来，创造了异彩纷呈、别有特色的民族艺术，如风格各异、影响深远的
壮族戏剧；千姿百态、意义深刻的民间歌舞；千古传响、风情万种的铜鼓艺
术；五彩缤纷、富有特色的织锦文化；纯真质朴、魅力无限的花山崖壁画艺
术；神秘悠远、扣人心弦的天琴艺术；等等。在这些具有壮族风格的艺术文
化中，也形象地反映和表达了壮族人民的思想感情和道德观念，蕴涵着壮族
自古以来就形成的敬畏自然、尊重生命，英勇顽强、艰苦奋斗，热爱生活、
乐观向上，诚实守信、真诚待人，尊敬长辈、爱护妇孺等道德传统和伦理思
想，具有极大的艺术感染力，观众通过艺术欣赏，可以寻找、发现和体验到
同样的思想感情，引起道德情感共鸣。

　　壮族传统艺术作为一种重要的精神文化产品，内容十分复杂却又特别
丰富，在整个社会文化产品中占据很大的比重，具有相当重要的精神价值，
不仅体现了壮族崇尚的文化特色及特定阶段的社会状况，也展现出壮族人民
的聪明睿智和道德观念、道德情感，透过这些多样性的艺术文化形式，我们
可以发现其中蕴含着的壮族丰富的伦理思想。挖掘壮族传统艺术文化中的伦
理思想，有利于传承壮族优秀传统伦理文化，丰富壮族地区社会主义德育文
化资源，促进壮族地区社会主义文化事业和各项事业的发展，以及为祖国的
伦理文化宝库增添光彩。

二、壮族民间戏剧中的伦理思想①

（一）壮族民间戏剧概述

　　壮族民间戏剧简称壮剧、壮戏，是在壮族丰富多彩的民间故事、民间
说唱、民间音乐、喜庆庙会、民间舞蹈和杂耍技艺等基础上形成的舞台表演
艺术。壮戏从产生、发展到今天，已有 300 多年的历史，表演内容丰富，具
有浓郁的民族和地方特色，深受壮族人民的喜爱。壮剧主要流行于广西左
江、右江流域和云南文山一带，由于地理环境、方言土语、音乐唱腔、表演
风格以及伴奏乐器不同，形成了不同的戏曲品种，依据各自的特点主要分为
南路壮剧、北路壮剧、壮师剧和云南壮剧四大类型。南路壮剧主要流行于广

①　本小节论述的主要内容，已以《壮族民间戏剧中的伦理思想研究》为题，刊发在《百色
　　学院学报》2014 年第 3 期。

西壮语南部方言地区的德保、靖西、那坡、天等、大新等县，包括靖西足院土戏和德保马隘土戏，揉山歌、民间小调为唱腔，多和流行在本地的提线木偶戏唱腔相同，有《马隘调》、《喜调》、《哭调》、《平板》、《叹调》等，但以[平板]为主，主奏乐器以清胡、土胡、小三弦为主，因演唱常用"呀哈嗨"做衬腔，俗称"呀嗨戏"。北路壮剧主要流行于广西壮语北部方言地区的田林、隆林、凌云、那坡、西林、右江、凌云、乐业等地，唱腔有《武公调》、《老汉调》、《丑角调》、《哭调》、《叹板》、《梳妆》、《马到林》等，但以[正调]、[嘿呀调]为主，伴奏器乐以马骨胡、葫芦胡、月琴为主。壮师剧也称"壮师"、"壮族师公戏"、"唱师"或"调师"，主要流行于广西壮语中部方言地区的武鸣、河池、宜山、邕宁、武宣、象州、上林、来宾、贵县等地，唱腔主要是在[师腔]、[欢腔]的基础上发展而成的，有路腔、做活腔、怨腔、拜堂腔、和尚腔、抒情腔、老旦腔、花子腔等①，主奏乐器以蜂鼓为主。云南壮剧主要流行于云南文山壮族苗族自治州，有富宁土戏、广南沙戏和文山乐西土戏3个分支，伴奏乐器有土锣、土鼓、钹、土二胡、土三弦、笛子、唢呐等。壮剧的唱腔、乐器无论在制造舞台气氛，烘托剧情环境，还是对人物心理活动的揭示和渲染，对感情诉求的表达等方面，都具有强烈的艺术效果。

壮剧共有370多个传统剧目，品种多样，题材丰富，内容健康，艺术形式活泼，风格独特，唱腔多彩，唱调丰富，表演别致，手法多变，把说、唱、演、舞融为一体。通过各种悲欢离合和困苦情绪的唱词内容，抑扬顿挫、跌宕起伏的声调，变化多端又节奏和谐的动作，种类齐全、造型稀奇的乐器，婉转动听、振奋人心的乐声等，来表现壮族人民浓厚的生活气息、乡土风尚及其思想观念。戏剧表现中有反映壮族青年反抗封建包办婚姻、追求婚恋自由、歌颂美满姻缘的《双投红河》、《布牙对歌》、《移花接木》、《金花记》、《文龙与肖尼》、《刘三姐下凡》、《七姑》、《农家宝铁》、《张喜龙女》、《三妻两状元》、《那由姑娘》、《四姐下凡》、《夜送寒衣》、《血泪姻缘》等，有揭露封建社会黑暗和统治罪恶，反对压迫，追求公平公正，歌颂正义、廉洁勤

---

① 黄现璠、黄增庆、张一民：《壮族通史》，广西民族出版社1988年版，第589—590页。

政、扬善弃恶的《文龙与肖尼》、《龙图公案》、《瞎子闹店》、《送伞被害》、《瞒官上任》、《火烧青华楼》、《蝶姹》、《包公怒斩武王叔》、《包公斩王爷》、《朱砂记》、《九品官办宴》、《田螺姑娘》等，有歌颂农民起义和民族英雄的《布洛驼》、《布伯》、《莫一大王》、《侬智高起义》、《侬智高抗宋》、《瓦氏夫人》、《木兰从军》、《杨家将》、《刘二打番鬼》、《西林教案》，有反映人伦道德的《一天卖两起》、《骨肉情怀》、《七姐妹》、《朱买臣》、《蝶吃》、《三姑》、《妹梭与勒梭》等，有反映渴望团圆的《卖身娶媳》、《平贵回窑》、《西厢记》、《梁山伯与祝英台》、《双拜花堂》、《北番》、《观音堂会母》、《花园定婚》、《荔枝连》等。① 壮剧上演剧目大多来自壮民族的生活实践和人生感悟，通过艺术表现形式讴歌壮民的真、善、美，鞭挞假、丑、恶，展现壮族人民自强不息、胸怀宽广、深明大义、重情笃义、善良朴实、甘于奉献的民族精神，具有深刻的思想内涵。

（二）壮族民间戏剧中伦理思想的体现

作为壮族艺术文化的重要形式，类型多样、题材丰富的壮族民间戏剧以艺术性的手段表达和反映了壮族人民复杂的社会生活、深刻的人生感悟和思想观念，其中也形象、深刻地反映和体现了壮族人民诸多的道德观念、伦理思想和道德传统。主要体现为：

1. 壮剧演出制度和习俗表现了壮族消灾除难、避祸趋福的愿望

壮剧在长期的发展过程中形成了很多班规制度和演出习俗。如有的地方师公戏班成员加入戏班后受十大班规约束：一不能贪花好色；二不能占他人财物；三不准与他人吵闹大骂；四不能咒风骂雨；五禁食牛肉狗肉；六不能东游西荡；七不能酗酒骂人；八不准论政事；九要尊老爱幼，救死扶伤；十上述严禁违犯。② 这些班规制度能很好地规范戏班成员的日常行为，反映戏班安分守己、不能惹是生非、维护艺人尊严、友好待人、和谐相处的为人处世之道。壮剧的演出习俗也突出地表现了壮族渴望平安幸福的美好愿望。如田林土戏的演出习俗一般有扫台、开台、闭台等规矩。先是在扫台时就要杀一只生猛的鸡供奉神灵，相传有一次，师公廖法轮亲自扮演《落难遇亲》中的主

---

① 政协田林县委员会编：《广西北路壮剧教程》，北京燕山出版社 2011 年版，第 99—120 页。
② 韦苇、向凡：《壮剧艺术研究》，广西人民出版社 1990 年版，第 28 页。

角时，在演出中突然有恩人来到，他把鸡拿到台上去杀，在磨刀和杀鸡的动作中，即兴哼出一首新曲子，很多观众听后，感到曲子非常新鲜，便记录下来，后命名为「杀鸡调」，从此成为土戏的常用曲牌。后来凡有贵客到家，壮民都要杀鸡接待。唱戏供奉老郎、祖师也要杀鸡，有些班社，每次扫台、开台和收台都有杀鸡供神的习惯。在开台时还习惯先唱祝福词，如："前一枪风调雨顺，后一枪五谷丰登，左一枪国泰民安，右一枪妖魔收藏，中一枪众子弟个个福寿康宁，六畜兴旺，户户发财，个个平安"；"村寨好上好，声誉高又高，新年唱土戏，同奏丰收谣，唱歌颂村寨，唱戏祝人和，唱六畜兴旺，富裕乐千秋"。[①] 壮剧的演出习惯虽然带有明显的封建迷信成分，却也鲜明地表达了壮民对美好生活的向往和消灾除难、避祸趋福的价值追求。

2. 壮剧内容反映了壮族不畏强暴、英勇善战的斗争精神

壮族人民热爱反映民族英雄故事题材的剧目，有《薛仁贵征东》、《薛丁山征西》、《花木兰》、《穆桂英挂帅》、《甘王》、《薛刚反唐》、《征剿百花山》等，光《杨家将》就有五幕戏，《侬智高》壮剧剧目有很多个版本，如《侬智高起义》、《侬智高抗宋》、《侬智高探亲》等，事件很多，内容广泛，情节各异，从不同侧面反映了侬智高的英雄事迹。其中以北路武打戏的代表剧目《侬智高抗宋》最为动人心魄，剧目表现的是在宋代仁宗皇祐年间，兵荒马乱，灾害横生，壮族人民民不聊生，侬智高不堪忍受种种残酷压迫，揭竿而起，奋起反抗封建压迫。侬智高起兵的原因虽然是多方面的，但就其为反抗北宋统治者执行对外屈辱、对内压迫的反动政策而起兵抗宋来看，则是正义的。为了激发斗志，取得下层群众的支持，侬智高率领各族人民抗缴田赋、杀暴吏、诛豪绅、劫富济贫、开仓济民，赢得受剥削、受压迫、受侵略的各族人民的热烈响应。在英雄侬智高强有力的带领下，人民不畏强暴、旗开得胜、所向披靡、英勇善战、顽强杀敌、精进勇猛，打下广源州（今靖西、田东一带）、邕州、梧州，直逼广州城下，最后还敢于与宋朝的得力干将狄青决一死战，狠狠地挫伤了封建统治者的锐气。《刘二打番鬼》剧目则是壮族人民处在帝国主义对我国的侵略日益加剧，封建统治者对人民剥

---

① 韦苇、向凡：《壮剧艺术研究》，广西人民出版社 1990 年版，第 9 页。

削愈加残酷，赋税徭役繁重，加上连年灾荒的背景下，表现壮族地区人民反帝反封建抗争精神的产物。在两广、云南和越南北部地区，广泛传诵着一句民谣："刘二打番鬼，越打越好睇"，说明刘二（刘永福）在抗法斗争中不负重托、一马当先、奋不顾身、赴汤蹈火、视死如归，立下汗马功劳，深得壮民的拥戴，为表彰他的爱国情怀，赞扬他英勇善战、一往无前、惊天动地、气壮山河的气魄，人们编出歌颂传唱他的剧本，表达对民族英雄的崇敬和怀念。①

3. 壮剧剧目表达了壮族人民伸张正义、鞭挞邪恶的道德评价观念

道德评价是人类社会道德活动的重要组成部分，它通过对人们道德行为的善恶性质的判定和道德责任的划分，以对善行的赞扬、褒奖和对恶行的谴责、贬斥，来激发人们的荣辱感和道德责任心，从而促使人们自觉向善避恶、扬善抑恶。② 在社会生活中，人们往往会依据一定社会、民族或阶级的道德准则规范，对具有积极意义的道德行为进行善的道德评价，对具有否定意义的不道德行为作出恶的评价，促使一定社会、民族或阶级的道德原则和规范发挥作用。题材广泛、内容丰富的壮剧剧目，也鲜明地表达了壮族人民伸张正义、鞭挞邪恶的道德评价观念。素有道德传统的壮族人民，在社会生活实践中形成的鲜明的善恶道德评价观念在许多壮剧剧目中都有充分的表现，不少取材于民间生活故事的壮剧剧目如《打刀救母》、《摇钱树》、《宝花盒》、《九莲杯》、《仙姑收妖》、《英台下凡》、《大闹三门街》、《错配鸳鸯》等，直接反映了人民的疾苦，伸张正义，鞭挞邪恶，一方面褒扬了劳动人民的勇敢、忠诚、朴实、互助、友爱、勤劳、节俭等优秀品德，对劳动人民给予了极大的同情和支持；另一方面也鞭挞和谴责了劳动人民的对立面封建皇帝、恶霸财主等邪恶势力的凶暴、残忍、狡诈、贪婪、愚蠢、懒惰、自私的恶劣品性。为此，这些壮剧很受人民群众欢迎，在人民群众中产生很大的影响。

如《打刀救母》这出壮剧，说的是农历三月初三，李林宝随母亲林氏上山去祭扫父亲坟墓，母亲不幸被蟒蛇精抢走。为救母亲，林宝苦练武艺，他找毛铁匠打一把刀要去斩杀蟒蛇精。可是，打宝刀需要有黑风洞中的五彩

① 韦苇、向凡：《壮剧艺术研究》，广西人民出版社 1990 年版，第 67 页。
② 王泽应编著：《伦理学》，北京师范大学出版社 2012 年版，第 291 页。

梅花炭。而黑风洞里有妖怪把守，林宝敌妖不过，后来得到孙悟空相助才能打败妖怪取回五彩梅花炭。但哪知这种五彩梅花炭需要专门配烧钢铁板才能打成宝刀，而这种钢铁板又藏在芭蕉洞中，有凶狠的魔王把守。林宝使出浑身武艺也斗不过魔王，历尽了磨难。他的赤诚孝心终于感动了天帝，天帝派铁拐李等神仙下凡收服妖魔，林宝得到钢铁板打成宝刀，杀死了蟒蛇精，救出母亲，终于母子团圆。① 显见，这一壮剧就鲜明地表达了壮族扬善惩恶的道德评价观念。又如《英台下凡》，讲的是祝英台下凡路经朝阳城，见恶棍李子贞抢劫杀人，杀死梁知县一家二十余口，祝英台打抱不平，杀死了李子贞，为受害者报仇雪恨。② 《错配鸳鸯》（又名《老少配》）则是讲六十多岁的员外马大成，强逼年方十八的姑娘夏金莲为妾，而青年书生冯天盛却被黑心店主张三移花接木，错配了五十多岁的张阿姑。夏金莲、冯天盛心有不甘，痛苦难言，几番逃跑都甩不掉错配的"情人"。一天，这两对错配"鸳鸯"投宿在公道客店，店主李四主持公道，打抱不平，巧妙地把马大成与夏金莲的婚约字契改成了冯天盛，又把冯天盛与张阿姑的婚约字契改成了马大成，撮合了一对年青人，也搭配了一对老鸳鸯。③ 这类壮剧剧目的思想内容，不仅充满了壮族人民的生活情趣，还充分表达了壮族人民忠厚、朴实、正直、公道的思想情怀，伸张了正义，鞭挞了邪恶。

4.壮剧表演寓德于乐、以乐养德

道德同政治、法律一样，属于社会上层建筑的范畴，主要以具有善恶意义的行为、准则、风俗、情绪、信念、理想等形式，表达其对现实社会的认识成果，具有调节、教育、认识、评价、指导、激励等功能。壮剧剧团借助说、唱、舞蹈等艺术的表现形式，通过《龙凤救驾》、《包公审石头》、《双打南蛇精》、《三娘教子》、《二开店》、《五子拜寿》、《辕门斩子》、《卖身葬父》、《北楼姑娘》、《四代同堂》、《千里葬亲娘》、《三颗夜明珠》、《卜火贺酒》、《薛仁贵三次投军》、《杨家将》、《狸猫换太子》、《征东》、《征西》、《秦香莲》、《陆文龙反正》、《百鸟衣》、《梅花案》等剧目，宣传展示"忠"、"孝"、"仁"、

---

① 黎方、何朴清编著：《云南壮剧史》，文化艺术出版社 2008 年版，第 299—300 页。
② 黎方、何朴清编著：《云南壮剧史》，文化艺术出版社 2008 年版，第 301 页。
③ 黎方、何朴清编著：《云南壮剧史》，文化艺术出版社 2008 年版，第 301 页。

"爱"、"友"、"恭"、"信"、"义"、"惠"、"悌"、"慈"、"礼"、"智"、"自由"、"平等"、"宽容"、"节用"、"节葬"、"非乐"、"互助"、"见利思义"、"重义轻利"、"诚意正心"等一系列我国古代社会主张的道德规范，发挥道德的社会控制力量，对人们的行为起到了规范和调节作用。人们在观看了这些具有教育意义的壮剧后，也会在社会成员之间自发地相互影响、相互监督、相互批评，促使人们按照壮剧里表现出来的善与恶、忠与奸、损与益、荣与辱、高尚与卑鄙、正当与不正当、正义与非正义等道德要求自我反省和评价，并用善德善行来约束和检点自己的日常行为。人们还可以从观看各种剧目表演中明白非恶、小善、大善、至善等不同层次的道德行为，生与死、义与利、义与命、理与欲、群与己的利害关系，从而鼓励人们尽力使自己的行为达到高于目前状况的道德水准。

5. 壮剧表演者注重言传身教、修身养性

南路壮剧、北路壮剧、壮师剧和云南壮剧等各种戏剧通过表演者对生、旦、老、丑四大行当的扮演，展现人物的年龄、性别、社会地位、生活状况、性格特质、思想感情，并以唱、念、做、打四功和手、眼、身、步、散五法，反映人物的角色身份、心理活动和精神状态。在表演过程中，表演者以恬静、幽雅、柔美、灵动、有礼、有节、含蓄为主旋律的壮剧音乐，借"升堂调"、"卜牙调"、"八仙调"、"怒调"、"采花调"、"平高调"、"喜调"、"乐腔"、"拜堂腔"、"和尚腔"、"抒情腔"、"老旦腔"、"花子腔"等丰富的唱调和多彩的唱腔，用或西装革履、华冠丽服、素净淡雅、穿戴整齐或破衣烂衫、鹑衣百结、奇装异服、花里胡哨等多种风格的壮剧服饰，用反映祝贺、敬老、拜寿、求福、团圆、和睦、救人、孝义、杀贼、报仇、智斗、劫富济贫、落难、受害、残害、改邪归正、胜利、抗婚、选婿、爱情、反宋、反奸、反压迫、御外、保皇、斗皇、斗妖、爱国、反恶、反霸、反封、反朝廷、反赌、反迷信、办案、审案、断案、冤案、破案等剧目内容，[①]借典型形象如布伯、樊梨花、侬智高、瓦氏夫人等民族英雄的先进事迹，来反映和宣传壮族倡导的自由、平等、公正、耿直、真诚、和谐等道德观念和伦理思

① 参见政协田林县委员会编：《广西北路壮剧教程》，北京燕山出版社 2011 年版，第 99—120 页。

想，教育感染观众，以唤起人们的知耻心，逐步培养人们的道义责任感和善恶判断能力，从而帮助人们逐渐形成比较稳固的道德情感、锻炼道德意志和确定道德信念，以克服生活中的种种苦难，战胜邪恶和私欲，不断把善良和正义发扬光大，修炼养成良好的道德人格和品质。总而言之，表演者以壮剧动作逼真、人物清楚、胜败分明的表现言传身教，以表演者个人示范和剧中主角典范诱导的方法，来表现真实、合宜、感人、高大的道德典范，动情之处还给观众迎头棒喝，使真、善、美得到赞誉和发扬，使假、恶、丑得到斥责和抑制，从而促使人们修身养性，自觉去恶向善。

三、壮族铜鼓文化中的伦理思想

铜鼓，顾名思义，以铜为主要成分制作的鼓。铜鼓的壮语称为"咽"，意为"可闻其声、听、听见、听到"，说明铜鼓能发出响声，其基本形态是由面、胸、腰、足、耳等 5 部分构成，体如圆墩，平面曲腰，中空无底，腰凹胸凸，遍体花纹，两傍附耳。铜鼓产生至今已有 2700 多年的历史，主要分布在中国西南和岭南地区的广西、云南、四川、贵州、重庆、广东、海南等地，如果说云南是铜鼓出世之乡，那么广西就是铜鼓传播之乡，以壮族人口最多的广西出土和收藏的铜鼓的特点尤为突出，其他各省市都是铜鼓的散居地。铜鼓流传至今还有 2000 多面，主要有万家坝型铜鼓、石寨山型铜鼓、冷水冲型铜鼓、北流型铜鼓、灵山型铜鼓、遵义型铜鼓、麻江型铜鼓、西盟型铜鼓等 8 种类型。[①] 流传的铜鼓分布广，历时长，意蕴深，风格迥异，民族风情浓郁，体现了壮族人民对铜鼓文化顶礼膜拜。

有过西瓯、骆越、僚人、乌浒、俚人等之称的壮族先民是铸造、使用铜鼓的祖先。壮族是世界上使用铜鼓最多、拥有铜鼓量最大、传世历史最长、铜鼓文化最丰富的一个民族，因此，铜鼓文化成为壮族传统文化的重要内容之一，驰名中外的铜鼓，是古代岭南及西南地区壮族先民珍贵的文化遗产。造型夸张、雄强、有力、庄重耐看的铜鼓使用广泛，不仅作为敲打乐器，表达内心情感；作为祭祀神器，祈福禳灾；作为集众工具，传递信

---

① 蒋廷瑜：《千古传响——铜鼓铿锵震四方》，广西人民出版社 2009 年版，第 43—44 页。

息，还作为礼器，体现身份、地位、财富和名声。由于铜鼓作为神器的功用突显，非常讲究装饰，其装饰的部位涉及人们视线所及的地方，即鼓面、鼓胸、鼓腰、鼓足，鼓耳，甚至及于鼓的内壁，绘画图案浓郁，纹饰多样，内容丰富，主要有太阳纹、翔鹭纹、鸟纹、鹿纹、牛纹、船纹、羽人舞蹈纹、牛耕图、奔马图、家畜家禽纹、十二生肖图、鹤纹、龙纹、鱼纹、云纹、雷纹、钱纹、席纹、圆圈纹、网纹、栉纹、锯齿纹、羽状纹、水波纹、淘纹、眼纹、圆心垂叶纹、乳钉纹、铭文等，还有各种雕塑，如青蛙塑像、马和乘骑塑像、牛和牛橇塑像、虎塑像、鸟塑像、龟塑像、田螺塑像、鱼塑像等等。铜鼓的外形纹饰华美、复杂，雕塑稚拙、多姿，首先表现的是壮民族的审美观，具有圆满的追求，又有粗犷的意味，同时还是铜鼓文化内蕴的直接载体，反映了壮族人民热爱大自然、热爱生活、热爱劳动的精神品质，表达了壮族人民丰富的道德观念和道德情感。

（一）热爱劳动、吃苦耐劳的优秀品质

从铜鼓的起源、纹饰、制作等方面都展现出了壮族热爱劳动、吃苦耐劳的品质。铜鼓本是壮族先民的炊具"釜"，后来发展成为乐器。传说，壮族先民生活在岭南地区，属亚热带季风湿润气候，气温高，夏日长，炎热多雨，虽然一般是山区，但也山清水秀，适合动植物生长繁殖，物产资源丰富，是早期人类理想的生活地区，在这样的环境下生存、劳作，壮族人养成了比较开朗、积极、乐观的性格以及吃苦耐劳的精神。在集体劳作中，壮族先民常常苦中作乐，在劳累休憩中创作歌舞，缓解疲劳，舒缓心情，鼓舞斗志。铜鼓的前身是壮族先民们生活使用的炊具铜"釜"的锅底，他们有一次在休息中无意敲击锅底，发出的声音居然成为歌舞的伴奏，于是他们踩着节拍更加欢乐地跳了起来，先民们的干劲更足，劳作时间更长了，后来就对铜釜加以改进，把它倒过来放置，用以配乐，成为了乐器，为了纪念铜鼓给他们带来的喜悦，每到丰收的季节都跳起铜鼓舞，表达他们快乐的心情。同样，铜鼓的纹饰如牛和牛拉橇、牛拉楼塑像、牛耕图、人物纹、网纹等纹饰也真实地反映了壮民对劳动的赞美之情。在石寨山型铜鼓上，牛纹是一种常见的动物写实纹样。在麻江型铜鼓上，牛有三种情况，一是作为六畜之一；二是作为十二生肖之一，装饰在鼓面上；三是牛耕图中的役牛，装饰在

鼓胸上。① 牛，关乎着壮民的农业生产、生活、习俗和观念，牛在壮族传统
文化中是勤劳善良、任劳任怨、勤勤恳恳、踏踏实实的象征，牛那种坚毅的
性格，执着的表现，敢搏的精神，以及胸怀博大、勇往直前的品格，正是
壮民的鲜活写照，壮民族对牛寄托着丰收的希望。人物纹仅见于麻江型铜
鼓，有劳作状，或荷耙，或持叉，间杂在家畜群中，展现了壮民正在劳作的
勤劳风貌。网纹在古老的万家坝型铜鼓内壁就有出现，它可能是编织物的写
实图案。从万家坝型铜鼓同时出现的其他爬虫纹来看，网纹应该是当时捕捞
水生动物的网的图像。这些网纹都是跟农业生产劳动有关，暗示了壮民劳动
的快乐和丰收的渴望。再者，铸造铜鼓的工艺和过程十分复杂，它综合了准
备、熔炼、制范、雕塑、干燥、烘烤、合范、灌注、修整、定音等技艺。单
是熔炼，就需要有 1200—1500℃ 的高温，这对于需要制作大量铜鼓的壮族
先民来说，谈何容易。总之，壮族先民在铜鼓的铸造方面，倾注了心血，为
缔造青铜文化奉献了智慧和力量，也反映了他们热爱劳动、吃苦耐劳的优秀
品质。

（二）热爱自然、尊重生命的质朴观念

在壮族先民生活的远古时期，由于自然灾害发生频繁，环境恶劣，还
时常遭受毒蛇猛兽的攻击，社会生产力低下，同时还受到饥寒、病疫的困
扰，生活条件艰辛，壮民体弱多病，寿命不长甚至过早夭折，因此，提高人
口出生率、繁殖率、增长率成为增加劳动力、提高生产力、获取更多生活资
料、维持人类生存的头等大事，因而，人类自身的繁殖便成为原始社会发展
的决定因素，导致壮族先民产生炽热的生殖崇拜，② 以及对自然的热爱和对
自然生命的尊重。这种对自然生命的尊重主要表现在对自然神灵的敬畏、崇
拜。由于当时生产力低下，壮族先民对一切大自然现象都无法解释，他们认
为日、月、风、雨、雷、电等都具有超人间力量的神灵，天地、山川、水火、
树木、石头、鸟兽等也都是主宰人间的神灵，万物有灵是他们的共识和信
仰，这些观念进而反映在铜鼓的制作和使用上。圆形的铜鼓鼓面像天，鼓面

---

① 参见蒋廷瑜：《壮族铜鼓研究》，广西人民出版社 2005 年版，第 126 页。

② 覃彩銮：《蛙纹铜鼓的文化内涵及社会功能初探》，《广西民族研究》1997 年第 3 期，第
63 页。

的一般装饰都是写形的太阳及其天体环境景象，并确立了以太阳纹为中心的多层次圈层布局及其在总体布局中的主导态势，有光芒四射的太阳纹，有太阳的层层光波，有绕着太阳翱翔的翔鹭。云雷纹是北流型和灵山型铜鼓的主体纹饰，其他类型铜鼓也饰云雷纹，石寨山型铜鼓饰有流畅大方的云纹，尤以勾连云纹最为美观，冷水冲型铜鼓的云纹较为复杂，麻江型铜鼓上则多兽型云纹和如意云纹，雷纹和云纹一样，纤细和富于变化，云雷纹的密布给人一种玄妙之感，增加了铜鼓的神秘色彩以及壮民对铜鼓的敬畏；鼓面最外一晕塑有青蛙、鸟、龟、骑士等立体饰物，由于壮族先民认为青蛙是多子多产的物种，青蛙的叫声随天气变化而变化，青蛙可以呼风唤雨，灭虫除害，帮助丰收，因此，壮族便尊青蛙为图腾，把青蛙雕刻在铜鼓上，作为鼓面主要的纹饰。胸、腰、足也有类似鼓面的晕圈，饰有精美的几何花纹和自然界写实性图案，从纹饰布局到具体纹样都表现着有机联系性、运动性、节奏性、韵律性、生长性等生命形式，它以丰富的艺术想象力、新颖多样的体裁、宽广的审美空间、气度的清新峻拔，把大自然生物、非生物的再现和表现艺术推向一个高峰①，体现了人与天的和谐对应关系，表达了壮族人民热爱自然、尊重生命的质朴观念。

（三）热爱生活、追求幸福的积极心态

壮族先民认为幸福的标准是子孙满堂，延年益寿，拥有权力、财富、地位、名声，因此他们产生了生殖崇拜，追求长寿、地位、名声、权力和财富成为历代的目标。如《宾阳县志》附朱昌奎《铜鼓考》就写道："铜鼓系酋长宝物，大而重者为最贵，其四周所铸的青蛙，以表爵位尊卑，青蛙越多，则爵位越尊。平时用以乐器，有事则用作集合信号。酋长死，则传子若孙，不啻传国宝也。如无子孙，则埋于土中，部众分头寻觅，如发现铜鼓，则击之，群闻声毕集环跪，共奉其人为酋长。如竟无人寻获，则另铸新鼓，公推年长有德者掌之，以为酋长。"② 可知，只有部族酋长才有资格掌管

① 易嘉勋：《民族民间工艺美术纹饰的比较研究——西南民间铜鼓纹饰艺术探析》，《民族艺术研究》2005 年第 4 期，第 54 页。
② 路漫：《蛙图腾是壮民族历史的烙印》，木棉会·濮僚网·壮族在线，2002 年 9 月 2 日，见 http://www.rauz.net.cn/Custom-Culture-kap.htm。

或拥有铜鼓。可见，铜鼓也成为显示人们社会地位、权威和德高的象征，被人们崇尚为神圣之器。由于当时制作铜鼓的材料稀缺，还要花费大量的人力财力，铜鼓不是一般老百姓所能拥有的，因此，作为祭祀、祈福、赏赐、进贡、送礼、战阵、集会、传递信息、发布号令、贮藏财货、随葬、娱乐的重器，铜鼓的制造和使用成为壮族先民从原始社会走向阶级社会、从蒙昧走向文明的重要标志，铜鼓逐渐成为壮族的一般娱乐乐器，凡婚嫁、宴饮、斗牛、节日等都以击鼓为乐，表达壮民欢乐的心情以及对和平幸福生活的追求。

北流、灵山型铜鼓是典型的权力重器，它们以巨大厚重著称，"鼓唯高大为贵"，外形增高、加大、挺拔，庄重朴实，给人以宏伟、威严、稳重之感，不仅是铜鼓的造型艺术给人一种庄严肃穆的感觉，铜鼓纹饰艺术也形象地表现了壮族先民的思想感情。当铜鼓的纹饰和雕塑"牛"单独出现时，多与夸耀富贵、追逐财货的心理需求有关；家畜家禽纹有时与人物纹、鱼纹或钱纹组合在一起，代表六畜兴旺，成为财富的象征；钱纹是北流型铜鼓和灵山型铜鼓的重要纹饰，开始是写实，甚或就是用流通的钱币按捺而成，后来则是象征性的，成为单纯的装饰纹样，钱纹作为北流型铜鼓和灵山型铜鼓的重要纹饰，说明这一时期钱对壮族先民生活的重要性，他们对钱抱有向往和追求的态度；鹤纹只见于麻江型铜鼓上，经常与龙纹、鱼纹、人物纹、钱纹组成复合纹，众所周知，在中国人心中，鹤是长寿的象征，鹤纹表现富贵长寿之意。铜鼓出现汉字铭文说明铜鼓受汉文化影响的事实，汉字铭文有装饰的用意，这种铜鼓有年款铭文鼓和吉祥语铭文鼓两类，吉祥语铭文主要是"万代进宝、永世家财"、"福如东海、寿比南山"、"盘古至今、人旺财兴"，有些铜鼓还有"福寿"、"富贵"的印记，所有这些铭文、纹饰都明显表达了壮民向往美好生活、追求幸福的积极心态。

(四)消灾祈福、向往安宁的美好愿望

2000多年来，壮族人民对铜鼓一直非常崇拜，视之为神器，能飞会走，能打善斗，具有镇压妖魔鬼怪、保村护寨、消灾赐福的功能，并将铜鼓人格化，赋予它辨别善恶、明辨是非、保佑黎庶的能力。张穆《异闻录》记载："昔马伏波征蛮物，以山溪易雨，因制之。一悬之梧州镇府左廊，昔沉潭中，声震十里，鼓出遂无怒波，人言其为祟，人舟赖以无险"，说沉入潭中的铜鼓能保护行舟人的安全。《广东新语》载："罗定城隍庙有铜鼓，高二尺五寸，径二尺，州人争讼不平及被诬欲昭白者击之，则祸有归，无事而击，则祸击者"，说铜鼓能帮助人们断案，还清白于那些被冤枉的人。① 有一首《村寨铜鼓歌》唱道："鸟靠翅膀高飞，房靠柱子屹立，寨有铜鼓才吉祥，福气永无穷尽时，粮满下家仓，财满上家门，有吃又有穿，村人多高寿"，一则称赞铜鼓拥有者的顺口溜也道："青山出贵子，有鼓出贵郎，有鼓配歌声，老婆走路来"②。这些都说明铜鼓在壮族人们心中是具有神性或灵性的，是他们渴望"兴旺"、"吉祥"、"合好"和祈求安宁的象征。据壮族民间传说，远古时代洪水泛滥，经常有妖魔作怪，害得民不聊生，后来有一种两侧生翼，会转能飞的铜鼓，哪里有妖怪兴风作浪，铜鼓就飞到哪里，将妖怪逐一击毙，那里的洪水就会闻风丧胆，落荒而逃，马上平息，村庄就会福光永照，风调雨顺，五谷丰登，六畜兴旺，生机盎然，吉星高照，老百姓精神舒畅、安居乐业、人寿年丰，从此以后人们就将铜鼓视为镇妖的圣物。为感谢铜鼓的救世之恩，壮民把铜鼓作为乐器、礼器、神器，每逢喜事佳节，壮民就敲打铜鼓表达愉快心情，祈祷世间太平、人寿年丰；每逢遇到天灾人祸，壮民就敲打敲铜鼓驱邪伏魔，祈祷鼓神消灾免难、造福人间。正因为如此，壮族人们在长期的社会生活实践中创造形成了丰富的铜鼓文化，以表达他们对铜鼓的深厚感情，借此也反映了他们消灾祈福、向往安宁的美好愿望。

（五）英勇无畏、反抗压迫的斗争精神

在几千年的封建社会里，历朝历代的封建政权从未放松过对少数民族的剥削与压迫。壮族人民深受民族的、阶级的双重压迫，灾难深重，生活疾苦，人们生活在水深火热之中。壮族人民为了生活、自由、民主，勇敢地掀起了一场又一场反抗民族压迫和阶级剥削的斗争，不少关于铜鼓的传说中反映了他们斗争和反抗精神。如《红铜鼓》的传说就讲述了生活在九龙山一带的雷加夫妇有天轰轰、地沙沙、锦花花三个很优秀的儿女，官兵常去他们村

① 屈大均：《广东新语》，中华书局1999年版，第437页。
② 袁华韬、黄万稳、唐剑玲：《铜鼓文化保护与传承——以东兰县长江乡兰阳村周乐屯为例》，《广西民族学院学报》2005年第4期，第61页。

抢劫，于是村民们在九龙山安置一个大铜鼓，只要官兵一来天轰轰就擂鼓，聚集村民们防止官兵肆无忌惮的抢夺。官兵趁天轰轰醉酒把铜鼓砸烂，村民们重铸铜鼓，却一直不成功，锦花花把自己的鲜血洒进铜汁，铜鼓终于铸成，可惜锦花花因流血过多死去。一次官兵进村抢劫，鼓声又响起，村民们一同将官兵打败，地沙沙还杀死了昏庸无能、统治腐败的皇帝。① 而《邕江铜鼓峡》传说讲述的是相传在 1000 多年前，邕江上游一带闹洪灾，朝廷派钦差大臣下来查看灾情。不料这个钦差偷走了村民的铜鼓并想进贡给皇帝，突然大风骤起，钦差大臣被吹到江里，铜鼓被风卷起嵌在了峡谷的石壁中，后面人们把那个峡谷叫铜鼓峡。② 这些铜鼓传说揭露了象征朝廷权威的"官兵"、"大臣"、"皇帝"的贪婪嘴脸，他们总是企图通过抢劫或偷窃或受贡将壮族人民的财宝据为己有，壮族人民为保护自身的正当权益，过上和平、稳定、自由的生活，对封建统治进行了最坚决最英勇的反抗，并把矛头指向了最高统治者皇帝，表现了壮族人民英勇无畏、反对压迫的斗争精神。③

四、壮族花山崖壁画中的伦理思想

主要分布在广西西南部左江流域的花山崖壁画是壮族艺术文化的典型代表。宋人李石《续博物志》卷八记载："二广深谿石壁上有鬼影，如澹墨画。船人行，以为其祖考，祭之不敢慢。"其中的"鬼影"指的就是画在左江两岸石壁上的崖壁画。这些崖壁画主要分布在广西壮族自治区西南部左江流域及其支流明江的龙州、宁明、凭祥、崇左、扶绥、天等、大新等县市及附近的高山峭壁上，已发现 79 个地点、178 处、280 组，绵延 200 多公里。④其中，又以宁明县江畔的耀达"岜莱"（壮语，意为"有画纹的山"，译称"花山"）发现最早，且面积大，在临江一面 8000 平方米的崖壁上，密密麻麻布满着呈赭红色的神秘图像 1800 多个，其图像之众多，场面之壮观，气

---

① 参见蓝鸿恩主编：《壮族民间故事选》，上海文艺出版社 1984 年版，第 123—126 页。
② 参见广西民间文艺研究室、广西民间文艺家协会：《广西民间文学作品精选·南宁卷》，广西民族出版社 1996 年版，第 128—129 页。
③ 陈金文：《壮族风物传说的文化研究》，民族出版社 2011 年版，第 184—185 页。
④ 覃圣敏：《骆越画魂——花山崖壁画之谜》，广西人民出版社 2009 年版，第 17 页。

势之雄伟，地势之险峻，令人叹为观止，是为左江流域的崖壁画中画面最
大，图像最复杂，内容最丰富，经历年代最久远的一个画面，堪称左江崖壁
画的代表作，亦为世界所罕见的文化奇迹。故人们又把左江沿岸各处的崖壁
画统称为"花山崖壁画"。① 花山崖壁画整个画面是壮族先民骆越人在春秋
战国时期至东汉时期的作品，构思严谨，线条粗犷，形象朴素，宏伟壮美，
神奇莫测。

花山崖壁画的画像用赭红色颜料平涂而成，图像的种类大致可分为人
物图像、动物图像、器物图像三大类，其中以人物图像居多。人物图像姿态
万千，栩栩如生，有佩刀持剑守卫的武士，有骑马阅兵的首领，有擂鼓助威
的男子，也有翩翩起舞的舞女；有的人像高达三米，最矮的也有一米多。可
分为正身人身、侧身人身像两种，其形态是双臂向两侧平伸、曲肘上举，两
脚叉开，双腿平蹲，屈膝向下，有人认为是青蛙的形态，是古代青蛙崇拜的
反映；侧身人像的形体都比正身人像小，面向左或右，手脚向身躯的同一侧
伸展。腰间大多无佩挂，有的则佩戴刀、剑、匕首之类的工具，应是酋长等
英雄人物。动物图像可分为兽类和飞禽类，兽类大部分位于形体高大的正身
人像的脚下，个别位于正身人像的旁侧或头顶上，似乎只有身体强壮的英雄
人物才驯服得了，表达了壮民的英雄崇拜；飞鸟类的图像较少，仅见于扶绥
岜赖山第一处等，总共才有四个。器物图像可分为兵器、礼乐器两大类，兵
器类有刀、剑、匕首等，都是斜佩或悬挂在正身人像上，对于礼乐器类的图
像，有圆圈形图像、实心（或空心）圆形图像和钟（铃）图像等，学术界比
较一致的意见认为圆圈形图像是铜鼓鼓面的形象，实心（或空心）圆形图
像是日、月、星辰等天体的图像，反映了壮族先民的自然、神灵崇拜，钟
（铃）之类的礼乐器多用于征战、祭祀的场合。② 对于花山崖壁画的主题内
容，学术界有许多不同的说法，主要有"战争"说、"语言符号"说、"祭神"
说、"巫术"说，后两种说法比较接近花山崖壁画的主题，因为左江流域从
古到今都经常发生水灾，严重危害以农作物为主要生活来源的壮族人民的生
活，由于壮族先民的生产力低下，对很多自然现象都感到无能为力，他们认

---

① 覃圣敏、覃彩銮：《广西花山崖壁画年代新证》，《民族研究》1985 年第 5 期，第 76 页。
② 参见覃圣敏：《骆越画魂——花山崖壁画之谜》，广西人民出版社 2009 年版，第 26—38 页。

为天地间存在一种超自然、超社会的神灵或力量，因此产生了万物有灵的观念，而且，在壮族人民的心目中，祖先神灵是无所不能的，不管遇到天灾人祸等大事还是日常不顺心等小事，人们都要祭祀，以求逢凶化吉。因此，祭祀水神、祭日、祭鼓、祭祀河、祭祀鬼神、祭祀田神等就成为了壮民的生活大事，他们希望消除水旱灾害，保佑人丁兴旺，过上安静祥和的生活。而在以艺术形式表现的壮族祭祀的花山崖壁画以及关于花山崖壁画的众多传说中，也表现反映了壮民诸多淳朴的道德观念和伦理思想。

（一）敬畏自然、守护生命的生态伦理

在广西左江流域的壮族壁画艺术、铜鼓艺术、戏剧艺术、舞蹈艺术等艺术文化中都有壮族人民"自然崇拜"、"太阳崇拜"、"青蛙崇拜"等原始宗教思想的体现。从生态伦理学的角度看，这些原始宗教思想体现的是壮族对大自然的敬畏以及对自然生命和人类生命的守护与尊重。在左江流域的花山崖壁画上，用象征生命的赭红色绘制了大量形态各异的人物图像，有学者认为，这些人物图像酷似青蛙，因此认为崖壁画的主体是蛙神的形象，是古代壮民崇拜青蛙的反映。他们认为壁画中站着的或大或小的图像，其动作姿势几乎都是双臂向两侧平伸、双肘弯曲上举，两脚叉开，双腿平蹲，屈膝向下，做扎马跳跃前进的姿势，很像青蛙站起来跳跃的形象，但这不能简单地理解为那是现实生活中的人或现实生活中的青蛙，根据壮民对青蛙的崇拜，只能理解为是人格化了的蛙神形象。

这些"蛙人"图像是壮族人民自然崇拜的思想和原始观念的体现。古骆越时期的左江流域地区交通闭塞，自然灾害频发，人们生产力水平低下，抵抗自然灾害的能力极其虚弱。逐渐地壮族先民对自然界产生一种万物有灵的信念，所以原始时期的壮族先民往往通过"自然崇拜"、"图腾崇拜"、"神灵崇拜"、"祖先崇拜"等多种崇拜形式，对"主宰"自然和社会的力量赋予精神上的寄托，如青蛙图腾崇拜，通过各种附有神灵的万物崇拜，祈求获得神灵的保佑和恩赐，祈求壮民能够消除灾害，平平安安，五谷丰登，人丁兴旺。在壮族的民间信仰中，有青蛙崇拜的习俗，壮民认为青蛙是雷神的化身，它能掌管天上的风雨雷电，保障人间的风调雨顺、安稳祥和。在壮族的日常生活中，如果有人捕捉或猎杀青蛙就是犯大忌，会受到族人的谴责，也会给族人带来惶恐和畏惧。因为青蛙不仅具有旺盛的繁殖力和顽强的生命力，而且在壮民们看来青蛙还具有与天神沟通的非凡能力，这与人类渴望生存和不断延续的愿望异常吻合，青蛙对人类有着紧密的联系和亲和力，对人类有着十分重要的作用，因此，青蛙作为图腾崇拜的对象既是人类本质、本质力量对象化的结果，是一种通过拟人化、象征化的方式表达人类对生命的认识和追求的结果；又是人类对自然生命、自然活力、自然力认识和追求的结果，从而使人类生命与自然生命统一，使人类的自然生命与精神生命统一。① 因此，青蛙崇拜中不仅包含壮民对自然的敬畏和崇拜意识，表现对生命、生命力、活力的敬仰和礼赞，也包含对人类崇拜和群类崇拜的意识，表现对人类、族类的生命延续、繁衍、承接的企盼和愿望，即敬畏自然、守护生命的生态伦理思想。

（二）团结合作、同甘共苦的协作观念

自古以来，悠悠左江，源远流长，广西左江流域的壮族人民大都聚居在偏僻闭塞、山峦重叠、奇峰挺拔的左江两岸，这种险恶的自然环境给壮族先民的生存和生活带来不小的挑战，而河狭水急、峭壁对峙、山光水色、交相辉映的地理环境也十分重要，成为兵家争夺的目标。壮族先民为了繁殖后代、延续生命，不得不向自然灾害和外来侵略抗争。在长期与自然灾害和外来入侵抗争中，培养了壮族人民团结合作、同甘共苦的集体主义精神。这些优秀的精神品质，在花山崖壁画艺术中就有体现。在花山的悬崖峭壁上，有一处处用赭红色平涂的各种人物、动物和器物图像，观赏之精粹在于壮族先民克服种种困难，在崖壁上画下了远古社会鲜活的生活景象，斑驳影绰，若隐若现，风格粗犷，巧夺天工，蔚为壮观。

左江流域的崖壁画画面石壁多较宽大、陡峭，画面距离江水面或台地面多在 20 米到 80 米之间，最高的可达 120 米。其上方多有向外突出的格状巨石，崖峭下则多有因岩石风化崩落堆积而成的裂石被坡或错落体，还有的崖壁依临滔滔江水，显见在左江流域的作画条件非常艰险。而又属宁明花山壁画的作画难度最大，崖壁面与地面几乎呈 90 度垂直，崖面上几乎没有可

①　张利群：《论花山崖壁画影象造型的生命意识及其人类学意蕴》，《贵州民族研究》2003 年第 2 期，第 50 页。

供人攀爬和站立的石坎或石阶。就在这么险峻的高约 40 米、宽约 221 米的
峭壁范围内，画有 1800 多个图像，实属不易。有诗云：

> 绝壁峙江边，巍巍耸入天。
>
> 鸟啼愁展翅，猿号恐攀缘。
>
> 赭影鲜常黯，船公祭甚虔。
>
> 何人能作画，莫外是神仙。[①]

这首诗从侧面形象地反映出壮族先民接近崖壁作画的难度和艰险。我
国著名的崖画研究专家盖山林先生对左江崖壁画进行过一番认真地考察，后
撰文说："左江壁画画面规模之宏大图像之高大密集，为国内岩画所无，世
界岩画罕有"[②]，许多专家、学者、游客看了也感到惊心动魄。可以肯定的
是，花山崖壁作画条件艰险、图像数量众多、图像形体高大，要耗费大量的
人力、物力和财力，没有壮族先民杰出的艺术创造才智，没有壮民的团结合
作、同甘共苦，就没法安放壮族先民的原始宗教信仰与艺术造诣。从崖壁画
中我们看到的不仅是壮族先民生活的丰富内容，更是他们不畏艰辛、吃苦耐
劳、团结合作、同甘共苦的集体主义精神。

（三）热爱生活、追求幸福的人生态度

从 20 世纪 50 年代以来，各种报纸杂志发表了很多有关花山崖壁画的
文章，学者们各抒己见，从画面主题内容、作画年代和作画民族等方面提出
了自己的观点。对花山崖壁画的主题内容而言，学者们就有许多不同的看
法，有人认为花山崖壁画与战争有关，是壮族先民在战争前誓师，激励群众
坚定战斗意志的场面，他们下定决心，鼓足士气，勇敢战斗，渴望胜利；有
人认为那是战争胜利后的庆功场面，很多双手上举的人像，更像是为庆祝胜
利而欢呼雀跃的群众；有人认为花山崖壁画是"古代桂西的民族为了纪念某
次大规模战争的胜利所制作的"；有学者认为画面反映的不是战争场面，而

[①]　覃圣敏：《骆越画魂——花山崖壁画之谜》，广西人民出版社 2009 年版，第 125 页。

[②]　汐缘：《花山崖壁画》，广西旅游资讯网 2010 年 2 月 28 日，见 http：//www.gx12301.com/
Public/Article/ShowArt.asp？Art_ID=41989。

是祭祀场面，是为了消除水灾，祭祀水神的场面，其根据是崖壁画大部分都画在临近江河的崖壁上；还有学者认为，"岩画是具有魔法作用的图画或符号，是神圣的巫术礼仪的重要组成部分"，是为了祭祀太阳、河流、山川、土地等自然物与非自然物鬼、神、灵魂等主宰人类的灵物，是壮族先民期盼与大自然和谐相处，祈求风调雨顺的反映。虽然"战争"说与"语言符号"说最根本的弱点是论者都主观地把整个花山崖壁画看成一次绘成的完整的一幅画，而经过科学的研究分析，那 1800 多个图像不是一次绘成的，而是经过多次绘制连成，一些学者的观点并不符合实际情况，"祭神"说和"巫术"说也有许多值得商榷的地方。[①] 但尽管如此，这些有关花山崖壁画主题内容的说法也都表明了壮族先民或通过战争的形式保障本族集体生活的稳定，或通过与大自然的人神对话、和睦共处、相依相生的方式寻求日常的平安，表达了壮族人民热爱生活、追求幸福和谐的人生态度。

（四）不畏强暴、英勇顽强的反抗精神

自古以来，左江流域的壮族及其先民大都聚居在偏僻闭塞、山峦重叠、河狭水急的自然环境中。这种险恶的自然环境给壮族人民的生存和生活带来了极大的挑战，也培养了壮族人民不畏强暴、英勇顽强的斗争精神，这在花山崖壁画艺术中也有形象的体现。从花山崖壁画的内容来看，崖壁画中许多人物形象，身挂有环首刀者形象特大，与众不同，且位居中间，神气十足，其余人物分列前面和左右，有的做击铜鼓状，有的腿弯侧视、两手高举做舞蹈状，表现出了勇敢顽强的斗志。壮族先民不仅用艺术表达了对美的追求，也通过艺术表达了内心的愿望和不畏艰险的决心。

作为花山崖壁画艺术的延伸，壮族人民还创作形成了许多有关花山崖壁画的传说。这些传说主要以"兵马说"为题材，如《官兵的血肉》、《亚诺反朝廷》、《水獭》、《侬智高的兵马》、《蒙大的兵马》、《猛卡和他的兵马》、《未长成的兵马》、《九肖反皇帝》、《黄曹城的传说》、《封王不成成蜂王》、《六将村》、《地理先生看不见自己》、《马伏波将军作画》、《侬智高的兵马阵》、《黄昭》、《黄巢战朱温》、《何天凤》、《朱洪武抗元兵》、《神皇》、《马伏波的兵马》、

---

① 覃圣敏：《骆越画魂——花山崖壁画之谜》，广西人民出版社 2009 年版，第 47—49 页。

《七星剑》、《刘二借阴兵》、《伏波与神马》等。这些传说虽然具有神秘和浓郁的巫术色彩，却也融入了壮民的褒贬、爱憎之情，是民众历史观、抗争观的反映，反映了壮族地区人民对封建皇帝残暴统治进行坚决斗争的历史，表达他们对封建王朝最高统治者的仇恨和将其彻底推翻的愿望；也反映壮族地区人民面对外来的侵略与压迫揭竿而起，奋起反击的民族斗争历史，赞扬壮族人民反抗外来侵略者的聪明智慧和百折不挠的抗争态度。总之，"兵马传说"融入了巫术的力量、内容与形式，或突出壮烈牺牲、以失败告终的惨烈凄美，或表现最终借助神力获得胜利的痛快，直接、深刻、充分地表达壮族人们面对顽固的封建统治、残酷的武装镇压仍然前赴后继、不屈不挠、不怕牺牲、敢于献身、勇于反抗、英勇善战、反对压迫的豪迈情怀，歌颂壮族英雄的业绩，颂扬壮族人民积极战斗的大无畏精神，同时也表现壮民对平等、自由的向往和对民族、对祖国的热爱。

五、壮族天琴文化蕴涵的伦理思想

天琴是骆越民族文化独具特色的代表之一，是壮族民间古老而独特的一种弹拨乐器，主要流传于广西龙州、凭祥、宁明、防城港等地，是当地壮民进行祭祀、说唱及日常文化娱乐活动必不可少的乐器。传说天琴已有近千年的历史，由壮民使用蚬木、红木、桃木、桑木等特定木材制作而成，古老神奇的金龙峒即今龙州县金龙镇是天琴文化的发祥地。根据光绪九年修撰的《宁明州治》记载："女巫，俗名魑婆，以交鬼神为名，以'匏'为乐器，状如胡琴，其名曰'鼎'，凡患病之众，延其作法，则手弹其所谓'鼎'者而口唱其鄙俚之词。"文中的"鼎"指的就是天琴，当地壮民因其乐器发声谐音称天琴为"叮"或"鼎"或趣称"马铃马琅"，被誉为继铜鼓之后壮族的标志性乐器之一，由琴筒、琴杆、琴头、琴轴、琴面、琴码组成。天琴的琴头稍窄，两边宽，约 15 厘米，有些刻有龙头（象征着"行马行龙"）、凤头、鸟、帅印、月、太阳（象征"正大光明"）等图形，蕴含对天祈福、镇妖除邪、浩气凛然、龙凤吉祥等寓意，琴杆长约 70—120 厘米，琴杆上雕刻有"祥云"配琴头龙凤，雕刻意义深刻，意为"龙凤升天"。天琴以四度或五度定弦，具有宽广的音域和独特的音色；有坐姿和站姿两种弹奏姿势；演奏方式分为"弹天"、"唱天"和"跳天"三种。其中，"弹天"是天琴的独奏形式，用天琴弹奏的独奏曲《逗天曲》、《解闷曲》、《欢乐曲》、《舞曲》等大都轻快跳跃、音色清脆、动听悦耳、节奏鲜明、嘹亮悠扬，反映壮民淳朴浓郁、热情开朗、轻松活泼、乐观开朗、热爱生活的民风民情；"唱天"分为"独天"和"对天"两种，"独天"以祭祀方面的内容为主，"对天"带有斗志、竞赛性质，用以相互问候，乃至诉说爱情等；"跳天"这种形式多为群众性的娱乐活动，一般在节假日、庆丰收、婚庆场合进行，如在侬侗节等节日中演唱《庆丰年》、《跑马歌》、《侬侗欢歌》、《漓水谣》、《送神割》、《摆扇舞》等，抒发人民歌唱美好生活的欢乐之情。[①] 天琴产生之初主要用于祭祀祈祷等法事活动，后来逐步扩展到建房、婚礼、生育、祝寿、丧葬、度戒（成人礼）、治病、驱邪、禁忌、求务[②]、娱乐等几乎涵盖壮民生活方方面面的活动，是壮族人民认同的禳灾祈福、驱邪扶正、保佑平安、预兆丰年、人丁繁衍、六畜兴旺、五谷丰登、渴望吉祥的灵物，它集乐器、乐曲、唱词、经书、弹唱、舞蹈、展演等物质文化、行为文化和精神文化于一体，具有深厚的文化底蕴。天琴文化作为是壮族人民智慧的结晶，也成为了壮族伦理文化的重要载体，表现了壮民族诸多的道德观念和伦理思想。

（一）热爱自然、天人合一的生态伦理

少数民族乐器的制作，主要就地取材采用当地丰富的自然资源，即只要看得见摸得着的都可能成为乐器的原材料。广西南部壮族主要聚居生存在群山环绕，树林茂密，山坡险峻，交通不便，与外界联系很少的中越边境地区，这里盛产着"山桑树木"、"红木"、"青桐木"、"桃木"等各种枝繁叶茂、高大挺拔、木质坚硬的树木，它们自然成为了制作天琴最原始的材料。除了取材方便、材料合适、容易制造之外，天琴，这个承载着壮族先民丰富历史文化内涵、能实现人神沟通的灵物，是壮族先民精神智慧的结晶，在选材和寓意上，还凝结着壮族先民"万物有灵"的自然崇拜观念。壮先民在长期的

---

① 李妍：《世俗神器的艺术灵光——壮族天琴文化研究之一》，《广西民族研究》2010 年第 4 期，第 106—107 页。

② 农瑞群、何明智：《壮族布傣求务仪式文化符号解读》，《玉林师范学院学报》2012 年第 4 期，第 33 页。

发展中发现，利用树木来搭建房屋，远比居住在山洞里好得多，逐渐地壮民与树木形成了一种难以割舍相互依存的关系。人们认为树木的生长也会随着四季气候的变化而枯萎、繁茂，周而复始，但它们的寿命远比人类长，让人无法理解，于是人们把这种死而复生的自然现象归结为是神的旨意，甚至将笔直的可以通天入地的参天大树奉为神树，认为它们能与上天进行沟通。

古代典籍《山海经》中记载，扶桑、桃树等都是神树，用扶桑木做的木棍就叫"天杆"。专家根据古文献的记载分析认为扶桑树是神话中的树木，不可能栽培，上古先民便选定一种树作为太阳神树扶桑的替代物，而这种替代物就是桑树。古代典籍中有很多将桑树奉为神树的例子，《吕氏春秋》中记载，汤灭夏后，曾遭遇大旱，五年内农田没有收成，于是汤王率领众臣在桑林中祷告求雨。可见壮民用桑木做琴杆正是出自他们对这种神树的敬仰和崇拜，琴杆的取材从"山桑树木"到"桑树木"再到"桃木"的变化，也蕴含着这一崇敬思想。桃木在中国传统文化中一直被作为神树，象征着"驱邪镇妖"。《太平御览》卷九六七引《典术》说："桃者，五木之精也，能厌伏邪气者也。桃之精生在鬼门，制百鬼，故令作桃鞭，人着以厌邪，此仙木也"；《太平御览》卷九六七引《梦书》："桃为守御，辟不祥也。梦见桃者，守御官也"，由于人们历来认为桃木、桑木、青桐木、葫芦本身能"压伏邪气"、"驱鬼降魔"并给人带来幸福吉祥，它们的生物属性早就被民间神化①。天琴作为"做天"仪式中"祈福消灾"的神器，用桃木、桑木、葫芦等神木制作，是天地、自然的产物，天琴可以影响天地、自然，通过天琴弹拨，把群众的愿望传达给上天，产生"天人感应"，以求神灵的保佑，借此可以风调雨顺。天琴，不仅被赋予灵性，更说明了壮民热爱自然、天人合一的生态伦理思想。

（二）热爱生活、乐观向上的人生态度

壮族是一个热情好客、热爱生活、乐观向上的民族，壮族人民在长期的社会生产和生活实践过程中，用自己的智慧和丰富的生活经验，创造的天琴弹唱艺术也表达了他们对美好生活的向往和乐观向上的人生态度。

---

① 肖净：《广西壮族天琴文化艺术研究》，《广西民族大学学报》2012 年第 12 期，第 15 页。

天琴以及天琴文化是壮族先民在生产力比较落后，无法抵御外来侵略的背景下，或为战胜自然灾害，却在面临天灾人祸而束手无策只能祈求神灵保护的前提下产生的。因此，天琴最初是以神职人员的神圣法器的身份出现，是专门的仪式乐器，其产生之初主要用于民间的宗教信仰活动，可以说它是起源和发展于宗教仪式。《龙州纪略》中就有记载："男女无声听咒病，白婆夷语拨三弦。""龙州遇有疾病者，即延鬼婆至家，永夜弹唱，亲族妇女以饮啖为散福。鬼婆……手弹二弦，脚抖铁链，银铛之声云以锁鬼"。① 说明天琴同当地的巫术一起出现并作为巫术仪式中的重要法器，通过弹拨天琴以助于除病、驱鬼。然而壮族人民通过长期的劳动慢慢地掌握一些自然规律，逐渐学会利用自然改变生存状况，由原来畏惧自然的心理逐渐转变为感谢自然、与自然和谐相处。对人类自身价值的肯定、歌颂劳动的心理，使部分宗教仪式乐舞的内容改变为固定的文娱活动，天琴的神性逐渐被消解，突破巫术性质，从祭神转为娱人，逐步演变为综合艺术中的一种乐器，成为壮族人民表达幸福喜悦心情、期盼美好生活而歌唱的"道具"，成为了左江流域壮族人民传达积极情感的艺术形式。天琴的使用范围也日益扩大，融入了人们生活的方方面面，诸如：建房中的盖房子、新房上梁、戴花入房、入新房，祈求四季平安、安居乐业；养育中的求花保花、饮"密"水、安花、香火不断、婴儿满月、生日、度戒、做寿、续命、拜认干爹干妈，祈求儿孙满堂、长命百岁；生活中的治病、安龙、迎财神、送瘟神，祈求驱邪赶魔、免灾纳福；农业生产中的求雨、抗旱、添粮、丰收，祈求风调雨顺、五谷丰登、六畜兴旺；婚姻上的过油、做相好、接新娘、结婚，祈求爱情美满、婚姻幸福；丧事中的做丧、做"坊"、安葬、赎魂，祈求入土为安、了无牵挂；学习上的安师、出师、学技，祈求学有所成、功成名就；等等。可见，天琴弹唱具有丰富的文化内涵，壮族人民坚信天琴可以帮助人们实现美好的愿望，各种"天琴仪式"表达了壮民内心对幸福生活的憧憬，通过天琴弹奏的"弹天"、"唱天"、"跳天"等演奏方式，可以求得神灵保佑，人寿安康、家庭和睦、生活吉祥、人生顺利、心想事成。无疑，这些天琴演奏及祈福也表

---

① 参见（清）黄誉：《龙州纪略》下册《风土诗十二首》。

达了壮民热爱生活、乐观向上的人生态度。

（三）平等交流、自由选择的婚恋道德

在左江流域一带定居的壮族热情奔放、开朗大方，他们在长期的生活中养成了以歌代言、借歌传情、以歌会友的优美传统，通过天琴弹唱等多种艺术文化形式，不仅表达了内心的浪漫情怀及对生活的美好愿望，而且在天琴弹唱中还蕴含有象征渴求自由恋爱，寻求幸福的文化内涵，体现了壮族自由选择幸福爱情的婚恋态度。壮民常用天琴于"放燕"（即送情歌）、欢会"情侬"（情人、爱侣）和寻求配偶等娱乐和社交活动中，天琴弹唱成为壮民人际交流的一种主要方式；"放燕"有时也表现为固定时间的歌圩，每到会期，青年男女都会穿着各种精心挑选的盛装，成群结队、欢声笑语地来到歌场上以歌传情，以琴达意，联络感情。如在"见面歌"中，会询问对方的住址、姓名，探求对方的来意；在"请歌"中通过恳求、激将、劝说、喻理等方式请求对方回答疑问；在"接歌"中有选择、有条件、随机应变地寻觅情人，接受邀请并唱答；在"盘歌"中通过神话传说、民间故事、天文知识、历史地理、岁时节令、生活礼仪、物象猜谜等内容对唱，考量对方的社会阅历、应变能力和聪明才智，以增进双方的了解；在"甜歌"中通过男女双方一系列抒发情怀、披露心声、拿起天琴边弹边唱边舞的对歌，彼此产生爱慕之情。[1] 尤其是在龙州一带壮族独特的传统民俗节日侬侗节，以天琴弹唱必不可少，节日期间，青年男女常借助对歌和天琴边弹、边唱、边舞来交流感情表达爱意，他们在参加完各种娱乐活动后，还会相互邀请朋友到家里聚会，他们往往通宵达旦弹奏天琴、传情达意、尽情欢乐，通过共弹、共唱、共舞以及天琴的优美旋律反映他们热情、活泼、爽朗的性情和积极向上、平等交流、相亲相爱的生活态度，既表达了他们追求幸福爱情的执着，也展现了他们自由选择恋人的渴望。

（四）尊敬长辈、爱护妇孺的家庭美德

壮族素有尊敬长辈、爱护妇孺的家庭美德，他们对待老人真切尊敬，积极关心和妥善照顾，对待儿童也小心呵护，加强教育。在广西左江流域的

---

[1] 秦红增、毛淑章、秦琴：《中越边境布傣天琴文化变迁：喻天、娱人与族群标识》，《民族研究》2008 年第 10 期，第 43 页。

壮族家庭当中，长辈们都具有较高的地位，每当家庭遇到困难需要商量时都必定会请家族中的长辈到场旁听，并询问长辈们的意见；当家庭要做一个重要的决定时也都要经过家中长辈的同意。如果家里的老人或小孩身体欠佳，家庭成员都特别关照，积极寻找各种方式为他们排忧解难，互敬、互爱、互信、互帮、互慰、互勉。在壮族人的观念中，孩子是家庭和民族的未来，孩子身上寄托着家长的全部期望。孩子是否健康，长大后能否有出息，成为家庭最为关注的焦点。壮族对长辈的尊敬，对妇孺的爱护，在左江流域的天琴文化中就有体现。壮族人民常把尊老爱幼、尊重妇女等家庭伦理观念编成经书，通过天琴弹唱的方式教导人们，祈求合家幸福、安康如意。诸如，在龙州有专门用天琴弹唱为老人的生日祝寿和为年老体弱者添粮续命的经书《祝命科》、《求断桥吉凶科书》，为小孩满月、母亲过桥所用的《解满月书》、《立桥科》，为不孕不育者求花用《娘解架桥度迎花求嗣科》、《纳花科》、《制太子》等，为落水等受惊失魂的小孩"接魂"所用的《密除天狗过油科》，为祖宗安龙时所唱的《塘龙王求病科》、《塘佛须科》等。① 左江流域的壮族人民将伦理道德观念寓于天琴艺术文化当中，借天琴娱乐或"做天"等方式体现壮民尊敬长辈、爱护妇孺的家庭美德，并传承和弘扬壮族家庭美德。

（五）言传身教、环境熏陶的德教方式

禁忌本是古代人敬畏超自然力量或因为迷信观念而采取的消极防范措施，曾经在人们的日常生活中起着和法律与道德一样的规范与制约作用，因而也成为道德规范的一种表现形式。今天，许多禁忌随着人们对被禁物的神秘感和迷信观念的消除已经逐渐消亡，但仍有不少禁忌深深地影响着人们的行为和生活。壮民布傣族群在使用天琴的过程中就有比较严格的禁忌，如作为布傣族群民间法事活动操持者的天琴艺人"布详"有着自己独特的内行"戒规"，他们在平时不能随意杀生，只有在正月初一和七月十四这两天才可以杀一只刚学会啼叫的公鸡，把鸡血泼撒到屋外面，瘟神就会沿着鸡血走，然后将鸡煮熟，祭奠祖师，"布详"平常也绝不可以食用狗肉，有些还要遵循其他的饮食规定等，也不可以作恶，为非作歹，这些禁忌反映天琴

---

① 农瑞群、何芸：《天琴：骆越文化一朵不朽的奇葩——古壮天琴文化初探》，《南宁师范高等专科学校学报》2008 年第 3 期，第 16 页。

艺人们珍惜生命，敬重自然，尊师重道，作为天琴艺人，他们的一举一动告诉人们应该善良、正直、安分守己、与大自然和睦相处；天琴不可放到地上，或者随便扔到别的地方，要挂在安静整洁的主人卧室的墙上，这说明我们做事情、放东西应该有条理、有安排、有计划，应养成一种爱干净、爱整洁、不能随便的优良习惯和洁身自好的品质；在做法事的时候，要先让"布详"入座吃饭，随后家人才可以吃，如果破坏了规矩，家人先吃，法事就会不灵验，而且在正月初一和七月十四这两天不可以做法事，要封琴，以免打扰阴间师父的休息，如果是自己的师父过世了，"布详"则要过了百天才可以继续做法事，以缅怀师父的教育之恩，从天琴艺人的这些禁忌中可以看出他们对神灵、对祖先的尊重，这些禁忌强调长幼尊卑、次序礼仪，强化孝道，尊师重道，这对于仪式的参与者和旁观者，都会起到潜移默化的作用。① 人们不仅能从天琴的禁忌中感受天人合一、尊老爱幼、尊师重道的中国传统文化美德，还常常从天琴的制作、演奏、传说故事、信仰习俗中理解天琴文化，加强对天琴歌词的感受，提高天琴艺术的审美修养，通过天琴艺人言传身教，天琴物质文化、行为文化和观念文化的环境熏陶，影响人们的生活趣味、生活方式、民俗风情和价值取向，提高人们的道德修养水平。

第二节　壮族传统体育文化中的伦理思想②

一、壮族丰富多彩的传统体育文化

体育作为一种特殊的社会现象，是以发展身体运动、增强体质为基本特征的教育过程和社会文化现象。源于人类生存和社会发展需要而不断形成产生的各种不同形式的体育活动，从其一开始形成就具有强身健体、娱乐身心和社会教育的功能。因此，自古以来，各民族创造的丰富多彩的传统体育活动也总是与该民族的自然环境、生产劳动和经济生活紧密结合，并与该民

---

① 参见肖净：《广西壮族天琴文化艺术研究》，《广西民族大学学报》2012 年第 12 期。
② 本节的主要论点和论述内容，已以《壮族传统体育文化中的伦理思想析论》为题，刊发在《广西社会科学》2011 年第 2 期。

族的历史文化、民风习俗、宗教信仰和思想道德观念交织融合，反映着该民族的民族个性、民族思想情感、民族思维方式以及伦理道德等，成为该民族历史文化和思想道德表现传播的重要载体。

壮族作为一个有着悠久历史文化的民族，在千百年的历史发展中，不仅创造形成了灿烂悠久的文明史，也在长期的社会生活实践中，顺应本民族生存的自然环境和生活条件，创造和形成了不少具有浓郁民族特色的传统体育文化。长期以来，壮族主要聚居在祖国的西南地区，这里山峦起伏，江河纵横，炎热多雨，百兽繁衍，交通不便，生存环境恶劣，这种独特的地理环境不仅形成了壮族独特的生产习惯、生活风格、审美观念、宗教信仰等传统习俗文化，也成为了各种风格独特的壮族传统体育活动形成的自然条件和生存土壤。壮族传统体育文化就是壮族人民在长期生存的自然地理环境中，并适应了人们的生产劳动、军事活动、社会生活和强身健体的需要而创造形成和不断发展的，是壮民族与大自然和谐统一的体现，在壮族民间中有着广泛的群众基础。作为历史文化的一个组成部分，壮族用自己的聪明智慧，创造出人们喜闻乐见的、具有民族内涵的、五彩缤纷的壮族传统体育文化。在众多的壮族传统体育项目中，既有从古朴的宗教祭祀活动和军事武技发展而成的蚂蝎舞、抬天灯、打铜鼓、射弩、壮拳；也有从日常生产、生活实践中升华的打榔、打扁担、斗牛、踩风车；有健体强身的板鞋竞技、抢花炮、打陀螺；还有表现民族风情的舞翡翠、抛绣球、芭芒燕，满足人们文化娱乐的赛龙舟、舞狮、舞龙；等等，形式多样，丰富多彩。

可以说，这些众多富有特色的壮族传统体育文化，不仅反映了壮族的生存环境、宗教信仰、民间习俗，反映了壮民族的民族心理、民族个性、民族气质、民族交往、文化生活和社会发展；也反映了不同时期人们对现实所持的态度以及他们奋勇进取、憧憬未来的精神品质，反映了壮民族特有的价值观和文化观；还凝聚着壮民族深厚而丰富的道德传统和道德精神，成为了表现壮族人民伦理思想观念的重要载体。无论在过去和现在，它对于增强民族团结、丰富人们的精神文化生活以及促进壮族地区经济社会的发展等都具有重要的功能和价值。

二、壮族传统体育蕴含丰富的伦理思想

体育作为一种特殊的社会现象具有社会教育的功能，人们创造形成的丰富多彩的体育活动也总是与一定民族的历史文化和思想道德观念交织融合，成为该民族历史文化和思想道德表现传播的重要载体。在壮族人民喜闻乐见、具有民族特色的传统体育活动中，蕴涵着壮族人民伦理思想的丰富内容，涵盖了人与人、人与社会、人与自然各个领域，其中不乏许多教化道德、开启心智的伦理优秀文化。

（一）勇敢顽强、艰苦奋斗的开拓精神

勇敢顽强、艰苦奋斗是壮族人民的传统美德，这在壮族传统体育项目中得到充分的体现。壮族传统体育是在一定的自然环境和社会环境中形成的，古代壮族先民居住在山区、丛林地带，面对恶劣的生存环境，为了维持生活，狩猎是他们保护庄稼、防御野兽的基本生产方式。岭南森林中动物种类繁多，数量惊人，有牛、羊、鹿、獐、箭猪、象、虎、犀牛、猴、狐、獾、竹鼠等个体硕大或小巧的动物。古老的狩猎练就了壮族先民跑、跳、射弩、射箭、投掷、持刀搏杀等基本技能，这些壮族人民赖以生存的重要技能成为壮族古代体育的雏形，也锻炼和形成了壮族人民勇敢顽强、艰苦奋斗的意志品德。

在后来不断发展形成的壮族许多风格独特的传统体育活动，也都不同程度地表现了壮族勇敢顽强、艰苦奋斗的精神。例如，舞狮是壮族人民非常喜爱的传统体育活动之一，壮族的舞狮，既传承了中原舞狮"采青"的表演情节，更进一步发展形成了别具一格、技艺高超、高难度的"抢青"、"狮子上金山"的表演①，在这些表演中，艺人凭着娴熟的技艺和夺标的胆量，舞动狮子攀上用数十条长凳垒起的十几层高的"金山"，或一跃而起，或做叠罗汉，这些惊险的难度动作和技巧表演，也培养与形成了人们积极进取、不畏艰险、勇敢顽强的精神。被誉为"东方橄榄球"的壮族抢花炮运动，是壮族人们非常喜爱的一项民间体育活动，民国《三江县志》曾记载："花炮会，六甲人、僮人皆盛行。"壮族抢花炮运动所用的花炮是一个用红绸布包

---

① 韦晓康：《壮民族传统体育文化研究》，中央民族大学出版社2004年版，第129页。

扎的铁环，活动开始时，先点燃发射火炮的铁质地炮筒，把火炮送上空中，待花炮落下时，各参赛队蜂拥而上，像争夺橄榄球一样奋力抢夺花炮，抢到花炮者，需要使出浑身解数冲出重围，还需同伴护卫，声东击西，最终将花炮送到指挥台裁判手中，即为取胜。① 由于抢花炮竞赛和训练始终在激烈的对抗中进行，它要求运动员在训练和比赛中跑得快、跳得高、力量强、抢截积极，突破能力强，掩护配合等，需要运动员具有强健的体魄、顽强的意志和敏捷的反应能力方可取胜，为此，这一运动可以培养人们勇敢顽强的奋斗精神。斗牛是壮族民间传统体育娱乐项目，常常是两头大牯牛相斗，可以是水牛相斗，也可以是黄牛相斗。每逢节庆日，许多壮族村寨都会举行斗牛比赛，届时，四乡八村的男女老少均云集斗牛场，各自带上铜鼓、唢呐来为自己的参赛队呐喊助威。勤劳勇敢的壮家汉子拉上自家的肥牛出来斗一斗，这不仅是人们的竞技娱乐活动，更重要的是比一比牛主人的勇气、信心和永不言败的精神。

（二）热爱生活、崇尚和谐的人生态度

长期生活、生产的自然环境和社会实践形成了壮族人民热爱生活、崇尚和谐的积极人生态度。古代的岭南属亚热带气候，壮族人民栖息的自然环境，山水秀丽、物产丰饶、土壤肥沃、雨量充沛，利于农业、林业、牧业和各种农副业生产的发展。因此，壮族传统体育文化也表现出浓郁的民族风格和地方特色，体现了壮家人渴望追求美好生活、崇尚和谐的积极人生态度。

"打扁担"是深受壮族民间喜爱的体育活动，源于舂米的劳动生活，在唐代刘恂的《岭表录异》中，称这种活动为"打春堂"。最初是用捣米的木杵与木槽互相敲打，后来为了轻便，用扁担来代替沉重的木杵，用长板凳来代替笨重的木槽，所以也称为"打扁担"或"打虏烈"。"虏烈"即打扁担发出的声音。打扁担主要流行于广西的都安、马山、东兰、南丹等县，在春节期间最为盛行，深受壮民的喜爱，每年正月初一到十五，在许多壮家村寨，常常可以听到"打，打，打嘟打，打打，打嘟打……"的悦耳声音，常常可以看到壮家男女老少成群结伴，聚集于村寨空坪和堂前庭院，尽情地打扁

---

① 参见梁庭望：《壮族文化概论》，广西教育出版社 2000 年版，第 535 页。

担。人们手持扁担，围着一条条木槽或长凳相向地站着，大声喊呼，随后上下左右相互敲击，击打点子非常丰富，计有"耙田"、"插秧"、"车水"、"收割"、"打谷"、"点春水"、"碰碰欢"、"虏列表"、"虏列谷"、"虏列分水"、"虏列分阜"等站、蹲、弓步、转身打多种姿势动作。① 打法多式多样，表现出从种谷到舂米的全过程。整个打扁担活动过程动作轻重、呼声强弱、节奏快慢错落有致，优美自然，形式虽然简单，但气势恢宏，非常热闹。尤其是在晚上，氛围特别浓郁，灯火通明，山寨沸腾，扁担声伴随着壮民们的欢笑声、赞扬声，声响清脆悦耳高亢，震撼山谷，激荡人心。《隆山县志》（隆山县即今马山县）云："惟打舂堂之日，相传久矣；今犹未衰"，又云："但浑大木，返颇难得，妇女每用木板以代其法，以一长方坚硬之木板，两边垫以长凳，两旁排列妇女二三，手持扁担上下对击，或和以锣鼓遍迫轰冬，高下疾徐自成声调"。② 打扁担形象地描绘了壮族人民的劳动过程和享受丰收的场面，充分表达了人们喜庆旧年的富足和预示来年风调雨顺、五谷丰登的喜悦心情，体现了壮族人民对美好生活的热爱和崇尚和谐的人生态度。

广西龙胜青年男女喜爱的打"芭芒燕"，也是壮族人民在长期的生活中创造的一种富有壮民族特色的传统体育活动，传说在 1892 年重阳节这天，一群壮族男女青年到河边沙滩上欢度节日，看到河边沙滩上长满了开了花的芭芒草，各自便采集了一大把芭芒草芯带回去玩，其中有位叫蒙纪天的男青年用线将芭芒草芯穿成一串，用手拍来拍去，就像燕子在空中飞来飞去，大家看了觉得十分有趣，随即也学着玩，并且还给取了一个十分优美的名称为"芭芒燕"，成为一种节日体育活动项目。③ 从那以后，每年九月初九重阳节，壮族男女青年都要到河边采集芭芒草芯，将其穿成串，互相拍打，交友传情，陶冶情操，欢度节日。此外，还有桂西田阳县的壮人舞狮活动，从正月初一到十五，狮队走街过巷，登门舞狮拜年道喜，恭祝吉祥如意；抛绣球更是壮族人民喜闻乐见的传统体育项目，每年的春节、三月三、中秋节等佳节都会在歌圩中开展，男女青年相邀聚集，引吭高歌，抛接绣球，以歌会友、

---

① 参见胡劲主编：《中华舞蹈志》（广西卷），学林出版社 2004 年版。
② 转引自韦晓康：《壮民族传统体育文化研究》，中央民族大学出版社 2004 年版，第 12 页。
③ 韦晓康：《壮民族传统体育文化研究》，中央民族大学出版社 2004 年版，第 51 页。

以球传情，美丽的绣球和其乐融融的歌声共同演绎着美好的生活，纯真的爱情，等等。这些活动无一不生动地体现了壮族人民对生活的热爱、对和谐的崇尚和对幸福的向往。

（三）尊重他人、团结协作的集体精神

尊重他人、团结协作是壮族人民崇尚的传统美德，这种道德精神在壮族传统体育活动中多有体现。例如在壮族民间中流行的抢花炮运动，其技术由各种各样的跑、跳、抢、截、传递、掩护、配合等动作集合而成，它要求每个运动员在比赛中必须巧妙、默契地配合，齐心协力，在配合的基础上充分发挥个人的特点与作用，为本队创造出有效的得分机会以达到战胜对方的目的。抢花炮比赛每场得失分数不多，如果在比赛中出现配合失误，就会失去一次进攻机会，给本队带来不利，造成被动局面，甚至影响比赛全局。在日常训练中，为提高攻守技术、战术的质量及队员的应变能力，必须加强对抗性训练，这就要求全队运动员互相支持、鼓励。因此，抢花炮运动能培养团结友爱的集体精神和严格的组织纪律性。在壮族地区深受人们喜爱的"板鞋竞技"，相传是在明代倭寇侵扰我国沿海地带时，广西田阳壮族著名女英雄瓦氏夫人率兵赴沿海抗倭，为了让士兵步调一致，步伐整齐，瓦氏夫人令三名士兵同穿一副长板鞋跑步，长期如此训练，使士兵素质有了很大的提高，在抗击外敌的战争中，斗志昂扬，所向披靡，挫败倭寇，为国立功。后来，广西南丹县那地州壮族人民模仿瓦氏夫人练兵的方法，开展三人板鞋竞技活动，用来健身娱乐，相袭成俗，流传至今。① 可见，三人板鞋竞技从一开始就是为了培养默契配合、团结协作的精神而产生的。壮族人民非常喜欢的舞龙也是一项集体的技艺、健身运动，表现了壮族人民团结协作的集体精神。舞龙表演需由 10 多人分别执掌由龙头、龙身、龙尾等组成的长 20 多节的龙体在音乐的指挥下不停顿的摇舞、奔跑，共同完成一系列动作，或"二龙抢珠"，或"双龙跳门"，其中任何一人出现错误都将影响整个动作的完成质量，它要求 10 多位队员在音乐的伴奏中，相互配合，团结一致，节节相随，快慢有序，才可能逼真地演示出龙的各种形态。

---

① 胡小明：《民族体育》，广西师范大学出版社 2005 年版，第 187 页。

（四）正直坚毅、积极向上的优秀品质

正直坚毅、积极向上是每个社会人不可缺少的品质和精神。壮族人民在改造自然、改造社会、发展人类自身过程中形成的传统体育，对培养壮族人民正直坚毅、积极进取的优秀道德品质起着积极的作用。抛绣球是壮族人民喜爱的一项传统体育活动，绣球雏形源于古代用于狩猎、作战的青铜铸兵器"飞砣"，随着社会的进步和文化生活水平的提高，人们将古兵器飞砣改造成为了用五彩绣花包裹着豆粟谷物的绣花布囊，即为绣球，互相抛接娱乐，源于古代军营的"耍飞砣"活动逐渐演变成为了后来壮族青年男女倚歌择配、抛物定情的抛绣球活动。据宋代朱辅的《溪蛮丛笑》记载："土俗岁极日，野外男女分两朋，各以五色彩囊粟，往来抛接，名曰飞砣。"宋周去非《岭外代答》亦载："上巳日，男女聚会，各为行列，以五色结为球，歌而抛之，谓之飞砣。男女目成，则女受砣，而男婚已定。"后来抛绣球活动进一步发展已超出了男女爱情娱乐的范围，成为了壮族一项普及性的群众体育活动。① 现如今，每逢节庆活动，人们都会兴致勃勃地举行抛绣球活动，无论年龄大小，男女老幼，都能在运动中享受无限的乐趣，增进人与人之间的亲情和友情，促进人们的情感交流，培养一种和谐感和默契感，这项活动不仅使动作技能、身体素质和意志力等方面得到教育和锻炼，而且能培养果断坚毅、自信乐观和积极向上的高尚品质和情操。又如流传于广西武宣县一带的壮族传统体育项目"舞翡翠"，相传在200多年前，武宣县盘龙村的壮族人民在劳动生产与生活中，经过长期的观察，发觉美丽的翡翠鸟不但羽毛鲜艳，而且性格温驯，勤劳善良，为人们所喜爱。于是，该地壮民便做成了翡翠鸟衣，模仿翡翠的生活习性及活泼的动作，跳起了翡翠舞，舞时，表演者套上翡翠鸟模型，在锣鼓及音乐的伴奏下翩翩起舞，舞姿及形态优美纯朴，生动活泼，形象逼真，舞者通过舞蹈抒发情感，借以表达壮族人民正直善良、崇尚自由、积极向上的价值观，激发起人们争取自由，向往美满幸福生活的强烈愿望。②

---

① 参见韦晓康、李霞：《论壮族绣球运动的文化渊源》，《体育文化导刊》2003年第8期，第76页。

② 韦晓康：《壮民族传统体育文化研究》，中央民族大学出版社2004年版，第51页。

三、壮族传统体育是壮族伦理思想传承的重要方式

壮族人民长期的生产、生活实践中创造形成的壮族传统体育文化不仅蕴涵着丰富的伦理思想，反映和表现了壮族道德观念和道德风貌，成为壮族历史文化和伦理道德的重要载体。并且，因其具有的形式多样、灵活简单而又贴紧生活的特点，使之还成为了传播壮族道德文化，陶冶人们道德品行的重要方式，对壮族优良伦理文化的教育、传承起到了极为重要的作用。

（一）形式多样、生动活泼

壮族作为一个有着悠久历史文化的民族，壮族传统体育种类繁多，源远流长，据资料统计，广西壮族的传统体育项目有134项①。这些形式多样、风格独特的传统体育活动为壮族伦理思想的表现传播提供了生动多样的载体。壮族青少年除了接受学校正规教育外，还在参加丰富多样、生动有趣的传统体育活动中，接受做人做事、知识文化以及民族伦理道德传统的教育和熏陶。例如，踩风车是一项桂西壮族青年男女酷爱的传统体育活动，壮话称为"雄耍乐"。踩风车在木条搭成的风车架上进行，比赛时以四人为一组，分别坐在框架的四个端梁上，开始四人分别手握木架，先由着地者用力蹬，四人同时围着圆圈转，谁转到地面谁就用力一蹬，使风车旋转不停，在比赛规定的时间内，以旋转圈数最多，姿态最优美者为胜。② 这项活动因其惊险有趣深受壮家男女喜爱，而人们在参与过程中学会了合作、互助、顽强和勇敢。

其他众多的壮族传统体育项目，或是反映人们的劳动生产和社会生活，表现劳动人民的勤劳智慧、庆贺丰收的打榔、打扁担；或是悼念先祖和民族英雄，表达和寄托人们祈求风调雨顺、人畜兴旺、五谷丰登愿望的"跳蚂蜴"、赛龙舟；或是为了丰富生活、健身娱乐的芭芒燕、打陀螺、抛绣球；或是具有明显对抗性、竞技性，依靠集体配合的板鞋竞技、抢花炮；等等，这些形式多样、生动活泼的壮族体育活动的开展，不仅使壮民族的道德情感得到了尽情的表露，也促使壮民族的道德观念得到广泛的传扬，优良的道德文化得以充分表现和传承。

---

① 韦晓康：《壮民族传统体育文化研究》，中央民族大学出版社2004年版，第221页。
② 参见梁庭望：《壮族文化概论》，广西教育出版社2000年版，第534页。

（二）灵活简单、寓教于乐

产生于一定的自然和社会环境中的壮族传统体育，大多接近自然，具有极大的灵活性。它们或是劳动动作的再现，或是动作技术的升华和组合，有的还可以自由发挥、少有规则约束，一般不需专门场地，活动器材可以就地取材或借用生产工具，简单方便，又易组织推广，参加人数可多可少，不分性别，因地制宜，因人而异。如扁担是壮族人民的劳动工具，顺手拿来就可以进行打扁担运动，壮族打扁担动作简单易学，表演形式灵活，既可双人，也可四人或多人。在打扁担的人群中，常常是两鬓斑白的老人和稚气十足的孩子同场竞技，有的全家挥扁担上阵，男女老少共舞，等等。

壮族传统体育活动灵活简单的方式因其贴近生活实践，贴近人们心理而易于被理解和接受，因而又具有了广泛参与性。在壮族聚居地区，抛绣球是很普及的一项体育活动，活动场面往往是"山歌阵阵，群情沸腾"，"满场绣球，彩色飞舞"，无论年龄大小，男女老幼，都能在运动中享受无限的乐趣。每逢端午节，龙舟竞渡，众舟搏击江面，江岸人山人海，锣鼓喧天，呐喊助威者欢呼跳跃，声势热闹壮观。①

对本民族传统体育的热爱和广泛参与显著地增强了体育的教育功能，寓教于乐，寓德于体，许多深奥的伦理道德观念通过生动有趣的运动而得以潜移默化地传播和灌输。人们参加各种传统体育活动，不仅能增强体质，娱乐情趣，也在参与过程中不知不觉地接受本民族的道德观念和行为规范，学会相互交流，与人合作，陶冶了情操，锻炼了意志，培养形成坚毅自信、果断勇敢、积极向上的良好品质。还有许多深受壮族人民喜爱的活动，如赛龙舟、板鞋竞技、抢花炮、打扁担、抛绣球等，活动本身就寓含深刻的教育目的和作用。并且参与人数众多，具有明显的集体性、竞技性和协作性，参与其中者必然团结一致、齐心协力、奋勇拼搏，场外观看者也随之兴奋、激动、呐喊、助威，受到朝气蓬勃、团结向上的精神感染，得到教育和启发。

无疑，壮族传统体育在其历史的形成发展过程中，承载了丰富的壮族道德观念和伦理文化，为壮族优秀伦理文化的传播和发展发挥了独特的重要

---

① 刘德琼：《壮族传统体育活动特征与发展趋向》，《广西民族研究》2000年第2期，第65页。

历史作用。在当前现代化的发展中，也将会对我国社会主义道德建设和社会主义核心价值观的传播，人们优良品行的陶冶和养成具有重要的现实价值。扎根于壮族生活的土壤，在壮族长期历史发展中形成的许多壮族传统体育活动，不仅深受壮族人民喜爱，也蕴涵浓厚的壮族文化底蕴，涉及壮族的生产生活、民风习俗、道德风尚和历史，是壮族人民生活的缩影，是壮族人民精神生活和民族凝聚力的体现。这些壮族传统体育活动的世代流传，成为壮族优秀伦理文化代代传承的有效载体，广泛开展各种有益的壮族传统体育活动，不仅能极大地丰富群众文化生活，并且，还能使人们在活动中了解壮民族的历史与文化，接受本民族道德观念和行为规范的教育熏陶，养成良好行为品质，有利于良好社会风尚的形成和推进人类自身的身心健康发展和社会稳定和谐。

第五章　壮族传统习俗中的伦理思想

  习俗是指人们在一定社会群体生活中逐渐形成并共同遵守的习惯和风俗，是人类在日常活动中世代沿袭与传承的社会行为模式。世界上各个国家和民族在自己的历史发展过程中，都形成了带有自己民族特色的风俗习惯。这些社会习俗作为民族文化的重要组成部分，是民族社会心理和价值观念的表现形式，直接反映和体现了一个民族的民族精神和生活风貌。各民族社会习俗的内容形式丰富多彩，渗透到人们社会生活的各个领域，体现在本民族物质文化生活与精神文化生活的各个方面，包括生产和生活习俗、家庭婚恋习俗、人生礼仪习俗、社交习俗和岁时节日习俗等。

  壮族作为一个历史悠久的古老民族，在自己民族的发展进程中，在一定的社会物质生活条件、自然和文化环境条件下，为了满足民族的社会生活需要，也历史相沿、群居相染、积久而形成了本民族的传统社会习俗，并呈现出生产习俗、生活习俗、礼仪习俗、节庆习俗等丰富多彩的生活画面，构成了壮民族文化的重要成分。这些多样类型的壮族传统习俗，作为壮族行为规范和社会道德的重要组成部分，与壮民族的价值观念和道德文化交织融合、相互贯通、相互凭借，不仅从人们社会生活的各个方面表现了壮族人民的道德观念和道德精神，而且还有力地强化了壮族传统道德的规范和教化功能，对壮族思想道德的传承和社会道德风尚的维护起着重要的作用。

第一节　壮族生产习俗中的伦理意蕴

  物质生产是人类最基本的社会活动，是人类生存和发展的先决条件，

与人们的社会生产活动相关必然会形成的一定的生产习俗，所谓生产习俗是
一个国家或民族的特定地区和社会群体中的民众，在一定社会和生态环境中
创造、享用和传承的物质文化事象，① 是人们在特定的群体生产活动中逐渐
形成并共同遵守的禁忌、习惯和风俗。生产习俗贯穿于人类生产实践活动的
全过程，对人们社会生产活动的进行起到了约束、影响和保证作用。

　　有着悠久历史的壮族，在漫长的社会物质生产活动中，也逐渐形成了
与本民族劳动生产活动密切相关的许多生产习俗，表现为围绕稻作农事活动
形成的一整套与农业生产活动相关的仪式、祭祀和禁忌；在农业生产和其
他劳动生产过程中工具使用和劳动组合的方式；在生产活动和社会交往中
形成的乡规民约；在生产活动或公益活动中组成的民间组织形式等多个方
面。壮族这些诸多的生产习俗不仅对壮族人民的生产活动和社会交往产生
了重要的影响和约束作用，并且，作为一种重要的民族文化事象，还蕴含着
丰富的精神文化内涵，反映和表现了一定的伦理关系和壮民族的道德思想观
念。限于篇幅，在此，试列举分析一些壮族重要的生产习俗及其体现的伦理
道德思想。

一、"打背工"习俗的伦理意蕴

　　一直以来，壮人在劳动生产活动中普遍流行无偿互助、合作互济的习
惯，这是壮族很重要的生产习俗，壮话称为"滚揉"、"多揉"，意思是"相
邀互助"，俗称"打背工"。"打背工"的范围很广，但凡耕田、种地、收割、
起房子，乃至婚嫁、丧葬等，人们都喜欢用这种形式主动相帮。它没有固定
的形式，也不要求劳力相等，不要任何报酬，纯属自觉自愿，人们以此为
荣。这种互助合作形式一般不分贫富，不分家族，甚至平时有争吵的，都能
不计前嫌。每逢农忙季节，或是知道某家需要帮工时，全村男女劳动力（有
的地方是一家出一人）便自动带上劳动工具汇集而来。工作中无人分派、没
人督促，但人人尽心尽力，自动找活，秩序井然，蔚为奇观。这一天，如果
主家宽裕，就招待三餐，晚餐有酒有肉，但不破费。手头拮据的，只供一顿

---

① 参见钟敬文主编：《民俗学概论》（第二版），高等教育出版社 2010 年版，第 32 页。

稍好的晚餐，人们并不计较。如孤寡家庭无力接待，人们还会主动送去几斤米，一些肉，或回自家吃饭。① 据壮学学者梁庭望先生分析，"打背工"源于原始氏族社会形成的集体劳动的组合方式，进入阶级社会以后，这种互助合作的劳动方式在历史发展中世代相沿，成为壮族的传统习俗继承下来。光绪《镇安府志》卷八中就记载了"凡耕获，皆通力合作，有古风"的壮族民风。新中国成立后，国家民委组织编写的《中国少数民族社会历史调查资料丛刊》关于《广西壮族社会历史调查》之（一）、（二）、（四）、（五）等册中，都记载了广西天峨、隆林、龙胜、南丹、西林、百色、环江、宜山、上思等多处壮族聚居地，在当代都还保留着这种"打背工"的传统习俗。在对龙胜龙脊乡壮族社会历史调查中就有这样的记载："解放前，龙脊乡打背工现象很普遍，解放后不但没减少，相反的增加了1/4。打背工的范围很广泛，建造房子、作田工、砍柴火，甚至婚嫁丧葬等都有。若属造房子这样的背工，不用家家去请，只要在很多人聚谈的地方简单说一句：'我要背木或架房子，请大家帮助。'到工作时，有空闲时间的人便都来帮忙。若扛木头，只吃一顿饭；若是架房子，晚上吃一顿较好的酒饭便算了。若属耕插的背工，等到自己插完后，便主动去帮忙，而不需要别人来请求；若属埋葬的背工邻近亲属从病人去世到出殡都帮助料理丧事。帮工时没有记工分，也不硬性规定要按帮工的日数归还，所以纯属互相帮助性质，曾经办好某些人家一户人不能做好的工作。"②

　　显然，"打背工"这种沿袭至今的传统习俗，充分表明了壮族先民在氏族社会就形成了团结互助的古朴道德，并在历史岁月中不断传承，成为了壮族优良的社会民风和传统美德，在生产活动和社会生活中，人们相扶相帮、周急尚义，表现出良好的道德品行，这对壮族社会生产的发展起到十分重要的积极作用。

---

① 梁庭望：《壮族文化概论》，广西教育出版社 2000 年版，第 428 页；《壮族百科辞典》编纂委员会：《壮族百科辞典》，广西人民出版社 1993 年版，第 365 页。
② 广西壮族自治区编辑组、《中国少数民族社会历史调查资料丛刊》修订编辑委员会：《广西壮族社会历史调查》（一），民族出版社 2009 年版，第 72 页。

二、"筑路会"等民间互助会习俗的伦理意蕴

在 20 世纪 50 年代以前，壮族地区的许多村镇，还保留有一些传统的自发形成的民间社团组织。其中也包括在生产活动或公益活动中自发结成的生产互助性质的一类团体，如水利会、筑路会、建新会、禁火会等。根据记载，在旧时广东连山壮族聚居地，壮族民众就自愿组成有与生产活动相关的各种生产互助团会。① 这类生产互助会的习俗，也集中体现了壮族人民崇尚互助，团结协作的道德精神。

筑路会是广东连山壮族的一种民间公益组织。该会在需要新建大路或修补旧路时，村中长老就会负责到各家各户筹集经费和动员组织人力、物力，村民们也无不慷慨解囊。该组织属临时性，通常一条路一个会，但凡道路修通或修复，即自行解散。此俗至今仍有。②

水利会也是一种民间生产互助性质的公益组织。该会选首事一人，农户每户有一人入会为会员。该组织主要是动员、商议和组织人力兴修水利、筑堤坝等。修水利时，通常是按户或按各家田地多少出资出力，无劳力或缺少劳力的农户则出钱或粮资助。现该会形式已无存在，但实际内容尚存。

禁火会亦是广东连山壮族与生产活动相关的一种民间公益组织。该组织选有首事一人，会员为每户一人，其主要任务是防止禁绝山林火灾。平时，会员主要进行安全用火的宣传；农闲时该会则组织家家户户辟修防火界；一旦有山林火灾发生，会员要义不容辞地投入扑火，发出约定俗成的信号或到各村求助，发动大家帮助扑火，并商定对失火者造成损失的赔偿。此类互助会的组织形式现仍存在。③

建新会实际是壮族群众在建新房方面的互助组织。有计划建新居者，都可自愿入会，该会的任务主要是资助会员建新住宅。会员人数不限，但要推荐一人为首事。当有会员建新住宅时，按该会员的需要，其他会员就根据自己的物力、人力情况，分别捐赠木材或砖瓦等建筑材料，也可出劳动力帮

---

① 参见方素梅：《近代壮族社会研究》，广西民族出版社 2002 年版，第 68—70 页；马建钊、陆上来主编：《粤北壮族风情辑录》，民族出版社 2007 年版，第 90—91 页。
② 《壮族百科辞典》编纂委员会：《壮族百科辞典》，广西人民出版社 1993 年版，第 389 页。
③ 《壮族百科辞典》编纂委员会：《壮族百科辞典》，广西人民出版社 1993 年版，第 389 页。

助，会员所支付的物资或人力（出工数），由首事如数做好登记存档。到下一位会员需建新住宅时，已接受资助建好住宅的会员，必须无条件地按同等的质量、数量送还原材料。其他会员仍按新建住宅户需要给予捐赠。①

此外，旧时广东连山等地还有"斗四会"、"标会"等民间互助组织。②

由上述可见，这些在生产活动中的各种民间公益互助会都有以下的共同特点：自愿入会；投入一定股份或财物、人力；有管理人或管理机构；在一定范围或群体内实行互助或开展公益事业。这些民间组织遵循和倡导了互通有无、互相帮助、团结合作、友爱共事的道德精神，在历史上这些生产习俗对壮族社会的发展起到了积极作用。虽然，这些社会组织习俗有些在形式上现今已不存在，但互助合作、团结友爱的精神在许多壮族地区仍有许多实际表现，在现代社会条件下仍然得到发扬光大。

三、"插标"、借贷习俗的伦理意蕴

在农业生产活动中，壮族还有"打标为记"和"插标"的习惯，并成为一种规范人们行为的乡规民约。"打标为记"或"插标"通常是以茅草或芒草结成羊角形标记的草标，作为一事一物的记号，告诉人们应该怎样做或不应该怎样做。如壮族聚居的广东连山、怀集等地常见的草标就有：田标，主人在田里播种后，在秧畦里和行人方便处插上草结，告诉人们此田已种，要管好牲畜，勿使下田践踏。山标，是壮家人上山砍柴，到了柴山入口处，即以茅草结标插上，表示此处已有人先到，后来的人看到该草标便会自觉离开这里到别处去。若柴砍多了，一次挑不完，余下的可以堆放在山上，在上面打个草结做记号，表明已有主人，别人看见也不会偷偷挑走。粪标，牛粪是肥料，人们在路上或草坪里看到有牛粪一堆，插上茅标或木棍为记号，后来看见牛粪的人就不会抢先捡去。开荒亦然，还有鱼标等。但也不可随处插标号，否则会遭到舆论谴责。③ 根据记载，在广西桂中柳江等县，也流行这种"打标为记"的习俗。该地域垦荒种旱粮三年轮歇，年年要丢熟地开生

---

① 《壮族百科辞典》编纂委员会：《壮族百科辞典》，广西人民出版社1993年版，第389页。
② 马建钊、陆上来主编：《粤北壮族风情辑录》，民族出版社2007年版，第190页。
③ 《壮族百科辞典》编纂委员会：《壮族百科辞典》，广西人民出版社1993年版，第388页。

荒，"每年立冬后家家上山找地开垦，选定荒地后，就在地中央和四周用一把茅草或芒草扎成带把倒立的三角形草标，当地俗称"把茅榜"（也称"草标"），或者是在选定地方的四周挖上几锄新泥再扎茅榜，以示荒地有主。后来者见了茅榜便不再开垦，自觉离开另找别处。① 这种插标习俗现今在壮族地区仍是常常见到。

显然，这种插标习俗，无论是插标者还是遇标者，都按一定的行为准则约束自己的行为，人们诚实劳动，不贪不占，彰显了壮族人民待人处事诚实守信、正直重义的道德品行。

此外，壮人在社会交往和贸易往来中的民间借贷习俗也表明了他们信守诺言的道德品行。在壮人的观念中，认为不守信用是缺德的事，将来会遭恶报。因此，无论是在贸易买卖，还是在借贷或其他经济往来关系中，壮人一般不会食言负约，只要有言在先，各方都恪守信用，即便后来情况发生变化，直至对自己产生不利也不反悔。由于壮乡形成这种诚信的社会风气，因此，在壮乡民间的借贷通常不需要办什么手续或什么凭据以防日后赖账，甚至借贷巨款和借用贵重物品也是这样。只是在一些不动产（土地、房屋、园林等）的租赁和拍卖中，才需要请证人，立字据。②

第二节　壮族生活习俗中的伦理意蕴③

在人类社会中，人们的衣食住行等最基本的社会物质生活，是人类赖以生存的最重要的基本条件，正如马克思所说："人们为了能够'创造历史'，必须能够生活。但是为了生活，首先就需要吃喝住穿以及其他一些东西。"④ 因此，无论社会如何发展，各种社会民俗事象如何变迁，有关衣食住行这些最基本的社会生活的传统习俗，总是以相对稳定的形式，代代沿袭和

---

① 过伟主编：《中国民俗大系·广西民俗》，甘肃人民出版社 2003 年版，第 18 页。
② 覃国生、梁庭望、韦星朗：《壮族》，民族出版社 1984 年版，第 114—115 页。
③ 本节的主要论点和论述内容，已以《壮族生活习俗中的伦理意蕴析论》为题，刊发在《百色学院学报》2015 年第 4 期。
④ 《马克思恩格斯选集》第 1 卷，人民出版社 2012 年版，第 158 页。

传承下来。所谓生活习俗是指人们在群体生活中逐渐形成并且共同遵守的习惯和风俗，是人类世代沿袭和传承的社会行为模式。主要包括饮食、服饰、居住、交通等最基本的物质生活方面的习俗。作为一个特定民族或群体在基本的日常生活中可以直观感受的、有形的文化传承，物质生活民俗的各个方面，几乎都是该民族传统观念的外化，它不仅造成民族成员之间的共识性，产生彼此身份的认同感，而且还可以强化其宗教信仰、伦理观念和政治观念，增强其内聚倾向。因此，一个民族的物质生活民俗在该民族的物质生活和精神生活中占居重要地位。①

有着悠久历史文化的壮族人民，在世代相沿的社会群体生活中，也形成了具有自己民族特色的饮食、服饰、居住等生活习俗，这些生活习俗作为壮族传统观念和思想文化的外在表现形式和重要载体，也广泛和深刻地反映了壮族的伦理思想和道德观念。

一、壮族饮食习俗的伦理意蕴

俗话说，民以食为天，饮食是人类生存的一等大事，在人们生活中占有十分重要的位置，它不仅能满足人们的生理需要，也在一定程度上满足人们精神层面的需求，人类在长期的历史发展中，随着社会生产力的发展，经济生活和文化生活的改善，也不断创造形成了丰富多彩的饮食文化。饮食习俗作为饮食文化的形象化表现，包括日常食俗、节日食俗、祭祀食俗、待客食俗和特殊食俗等方面。

一个民族的饮食习俗是由该民族从事的主要生产活动和经济发展决定的。历史悠久的壮族在长期以稻作农业为主的生产活动中，也孕育形成了有自己鲜明民族特色的饮食习俗。壮族的粮食生产以水稻为主，还有种类繁多的农作物，因此，壮族日常食俗以稻米为制作主食的主要原料，辅以玉米、荞麦、红薯、芋头和多种豆类、瓜类等杂粮，制作成米饭、米粥、米粉、五色糯米饭、玉米饭、豆饭、八宝饭、包生饭、竹筒饭、南瓜饭、红薯饭、糍粑、油堆、米糕、枕头粽、驼背粽、羊角粽等品种繁多、风味各异的食

---

① 钟敬文主编：《民俗学概论》（第二版），高等教育出版社 2010 年版，第 58 页。

物。①而且，不同地区、不同阶层的壮族家庭，因其所处的自然环境和自身条件的不同，其饮食结构中的主食构成也有所不同。受岭南气候条件和生产条件影响，壮族地区动植物资源丰富，副食品也包罗万象，花样繁多。肉食以稻谷转化物猪、鸡、鸭、鹅为主，辅以鱼、虾、狗肉、羊肉及山野珍禽百兽。菜类主要包括芥菜、白菜、圆白菜、韭菜、生菜、菠菜、空心菜、南瓜秧、白薯秧、萝卜等几十种蔬菜；南瓜、丝瓜、黄瓜、冬瓜、苦瓜、木瓜、茄子等十几种瓜类；黄豆、扁豆、饭豆、黑豆、豌豆、荷兰豆、绿豆等各种嫩豆荚；以及木耳、云耳、香椿、香菇、菌类、竹笋等野生山珍。

在节日和祭祀食俗方面，糯稻是壮族制作节日食品的主要原料，食品种类多样，风味独特，最有代表性的是大年粽、五色糯米饭、糍粑等糯米食品，这自然也成为了用于祭祀的重要食品。此外，壮族所处的特定地理环境和气候条件，还形成了壮族一些独特的饮食习俗，如吃"鱼生"、奢"酸嘢"等。②受中原礼仪文化和饮食习俗影响，壮族还形成了注重礼节的待客食俗。

诚然，壮族这些方方面面的饮食习俗，不仅是人们物质生活之头等需要，而且，作为壮族人们创造的一种饮食文化，其中也体现了壮族人民伦理生活的精神需要，蕴含着诸多的壮族饮食伦理思想。

（一）自然生态、崇尚节俭

特殊的地理环境和生产条件，孕育形成的壮民族特色的饮食习俗，体现了壮族自然生态、崇尚节俭的饮食伦理观念。上述提到的大量壮族日常食品，无论是根据气候条件和生产条件稻作劳动的产品，还是选取自然地理环境和气候赐予的山野珍禽百兽，都鲜明地表现了壮民族自然生态的饮食风习。在节日和祭祀食俗方面，壮人自然生态的饮食伦理更有充分的表现。大肉年粽是春节期间壮族最喜好的节日食品之一，制作年粽的原材料以自家生产的上佳糯米为主料，以五花猪肉、绿豆、板栗、酱、盐，加上利用山姜、草果等野生植物制成的香料等为佐料，用壮族地区特有一种专用于包粽的草本阔叶包好，再用稻秆或茅草扎紧。不少地方还喜欢把稻秆烧成灰，用滤除的水浸泡糯米，做成乌黑色的粽子。用这些原生植物包制煮熟的粽子气味芳

① 范宏贵、顾有识等：《壮族历史与文化》，广西民族出版社1997年版，第263页。
② 方素梅：《近代壮族社会研究》，广西民族出版社2002年版，第201页。

香，美味诱人。农历三月三是壮族的清明节，这时壮族家家都做的五色糯米饭是扫坟祭祖必不可少的食品，壮家人选用的是自家种的优质糯米，利用野生的红兰草、黄饭花（或黄姜）、枫叶、紫蕃藤等天然植物色素染色，制作成红、黄、黑、紫、白五种颜色糯米饭，带有天然植物的特有清香，香醇扑鼻，色彩斑斓，是壮族特色自然生态的绿色食品。

此外，壮人的饮食还具有崇尚节俭的特点。壮民族的日常饮食较为简朴，只有在传统节日里，食品的种类才比较丰富，且依季节不同而各具特点。主要是以稻谷、玉米为主食，以木薯、红薯、芋头、麦类、豆类和蔬菜、家禽家畜及鱼类为辅。有平常以酸菜、辣椒、青菜等素食为主，节日以荤菜为主，以及夏季以粥为主、冬季半干半稀的饮食习惯。不难看出，这些饮食习惯体现了壮族勤俭节约的伦理观念。

（二）长幼有序、尊老敬老

受中华传统伦理文化的影响，长幼有序、尊老敬老、男女有别的伦理观念在壮族饮食习俗中有鲜明的反映。如在日常进餐，尤其是逢年过节时，一般是全家共席，翁姑子媳同桌，餐桌席位有较严格的规定，靠近神龛的一侧为主位，公婆坐，左为上，公公或家主专座，右次之，婆婆坐；公婆对面为下位，儿媳、孙子坐；左右两侧旁位儿子或女儿坐。这种排列，明显地突出了辈分及男子的地位。① 现今许多家庭进餐排座虽不再严格按传统的排法，但仍保留主位作为敬老的一种表示。进餐时，老人往往受到特别的尊重，给老人盛饭时，要用双手从老人侧背把饭碗递上；如有食用鸡鸭时，会把他们认为营养丰富的鸡、鸭心肝和肥嫩的胸、尾敬给老人食用；饭后，要给老人递上茶水或清水漱口。② 据民国《上林县志》记载，在一些地方，六十岁以上老人做寿时，其长子"需行反哺之礼，以饭菜喂之"③

广西靖西一带的壮族妇女在外面做客时，还会包"只买"回家孝敬父母和公婆。"只买"是指用树叶包着的煮熟了的肉食。这些地方的壮族妇女

---

① 梁庭望：《壮族文化概论》，广西教育出版社 2000 年版，第 441 页。
② 方素梅：《近代壮族社会研究》，广西民族出版社 2002 年版，第 203 页。
③ 转引自《壮族简史》编写组、《壮族简史》修订本编写组：《壮族简史》，民族出版社 2008 年版，第 131 页。

赴宴吃喜酒时，只象征性地吃一些素菜，好吃的荤菜如扣肉、白切鸡等，都夹于芭蕉叶等阔树叶上，饭后包扎起来拿回家给小孩和孝敬老人。传说在很久以前，人们吃了喜酒，拍屁股就走，并不打包。后来达弄屯有一个贤惠的媳妇名叫达娌，她勤劳知礼，尊老爱幼。一次，她家接到了请柬，按惯例应是婆婆出席，但婆婆大病初愈，行走不便，就叫达娌代劳。达娌吃饭时，望着丰盛的佳肴，想起身体虚弱的婆婆，夹到好肉便留下来，饭后用手帕包回家，旁人指责她贪小便宜，达娌说："我是把我这份省下来的啊，主人做的菜太好了，舍不得吃，拿回去叫公婆尝尝，有何不可？"达娌这么一解释，人们都说她有理，晚辈应该孝敬长辈，后来，妇女们便学她打包。包"只买"的习俗就此流传下来。①

（三）热情待客、礼尚往来

壮族是个好客的民族，壮人热情好客，注重礼仪的伦理观念在壮族的饮食习俗中也多有体现。有客到访，壮家人招待得十分热情，必定要用自家酿制的米酒给宾客敬酒，早在明代邝露《赤雅》卷上就有记载："人至其家，不问识否，辄具牲醴，饮啖，久敬不衰。"民国《上林县志》载："亲友偶尔临存，虽处境不宽，亦须杯酒联欢，以尽主人之宜；倘远客到来，则款洽更为殷挚。"② 在不少壮族村寨，一家来客也被视为全村的客人，要轮流宴请，一餐吃几家是常事，有的家你只要去坐一坐，吃一口菜，饮一口酒，主人认为你瞧得起他，分外高兴，不吃者被视为失礼。在宴客席间，往往是由一家之主布菜，每次都由主人先把最好的荤菜夹到客人碟里，然后其他人才能下箸夹菜，素菜自便。按壮家人的礼节，客人的碟子是不能见底的，菜堆得越高越表示尊敬。所以宴席一开始，席上就会出现一边是主人不断夹菜过来，一边是客人不断推让的欢乐场面，这种习惯，至今许多地方还保留着。有的人初到壮乡，怕剩下难为情，总是把碟里的荤菜吃光，结果"上当"，越吃夹得越多，到挂免战牌的时候，也许已撑得站不起来了。③ 宴席上，壮族还有喝"交杯酒"的习俗（有的地方也称为"同心酒"），他们把酒倒在一个大

① 黄碧功、谢昌紧主编：《百色七彩风情》（上），中国文史出版社2007年版，第35页。
② 转引自方素梅：《近代壮族社会研究》，广西民族出版社2002年版，第204页。
③ 梁庭望：《壮族文化概论》，广西教育出版社2000年版，第441页。

碗里，然后宾主若干人轮流用白瓷汤匙各舀一匙，敬给对方，对方也同样回敬，如此这般舀去舀回（壮话称"羹去羹回"），相互交饮，席间充满敬意和乐趣，直到酒酣才罢。①

在壮族的饮食习俗中，还有令人难忘且充满真诚热情的敬酒礼仪歌，例如一首著名的壮族《敬酒歌》唱道："贝侬②哎，壮家敬酒要唱歌，山歌声声伴酒喝，贵客越多心越暖，贝侬哎，好比春风过呀过山坡。贝呀侬哎，客人来到家门口咧，敬上三杯迎客酒，米酒香醇山歌唱，贝侬哎，壮家情意捧呀捧在手。贝呀侬哎，山歌出口不能收咧，杯中有酒不能留，酒满敬客莫先喝，贝侬哎，一点一滴也呀也不留。贝侬哎，壮家敬酒要唱歌，山歌声声伴酒喝，贵客越多心越暖，贝侬哎，好比春风过呀过山坡。"另有一首敬酒歌为："锡壶装酒白连连，酒到面前你莫嫌。我有真心敬贵客，敬你好比敬神仙。锡壶装酒白瓷杯，酒到面前你莫推。酒虽不好人情酿，你是神仙饮半杯。"③

二、壮族服饰习俗的伦理意蕴

服饰是人类生活的重要物质资料，服饰习俗是指某个民族或地区的人们在衣着、打扮和服装配饰方面的风俗习惯。服饰的种类很多，一般包括衣着、附加在衣着上的各种装饰物、对人体自身的装饰以及随身携带的具有装饰作用的生产工具、护身武器和日用品等。作为人类物质生活的基本必需品，服饰的起源也是很早的，早到和人类历史同样悠久的程度。在人类早期，服饰的主要作用是遮蔽身体、防寒御暑、适应生产便于劳作，具有很强的实用性。随着人类物质生活和精神生活的发展，服饰的装饰作用、审美功能和社会功能不断增加，服饰承载的社会观念也越趋复杂。人类服饰的演进，从某种程度上说，凝聚了人类文明发展的历程，是人类物质与精神需求

---

① 郝时远、任一飞主编：《中国少数民族现状与发展调查研究丛书——田阳县壮族卷》，民族出版社 2008 年版，第 99 页。
② 壮族语言中的"贝"为年长的意思，"侬"为年幼的意思。"贝侬"原意是兄弟或姐妹，后延伸泛指亲人或朋友。
③ 梁庭望：《壮族风俗志》，中央民族学院出版社 1987 年版，第 28 页。

的复合表征，即外表特征与心理审美的结合，服饰因而也构成了人类文化的重要组成部分。

我国地域辽阔，民族众多，由于各民族居住的自然地理环境的差异，社会发展的不平衡，以及宗教信仰、伦理观念的文化差异，使各民族服饰多姿多彩，复杂多样。服饰作为一个民族成员的标识，是各民族创造智慧的结晶，反映了一定时代和一个民族特有的社会观念、政治观念、伦理观念、宗教信仰和审美心理，具有深刻的文化内涵，成为民族文化的重要载体。

壮族服饰和各民族服饰形成演变的规律相同，受自然地理环境、物质生活生产条件、社会文化环境和民族心理的影响，也经历了漫长的发展、衍变的过程。考古资料表明，至少在距今一万多年以前，华南地区的早期人类就掌握了骨针制衣的技术，其中也包括了壮族的远祖。从洪荒蒙昧时代开始，聪明智慧的壮族祖先，就从大自然里学会了利用野生的植物纤维和动物的皮张、羽毛加工成简单的衣服，懂得用采集来的贝壳、花卉作为装饰。春秋战国时期，壮族先民之一的瓯骆人服饰逐渐形成了"披发文身、错臂左衽"的风格，并且延续了很长一段时期。以后，随着社会经济生活水平的提高，壮族先民的服饰不断发展，并逐步呈现地域性的差别。[1] 据学者陈丽琴对壮族服饰的研究认为：从战国、先秦、唐宋到明清时期直至当代，壮族服饰的演变可以概括为：从"断发文身"、"项髻徒跣"到"短衣短裙"或"短衣长裙"，再到"对襟唐装"，直至当今服饰的多元化[2]。同时，还由于壮族人口多、分部区域广，各壮族聚居区域经济、文化发展的不平衡，也使各地域服饰自有特点，形成不同地域、不同板块的壮族服饰，构成多元一体的壮族服饰。尽管壮族服饰因时因地呈现变化和差异，但作为壮族的重要标识，壮族服饰也都具有款式宽松、简便、简洁；色彩多以蓝黑为主色，通过镶边加以变化；质料就地取材，适应南方多雨、多水的劳作环境等共同特点。壮族服饰作为壮族文化的重要组成部分，反映着壮族的经济社会发展水平，形象地展现壮族的民俗风情、思想观念、审美意识和精神风貌，其中也鲜明地

[1]　范宏贵、顾有识等：《壮族历史与文化》，广西民族出版社1997年版，第261页。
[2]　陈丽琴：《论壮族服饰变迁的缘由》，《广西师范学院学报》（哲学社会科学版）2008年第1期，第5页。

体现了壮族的服饰伦理道德观念。

（一）崇尚自然、亲和自然

受本民族生活居住的自然地理环境影响而形成和变迁的壮族服饰，无论是就地取材、适应环境的实用特征，还是崇尚蓝黑的审美情趣，无不表现和承载着壮族崇尚自然、亲和自然的生态伦理观念。

古代壮族先民大多居住在气候炎热、多山多雨的岭南亚热带区域，在当时生产方式落后、交通闭塞的条件下，为了适应生存环境，一方面，壮族先民的服饰制作就地取材，从远古时利用野生的植物纤维和动物的皮张、羽毛加工成简单的衣服，以采集来的贝壳、花卉作为简单装饰；到先秦以来利用当地生长的木棉絮、葛麻、火麻织布，利用蕉茎、竹子、勾芒木、古终藤等"绩以为布"[①]。另一方面，壮族先民也在长期顽强地应对自然环境的生活和生产过程中，形成了妇女喜穿单薄凉爽的短衣短裙或短衣长裙，一年四季男女都可以跣足、露顶或穿木屐，生产劳作打绑腿、穿勾尖鞋、戴斗笠、包头或围头、缠头等服饰习俗。壮族这些服饰特征和习俗呈现了明显的自然生态的文化印记。

崇尚蓝黑的壮族服饰特点也反映了壮人亲和自然、崇尚自然的伦理观念。壮族服饰的颜色，古代、近代多以蓝靛作染料，染成黑色或蓝色，蓝、黑两种颜色成为了壮族传统服饰最基本、最普遍的色彩。这种以蓝、黑为主色调的传统服饰，如今虽然在许多壮族地区，随着社会变迁导致的自耕农自给自足经济形态的衰落，转入现代的农耕技术与经济形态，而发生了变化，出现了如红色、白色、花色、黄色、青色、茶色等多种主色彩的变化，有了"红衣壮"、"白衣壮"、"蓝衣壮"、"花衣壮"等称谓的壮族支系，但在桂西的隆林、西林、田林、那坡、靖西和龙州等地，仍有较好的保留。这种习俗的形成，也是壮人适应生存的自然环境，利用大自然的馈赠创造的结果。在古代壮族社会自给自足的自然经济条件下，居住在山区、交通不便的壮人靠山吃山，就地取材，利用当地生长的蓝靛草提炼颜料染制布料，总结出了一套蓝靛染色的经验，经过十数次浸染、漂洗等工序，染制成质地结实、色彩

---

① 范宏贵、顾有识等：《壮族历史与文化》，广西民族出版社1997年版，第262页。

黑亮的成品布。尽管限于当时的生产技术条件，壮人的染布色料多为蓝、黑两色，但壮人对自己染制出来的土布却有着特殊的钟爱，由此形成了以蓝、黑色为主色调的服饰习俗。显见，黑衣、蓝衣是壮人凭借顽强坚韧的精神顺应、利用自然环境的一大创造，在崇尚蓝黑的服饰习俗中也蕴涵壮人敬畏自然、顺应自然的生存智慧和伦理观念。

（二）便于劳作、勤劳为美

劳动是人类最基本的实践活动，在人类生存和发展中始终起着决定作用。壮族人民在艰难的适应恶劣的自然环境，谋求族群的生存发展，开创岭南的社会历史的过程中，形成了勤劳勇敢、艰苦创业的优良品质，这种民族的精神品格在壮族的服饰习俗中也得到了表现和反映。壮族服饰的一大特点是融实用与美为一体，崇尚宽松简便，适应劳作。诸如：壮族服饰的对襟衫、右衽或宽裆裤、百褶裙，多为宽松简洁的形式，以适应多雨、多水、多山、终年劳作的环境；壮族的妇女常年劳作，很少着拖地长裙，除了节日盛装外，她们的百褶裙多短至膝部或小腿下；山间荆棘丛生，打上绑腿护套，便于在山间行走；经常劳作使袖口、领口、衣角、襟边最易磨损，便特意加上滚边或"阑干"，既耐磨又美观；蓝衣、黑衣、青衣的色彩，既在劳动中耐脏，又与自然环境搭配和谐。① 这些服饰习俗无不表现了壮族以勤劳为美的道德品格。据史料记载，所有壮族，为了便于田间劳动，大多戴斗笠，椎髻跣足。②

尤其值得称道的是，由于壮族妇女经常参与生产劳动，并发挥着重要的作用，因此，在昔日的壮族地区，妇女没有裹脚的习俗，清吴震方《岭南杂记》就记载有："岭南妇女多不缠足"。壮人认为，女孩子裹脚一不好看，二不能劳动，三不能自食其力。显然，这种观念和习俗鲜明地体现了壮人勤劳为美、热爱劳动的审美观和伦理观。对此，清代壮族文人农赓尧曾作有一首《村妇赤脚行》诗歌，诗中写道："村妇有女太娇顽，打扮天然赤脚仙。阿母有绵不肯裹，却怪佳人跬步艰。自言田妇本椎鲁，由来不学西施舞。薄命大抵出红颜，多抹胭脂嫁商贾。商妇不知田妇乐，跣足蓬头去雕琢。绿荷

① 陈丽琴：《壮族服饰文化研究》，民族出版社 2009 年版，第 250 页。
② 范宏贵、顾有识等：《壮族历史与文化》，广西民族出版社 1997 年版，第 262 页。

包饭上山樵，樵罢池中采菱角。采菱争采并头渠，水浊水清任洗濯。不穿绣鞋不缠丝，赠芍采兰任己之。"① 通篇表达诗人了对壮族妇女不裹脚的服饰着装美姿，以及赤脚参加劳动、辛勤劳作的赞美。

（三）乐天达观、求福趋吉

壮族是个积极乐观、温雅宽和的民族，长期生活的自然环境和稻作生产的农业自然经济社会结构，形成了壮族人民乐天达观、企盼祥和、向往幸福的心理趋向和积极的人生态度，这种积极乐观、求福趋吉的态度和倾向在壮族服饰中也有充分的表现。壮族服饰作为壮族人民创造并在他们生活中不可或缺的一种文化表征，充分表达了勤劳宽厚的壮族人民丰富的精神需要，寄托了他们对幸福生活的向往的美好情感和理想追求。壮族用于装饰服装的图案大多采用表现美丽吉祥、充满生机、富于诗意的山川河流、草木花卉、鸟兽虫鱼等题材就是很好的明证。这些秀丽的图案有"鸳鸯戏水"，以一对鸳鸯、一池清水构成的图案象征夫妻和睦，百年恩爱；有"多福多寿"，用石榴（象征多子）、佛手、寿桃构成图案使多子、多福、多寿的期盼一目了然；有"四季花香"，用梅花、牡丹、月季、菊花来结构纹样来象征一年四季鲜花盛开，生活美满；有"喜鹊登梅"，用喜鹊和梅花构成图案，寓意喜讯即将来临，喜上眉梢；有"万事如意"，即用两只如意头和万字格底纹组合的图案，如意头原是菩萨手持的佛具，自然会带来吉祥如意，万字格寓意万事，两者合一寓意万事称心如意。此外还有"双龙夺珠"、"五谷丰登"、"福禄寿喜"、"金玉（鱼）满堂"、"连（莲）有鱼"、"鲤鱼跳龙门"等等，这些充满幸福、吉祥、快乐寓意的服饰图案，是壮族人民热爱生活、憧憬幸福的乐观品格的真实写照。②

用壮锦装饰服装是壮族服饰的重要特征。壮锦是壮族纺织技术之精华，与南京的云锦、四川的蜀锦、苏州的宋锦一道并称为中国四大名锦。③ 这种由壮族妇女用棉线或丝线精心编织而成的精美工艺品，图案生动，结构严

---

① 黄庆印：《壮族哲学思想史》，广西民族出版社 1996 年版，第 145 页。
② 陈丽琴：《壮族服饰文化研究》，民族出版社 2009 年版，第 252 页。
③ 戴光禄、何正廷：《勐僚西尼古——壮族文化概览》，云南美术出版社 2005 年版，第 102 页。

谨、色彩斑斓，充满热烈、开朗的民族格调，也充分体现了壮族人民对美好生活的追求与向往。壮族的服饰，多与五光十色的壮锦相关，壮人精心制作的壮锦被广泛用于制作花边、头巾、围巾、围裙、腰带、背带、背包、挂包、提包、被面、褥面、窗帘、壁挂、镜屏等。据清乾隆年间修《柳州府志》云："壮锦各州县出，壮人爱彩，凡衣裙、巾、被之属，莫不取五色绒杂以织布为花鸟状，远观颇工巧绚丽，近视则粗粝，壮人贵之。"① 壮锦的纹饰、图案和色彩都具有浓烈的民族特色，其纹饰图案源于生活，内容丰富，寓意深广，壮族妇女对美好生活的无限憧憬和丰富的想象力使她们把天上人间的五彩事物几乎都织进壮锦。织锦的色彩有的表示天、云、水、虹，有的代表山、地、树、花、草，有的寓意善良、喜悦和吉祥；织锦的纹饰包含田、地、水流、波浪、竹节、秧苗等真实的和现象的花纹；织锦的图案收纳了牡丹、石榴、鸳鸯、鲤鱼、螺蛳、蜻蜓、青蛙、黄鳝、蝴蝶、星星、月亮等各种花鸟虫鱼、日月风光。在壮人的独特审美观念和美好情感愿望中，螺蛳是田地肥沃和丰收的象征，青蛙和鱼表示水丰稻好、风调雨顺、人丁兴旺，把这些寓意丰富、形式优美的动物、植物织进壮锦，寄托了壮人歌颂生活、祈祷丰收、向往幸福的美好愿望。②

（四）维护伦常、表现礼仪

维护礼仪伦常是以儒家伦理为主要代表的中国传统伦理思想的一个重要内容，强调君臣、父子、夫妻、长幼、男女之间的差别和人伦秩序，为了维护封建伦理强调的"三纲"纲纪，儒家伦理还提出了以"礼"为"五常"道德基本规范之一，强调以一定的礼节形式协调各种人伦关系。受到中华传统伦理思想的影响，在壮族服饰中，也反映了维护礼仪伦常的伦理观念。由于壮族人口多、分部区域广，使壮族服饰各地形制各异，种类繁多，但作为一种文化符号和外部表征，壮族服饰也明显地表现了性别、长幼、身份的区别，因而成为了人们的社会角色、特定身份和地位等级的标识和象征符号。

首先，壮族服饰有明显的男女之别，是反映男女性别的标识。据史料

① 　转引自陈丽琴：《壮族服饰文化研究》，民族出版社 2009 年版，第 127 页。
② 　郑英杰：《中国少数民族伦理文化通论》，中国文史出版社 2002 年版，第 181 页。

记载，在壮族服饰发展史上，虽然也曾有过男女同装的阶段，但从三国两晋以后壮族服饰开始有了性别差异，清代时，男女着装差异更为分明，如清谢启昆《广西通志》卷二七九载："男衣短窄，裂布束胫，出入常佩刀。女衣不掩膝，长裙细褶，或蓝或红或花。"至民国以来，壮族男女服饰已完全分开，男装为对胸素色唐装上衣和宽脚库，服饰较简单，式样、颜色单调，装饰品少。女则穿对襟、偏襟衫配宽脚裤或配裙，服饰款式多，结构相对复杂，工艺讲究、装饰品多。这种男女服饰的区别是建立在一定礼仪伦常制约上的选择。其次，壮族服饰还呈现了幼、少、青、中、老各个年龄层次段长幼之间的区别。据记载：广西柳城古砦一带的壮族妇女梳妆打扮，老幼分明，少女剪平肩发，用绸、布带将头发扎于头上，形如两只角；未婚姑娘留长发，打两根辫，辫尾用红绸布结两个蝴蝶结，前额有刘海；已婚妇女剪平肩发，不编不结；壮年妇女剪平耳根发，戴帽或包头巾；老年妇女留长发，梳髻于脑后，用银针扎住，再戴帽或包头巾。[1] 从服饰颜色看，云南文山布岱少女头帕为橙色，中老年妇女用天蓝色；袖口的镶边，幼女用大红色，中年为桃红，老年为碧绿。[2] 再次，在阶级分化和私有制社会里，壮族服饰也成为了维护封建纲常，显示等级尊卑地位的一种象征。据史料记载，宋代时，壮族土司即爱着白色衣服，以后相沿成习，只有土官及其家属才能穿白色或彩色衣服，一般劳动人民，只能穿蓝、黑色衣服。[3] 明清时期，在土司统治的地区，不少土司还对壮人的服式和颜色作了种种规定，使普通百姓的服饰受到许多限制。如广西那坡土司规定："壮族土民的衣服只准穿蓝黑两色，土官及其亲属穿绸、缎料子。读书可穿灰、白色，考中秀才者，可和土官一样穿大襟长衫马褂。"[4] 广西忻城土司也明确规定：不准农民穿白衣服，穿长衫马褂，甚至不准拿白纸扇。[5]

---

[1]　广西壮族自治区地方志编撰委员会编：《广西通志·民俗志》，广西人民出版社1992年版，第109页。
[2]　陈丽琴：《壮族服饰文化研究》，民族出版社2009年版，第213—214页。
[3]　覃桂清：《广西忻城土司史话》，广西民族出版社1987年版，第39页。
[4]　那坡县志编撰委员会编：《那坡县志》，广西人民出版社2002年版，第107页。
[5]　覃桂清：《广西忻城土司史话》，广西民族出版社1987年版，第39—40页。

第三节　壮族礼仪习俗中的伦理意蕴

一、壮族礼仪习俗概述

礼仪是人们在社会生活和人际交往中，在礼节仪式方面被约定俗成并共同遵守的行为准则。礼仪作为人类文明的产物和社会进步的重要标志，在人们的社会生活和交往中必不可少，孔子曰："不学礼，无以立。"正说明了礼仪对于人们的重要性。

中华民族自古就被誉为"礼仪之邦"，在数千年的历史发展中，我们的先辈相沿成习、建立并逐渐完善形成了一系列具有华夏文明特色的礼仪习俗文化，这些礼仪习俗内容广泛，涉及人类生活的各个方面，在人们的生命历程、家庭生活和社会交往中都有许多礼节仪式的行为准则要求，其中所承载的仁爱孝悌、敬老爱幼、尊师重教、讲修和睦、自谦敬人等诸多的道德风范无疑体现了中华传统礼仪文化的精华。

壮族作为一个历史悠久、文化灿烂的民族，历来以注重"礼节"、讲究文明礼貌而著称。在长期的本民族社会生活实践以及与中华各民族交融发展中，壮民族吸纳了华夏民族创造的礼仪文化的精华，也逐渐形成了有本民族特色的礼仪习俗。这些礼仪习俗，既表现为人们在一生中各个重要环节所要经历的具有一定仪式过程的诞生礼、成年礼、婚礼、寿礼和丧礼等人生礼仪；也表现为人们在家庭生活和社会人际交往活动过程中需要共同遵守的在礼节、礼貌、仪表、仪态、称谓等行为规范方面的家庭礼仪和社交礼仪。这些礼仪习俗涉及壮民族社会生活的各个方面，并以特定的方式世代传承，长期因循，对壮族的思想、生活和行为都产生了潜移默化的影响作用，构成为壮族习俗和文化的重要组成部分。

二、壮族礼仪习俗的伦理意蕴

壮族丰富多样的礼仪习俗，不仅对壮族人民的社会生活和人际交往产生了重要的影响和约束作用，并且，作为壮族文化的重要组成部分，还反映和表现了一定的伦理关系和壮民族的道德观念，鲜明地展现了壮民族素有的言行礼貌、尊老爱幼、慷慨助人、热情好客、勤劳朴实、崇智尚学的道德风尚，对人们的社会道德行为养成起到了规范和教育的作用。

（一）言行礼貌、敬老尊长

在家庭礼仪和社交礼仪习俗方面，壮族举止言行注重礼貌，谈吐文明，敬重长辈，关怀幼小。这首先在壮族的称谓礼节中就有充分的体现，壮族在同辈之间、晚辈与长辈之间，素有尊称、谦称和昵称的礼节习俗，人们相遇打招呼、问候，言谈之间不直呼人名，对祖父母辈的老者敬称公、奶（婆），对父母辈的长者尊称为伯、叔、婶；对同辈年龄较近的人，称为哥、姐、嫂或弟、妹；对方也会按辈分回称呼为孙、侄、兄弟、姐妹等。在壮语中，"你"不能用于晚辈对长辈的称呼，只能用于同辈之间或长辈对晚辈的称呼，否则，就是对长辈不尊重，就是失礼。壮族的晚辈、学生与长辈、师者交谈时，也不自称"我"，而是谦称自己的小名、学名，已有子女的则以博（爸）某某或乜（妈）某某自称，以示对长者的尊重和谦虚。笔者在数十年与壮族学生的相处中，也亲身感受到了壮族学生在称谓方面的礼貌谦逊。壮族学生与老师交往，无论是面对面的交谈，或者是在请假条等书面材料中，壮族学生不会把自己称为"我"，而是用"学生"或学名谦称自己，否则会认为是没有礼貌，缺乏道德修养。而壮族的长辈称呼晚辈也很重视昵称，婴儿出生后，按壮族习惯就会取个奶名，并在奶名前面冠以特定的昵称，按照地区的不同，分别给男孩冠以"特"、"依"、"恒"，给女孩冠以"达"、"氏"、"墨"等昵称，以示对小孩的慈爱。

在日常家庭和社会人际交往中，壮族有尊重长者的礼仪习俗，在壮族人们心目中，老人不是社会的累赘，而是凡间活神仙，所以有民谚云"村有三老，胜过一宝"。在议事决断、行路安坐以及日常起居等各种场合，人们都会尊重老人意见或礼让老人，但凡兄弟不和，妯娌拌嘴，邻里争吵，朋友结怨，封山育林，兴修水利等事不好解决时，那些经验丰富、德高望重、通情达理、见多识广的老人，往往成为调解纠纷的最佳人选。在各种宴席上，年长者被请坐上席，最好的菜先夹给老人吃，鸡鸭的尾椎和最厚的胸脯肉先敬给老人。路上遇见老人，必然主动热情地招呼；如果是小道，年青人会主动退到路边让老人先过；若逢老人过桥，怕老人眼花出事，年青人主动扶送老人过桥；若是遇到手拿或肩挑重物老人，年青人必定主动帮忙分担代挑，一直送到老人村里或分手处；如此等等，敬老在壮家成为一种良俗民风。

在壮族生命过程重要阶段的人生礼仪寿礼中，壮人对长辈老者的尊敬更是得到了充分的体现。壮家人向来敬老，为了报答父母养育之恩，人们有为家中上了年纪的老人祝寿的习俗，广西百色和云南等地，在老人达到一定岁数时，壮家晚辈就会按"福"、"寿"、"康"、"宁"这4字顺序来表达对老人寿礼的名称，49岁祝福寿、61岁祝寿寿、73岁祝康寿、85岁祝宁寿。每逢家中老人到了这些岁数，都会择其生日或其他黄道吉日，举办祝福寿礼，操办宴席，宴请亲戚朋友热闹庆贺，有的还请道公念祝寿经，请戏班来演出一些与寿有关的剧目。前来祝寿的人们还会送上写有"福如东海"、"寿比南山"等的镜匾或对联及其他等祝福礼品。显然，壮族不同阶段为老人举办的寿礼充分表达了他们对老人的尊敬，壮人期盼自己的长辈"福寿康宁"，表明了老人和长辈在壮人心中有着极为重要的地位。① 壮族还有给老人"添粮祝寿"的礼俗，在广西的壮族地区，每年的农历九月初九为"祝寿节"，家中老人若在这年满六十岁，子孙们要杀鸡宰鸭为其祝寿，并为其置一个寿米缸，添上寿米。以后每年在祝寿节这一天，晚辈们要给米缸内添米，装满为止；已出嫁的女儿都要回来，带给老人一只鸡，几斤米，给老人添粮增寿，祝老人身体健康，平平安安。这缸寿米平时不吃，只有老人生病时才煮吃，但一定要余留一些，以示吉利。②

（二）慷慨助人、热情好客

壮族与人交往真诚热情，慷慨助人、谦和好客被壮人奉为重要的做人和交往原则。邻里之间，朋友之间，亲戚之间，无论劳动、建房、婚嫁、满月、丧葬，但凡一家有事，一人有难，大家都会出钱出力，慷慨相帮。诸如一家盖房子，全村每户出人力来帮忙；农忙时，左邻右舍互帮插秧、收割，直到农忙结束；一家生小孩，邻里亲友都像办喜事那样送红糖、甜酒、鸡蛋、肉类等营养品让产妇补养；一家有丧事，亲朋邻居也会自动出人帮助

---

① 黄碧功、谢昌紧主编：《百色七彩风情》（下），中国文史出版社2007年版，第73页。
② 胡起望、项美珍：《中国少数民族的节日风情》，中共中央党校出版社1991年版，第105页。

料理，出米、酒、肉款待前来吊丧的人；村中有人生重病，旁边的邻居问寒问暖；等等。在日常生活中，他们希望平等往来，那些爱斤斤计较自己的得失，不关心别人的人，也得不到他人的帮助。由于壮人乐于救济帮助孤寡伤残，所以在壮乡是鲜见衣衫褴褛的乞丐的。① 在壮人的观念中，帮助别人是自己应尽的义务，救人于危难是积大功大德的好事，同时人们也把接受别人帮助看成是一种权利，从而把个人和大伙融为一个整体，"有无相资，一无所吝"② 的美俗世代相沿不衰。

壮人好客，有客到访必定"人至其家，不问识否，辄具牲醴，饮啖，久敬不衰"③。并且还"酒杯不让干，菜碟不露底"，表示壮族待客的隆重。同时，客人到家后，壮家人必在力所能及的情况下给客人以最好的食宿，对客人中的长者和新客尤为热情。笔者于 20 世纪 70 年代中期在田林县政府工作时，曾有过到壮族农村开展农村工作，与农民"三同"（同吃、同住、同劳动）的经历，尽管当时生活物质还比较匮乏，但所到的壮族人家总是倾其所有，在日常起居和饮食方面给予下乡的干部最好的招待和安排。壮家人的热情使笔者尽管常年下乡，也丝毫没有外人的感觉，而能感受到如家般的温暖。在广西龙州金龙峒一带的壮族群众还有空桌留客的民间待客礼俗。有客来访必定要挽留吃餐饭，如客人急于离开，主家便马上在堂屋摆好饭桌，放上碗、筷，以示饭菜已备，非吃不可。若遇到客人有事急于要走，主家便迅速巧作安排，先拿出饭桌在厅堂中放好，并摆上酒杯、汤匙、碗筷，并由主人热情地陪客攀谈。而家里的其他成员，便分头以最快的速度杀鸡沽酒。约半小时以后，一桌热气腾腾的饭菜就会端来，主人便盛情地邀请客人喝酒用饭，全家人也为能挽留客人吃饭而感到高兴和荣幸。客人离去，主人还依依不舍地送到村口，并频频嘱咐客人要"再来做客"。④

（三）勤劳朴实、崇智尚学

壮族是个充满智慧的勤劳勇敢的民族，在壮族的礼仪习俗中，也处处

① 　梁庭望：《壮族风俗志》，中央民族学院出版社 1987 年版，第 45 页。

② 　（明）邝露：《赤雅》卷上。

③ 　（明）邝露：《赤雅》卷上。

④ 　参见周宗贤：《壮族的传统美俗》，《学术论坛》1984 年第 2 期，第 75 页。

体现了壮民族勤劳朴实、崇智尚学的伦理观念。在壮族的人生礼仪诞生礼中，人们通过庆三朝、满月宴和抓周等礼仪寄托了对新生儿健康成长，具备勤劳智慧品质的期望。壮族的三朝礼很隆重，在婴儿出生第三天举行，主人家要请"三朝酒"，或是向邻里亲友分送红蛋、糖果和五色糯米饭，以讨吉利；在这一天，外婆家也要携鸡、蛋、衣物之类一道来庆贺。广西大新安平一带，婿家还会请全寨小孩绕着房子喊道："俏（或貌，即姑娘、小伙子之意，指新生婴儿），来啊！耕田去啊！种地去啊！打柴去啊！……"喊完后给每个小孩酬谢一团糯米饭和一个鸭蛋。广西那坡县一带，婴儿三朝要请邻里小孩做客，这天由祖母抱婴儿坐堂前，喂婴儿三口捣烂的糯米饭，喂毕，分给围观的小孩红蛋、红色糯米饭和糖果，小孩们向婴儿欢呼："长大了跟我们去读书！""跟我们去打柴！""跟我们去捡猪菜！"喊完一哄而散，祖母则抱婴儿追到门口喊道："追哥哥姐姐去！"显见，这一礼俗蕴含了长辈们对新生儿长大后勤劳有为的期望。① 在婴儿满月宴上，有的会请老辈长者为孩子起名，祖母会当众给孙儿剃胎发、洗头、穿戴一新，然后在孙儿怀中放上纸、笔，撑着花伞，抱着孙子出村走上一圈，回来后还给在场围观的孩子们分红蛋。寓意孩子长大后聪明识字，勤学好问，同学众多，敢出远门，走南闯北，风雨无阻。② 在婴儿满周岁时，还会设宴席庆贺，让婴儿抓周定志向，人们为孩子准备了各种东西，如笔墨、书本、算盘、秤杆、葱花、明子等，任小孩去抓，以预测小孩今后的前程，而这些东西也都蕴含深刻的象征意义，先抓书本是书生，先抓笔墨能写文，先抓算盘会算账，先抓秤杆做买卖，先抓葱花、明子则聪明等。在宴席上，人们还会向婴儿吹葱，让婴儿象征性地吃些鸡冠、鸡翅、鸡腿，用雷公菜抹婴儿的嘴唇等，寓意聪明、高官、展翅飞翔、平步青云、吃苦耐劳。③ 这些，也无不体现了壮人对勤劳、智慧的崇尚和追求。

广西一些地方壮族还有"添丁种树"、"添丁修路"的生育习俗，这也鲜明地体现了壮人朴素的崇尚勤劳的道德观念。在桂西百色、田阳交界一带，

① 过伟主编：《中国民俗大系·广西民俗》，甘肃人民出版社2003年版，第172页。
② 过伟主编：《中国民俗大系·广西民俗》，甘肃人民出版社2003年版，第173页。
③ 过伟主编：《中国民俗大系·广西民俗》，甘肃人民出版社2003年版，第174页。

谁家有新生儿诞生，其家人便会到村外山岭种树，少者数株，多则成片，以种杉、松、桐、油茶等树居多，树种下后还加以细心护理，寓意孩子像树木一样生根发芽，茁壮成长。而所种树木也归各家所有。武宣一带的壮族民众，凡年内家中有添男丁者，便由村中长老组织起来，共同修好一条道路，方便人们行走，所修好的路被俗称为"添丁路"。①

第四节　壮族岁时节日习俗中的伦理意蕴②

一、壮族五彩缤纷的岁时节日

世界上各个民族都有自己特有的传统节日，我国作为一个历史悠久的文明古国，长期以农立国，因此，我国的传统节日主要是农业文明的伴生物，大都以我国古代历法即农历（也称夏历）计算，亦被称为"岁时节日"。按照民俗学的解释，岁时节日，主要指与天时、物候的周期性转换相适应，在人们的社会生活中约定俗成的、具有某种风俗活动内容的特定时日。

岁时节日是一个国家或民族历史文化长期积淀的结晶，研究民族学、民俗学、社会学、文化学的学者们普遍认为，岁时节日是一种内容丰富、涵盖面广的社会文化现象，是一个民族的文化和习俗的重要构成部分，凝聚着多方面的民族传统和思想精华。相比民族文化的其他组成部分如生产和生活习俗、社交礼仪习俗、家庭习俗和人生习俗等，岁时节日具有更大的包容性和复合性，包含了民族建筑、民族服饰、民族饮食、民族礼仪、民族信仰、民族娱乐等各种文化活动，是各种民族文化表现形式的综合，被公认为是民族文化的重要载体。我国著名民俗学家钟敬文指出："民间流行的节日，是各民族所同具的、必要的文化。"是"一种文化事象"③。民俗学家乌丙安教授说："任何节日习俗都是各项民俗的综合展现。"④民族学家陈永龄教授认

---

① 《壮族百科辞典》编纂委员会：《壮族百科辞典》，广西人民出版社 1993 年版，第 377 页。
② 本节的主要论点和论述内容，已以《论壮族传统节日文化的伦理意蕴》为题，刊发在《学术论坛》2012 年第 12 期。
③ 钟敬文：《节日与文化》，《人民日报》1988 年 3 月 11 日，第 8 版。
④ 乌丙安：《中国民俗学》，辽宁大学出版社 1985 年版，第 312 页。

为："节日文化特别凝聚着多方面的民族传统，许多民族习俗的精华、多彩的文化传统都在民族节日活动中展现出来，特别是缺少文字的民族，更要利用节日活动作为传统文化的学习机会。"①

我国是一个多民族的统一国家，历史悠久，文化厚重，绵延数千年的历史文化积淀，经由社会、经济、政治、宗教、科技等诸多因素的合力作用，中华各民族形成并传承下一系列体现我们民族特征的丰富多彩的传统岁时节日习俗。这些传统岁时节日，无论是源于农事和庆贺活动，还是源于宗教祭祀，抑或是对重要历史事件和历史人物的纪念，以及群众性的文艺、体育、社交活动等，都记载着我们祖先对自然运动规律的认识和把握过程，表现了不同历史阶段的社会、经济、科技的发展水平，是中华民族智慧的结晶，是中华民族情感和心理的聚合，是中华民族精神的纽带和桥梁，是珍贵的中华民族文化遗产的重要载体。

壮族是中华大家庭中人口最多的少数民族，有着深厚的文化积淀和悠久历史，在几千年的历史发展中，与中华各民族的文化和风俗交织融汇，壮族既普遍流行中华各民族共有而又加入了自己民族元素的传统岁时节日，如春节、端午、中秋等；也形成和传承着自己民族独具特色的岁时节日如蚂蚜节、花婆诞节、霜降节等，共同构成了中华民族丰富多彩的节日文化。

壮族的岁时节日数量众多，且形式多样，群众容量巨大，节日的起源和内容也各具特色，有"四季皆聚庆，无月不过节"之称。作为一个有着数千年稻作农业史的民族，壮族的岁时节日大多与传统天文历法的周期转换规律相适应，在人们的社会生活中长期积淀、约定俗成。因此，壮族的岁时节日习俗是依据农历展开，贯穿一年始终的。从一年之始的春节起，壮人每月都有自得其乐的节日。正月里有春节、蚂蚜节（也称蛙婆节）和铜鼓节（云南文山）；二月里有春社节（又称保阳节）、观音节、花炮节、花婆诞节和开耕节（广东连山）；三月里有三月三歌节和清明节；四月开始了农忙季节，围绕农事活动就有了插秧节、牛魂节（牛皇诞节）、礼田节、农具节（广西隆安）、泼泥节（广西靖西、西林）、开耙节和神农节；五月有端午节、药王

---

① 陈永龄：《贵州节日文化》，中央民族出版社 1988 年版，第 43 页。

节、结拜节；六月有祭田节、开青节（有的称尝新节）、莫一大王节、土地公诞节；七月有中元节（也称"鬼节"）、下雨节（广西大新）；八月有中秋节、众神诞节；九月的霜降节为壮人独有，九月九重阳壮人不登高，却有自己的送火神节、送雷公节、祝寿节；十月有尝新节、拜佛节、收镰节；十一月有冬至节；十二月有祭灶节把灶王送回天上，除夕合家团圆，辞旧迎新，等待新的一年来临。① 总之，这一连串五彩缤纷的岁时节日，或是源于生产实践、生活习俗和农事节气，或是源于壮族先民的原始崇拜信仰，或是对重大历史事件和人物的纪念，在内容和形式上都具有浓郁的民族特征，融入了壮族的生产和生活习俗、社交礼仪习俗、家庭习俗、人生习俗和信仰习俗等种种文化事象，渗透着壮民族的社会心理和信仰崇尚，承载着壮人祈祷人寿年丰的强烈生活愿望，是壮民族精神、民族感情、文化血脉和思想精华的凝结和表现。

从伦理学的视域探讨，壮族岁时节日文化作为壮族各种文化事象的综合展现，也深刻地反映了壮族人民的伦理道德观念，成为了壮族伦理文化的重要载体，也为壮族伦理文化的教育和传承提供了一种有效的途径和方式。

二、壮族岁时节日承载壮族伦理思想的丰富内容

壮族源远流长的岁时节日，不论是农事节日、崇拜信仰节日，还是纪念性节日、庆贺性节日，或是社交性节日、娱乐性节日，都具有民族性、群众性、综合性、地域性的特点，从精神层面看，人们总是以深厚的民族情感、同自然与社会的困难和邪恶作斗争获得胜利的心态以及追求美好幸福生活的善良愿望参加节日活动，传承道德文化，接受道德教育和感染。因此，在壮族多姿多彩的岁时节日中，集中反映了壮族人民在长期历史发展中创造形成的精神文化，凝聚着壮族人民价值观念和思想精华，也蕴涵着壮族社会伦理、家庭伦理和生态伦理等丰富的内容。

（一）热爱家国、团结统一的爱国精神

自古以来，壮族人民在和中华各民族人民长期共同生存、发展中产生

---

① 参见梁庭望：《壮族文化概论》，广西教育出版社 2000 年版，第 467—485 页。

了对自己故土家园、民族和国家的归属感、认同感、尊严与荣誉感，形成了爱家爱国、团结统一的爱国精神和优良传统。这种深厚的民族认同感和爱国主义精神，在壮族节日文化中得到充分的体现。

长期以来，一些中华民族共有的节日如春节、端午节、中秋节等，已融入成为了壮族代代传承的岁时节日，并且，壮族人民还视这些节日为最隆重的大节，在欢度这些节日过程中，不仅保留了这些中华民族传统节日具有的民族团结、国家统一、社会和谐、家庭和睦、兴旺发达等道德文化内涵，还以自己民族特有的方式诠释了这些伦理思想内涵。如壮人过端午节，由最初祭奠蛟龙的原始崇拜演绎成为了悼念伍子胥、屈原等历史人物的纪念性活动，加上了壮人许多纪念的内容，如吃凉粽、饮雄黄酒、佩香囊、挂艾草等表示悼念和驱邪。据记载，上思县一带壮族，端午节当天人们不吃肉，做凉粽吃，表示清孝；当月不剃头，表示孝敬；当天中午，把雄黄酒洒在屋的四周，以避邪疫。① 而且壮族地区多水，伴江河的城市和乡镇，每逢端午，还举办融祭奠、悼念、竞技等为一体的富有教育意义的龙舟竞赛活动。笔者所在的壮族聚居地广西百色市，地处右江两岸，就笔者所见，从20世纪80年代开始，年年举办这样的活动，从未间断。2011年百色市右江区端午节的龙舟竞赛，参赛队就达102个之多。不难设想，如此庄重的悼念仪式，如此数量众多的民族聚会，如此气势恢宏的龙舟竞渡，百舟搏击江面，赛手同心协力，奋勇拼搏，江岸沿途人山人海，锣鼓喧天，呐喊助威者欢呼跳跃，声势热闹壮观。传递给人们的定是团结奋进的民族精神，民族自信的情怀和挚爱祖国的国家认同感。又如壮人的春节、元宵节习俗，十分注重凸显"团圆饭"的食物对阖家团圆、家国同庆主题的文化内涵。春节期间，广西许多壮族地区家家户户必包年粽，年粽因其形状也被称为"枕头粽"或"驼背粽"。较小的年粽约半公斤，每家还根据家庭人口的多少包一个特大的"母粽"，也称"皇粽"，壮语称"逢皇"，一般重三四公斤，特大者达10多公斤。大年粽煮好后除夕夜摆上供台，围上小粽，拼成百鸟朝凤。一直摆放到正月十五元宵节，待全家儿女都回来后，再烧热全家共食。壮人称之为"散年

① 广西壮族自治区编辑组、《中国少数民族社会历史调查资料丛刊》修订编辑委员会：《广西壮族社会历史调查》（三），民族出版社2009年版，第69页。

吃母粽"①。这一由来已久的习俗寓含家庭和睦，团团圆圆，幸福美满的深刻
意蕴。

　　流传于广西大新、天等、靖西、德保一带的霜降节，是壮族独有的纪
念反抗外来侵略的民族英雄的节日。相传明代壮族姑娘岑玉音武艺高强、足
智多谋，英勇善战，在明初倭寇侵犯中国沿海之时，奉命率兵前往广东、福
建沿海一带抗击倭寇，多次打败入侵之敌，威震东海。玉音率兵凯旋归来之
日正值霜降，人们举行了隆重典礼欢庆抗倭胜利，迎接这位卫国英雄，以后
相沿成节俗，数百年长盛不衰。② 显然，这一节日习俗的形成和传承正是壮
族人民敬仰民族英雄、维护国家统一的爱国主义精神的真实写照。

　　（二）热爱生活、达观向上的人生态度

　　长期生活的自然环境和稻作生产的农业自然经济社会结构，造就了壮
族稳健持重、宽和温雅的民族文化特征，形成了壮族人民热爱生活、企冀安
定，向往祥和、达观向上的文化价值取向和积极的人生态度。无疑，这种积
极的人生态度在具有浓郁民族风格的壮族传统岁时节日中也得到了充分表
现。壮人喜好过节，节日丰富多彩，无论是万木争荣的春天，还是浓荫遮日
的盛夏，果实累累的金秋，或是草木枯黄的冬日，壮人每月都有自得其乐的
节日。即使寒风凛冽，也无法吹掉节日的热情，因为欢乐和希望蕴藏在人们
的心里，在那些千姿百态的节日活动的背后，是人们强烈的生活欲望和信
念。③ 壮人热爱生活、积极达观、期盼祥和的伦理观念和道德情感深深融入
了自己浓郁的节日文化之中。

　　壮族是个歌唱的民族，每年农历三月，壮族各地都会举行节日性聚集
的民歌集会活动，尤以三月初三为最盛，积久相沿，三月三就成了壮族一
个盛大的歌节，后来发展成为集文艺、体育及商贸于一体的丰富多彩的群众
性游乐节日。每逢三月初三歌节，三三两两的男女青年身着盛装，带上五色
糯米饭、红绿蛋等节日食品，女青年还带上亲手精制的绣球，会集于山坡旷
野或指定之地欢度歌节。歌圩期间，人们以歌相会，对歌传情，披露心声，

————————

①　黄碧功、谢昌紧主编：《百色七彩风情》（上），中国文史出版社 2007 年版，第 36 页。

②　范宏贵、顾有识等：《壮族历史与文化》，广西民族出版社 1997 年版，第 269 页。

③　梁庭望：《壮族文化概论》，广西教育出版社 2000 年版，第 467 页。

交情结缘。歌唱内容也十分丰富，一般以男女青年追求美好的爱情理想为主题，此外，还有历史、生产、风俗以及政治、经济、天文地理、生活等方面的知识。除对歌以外，三月三还有抢花炮、演戏、舞彩龙、舞彩凤、唱采茶、赛诗等丰富多彩的文娱活动。整个歌节洋溢着安定祥和的欢乐气氛，寄托了壮人对丰收、对爱情、对未来幸福生活的憧憬和希望！

春节是中华各民族共同的最隆重的节日，其核心内涵是团圆平安、欢乐祥和、兴旺发达，壮族欢度春节时融入的具有本民族特色的元素使这一核心内涵得以更充分的表现。如每年正月初一到十五，在广西都安、大化、马山、武鸣、上林、忻城、平果以及云南广南等许多壮家村寨，常常可以听到有节奏"登登打，登登打，登登打都打……"的悦耳声音，这是早在唐代就有记载的壮族"打扁担"的民间娱乐。① 春节期间，壮家男女老少常常成群结伴，一双双、一对对，身穿节日盛装，聚集于村寨空坪和堂前庭院，围在一条条长凳或舂米木槽旁，手持木扁担，上下左右不断地以扁担相互敲击，或与长凳、木槽敲击，边击打边做出耙田插秧、戽水耘田、收割打场、舂米尝新的舞蹈动作，浓缩地反映了一年中人们种植水稻的劳动全过程以及庆祝丰收的喜悦心情，② 也体现了壮族人民对美好生活的热爱和积极达观的人生态度。

（三）勤劳勇敢、坚毅顽强的优秀品质

壮族是一个勤劳勇敢、坚毅顽强的民族，壮族先民们为了族群的生存和发展，在开创岭南的社会历史，艰难地适应恶劣的自然环境和不断抗争残暴压迫人民的社会势力过程中，养成了勤劳勇敢、坚毅顽强、积极有为的民族精神。这种精神品格加以历史岁月的积淀，以节日习俗的方式给予了肯定和传承。如六月初二是莫一大王诞辰日，为了纪念这位壮族人民崇敬的英雄，桂西北一带流行过莫一大王节，又称五谷庙节、八庙神节。传说莫一大王是一位能降妖伏魔，敢于反抗欺压百姓的官府和封建皇帝的壮族英雄，他

---

① 在唐代刘恂的《岭表录异》中，称这种娱乐为"打春堂"。最初是用捣米的木杵与木槽互相敲打，后来为了轻便，用扁担来代替沉重的木杵，用长板凳来代替笨重的木槽，所以也称为"打扁担"或"打虏烈"。"虏烈"即打扁担发出的声音。

② 过伟主编：《中国民俗大系·广西民俗》，甘肃人民出版社 2003 年版，第 119 页。

自幼聪颖过人，力大无比，神通广大，赶山造海，拦河灌溉，刨土为墙，煮海水制盐，呼风唤雨，驱逐鬼怪妖魔，为百姓做了许多好事。朝廷皇帝恐其日后谋反，遂调集兵马前来捉拿，莫一大王足智多谋，多次击败官兵。后来皇帝只好请天神躲在云层中偷袭，砍掉他的脑袋。但他并没有倒下，提着脑袋飞上天空，对着官兵大笑三声，把他们吓跑了。从此，当地壮族将莫一大王视为英雄，为其立庙祭拜，每年六月初二举行一小祭，六年一大祭。① 可见，莫一大王是壮族人民在与自然和社会邪恶力量抗争的过程中，不怕困难、勇敢顽强精神的象征，人们纪念英雄莫一大王，实际上就是通过节日这种族群的集体记忆方式来传承壮族人民勇敢顽强、积极有为的民族精神。

广西靖西、西林、那坡县一带，壮族民间每年四月插秧季节都会举行泼泥节。传说古时有一个已婚男子经常外出唱歌，农忙季节也不回归，一天，他的妻子正与一群姑娘插秧，他路过田边也不过问。姑娘们假作泼泥混战，将他弄成一身污泥，使他无法串寨，从此以后他回心转意，与妻子共同耕作并获丰收。② 这一节日体现了壮族人民对勤劳的肯定和赞美。在广西隆安县等地一带的壮族地区，每年农历四月初八还有个农具节。并且，这个隆安县壮族人民一年一度的传统节日还被列入了广西壮族自治区非物质文化遗产保护名录。据记载，早在五六百前的明代，隆安农具节就已形成。原先，每年农历四月初八只是隆安那桐地区壮族人民一年一度的浴佛节庙会，也是一年之中最热闹的群众集会，赶庙会的人来自平峒、山区、丘陵各个不同的村寨。人们习惯在赶庙会时顺手带上本地使用的几件农用工具，在庙会上进行交换或买卖，以达到互相拾遗补缺的目的。后来交换、买卖的品种和数量一年比一年多，年复一年，相沿成俗，早先的庙会就逐渐发展变化成为规模盛大的农具节并流传至今。每年农具节期间，从四面八方来赶节的群众络绎不绝，人数多时达八九万人，少也有三四万人。除隆安本地外，平果、武鸣、马山、邕宁、扶绥等地的农民亦来赶会。农具交易的品种，多达四五百种，木制的、铁制的，诸如犁、耙、锄、刀、斧、刨、凿、牛轭、扁担、竹箩、米筛等等，凡与农具有关的，应有尽有。在现代，随着社会发展和生产

① 范宏贵、顾有识等：《壮族历史与文化》，广西民族出版社1997年版，第268—269页。
② 《壮族百科辞典》编纂委员会：《壮族百科辞典》，广西人民出版社1993年版，第359页。

力的进步，还增加了大量的新式农具和其他生产资料。[1] 在桂西南、桂北等许多壮族地区，也都有过农具节的习俗。显见，为农具过节，是以稻作农业为主要生产活动的壮人对农具的依赖、喜爱和尊重，也融入了壮人崇尚辛勤劳作的情感和品质。除农具节外，上述提到壮族种类繁多，月月都有的节日，大多都与农事活动有关，从一年开春就有的开耕节，到农忙季节的开耙节、农具节、插秧节、礼田节、泼泥节，再到收获季节的尝新节、收镰节、完工节等等，这些节日习俗也非常鲜明地表现了壮民族热爱劳动，崇尚勤劳的精神品质。

（四）尊老敬祖、慎终追远的伦常孝道

慎终追远、尊老敬祖是一个民族得以存在和发展的重要前提与基本动力。和中华民族道德文化相融合，壮民族在长久的历史发展中也形成了以孝立身，以孝齐家，以孝治国，进而实现社会安定的伦理价值取向，这种伦理价值取向在壮族传统节日中也得到了充分反映。例如，三月三，既是壮族的盛大歌节，也是壮族祭拜先人的清明节。壮族人民感激先人赐予生命，感念先人在瘴疠之地艰难创业为后人留下基业，所以对祭扫十分看重，在每年农历三月初三这天，各家各户祭扫祖坟，全家出动，并用糯米加工成红、白、黑、紫、黄等五色饭或糍粑，带上熟肉、鸡、酒、纸钱、香烛、鞭炮和纸幡等祭品及锄、铲等工具，到祖先坟上去供奉，行拜礼、祭祖扫墓，一家人、一族人，追贤思孝、认祖归宗。[2] 壮家人孝顺父母，懂得感恩，以及与亲人之间的情感联系及其尊老敬祖的美德就在年复一年的祭祀活动中得到传递和弘扬。又如壮族通常在七月十四至十六（或十三至十五）过中元节，也称"鬼节"，这是壮族仅次于春节的大节，非常隆重。实际上从七月初七开始，有的地方还更早，就已开始有了节日的气氛，家家都在忙着筹办给祖宗（家鬼）祭拜的活动。节前，家家户户要搞一次大扫除，特别是祭拜的用具，如桌、椅、板凳、餐具以至香炉、灯盏等，都要一一清洗，用于表达对祖宗的敬重；十四日开始连续几天大祭，供桌上摆满了猪肉、整鸡、整鸭、米粉、发糕、糍粑、糯饭、果蔬、酒肴等丰盛的祭品；祭奉后焚烧纸钱和写上祖先

---

① 参见严凤华：《壮行天下》，广西民族出版社 2010 年版，第 91—93 页。

② 梁庭望：《壮族风俗志》，中央民族学院出版社 1987 年版，第 94 页。

名字的各色冥衣，表现出强烈的祖先崇拜和对逝去先人的怀念。并且在外工作、打工和学习的壮人，无论工作多忙，离家多远，都会千方百计赶回家去祭拜祖先，表达追思。在整个中元节的祭祖活动中，祭祀唯恐不恭，供品唯恐不丰，其追先悼远之情，洋溢其中。笔者一直在壮族地区广西百色市学习和工作，数十年目睹壮族学生、同事过七月十四节时对祖先的虔诚祭奠和追思，深有感受。

（五）天人合一、崇尚自然的生态伦理

"天人合一"是指人和自然的和谐。天人合一、崇尚自然的思想是中华道德文化的基本精神之一。先民们认为"天"是有意志的人格神，是自然和社会的最高主宰，"天"人之间是相通的。因此，基于这样的生态伦理思想，在我国春节等传统节日中，都要祭天祭地，表示祈求和感激之意，这种朴素的天人合一、崇尚自然的思想，使先民们与自然始终保持一种和谐、协调的关系。壮族先民在长期生存的自然环境和稻作农业的生产方式的影响和制约下，也形成了这种敬畏天地、热爱自然、善待自然、与大自然和谐相处的生态伦理智慧，并将这种理念通过自己民族的传统节日加以表现。

蚂拐（即青蛙）节，又叫蛙婆节，是红水河流域壮族民间一个古老而独特的传统节日。蚂拐节一般从正月初一开始，持续至农历二月春播前结束。① 在壮族先人的生活体验中，蛙鸣叫天就会下雨，雨水是雷鸣后的产物，蛙与雷鸣、雨水之间有着非同一般的关系，蛙是人间通往天界雷神的桥梁。人们为了庄稼的丰收，需要祈求老天适时降雨，保证农作物所需要的雨水，这就需要祭奠蚂拐，由此逐渐有了求风调雨顺必先敬蚂拐的习俗，形成了传统的蚂拐节。人们通过节日中一系列的找蚂拐、请蚂拐、唱蚂拐、孝蚂拐、葬蚂拐等崇拜祭祀活动，来祭雷祈雨，祈求人畜安宁、五谷丰登。可见，蚂拐节反映了稻作民族朴素的生态伦理观，并诠释了人与自然的本源关系，表明人们认识到动物是人类生存环境的重要一环，自然万物与人类和谐共生、休戚相关。每年的农历四月初八，是壮族的牛魂节，又称脱轭节、牛王诞节，这是壮族一个共同的稻作节日。节日的主要内容是举行祭祀活动，敬拜

---

① 梁庭望：《壮族风俗志》，中央民族学院出版社 1987 年版，第 92 页。

耕牛，为牛蓄魂。①自古以来，壮族一直以稻作农业为主要生产方式，牛是壮族主要的耕畜，人们依靠牛力耕种谋食，牛在人们的生产生活中起着举足轻重的作用，由此形成了壮人爱牛、敬牛的思想观念和传统习俗。据民间传说四月八日是牛王诞日，也正值稻作农事活动中春耕大忙之后，人们选择这天给牛脱轭休息②，敬拜耕牛，欢唱牛歌，替牛安栏，为牛蓄魂，表达对牛的珍惜和尊敬的心理。这实际上正是人们感激自然万物的恩赐，热爱自然，与自然和谐相处的朴素、直观的表现。

此外，作为一个稻作民族，壮族的岁时节日主要是依据反映四季中天象、物候变化规律的我国古代历法农历，围绕着农事活动而形成和展开，究其原因，也和壮族先民在求得生存和发展的生产活动中逐渐认识到大自然神秘的力量不可违背，因而产生了敬畏，形成了原始朴素的自然崇拜相关联。人们将自己无法驾驭的自然力作为一种超凡神力加以崇拜，期盼借大自然的神力，带来五谷丰登、人畜两旺、人寿年丰，由此形成了一年四季色彩缤纷的岁时节日，在春夏秋冬的自然推移中，以节庆的方式，集中体现人与自然的融洽和谐，感悟"天人合一"的意境。

三、壮族岁时节日是壮族伦理教化的重要方式

壮族岁时节日作为本民族传统文化中的重要组成部分和表现形态，不仅充分展示了壮族人民的道德观念、道德风貌以及对道德理想的追求和向往，还在相当程度上体现了壮民族伦理教化的水平，具有特殊的道德教育作用，因其具有多样性、群众性、周期性和生活化的特点，成为了壮族伦理道德教育的一种有效途径和方式，代代传承着壮族优秀伦理文化。

（一）形式多样、寓德于节

民族传统节日作为民间习俗的重要组成部分，是一个民族文化心理机制的反映，是各种民族文化表现形式的综合，被公认为是民族文化的重要载体，其中也从各个不同方面表现承载了一个民族的伦理道德文化。经由漫长的历史发展积淀而成的壮族岁时节日，形式多样，生动活泼，内涵丰富，群

---

① 梁庭望：《壮族风俗志》，中央民族学院出版社1987年版，第96页。
② 根据各地气候和农事季节的不同，有的地方也在五月或六月才过牛魂节。

众性广，据我国壮学专家梁庭望研究，壮族节日一个显著特点是密度大，频率高，虽经千百年历史淘洗，在现代，壮族各地节日加起来平均每月仍不下5个，其中四月不下10个。有的同一天还有不同的节日内涵，如九月九重阳节，不同地区就分别过老人节、祝寿节、送雷公节、送火神节、百灵节等。① 这就为壮族伦理思想的传承提供了生动多样的教育载体。如上述多样丰富的壮族传统节日，既有突出辞旧迎新、团圆平安、兴旺发达的主题，表现国家团结统一、民族安定和谐、家庭团圆和睦、人民欢乐祥和的浓厚气氛的春节、端午节、三月三歌节；有表现人与自然和谐共处的主题，表达和寄托人们祈求风调雨顺、人畜兴旺、五谷丰登愿望的蚂蚜节、牛魂节；有表现悼念先祖、缅怀先人、慎终追远主题，表达人们对祖先、民族英雄和杰出人物感激之情和无尽怀念的清明节、中元节、霜降节；还有表现热爱劳动、勤劳勇敢、坚毅顽强、积极有为的民族精神和道德品质的莫一大王节、铜鼓节和系列农事节日如开耕节、插秧节、农具节、泼泥节等。无疑，这些传统节日中所蕴含的壮民族的优秀道德精神，是对壮族青少年进行道德教育的宝贵资源。壮族民众在广泛参与活动和欢庆节日的过程中，也使民族的道德情感得到了尽情的表露，民族的道德观念得到广泛的传扬，优良的道德文化得以代代传承，收到了很好的教育效果。

（二）生活教育、潜移默化

传统节日作为民间习俗的组成部分，就其本质而言，是一个国家和民族在自己的历史和发展中为了满足本群体生活的需要而创造和传承的生活文化。这种节日文化因其产生于人们的生产和社会实践，起源于大众的民间生活，凝聚了民族的情感和思想精华，而深深根植于民众之中，被广大民众所喜闻乐见、普遍共享，由此也就天然的成为了传承民族思想文化的不可或缺的手段。对于缺乏统一文字的壮民族而言，传统节日的这种传承和教育功能就尤为重要。壮族传统节日是经过壮族先人漫长的社会生活实践积久而成、世代相传下来的，它容纳了壮人的劳动生产、交往礼仪、崇尚祭奠、体育娱乐乃至饮食、服饰等种种生活文化的内容，因而十分贴近壮人的生活实践和

---

① 梁庭望：《壮族文化概论》，广西教育出版社2000年版，第485页。

民族心理，成为壮人日常生活的一部分。每个壮族后代的一生成长，也都离不开自己民族节日这种生活文化的教育和熏陶，从孩提到成人，人们总要在年复一年的参与各种节日活动中习得各种知识与技能，受到本民族节日所承载的伦理文化的教育感染，在潜移默化的过程中感受本民族道德精神的魅力和力量，不知不觉地接受本民族的道德观念和行为规范，学会相互交流，与人合作，陶冶了情操，锻炼了意志，培养形成爱国爱家、团结和睦、勤劳勇敢、积极向上等的良好品德。可以说，这种实践性、生活化的道德教育相比单纯依靠课堂教育和枯燥乏味的道德说教而言，更能潜移默化人们的思想情感和行为品质。诸如：在举国同庆、民族共欢、阖家团圆的春节、元宵，壮家人全家团聚时共食几斤乃至十几斤重的大"母粽"，实际上就是在传承着家庭和睦、团结统一的美德；在辞旧迎新、欢乐祥和的春节"打扁担"、跳"铜鼓舞"、"蚂蚜舞"，在阳春三月的歌节唱山歌、抛绣球，能激发人们热爱生活、达观向上的积极人生态度；在端午节吃粽子、悼屈原、赛龙舟，在霜降节祭奠民族英雄，可以升华人们团结奋进的精神和挚爱自己民族和国家的情感；在三月三清明节和七月十四中元节祭拜先人，追贤思孝时，可以陶冶人们孝敬父母、尊老敬老的深厚感情；等等。正是通过这些节日活动年复一年集中、重复性的展示、示范、操练，使人们耳濡目染，受到熏陶，起着潜移默化的作用。

（三）约定俗成、影响深远

传统节日作为民间风俗的一种，正如钟敬文教授所说："是人们在长期生产实践和社会实践中创造的语言和行为模式，或者说它是民众共同创造和遵守的行为规则。"这种由民众创造的种种行为模式，"是民众生活中约定俗成的，因此具有相当的稳定性。"① 从一定意义上说，节日文化作为一种行为文化或者说行为规则，对人们的思想和行为还具有较为强大而持久的规范调节作用。在壮族人民长期生产、生活和社会实践中创造形成，并在一代又一代的传承中延续、变异、发展的壮族传统节日，对壮族人民的道德思想和行为就具有明显的规范制约作用，壮族人民在这些年复一年的传统节日中接受

---

① 钟敬文主编：《民俗学概论》（第二版），高等教育出版社 2010 年版，第 19 页。

连续不断的伦理道德及风俗习惯的熏陶，并按照节日文化中的道德规范来约束自己的行为，同时对后代进行相应的道德教育。这些节日习俗实际上就是一只看不见的手，一种无声的命令，一种比法律影响更为宽广和更为深远的行为规范，在无形中支配人们的行为，不管人们地位高低，贫贱富贵，都在不自觉地遵从节俗的指令，否则就会受到人们的嘲笑，社会的指责。例如壮族是一个极为注重"孝道"的民族，壮族的许多节日行为文化对尊老敬老的伦理观念有着深刻的诠释。从元宵节全家团聚的"散年吃年粽"，九月九祝寿节给老人添粮祝寿，① 到三月三清明节和七月十四中元节对祖先极为隆重和虔诚的祭奠，这些节日习俗不仅是以纯朴直观的方式表现了壮族的"孝道"，实际上也是以习俗规范的力量在调节规范人们的"孝行"，在漫长历史岁月中不断延续、发展和丰富的节日习俗因而也促成和维护了壮族尊老敬老的道德传统。

---

① 胡起望、项美珍：《中国少数民族的节日风情》，中共中央党校出版社 1991 年版，第 105 页。

第六章　壮族民间信仰文化中的伦理思想

作为宗教的一种表现形式，民间信仰是产生于原始社会并传承至今的在民间根深蒂固、影响深远的一种文化现象。这种特殊的文化现象主要是通过信众的行为习惯和相应的仪式制度表现出来，反映了人们自发的一种情感寄托与崇拜，也呈现出多样化的表现形式。壮族在自身的历史发展中也产生形成了本民族的民间信仰文化，包括由早期的自然崇拜、图腾崇拜、祖先崇拜等原始宗教演变形成的多神崇拜信仰；在后期的历史演变中形成的壮族麽教信仰、壮族师公教信仰等原生型民间宗教信仰；受外来文化影响的壮化道公信仰、壮化僧公信仰等创生宗教信仰以及对壮民族自己历史上的英雄人物——壮族民间保护神的信仰。在壮族多种形态的民间信仰文化中，不仅包含了壮族人民热爱自然、敬畏自然、人与自然和谐发展的自然观；趋利避害、渴望平安、万事顺利的幸福观；善恶有报、因果报应的善恶观；也体现了壮族人民尊敬长辈、注重孝道、乐于助人、人际和谐等丰富的社会公德和家庭伦理观，这些伦理道德观念对于规范调节人们之间的道德关系，引导和感化人们，净化社会风尚，促进社会的发展也发挥着重要作用。

第一节　壮族多种形态的民间信仰文化

一、每个民族都有自己的民间信仰文化

民间信仰作为民俗学学科的概念到 20 世纪末才逐渐被人们普遍使用，并被学术界广泛认同。所谓民间信仰是指民众自发地对具有超自然力与超人神力的精神体的信奉、敬畏与崇拜。包括在民间产生与传承的原始宗教、在

民间渗透与演变的创生宗教、民间的广泛俗信与禁忌以及一般民众的普通迷信，具有自发性、世俗性、民族性、广泛性、复杂性、多元性、长期性等特点。具有多样性特点的宗教文化也反映了不同民族独特的生活风貌、生产方式、社会结构、文化形态、思想情感、心理素质、崇拜对象、人生态度、风俗习惯、伦理道德和民族精神。

历史证明，世界上没有一个民族是没有宗教信仰的，每个民族都有自己的宗教信仰，有些民族甚至有多种宗教信仰。每个民族信仰的宗教或是在本民族产生的，或是从别的民族传播进来的，或是在本民族产生的基础上又吸收了别族的宗教，甚至是有些民族内存在多种形态的宗教，而每种宗教的地位和影响又不一样。马克思主义认为，任何宗教的产生都有其深刻的社会根源、环境根源、认识根源和心理根源。原始人在长期的社会自然环境生活中，由于无力与突如其来、来势汹汹、变幻莫测的灾害祸患相抗衡，历经风霜，饱受各种天灾人祸的磨难，付出过沉重的代价，于是选择妥协、回避和防范的方式避免或减少灾难祸患的降临和危害，企图依托超自然的力量保护自我，获得精神的寄托和心理的慰藉，从而获得安全感和实在感。所以，各种神灵信仰是人类寻求自我保护、自我安慰需要的产物，宗教的产生是伴随着人类的出现不可避免的，它对人类的影响和作用都非常深远，我们要重视宗教问题，宗教的存在和发展对人们思想道德观念的形成有重要影响。印度圣雄甘地曾说，"宗教的本质就是道德"，"宗教和道德是合二为一的东西"。[①]因此我们要辩证认识宗教与道德的关系，正确区分宗教与迷信，重视宗教纯净心灵、近善远恶的导向作用。

二、壮族民间信仰及其表现形态

由于社会历史的原因，壮族没有全民统一信仰的传统，但壮族和其他民族一样也有自己的宗教信仰，并且表现出多层次、多信仰的特征。由于壮族地区的宗教既得不到地方政权的提携又没有产生宗教领袖，各教派在独立萌芽发展的同时又有些宗教受外来宗教的渗透影响，形成多教合一的局面，

_____

① ［印度］莫汉达斯·甘地：《甘地自传》，杜危、吴耀宗合译，商务印书馆1985年版，第9、148页。

表现出各教派的神灵系统、崇拜仪式、教派经典、布教法器等有混合其他教派的元素。①这样，壮民在长期的宗教生活中，宗教观念相对泛化，不管是何方神圣，也不管这个神灵是不是真的保佑他，见神就拜，灵验就拜，结果是壮族没有全民统一信仰的神灵，形成了多种形态的信仰文化。有与壮民族的产生发展密切相关的生物和无生物的自然崇拜、鬼魂崇拜、生殖崇拜、图腾崇拜、祖先崇拜等原始崇拜；有从壮民族原始宗教多神信仰发展演变而成的已树立起统一信仰神祇的壮族麽教信仰；有物质条件和社会基础都适合道教生根发展传播的壮化道公信仰；有受汉传佛教影响的壮化僧公信仰；有对历史上曾为本民族或地方保平安、促发展的壮族民间英雄神信仰，如伏波将军马援、莫一大王、韦达桂、侬智高等等。总体而言，壮族原始宗教的影响还比较普遍，壮人的宗教观念相对泛化。这些将神秘莫测、威力强大的自然物人格化的崇拜信仰文化，这些将生活中看得见摸得着发挥实际作用的"立德、立言、立功"的历史英雄人物神化的膜拜信仰文化，这些信仰观念、信仰对象、组织结构、传承方式、教义教规、教派经书、服饰法器、神灵系统、法事类型、仪式特点、信仰禁忌都不同的民间信仰文化，表现不一，内涵丰富，意蕴不同。但尽管如此，也表达了壮族人们祈求安居乐业，身体健康，人丁繁旺，家庭和睦，生活安康，人寿年丰的心理愿望，反映出他们强烈的家族观念、宗族观念、乡土观念、民族观念、国家观念、生态观念、物我观念、世俗观念等世界观、人生观和价值观，体现了人们保护生态、扬善抑恶、集体为大、诚实善良、正直威严、乐于助人、见义勇为、安分守己、追求幸福、知恩图报、尊老爱幼、和睦相处等道德价值观念。这些观念对壮族信众的道德行为也产生了引导和感化作用，对民族的团结、社会的稳定有着一定的积极意义，就像马林诺夫斯基所说的："宗教是道德制裁的永久根源，偶然的情形可以不一样，警醒的精神却是永远存在的。"②

---

① 梁庭望主编：《壮族原生型民间宗教调查研究》（上册），宗教文化出版社2009年版，第3页。

② ［英］马林诺夫斯基：《巫术宗教与科学》，李安宅译，中国民间文艺出版社1986年版，第24页。

第二节　壮族自然崇拜中的伦理意蕴

自然崇拜是人们将自然物和自然现象当作有生命、有意志而且有威力的对象加以崇拜，是最原始的崇拜。[①] 在原始社会时期，人们对生老病死、山崩地裂、雷电交加、刮风下雨、洪水来袭、太阳出没、月亮升起、气候变化、四季交替、黑暗黎明等一切自然现象都无法解释，由于生产力和认识水平极为低下，他们在生产和生活上处处取决于自然，并常常受到大自然的限制，大自然无边无穷的威力使原始人类感到恐惧，从而产生"万物有灵"的思想观念并把自然界中那些与人们的生产和生活关系密切且影响力大的有生命或无生命自然物以及自然现象如日、月、星、水、火、土、石、山、风、雨、雷、电、植物（花、草、树木等）、动物（蛙、牛、鱼、鸟、鸡）等加以神化，并视为具有生命和灵性的神灵，由此产生了对自然万物的崇敬或惧怕，并对其顶礼膜拜，求其消灾降福。自然崇拜作为一种原始的宗教形态，在此基础上还产生了生殖崇拜、图腾崇拜、鬼魂崇拜、祖先崇拜及英雄崇拜，这些都是氏族社会发展的产物，是民间信仰中一个重要组成部分，它产生并盛行于原始社会，还不同程度地残存于人类历史发展的各种社会形态、各个阶段以及各个民族之中，对人类的生产生活、行为观念都产生重要影响。

壮族先民的自然崇拜主要表现在对自然万物的崇拜。在壮民看来，凡与人们的生产生活、日常行为有直接或间接影响的生物或者非生物都有灵性，而且它们可能成为神物并受到崇拜。如掌管风调雨顺的雷神，掌管干旱潮湿的"图额"（水神），掌管太阳升降的太阳神，掌管阴晴月缺的月亮神，掌管万物生长的山神，掌管开花结果的树神，掌管土地平安、富甲一方的土地神，掌管稻谷丰歉的谷神，掌管人类安康、生死寿夭的花神，等等。由于它们能够帮助人们达成万事如意，丁财两旺，生活幸福的愿望；能够保佑人们五谷丰登，六畜兴旺，四季平安，不让邪鬼侵身。因此，壮民希望自然神

[①]　参见黄现璠、黄增庆、张一民编著：《壮族通史》，广西民族出版社 1988 年版，第 725 页。

常在自己家中或身边，给他们带来福气，保佑他们身体健康，平平安安，驱除恶神恶鬼，为此，人们会经常向它们祈祷祭供。

从壮族人民崇拜的各式各样的自然万物中我们可以看到，壮民崇拜的对象都是与他们的生产生活密切相关的、左右他们生存发展的生物或者非生物，都是由当地的自然地理环境、当时的生产力发展水平、人们的认识能力、人们主观能动性的发挥和人们的生产情况决定的。壮族的先民们很早就生活在滇黔桂这样具有喀斯特地貌特征的自然环境中，当地人们的经济来源、生活物资大部分都受到周围山石、树木、河流、气候等大自然的赐予和制约，他们的思想也受到周围环境的影响。壮民为解决生存与发展问题，开始探讨与大自然的相处之道，在与自然环境的接触、搏斗、融合中，他们能力十分有限，往往受制于自然，因此祈求通过顺应自然、接近自然以获得自然对他们的好感，为此对它们进行崇拜和敬仰。壮族人民的自然崇拜反映了他们面对大自然的沉重压迫显得无能为力，只能把在现实生活中求之不得又充满渴望的愿望寄托于万物神灵的恩赐，他们在感受大自然神奇的同时用自己朴实天真的想象，塑造出一个个具有人格和意志、又各司其职的神灵来顶礼膜拜，但又不甘心受制于自然，因此萌动着征服或控制自然的欲望以获得精神上的慰藉和心理上的平衡。[1] 在今天看来，壮族人民对待自然的复杂心理虽然表现得有些幼稚，却是生产力水平低下和人们认识能力有限的自然反应，这些想法简单却情意丰富的自然崇拜反映了他们敬重生命、珍惜生命、关爱生命，渴望获得同类的关心、保护和庇佑，折射了他们努力寻求精神上和心理上的寄托与满足，努力寻求建立与自然和谐相处的密切关系的心理愿望和观念。无疑，在壮族多样性的自然崇拜文化中，也蕴含和反映了壮族诸多的道德观念，主要体现为以下方面。

一、尊敬自然、保护自然的生态伦理观

壮族人民在长期的生产生活实践中，学会了与自然相处，逐步养成了尊敬自然、保护自然、追求人与大自然和谐相处的生态伦理观念。壮族人民

---

[1]　覃彩銮：《壮族自然崇拜简论》，《广西民族研究》1990 年第 4 期，第 53 页。

认为大自然的万事万物都受到灵魂的主宰，因此，面对自然界的一切都要小心呵护，以诚相待。在壮族民间的自然崇拜文化中，有对花、草、树木等植物的崇拜，有对蛙、牛、鸟等动物的崇拜，也有对水、山、火、石等非生物的崇拜和对日、月、雷等天体的崇拜，不管是对植物的崇拜、动物的崇拜等生物崇拜还是对非生物的崇拜，都使壮族人民因对大自然的崇拜而产生保护的心理，从而使大自然能保持生态平衡，使人与自然和谐相处。位于云南东部珠江源域地区文山壮族苗族自治州广南县的壮族群众至今仍举办着一个十分隆重的祭龙活动，这个传统习俗充分地体现了当地壮民尊重自然、保护自然、人与自然和睦相处的敬天思想。传说九龙山上住着九条龙，那九条龙就是九兄弟，九兄弟历来与山下村寨的壮族人感情深厚，和睦相处，它们天天轮流着从不停歇地吐水给山下的人用，山下的人们对九兄弟也很是感激和尊敬，每年春天都要祭拜九龙山——祭龙，因为壮民认为九龙山是神山，是上山赐给他们的水源之地，所以要尊重、祭拜和保护九龙山，因此，他们制定了很多规范当地人行为的制度，如"不能随便乱砍滥伐龙山上的树木，不得乱烧荒开垦种地，不能随意捕猎，应与自然和谐相处"等，集体约定各寨派人轮流守卫九龙山的具体时间，以确保九龙山不被破坏，并制定出相关的违规处罚条例①。当地的村规民约保护了珠江源域地区的自然生态，充满了崇拜自然、尊重自然、保护自然、回馈自然的敬天思想，使珠江的水源源不断，促进了生态平衡。

在壮族民间的自然崇拜中，壮民把一个个万物有灵的自然物都赋予了有着不同本领、掌管不同职务、神格和神力有高低之分的"人格化"的职业神，并且人与自然物，与那些神灵的关系都非常密切，壮民不仅把花、草、树木、牛、蛙、鸟等动植物与人类等同，还把日、月、水、火、土等非生物与人类等同，认为那些生物和非生物都赐予了壮民们很多无形的、极大的帮助，使壮民族生生不息，延绵不断。这不仅"将生物非生物人格化"的和谐伦理特性突出体现，还展现出壮民对大自然的爱是一种从人到自然物，又从自然物到人的相互转化、交相辉映的方式。壮族人民崇拜的白花、红花就有

---

① 辉煌：《壮族祭龙习俗与珠江源域生态保护》，《今日民族》2005 年第 4 期，第 27 页。

着完全拟人化的特殊性，姆洛甲作为人类（壮人）的创世始祖、大地的母亲，是花婆，是主管人类的生育神，她是从花蕊中冒出来的，反过来又掌管着一朵朵花，每一朵花代表着一个生命，花与壮族始祖姆洛甲两者之间可以互化，它们是一而二、二而一的东西①，这非常准确地道出了壮族与花的关系。在壮民看来，世界万物的灵性都是可以转移给人类的，并具有与人类一样灵性的东西，正是在神化自然和人神相通的观念影响下，壮民族将人视为大自然中的一个有机组成部分，在自然万物之间，在自然物与人之间存在着相互联系的关系，并且在需要的时候，在一定的条件下，自然万物包括人类生命在内都可以实现相互间的生命转换，② 这就明确地体现了壮民"物人合一"的自然观，这种观念使得壮族人民对花草树木产生感恩、崇拜之情，对植被的保护观念也比较强烈，反映出壮族人民尊敬自然、保护自然的生态伦理观。

二、趋福避祸、消灾免难的幸福观

覃彩銮先生在《壮族自然崇拜简论》一文中就较为详细地阐述了壮民对自然崇拜所蕴涵的精神寄托，主要有：一是在土地崇拜中，壮民们认为，土地具有丰富的生殖力，土地神掌管着土地肥沃，农业丰收，既可保佑一方风调雨顺，又能驱鬼逐邪，消灾弭难，护佑全村平安，人畜兴旺，所以每家每户都会经常准备供品祭祀土地神，民间因此还制定了许多禁忌，凡忌日不得动土或下田劳作，否则会触犯土地神，造成农业歉收，人畜得病。二是在太阳崇拜中，壮民既享受到太阳给大地带来的温暖和生命的繁衍，也深刻地体会到黑暗、寒冷、炎热、干旱、恐怖和莫测的灾害，因此，他们认为太阳的威力无穷，神秘莫测，进而产生对太阳依赖、感激、祈求、敬畏和虔诚崇拜等复杂心理，希望太阳平息怒气保佑民生。三是在月亮崇拜中，壮民认为月亮神具有超凡的智慧，聪明善良，既能了解过去、预测未来，又能替人卜算吉凶、消灾解难，因此人们虔诚崇拜，祈求降福于民。四是在河神崇拜

---

① 曾杰丽：《壮族民间信仰的和谐生态伦理意蕴》，《广西民族大学学报》2008 年第 6 期，第 106 页。

② 廖明君：《壮族自然崇拜文化》，广西人民出版社 2002 年版，第 4 页。

中，壮民享受着河水赐予他们的生命源泉，又承受着洪水给他们带来莫测的灾难，河水既可造福于人，保证壮民族的世代繁衍，也常暴涨成灾，壮民既离不开它，又无法与它抗争，这样既充满爱意，又充满敬畏的复杂情感使得人们不得不崇拜、讨好和祭祀它，祈求风调雨顺、国泰民安。五是在山石崇拜中，壮民族的生产生活资料大都取之于山石之中，但又对山石的神秘感到畏惧，为取悦神奇的山石，因此产生了山石崇拜，并认为如果选中了龙脉吉地，整个家族和村寨就会人杰地灵，仕途亨通，六畜兴旺，家业发达，反之则会招致祸灾，人畜不安。六是在火神崇拜中，壮民认为火神能保佑家人平安，因此壮民每逢节日都会祭祀灶神。① 除此之外，在壮族的树木崇拜尤其是榕树崇拜中，壮民认为榕树就是一种神树，具有超自然的神力，它能够为村民驱鬼避邪，祛病消灾，尤其能够赶邪驱祟，保佑孩子无病无灾、平安成长，保佑村寨安宁祥和、五谷丰登，并且由于大榕树根基发达，树干粗壮，枝繁叶茂，壮民还认为这样的神树能庇护子孙繁荣昌盛、兴旺发达，因而很多地方都流传着"哪村有榕，哪村不穷"、"榕树大，财富大"等谚语，因此，大榕树一直受到壮民的崇拜和祭祀。② 可见，壮民族自然崇拜的文化意蕴丰富，壮民对直接影响他们生活的自然物敬若神明无不折射了人们趋福避祸、消灾免难的幸福观。

三、多子多福、人丁兴旺的家庭伦理观

壮民族世代生活在与石接触密切的崇山峻岭中，壮族多子多福、人丁兴旺的家庭伦理观念在壮族的山石崇拜中有很多形象的体现。有考古发现证明，早在旧石器时代晚期，壮族先民们便学会使用石器。从此，石在壮民的生活中越发重要，这为石崇拜的产生提供坚实的物质基础，同时万物有灵的原始思维为壮族先民石崇拜的产生也提供了心理准备。壮民对石的崇拜首先是源于对生殖的崇拜，传说壮族始祖布洛陀生自一块石头，壮族创世史诗《布洛陀》有详细生动的相关记载：最初无天无地也无人，后来由黑、黄、

① 参见覃彩銮：《壮族自然崇拜简论》，《广西民族研究》1990 年第 4 期，第 46—52 页。
② 邱漩：《壮族的榕树崇拜》，《广西民族研究》1992 年第 2 期，第 79 页。

白三色气体凝固成一个石蛋，里面有三个蛋黄，经过千百年的孵化，三个蛋黄分别孵化为三个不同模样的神兄弟即：雷王、龙王和布洛陀。这三个兄弟在石蛋里半睡不醒，挣扎不出。后来，在拱屎虫（大仙派来的使者）的帮助下，石蛋爆裂，于是，不但生成了天地，分别由雷王、龙王掌管，而且还诞生了壮人始祖布洛陀。① 这说明了人类产生于石头，石头的生殖力得到了体现。

关于石的生殖崇拜以及相应的祈求多子的伦理观念在壮族的《布伯的故事》以及其他众多神话传说和考古遗址的物证中也有诸多的体现。如在广西壮族自治区钦州市一带流传着"契木"的说法：很多壮族民众认为，如果妇女久婚而未能生育一儿半女，意味着命中无子，须通过"借命"才能生养，因此，必须邀请通晓巫术的妇女，择日寻一根开叉树木，用树木和香祷告神灵，以为寄命，祷告后，由求子妇女挑选一块石头放置路中，等有育之妇跨过石块之后，再将其捡起夹进树叉里，通过"契木"、"借命"而生育，石块在壮民的思想中不仅可以借到他人的生育力，而且能将这种生育力传递给没能生养的妇女。② 壮民之所以选择石块作为生育中介，主要是认为石块具有生殖力和繁衍人丁的能力。还有一些做法是壮民死后或用石头陪葬，或用石头砌墓，或用石头记寿。这种种传说和做法都表明壮民对石头怀有深厚的生殖崇拜信仰，他们相信石头具有特殊的生育能力。

除此之外，在壮族人民的自然崇拜文化中，很多自然现象都不是单纯的浅层的物理现象，而是一种充满生殖象征的文化，特别是在生存环境差、人口出生率低、存活率不高、寿命短的古代，壮族人民最大的愿望是拥有强盛的生殖力，因此自然崇拜自然升级为生殖崇拜，很多自然物也就与人类生殖有着诸多联系，除了上述的石崇拜，还有火崇拜、水崇拜、花崇拜、土崇拜、竹崇拜、蛙崇拜、树崇拜、鸡崇拜、鸟崇拜、蛇崇拜、蛋崇拜等等，都

---

① 参见欧阳若修、周作秋、黄绍清等编著：《壮族文学史》（一），广西人民出版社1986年版，第54—55页。

② 廖明君：《壮族石崇拜文化——壮族自然崇拜文化系列研究之二》，《广西民族研究》1997年第2期，第83页。

以生殖为主要内容并一直传存于壮族的传统文化之中，内容丰富，源远流长。壮民们希望那些具有旺盛生命力和生殖力的自然物能把灵性转移给他们，以护佑、增强自身的生殖力，帮助他们繁衍人口，从而使家中人丁兴旺。壮民祈求通过多种自然物的崇拜获得旺盛生育能力的美好愿望正是多子多福、人丁兴旺的家庭伦理观的体现。

四、善有善报、恶有恶报的善恶观

壮族爱憎分明的情感非常丰富，这在壮族的自然崇拜文化中表现得尤为突出。首先体现在对火神的崇拜中。这是由于火的出现非常神奇，壮族先民虽然不知道火的起因，却知道火对人类的许多好处，火能给人们带来光明，带来温暖；用火煮熟的食物既好吃，又能促进人的健康和寿命的延长；人们还能用火来抵御和驱逐猛兽的袭击。但同时，用火不慎也会遭来灾难与危害，人们艰辛营造的住宅和财物会被烈火无情地吞噬。因此，壮民在日常生活中，既需要和依赖火，但又对火产生畏惧感，于是产生对火的敬畏与崇拜，认为有一股神秘的力量即火神主宰火的利与害，[①] 因而人们开始祈求火神赐给无限的力量，希望借助神灵的力量，实行自我约束。他们认为，只要顺从火神的意愿，品行端正就会得到火神的眷顾，如果品行不端，就会触犯火神招致祸灾。其次是反映在三元崇拜中。由于天、地、水三元之气养育了万物和人类，在壮民心目中的地位是非常崇高的，所以这种自然崇拜逐渐成为人格化的神灵，分别被称为天官、地官、水官三神，它们都是司人间祸福的神灵，[②] 对人世间的所作所为了如指掌，壮民认为"三官"会给善良的人家赐福、赦罪、解厄，而对于经常作恶的人家则会通过使人畜生病、久治不愈、农业歉收等方式让那些恶人反省自己的行为。壮民对于雷神的崇拜也是基于此，在雷神崇拜文化中，壮民们认为雷神既是水旱灾害的制造者，也是风调雨顺的赐予者，他不仅掌管风雨雷电，还掌管人间的善恶。雷神能明辨是非，专门惩治那些不守规则、破坏秩序、违背人伦、不孝敬父母、不尊敬

---

① 覃彩銮：《试论壮族民居文化中的"风水"观》（下），《广西民族研究》1996 年第 3 期，第 72 页。

② 曾维加：《壮族地区的三元信仰崇拜》，《世界宗教文化》2005 年第 4 期，第 34 页。

长辈、浪费粮食、偷鸡摸狗、丧尽天良或做尽坏事的人和妖，那些道德败坏、作恶多端、寻衅滋事、危害地方百姓的人和妖怪都会遭雷劈，而对于好的人家和村寨，雷神则会降雨保苗，护佑村寨平安、发财富裕。因此，壮民供奉雷神，祈求雷神保护好人，惩罚恶人。此外，壮族的花婆崇拜也体现了扬善惩恶的伦理观念，在壮族地区一直流传着一些说法，如果结婚求育的夫妇得罪了花婆或者是不孝顺祖先，不孝顺父母，与妯娌相处不好，做了见不得人的坏事，就会多年不孕，或是孕后流产、难产，不孕不育，或是生下来的小孩奇形怪状，经常生病，等等，而那些不能生养儿女的夫妇也被认为是因为不善良或是前世缺少功德所以才受到花婆的严厉惩罚，用以警醒后人。虽然壮民们的这些观点和思维方式并不科学，迷信的成分居多，但表达了壮民善有善报、恶有恶报的善恶观，有利于壮民常常进行自我反省，约束和规范自己的行为。

第三节　壮族图腾崇拜中的伦理意蕴

图腾的英文名"Totem"原是北美印第安阿尔衮琴部奥吉布瓦方言"奥图特曼"（Ototeman）的译音，意思是"他的亲族"、"兄妹亲属关系"或"他的亲属"。"图腾"一词大体上具有三个层次的含义①：首先指的是血缘亲属。原始人认为自己的氏族与某种生物或非生物有特殊关系，即血缘亲属关系，这种生物或非生物就被认为是氏族的亲属。其次指的是祖先。有不少氏族和个人把图腾看作是自己这个氏族或部落的祖先。最后指的是保护神。即图腾对属于某一图腾的氏族或个人有保护作用，成为氏族的保护者和象征。因此，图腾具有团结氏族、部落、群体，密切血缘关系，维系集体组织，使氏族与氏族之间、部落与部落之间互相区别的职能。图腾崇拜指的就是人们认为某些生物（一般为动物或植物如蛙、牛、猪、鳄鱼、蟒蛇、马、花、榕树、草）或者某些非生物（如日、月、雷、风、石等）与自己的氏族、部落有"亲族"血缘关系，它们为本氏族和部落的生存和发展作出了突出的贡

---

① 廖明君：《壮族自然崇拜文化》，广西人民出版社 2002 年版，第 13 页。

献，或给人们带来福音，或保护人们，因而使人们对这些生物或非生物加以崇拜，被崇拜的对象就成为了与氏部、部落密切相关的图腾。

在壮民族的远古洪荒时期，由于壮族先民的认识水平很低，生产工具极为粗陋，利用和对抗自然的能力也十分有限，人们难以从周边的环境中获得生存所需的足够食物，而有一些动植物却比较容易获取，它们自然就成了壮族先民们主要的生存资料，或者是先民们在遭遇危难时由于某种动物或植物的突然出现使他们得到拯救和帮助并转危为安。于是壮族先民们就认为一定是这些动植物与自己有着某种亲缘或亲属关系，为确保他们的氏族和部落得到生存与发展，才对他们产生特别的善意，这些动植物就成为氏族或部落的保护神，被先民们认为它们与自己出自同源，它们是自己的祖先或者与它们有婚姻关系而加以崇拜，进而供奉它们为自己的图腾倍加爱护、禁止伤害。

壮族是个多图腾崇拜的民族，由最初的花图腾和鸟图腾发展演化为雷图腾、鸟图腾、图额（蛟龙）图腾和虎图腾四大图腾，后来衍生出鸟图腾、蛟龙图腾、水牛图腾、马蜂图腾、蛙图腾、羊图腾、鱼图腾、虎图腾、竹图腾、潭图腾、黄牛图腾、蛇图腾，后来十二图腾又衍生出几十个图腾崇拜物，既有动物类图腾如犬、鳄鱼、龟、乌鸦、鹰、鹭鸟、鹿、狼、豹、野猪、熊等，也有植物类图腾如笋、森林、枫树、榕树、木棉、葫芦、茅草、樟树等，有自然物象类图腾如山、石、洞、泉、潭等，也有天象类图腾如日、月、星、云、风、雨、虹、雷等，还有想象中的图腾如彩凤、蛟龙等。[1] 从布洛陀神话故事传说及《麽经布洛陀》等一些口头传承和创世史书中我们就可以了解到，壮族先民的图腾崇拜主要有鸟、蛇、蛟龙、蛙、牛、竹、花、狗、日、雷、鸡、风、石、虎、羊、凤、鳄鱼、马、马蜂、鹿、树、葫芦等。[2] 从这些图腾崇拜的时限来看，多数产生于原始社会早期的渔猎和采集经济时代（如虎、狗、羊、鸟、鳄鱼、蟒蛇、马蜂、葫芦、竹类）；

---

[1]　梁庭望主编：《壮族原生型民间宗教调查研究》（上册），宗教文化出版社 2009 年版，第 120—121 页。

[2]　许晓明：《近十年壮族民间信仰研究综述》，《广西民族学院学报》2006 年第 6 期，第 100 页。

有的则产生于原始社会末期的农耕时代（如牛、蛙等）；有的则产生于封建
社会时期（如龙、凤）。随着时间的推移，科技的进步，观念的改变，很
多图腾已经消亡，有些图腾还有残留的痕迹，有些图腾目前还有较强的生
命力。壮民族的图腾崇拜文化异常丰富多彩，由于对图腾的崇拜，才产生
了很多图腾禁忌，比如首先要敬重图腾，禁杀、禁捕，甚至不能摸不能看
更不能吃，不准提图腾的名字，见到图腾要及时地回避；图腾死了要说图腾
睡着了，并且要按照葬人的方式用心地安葬，让图腾安息，还要定时进行
祭祀。

　　从图腾的出现、图腾的崇拜、图腾的祭祀到图腾的禁忌，我们可以看
出，图腾崇拜是自然崇拜、灵物崇拜的产物，是在自然崇拜、灵物崇拜的基
础上发展起来的。在壮族先民们看来，图腾和自然界神灵、祖先神灵一样具
有神奇的灵性和神秘的威力，它们能够庇佑子孙，保护同类的生命，如果人
类触犯了它们，它们也会给人凶兆，让人遭到各种报复。可见，壮族先民既
崇拜图腾，渴望获得图腾的保护，又对图腾充满敬畏和恐惧，表达了他们对
图腾的复杂思想情感。图腾崇拜对保护树木、动物，保护物种，保持生态平
衡有重要的意义。在壮族的图腾崇拜中，也蕴涵着壮民族诸多的道德观念和
伦理思想。

一、敬畏自然、和谐相处

　　随着图腾崇拜的产生，也就出现了图腾禁忌。"禁忌的来源是归因于附
着在人或鬼身上的一种特殊神秘的力量（玛那），它们能够利用无生命的物
质做媒介而加以传递，被视为禁忌的人或物可以用带电体来加以比喻，它们
是那种可经由接触而传递可怕力量的容纳地方，同时，如果激发这种放电的
生物体本身太脆弱而无法抗拒它们时，则将产生破坏作用；触犯禁忌所产生
的结果，一方面要看附于成为禁忌的人或物其神秘力量的大小，另一方面
要看触犯者所具有的反玛那力量的大小来决定。"[①]可见，禁忌起源于万物有
灵的观念，是以原始宗教信仰为基础的。人们认为图腾有一种超自然的力量

---

① 　[奥地利] 弗洛伊德：《图腾和禁忌》，中国民间文艺出版社 1986 年版，第 34 页。

左右着他们的行为和命运，由于图腾含有神秘的危险性，触犯图腾的禁忌就会受到惩罚，而遵守禁忌则是对图腾虔诚信仰的行为表现，因此壮民对自己氏族、部落、群体的图腾爱护备至，不敢稍有触犯，对图腾崇拜物禁看、禁摸、禁嗅、禁听、禁捕、禁养、禁伤、禁杀、禁食、禁用、禁砍、禁说、禁弃，如果违背有关禁忌就会受到严厉的惩罚，如莫名其妙地生病、病后久治不愈、不得好死或者死后不能上天成仙，不能与祖宗在一起生活。由于壮族人民没有共同崇拜的图腾，不同图腾崇拜的禁忌也不一样，禁忌无处不在，表现各异，对壮民的生产生活产生重要的影响。如云南文山地区的壮族人把乌鸦奉为图腾，他们认为乌鸦救过他们的祖先，功不可没，禁止捕杀乌鸦；广西北部柳州东兰、河池南丹、天峨一带的壮族地区把青蛙（当地称为蚂蜴）奉为图腾，看见青蛙要绕道而行，禁止伤害、捕杀青蛙；有些地方把牛奉为图腾，认为牛任劳任怨、勤勤恳恳、踏实能干，为他们的农业生产作出重大贡献，因此不仅忌食牛肉，还要善待它们，帮它们过节，无论牛是老死还是落崖伤亡都要拿去掩埋；有些地方把蛇奉为图腾，但不同的地方禁忌不一样，有些地方禁止捕杀食用，有些地方可以食用，但不能在家里煮；还有些地方把榕树奉为图腾，认为枝繁叶茂的榕树是生命力顽强、生殖力旺盛的象征，是地方的保护神，禁止砍伐，对于从树上落下的干枝枯叶也不能拿去烧。[①] 这些做法起初是因为对图腾的惧怕和畏惧，担心触犯图腾会遭到惩罚和不幸，后来逐步演变成对图腾这种亲属、同类、自然的保护。可见，在壮族这种图腾崇拜中，也表现了壮族先民敬畏自然、保护同类、与自然和谐相处的伦理思想和观念。

二、乐于助人、正直善良

有了图腾的确立就有了图腾神话、图腾故事的流传，图腾与图腾神话故事是紧密联系的，图腾神话故事是对图腾的解释，这种解释是人们对某种生物或者非生物进行拟人化想象的产物，显然掺杂了人们的某种思想情感，人们对图腾的认可其实就是对人的认可。蛙是广大壮族人民崇拜的主

---

① 韦树关：《壮族禁忌风俗探源》，《广西民族研究》1994 年第 3 期，第 107 页。

要图腾之一，体现在图腾神话故事中就有很多关于图腾蛙的记载，并表达人们对图腾蛙的崇敬和赞美之情。在关于图腾蛙的神话故事中，有把青蛙和蟾蜍当作是"天女"、"蛙婆"、"神婆"的，大新县流行的《蛤蟆的由来》就讲述了蛤蟆是天公的孙女；隆林地区流行的《青蛙仙子》讲述的是黑青蛙原来就是一个美丽的姑娘。到了父系社会，男性的地位逐步提高，神话中的青蛙就变成了男性，它们是雷王的儿子，是神灵，有神力。南丹县有《青蛙女婿》的故事，崇左和龙州县也流行有《蛙郎的故事》，融水县有《青蛙后生》，南宁市有《蟾蜍儿》、《青蛙救命》的神话，横县有《蟾蜍王》，扶绥县有《蟾蜍王》，龙州县有《蟾蜍皇帝》，凭祥市有《蛤蟆王的传说》，天等县流传着《农妇和蛤蟆》，德保县有《蛤蟆掌印记》，等等。①这些神话故事都反映出很浓厚的图腾崇拜意识，富有人情味，有较浓重的抒情气息，倾注了壮民对蛙的敬佩与崇拜之情。而这当中的共同之处还体现在青蛙（蛤蟆或蟾蜍）都具有超常的本领，有超人的才智和胆量，或能呼风唤雨，或帮助人们排除万难战胜邪恶势力，它们虽然长相丑陋，但生性善良、正直忠实、足智多谋、尊老爱幼、惩恶扬善，每当人们遇到大麻烦或大灾难的时候，青蛙往往能够准时出现，及时帮助那些需要帮助的人们，或使风调雨顺、五谷丰登，或使人们的生命财产得到保护；青蛙的善良勇敢感动了家中的青年男女，他们终成眷属，人蛙联姻，最后他们都拥有了一个美满的归宿，过上安稳、幸福、欢乐的生活。壮族地区广泛流传的蛙图腾神话故事，表达出壮民对蛙的赞扬和肯定，人们赋予蛙图腾的美好结局也表明壮民们注重的是心灵美，体现了壮族正直善良、乐于助人的伦理价值观。

三、报本还恩、知恩图报

壮民族是一个诚实善良、安分守己、吃苦耐劳、和睦团结的民族，同时也是一个容易满足、知恩图报的民族，只要是对壮民有利的东西，他们都会保护、感谢、崇拜。在壮民族的历史发展中，铜鼓、花、青蛙、竹子、

---

① 参见丘振声：《壮族蛙图腾神话》，《民族艺术》1992年第4期，第3—8页。

蛇、凤、树、狗、鸟和牛等都为壮族作出了非常重要而突出的贡献。如人们认为凤凰正直善良，惩恶行善，赐福于人，常常帮助穷苦大众惩治鱼肉百姓的财主和皇帝，甚至以牺牲自己为代价，帮助人们繁衍生息，克服种种灾难，呵护壮民的生存和发展，实现国泰民安、风调雨顺的愿望。① 而蛇在帮助壮民寻找谷种，救穷戏贪，惩懒奖勤，免除疾病和灾难的方面，将预兆和警告传达给族民，体恤众心，缩小贫富差距，荫护壮人等方面也功不可没。② 铜鼓在布伯与恶魔的激烈斗争中也用自己的身躯保护布伯的安全。所有这些帮助过壮民的物种都让壮民们铭记于心，供奉为图腾。人们或文身悦神，或把图腾刻画在陶瓷上，或传颂它们的丰功伟绩，或烧香祭拜，或把它们当作自己的民族英雄、自己的保护神来颂扬并保持独特的崇拜和祭祀仪式。相传创世始祖姆洛甲是从聚拢中的鲜花中冒出来的，故也称为花婆，是壮族人民心中的生育女神，她掌管的后花园里栽培了许多鲜花，花的颜色有红有白。每一朵花就是一个灵魂，人们都是从花婆的花转世过来的。她送花给谁家，谁家就生孩子。如果送的是红花，那家就生女孩，如果送的是白花，那家就生男孩。但是后花园里的花总有照顾不周的时候，所以有些花会生虫、会缺水，相应地，人间上的孩子就会生病，届时，那家就得请巫公做法事禀报花婆，让花婆帮忙除虫、浇水，只有解消灾祸，让花朵茁壮成长，相应的孩子才会健康成长。不管谁家生的是男孩还是女孩，谁家都会烧香给花婆表示感谢，等孩子满月、周岁、病愈、顺利长大后，都必须用好饭好酒好肉祭祀花婆以表达恩情。感谢花婆赐花，感谢花婆让家里的小孩茁壮成长，感谢花婆保佑人丁繁衍，健康平安。③ 可见，壮民与图腾之间渗透着一种深沉而细腻的报本还恩、知恩图报伦理思想，这种思想对满足人们的精神需要，协调人与人的关系也有着重要意义。

---

① 参见丘振声：《壮族凤图腾考》，《社会科学家》1996 年第 2 期，第 76—78 页。
② 黄达武：《壮族古代蛇图腾崇拜初探》，《广西民族研究》1991 年第 1 期，第 111 页。
③ 曾杰丽：《壮族民间信仰的和谐生态伦理意蕴》，《广西民族大学学报》2008 年第 11 期，第 106 页。

第四节　壮族祖先崇拜中的伦理意蕴

随着历史的发展与社会的进步，壮民的自然崇拜与图腾崇拜已经退居二线，祖先成为了最重要的、占主导地位的崇拜对象。祖先崇拜就是在继自然崇拜、植物崇拜、动物崇拜、图腾崇拜之后于父系氏族社会阶段产生的一种对于祖先神灵的尊崇和信仰。这是因为人们认为祖先的灵魂是永不泯灭的，并且他们能保佑子孙后代平安、祥和、幸福。在壮族人们的思想意识里，万物都是有灵性的，其中人也有灵魂，因为他们无法解释梦的景象，认为那是人的灵魂在活动。在人的正常状态中，灵魂与身体是合二为一的，一旦灵魂游离了身体，这个人就不正常，主要表现为胡言乱语、大病一场、生病时好时坏或久治不愈，这时只有邀请法术高强的巫公巫婆为其做法事，通过一些仪式或念咒语把丢失的灵魂招回来，使灵魂再次回到他们的身体中才恢复正常，逐步健康。如果灵魂找不回来，那么这个人必死无疑。即使一个人正常死亡，那么人死后的灵魂也会出走，并且人死后由原来的一个灵魂变为三个灵魂，三魂各走一方，一个魂回到坟墓里附在尸骨上，保护家族兴旺发达，但不能回家危害亲人；一个魂变成祖先留在家中，进入祖宗行列，保佑家人平安；一个魂回到花婆的花园里，听候花婆的差遣，投胎转世为人或牲畜。① 为使逝去的先人有个安定的去处，让他们顺利进入祖先灵界并在祖先灵界中安乐生活，不回来打扰家族后代成员的生活，壮民想到了让他们的灵魂有所归属，相应地就产生了种种招魂、送魂、安魂仪式，出现了时常备好丰盛的供品上坟祭祖、在家供奉祖先牌位等祖先崇拜的普遍行为方式。

在壮族人们的思想观念里，祖先们与他们的关系尤为密切。祖先们生前历尽艰辛，排除艰难险阻勇往直前，创造条件养育后代，确保了氏族、部落以至家族的繁衍和发展，即使死后，他们的灵魂仍然坚守在阴间活动，竭尽全力保佑其后代亲属成员的安全，为亲人们消灾祛难。因此祖先神被壮族人们视为本家族最亲近、最善良、最得力的保护神，特别是那些曾经为氏

---

①　覃圣敏主编：《壮泰民族传统文化比较研究》第四卷，广西人民出版社 2003 年版，第1979 页。

族、部落或宗族的生存和发展作出突出贡献的巫师、首领、英雄以及父辈，他们备受壮族后代的崇拜。壮族认为，他们的祖先有三类，一类是壮族人的始祖，他们是创世神和造人神，主要有姆洛甲和布洛陀，天地万物、社会礼仪、人伦关系、秩序安排等都是由创世神创造的，他们勤劳、智慧、宽容，富有无私奉献精神，他们的神力和神格都是最高的，他们无所不知，法力无边，拥有赐福禳灾的神力，因此将他们尊奉为壮族的始祖神，这是始祖崇拜。一类是壮族的远祖即各宗族的历代祖先，他们是某个氏族、部落或村寨中某个家族的祖先，后来随着人类繁衍生息，通婚频繁，人口增多，从某个姓氏的祖先神转化为某个村寨各姓氏共同敬奉的保护神，全村村民共同出资建造村庙和祖坟表达他们的虔诚，他们是村寨的开拓者，为全村人的生存、发展和延续立下了汗马功劳，他们享受着崇高的声誉，壮民通过共同祭祀远祖的方式祈求远祖保佑全村人畜平安、庄稼丰收，这是远祖崇拜。还有一类是各家庭的历代祖先，主要供奉在家里，以祖先神龛的形式出现，虽然这类家族祖先的神力神格在祖先崇拜中的地位和水平都是最低的，但是由于他们每天守候在家里，阻止恶神恶鬼进入家中扰乱平安，所以成为壮族人民最主要的崇拜对象，经常受到家人的祭祀敬奉。祭祀祖先的形式和规模没有严格的规定，无论家里发生大事小事、好事坏事，家人都必先通报，让祖先了解情况，征求祖先意见，这不仅表达了对祖先的敬意，同时也是请求祖先保佑家人平安、事事顺利、消灾除难，这是家祖崇拜。

　　壮族的三类祖先崇拜表现出很强的现实性与功利性。无论是始祖崇拜、远祖崇拜，还是家祖崇拜；无论是过年祭祖、过节祭祖，还是平时祭祖，无论是生产祭祖、婚育告祖，还是建筑祭祖，无论是祭品丰富、规模宏大，还是形式简单，他们颂祖恩祖德的献祭行为实际上源于献祭者的心理需要，主要是为了祈求祖先能庇佑子孙后代，降福禳灾，以求家族能风调雨顺、五谷丰登、繁衍壮大、丁财两旺。通过各种神秘而庄严隆重的祭祀仪式，通过告慰亡灵以求得心灵的安宁与祖灵的护佑，既寄托了壮族人民对始祖的追思，对远祖的感恩，对家祖的怀念，又表达了壮民不忘祖德，慎终追远，教育后辈，脚踏实地，再创辉煌的信念；既表达献祭者对现世幸福生活的追求，保持对未来生活的希望，也教育子孙热爱生活，有助于形成孝敬长辈的良好风气。① 无疑，在壮族的祖先崇拜中，也蕴含着丰富的伦理意蕴。

一、尊敬长辈、注重孝道的家庭伦理观

壮族是一个尊老、敬老、孝老的民族，有很多优良的敬老、爱老、孝老的传统和习俗，如在日常的生活中，表现为晚辈对长辈的生活起居照顾得无微不至；家中的大事小事都听取长辈的意见，由长辈拿主意做决定；兄弟、邻居、村民之间出现争执也要请村上德高望重的长辈做判决；在路上要是碰到长辈都会和他们打招呼或者让他们先行通过；晚辈还要时时尊重长辈，尽管长辈说错话做错事也不能顶撞他们。壮族人民尊老重孝的传统美德更是充分地体现在壮族民间信仰文化的祖先崇拜中。父母生前，他们尊重和孝敬父母，父母死后也对他们进行稳妥的安葬和经常的祭祀。首先，在父母的丧事上，壮族人民在亲人死后会举行庄重的法事活动，为逝者沐浴更衣，举行停尸、报丧、招魂送魂、吊唁、入殓、出丧择日、哭丧、做七、选择风水宝地下葬等一系列安葬之礼，丧葬中的所有法事由师公主持进行，目的是为了让死去的父母安息，顺利到达祖先灵地。其次，在祖先的祭祀上，壮乡每家每户都设有祖宗灵位，每逢初一、十五，过年过节，家有大事喜事，他们都烧香礼拜，供奉祭品，春节、清明节和鬼节的祭品尤为丰盛，有米粽、松粑、猪头、雄鸡、白酒、佳肴之类的东西，还每年定期上坟清理杂草，修理墓碑，诚心祭拜。② 为了表示对逝者的敬孝，壮族人民还立下了很多禁忌，如举行丧事期间，人们不能吃荤，不能发笑，师公一干人等不能和家人同桌吃饭；守孝期间，家人不能吃肉、不剃发、不洗头、不能参与喜事、不大声说话、不吵架、不能举办娱乐活动、不出门远行等；不能随意移动祖先灵位等神台神案之物；祭祀时家人不得在旁边大声喧哗，更不得粗言谩语，随便说话；不能在供奉祖先的神桌上放刀，以免他们不敢回来吃饭；等等。③ 如果

① 李慧：《壮族祖先崇拜研究》，《河池学院学报》2007 年第 12 期，第 77 页。
② 黄庆印：《壮族的宗教思想试探》，《广西民族学院学报》1984 年第 1 期，第 39 页。
③ 韦树关：《壮族禁忌风俗探源》，《广西民族研究》1994 年第 3 期，第 107 页。

违反了这些守则就是对逝者不孝不敬，会遭到祖先的报应。壮人如此虔诚地供奉祖先，在乎逝者的感受，既表达了他们对祖先的崇敬和无尽的怀念，也体现了壮民尊敬长辈、注重孝道的家庭伦理观。

二、崇尚勤劳奋斗、艰苦创业的人生观

在壮族的始祖崇拜信仰文化中流传有许多创世神话故事，这些神话故事大都体现了壮族人民勤劳奋斗、艰苦创业的人生观，而且这种劳动创世的宝贵精神随着历史长河的流逝在壮族人民中代代传承下来，成为壮族人民的主要精神风貌。壮族人民这种勤劳智慧与艰苦创业的人生观早在远古时代就已经形成。古代的壮族先民居住在山高林密、荆棘丛生、石头遍野、气候无常的岭南地区，环境条件十分恶劣，而生产力又极为低下，使得壮族先民的生活得不到任何保障，饿死、冻死、病死是经常发生的事，所以壮族先民要靠自己的辛勤劳动和聪明才智才能在如此恶劣的环境中生存下来。在壮族的始祖崇拜信仰文化中，创世神话故事《布洛陀》、《姆洛甲》、《布伯》等，都是讲述壮族始祖运用他们的勤劳和智慧与恶劣的自然环境，与凶猛无比的野兽，与杀气腾腾的恶魔顽强战斗的故事，他们永不退缩，艰苦创造万事万物，为人间营造和平安宁有序的氛围。壮族人民把布洛陀看作是一位无事不知、无所不能、无可畏惧、无处不在、无私奉献、聪明睿智、乐于助人、排忧解难的创世神灵，他开天辟地，创造了世间万物，让世界有了生机；安排了人类社会秩序，让人们能合理地安排自己的生活；制定了伦理道德规范，让人间充满了情感和温暖；他教会了壮民耕种、起居、收获等生产生活技能，使人们懂得了如何种植五谷、如何饲养家禽、如何生火取暖、如何建造房屋；等等。总之，这位充满智慧的老人是勤劳奋斗、艰苦创业的化身，他教会壮族人民敢于克服重重困难，通过踏实劳动，发挥人类聪明才智创造生活必需品获得生存与繁衍。除创世始祖布洛陀之外，姆洛甲则是一位创造天地、创造人类、创造万物的女神。传说她与布洛陀齐心合力开天辟地创造世间万物，姆洛甲还用手捏了许多泥人，创造了人类，繁衍子孙以后，为了使他们吃得饱穿得暖，亲自翻山越岭蹚水过河找种子，种果树，栽果园，赶虎豹，找牛魂，建房子。在壮族人民的始祖崇拜里，不管是男神布洛陀还是女

神姆洛甲，他们都以自己的勤劳奋斗和无穷力量为人类开天辟地、创造万物，攻克各种艰难险阻，燃起生活的希望，延续无数的生命。在这些信仰文化中不仅反映了壮族人民对创世始祖的钦佩和崇拜，还折射出壮族人民勤劳奋斗、勇往直前、攻坚克难、艰苦创业的人生观。

三、祈求获得祖先关心、庇佑的幸福观

壮族人对始祖、远祖、家祖的崇拜其实是对祖先神顶礼膜拜的一种主要表现形式，壮族先民们认为人死后虽然肉体不断腐化但灵魂并没有消失，而是变成了神回归祖宗行列或者是回到祖先灵地，他们都是家庭的主要守护神，保佑赐福于活着的人。壮民们认为他们与家庭成员有着密切的血缘关系，生前养育儿女，关爱子孙，死后祖宗的灵魂与子孙同在，依然发挥灵性保护后代，他们能帮助家人避祸趋福，保佑家人身体健康，世代平安，儿孙满堂，升官发财，万事顺利，因而被供奉在居室的中心位置。壮族人民家家户户的堂屋正中都设有供奉祖先神灵的神完、神台和神位。在过去，神完不仅形体高大，气势磅礴，庄重威严，而且造型别致，制作精巧，工艺奇特，宛如鬼斧神工，令人叹为观止；神完大多用优质杉木料特制而成，呈长方形，宽度几乎与堂屋相等，周边凸出，中间凹入，形成壁完，完中央用红纸书写祖先诸神之名位，完台上放置香炉。[①] 这表现了祖先崇拜的神圣和庄严，还突显家族传统的威势，增强祖先对恶神恶鬼的震慑力，展示出壮民对祖先的尊重与敬仰。如今，虽然只有在比较大的宗祠里或者是在庙堂里才看到神完，而在壮族人民的住宅里很少发现木构神完，取而代之的是在堂屋正中的墙壁上贴着写有祖先神位的红纸，并设置一个用来放置香炉的神台，神台前还摆放一张四方高桌（俗称八仙桌），简称神案。对于富家来说，神完、神台、神位和神案的制作都是比较讲究，一般雕刻着精美别致的吉祥性动植物花纹图案，对于穷家来说，这些神完、神台、神位和神案的设置都比较简单，但一样也不少。平时案上都放置香炉和香等供祭用品，但到逢年过节或生寿婚嫁等喜庆之事，主人家就把猪肉、鸡、鸭、酒、饭、菜、果等丰

---

①　王耿红、谭正伟：《广西壮族中元节与祖先崇拜》，《科教文汇》2007年第9期，第181页。

盛的祭品放置在神案上供奉和祭祀祖先神灵，还通过焚香、烧纸、敬酒、虔诚跪拜、鸣炮等一系列仪式祷告列祖列宗，祈求得到祖先亡灵超自然力量的庇护。从壮族人民对祖先灵位的用心安排，到祭祀供奉的诚心表达，甚至是祭拜过程中的种种禁忌与复杂礼仪，无不说明祖先崇拜在壮族人民民间信仰文化中的重要地位和影响。祖先崇拜不仅反映的是壮民的精神寄托，回报祖先对后代的养育之恩，还突出了壮民祈求获得祖先关心子孙、庇佑后代的幸福观。

第五节　壮族麼教文化中的伦理意蕴

一、壮族麼教文化概述

世界上的宗教内容丰富，形态万千，风格迥异，表达不一，几乎每个民族都有自己的一种或多种宗教信仰，或者有几个民族共同信仰的一种或多种宗教，每种宗教的主神、陪神、神灵谱系、教规教义、经书、组织结构、传承方式、法事活动、法器神像、服饰、禁忌等都大不一样。

壮族和世界上许多民族一样，也是一个多教信仰的民族，其宗教文化光怪陆离、多种多样。就其原始宗教看就表现有自然崇拜、图腾崇拜、祖先崇拜、生殖崇拜、鬼魂崇拜等，其遗存到处都有反映，其崇拜仪式也到处可见。这些原始宗教的多神信仰经过发展演变形成了壮族原生型宗教信仰——壮族麼教。虽然对于壮族原生型民间宗教，学者们还有多种看法，不同的学者对"巫教"、"麼教"和"师公教"三者的区别与联系看法不一，但多数学者都认为"麼教"是纯粹的壮族原生型民间宗教。有学者认为"巫教"、"麼教"和"师公教"其实就是同一教派，如蓝鸿恩先生在《论〈布洛陀经诗〉（代序）》中写道：从《布洛陀经诗》的内容、形式和存在等方面考察，"师公"实际上是披着道教外衣的"巫教"。[①]张声震在《布洛陀经诗译注》序中写道，"《布洛陀经诗》是壮族巫教经文"[②]。《壮族麼经布洛陀影印译注》（1—8卷）的项目编委会主要成员梁庭望、黄桂秋等人认为壮族麼教起源于

---

①　张声震主编：《布洛陀经诗译注》（代序），广西人民出版社1991年版，第15页。

②　张声震主编：《布洛陀经诗译注》（序），广西人民出版社1991年版，第3页。

越巫，是由巫发展演化而成的，其中黄桂秋的观点比较清晰，他经过调查取证后发现左江流域以及靖西、德保、那坡一带的壮族民众现在还把"巫"念成"麽"，把巫公、巫婆称为"摩公"、"姆卜"，认为巫和麽同源共祖相互混融。① 牟钟鉴认为麽教是一种较高形态的巫教。② 梁庭望认为师公是由麽公变化而来的，师公同时也是麽公，集体活动时是师公，个人活动时是麽公，也有的地方师麽分开，③ 在梁庭望的《壮族原生型民间宗教调查研究》(下册)对师公教的介绍中同时又认为，"麽教"和"师公教"还是有很多区别的；而黄桂秋则认为师公教源于中原汉民族的道教文化。④ 覃圣敏认为"师"比由"巫"、"麽"组成的宗教团体向前进了一步，"师"在发展过程中深受道教的影响。⑤ 综上，大多学者认为"麽教"就是"巫教"，"麽教"和"师公教"都起源于巫文化，但"麽教"和"师公教"还是有区别的，"师公教"是披着道教外衣的壮族原生型民间宗教，而"麽教"是纯粹的壮族原生型民间宗教。

麽教主要流传于广西右江河谷的百色市、左江流域的崇左市、红水河两岸的河池市西部各县以及云南的文山壮族苗族自治州。壮族麽教是从史前的原始巫信仰发展演化而来的，是一种已经脱离原始宗教形态的属于高级形态的民族宗教，其转化的主要标志是壮族布麽的出现以及各地壮族布麽同时把布洛陀奉为至高无上、独一无二的统一神祇。麽教有自己的神灵系统，经过历代布麽的传承，形成了一部比较完整而系统的宗教经典《布洛陀经诗》，有稳定的传承方式即师徒传承或家族传承，形成了社会化的教规教义。壮民们围绕着生产生活中出现的人与自然、人与自身、人与人、人与社会等各种矛盾冲突、自然灾害、人为祸患，通过邀请布麽、巫师等教职人员做法事，主持祭祖，请神念麽经，祈请主神布洛陀和姆洛甲降临神坛，出谋划策，传授智慧，帮助他们解决问题，实现为民祈福禳灾、消祸免难、赎魂驱鬼、超

① 黄桂秋：《壮族麽文化研究》，民族出版社 2006 年版，第 228 页。
② 牟钟鉴：《从宗教学看壮族布洛陀信仰》，《广西民族研究》2005 年第 2 期，第 85 页。
③ 梁庭望：《壮族文化概论》，广西教育出版社 2000 年版，第 460 页。
④ 黄桂秋：《壮族麽文化研究》，民族出版社 2006 年版，第 257 页。
⑤ 覃圣敏主编：《壮泰民族传统文化比较研究》第四卷，广西人民出版社 2003 年版，第 2002 页。

度亡灵、驱妖除怪、求福解冤、家庭和睦、身体安康、匡正伦理、安宁有序、人寿年丰、和谐相处的美好愿望，满足壮民的社会需要、道德需要、心理需要、感情需要以及精神需要。

壮族麽教文化的活化石——麽教经书是壮族先民们在漫长的历史岁月中创作并不断补充发展而成的，历经口耳相传和文字记录经典传承两个阶段。在汉字还没传入壮族社会以前，壮族民间布麽（巫师）只能依靠口耳相传的方式把麽经传给徒弟，因此口耳相传阶段的麽经变动很大，容易失传，且有变异，随着汉文化的传播，壮族文化人自己创造了用来记录壮语音的古壮字，并用古壮字来传抄、记录麽教经辞，后经过布麽收徒传授，代代相传，至今成为一部古老、全面、稳定而又恢宏的经典诗篇《布洛陀经诗》。《布洛陀经诗》广泛流传于我国广西红水河流域、右江流域、龙江流域、左江流域以及云南贵州南、北盘江流域等广大壮族地区，为我们研究麽教文化、了解壮族悠久文明的历史提供了重要的文献来源。

壮学界收集研究《布洛陀》始于 20 世纪 50 年代末。1958 年，《壮族文学史》编写组收集到民间故事"陆陀公公"；1978 年，广西壮族自治区民间文艺家协会在采风中收集到招谷魂、招牛魂唱本；1979 年，黄勇刹率领广西民间文艺家采风团到田阳、田东采风，收集到两个内容较完整的手抄本《赎谷魂》、《赎牛魂》麽经，由于各方面原因，一直没能整理出版面世；[1]1986 年，广西少数民族古籍整理出版规划领导小组调动了各方面的力量，从各地搜集到布洛陀麽经原始经书唱本手抄本 22 本，并经选材、编辑、翻译、注释整理，精选经诗原文 5741 行，于 1991 年由广西人民出版社出版了用五种文种（原文古壮字、拼音壮文、国际音标、汉对译、汉意译）对照的《布洛陀经诗译注》（张声震担任执行主编）。紧接着，云南人民出版社也于 2004 年 4 月出版了何正廷主编的《壮族经诗译注》。而后，广西壮学丛书编委会组织人员，在 1991 年出版的《布洛陀经诗（译注）》的基础上，精选了广西百色、河池各地以及云南文山等地的壮族麽教经书手抄本共 29 本，整理编辑了《壮族麽经布洛陀影印译注》（1—8 卷），于 2004 年 4 月由广西

---

① 　张声震主编：《布洛陀经诗译注》，广西人民出版社 1991 年版，第 3 页。

民族出版社出版。该影印译注将原抄本影印和经文原行、拼音壮文、国际音标、汉直译四对照译文两者合为一体共 527 万字的篇幅，完整而系统地展现了壮族布洛陀麽经的历史原貌。[①] 这些著作记载的麽教神灵、教义教规、法术经文、神话传说、宗教活动等反映了壮族的民族心理、民族性格、民族道德、民族审美、民族意识和民族精神，对我们研究壮族麽文化、了解壮民生活、分析壮民思想有深刻而非凡的意义。

二、壮族麽教经诗——《布洛陀经诗》的伦理思想

《布洛陀经诗》历史悠久，源远流长，是一部唱诵壮族创世始祖神布洛陀创造天地万物、规范人间伦理、解决人伦问题的长篇神话史诗，它融壮族的神话、故事、传说、宗教、伦理、民俗为一体，素有壮族传统文化"百科全书"之称。从内容上看，广泛地涉及壮族社会各个历史时期的社会生产、人民生活以及宗教活动，对自然万物的起源、人类社会的发展、伦理道德的产生、宗教禁忌的出现、风土人情的生长等，人民社会生活的各个方面都有描述和反映，体现了壮族原始社会的整体风貌、壮族古代氏族部落之间的战争、壮族阶级社会矛盾的产生、壮族各阶段社会生产发展的水平。

就 1991 年由广西人民出版社出版的《布洛陀经诗译注》看，整个篇章结构分为：序歌、造天地、造人、造万物、造土官皇帝、造文字历书、伦理道德、祈祷还愿等七大篇内容，其中还以七章的篇幅反映了壮族的家庭伦理道德思想、社会公德问题，如第六篇《伦理道德·唱童灵》中，讲述了童灵为了不让村寨的人分吃死去的母亲的肉而用牛肉来代替并修棺材厚葬母亲，既反映壮族儿女对母亲尊敬、重孝道、感恩报恩的慈孝观，也反映了他们重视人、尊重人的思想观念。在《伦理道德·唱罕王》中唱道："（千万）不要欺负长兄，如果又欺负长兄，天又像原来那样黑……把教训铭记在心头，不要得罪祖宗，不要欺负兄长，欺负长兄不合伦理，（那样做）今后还会招来灾难。"[②] 反映了家庭内部成员应守孝悌、重齐家，相互关爱、团结互助、尊

---

① 梁庭望主编：《壮族原生型民间宗教调查研究》（上册），宗教文化出版社 2009 年版，第 149—150 页。

② 参见张声震主编：《布洛陀经诗译注》，广西人民出版社 1991 年版，第 889—892 页。

敬兄长、和睦共处、谦和礼让的兄弟手足观。在第六篇《伦理道德》之"解婆媳冤经"、"解父子冤经"、"解母女冤经"等章中，则告诫媳妇要懂得长幼有序、人伦礼仪、善待公婆；儿子应孝顺父亲、勤劳干活，反对懒惰和不劳而获；女儿应体谅关爱母亲，注重维护家人利益，关爱家人，团结一致。《伦理道德·祝寿经》不仅反映壮民对儿孙的殷切祝福和眷眷爱护，希望儿孙强健、刚毅、长寿的美好愿望，还反映出壮民追求身体健康，人生长寿，生活幸福美满的强烈愿望，表达了壮民爱幼护幼的人伦常理。《伦理道德·献酒经》则表达了壮民尊敬孝顺父母，怀念感恩父母，渴望得到父母神灵的庇护，祈求家人平安长寿、无忧无愁、合家欢乐、美满幸福。第七篇《祈祷还愿》表述了壮民只有遵守相应的行为规范才能获得神灵的保佑，排忧解难，心想事成。所以说，壮族麽经《布洛陀经诗》是壮族先民生产生活的活化石，反映了壮族社会发展的真实图景，折射了壮族先民的世界观、人生观、价值观和伦理观，为壮民族表达思想感情、传授知识、养成道德、教育后代等起着非常重要的作用。总之，《布洛陀经诗》内容精彩、思想深刻、意蕴丰富，揭示了古代壮族人民的伦理道德观念及其演变，形象的表现了壮族的社会道德和家庭道德生活，列举和提出了许多调节壮族人民各种道德关系的社会伦理规范、家庭伦理规范，以及个人道德修养的方法，蕴涵着丰富的壮族伦理思想。

规范践行篇

在规范伦理学看来，道德规范是社会规范的一种形式，是社会道德的重要构成，其本身通常是一个具有结构层次的体系。所谓道德规范是对一定社会道德关系的反映和对人们道德行为要求的概括，是一定社会认可并确立的用于调整社会道德关系的行为准则，也是判断、评价人们行为善恶的基本价值标准。① 一定社会的道德就是通过道德规范的形式作用于人们的道德实践而发挥调节功能的。壮族伦理道德作为一种社会准则，和人类其他道德一样，也主要是以规范的形式发挥作用的。壮族人民在长期的社会发展和社会生活中也形成了对人们之间社会道德关系的认识和反映，以及处理人与人、人与社会、人与自然之间关系的道德规范和道德行为准则，形成了在人们的社会公共生活和家庭婚姻生活，以及经济、政治生活等领域用于调节本民族内外部各种道德关系的道德规范层次体系，并以具有民族特色的规范表现形式存在于人们的思想观念和行为模式中。

以各种形式表现的壮族道德规范还在壮族人民的道德生活实践中，对本民族成员的道德行为进行约束和引导，以本民族的道德评价、道德教育和道德修养等一系列道德规范的运行机制，促使壮族社会道德的规范要求转化为人们个人的道德意识、意志、信念和行为习惯，壮族道德规范由他律转向自律，发挥了道德规范的功能和作用。

在壮族地区广为流传的《布洛陀诗经》、《传扬歌》两部经典长诗，集中

---

① 《伦理学》编写组编：《伦理学》，高等教育出版社、人民出版社2012年版，第169页。

阐述了壮族关于处理人们之间道德关系应当遵循的公共生活道德、家庭婚姻道德，以及经济伦理、政治伦理和生态伦理观念，提出了具有自己民族特色的道德教育和修养的途径和方法，既是壮族伦理道德规范之集大成，也是古代壮族人民道德教育传承的重要教科书。

第七章　壮族公共生活道德

　　公共生活道德亦称社会公德，是指人们在社会交往和公共生活中共同遵循的道德行为规范，它是人类在社会生活中根据共同生活的需要而形成的，对维系公共生活和调节人与人之间的关系具有重要作用。公共生活道德作为道德规范体系的重要构成，和其他道德现象一样，是社会经济关系的产物，随着社会经济关系的发展变化而发展变化，并对社会经济关系具有能动作用。壮族人民在长期的社会生活实践中，随着本民族的社会经济关系的发展，也产生形成了与之相应的调节人们社会交往和公共关系的社会公共生活道德规范，并对壮族人民道德关系的调节、公共生活正常秩序的维护、经济社会的进步发展起到了积极的能动作用。

第一节　壮族公共生活道德的内涵、形式和特征

一、壮族公共生活道德的内涵和表现形式

　　公共生活道德是人们在社会交往和公共生活中形成的全民应当遵循的基本道德行为规范。公共生活道德作为社会道德体系的基础层次，是人类在长期社会公共生活实践中逐渐积淀起来的，为社会公共生活所必需的，最基本、最起码的一般道德准则要求，涵盖了人与人、人与社会、人与自然之间的关系。列宁称之为"起码的公共生活规则"①。公共生活道德体现了人类维持公共生活正常秩序的愿望和要求，是全体社会成员的共同需要和共同利益

---

① 《列宁选集》第 3 卷，人民出版社 2012 年版，第 191 页。

的反映。

壮族公共生活道德是壮族在本民族长期的社会历史发展中，在人们的社会交往和公共生活实践中逐渐发展积累起来的，为本民族社会成员所公认并须共同遵循的最基本、最起码的道德行为规范。作为壮族道德规范体系的重要构成，壮族公共生活道德在维系和调节壮族社会公共生活中人与人、人与社会、人与自然的关系方面提出了一系列基本的道德行为要求，并以具有壮族风格的禁忌、信仰、习俗、礼仪、谚语、准则等规范形式加以表现。同人类各民族社会公共生活道德一样，壮族公共生活道德不是凭空产生的，它有自己形成产生的客观必然性。马克思说过："人们按照自己的物质生产率建立相应的社会关系，正是这些人又按照自己的社会关系创造了相应的原理、观念和范畴。"[①] 正是壮族社会经济形态决定着壮族人民的社会生活和精神生活，决定着壮族的道德关系和道德面貌，在人们共同的社会生活中，需要有公共的生活秩序来维系人们的共同需要和共同利益，由此必然形成了调整人们社会交往和公共生活的道德行为规范。

由壮族社会经济形态所决定，在壮族人民的社会公共生活中形成的壮族公共生活道德，其发展是和壮族人民社会生活的发展密切联系在一起的。随着壮族社会经济和思维的发展，壮族社会公共生活领域不断扩展，壮族公共生活道德的内容就越丰富，壮族公共生活道德规范的表现形式也不断的发展演进。在壮族社会发展的远古时期，由于社会物质生活条件发展水平低下，人们的思维发展和认识能力也还处于较低水平，因此，人们最初以禁忌作为表现公共生活道德要求的基本形式。禁忌作为对人们必须避讳的行为和言语的限定，也必然会对人们在道德关系方面提出一定的约束要求，从而使禁忌具有了道德规范的功能。随着壮族社会物质生活水平和思维水平的发展，礼仪、习俗逐渐成为了壮族公共生活道德的重要表现形式。礼仪和习俗作为人们在人际交往中约定俗成礼节仪式的行为准则，作为人们社会生活中世代沿袭、共同遵守的社会行为模式，涉及了壮族社会生活的各个方面，由于其对壮族社会成员社会行为所具有的影响，从而对人们道德关系的调节也

---

① 《马克思恩格斯选集》第 1 卷，人民出版社 2012 年版，第 222 页。

具有了很大的约束力，使之也成为了壮族公共生活道德的初级规范形式。而后，随着壮族社会文明的发展，人们道德思维水平的提高，人们对道德规范初级形式禁忌、礼仪、习俗中的伦理要求加以提炼和概括，促使壮族道德谚语和箴言出现并成为了壮族公共生活道德规范的较为高级的表现形式。壮族道德谚语箴言，涉及社会关系的各个方面，作为壮族人民道德生活的经验总结，不仅是一种文学形式，也是道德训示，其以富于哲理的格言警句和简短的形式，向人们展示社会和人生的图景，对人们的行为提出劝导和约束，帮助人们进行道德判断和行为选择，因而成为了处理壮族社会道德关系的行为规范准则。

特别值得一提的是，在壮族公共生活道德规范形式的发展演进中，注重礼仪、素爱唱歌的壮族人民先后创作形成并广为流传的《布洛陀经诗》、《传扬歌》两部经典的民间长诗，叙述了大量的壮族道德谚语和箴言，对处理人们之间公共生活和社会交往的各种道德关系，提出了许多道德规范要求，因而成为了壮族公共生活道德规范最重要、最完整的表现形式。

《布洛陀经诗》是壮族先民们在漫长的历史岁月中创作并不断补充发展而成的，它是在壮族民间口授文传至今的一部古老而又恢宏的经典诗篇，也是由壮族民间布麽（巫师）用古壮字记录编写并保存与传承下来的经诗唱本，因而也被视为是壮族麽教经诗。其表现体裁为壮族民歌韵文体，广泛流传于广西红水河流域、右江流域、左江流域，以及云南贵州南、北盘江流域等广大壮族地区。据壮学学者研究认为：《布洛陀经诗》产生流传的年代已经久远，从其内容分析，可能起源于母系氏族社会向父系氏族社会转变的时代，尚带有母系氏族社会的痕迹，随后又经历了奴隶社会、封建社会，一直延传至今。① 这是一部唱颂壮族创世始祖神布洛陀创造天地万物、规范人间伦理的长篇神话史诗，素有壮族传统文化"百科全书"之称。从内容上看，它广泛地触及了壮族社会各个历史时期的社会生产、生活以及宗教活动，对人类社会起源、伦理道德、宗教禁忌、风土人情及人民社会生活的各个方面都有描述和反映，其中也以大量的篇幅反映了壮族的伦理道德问题，揭示了

---

① 张声震主编：《布洛陀经诗译注》（序），广西人民出版社 1991 年版，第 10—11 页。

古代壮族人民的伦理道德观念及其演变，列举和提出了许多调节壮族社会群体中人们道德关系的社会道德行为规范，也堪称为壮族伦理道德规范集大成之经典诗篇。

《传扬歌》是广泛流传于广西壮族地区，被民间百姓专门用来阐明和传播壮族伦理道德长诗的总称，在民间古壮字手抄本中写作《歡傳揚》。"欢"为壮语译音，即山歌；"传扬"是借汉词，其原义不变；"欢传扬"汉译是"传扬歌"，意为传播和颂扬（做人道理）的歌。这类歌流传下来的既有明代时民间创作的《欢传扬》，也有清代初年蒙廷守创作的《欢传扬》等。2005年由广西民族出版社出版，由梁庭望、罗宾译注的《壮族伦理道德长诗传扬歌译注》收录了《传扬歌（一）》（明代时民间创作的《欢传扬》）、《传扬歌（二）》（清代初年蒙廷守创作的《欢传扬》）、《传扬歌（三）》、《百岁歌》、《不忘父母恩》五部长歌，而以明代时民间创作的《欢传扬》为最著名、最具代表性。《传扬歌》本着"做人道理要传扬"的宗旨，全面地阐明了壮族关于处理人们相互关系应当遵守的道德准则，提出了许多调节规范人们社会公共生活行为的社会道德规范，成为壮族人民评价人们行为善恶的价值尺度，可以说是壮族人民的一部"道德经"。

二、壮族公共生活道德的特征

在社会的道德规范体系中，公共生活道德作为人们在社会交往和公共生活中形成的全民应该遵循的基本道德行为规范，是社会道德体系的基础层次。壮族公共生活道德就是在壮族的社会交往和公共生活实践中逐渐发展积累起来的，为本民族社会成员所公认并共同遵循的最基本、最起码的道德行为规范，相对于道德规范体系中的其他道德行为规范而言，壮族公共生活道德具有以下特征。

（一）共同性

壮族公共生活道德作为壮民族为维护人们共同的公共生活而提出和形成，并为本民族全体成员所认可和共同遵循的最基本、最起码的道德要求，共同性是其显著的特征之一。壮族公共生活道德反映的是壮族社会人们维护公共生活秩序和公共利益的愿望和要求，并不只是为某些特定的阶级或人群的利益服务，不具有明显的阶级性，因此它能为壮族的全体成员所接受和遵循，构成为人类在长期历史进步过程中逐步形成和积累起来的全人类的共同道德，具有共同性。任何壮族社会的成员，无论其身份、职业、地位和阶级属性，在社会公共生活中都须共同维护公共生活秩序，遵循公共生活道德。例如：热爱故土家园，维护祖国统一，礼貌谦和，遵守规约，保护环境等壮族社会倡导的道德规范，无论哪个朝代，都一直是壮族人们共同信守遵循的公共生活准则。而在壮族地区生长的民族成员，从懂事起就在本民族文化和风俗习惯中受到熏陶和影响，在与人交往和社会公共生活中表现出尊重他人，敬重长辈，热情好客，慷慨助人等良好的礼貌言行。在壮人看来，社会生活道德所维护的社会正常秩序，对社会的全体成员来说都是必需的，遵守公共生活道德，将得到广泛的赞誉，违背公共生活道德，将受到众人的谴责。

（二）继承性

壮族公共生活道德是壮族及其先民为了维护本民族的共同利益和正常的社会秩序，在社会交往和公共生活实践中逐步积累而形成的经验总结，并伴随着壮族社会的历史发展一代一代地传承下来，具有历史继承性。千百年来，壮民族在共同生活、相互交往的过程中所形成的许多共同遵守的社会公共生活行为准则，诸如在人际交往中以礼相待、尊重他人、信守诺言，在公共场所中尊老爱幼、相互谦让、团结互助、慷慨助人等，作为人类道德智慧的结晶，并不会随着社会的变迁而有重大的变化，无论在什么社会条件下，都是壮族人们在公共生活中应当共同遵守的基本行为准则。壮族社会公共生活道德的历史继承性，也使其表现出明显的相对稳定性的特征。当然，相对稳定也不是一成不变的，壮族社会公共生活道德的内容也会随着社会的进步而不断丰富和发展。

（三）多样性

壮族公共生活道德在规范表现形式和承载形态上还具有多样性的特征。一方面，与整个社会公共生活道德一样，壮族公共生活道德是壮族地区人们在社会交往与公共生活中的规范准则，其基本要求简单易行，明确具体，甚至一目了然。因而在规范形式上也往往是通过壮民族的生产习俗、生活习俗、礼仪习俗等风俗习惯；通过承载壮族思想道德观念的史诗神话、传说故事、民间歌谣、谚语格言、壮剧艺术等民间传承文化，以及通过壮族民间宗教信仰和乡规民约等加以表现，或约定俗成，或明文规定，或艺术陶冶，或戒律训导，使本民族公共生活道德的要求体现在社会生活的各个方面，让人们容易把握、理解和遵循。另一方面，也由于社会历史原因，壮族在历史上没有形成统一流行的文字，使得壮族伦理思想在总体上尚缺乏完整的理论形态，壮族传统道德在一定程度上尚未分化为一种独立的社会意识形态，而是与哲学、法律、宗教等其他社会意识形态共同蕴涵于本民族的民间文学、传统习俗、岁时节日、体育艺术、信仰崇尚等多种多样的壮族文化形态中，人们通过各种口头传授的民间传承文化、众多的社会习俗仪式活动等多种方式来表达和传播对社会道德规范的认识，因而也使壮族公共生活道德具有了形式多样的规范表现形式和承载形态。例如：壮族社会公共生活道德对人们言行礼貌、谦和友善的行为准则要求，无论是在壮族民间歌谣和谚语格言，还是在壮族礼仪、称谓习俗中，都有充分表现，在壮族礼仪歌中有"多谢了，多谢四方众乡亲，我今没有好茶饭，只有山歌敬亲人"的谢客歌；壮族还有"好话三分暖，话好软人心"、"志高人一步，言让友三分"等礼貌待人的谚语；壮族称谓中也素有讲究礼貌的尊称、谦称和昵称的礼节习俗等。

第二节　壮族公共生活道德的主要规范

壮族公共生活道德作为壮族人民在长期的社会交往和公共生活中所形成的人们共同遵循的基本道德行为规范，其内容包括在维系和调节壮族公共生活中人与人、人与社会、人与自然的关系方面提出的一系列基本道德行为规范要求，主要体现为以下方面。

一、热爱国家、维护统一

热爱国家和民族、维护祖国统一的爱国主义是一种源远流长的道德态度和深厚的道德情感。自有民族、国家产生以来，每个人总是隶属于一定的民族和国家的社会共同体，在共同的地域和集体中生活，经受同样的自然环境的考验，使用相同的语言，遵从同样的习俗。同一民族和国家的成员在长期的共同生活中，必然形成彼此之间相互依赖、相互联结的关系，自然而然会对自己的家乡和族人产生眷念的情感，天长日久，这种感情逐渐上升为一种明确的民族意识和对自己国家极其深厚的热爱之情，也就是爱国主义的道德情感。从世界上各个民族和国家的发展历史看，尽管不同国家和民族的爱国主义有不尽相同的具体内容，但爱国主义却是所有国家和民族共同具有的一种古老的道德感情。

因此，在各个时代、各个民族的社会公共生活道德规范体系中，热爱自己的故土、家园、民族和国家的爱国主义从来都是一个极为重要的道德规范。作为一种道德情感、道德态度和道德信念，爱国主义是人们用来调节和处理个人与自己的民族、国家整体之间关系应该遵循的基本道德规范。和世界上各个国家和民族一样，中华民族在长期的生存与发展中，逐步凝结成对家乡、对祖国深厚的热爱之情，形成源远流长的爱国主义传统，爱国主义也历来都是中华民族传统的道德规范。

自秦汉以来，中国开始形成为统一的多民族国家，定居在中国领土上的所有民族共同组成了中华民族大家庭。在中国这片广袤的土地上，中华各民族在长期的融合过程中，相互依存、相互帮助、共同发展，不仅日益形成为一个血肉相连、唇齿相依、水乳交融的不可分割的整体，也逐渐形成了对这个国家的无比忠诚和深厚热爱的感情。不可否认，源远流长、真挚深厚的爱国主义情感和道德传统是中华各民族团结和国家统一的巨大精神纽带。居住在我国不同地域的各民族人民，无论汉族还是边疆少数民族，都视中国为自己的祖国，都视自己为这个国家的一员，都有着明确的祖国观念和对祖国强烈的归属感和认同感，也都把热爱国家和民族、维护祖国的统一和民族的团结作为自己民族共同遵循的基本行为准则和道德规范。

长期以来，生活在祖国南疆这片土地上的壮族人民，在和中华各民族人民相互依存、紧密团结、共同发展中也产生了对自己故土家园、民族和国家的归属感、认同感，形成了源远流长的爱国主义道德传统。在千百年的历史发展中，热爱故土和家园、热爱祖国和民族、维护祖国统一也历来都是壮族社会人们用来调节和处理个人与民族、国家整体之间关系应该遵循的基本道德规范。热爱家国、维护统一作为一种道德情感和基本道德行为规范，在壮族丰富的文化和道德生活领域，有着多样的表现形式和多层次的内容要求。从表现形式看，一方面，壮人的爱国主义情感和道德行为规范通过本民族的民间文学、传统习俗、岁时节日、体育艺术、信仰崇尚等多种多样的壮族文化形态加以表现；另一方面，一代又一代的壮族儿女更是以他们报效祖国的实际行动表现和诠释了爱国爱家、维护统一这一壮族人民的传统美德。从内容要求看，既有较低层次的壮人的乡土之情和亲人之情，以及对自己民族、国家的语言、文化、历史传统、山河大地的热爱之情；也有较高层次的对自己祖国的前途、命运的极度关注以及甘愿为民族生存和统一而奉献牺牲的崇高精神。具体而言，壮族在处理个人与国家、民族之间的关系上人们所遵循的爱国主义道德规范的基本内容和基本要求表现为以下方面。

（一）热爱故土家园，增进民族团结

壮族人民对故土家园、国家、民族无比热爱的深厚情感，以及维护民族团结、和睦相处的道德观念在壮族许多神话传说、民间故事、歌谣谚语、岁时节日、文娱体育等文化形态中都有充分反映。壮族是一个酷爱唱歌的民族，在壮族许多山歌民谣中，有不少是对故土美好河山的赞美之歌，唱出了人们对祖国家乡的热爱之情。如广西龙胜一首《龙脊梯田美》歌中唱道："从前谁造风，造它传天下？从前谁造河，造出山和水？讲王帝造风，说河王造河。祖先创伟业，龙脊梯田美！"① 云南壮族歌手则以一首《壮锦多艳丽》为题唱道："大地似锦绣，鲜花满山绿；好花不乱开，织锦有规律；人民来当家，壮锦多艳丽。"② 壮族众多的山水风物传说也抒发了壮族人民对生于斯长于斯的美好家园的无比热爱之情。如人们熟悉的《桂林山水传说》、《柳州鱼峰山传说》、《花山壁画的传说》、《三七的传说》；以及几乎壮族地区各县市都有的风物美景传说，把家乡的壮丽山河、优美的名胜古迹、独具特色的民俗风情等加以理想化和神奇化，抹上浪漫色彩，赋予动人情节，使人们从中感受到家园的美好，也寄托了壮族人民对自己家园、民族和国家的深厚

① 范西姆主编：《壮族民歌100首》，广西人民出版社2009年版，第162页。
② 戴光禄、何正廷：《勐僚西尼古——壮族文化概览》，云南美术出版社2005年版，第159页。

感情。壮族节日习俗也充分地体现了壮人热爱故土家园，期盼民族和睦、国家统一的深厚的爱国情感。长期以来，一些中华民族共有的节日如春节、端午节、中秋节等，已融入成为了壮族代代传承的岁时节日，壮族人民还视这些节日为最隆重的大节，在欢度这些节日过程中，不仅保留了这些中华民族传统节日具有的民族团结、国家统一、社会和谐、家庭和睦、兴旺发达等道德文化内涵，还以自己民族特有的方式使这些爱国爱家、团圆平安、欢乐祥和的主题得以更充分地表现。如壮人过春节、元宵节的"散年吃母粽"习俗；春节期间欢快地"打扁担"、"跳春堂"等，无不彰显了壮人热爱美好生活、期盼阖家团圆、家国同庆的道德情感。壮族在长期和汉族及其他少数民族杂居相处的过程中，也认识到民族团结的重要性，形成了民族和睦相处，维护民族团结的道德规范，这在壮族民间文学作品中也多有体现，如一首《马骨胡之歌》这样唱道："土人爱华夏，汉人爱壮家。明透与君达，好比松和杉。""壮汉一家亲哩，团结像一人；琴歌谱传奇哩，从古唱到今。"① 这就生动地反映了壮族要求消除民族隔阂，与汉族及其他各少数民族团结相处的共同愿望。

（二）维护祖国统一，抵御外敌入侵

壮族是一个热爱祖国、爱好和平的民族。自古代壮族融入中华大家庭以来，在长期与中华各民族和睦相处中，壮族人民形成产生并逐步加深了维护祖国的尊严和统一对保存和发展本民族至关重要的爱国观念，维护祖国统一、保家卫国，抵御外敌侵略也历来被壮人视为应当遵循的基本道德准则和应尽的道德义务。由于壮乡地处南疆，壮人世世代代都有保家卫国、反抗外敌入侵的爱国传统，有着许多为国家、民族的和平安宁抛头颅、洒热血的可歌可泣的英雄事迹，这在历史上也有大量记载。

从宋代至明代时期，交趾（今越南）封建统治者多次武装侵略我国南疆，掳掠残杀我人民，为了抗击交趾侵略军，壮族人民积极参战，和汉、瑶、苗等族人民一起，担负起了抵御和抗击交趾封建统治者的武装侵略，保卫祖国南疆神圣领土的重任。如熙宁九年（1076 年）宋王朝派郭逵

---

① 李富强、潘汁：《壮学初论》，民族出版社 2009 年版，第 302 页。

等率军 10 万反击交趾侵略军，当时，广西等地的壮、汉人民，出动"民夫八七十万有奇，金谷称是"，做到要粮有粮，要人出人，大力支持和参加抗击斗争，在壮、汉等族人民的积极支援下，我军很快把侵略军驱逐出境。①值得一提的是宋代时期壮族英雄侬智高，面对交趾的侵略，断然拒绝了交趾王朝封官许地的诱惑，也不屈服于交趾施以的软硬兼施的各种手段，奋起率领左右江地区的壮族人民英勇抗击交趾的进犯，表现出崇高的民族气节。②为此，壮族人民对这位爱国的民族英雄给予很高赞誉，以不少传说故事、民歌、壮剧等本民族熟悉的方式表达对民族英雄和自己祖国的热爱之情，以及维护祖国统一的道德准则，流传于云南富宁一带的英雄史诗《侬智高》中这样唱道："岭南处边陲，领土属中国；侬王侬智高，爱国热情高；率众抗交趾，为国立功劳；惟有宋王朝，硬说他不好；距之国门外，这成啥世道。"③

明嘉靖年间，在倭寇频繁侵扰我国东南沿海之际，又有壮族女英雄瓦氏夫人（归顺州土官岑璋之女，田州土官岑猛之妻），不顾 58 岁的高龄，亲率广西 7500 俍兵，驰骋千里，风餐露宿，奔赴江浙抗倭第一线，以"誓不与贼俱生"的气概带领俍兵英勇杀倭，累战累胜，为保国安民立下了赫赫战功。④在中华民族抗击外敌入侵的历史中，瓦氏夫人堪称"巾帼英雄第一人"。她的抗倭爱国精神，永远值得中国人民缅怀和纪念。

19 世纪后期，为了反抗法帝国主义在侵略越南之后对我国西南部的大举入侵，与越南山水相连、处在抗法斗争前线的广西各族人民，组成了以壮族为骨干的黑旗军，在民族英雄刘永福的率领下，赴越抗法，援助越南人民抗击法国侵略者。刘永福的黑旗军与法国侵略军英勇作战十多年，屡败法军，杀得"法尸山积"，击毙法军主将李威利。与此同时，爱国将领冯子材

---

① 《壮族简史》编写组、《壮族简史》修订本编写组：《壮族简史》，民族出版社 2008 年版，第 77 页。
② 张声震主编：《壮族通史》（中），民族出版社 1997 年版，第 679 页。
③ 戴光禄、何正廷：《勐僚西尼古——壮族文化概览》，云南美术出版社 2005 年版，第 156—157 页。
④ 《壮族简史》编写组、《壮族简史》修订本编写组：《壮族简史》，民族出版社 2008 年版，第 78—80 页。

也率领由壮、汉等族人民组成的抗法部队抵达龙州、镇南关前线，与法军激战，大败法军，取得了镇南关大捷。① 刘永福、冯子材率领壮、汉人民的英勇抗法，保卫了祖国南疆，他们的英勇事迹被壮人编成为传说故事、民间歌谣，至今仍在壮乡各地流传，为人们所赞颂，这也充分体现了壮人热爱祖国的情怀。中法战争前后，为了维护国家民族的尊严，抵制帝国列强的宗教侵略行径，壮族人民的反洋教斗争不断发生，在广西今田林、西林一带，人们激烈反抗邪恶洋教，还爆发了震惊中外的"乐里教案"、"西林教案"，对帝国主义的宗教侵略势力给予了沉重的打击。

这些都充分表明，壮族是一个具有爱国传统的民族，他们固守在祖国的南疆，凭着他们对故土的热爱和对国家的忠诚，他们始终把祖国的安危和民族的兴亡联系在一起，当国家、民族面临外来侵略时，总是奋不顾身，英勇奋战，抵御外侮，保家卫国。著名壮族学者梁庭望教授对其族人的爱国主义品质给予了高度的评价，认为：长期的稻作农耕的磨砺熏陶，养成了壮人良好的性格，壮人温和，"追求的目标是平稳的殷实生活，他们远离中国政治中心，但国家观念很强，从不做入主中原的梦，也从不产生远离祖国母亲的分离思想。"②"但如有人欺上门来，鲜有龟缩。"③

（三）建设美好家园，共创中华文明

壮族人民爱国主义的道德情感和态度还体现在他们实实在在的建设故土家园的实际行动中，可以说，埋头苦干、辛勤劳动、建设家园正是壮族人民履行热爱祖国道德规范要求的具体表现。壮族是我国少数民族中人口最多、历史悠久的一个民族，自古以来，壮族就繁衍生息于岭南的广大地区，壮族先民是岭南最早的开拓者。在漫长的历史长河中，壮族及其先民以辛勤的劳动，创造了许多闪烁着人类智慧之光的物质与精神文化成果。壮族及其先民的劳动创造及其对祖国对人类文明的贡献，尤为突出。诸如：壮族是稻作民族，壮族及其先民适应华南——珠江流域的自然地理环境和气候

① 《壮族简史》编写组、《壮族简史》修订本编写组：《壮族简史》，民族出版社 2008 年版，第 156—160 页。
② 梁庭望：《壮族文化概论》，广西教育出版社 2000 年版，第 550 页。
③ 梁庭望：《壮族文化概论》，广西教育出版社 2000 年版，第 577 页。

特点，将野生稻驯化为栽培稻，这在我国，乃至世界的水稻栽培史上占有重要的地位；壮族的制糖业和棉纺技艺在我国历史上也是名列前茅的，尤其是制糖业，时至今日仍处于我国的领先地位；此外，壮族在亚热带水果种植和经济作物种植、外贸通道开辟、有色金属开发、铜鼓文化、歌圩文化、花山崖壁画等等，都为中华民族的文化宝库增添了耀眼的光彩。总之，在千百年的历史发展中，壮族和中华各民族一道，用自己的勤劳、勇敢和智慧，创造了极其丰富的物质和精神财富，建设了美丽的南疆，也为祖国的繁荣昌盛作出了很大的贡献。壮族在与各族人民共同建设我们伟大祖国的事业中功不可没。[1]

二、礼貌谦和、热情好客

讲求文明，礼貌待人是人们在社会交往和公共场所中必不可少的道德要求，是规范和处理人与人之间关系的基本行为准则。为人处世注重文明礼貌表现了一个人对自己和他人的基本情感和品德，也是衡量一个民族、国家道德水准的重要标志。我国是一个具有悠久历史的文明古国，自古就被誉为"礼仪之邦"。我国古代许多思想家都十分强调礼节礼貌的重要性。孔子曰："不学礼，无以立。"[2] 荀子说："人无礼则不生，事无礼则不成，国家无礼则不宁。"[3] 汉代以来，"礼"更是被中国传统道德文化概括为"五常"之一，一直成为历代社会极为倡导的基本道德规范。作为在社会交往中人们的道德行为规范，礼貌文明具有丰富的内容，要求人们要尊老敬贤、言谈谦逊、举止文雅、待人和气、亲切热情、相互尊重、互敬互让。壮族作为一个历史悠久、文化灿烂的民族，历来也以注重"礼节"和讲究文明礼貌而著称。在和中华传统道德文化长期融合互动过程中，礼貌文明也成为了壮族社会人们在社会交往和处理人与人之间关系中的基本道德行为规范，这一规范要求体现在壮族的多种文化形态和习俗风尚中，主要表现为以下基本内容和要求。

---

① 梁庭望：《壮族文化概论》，广西教育出版社 2000 年版，第 582 页。

② 《论语·季氏》。

③ 《荀子·修身》。

（一）言行礼貌、尊老爱幼

言行礼貌、尊老爱幼是壮族与人交往和社会生活中需要遵循的基本道德准则。壮族著名的阐述说唱壮族人民基本伦理思想和道德规范的伦理长诗《传扬歌》，就极力倡导青少年从小就要接受礼貌待人的教育，对壮族后代提出了不少礼貌待人、尊老敬长的要求。在与人交往时，要"客来知礼节，父母不担忧"，主张"儿女当有礼，客来勤款待，入席先让座，亲朋乐开怀"。"去人家做客"，也要处处讲礼节，"老人帮筹划，待客礼数周。"① "走路遇老人，当给他让道。"② "倾听老人言，世间名声好。"③……对于那些不懂礼节、不讲礼貌，"前辈不问候，同辈不招呼"、"若有客人来，只会端饭碗"④ 的人，《传扬歌》批评为是粗野无礼、缺乏涵养的表现。在壮族人心目中，老人不是社会的累赘，而是凡间活神仙，所以有民谚称"村有三老，胜过一宝"。但凡左邻右舍或寨子村里有纠纷、争吵或者重要议事，都会尊重老人意见，敬请那些经验丰富、德高望重、通情达理、见多识广的老人做调解和决断。在《布洛陀经诗》这部长篇神话史诗中，也突出反映了壮族尊老敬长的道德行为准则，《经诗》多处借用布洛陀、姆洛甲这些创世神教诲人们要尊重老人和长者，"村里有王就问王，地方有长老就问长老"、"老人的话就是宝，老人的话就是药"。⑤ 还以事例提醒儿女晚辈说话不能顶撞老人，不能对老人粗言谩语，如果不懂礼法，不敬老人，忤逆父母，则要受到上天的惩罚。

壮族在日常生活和社会交往中，也十分讲究礼貌，崇尚礼节，尊老爱幼。诸如：壮族在同辈之间、晚辈与长辈之间的相互称谓，素有尊称、谦称和昵称的礼节习俗。在壮语中，"你"不能用于晚辈对长辈的称呼，只能用于同辈之间或长辈对晚辈的称呼，否则，就是对长辈不尊重，就是失礼。

---

① 梁庭望、罗宾译注：《壮族伦理道德长诗传扬歌译注》，广西民族出版社 2005 年版，第124 页。

② 梁庭望、罗宾译注：《壮族伦理道德长诗传扬歌译注》，广西民族出版社 2005 年版，第185 页。

③ 梁庭望、罗宾译注：《壮族伦理道德长诗传扬歌译注》，广西民族出版社 2005 年版，第123 页。

④ 梁庭望、罗宾译注：《壮族伦理道德长诗传扬歌译注》，广西民族出版社 2005 年版，第124 页。

⑤ 张声震主编：《布洛陀经诗译注》，广西人民出版社 1991 年版，第 945 页。

壮族的晚辈、学生与长辈、师者交谈时，也不自称"我"，而是谦称自己的小名、学名，以示对长者的尊重和谦虚。而壮族的长辈称呼晚辈也很重视昵称，婴儿出生后，按壮族习惯就会取个奶名，并在奶名前面冠以特定的昵称，按照地区的不同，分别给男孩冠以"特"、"侬"、"恒"，给女孩冠以"达"、"氏"、"墨"等昵称，以示对幼小的慈爱。在行路安坐、日常生活各种场合，人们都会讲究礼貌，尊老敬长。在壮族村寨和山区道路上相遇，不论相识与否，都会亲切问候招呼；如遇老人，年青人会主动退到路边让老人先过。在各种宴席上，年长者和客人被请坐尊位，最好的菜先夹给老人和客人吃，吃饭时要给客人盛饭添酒，不能在别人面前那边夹菜，要用手端碗，不能趴在桌子上吃饭，先吃完者要说"请慢吃"等。人们节日或平日也会时常交往，注重礼尚往来。

（二）热情好客、友善真诚

热情好客，待人真诚、谦逊是壮族与人交往遵循的又一重要行为准则和传统道德风尚。壮人认为"近邻是兄弟，远客是朋友"，在待客交友过程中，极重情义礼节和真诚，正如《传扬歌》所主张的："交友重交心"，"大方或吝啬，来访都招待。"[1] 有客到访，壮家人总是热情招待，待客隆重而真诚。民国《上林县志》载有："亲友偶尔临存，虽处境不宽，亦须杯酒联欢，以尽主人之宜；倘远客到来，则款洽更为殷挚。"[2] 清人黄山冈在《粤述》中也说："（客）至，则鸡黍礼待甚殷。"[3] 并且，客人到家后，壮家人定必在力所能及的情况下给客人以最好的食宿招待，对客人中的长者和新客尤为热情。若不如此，自认为是失礼。客人离去，主人还依依不舍地送到村口，并频频嘱咐客人要"慢行"、"再来做客"等。有的地方"贺客就席之时间，动以日计，酒尽取酒，肉尽取肉，均客自入庖厨，恣其所取"。"客食倦，并可任意间游，插箸于锅，主人知客仍来，不敢撤馔。"[4] 敬客至如此，足见其

---

① 梁庭望、罗宾译注：《壮族伦理道德长诗传扬歌译注》，广西民族出版社 2005 年版，第 124 页。

② 转引自方素梅：《近代壮族社会研究》，广西民族出版社 2002 年版，第 204 页。

③ 转引自高发元：《中国少数民族道德概览》，云南民族出版社 1992 年版，第 360 页。

④ 参见刘锡蕃：《岭表记蛮》，商务印书馆 1934 年版。

诚心与礼数周全。壮人素爱唱歌，遇事以歌代言，壮族热情真诚、谦和友善的规范准则和道德风尚通过壮族的待客礼俗和歌谣也得到充分表达体现。每当有客到来，主人会以歌待客，唱迎客歌、祝酒歌；上门做客者也会唱赞歌、谢歌，以歌答谢。主客双方热情真诚、以礼相待。如一首广西乐业《叹待客》曰："贵客到我家，没有好酒菜；野菜来当餐，半杯酒相待。酒少饭菜粗，半路渴难耐！"① 云南壮族有客上门，主人以一首《待客歌》唱道："鸡进菜园要吃菜，哥到我家要招待；敬杯热茶来会面，唱支酒歌把话说；碗筷粗糙桌角弯，清茶淡饭多怠慢；招待不周请包涵，歌唱得差莫见怪。"客人则唱《谢主人》："还说什么都没有，还说一样都不行；小妹来回仔细看，大圆桌面摆不下；鸡鸭鱼肉样样有，吃得小妹脖子软；饱得小妹摇了头。"唱《谢酒歌》："糯米酒最香，高粱酒最烈；放了七斤糖，再加八两蜜；未尝已先醉，再饮不敢当。"② 这些，都反映了壮乡人民热情好客和交往时的以礼相待、谦和友善。

三、团结互助、济困扶危

在社会交往和公共场所中，团结互助、济困扶危是更高层次的社会道德要求，是调整和规范人与人之间关系的又一重要的基本行为准则。在人类社会发展进程中，为了追求和谐美好的生活，必然要求其社会成员相互之间彼此友爱、团结合作、互帮互助、济困扶危。中国传统道德文化也极为重视仁以待人，强调人际和谐，形成了代代相传的互帮互助、济困扶危、风雨同舟、患难与共的传统美德。"君子成人之美"、"与人为善"、"博施济众"等都是古今广为流传的格言。在先秦儒家概括并为历代社会所倡导的人们行为的基本道德规范"五常"中，"仁"被列为了"五常"之首，也表明了仁爱精神与互助精神对于人际和谐、社会和谐之重要。

具有优良道德传统的壮族自古以来也形成了乐于助人、团结友爱、慷慨相助的美德，团结互助、济困扶危成了壮族倡导和遵循的重要的道德行为

---

① 范西姆主编：《壮族民歌 100 首》，广西人民出版社 2009 年版，第 52 页。
② 戴光禄、何正廷：《勐僚西尼古——壮族文化概览》，云南美术出版社 2005 年版，第 163 页。

规范。壮族人民"同类有无相资,一无所吝"①的德行古已有传。在产生年代久远的《布洛陀经诗》中,就大量展现了壮族早期社会重视群体共同利益的道德准则和壮族自古以来就具有的团结一致、互助和睦的良好风尚。这部神话史诗叙述了天地万物的创造是在布洛陀统领和统筹安排下,由众神各司其职、分工协作来完成的历程,向人们唱诵了"十条小沟汇成溪,十条溪水汇成河,十条河水汇成江,十条大江汇成海,十个大海汇成洋"②齐心协力、团结互助的伦理准则。壮族伦理道德长诗《传扬歌》也多处阐述了团结互助这一人们交往应遵循的行为准则,主张无论是遇到困难灾祸,还是日常生产生活,人们都应该彼此团结相帮,在农忙时,由于各家各户的劳力、农具不等,这种团结协作、互助互帮就更为重要,《传扬歌》中唱道:"春耕待插秧,有牛要相帮,挨家轮流种,合力度大忙。""借牛给人用,不会死峒场。各人顾自己,前辈不主张。"③"倘谁家有田,各家相帮忙。"④"大家相帮衬,力气会变贱(指少费力气多办事之意)。"⑤

在现实生活中,壮族聚居地区的人们也都非常重视团结互助,在长期的生产劳动和生活实践中形成了团结互助、相扶相帮、慷慨助人、济困扶危的美德良俗,邻里之间、朋友之间、亲戚之间,无论劳动、建房、婚嫁、满月、丧葬,但凡一家有事,一人有难,大家都会出钱出力,慷慨相帮。在劳动生产中,壮人普遍流行"相邀互助"、合作互济的习惯,俗称"打背工",并成为壮族的传统习俗继承下来。"打背工"的范围很广,凡耕田、种地、收割、起房子,乃至婚嫁、丧葬等,人们都喜欢用这种形式主动相帮。它没有固定的形式,也不要求劳力相等,不要任何报酬,纯属自觉自愿,人们以此为荣。但凡有一家盖房子,全村每户出人力来帮忙;农忙时节,左邻右舍

① (明)邝露:《赤雅》卷上。
② 张声震主编:《布洛陀经诗译注》,广西人民出版社 1991 年版,第 451—452 页。
③ 梁庭望、罗宾译注:《壮族伦理道德长诗传扬歌译注》,广西民族出版社 2005 年版,第 126 页。
④ 梁庭望、罗宾译注:《壮族伦理道德长诗传扬歌译注》,广西民族出版社 2005 年版,第 183 页。
⑤ 梁庭望、罗宾译注:《壮族伦理道德长诗传扬歌译注》,广西民族出版社 2005 年版,第 189 页。

互帮插秧、收割，直到农忙结束。在壮族地区，许多村镇在生产活动或公益活动中还自发结成了生产互助性质的民间社团组织，如水利会、筑路会、建新会、禁火会等。这类生产互助会的习俗，也集中体现了壮族人民崇尚互助、团结协作的道德精神。在生活中，村寨里一家有人生小孩，邻里亲友都像办喜事那样送红糖、甜酒、鸡蛋、肉类等营养品让产妇补养；一家有丧事，亲朋邻居也会自动出人帮助料理，出米、酒、肉款待前来吊丧的人；村中有人生重病，旁边的邻居嘘寒问暖；等等。在日常生活中，他们希望平等往来，那些爱斤斤计较自己的得失、不关心别人的人，也得不到他人的帮助。显见，"一家有事百家帮，一人有难四方援"成为了壮族的美德良俗，这种风尚，使单靠个人和一家一户的力量很难办的事变得好办多了。

四、遵守规约、维护公益

在人们的公共生活和社会交往场所中，社会公共秩序和人们的公共利益是社会公共生活赖以存在的基本条件和基本需要，是社会生活保持相对稳定与和谐发展不可缺少的因素。在社会生活中为了求得共同的存在与发展，维护人们的公共利益，必然要求建立和维持一些共同的大家都必须遵守的秩序，制定和形成适应公共生活需要的规章、规则、公约等纪律性条文和约定俗成的规矩和习惯等。在国家形成的社会中，作为统治阶级意志的体现，国家还制定有一定的法律、法规、法令用于维护公共秩序。因此，为了保证社会生活的正常运作，维护公共生活秩序，要求每个社会成员都要共同承担应尽的义务，遵纪守法、遵守公共秩序、维护共同利益必然成为社会为维护社会公共生活得以正常进行而对人们提出的公共道德规范要求。

壮族在长期的社会实践中也形成了遵守公共秩序、维护公共利益的道德传统，遵守规约、恪守法律是壮族提出并力主人们遵循的道德行为规范。首先，这表现在千百年以来，在长期的共同生产和生活的实践中，为了维护壮族地区的公共秩序和社会稳定，调整人们之间的关系，保障人们的共同利益，壮族人民在历史发展过程中也创制形成了一系列较为系统并为壮族社会广大民众所信守的习惯法。虽然对于这种习惯法各地的称呼不同，但一般而言，学者们认为包括乡规民约、村规民约、族规、款规、禁忌、风俗等类型。由于各地社会情况不同，制定的条款和实施的范围都有不同，也有一个村、几个村甚至一个乡共同制定和遵守的规约。内容涉及生产生活的各个方面，多是维护当地的社会秩序和生产秩序的条律，相当多的内容属于道德行为规范。一般都是以当地出现什么社会问题，习惯法就会制定出相应的制裁条款，以维护和协调壮族地区生产、生活的公共秩序与和谐发展。① 这些传统习惯法作为一种约束人们公共生活行为的社会规范，在维护壮族社会的共同利益，保障社会正常的生产生活秩序中发挥了重要的作用。这些作为习惯法的乡规民约和村规民约，主要由各乡、村、屯的群众推选出贤能、公正、为人信服的乡老或村老公议，并经过村民大会通过而形成，有些则是沿袭传统习惯。习惯法围绕维护社会公共秩序和共同利益，主要有以下方面内容：严禁偷盗，保护民众私有财产；防止抢劫，维护生命财产安全；保障生产，保护农作物生产和收成；保护林木，禁止乱砍滥伐；严禁赌博窝匪，维持地方治安等。② 例如在民国时期，广西宜山洛东各村制定的款约内容主要有以下六条：

1. 牛马践踏人家禾苗者，除赔偿外，另罚款 2 毫。

2. 偷盗人家财物者，16 岁以下罚 1 元或 8 毫，16 岁以上者罚 1 元 4 毫（1 两银子）或 2 元。

3. 偷人家果树者罚 2 毫，偷谷物者罚 1 元 2 毫。偷牛马者除赔还失主外，另罚 7 元 2 毫。偷柴草者，大人罚 1 元 2 毫，小孩（16 岁以下者）罚 2 毫。偷屋鱼者罚 1 元 2 毫。偷竹子者罚 1 元 2 毫。偷鸡摸狗者白天罚 3 两 6 钱银子，夜晚罚 7 两 2 钱银子。

4. 放火烧山者，小孩罚 1 元 2 毫，大人罚 7 元 2 毫。

5. 挖他人祖坟者，少则罚 1 元 4 毫，多则罚 7 元 2 毫。

6. 强奸掳掠者，除赔偿名誉外，另罚 7 元 2 毫。③

---

① 参见覃主元：《广西壮族习惯法探究》，《桂海论丛》2004 年第 12 期，第 73 页。

② 参见方素梅：《近代壮族社会研究》，广西民族出版社 2002 年版，第 134—136 页。

③ 广西壮族自治区编辑组、《中国少数民族社会历史调查资料丛刊》修订编辑委员会：《广西壮族社会历史调查》（五），民族出版社 2009 年版，第 54 页。

在清末民初时广西龙胜县龙脊乡的习惯法规定有：

> "禁种土杂种耕地于在牧放之所，各将紧围固好，如牲践食者，照苗公罚赔补。""禁种田杂粮之处于在外界，如牲残食者，宜报牲主公平照苋赔补，不敢生事。""禁天干年旱各田照古取水，不敢灭旧开新，如不顺从者，头甲报告送官究治。""禁地方各买管业，柴薪数年禁（伐）长成林，卖主不得任意盗伐，如有不遵，任凭地方乡老头甲送究。""禁地方至春忙栽种之际，各户不许放牛、羊、鸡、鸭践食田禾，如有走头等情，各将田苋赔苗，如有不遵，任凭送究。"……①

显见，在这些款约中，虽然也有维护统治阶级利益的规定，但不少条款对于维护公共秩序和共同利益、维持生产生活的正常秩序发挥了积极作用。

其次，壮族人民还深刻地认识到，再严格的规约和法律也需要得到内在的认同才能更好地得到遵守。因此，为了保证壮族这些习惯法和各村寨的乡规民约的实施和发挥作用，以更好地维护公共秩序和公共利益，壮民族还通过本民族特有的多种方式，劝导人们遵守章纪、恪守法律，在壮族伦理道德长诗《传扬歌》中，规劝人们善良守法，杜绝偷盗行为时这样唱道："劝诫年青人，行为要端正。勤劳无价宝，做贼人憎恨。""人穷有骨气，黑夜不行偷。他人一叶菜，过路绕开走。"②"同是受苦人，出门莫贪财。牵得大牛走，引出阎王来。""专靠抢靠偷，一生不到头。骗些不义财，富贵何处有？"③"劝你贪心者，莫去贪他人。土官查到时，罪惹上你身。要有啥规矩，先找人家问。恐来日受苦，受罚罪不轻。"④劝告人们不贪不占时唱道：

---

① 广西壮族自治区编辑组、《中国少数民族社会历史调查资料丛刊》修订编辑委员会：《广西壮族社会历史调查》（一），民族出版社 2009 年版，第 99 页。标点为笔者所加。
② 梁庭望、罗宾译注：《壮族伦理道德长诗传扬歌译注》，广西民族出版社 2005 年版，第 122 页。
③ 梁庭望、罗宾译注：《壮族伦理道德长诗传扬歌译注》，广西民族出版社 2005 年版，第 123 页。
④ 梁庭望、罗宾译注：《壮族伦理道德长诗传扬歌译注》，广西民族出版社 2005 年版，第 184 页。

"谁争田争地，争不来财气。倘若爱多嘴，稀粥没得吃。"① 而如果不听教诲，违反法规，必将"做贼入监牢，苦了老双亲"。为此，诗中要求父母从小就要严格管教子女："劝诫后世人，儿女莫放纵。"作为一个歌唱的民族，在壮族人酷爱的歌谣中，也有许多对人们要遵纪守法的规劝。对此，《平果嘹歌·恋歌集》之《布林恋歌》有着这样生动的描述："你莫嫌我太啰嗦，我还有话对你说。男人若是干坏事，一人跌山九人拖。""妹你好心来教育，阿哥听了也信服。只是阿哥胆子小，谅我坏事做不出。""跟着坏人会偷盗，跟着鬼神会跳神。若要犯罪把牢坐，起码耽误小半生。""哥不偷牛不偷马，保证不会去犯法。法律好比高压电，碰上就会冒火花。""你做好事我就跟，你做坏事我就逃。留你做个单身汉，好比浮萍水上漂。"② 此外，还有"妹的决心不会变，还有话语讲在先，盗窃赌博你莫做，才肯和你结姻缘。当面和妹讲清楚，人家便宜我不图，偷赌嫖毒我最恨，只在种养下功夫"③、"你有力气能耕种，原本不该这么穷。你又不嫖又不赌，立家不会挨落空"④ 等等。

五、正直诚实、讲究信用

诚实信用是人们在公共交往中必不可少的道德要求，是协调和处理人与人、人与社会关系的基本行为准则。作为人们交往的重要伦理准则和道德规范，在人类发展的各个时代和各个民族中，诚实和信用历来都是受到普遍重视的道德要求。自古以来，诚实信用就是中华民族优秀传统道德的重要内容，中华民族也以守信用、讲信义而闻名于世。并且，在中国传统道德文化中，诚信还具有非常高的道德价值等级。儒家经典之一的《礼记·中庸》载："诚者，天之道也；诚之者，人之道也。"强调诚是宇宙的本质和人的本质，是人类生活中最重要的道德。孔子将诚信作为做人的根本，说："人而无信，不知其可也。"⑤ 强调"信"的基本要求是言行相符，即"言必信，行

---

① 梁庭望、罗宾译注：《壮族伦理道德长诗传扬歌译注》，广西民族出版社 2005 年版，第 186 页。
② 农敏坚、谭志表主编：《平果嘹歌·恋歌集》，广西民族出版社 2005 年版，第 67 页。
③ 农敏坚、谭志表主编：《平果嘹歌·新歌集》，广西民族出版社 2005 年版，第 13 页。
④ 农敏坚、谭志表主编：《平果嘹歌·恋歌集》，广西民族出版社 2005 年版，第 362 页。
⑤ 《论语·为政》。

必果"①。朱熹更深入地强调诚敬是人所以立身行己、应事接物的根本原则，曰："道之浩浩，何处下乎？惟立诚才有可居之处，有可居之处则可以修业。"②"凡人所以立身行己，应事接物，莫大乎诚敬。诚者何？不自欺不妄之谓也。敬者何？不怠慢不放荡之谓也。"③

　　诚实信用也是备受壮族重视的道德价值标准和道德行为准则，是壮族的传统美德。自古以来，讲诚实、守信用被壮人视为待人处事之本，是人们在社会交往中必须遵循的社会公德规范。在《传扬歌》中，就有不少教导人们要诚实正直的主张，歌中唱道："做个正直人，不枉寿百年。"④"一生来世间，安分走正道。"教导年轻人要做个正直的人，"劝穷家子弟，假话不可听。"⑤"劝诫年青人，行为要端正。"⑥认为诚实正直是一个正派人的基本要求，唯有行为端正，正直诚实，才能得到他人的信任支持，才是做人、成才的起码要求。歌中还要求为人父母者须教育儿女学会做人，"儿女要做人，牢记在心间。""儿女会做人，地是聚宝盆。"⑦基于这样的道德理念，壮族人民非常鄙视失信的人，认为"言而无信是人渣"⑧。在壮族民歌中还有许多讴歌诚信，教人忠厚做人、行事正派的训导。如："为人忠厚是古训，不忠不厚哪样行。""不讲诚信哪样旺？"应该"以诚以信去经商，以诚以信财路广"⑨、"人生在世要正派，为人行事要公正，损人利己做坏事，人眼不见天眼见"⑩等等。

---

① 《论语·子路》。
② 《朱子语类》卷第九十五。
③ 《朱子语类》卷第一百一十九。
④ 梁庭望、罗宾译注：《壮族伦理道德长诗传扬歌译注》，广西民族出版社 2005 年版，第137 页。
⑤ 梁庭望、罗宾译注：《壮族伦理道德长诗传扬歌译注》，广西民族出版社 2005 年版，第119 页。
⑥ 梁庭望、罗宾译注：《壮族伦理道德长诗传扬歌译注》，广西民族出版社 2005 年版，第122 页。
⑦ 梁庭望、罗宾译注：《壮族伦理道德长诗传扬歌译注》，广西民族出版社 2005 年版，第119 页。
⑧ 农敏坚、谭志表主编：《平果嘹歌·新歌集》，广西民族出版社 2005 年版，第 209 页。
⑨ 农敏坚、谭志表主编：《平果嘹歌·新歌集》，广西民族出版社 2005 年版，第 321 页。
⑩ 魏建功：《西南边疆壮族地区社会和谐稳定的原因分析》，《曲靖师范学院学报》2009 年第 3 期，第 71 页。

　　壮族人民正直诚实、忠厚淳朴、讲究信用的道德品格在他们的生产生活和风尚习俗中多有体现。壮人在社会交往中也很注重讲诚实、守信用，无论在贸易买卖、借贷或其他关系中，一般是不会食言负约的，只要有言在先，各方都守信用，即便情况发生变化对自己不利，也宁愿自己吃亏，不会反悔。由于这种诚信的社会风气，壮乡民间的借贷通常不需要办什么手续，立什么凭据以防日后赖账，甚至借贷巨款和借用贵重物品也是这样。只是在一些不动产（土地、房屋、园林等）的租赁和拍卖中，才需要请见证人，立字据。① 壮人在相互交往中，也能信守正直诚实的道德规范，如在生产活动中壮族有"打标为记"和"插标"的习俗，当人们看到插有树枝、茅草做标记的木柴、牛粪，就知道这些已是他人的东西，即使周围没人也是不会拿走的②；看到立有草标，表示荒地有主的标志，便不再开垦，自觉离开另找别处③。因为在壮人的观念里，凡是不经过自己辛勤劳动而得来的东西，取之是不义的，是背离正直诚实做人的准则的。显然，这种习俗，无论是插标者还是遇标者，都按一定的行为准则约束自己的行为，人们诚实劳动，不贪不占，彰显了壮族人民待人处事正直诚实、讲究信用的道德风貌。

六、尊崇自然、保护环境

　　善待自然，保护环境是人类环境公德的重要内容，是协调和处理人与自然之间的关系，对人们提出的基本道德行为规范。自古以来，追求人和自然和谐交融的"天人合一"、崇尚自然的思想一直是中华道德文化的基本精神。中国是一个农业文明古国，农业生产对大自然具有的很大依赖性使得我们的祖先对"天"崇拜和对自然敬畏，因而也使对天人关系、人与自然关系的探究构成了我国几千年文明发展史的一个永恒主题。人们在长期的适应自然、改造自然的过程中认识到与大自然相互依存发展的辩证关系，中华民族逐渐形成了许多与自然和谐相处、善待自然、保护环境的生态伦理智慧与道德观念。如道家的基本思想是追求宇宙中道、天、地、人"四大"的和谐统

---

① 参见覃国生、梁庭望、韦星朗：《壮族》，民族出版社 1984 年版，第 114—115 页。
② 《壮族百科辞典》编纂委员会：《壮族百科辞典》，广西人民出版社 1993 年版，第 388 页。
③ 《柳州地区志》编纂委员会：《柳州地区志》，广西人民出版社 2000 年版，第 63 页。

一，老子曰："道大，天大，地大，人亦大，域中有四大，而人居其一焉。人法地，地法天，天法道，道法自然。"① 孟子则有仁民爱物之说，将仁政王道与对自然规律的尊重有机结合起来，认为："不违农时，谷不可胜食也；数罟不入洿池，鱼鳖不可胜食也；斧斤以时入山林，林木不可胜用也。谷与鱼鳖不可胜食，林木不可胜用，是使民养生丧死无憾也。养生丧死无憾，王道之始也。"② 壮族及其先民适应华南珠江流域的自然地理环境和气候特点，把野生稻驯化为栽培稻，成为了最早创造稻作文明的民族之一，在长期稻作农业的生产方式影响和制约下，并在与生存的自然环境密切联系中，壮族也形成了尊崇天地、热爱自然、善待自然，与大自然和谐相处共生的生态伦理智慧和观念，在社会生产生活中对人们提出了不少保护环境的生态公共道德规范要求，并通过壮族的自然崇拜、禁忌信仰、传统习俗、习惯法规以及神话故事、歌谣民谚等多种文化形态加以表现。

首先，尊崇自然、敬畏自然是壮族生存发展的一种生态伦理智慧。自古以来，壮族及其先民们由于受社会生产力和认识水平的限制，以及所处的地理环境的影响和制约，逐渐形成了对待自然生命的态度、意识、观念和行为模式，形成了对日月星辰、风雨雷电、山川溪河、动物植物等等自然万物的崇拜和敬畏，对那些与人们的生活和生产有着密切关系的物象加以神圣化并奉之为崇拜对象，以祈求获得自然万物的庇护、赐福消灾以及与大自然和谐共生。因此，在壮族地区，花草树木、飞鸟鱼兽莫不有灵，并受到壮人的尊重和顶礼膜拜。这种自然崇拜在壮族麽教经诗《布洛陀经诗》中占有重要地位，在《经诗》中我们看到，天、地、山、水、火、河流、石头、树木、花草、谷物、鸡、鸭、牛、马、养、老鼠、蛇、鹰等一切动植物皆有灵魂，敬奉它，就能赐惠于人而保五谷丰登，人畜兴旺，反之如得罪它或处置不当则会灾祸降临。在《经诗》之《造万物》篇中，就有专为赎谷魂、赎牛魂、赎马魂、赎猪魂、赎鸡鸭魂、赎鱼魂等而喃唱的唱经，讲述了这些灵魂既可造福于人类，又可作祟于人间。而在《经诗》第三篇《造万物·造火经》中既阐述了布洛陀教人们造火成功，火又给人们带来了幸福生活；但也

① 《老子》第二十五章。
② 《孟子·梁惠王上》。

告诫人们对火的不慎使用或者滥用，也会给人类带来灾难。壮族民间还流传有许多关于自然崇拜、人与动植物之间亲密关系的神话故事。以花崇拜为例，在壮族地区广泛流传着花婆神话传说，壮族信俗认为，人是花婆神花园里的花朵，花婆赐花谁家，谁家生孩子，赐红花生女孩，赐白花生男孩。小孩子生病，是花山上花缺水生虫。花婆在花山上将一株红花和一株白花移栽到一起，世上男女结成美满夫妻，人逝世时，灵魂回归花上为花。① 故在壮家有供奉花婆神为生育神加以崇拜的习俗。花婆神话反映出了壮人与自然和谐共生的心理认同。② 壮族的节日习俗也体现了他们这种敬畏天地、崇尚自然、与大自然和谐相处的生态伦理智慧。蚂𧊅节，是红水河流域壮族民间一个古老而独特的传统节日，在壮族先人的生活体验中，蛙鸣叫天就会下雨，雨水是雷鸣后的产物，蛙与雷鸣、雨水之间有着非同一般的关系，蛙是人间通往天界雷神的桥梁。人们为了庄稼的丰收，需要祈求老天适时降雨，保证农作物所需要的雨水，这就需要祭奠蚂𧊅，由此逐渐有了求风调雨顺必先敬蚂𧊅的习俗，形成了传统的蚂𧊅节。蚂𧊅节反映期盼自然万物与人类和谐共生的朴素的生态伦理观。每年的农历四月初八的牛魂节，是壮族一个重要的稻作节日。节日的主要内容是举行祭祀活动，敬拜耕牛，为牛蓄魂。③ 因为，在壮族以稻作农业为主要的生产方式中，牛是壮族主要的耕畜，在人们的生产生活中起着举足轻重的作用，由此形成了壮人爱牛、敬牛的思想观念和传统习俗。人们选择在春耕大忙之后的时节为牛脱轭休息④，敬拜耕牛，替牛安栏，表达对牛的珍惜和尊敬的心理，这实际上正是人们感激自然万物的恩赐，热爱自然，与自然和谐相处的朴素、直观的表现。⑤

其次，善待自然、保护环境是壮族协调和处理人与自然之间关系的重要的公共道德规范。壮民族聚居地属亚热带，常年气候温热，雨水充足，动植物及其他自然资源十分丰富，由于早期生产力的落后，壮族先民强烈地依

---

① 过伟：《中国民俗大系·广西民俗》，甘肃人民出版社 2003 年版，第 166 页。
② 张志巧、唐凯兴：《壮族伦理思想的和谐意蕴及其当代价值》，《广西民族研究》2011 年第 4 期，第 89 页。
③ 梁庭望：《壮族风俗志》，中央民族学院出版社 1987 年版，第 96 页。
④ 根据农事季节的不同，有的地方也在农历五月或六月才过牛魂节。
⑤ 唐凯兴：《论壮族传统节日文化的伦理意蕴》，《学术论坛》2012 年第 12 期，第 75—76 页。

赖于自然，因此，壮民族对自然生态有一种与生俱来的保护意识。如上所述
人们建立在"万物有灵"的观念基础上形成了对自然万物的尊崇与敬畏的生
态伦理意识，从而通过各种生产生活禁忌、传统节日与信仰等习俗来谋求与
自然的和谐相处。实际上，在这些习俗中已渗透着强烈的爱护和保护动植
物，使自己生存的自然生态平衡免遭破坏的生态伦理观念和行为规范准则，
也在客观上起到了保护环境的作用。长期以来稻作农业生产的经验使壮族深
刻地认识到水对稻田、对人类生存之重要，由此形成了保护森林、涵养水源
的生态伦理观。"有林才有水，有水才有粮"成了壮家历来的古训。为了保
护森林，保护水源地，保护生态环境，壮族及其先民不仅以宗教的形式来规
范和约束人们的行为，几乎每个壮族村寨都有一片加以特殊保护的树木，俗
称"祖宗神树"，这些"神树"不能随意接近，更不允许乱加砍伐，违禁者
会受到神灵的惩罚。[1] 而且还借助风尚习俗、习惯法等成文或不成文的道德
规范形式来调节人与自然的关系，对人们提出爱护自然资源、保护生态环境
的公共道德规范要求。壮族习惯法作为一种约束人们公共生活行为的社会
规范，在各地制定的乡规民约中，主要内容之一就是保护林木，禁止乱砍
滥伐。如有乱砍滥伐，除罚款外，有的地方规定，按损失的数量补种树；山
林失火，肇事者要被罚款或补种树；有的地方还规定，新生儿出生或有人去
世，要种几棵树等。[2] 在云南广南旧莫的汤盆村，有一块清道光四年（1824
年）所立的封山护林的"告白"碑，碑上写道："尝闻育人才者，莫先于培
风水；培风水者，亦莫先于禁山林。夫山林关系风水，而风水亦关乎人才
也。"而为保护山林不被破坏，碑文还写道："仍照古规，将寨中前后左右山
场树木尽封，若寨中人砍伐一株者，罚银三两入公，猪一口，酒一百碗，盐
一斤；见砍不报者，与砍树人同例；若有不遵，众人齐集，送官处治。"[3] 此
外，壮族民间还有结婚、乔迁等大喜日子要植树造林，"近水不得滥用水"，
"砍伐要舍近求远"等习俗和谚语古训。

① 张志巧、唐凯兴：《壮族伦理思想的和谐意蕴及其当代价值》，《广西民族研究》2011 年第
4 期，第 89 页。
② 范宏贵：《壮族历史与文化》，广西民族出版社 1997 年版，第 298 页。
③ 戴光禄、何正廷：《勐僚西尼古——壮族文化概览》，云南美术出版社 2005 年版，第 11 页。

第三节　壮族公共生活道德的现代发展

新中国成立以后特别是改革开放以来，壮族倡导的公共生活道德规范与我国社会主义社会倡导的社会公德相契合，并在新的历史条件下得到了弘扬发展，对于壮族人民道德关系的调节和公共生活正常秩序的维护，以及壮族地区的社会和谐发展起到了积极的能动作用。

一、壮族公共生活道德与社会主义社会公德相契合

（一）新中国成立以来我国倡导的社会基本道德规范

新中国成立以来，我国十分重视公民道德建设，从我国社会主义实际和各族人民的共同利益出发，先后提出了"五爱"国民公德、社会主义社会公德和社会主义核心价值观等社会基本的道德规范。这些社会基本道德规范是我国在长期的革命斗争和社会主义建设实践中形成、丰富和发展的，是弘扬中华民族优良传统美德的必然要求，也是我国社会主义公民道德建设的基本要求，是社会主义社会公德的重要构成。这些社会基本道德规范的提出和倡导，体现了国家重视人民的品质、人格教育，重视人民道德素质的提高，对于促进人们道德水平的提高和社会道德风尚的引领，以及和谐社会的营造都发挥了重要的作用。

"五爱"是我国社会主义社会公民应该遵循的五种最基本的道德规范的简称。早在新中国成立之初，1949 年，在毛泽东同志亲自主持制定并起到了临时宪法作用的《中国人民政治协商会议共同纲领》中，就根据我国社会的性质、特点和社会历史条件，规定"提倡爱祖国、爱人民、爱劳动、爱科学、爱护公共财物为中华人民共和国全体国民的公德"。1982 年，在第五届全国人民代表大会第五次会议通过的《中华人民共和国宪法》中，将原提出的"五爱"公德中的"爱护公共财物"改为"爱社会主义"，赋予了"五爱"更全面、更深刻、更科学的内涵，并明确规定："国家提倡爱祖国、爱人民、爱劳动、爱科学、爱社会主义的公德"。将"五爱"庄严地写入国家的根本大法——宪法，成为我国在社会主义时期对社会各阶层人们普遍的、共同的

道德要求。1996 年 10 月中国共产党十四届六中全会通过的《中共中央关于加强社会主义精神文明建设若干重要问题的决议》，2001 年 9 月 20 日中共中央印发的《公民道德建设实施纲要》，也都把"五爱"作为我国公民道德建设的基本要求，进一步充分肯定下来，指出："爱祖国、爱人民、爱劳动、爱科学、爱社会主义作为公民道德建设的基本要求，是每个公民都应当承担的法律义务和道德责任。"

在 1996 年党的十四届六中全会通过的《中共中央关于加强社会主义精神文明建设若干重要问题的决议》和 2001 年中共中央印发的《公民道德建设实施纲要》中，还将我国全体公民在社会交往和公共生活中应该遵循的行为准则即社会公德的主要内容进一步具体化，指出："要大力倡导以文明礼貌、助人为乐、爱护公物、保护环境、遵纪守法为主要内容的社会公德"，鼓励人们遵守社会公德，在社会上做一个好公民。党和国家倡导的社会公德不仅反映人与社会、人与人的相处之道，也反映了人与自然的关系要求，对维系人们的社会公共生活具有重要作用。作为约束社会公共生活领域的基本原则，社会公德是保证社会和谐稳定的最起码的道德要求，对公民的个人修养和社会的文明进步起着引导的作用，在公民道德建设中占有举足轻重的地位。

在 2012 年 11 月中国共产党第十八次全国代表大会的报告中，又进一步提出要"倡导富强、民主、文明、和谐，倡导自由、平等、公正、法治，倡导爱国、敬业、诚信、友善"的社会主义核心价值观。其中"爱国、敬业、诚信、友善"是立足于社会主义核心价值观的公民个人层面，集中体现了我国社会主义国家公民的基本价值追求和道德准则要求。作为公民的基本道德规范要求，"爱国、敬业、诚信、友善"是从个人行为层面对社会主义核心价值观基本理念的凝练，它涵盖了公民道德行为的各个环节，又贯穿了社会公德、职业道德、家庭美德、个人品德的每一方面，是广大人民群众都应当树立的基本道德规范和价值追求，为我国广大人民群众判断行为得失、作出道德选择提供了更加具体的价值评判标准，成为现今广大人民群众普遍遵循的基本行为准则，成为引领社会风尚的方向标。

总之，新中国成立以来我国倡导的全体公民应该遵循的社会基本道德规范从"五爱"公德的提出，到把公民道德基本规范具体化，再到从个人行为层面对社会主义核心价值观基本理念的凝练，反映了我国对社会主义公德建设的重视，对广大人民群众的殷切希望以及对公德观的认识与实践既一脉相承、不断深刻又与时俱进；反映了国家对广大人民群众在日常生活当中的基本要求，反映了党和政府对社会主义道德的认识也越来越清晰和深刻。

（二）壮族公共生活道德与社会主义社会公德不谋而合

一个民族、国家和社会的价值理念与基本的道德规范要求是在其历史进程中孕育积淀而成的，并将引导、支撑、推动着这个民族、国家、社会走向永久进步和蓬勃发展。中华民族的优秀道德传统是我国现代文明的基础，是我们社会主义道德建设和核心价值观营造的源泉和根基。如果没有对本民族、国家创造的优秀道德文化遗产的传承和发展，现代社会的文明进步和我国社会主义社会公德建设就将成为无源之水、无本之木。毛泽东主席曾经说过："中国现时的新政治新经济是从古代的旧政治旧经济发展而来的，中国现时的新文化也是从古代的旧文化发展而来，因此，我们必须尊重自己的历史，决不能割断历史。"① 习近平总书记也强调："培育和弘扬社会主义核心价值观必须立足中华优秀传统文化。牢固的核心价值观，都有其固有的根本。抛弃传统、丢掉根本，就等于割断了自己的精神命脉。"要"深入挖掘和阐发中华优秀传统文化讲仁爱、重民本、守诚信、崇正义、尚和合、求大同的时代价值，使中华优秀传统文化成为涵养社会主义核心价值观的重要源泉"②。中华民族上下五千年的历史，创造了灿烂的中华文明，形成了博大精深、源远流长的中华民族优秀道德传统，诸如：尽忠报国、反抗侵略、集体为重、敬业乐群、扶危济困、舍己利人、睦邻友好、人际和谐、诚实守信、尊崇自然等等，都是中华民族传承下来的宝贵的精神财富，也构成为了我国社会主义社会公德建设和社会主义核心价值观涵养的重要源泉。

壮族作为我国统一的多民族国家的重要一员，在自己的历史发展中也积淀形成并代代传扬的公共道德规范要求，诸如：热爱家国、维护统一，注

---

① 《毛泽东选集》第二卷，人民出版社 1991 年版，第 708 页。

② 见习近平在 2014 年 2 月 24 日主持中共中央政治局第十三次集体学习时发表的讲话，《人民日报》2014 年 2 月 26 日，第 1 版。

重礼貌、热情好客，团结互助、济困扶危，遵守规约、维护公益，正直诚实、讲究信用，尊崇自然、保护环境等。壮族这些公共道德规范要求，也是中华民族传统美德的重要组成部分，是壮族人民留给当代的宝贵文化财富。并且，还因壮族公共生活道德具有共同性、全民性和继承性特点，使之不仅在自己的发展中与中华民族传统美德相互交融，在当代，其中的许多优秀成分也并没有过时，而与我国社会主义社会倡导的社会公德不谋而合，依然是我们需要大力提倡和传扬的社会公德规范要求。

二、壮族公共生活道德在当代的新发展及表现

《公民道德建设实施纲要》指出："中华民族的传统美德与体现时代要求的新的道德观念相融合，成为我国公民道德建设发展的主流。"正由于壮族公共生活道德规范要求与我国社会主义社会倡导的社会基本道德规范相契合，因此，在社会主义新的历史条件下，壮族传统公共生活道德在社会主义核心价值体系的引领下得到了延续和发展，结合时代的要求被赋予了时代新的内容，有了许多新的表现，对于调节壮族地区人们的社会交往和公共生活中的各种关系以及维护公共生活的正常秩序继续发挥着积极能动的作用。

（一）爱国主义与爱社会主义相联系

爱国主义是壮族自古以来就形成的对自己故土家园、民族和国家无比热爱和认同的源远流长的道德传统，在千百年的历史发展中，热爱故土和家园、热爱祖国和民族、维护祖国统一历来都是壮族社会人们用来调节和处理个人与民族、国家整体之间应该遵循的基本道德规范。在社会主义新的历史条件下，壮族人民的爱国主义道德传统与爱国主义有机结合起来，被赋予了时代新的内容，这在壮族丰富多彩的文化和道德生活领域，有着许多形象生动的体现。尤其是壮族作为一个能歌善唱、出口成歌的民族，在大量的壮族民歌中，壮族人民用歌声抒发了对社会主义社会的幸福、喜悦、感激的道德情感，真挚地表达了对社会主义新中国的热爱之情。如云南壮族歌手以一首《水向东方流》唱道："河水向东方，小河归大江；感谢毛主席，感谢共产党；给咱翻了身，让咱得解放；河水向东方，小河归大江；壮歌唱不尽，党的恩

情长；壮家大步迈，永远跟着党。"① 广西还有两首民歌这样唱道："毛主席来领导，壮人才得翻身，各民族一律平等，国家大事由大家来决定。""毛主席来领导，我们壮人好比重生，不但生活得到改善，还帮助创造了壮文。"② 这些歌声由衷地歌颂新社会、新生活、新景象，表现了壮民对社会主义国家的赞美之情，也表达了他们走社会主义道路的坚定信念。此外，不少壮族歌手还以山歌热情歌颂了社会主义改革开放的新生活，展现了新时代、新社会壮族地区新风貌和壮族人们愉悦、向上的精神状态，表达了他们对党和社会主义国家的认同、感激和热爱之情。一首《人人都夸壮乡美》这样唱道："人人都夸我壮乡，城市乡村大变样；好山好水让人醉，茅寮土屋变楼房。坐在家里见北京，电视电灯成家常；五谷丰登好年景，和谐家庭更兴旺。"③ 一首《壮家生活赛蜜糖》也唱道："今天理想得实现，城乡处处起楼房；柏油铺路通汽车，出门坐车友成帮。大伙相约看电视，坐在山区见海洋；共个太阳照大地，开怀唱歌心欢畅。党指小康这条路，壮家生活赛蜜糖；改革开放这条路，大伙越走越宽广。"④

（二）文明礼貌的新风尚

"礼"被中国传统道德文化概括为"五常"之一，讲求文明礼貌一直成为历代社会极为倡导的基本道德规范。壮族作为我国多民族大家庭中一个历史悠久、文化灿烂的民族，历来也以注重"礼节"和讲究文明礼貌而著称，自古以来，文明礼貌也成为了壮族社会人们在社会交往和处理人与人之间关系中的基本道德行为规范，体现在壮族的多种文化形态和习俗风尚中。在社会主义时期，壮族倡导的文明礼貌的传统习俗和美德也得到了传承和发展，在壮族人民现代日常生活、社会交往和礼仪习俗等各个方面，壮族人们礼貌谦和、待人和气、热情好客、友善真诚的优良社会公德都有充分的表现。如云南广南壮族迎客时一首《心与心相连》唱道："喜迎远方客，到桃源坝美；

---

① 戴光禄、何正廷：《勐僚西尼古——壮族文化概览》，云南美术出版社 2005 年版，第 159 页。

② 广西壮文工作委员会、广西民族学院编：《壮族民歌选集》，广西人民出版社 1958 年版，第 5 页。

③ 范西姆主编：《壮族民歌 100 首》，广西人民出版社出版社 2009 年版，第 294—298 页。

④ 范西姆主编：《壮族民歌 100 首》，广西人民出版社出版社 2009 年版，第 300—308 页。

老乡伸出手，山村张开臂。大家手牵手，互相肩并肩；情和情相融，心和心相连。"① 又如广西宾阳待客时一首敬茶歌《情到表礼仪》唱道："有客来到这，我们心欢喜，口渴喝杯茶，情到表礼仪。"② 这些民歌虽然没有华丽的语言，却表现出他们朴实、诚恳、真挚、友善、谦逊、有礼的一面，表现出壮民开朗好客、礼貌待人的道德新风尚。当然，壮乡人民不仅是用民歌表现他们的生活礼仪和文明举止，生活中还处处呈现文明礼貌的新风尚，如文明礼貌用语和言行举止已成广西南宁市民的日常习惯；近两年广西壮族自治区深入开展"讲文明树新风"公益广告宣传活动，一批优秀公益广告作品如《马路天使》、《钥匙阿姨》等微电影，《文明中国礼》、《说文明话，当文明人》、《讲文明树新风，从我做起》等视频作品也正在积极传播着社会正能量，引领文明礼貌新风尚③；历届中国—东盟礼仪形象大使为广西高速公路管理局所打造的文明礼仪微笑服务更是使广西高速公路服务窗口成为了全国知名的文明服务、微笑服务窗口④。笔者自 20 世纪 80 年代以来，一直在广西百色壮族地区的大、中学校任教，在数十载与壮族学生的相处中，壮族学生与长辈、老师交谈、交往所表现出来的礼貌谦逊也给笔者留下了极为深刻的印象。壮族学生的文明礼貌行为表现也常常被笔者运用到教育教学中，成为学校道德教育活生生的素材。

（三）团结互助的新表现

自古以来，济困扶危、乐于助人就是壮族人民倡导和遵循的重要道德行为规范。这不仅在壮族伦理道德长诗《传扬歌》中得到大力倡导和传扬，在现实生活中，壮族聚居地区的人们也都非常重视团结互助，在长期的生产劳动和生活实践中形成了团结互助、相扶相帮、慷慨助人、济困扶危的美德良俗。千百年来，壮族人民团结互助的良好风尚也代代传承下来，并没有退出历史舞台，在当今社会主义精神文明建设中仍然焕发出新的光彩。

① 范西姆主编：《壮族民歌 100 首》，广西人民出版社出版社 2009 年版，第 253—255 页。
② 范西姆主编：《壮族民歌 100 首》，广西人民出版社出版社 2009 年版，第 233—234 页。
③ 云亦云：《南宁举行"讲文明树新风"公益广告赏析发布会》，《南宁日报》2014 年 6 月 11 日。
④ 林涌泉：《播撒礼仪之花的使者——访历届中国—东盟礼仪形象大使大赛执委会主席潘玲》，《广西日报》2013 年 2 月 28 日。

在现代，壮族人民也仍然保持着劳动生产中无偿互助、合作互济的"打背工"习俗，一家有事百家帮，一人有难四方援，这在许多壮族地区的县志和调查资料中都有记载。尤其是"能帮就帮，敢做善成"更是被确定为了广西壮族自治区的首府南宁城市精神，深深扎根于广大市民群众心中，成为人们的道德行为准则。近年来，随着外出务工人员的增多，导致当地农村劳动力稀缺，对农业农村经济发展产生一定影响。因此，一种新型的合作方式——农事互助在一些壮族地区农村悄然兴起。据广西百色电视台新闻报道，在百色市平果县，为了不误农时，组织了农事互助组，有效地破解了农业生产发展中留守劳动力不足的瓶颈。这种农事互助形式主要是在季节性农事大忙时，各家各户无偿地你帮我、我帮你，田间地头热闹繁忙，加快了春耕、春播、春种等季节性农事活动的进程。这种农事互助形式不仅体现在种植方面，在养殖方面也得到了推行。农事互助模式的出现，改变了以往单门独户"打拼"的生产方式，既赶上农时，又节省劳力，农民收入逐年提高，不仅能够解决当地农村劳动力稀缺的问题，还密切村民之间的和谐邻里关系。① 这种农事互助的合作方式实际上就是壮族人民团结互助美德在新形势下的体现，体现壮族人们想别人之所想，相互帮衬、崇尚互助、团结协作的优良品质。此外。壮乡人民乐于助人。团结互助的新风尚还有很多体现。自20 世纪 80 年代改革开放以来，壮族各地适应时代的发展，纷纷制定了新农村建设的村规民约，这些村规民约不少都提出了村民要团结友爱、相互帮助的要求。如在大新县堪圩乡制定的《新农村建设村规民约》中，其中一条就规定："团结友爱，相互尊重，相互理解，相互帮助，和睦相处，不打架斗殴，不诽谤他人，不造谣惑众，不拨弄是非，不仗势欺人，建立良好的邻里关系。"②

（四）诚信正直的新体现

诚实正直是人们在公共交往中必不可少的道德要求，是协调和处理人与人、人与社会关系的基本行为准则。自古以来，诚实正直就是中华民族优

---

① 佚名：《平果：农事互助破解农村劳力不足瓶颈》，百色广电网，2012 年 3 月 30 日，见 http://www.gxbstv.com/Article/localnews/pinggou/201203/13913.html。

② 陈建新、李洪欣：《壮族习惯法研究》，广西人民出版社 2010 年版，第 361 页。

秀传统道德的重要内容，也是备受壮族重视的道德价值标准和道德行为准则，正直诚实、讲究信用一直被壮人视为待人处事之本，是人们在社会交往中必须遵循的社会公德规范。这在集壮族伦理道德之大成的伦理道德长诗《传扬歌》，以及众多壮族歌谣、壮族民间故事、壮族艺术体育文化乃至壮族生产生活和风尚习俗中都有体现。时至今日，诚信正直这一壮族人民倡导的传统美德，依然是人们在社会公共生活中信守遵循的公共道德规范。诸如在新时期不少壮族歌手编唱的新民歌中，大力传扬了诚实正直的美德良俗，在广西平果，新时期民间歌手创作的平果嘹歌中就反复唱道："言而无信是人渣。"①"为人忠厚是古训，不忠不厚哪样行。""没有文化那样强，不讲诚信哪样旺。""以诚以信去经商，以诚以信财路广。"②……规劝教育人们要做正直诚实的老实人。

2014 年 2、3 月，央视《新闻联播》、人民网、广西新闻网、南宁新闻网等许多媒体和网站都报道了广西壮族自治区上林县 90 后女孩石芳丽撞伤老人后勇于承担责任的事件，引起强烈的反响，获得广大人民的关注和点赞。事情的经过是这样的：2014 年 2 月 13 日上午，在北京打工的上林姑娘石芳丽，在骑电动车上班途中不慎撞倒了骑自行车的北京老人韩健，事后，石芳丽和父亲第一时间到医院缴纳医疗费，并承诺承担一切治疗费用和表示愿承担所有责任，老人住院的第三天，石芳丽辞去工作，亲自到医院陪护韩爷爷。③ 壮乡女孩石芳丽并不像一些肇事者一样撂下老人偷偷跑了，而是勇于承担责任，承诺"倾家荡产也要负责到底"。其父亲石永强说："从小我就教育孩子，干多大事、挣多少钱，都不如踏踏实实地做人重要。"石芳丽的母亲也告诉记者："我们俩一辈子都是老实人，不懂怎么教育孩子，总之是做人要实在，不能把钱看得太重。"④ 在当今社会人们为老人跌倒"扶与不扶"的社会问题而困扰时，壮乡女孩石芳丽及其家人用他们诚恳、负责、正

---

① 农敏坚、谭志表主编：《平果嘹歌·新歌集》，广西民族出版社 2005 年版，第 209 页。
② 农敏坚、谭志表主编：《平果嘹歌·新歌集》，广西民族出版社 2005 年版，第 321 页。
③ 叶祯：《央视〈新闻联播〉报道石芳丽事件》，人民网，2014 年 3 月 9 日。
④ 《撞出大爱　扶起人心——多视角解读"石芳丽的故事"》，人民网，2014 年 2 月 24 日，见 http://leaders.people.cn/n/2014/0224/c356819-24442605.html。

直的实际行动做出了很好的回答，也向人们很好地诠释诚实诚信的道德精神，传递了正能量。

（五）遵纪守法的新发展

社会公共秩序和人们的公共利益是社会公共生活赖以存在的基本条件和基本需要，是社会生活保持相对稳定与和谐发展不可缺少的因素。为了保证社会生活正常运作，维护公共生活秩序，遵纪守法、遵守公共秩序、维护共同利益必然成为社会对人们的公共道德规范要求。壮族在长期的社会实践中也形成了遵守公共秩序、维护公共利益的道德传统，遵守规约、恪守法律也是壮族倡导并力主人们遵循的道德规范要求。在现代社会，壮族人们遵纪守法的观念意识不断增强。随着历史的进步、社会的发展，生产方式、地理环境、人口、认知水平等因素的变化，特别是我国在新中国成立后制定了《宪法》并先后颁布《民族区域自治法》和《民法通则》、《商法》、《刑法》等一系列法律法规，我国社会的法治建设取得重大的进展和突破，壮族地区的法制队伍正在不断地成长，他们的法治意识逐渐提高，法治知识不断丰富，业务能力不断增强。改革开放以来，在大力加强社会主义精神文明建设的同时，壮族地区各级党政部门和法制机构还借鉴乡规民约这种壮族社会治安的传统形式，重视村规民约的制定和执行，组织和发动各地群众，根据前人的成功经验对传统的习惯法、乡规民约进行修订。据记载，1984 年中央 1 号文件强调制定村规民约，1985 年下半年广西靖西县在开展农村基层组织建设同时，全县全各村屯都制定了村规民约。① 在 20 世纪末，广西大新县下雷乡仁惠村，为了维护社会治安，促进生产发展，就发动群众讨论制定十八条《仁惠村治安公约》，对人们经济生产、政治生活、日常生活和公共交往等各个方面都提出了公约规定。② 这些新制定的村规民约和各种条例规定，更加符合现代社会发展的需要，能更好地维护壮族社会的公平和正义，保护壮族人民的生命和财产安全，协调壮族人民与大自然的关系，为壮族乃至整个社会政治、经济、文化的稳定发展创造了良好的基础。

---

① 广西靖西县县志编纂委员会：《靖西县志》，广西人民出版社 2000 年版，第 752 页。

② 参见周光大主编：《壮族传统文化与现代化建设》，广西人民出版社 1998 年版，第 294—297 页。

如今，法律宣传的方式越发丰富，如法律讲堂、法律教育网、法律咨询、法律援助、法治在线等等，在壮族人民在普法教育活动的不断开展与广泛影响下，特别是法律知识分子在法治宣传日或者不定期深入到各村屯宣传各种法律，用法律手段为壮族地区的老百姓解决实际的困难之后，壮族人民的法治观念得到了加强。人们从原来的被动遵守乡规民约、村规民约、族规、款约、禁忌、风俗，不熟悉传统习惯法的内容和精神，容易触碰法律，到如今了解了更多的法律知识，他们在日常的生产生活交往中，无论是生活领域、经济领域，还是政治领域，都逐渐意识到遇到问题后首先寻求法律的援助和保护，学会更积极主动地守法、学法、用法。近年来，壮族地区的律师事务所增多，打官司的人增多，表明壮族人民逐步学会在自己的合法利益被侵犯之后，懂得运用法律武器捍卫自己的权益，能够积极主动地用法律知识去同违法犯罪的言行作斗争。

第八章 壮族婚姻家庭道德①

　　婚姻家庭伦理或称婚姻家庭道德，是指人们在婚姻家庭生活中应当遵循的行为准则，是调节婚姻关系、家庭内部成员以及与家庭生活密切相关的人际交往关系的道德规范。涵盖了夫妻、长幼、邻里之间的关系。作为协调婚姻家庭生活这一重要的人类社会生活领域中各种人际关系的行为规范，婚姻家庭道德是在一定的社会历史条件下产生和发展的，具有各自特殊的内容和形式，并从不同方面深刻地影响着个人的道德意识和道德行为。②壮族在其漫长的社会历史发展和婚姻家庭生活及其衍变发展中，适应壮族婚姻家庭生活和谐与完善的需要，也逐渐形成了具有本民族特色的婚姻家庭道德。壮族婚姻家庭道德是调节壮族婚姻家庭中人们之间相互关系的道德规范的总和。作为壮族道德规范体系的重要组成部分，壮族婚姻家庭道德对调节和维系壮族婚姻家庭生活的各种伦理关系也提出了一系列基本道德要求，以规范和调节人们婚姻家庭生活的各种道德关系，对协调壮族婚姻家庭生活中人们的相互关系发挥了重要作用，对壮族婚姻家庭生活各个方面产生了广泛而深刻的影响。

---

① 本章论述的部分内容，已以《壮族传统婚姻道德生活刍论》为题，刊发于《百色学院学报》2014 年第 4 期。

② 罗国杰主编：《伦理学》，人民出版社 1989 年版，第 281 页。

第一节　壮族婚姻家庭制度及其衍变发展

一、壮族婚姻习俗及衍变

婚姻是以两性的结合为内容并为一定社会认可的社会关系。在马克思主义看来，迄今为止，人类婚姻的形式经历了三种，即群婚制、对偶婚制和一夫一妻制。壮族也不例外，也大致经历三个阶段。群婚制是随着生产方式和社会形态的变革而不断演变的历史过程，并被当时的社会制度和风俗习惯所确认的婚姻关系，是人类祖先早期的一种生活方式，性生活不受限制，而被风俗习惯所允许的。在这个阶段，男女之间的性关系没有任何禁忌，呈现出混乱无序。人们只知其母不知其父，没有亲戚兄弟夫妻男女之别，无上下长幼之序。这种婚姻的形式已经无法考证，只能从壮族的创世神话中得到相应的印证。这是因为，"创世神话的演变规律大体上是：自然物创世，兄妹通婚共同创世，女神或其象征物创世，男神女神或他们的象征物共同创世，男神或其象征物创世，诸氏族诸神或其象征物共同创世，抽象神创世。这一演变规律大体上与母系氏族产生和原始母权制向原始父权制过渡的社会进化规律、原始的自然神逐步褪去朴野色彩而变化为神人的诸神演变规律、诸氏族血缘和宗教文化融合的发展规律、由具象到抽象的哲学思想产生发展规律合拍"①。所以，时至今日，壮族中还流传着兄妹结婚、繁衍后代的神话故事。例如在《布洛陀经诗》中就有关于洪水滔天，淹死人类，只剩下伏羲兄妹两人，兄妹结婚，生下一肉团，经过天神的帮助，把肉片剁碎，撒到大地，再造人类的神话叙述。② 在那时兄妹成婚是符合道德的，而直系血亲结婚是不道德的。

对偶婚制是一男和一女在或长或短的时间内共同生活，它是人类个体婚姻的萌芽，是由群婚制向一夫一妻制发展的过渡环节。在这种形态下"一男一女的结合并不牢固，很容易为一方或双方破坏。这种婚姻仍然以女子为中心，女子定居于本氏族，其夫则来自其他氏族。……子女的生父一般来说

---

① 吴天明：《中国神话研究》，中央编译出版社 2003 年版，第 57 页。
② 参见张声震主编：《布洛陀经诗译注》，广西人民出版社 1991 年版，第 127—160 页。

也是能够确定的"①。这种婚姻形式在壮族中也存在过，主要表现为"不落夫家"。所谓"不落夫家"，即妇女婚后"作妇"前不与丈夫同居。明邝露《赤雅》载：壮族"娶日，其女即还母家，与邻女作处，间与其夫野合，有身乃潜告其夫，作栏以待，生子始称妇也"。清汪森《粤西丛载》卷二四也记载："南丹溪峒苟人呼为僮。……婚不避姓，时上中元春秋社日，男女答歌苟合，至有妊娠始归夫家。"这种不落夫家习俗所反映的婚姻形态正是一夫一妻制之前的对偶婚制。对偶婚制并非是男女两性终身互相独占，而是男女两性平等且偶居关系随时可以解除的一种婚姻形态，是介于群婚制和个体婚制之间的一种过渡形态。

随着生产力的发展，专偶制（即一夫一妻制）开始出现。"专偶制是不以自然条件为基础，而以经济条件为基础，即以私有制对原始的自然产生的公有制的胜利为基础的第一个家庭形式。"② 也就是一夫一妻制是以私有制的生产关系为经济基础，这样确保了子女一定是父亲的，从而使子女将来以亲生继承人的身份继承其父的财产。壮族地区受中原文化的影响，一夫一妻制逐渐形成，至于形成年代，无从考据。据《旧唐书》记载："土多女少男，为婚之法，女氏必先货求男族。贫者无以嫁女，多卖与富人为婢。俗皆妇女执役。"③ 这一资料表明，最迟在唐代，壮族已经确立了一夫一妻制，所谓"嫁女"，即与男方组成正式的家庭。④ 俗话说，男大当婚女大当嫁。由于受中原文化的影响，壮族婚俗也出现了纳采、问名、纳吉、纳征、请期、亲迎等仪式。但在婚俗方面还保留着自身的特色，主要表现在婚姻礼俗的形式多样化。

（一）依歌择偶

这是壮族乡村青年特有的择偶方式，也是青年男女恋爱的主要形式。据《岭表纪蛮》载：壮乡"无论男女，皆认唱歌为其人生观上之切要问题。人而不能歌唱，在社会上即枯寂寡欢，即缺乏恋爱求偶之可能性；即不能号

---

① 杨大文：《婚姻法学》，北京大学出版社 1991 年版，第 15 页。
② 《马克思恩格斯选集》第 4 卷，人民出版社 2012 年版，第 75 页。
③ 《旧唐书》卷一百九十七《列传第一百四十七·南蛮·西南蛮》。
④ 周光大主编：《壮族传统文化与现代化建设》，广西人民出版社 1998 年版，第 519 页。

为通今博古，而为一蠢然如豕之顽民"①。在壮族青年的择偶活动中，"歌"是非常重要的，男（女）青年的歌唱出众，比其相貌漂亮与否更能吸引人们的关注。"善唱歌者，能博得全社会一般民众的尊誉。……善唱歌者，能博得妇女之欢心，可藉此为媒介，而达到最美满之恋爱……进而达到美满结婚之目的"。② 特别是在歌圩期间，青年男女依歌择友、依歌传情，来表达青年男女的爱慕之情。壮族自古就有传统的歌圩，如三月三、布洛陀节、中秋节等等，这种节日是青年男女依歌传情的好机会。今摘录几首情歌如下：

明代平南《相思曲》云：

妹相思，不作风流待几时，只见风吹花落地，不见风吹花上枝。妹相思，蜘蛛结网恨无丝，花不年年常在树，娘不年年伴女儿。③

现代情歌如：

想妹几多是人妻，蜡烛点在暗房里。是鸟难上青天，不得成双也枉然。水打奔沙石不离，蜜蜂难舍树花枝。风吹衣袖五色开，颜容好比祝英台。妹唱山歌哥听音，哥心贴着妹心灵。妹讲妹迷哥更迷，颜容消瘦有谁知？十五十六月团圆，我俩团圆望哪天？——南丹壮族情歌

女：哥有情来妹有意，连情到死永不离；变鸟我俩同一树，变鱼我俩同一溪。

男：是龙我俩共一洞，是花我俩共一枝；生前我俩共锅饭，死后我俩共堆泥。

男：送妹送到甘蔗林，买根甘蔗甜津津；哥吃蔗头妹吃尾，留下中间作媒人。

女：山羊常想山上草，蜜蜂常恋园中花；哥你只管留心等，到时我

---

① 刘锡蕃：《岭表纪蛮》，商务印书馆 1934 年版，第 156 页。
② 刘锡蕃：《岭表纪蛮》，商务印书馆 1934 年版，第 155 页。
③ （清）夏敬颐纂修：《浔州府志·艺文》。

俩会成家。——天等情歌①

虽然壮族青年男女可以通过歌圩找到自己的心上人，但是要真正进行恋爱交往时，男方也要聘请媒人作形式上的求婚。在民间也流行着"天上无雷不成雨，地上无媒不成亲"②的观念。正所谓"男女无媒不交"③，只有通过媒妁而缔结的婚姻才是正当的、合乎社会规范的。

（二）不落夫家

"不落夫家"是指在结婚后的一段时间内，新娘不住在夫家，回娘家住，在过节或农忙时到丈夫家小住几日，待到怀孕后才在丈夫家居住。时间长短不定，视夫妻双方之感情，如果难以深化，各自都有另外的选择，意味着婚姻破裂。明代王士性《桂海续志》载：壮族"新（妇）娶入门……至晚而散，返父母家……及有娠，乃归夫家"④。至民国时期，此俗在广西壮族聚居的各县仍然常见。有的地方婚后次日新娘回娘家，十多天后，男家派人去接新娘回来，住不了几天又回娘家。此后三年内一般都住在娘家，逢年过节回夫家，是天黑以后才入夫家门，到怀孕、生子才落夫家。新中国成立后，"不落夫家"的习俗逐步减弱，但在一些边远山区仍有流传，但住娘家的时间已大为缩短。结婚后"不落夫家"，说明了壮族地区对女子是相对尊重的，这种习俗现在有的壮族地区还很流行。如果是嫁在外地的女子，现在一般都直接到夫家去住；如果是嫁在本村或是本屯的话，就还有这种习俗，也就是在哪边家住都可以。

壮族地区"不落夫家"婚俗，与其他民族的"长住娘家"、"返娘家"、"唔落家"、"坐家"等婚俗一样，是人类从母系制度向父系制度过渡时期的风俗残留。但由于各民族区域的社会经济、文化的发展不平衡，这种遗俗在许多发展较快的民族中早已绝迹，而它与壮族的其他风俗融合在一起，致使

---

① 黄全安等主编：《壮族风情录》，广西人民出版社 1991 年版，第 210 页。

② 广西壮族自治区编辑组、《中国少数民族社会历史调查资料丛刊》修订编辑委员会：《广西壮族社会历史调查》（一），民族出版社 2009 年版，第 21 页。

③ 《礼记·坊记》。

④ 转引自范宏贵、顾有识等：《壮族历史与文化》，广西民族出版社 1997 年版，第 271 页。

"不落夫家"的习俗还继续存留。与婚后就入住婆家和丈夫生活在一起的女子相比，不落夫家的女子确实享有许多特权，她们思想活动自由，还可以和异性交往。无论"不落夫家"婚俗的出现源于何种原因，但现实生活中这无疑是对男尊女卑传统观念的挑战。

（三）转房婚

转房婚就是兄或弟亡故后，兄或弟娶其寡妻为夫人。这种婚姻缔结的方式在《史记》中就有记载：匈奴"父死，妻其后母；兄弟死，皆取其妻之"[1]。在壮族地区也存在这种现象。《三国志·吴书·薛综传》记载，在九真都庞县的骆越人"兄死弟妻其嫂，世以此为俗"[2]。清代乾隆《庆远府志》记载，在宜山、环江一带的壮人，"兄死则娶其嫂，谓之'养嫂'，又名曰'上蓝'。弟死亦然。"[3]在广西天峨县白定乡壮族历来有"兄娶弟妇，小叔填房"的习惯。[4]在广西隆林各族自治县委乐乡，壮族妇女丈夫亡故，如果夫弟还未结婚或已婚妻已死的，经家长征求男女双方的同意，可以转房，这种现象相当普遍。少数也有弟死兄及的[5]。一般而言，转房婚习俗在壮人看来是合乎伦理的[6]，是比较宽容的。但也有些地方对"兄娶弟媳"的转房婚表示反感，持反对态度。[7]造成这种习俗的原因可能是多种多样的，一部分是古代母系社会的残余，主要原因就是经济原因。因为"一般地说，娶寡妇要比娶未婚女子的花费少得多，而收继自己的寡嫂，又要比娶别人家的寡妇更便宜，寡妇如果有子，此举还不致使母子分离，所以，一个男人，在万不得已的情况下，也就是穷得实在娶不起妻子的情况下，也会选择这种婚姻形式"[8]。

① 《史记》卷一百一十《匈奴列传》。
② 《三国志》卷五十八《张严程阚薛传》。
③ 转引自范宏贵、顾有识等：《壮族历史与文化》，广西民族出版社1997年版，第272页。
④ 广西壮族自治区编辑组、《中国少数民族社会历史调查资料丛刊》修订编辑委员会：《广西壮族社会历史调查》（一），民族出版社2009年版，第21页。
⑤ 广西壮族自治区编辑组、《中国少数民族社会历史调查资料丛刊》修订编辑委员会：《广西壮族社会历史调查》（一），民族出版社2009年版，第59页。
⑥ 李富强、潘汁：《壮学初论》，民族出版社2009年版，第217页。
⑦ 参见广西壮族自治区编辑组、《中国少数民族社会历史调查资料丛刊》修订编辑委员会：《广西壮族社会历史调查》（一），民族出版社2009年版，第21、59页。
⑧ 定宜庄：《满族妇女生活与婚姻制度研究》，北京大学出版社1999年版，第39页。

（四）卷伴婚

壮语称"贝菲恩"，即抢婚。它分为两种，一种是婚姻过程中的礼仪形式之一，它是符合社会风俗习惯的；一种是男方采取非正常手段，强娶妻子的行为，它是有悖女子意愿、违反礼俗的。壮族的卷伴婚主要有：（1）强抢。《桂海虞衡志·杂志》记载："南州法度疏略，婚姻多不正，村落强暴窃人妻女以逃，转移他所，安居自若，谓之卷伴。言卷以为伴侣也。已而为后人卷去，至有历数卷未已者。其舅姑若前夫，访知所在，诣官自陈，官为追究。往往所谓前夫，亦是卷伴得之。复为后人所卷，惟其亲父母兄弟及初娶者所诉，即归始初被卷之家。"① 这种"强暴窃人妻女"的"卷伴"是名副其实的抢婚。（2）诱奔。《岭外代答》（卷十）记载："深广俗多女，嫁娶多不以礼，商人之至南州，窃诱北归，谓之卷伴。其土人亦是，卷伴不能如商人径去，则其事乃有异。始也，既有桑中之约，既暗置礼书于父母床中，乃相与宵通。父母乍失女，必知有书也，索之衽席间，果得之，乃声言讼之，而迄不发也。岁月之后，必既有生，乃与婿备礼归宁，预知父母，初必不纳，先以离酒入，父母佯怒，击碎之。婿因请托邻里，祈恳父母，始需索聘财而后讲翁婿之礼。礼此皆大姓之家也，若乃小民有女，惟恐人不诱去耳，往诱而不去，其父母必勒女归家，且其俗如此，不以为异也。"② 此种形式，我们称之为诱奔婚。抢婚和诱奔婚都是采取不正当手段，来达到女就男居的目的。所以，也是抢婚的一种。（3）伴抢。在广西靖西、隆林一带尚有一种夜间迎娶的风俗：新郎邀伴在晚上去迎亲，在半路乘与送新娘的女伴对唱斗歌之际，悄悄把新娘夺走而归；在其他的壮族地区，也还有男方结伙把不愿落夫家的妇女强拉回自己家中的。③ 这是婚姻仪式中的一个环节，不带有强迫性质的，是符合社会规范、合乎道德的。

（五）招郎入赘

招郎入赘在壮语中称为"欧贵"，即"娶丈夫上门"。这一风俗从古至今在壮族地区都比较流行。据民国《柳城县志》中记载："招赘之风，壮族

---

① （宋）范成大著，严沛校注：《桂海虞衡志校注》，广西人民出版社1986年版，第112页。
② （宋）周去非著，杨武泉校注：《岭外代答校注》，中华书局1999年版，第430页。
③ 潘其旭：《壮族"不落夫家"婚俗初探》，《学术论坛》1981年第2期，第80页。

盛行";"僮人为居留此地最早之民族……男固可以娶妻，女亦可娶夫，俗称入赘或上门。"刘锡蕃在《岭表纪蛮》中也记载："女子若招男子入赘，亦得与其兄弟均分其父母所遗之财产。"① 可见，壮族入赘婚俗源远流长。时至今日，在桂西的驮娘江流域和西洋江流域的壮族村寨还是比较盛行。据学者李甫春对这一带的壮族村寨调查，属于"欧贵"婚姻的夫妻对数，目前仍占夫妻总对数（亦即家户数）的 50% 左右。②

　　一般实行"欧贵"婚姻的有三种：一是家中有女无儿，长女招赘，以便分担家庭责任，继承宗桃；二是儿女双全，也要招赘，从妻姓，与女方子女以兄弟姐妹相称，有财产继承权；三是无子女的家庭，通过领养女儿，招郎入赘，以解决自己的养老送终问题。无论哪种形式的"欧贵"婚姻，都是女子自由选择丈夫，女方操办婚事，男从女居，女主家政，儿女取父母双姓。虽然这样，但赘婿在家庭中或社会上不会受到歧视和贬斥。相反，若有能力和威信，群众可以推选他为村寨干部，享有和本地男子同等的地位。婚后如妻子过早去世，其本人有家产的继承权，并且家人必须给他另娶媳妇。壮族的这种风俗，虽然源流远古，但它却打破了"重男轻女"的恶习，解决了家庭劳动力缺乏的问题。凡在盛行"入赘"的地方，人们不论生男育女，都能视为传宗接代的继承者和赡养老人的可靠之人。

二、壮族家庭制度及发展

　　《中国大百科全书》指出："家庭是通过婚姻、血缘关系或收养关系结合而成的社会组织。家庭作为社会基层组织，主要社会职能是繁衍后代，养育子女，组织日常生活等。在特定生产方式下，它还是组织物质生产的单位。"③ 婚姻是产生家庭的前提，家庭是婚姻缔结的结果，也是人类社会绵延不断的生命线。家庭结构的变化往往能反映出社会经济关系的状况。壮族家庭结构的变化与壮族社会历史的变迁相适应的。

---

① 刘锡蕃：《岭表纪蛮》，商务印书馆 1934 年版，第 66 页。
② 李甫春：《驮娘江流域壮族的欧贵婚姻》，《民族研究》2003 年第 2 期，第 28—29 页。
③ 《中国大百科全书》总编辑委员会编：《中国大百科全书》（哲学卷），中国大百科全书出版社 1987 年版，第 341 页。

在漫长的社会变迁中，壮族地区的家庭一般是以男子为中心而建立的。父亲是一家之主，有权决定家庭的经济、生产及其他重大事务，妇女和孩子处于从属地位。但是壮族的男权是一种不彻底的男权，妇女有一定的地位。父亲的家长角色一般持续终生，但当父亲去世或年迈体弱时，母亲将有一定的权利来协调家庭的各种生产活动和日常生活。如明朝洪熙元年（1425年），上林司女土官黄娘就以土司身份向朝廷进贡；在嘉靖年间，田州土官岑猛死后，其妻（妾）瓦氏夫人善理州政十余年，并代替曾孙岑大寿、岑大禄出征抗倭。受儒家传统文化的影响，在壮族家庭中，父子关系是比较亲密的，儿子的名字和生辰不仅可以记载于家谱中，而且可以分到父母留下的财产。相反，女儿在家庭中地位比较低，要靠自身的劳动来换取日常零用的费用和结婚嫁妆。兄弟姐妹之间，年长的需要照顾弟妹，对弟妹爱护有加。在壮族家庭里，随着儿子长大娶妻生子，就会提出分家，儿子和儿媳另立门户，父母也会同意的，壮族俗语道："树大要分叉，儿大要分家"。所以壮族家庭两代人共同生活的比较多。虽然兄弟姐妹之间由于成家立业，各自独立生活了，但在结婚、丧葬、过节时还是要聚集在一起，畅谈家长里短。在壮族家庭中，晚辈对长辈特别是对老人尊重并保持着比较亲密的关系，特别是对年老的妇女。这是由于妇女在农业生产和家庭生活中承担着比较重的劳作，对家庭付出的心血大。

由于受儒家文化的影响，在处理财产问题和父母赡养等问题上，壮族家庭一般实行男子继承制，女儿很少能得到财产的继承权；如果没有男孩，则通过招赘，使女儿和女婿都有财产继承权。特别是出嫁的女儿，一般不会回来跟兄弟争财产，这是壮乡民俗。在房屋和田产分配上，如果有两个以上男孩，一般是长子得到比较多的财产，主要是由于他为家庭的付出比较多。在分配财产中，如果父母还在，一般会留一处房屋和一块田地，归父母所有，作为养老之用，一般由哪个儿子照顾父母，财产就会跟哪个儿子。一般情况下，父母会跟着小儿子过，主要是由于小儿子受到父母的宠爱较多，一来可以帮助他成家立业，二来可以帮助他照料孩子和家庭。一般情况下，壮族家庭的婆媳关系处理得比较好，即使出现婆媳关系的不愉快，家族中的长辈和兄弟也会做好调解工作，使双方和好如初，家和万事兴。

虽然壮族家庭立足有自给自足的小农经济，但壮族通常是聚族而居，他们通过血缘或姻亲联结在一起，这就使家庭之间具有强有力的纽带，家庭之间可以互帮互助。壮族大多数是聚族而居、自然形成的村落。在这种情况下，聚集的村落自然会选出族长和寨老来协调家族内部的关系。所谓的宗族"是一种沿男系或女系血统直接从家庭延长了的组织"①。壮族的家族具有某种程度的团结性和实体性，是对一个家庭和村落的生活有制约、强化和维持作用的重要组织。对内，可以维护家族内的财产继承，不使其外流；团结家族保护各家的安宁；扶危济困，照顾家族内的鳏寡孤独者；调节家庭内部和家庭之间的纠纷，维护家庭和谐。对外，主要共同防御匪患或者外族的挑衅。所以说家族"所提供的保障是双重的。即，家族保障，族向个人保证他们表达敬意的仪式将无限期地延续下去；社会—经济上的保障，（族）向各个成员保证，在他们需要的时候可以从集团和各个成员个人那里获得援助。贫者向'族'寻求保护，而富裕、著名的人物则从中祈求一个安全装置，以免丧失其社会和经济地位。前者乐于依赖于他的集团，后者发现这个集团对于他逐渐获得一批追随者以及扩大其势力是有用的。'族'越大、越繁荣、越凝聚，对所有成员就越有利"②。特别是在新中国成立之前，家族的凝聚力是很强的。如果离开了家族，家庭也就失去了依靠，在生活困顿时往往孤立无援。

新中国成立后，由于受生产资料所有制的变革和政治运动的双重作用影响，壮族地区的家族观念和家族的凝聚力逐渐衰弱。壮族家庭结构也悄然发生变化，由几代同堂的大家庭逐渐演变为以核心家庭为主的家庭结构，但核心家庭中独生子女比例较低，几个子女可以共同赡养老人，这样会减轻各个家庭赡养老人的负担。改革开放后，随着社会主义市场经济的全面推进以及计划生育政策的实施，独生子女家庭逐渐增多，家庭小型化会越来越普遍，核心家庭的数量将日益增加，而老人身边的子女绝对数量也会逐渐减少，这意味着对老人家庭赡养的资源会减少，家庭的负担将会增加。随着社会的巨变，壮族家庭成员之间的地位和关系也发生了明显的变化，由父系家

① ［美］许烺光：《宗族·种姓·俱乐部》，薛刚译，华夏出版社1990年版，第63页。
② ［美］许烺光：《宗族·种姓·俱乐部》，薛刚译，华夏出版社1990年版，第78页。

长专制逐渐向家庭成员之间互相商量共同决定一些重大事宜转变，这种转变正是壮族家庭逐步走向现代文明的标志。

第二节　壮族婚姻家庭道德的特征

一、壮族婚姻道德的特征

婚姻是以男女两性结合为特征的一种社会契约关系。这种关系必须是在遵守一定社会道德观念或法律所承认的男女两性之间的结合。婚姻道德在不同的地域、民族其表现形式是不同的，具有特殊的地域性和民族性。在壮族发展的社会历史中，也形成了调节人们恋爱、婚姻中相互关系的壮族婚姻道德，并表现为追求婚恋自由、尊重和褒扬妇女、相对宽松的离婚环境、同情寡妇再嫁不难等具有民族特色的婚姻道德特征。

（一）追求婚恋自由

在恋爱和婚姻的缔结上，与过度强调"父母之命，媒妁之言"、"门当户对"的汉族社会相比，壮族青年男女在选择配偶方面是有一定的自主权的。壮族人民对封建的买卖、包办婚姻表现出强烈的反感，对恋爱自由、婚姻自主有热切的追求，对青年男女的自由恋爱、自主择偶给予较多的理解和宽容。在《传扬歌》中也显示出女性在婚姻缔结中有较大的自主性，歌中唱道："一劝众姑娘，学乖不学蠢。想去嫁财主，天下有几人。……二劝天下女，青春去不回。择得朱门时，红颜色已衰。"[1] 显然，如果是包办婚姻或买卖婚姻，就无所谓"择婿"了。广泛流传于壮族地区的《哭嫁歌》也表达了青年男女对包办婚、买卖婚的强烈不满和愤慨，歌中唱道："爸妈嫁女太荒唐，十八女子九岁郎，带郎好比娘带子，朝朝哭喊尿赖床。爸妈嫁女太荒唐，嫁给富人苦难当，日夜指使当奴用，女儿贱苦泪汪汪。爸妈嫁女太荒唐，嫁给败家赌钱郎，倾家荡产人离去，抛妻弃子丧天良。"[2] 在壮族地区广为流传、影响深刻的《刘三姐》传说，就塑造了一个人人喜爱的、为追求自

---

[1]　梁庭望、罗宾译注：《壮族伦理道德长诗传扬歌译注》，广西民族出版社 2005 年版，第127页。

[2]　转引自李富强、潘汁：《壮学初论》，民族出版社 2009 年版，第300—301页。

由婚姻和幸福生活而奋力抗争的典型形象，这也表明婚恋自由的观念在壮族是深入人心的。壮族青年男女婚姻的自主性还表现在招郎入赘的婚姻中。每当赶圩、节日或红白喜事场合中青年男女相聚，常常通过对唱山歌，以歌相识，以歌传情，以歌结友，互相求爱。如果双方情投意合，双方定下婚约。待得到女方父母同意后，男方到女方家里，举行婚宴。从此，男方就从妻而居，成为妻子家庭中的一员。虽然青年男女结婚需要征得父母同意，这表现出了一定的不自主，但实际上这种行为通常只是一种形式，父母一般都会尊重子女的选择。无论如何，这种追求恋爱浪漫自由与婚姻缔结遵守社会规范的"双轨制"总比单纯实行"媒妁之言，父母之命"的格局更具有合理性。[1]

（二）尊重和褒扬妇女

壮族是一个对妇女的尊重和褒扬比较突出的民族。在壮语中，对女性的称谓是"mehmbwr"，翻译为"伟大的母亲"或"伟大的女性"。很显然，这是壮族对女性的一种尊称。从壮族民间神话姆洛甲的故事到现实生活中对花婆的祭拜，都表现了壮族人对女性的敬重之情。甚至在社会生活中出现"产翁习俗"，即女子分娩后，由男子在坐褥，俗称坐月子。在《太平广记》载："南方獠妇，生子便起。其夫卧床褥，饮食皆如乳妇，稍不卫护，其孕妇疾皆生焉。其妻亦无所苦。……越俗，其妻或诞子，经三日，便澡身于溪河。返，具糜以饷婿，婿拥衾抱雏，坐于寝榻，称为产翁。其颠倒有如此。"[2] 显然，这体现了壮族妇女在社会生活中的主导作用。壮族居住的地区，山险水恶，毒虫猛兽横行，再加上气候炎热，这些给壮族的生存带来了巨大的压力。为求生存和发展，壮族"妇女男子均苦作，同为经济生产上之重要人物"[3]，甚至在某些地区女人比男人承担的劳作更多。刘锡蕃在《岭表纪蛮》就有对壮族妇女的日夜操劳做了记述："凡耕耘、烹饪、纺织、贸易、养育、负担诸事，女子皆能任之。故其立于家庭地位，同为经济生产上重要之人物，有时并能赡养男子。"[4] 正是由于壮族妇女的刻苦耐劳，成为生产生

① 罗志发：《壮族的性别平等》，黑龙江人民出版社2007年版，第35页。
② （宋）李昉等：《太平广记》卷四八三《蛮夷四》。
③ 刘锡蕃：《岭表纪蛮》，商务印书馆1934年版，第282页。
④ 刘锡蕃：《岭表纪蛮》，商务印书馆1934年版，第41页。

活的能手，她们与汉族妇女相比占有较高的社会地位。"在漫长的封建社会，壮族的家庭也是以男子为中心建立的。但壮族的男权是一种不彻底的男权，妇女有一定的地位。一家祖父掌权，祖父死后祖母也可掌权。在壮乡，夫妇正当年而妻子掌权的家庭也不是个别的。"① 从隋唐时期的冼夫人到明清时期的瓦氏夫人都是妇女中的杰出代表。此外，壮族年长的妇女也颇受尊重，她们可以同男子一样，以长者身份处理家庭事务，会见客人，坐在面对祖宗神龛的尊位吃饭等。在壮族传统社会，虽然在家庭关系中基本上是"男尊女卑"，但由于壮族的特殊历史环境，壮族妇女在家庭中一直享有较高的地位，受到子女和家族的尊重。

(三) 相对宽松的离婚环境

"死生契阔，与子成说，执子之手，与子偕老"②，这句诗体现了最为典型的中国人对婚姻的承诺和向往，认为婚姻能够白头偕老，百年好合就会幸福美满，把婚姻的破裂视为不幸。即使在男尊女卑、男主女从的传统婚姻伦理环境中，离婚是男人的特权，规定妇人有"七弃"，即"无子，弃，绝世人；淫佚，弃，乱类也；不事舅姑，弃，悖德也；口舌，弃，离亲也；盗窃，弃，反义也；嫉妒，弃，败家也；恶疾，弃，不可奉宗庙也。"③ 妻子只能从一而终，守住贞洁，不可以离婚改嫁。虽然壮族地区受到封建礼教的教化，但是壮族地区却有着相对宽松的离婚道德环境。壮族青年男女恋爱是自由的，开放的，他们从来不知"性压抑"为何物，"处女"观念淡薄，在恋爱时发生性行为是正常的事情，并不认为是一种耻辱，并不违背社会伦理道德。如清代赵翼的《檐曝杂记》中就记载了："粤西土民及滇、黔、苗、猓风俗，大概皆淳朴，惟男女之事不甚有别。……当圩场唱歌时，诸妇女杂坐。凡游客素不相识者，皆可与之嘲弄，甚而相偎抱亦所不禁。并有夫妻同在圩场，夫见其妻为人所调笑，不嗔而反喜者，谓妻美能使人悦也，否则或归而相诉焉。"④《庆远府风俗考》也记载：当地民族"……婚不避姓，时节日

---

① 梁庭望：《壮族文化概论》，广西教育出版社 2000 年版，第 335 页。
② 《诗经·邶风·击鼓》。
③ 《公羊传·庄公二十七年》。
④ (清) 赵翼：《檐曝杂记》卷三《边郡风俗》。

男女答歌苟合"。① 这表明壮族地区的青年男女很少受"男女授受不亲"、"男女有别"等封建礼教的观念束缚。壮族地区的男人也不把某女子视为自己的独占之人，女子也没有从一而终的观念。据《镇安府风俗考》记载："本府……正月男女抛绣球答歌，渎戏婚娶，不分亲疏，惟随所欲，稍忤其意，砍木刻，为离，各自改配。"② 无论是赵翼所记的素不相识便可相互偎抱，甚至夫妻不禁，还是庆远风俗中的婚不避姓，答歌苟合，都带有十分浓厚的原始群婚生活的色彩，体现了初民的道德观念。此种在一定的日子里"几个部落聚集在一起，进行不加区别的性交"的节日，在许多民族中都曾存在过。即使在那些平日已实行了较为严格的一夫一妻制的民族中，节日里的性的开放都是完全合法的，这样的节期是"纪念往古之两性的自由时期"。③ 直到新中国成立之初，壮族地区对离婚也还抱有宽容的态度。根据广西壮族社会历史调查记载，壮族地区"在习惯上，女子婚后如果对父母包办的婚姻不满，可以离婚和再嫁，这种行为在社会上是合法的，故无任何非议"，"女子婚后离婚，被社会上公认为一种正常的习俗，不会被歧视和反对。"④

此外，离婚不仅涉及当事人的事情，还关系到离婚过程中财产如何处理的问题。在离婚过程中，财产的如何处理是关乎道德的问题，它涉及谁应该承担责任的问题。在壮族地区分为三种情况，一是女方提出离婚。任何嫁妆不能带走，并且女方赔偿男方一定的礼金。如有子女，统归男方，但若子女尚未断奶时，则由女方带走养大后送回男方。二是男方提出离婚。女方送来的嫁妆一律退回。在女方未再嫁之前，生活费用由男方负责，一直到她有新夫之日为止。如有子女，统归女方带走，男方要留子女，须得女方同意。三是双方自愿离婚。则女方到男家后所置下的一切产业（原有财产除外）均分，然后各自分离。如有子女，则男随父、女跟母，男孩尚未断奶时，由女

---

① 转引自罗远铃：《审美人类学主客位视野中的壮族歌圩及其文化符号意义》，《广西民族研究》2003 年第 2 期，第 49 页。
② 转引自罗远铃：《审美人类学主客位视野中的壮族歌圩及其文化符号意义》，《广西民族研究》2003 年第 2 期，第 49 页。
③ ［美］费勒克·沙尔：《家族进化论》，许楚生译，大东书局 1930 年版，第 12—16 页。
④ 广西壮族自治区编辑组、《中国少数民族社会历史调查资料丛刊》修订编辑委员会：《广西壮族社会历史调查》（一），民族出版社 2009 年版，第 52、58 页。

方带走养大后送回男方。① 壮族的这种离婚处理方式体现了男女两性的人格平等和个性自由，也体现了对离婚自由的宽容，从而将婚姻的权利义务统一起来，表明婚姻不能没有责任，但也要合情合理。

（四）同情寡妇，再婚不难

"寡妇能否改嫁，是判断一个政权、一个时代妇女政策及妇女是否得到解放的一个重要尺度和标准。"② 从一而终是中国古代社会向来倡导的伦理规范，寡妇改嫁是一种非礼的行为，寡妇应"一与之齐，终身不改，故夫死不嫁"（《礼记·效特牲》）。但壮族社会却对寡妇给予了深深的同情。在《传扬歌》中有相当篇幅描述寡妇生活艰难，借以引起世人的同情和救助。比如："夫亡妻守寡，人在心已凉。幼儿难赶圩，思夫泪涟涟。过节人烹炒，我心如油煎。终年水煮菜，无钱买油盐。……夫亡妻守寡，何处见容颜。披麻送夫婿，一路哭断肠。夜来难入梦，情深怎能忘。日夜心忧愁，家业难兴旺。"③ 寡妇生活如此艰苦，还有受到社会的歧视，以至于"日饱三餐气"。通过这种悲伤诗句的描述，旨在唤醒人们对寡妇的同情，以便寡妇也能够得到关照。

在壮族地区，寡妇不仅可以再婚，还可以自由选择对象，自己决定婚事，在这个过程中只要做法适当，父母、家族一般都会同意寡妇再婚的。俗话说"初嫁由父，再嫁由女"。④ 寡妇再婚一般有三种形式：外嫁、招赘、转房。比如在广西宜山县洛东乡坡榄村韦氏宗祠的族规中明确规定，"或有寡妇嫁出，亦取钱一千文，若寡妇招赘，或留女顶宗，众议取入祠堂钱三千文"。⑤ 这些钱由寡妇或她的新丈夫来付。至于寡妇"转房"是相对容易的，

① 广西壮族自治区编辑组、《中国少数民族社会历史调查资料丛刊》修订编辑委员会：《广西壮族社会历史调查》（二），民族出版社 2009 年版，第 168 页。
② 王晓南、廖胜：《广西地方婚俗与太平天国寡妇再嫁问题》，《人文杂志》2004 年第 1 期，第 152 页。
③ 梁庭望、罗宾译注：《壮族伦理道德长诗传扬歌译注》，广西民族出版社 2005 年版，第 135 页。
④ 广西壮族自治区编辑组、《中国少数民族社会历史调查资料丛刊》修订编辑委员会：《广西壮族社会历史调查》（一），民族出版社 2009 年版，第 58 页。
⑤ 广西壮族自治区编辑组、《中国少数民族社会历史调查资料丛刊》修订编辑委员会：《广西壮族社会历史调查》（五），民族出版社 2009 年版，第 66 页。

"转房不需要什么仪式，只要找个好日子就行。转房那天，请宗族至亲吃一顿饭就了事。"① 寡妇再嫁的婚礼一般比较简单，还要遵守许多特殊的社会规范。比如，"伞下寡"（蜜月丧夫者）改嫁时不准梳妆打扮，半夜从后门悄悄离开；"鸳鸯寡"（育有子女者）改嫁时必须半夜出门，腰挂柴刀，戴竹壳帽，穿烂草鞋，先在一个偏僻的草棚中苦度 49 天，才能上新夫家；"望门寡"（未婚守寡者）改嫁时必须置办三牲酒礼，到亡夫坟上祭典后才能改嫁；"残花寡"（40—50 岁的守寡者）改嫁时由后夫置办祭品，到亡夫家祭典亡夫后，才可接寡妇上门；"断桥寡"（男人非正常死亡而守寡者）改嫁时必须先到野外住三晚上，每晚要抱大树数次才可出嫁。② 正所谓"塘崩不得拦鱼，田垱不能制谷"③，这种风俗虽然对寡妇改嫁提出了种种限制，并带有一定的社会歧视，但至少是容忍、理解和允许寡妇改嫁。

二、壮族家庭道德的特征

家庭是人们维持物质生活、精神生活和日常生活的社会组织，是人们接受初始教育和维持亲属关系的基点。家庭作为一种社会形式和社会现象，必然存在着一定伦理关系，具有伦理的本质。"它之所以在其本身之内是一伦理的本质，并非由于它是它的成员们的自然的关联，换言之，并非由于它的成员之间的关系是个别的现实之间的直接关系。……因为伦理是一种本性上普遍的东西，所以家庭成员之间的伦理关系不是情感关系或爱的关系。在这里，我们似乎必须把伦理设定为个别的家庭成员对其作为实体的家庭整体之间的关系，这样，个别家庭成员的行动和现实才能以家庭为目的和内容。"④ 以家庭为目的，是壮族家庭道德观念的核心和道德行为选择的立足

---

① 广西壮族自治区编辑组、《中国少数民族社会历史调查资料丛刊》修订编辑委员会：《广西壮族社会历史调查》（一），民族出版社 2009 年版，第 59 页。

② 王晓南、廖胜：《广西地方婚俗与太平天国寡妇再嫁问题》，《人文杂志》2004 年第 1 期第 155 页。

③ 广西壮族自治区编辑组、《中国少数民族社会历史调查资料丛刊》修订编辑委员会：《广西壮族社会历史调查》（二），民族出版社 2009 年版，第 210 页。

④ [德] 黑格尔：《精神现象学》（下卷），贺麟、王玖兴译，商务印书馆 1979 年版，第 8—9 页。

点，更体现了壮族家庭成员对家庭利益和家庭和谐稳定的追求。为了维护家庭的利益和成员之间的和睦，壮族家庭坚持勤俭持家，和为贵、情为上的方式来处理家庭成员之间的各种关系。

（一）治家勤为本，居家俭为先

壮族是世界上最早从事稻作农耕生产的民族之一，在艰苦的环境中，壮族先民们养成了热爱劳动、勤俭持家的优良传统，并认为治家勤为本、居家俭为先，因此在家庭生活和生产劳动中，形成了以辛勤劳动为荣，以好逸恶劳为耻。壮族俗语道："勤不富也饱，懒不死也饿"，[1] 壮族家庭对那些好吃懒做、坐吃山空、好逸恶劳的人持一种蔑视的态度，要求家庭成员要晚睡早起、辛勤劳作，根据时令、勤奋耕耘。壮族伦理道德长诗《传扬歌》也把"勤俭"作为壮人为人的根本。歌中唱道："父母千般想，头条是劳动。……耕田种地人，禾苗在心头。……人勤我不懒，早晚不偷闲。……辛苦为饥肠，劳动才能填。……双手造甘泉，终生用不完。遗产是流洪，流过地平干。……不怕草茂盛，好苗靠人勤。"[2] 因此，壮族先民们在生活实践中不断地体会到，勤劳是美好生活的前提，丰硕的收获来自辛勤的耕耘，"不怕寒冷风雨，就会丰衣足食"。[3] 壮族人民不仅把勤劳视为壮族家庭的道德准则，而且把它视为优良传统道德的重要特征。

勤劳是创造幸福美满家庭生活的基础，而节俭是延续幸福美满家庭生活的钥匙。俗话说："只勤不俭，有针无线"。[4] 通常壮族人家经常教导小孩不要浪费一粒粮食，并常常以"一粒米饭三滴汗"[5] 来教育孩子，要珍惜劳动成果，反对铺张浪费，壮族俗语道："早省一抓，晚省一捧，三年得个大水牛。"[6] "十人积累不够两人败家。"[7] "有就大吃如虎，没有就去啃烂柴篼。"[8]

① 蒙元耀编著：《壮语熟语》，民族出版社 2006 年版，第 149 页。
② 梁庭望、罗宾译注：《壮族伦理道德长诗传扬歌译注》，广西民族出版社 2005 年版，第 120—121 页。
③ 蒙元耀编著：《壮语熟语》，民族出版社 2006 年版，第 293 页。
④ 蒙元耀编著：《壮语熟语》，民族出版社 2006 年版，第 107 页。
⑤ 蒙元耀编著：《壮语熟语》，民族出版社 2006 年版，第 304 页。
⑥ 蒙元耀编著：《壮语熟语》，民族出版社 2006 年版，第 218 页。
⑦ 蒙元耀编著：《壮语熟语》，民族出版社 2006 年版，第 77 页。
⑧ 蒙元耀编著：《壮语熟语》，民族出版社 2006 年版，第 275 页。

勤劳俭朴作为壮族家庭传统道德的特征之一，影响了一代代的壮族家庭，成为壮族优良的道德传统之一。

（二）持家和为本，齐家情为上

家和万事兴是中华民族的传统美德，也是壮族人民的优良传统和重要特征之一。在壮族传统家庭中，在以夫妻关系为核心的婚姻家庭基础上，父子、婆媳、姑嫂、妯娌、兄弟姐妹之间的关系是很融洽和睦的，从而使壮族家庭生活保持着比较稳定的特点。《传扬歌》道："夫妻一条心，勤俭持家忙。……小事各相让，大事好商量。言语当谨慎，和睦把家当。"① 反之，家庭不和就败落。壮族家庭的和谐稳定，主要在于夫妻之间的和睦。主张夫妻之间要一条心，相敬如宾，家业就会兴盛。夫妻关系要处理好之外，还要处理好父母与子女间的关系。孝，天之经，地之仪，民之行也。壮族把孝敬父母当作一个做人最基本的道德。在《传扬歌》中写道："莫忘父母恩，辛苦养成人。如今能自立，当孝敬双亲。"② 因为"娘忍饥吐哺，父挑担打工"，养育子女很不容易。歌中还唱道："婆媳情义重，夫妻恩爱深。……父病儿尽心，护理防病添。……夜护睡不稳，日护吃不甜。六畜不吝惜，买药舍花钱。"③ 这就要求家庭中的子女要孝敬父母，夫妻恩爱，父母有病要精心护理，一家人要和睦相处，让父母顺心、宽心。在壮族传统家庭生活中，父母通常要承担养育子女的责任和子女成家之前的各种义务，不仅在生活上给予照顾和指导，教育他们如何为人处世，而且还要负责儿女的嫁娶。

另一方面，壮族儿女对父母要尽赡养义务，根据壮族传统宗法社会的宗法家族观念，一般由儿子来承担这种义务。父母愿意和儿子居住的，父母的养老田由儿子耕种，父母的衣食住行由儿子负责；儿子要承担养老送终的责任。没有儿子的人家，壮族一般通过招郎入赘的方法，由招婿来承担赡养父母直至送终的职责。

---

① 梁庭望、罗宾译注：《壮族伦理道德长诗传扬歌译注》，广西民族出版社2005年版，第131页。
② 梁庭望、罗宾译注：《壮族伦理道德长诗传扬歌译注》，广西民族出版社2005年版，第125页。
③ 梁庭望、罗宾译注：《壮族伦理道德长诗传扬歌译注》，广西民族出版社2005年版，第125页。

　　壮族传统家庭和谐稳定，不仅表现在夫妇、父子之间关系的和睦，还体现在兄弟姐妹、姑嫂、妯娌之间的和睦。在家庭生活中，人们遵循着："夫妻相敬儿女孝、兄弟相和邻里睦、妯娌相和闲话少，家庭和睦才齐心"的准则。在《传扬歌》中专门有"夫妇"、"邻睦"、"妯娌"、"分家"、"后娘"等篇章。这些都是在规劝人们如何处理好家庭内部和外部的关系，以实现家和万事兴。特别是如何处理子女和后娘的关系，在《传扬歌》中有专门的道德规劝。首先是做长辈的后娘心胸要开阔："后娘也是娘，肚里可撑船。儿女当亲生，长大心温暖。吵闹无宁日，不病也心烦。不疼前妻儿，丈夫会心酸。"① 其次是后娘对待子女要慈爱："后娘度量宽，孤儿当抚养。倘若不公平，他人论短长……叮嘱众后娘，秤杆在心间。不厌前妻子，无人论短长。有肉分公平，吃菜也甘甜。不怕家贫寒，只怕人心偏。"② 最后是前妻子女对后娘要尊敬和赡养："儿女敬后娘，凡事当相让。今生已背时，哑巴吃黄连。幼辈莫埋怨，赡养要承担。儿女想周到，事事不绕弯。……儿像儿女样，莫要气后娘……对后娘讲真话，服气不乖张。"③ 只要双方按照家庭道德规范去履行自己的职责和义务，家庭便会和谐融洽，达到家和万事兴的目的。因此，在夫妻、父子、兄妹、妯娌间往往采用长辈让晚辈，兄让弟，男让女，家庭成员之间相互谦让，互相谅解，才能和睦相处，达到"齐家"目的，这样家庭才会稳定。正如美国学者 Tony Devine 认为的："家庭稳定的基础在于把重点放在比自身更高的地方。婚姻若以一个更高的目的，而不是以双方中任何一方为中心时，则更容易成功。因为这种比自我更高的目的根源于人类本性中的心情和良知。那些把道德或伦理内容当做他们第一优先的人，通常有更大的精力和能力维持幸福的家庭生活。"④ 壮族传统家庭生活的实践，

---

① 梁庭望、罗宾译注：《壮族伦理道德长诗传扬歌译注》，广西民族出版社 2005 年版，第 136 页。

② 梁庭望、罗宾译注：《壮族伦理道德长诗传扬歌译注》，广西民族出版社 2005 年版，第 136 页。

③ 梁庭望、罗宾译注：《壮族伦理道德长诗传扬歌译注》，广西民族出版社 2005 年版，第 136 页。

④ 转引自杨国才：《白族传统道德与现代文明》，云南人民出版社、云南大学出版社 2011 年版，第 222 页。

正好也证明了这一点。

第三节　壮族的婚姻家庭道德规范

一、壮族婚姻道德规范

（一）恋爱自主，尊长结婚

在壮族传统社会，青年男女在社会交往中会有意识的选择结婚的对象。据《岭表纪蛮》记载，壮族"婚配嫁娶完全由当事男女双方之合意而成"[1]。恋爱自由是壮族青年崇尚的道德观念，壮族青年男女在恋爱择偶方面是有一定的自主权的。壮族的"依歌择偶"的习俗，就是壮族青年特有的恋爱择偶方式，这也表明壮族青年男女在恋爱择偶方面有一定的选择权。一般父母不会干涉子女的恋爱，如果父母干涉，会被人们认为不明事理。但青年男女到谈婚论嫁时，必须要告诉双方父母，征求父母同意。因为"人生大事是婚姻，人情礼仪不可偏"[2]。一方面是对父母的尊重，毕竟婚后要做一家人；另一方面是本地社会舆论、风俗习惯的影响。一般情况下，父母也尊重子女的意愿，同意双方结婚。尊长结婚，涉及的主要是婚约的具体程序，如纳吉、纳征、请期、亲迎等，这些青年男女要听从双方家长的安排。只有这样青年男女结婚才是符合社会规范的。如《平果嘹歌·长歌集》就是一部记载壮族青年男女自由恋爱的民歌集。青年男女依歌传情来表达双方的爱慕之情，热切的盼望两人能走到一起。兹引一首情歌：

怎好一对金竹筷，挨人拿去箝苦瓜；怎好一个小妹仔，去同憨包做一家；

怎好一对银筷条，挨人拿去箝辣椒；怎好一个后生仔，去同癫婆喂狗猫；

怎好一根直木头，挨人拿去做猪栏；怎好一个风流妹，帮人养鸡换酒钱；

---

[1]　刘锡蕃：《岭表纪蛮》，商务印书馆1934年版，第69页。
[2]　农敏坚、谭志表主编：《平果嘹歌·恋歌集》，广西民族出版社2005年版，第132页。

> 恁好一根直木头，挨人拿去做粪排；恁好一个后生仔，挨到边州去当差；
>
> 恁好一根直木头，挨人拿去做牛栏；恁好一个小妹仔，帮人煮饭熏火烟；
>
> 恁好一根直木头，挨人拿去做凳脚；恁好一个后生仔，挨个癞女喊做哥；
>
> 恁好一根直木头，挨人拿去做柜脚；恁好一个风流妹，被人檐下望日落；
>
> 恁好一根直木头，挨人拿去垫饭桌；我俩多年打眼拐，为何你不找媒婆。①

可见，依歌传情是壮族乡村青年特有的择偶方式，也是青年男女恋爱的主要形式。但即使是二人情投意合，在要正式确立关系时，还须先告知父母，以示对父母的尊敬。因此，歌中唱道："我俩首次来谈情，还要先问父母亲，堂上两老都同意，哥才放胆下定金"，"我俩首次来谈情，还要先问父母亲，堂上两老都开口，妹才有胆领定金"。② 如若二人私定终身而结为夫妇，则被斥为"淫奔"、"私逃"。

(二) 择偶重德，人勤心善

勤劳、善良、能干是壮族传统择偶的基本特征。通常男方在选女方时，勤劳、善良、能干是首选，人们认为，媳妇的温柔贤惠能干要比外貌的美丽更有实际意义。《传扬歌》道："娶得位贤妻，公婆她伺候。……办事人敬服，话语赛金银。兄弟妯娌间，商量办事情。一家共团圆，和睦度光阴。"③选择有家教、勤劳能干的女子做媳妇对未来整个家庭起到重要的影响，不仅可以孝敬父母，还可以相夫教子。此外，也是家庭生产生活的需要。《传扬歌》道："当家贤主妇，种地是好手。缝补她偏巧，老少不用愁。清晨她先

---

① 农敏坚、谭志表主编：《平果嘹歌·长歌集》，广西民族出版社2004年版，第146页。
② 农敏坚、谭志表主编：《平果嘹歌·长歌集》，广西民族出版社2004年版，第60页。
③ 梁庭望、罗宾译注：《壮族伦理道德长诗传扬歌译注》，广西民族出版社2005年版，第129页。

起，睡眠她在后。朴素又大方，客来会应酬。"① 自古以来，壮族妇女就是稻作农业的主要劳动力，从事着插秧、除草、收割等工作，甚至也承担着犁田等通常由男子完成的重体力活。在日常家庭生活中，壮族妇女不仅要安排好日常的饮食起居，她们还要照顾公婆，纺纱织布，养育儿女。在有些家庭妇女还筹划日常生活的开支，甚至做些小生意以补贴家用。女方选择男方时，往往看重的是忠厚老实，认为这样的男子今后较为可靠。对于传统壮族社会来说，由于社会生产水平不高，保证温饱是他们家庭生活的中心，经济生活主要靠农业，因此女方也会考虑男方的家庭情况以及男方的个人技能和身体状况。在《传扬歌》中对女孩子选婿进行了劝说，要求女孩子选丈夫一要莫嫌弃夫家贫穷；二是莫选懒男人；三要选婆婆通情达理，男人勤快、能干，这样两人齐心协力就可以家业兴。

（三）男女平等，相互敬重

男尊女卑是中国古代社会的主要观念之一，这种观念是在"阶级对立的基础上形成的"②，它"不仅成为父系家长制下两性关系的基本特征，而且被作为一种社会制度，作为宗族制的一个重要内容被完全肯定下来了"③。与汉族相比，在壮族传统婚姻生活领域男女之间更多地表现出性别平等的特征。壮族的入赘婚俗在一定程度上就体现了壮族男女平等的伦理观念。在壮族一些地区流行着男从女居的婚姻生活方式。民国《柳城县志》记载："入赘俗称上门，男子到女家，改从妻姓，命新名，子女亦从母姓，有赡养女方父母的义务，也有继承财产的权利……入赘为壮族习俗。"④ 特别是在驮娘江流域比较盛行。与汉族不同，壮族对入赘男子没有歧视和偏见，不必像汉族入赘男子一样要改名换姓；他们享有和妻子兄弟同样的财产继承权；孩子的姓氏由夫妇商量而定。由于有这种风俗，壮族的重男轻女的思想观念相对淡薄。正如壮族学者梁庭望所说："壮族的一些习俗与新时代的要求不谋而合，

---

① 梁庭望、罗宾译注：《壮族伦理道德长诗传扬歌译注》（前言），广西民族出版社2005年版，第41页。
② 史凤仪：《中国古代婚姻与家庭》，湖北人民出版社1987年版，第120页。
③ 陶毅、明欣：《中国婚姻家庭制度史》，东方出版社1994年版，第147页。
④ 柳城县志编辑委员会：《柳城县志》，广州出版社1992年版，第435页。

传统的上门之风现在受到了社会的推崇。"①

在壮族伦理道德长诗《传扬歌》中也大力传扬这种男女平等、相互敬重的道德观念。歌中有云:"生女有福气,田地交给她。招婿来上门,今世也成家。生得好男儿,都说福气大。儿媳创家业,里外会筹划。"②"传扬歌之《百岁歌》中还多处唱道:"生男或生女,抚育一样疼。""男儿入学堂,家中出贵才。生女人伶俐,教她做衣鞋。"③"生男儿女儿,都一样欢欣。杀几多牲口,抚育成贵人。"④"有孙男孙女,总是一样疼。"⑤……

(四) 夫妇守道,相敬如宾

壮族俗语道:"夫妻相好,百岁嫌少"。⑥作为夫妻二人要长久恩爱、白头偕老、相伴相助,这样家庭生活才能和谐。在壮族的民歌中既有歌颂夫妇之间要相敬如宾、相互忠诚的内容,也有严厉谴责抛妻行为以及妻子行为不轨的内容。如:"一家两夫妻,相敬不相吵。有事多商量,和睦是个宝。……小事各相让,大事好商量。言语当谨慎,和睦把家当。"⑦这就是要求夫妻之间要和睦相处,齐心协力过好家庭生活。"劝哥莫学陈世美,半路丢妻理不合"⑧;"顾人就要顾到底,千祈莫要半路丢。半路丢妻人也骂,人人痛骂假风流。"⑨就是借助陈世美的故事劝勉丈夫要对妻子忠贞。"浪情太多得罪友,顾得一头丢一头";"浪情莫要浪太久,浪到合适就收心";"浪情顾情不顾命,问你肩上几个头"。⑩这即是劝诫未婚子女在谈婚

① 梁庭望:《壮族风俗志》,中央民族学院出版社1987年版,第55—56页。
② 梁庭望、罗宾译注:《壮族伦理道德长诗传扬歌译注》,广西民族出版社2005年版,第117页。
③ 梁庭望、罗宾译注:《壮族伦理道德长诗传扬歌译注》,广西民族出版社2005年版,第253页。
④ 梁庭望、罗宾译注:《壮族伦理道德长诗传扬歌译注》,广西民族出版社2005年版,第284页。
⑤ 梁庭望、罗宾译注:《壮族伦理道德长诗传扬歌译注》,广西民族出版社2005年版,第285页。
⑥ 蒙元耀编著:《壮语熟语》,民族出版社2006年版,第203页。
⑦ 梁庭望、罗宾译注:《壮族伦理道德长诗传扬歌译注》,广西民族出版社2005年版,第131页。
⑧ 农敏坚、谭志表主编:《平果嘹歌·新歌集》,广西民族出版社2005年版,第125页。
⑨ 农敏坚、谭志表主编:《平果嘹歌·新歌集》,广西民族出版社2005年版,第9页。
⑩ 农敏坚、谭志表主编:《平果嘹歌·长歌集》,广西民族出版社2004年版,第236页。

论嫁过程中要适可而止，更是告诫已婚女子应安守妇道，忠诚于丈夫，不应背叛丈夫，切不可"一藤缠三树，情义薄如水"。因此，无论夫还是妇，都需要相互忠贞，遇事相互商量，只要"夫妻同颗心，互爱又互敬；劳动倍殷勤，家业百样兴"。①

二、壮族家庭道德规范

(一) 孝敬长辈，尊老爱亲

孝乃是天之经，地之义，民之行，德之本。这是中华民族的传统美德，也是壮族的传统道德。不要忘记父母的养育之恩，这是传统的家庭伦理的核心和准则。《传扬歌》中有大量的篇幅在教导人们要感谢父母的养育之恩，要真心实意地服侍好长辈，使老人们安享晚年。如《传扬歌》反复咏叹父母养育子女的辛苦："十月怀胎苦，为娘心自知。生死难料定，烦恼不想食。夜眠身瘫痪，难到分娩时。"② 为了养育子女，"娘忍饥吐哺，父挑担打工"。③ 这些都体现了父母养育子女的艰辛。当父母老了以后，作为子女应当孝敬服侍，处处关照。"如今能自立，当孝敬双亲"。④ 在壮族地区，人们认为孝敬长辈将会使得家庭人口兴旺、家业兴隆。倘若不孝敬，这不仅仅会被人谴责，更有可能被诅咒败家，甚至断子绝孙。如："这辈儿子不孝敬，这种孩子别让他发家，生女让她死，生男让他灭。"⑤ 这些诅咒甚为恶毒，但在警醒着世人要孝顺，要敬老。在日常生活中要照顾好老人的饮食起居，"若有鱼有肉，先请父入席。不论贫与富，要通情达理。"老人生日时要给老人祝寿。俗话说，久病床前无孝子。最能体现子女孝心的是在长辈生病时，子女不仅要精心护理和照顾好老人，还要"六畜不吝惜，

---

① 覃圣敏主编：《壮泰民族传统文化比较研究》第四卷，广西人民出版社 2003 年版，第 2188 页。

② 梁庭望、罗宾译注：《壮族伦理道德长诗传扬歌译注》，广西民族出版社 2005 年版，第 118 页。

③ 梁庭望、罗宾译注：《壮族伦理道德长诗传扬歌译注》，广西民族出版社 2005 年版，第 124 页。

④ 梁庭望、罗宾译注：《壮族伦理道德长诗传扬歌译注》，广西民族出版社 2005 年版，第 125 页。

⑤ 张声震主编：《布洛陀经诗译注》，广西人民出版社 1991 年版，第 926—927 页。

买药舍花钱"①。在家庭关系中，婆媳关系以及子女与后娘的关系是比较难以处理的。《传扬歌》对处理好这些关系也进行了说教，对待公婆要像对待自己的父母一样，做到"婆媳情义深"，而不能只顾夫妻恩爱。对待后娘，也要当亲娘一样孝敬："儿女敬后娘，凡事当相让。……幼辈莫埋怨，赡养要承担。""后娘也是娘"，②儿女同样有养老之责。家有一老，如有一宝。壮族人民对此有着深刻的认识。老人在家庭中从事着力所能及的家务活动之外，更是衍化为一个幸福的化身，保佑着儿孙及整个家庭。"保佑你家的儿子成公公，保佑后代长大成人，保佑后代兴旺发达，保佑孩子能发家，保佑孩子能长寿，世世代代得保佑，世代不再受灾难"。③

（二）兄弟相让，妯娌相亲

在壮族地区，一个家庭之中的兄弟成家之后并没有立即分家，而是共同创业，还会共同生活、共同劳动一段时间，赡养老人。因此，兄弟妯娌之间的相处之道是家庭伦理需要调节的重要方面。而壮族妇女稍高的地位也使得在壮族家庭的兄弟之间、妯娌之间形成了深厚的手足之情。《传扬歌》道："相伴两妯娌，欢笑同一路，人人通情理，融洽相照顾。拌嘴莫记仇，一笑好如初。……有幸共一家，结为手足情。"④兄弟妯娌之间要谦让，相互照顾，共同劳动，姑嫂之间也要相让，这样才能家庭和睦，家业兴旺，"有事好商量，家庭不添忧。兄弟拧成绳，外侮不临头。"⑤如果兄弟之间为利而争，则会导致发家无望，"吵闹无宁日，发家没指望。妯娌不齐心，挣钱难到手。兄弟不齐心，不如老朋友"。⑥"树大必分叉，儿大必分

---

① 梁庭望、罗宾译注：《壮族伦理道德长诗传扬歌译注》，广西民族出版社 2005 年版，第125 页。

② 梁庭望、罗宾译注：《壮族伦理道德长诗传扬歌译注》，广西民族出版社 2005 年版，第136 页。

③ 张声震主编：《布洛陀经诗译注》，广西人民出版社 1991 年版，第 1118—1120 页。

④ 梁庭望、罗宾译注：《壮族伦理道德长诗传扬歌译注》，广西民族出版社 2005 年版，第133 页。

⑤ 梁庭望、罗宾译注：《壮族伦理道德长诗传扬歌译注》，广西民族出版社 2005 年版，第133 页。

⑥ 梁庭望、罗宾译注：《壮族伦理道德长诗传扬歌译注》，广西民族出版社 2005 年版，第133 页。

家"。① 而兄弟妯娌之间一起创业到了一定程度，他们也会分家析产，各自创业。兄弟妯娌在分家析产的时候应该本着互谅互让、公平合理的原则对田地、房屋、财产进行分割，同时在此后的独立生活中更应该要相互照顾、相互帮助，协助劳动能力弱的兄弟妯娌建造新屋、修造农具，解决劳动生产以及日常生活中所遇到的各种困难，为他们顺利创家立业添一把力。"家分道理在"，这种手足情应该贯穿于兄弟妯娌分家之后的劳动生活中。② 如果"弟富为兄穷，丢面坏门风。有六亲九眷，宴席难与共。若谁心明理，上座让亲兄。好歹不吃亏，分忧手足情。"③ 分家中最重要的一项事情就是要安排好老人的赡养问题。在壮族地区，如果哪个家庭能够将老人赡养得很好，将受到社会的赞誉。相反，如果没有赡养好老人，甚至出现虐待老人的行为，这个家庭势必遭到社会谴责。因此，兄弟妯娌在分家析产时务必要安排好老人的生活起居问题，使得老人晚年"老有所养、老有所医、老有所终"。④ 一般而言，家中的老人会跟不同的儿子安度晚年，"爹跟我度日，娘给你管家"，同时，也应该尊重他们的意愿，并结合各自家庭的实际做到"公婆谁赡养，称约要公平"⑤。

（三）邻里和睦，善待孤寡

壮乡村寨多聚族而居，小的村寨数十上百人，大的村寨多达千人，在这样一个熟人社会里如何处理邻里关系是非常重要的。对此，《传扬歌》教导人们"几姓共一村，和善做睦邻。发财做大官，莫欺众乡亲。左邻或右舍，早晚常相逢，有事当相助，莫用话伤人。"⑥ 然而邻里之间难免有所摩擦

① 梁庭望、罗宾译注：《壮族伦理道德长诗传扬歌译注》，广西民族出版社 2005 年版，第134 页。
② 梁银湘、唐凯兴：《壮族政治伦理之齐家思想研究》，《百色学院学报》2011 年第 4 期，第69 页。
③ 梁庭望、罗宾译注：《壮族伦理道德长诗传扬歌译注》，广西民族出版社 2005 年版，第224 页。
④ 梁银湘、唐凯兴：《壮族政治伦理之齐家思想研究》，《百色学院学报》2011 年第 4 期，第69 页。
⑤ 梁庭望、罗宾译注：《壮族伦理道德长诗传扬歌译注》，广西民族出版社 2005 年版，第134 页。
⑥ 梁庭望、罗宾译注：《壮族伦理道德长诗传扬歌译注》，广西民族出版社 2005 年版，第127 页。

和矛盾，但是经过寨老或长辈调解后应和好，而不应该随意告状。"若告到土司，便宜当官佬。"① 这不仅是因为中国古代息讼思想而使得壮族人民对于诉讼有所节制，同时也因为壮族人民认为"人人讲逞能，钱财挣不到"。② 这种行为不利于发家致富，也更由于壮族人民谦让的性格，使得他们认为"少一句也罢，何必话相咬"。③ 作为邻里之间，不仅要和睦相处还要互帮互助，特别是对待孤寡人家更要帮助他们的生产和生活，做到"春耕待插秧，有牛要相帮。挨家轮流钟，合力度大忙。既然做邻居，相敬如亲友"④，而不应"各人顾自己"⑤。

第四节　壮族婚姻家庭道德的现代发展

恩格斯指出："人们自己创造自己的历史，但是他们并不是随心所欲地创造，并不是在他们自己选定的条件下创造，而是在直接碰到的、既定的、从过去承继下来的条件下创造。"⑥ 壮民族传统文化和道德的绵延构成了一个民族历史存在的基础。婚姻家庭作为人类社会绵延的基础，它不仅是人类社会文明进步的标志，也是反映一个民族精神生活发展水平的重要依据。马克思主义认为："人们的观念、观点和概念，一句话，人们的意识，随着人们的生活条件、人们的社会关系、人们的社会存在的改变而改变。"⑦ 伴随着中国社会的发展，特别是改革开放以来，工业化、现代化的高歌猛进，壮族地区发生了翻天覆地的变化，这些也促进了壮乡的婚姻家庭道德观念发

① 梁庭望、罗宾译注：《壮族伦理道德长诗传扬歌译注》，广西民族出版社 2005 年版，第 224 页。
② 梁庭望、罗宾译注：《壮族伦理道德长诗传扬歌译注》，广西民族出版社 2005 年版，第 224 页。
③ 梁庭望、罗宾译注：《壮族伦理道德长诗传扬歌译注》，广西民族出版社 2005 年版，第 224 页。
④ 梁庭望、罗宾译注：《壮族伦理道德长诗传扬歌译注》，广西民族出版社 2005 年版，第 126 页。
⑤ 梁庭望、罗宾译注：《壮族伦理道德长诗传扬歌译注》，广西民族出版社 2005 年版，第 126 页。
⑥ 《马克思恩格斯选集》第 1 卷，人民出版社 2012 年版，第 669 页。
⑦ 《马克思恩格斯选集》第 1 卷，人民出版社 2012 年版，第 419—420 页。

生了急剧变迁。

一、自由恋爱、婚姻自主成为壮族青年男女婚恋的主流

由于社会经济的发展、义务教育的普及以及普通话的推广，改革开放后成长起来的一代人，会唱壮族山歌的比例有较大的减少，传统的依歌择偶的恋爱形式也基本消失，取而代之的是青年男女直接面谈，或以书信传情达意，或以网络等手段抒发相思之情；山歌和媒人在婚恋中的作用降低；包办买卖婚姻基本消失。婚姻圈不断扩大，族际联姻逐渐增多，婚姻信息的获取渠道增多，婚恋方式多样化。家长对其子女的婚恋保持尊重的态度，偶尔也会提出一些建议和意见，但也会尊重子女的态度。据黄雁玲博士对广西龙胜县和平乡壮族婚姻缔结方式的调查，在 20 世纪 40 年代，父母包办的为 100%；50 年代，自主婚姻数为 27.59；80 年代，已达到 89.08%。而在同一时期，和平乡的包办婚姻呈下降趋势，从 50 年代的 72.41% 降到 80 年代的 1.92%，90 年代后，包办婚姻已基本消失。① 总之，现在的壮族社会，自由恋爱、婚姻自主已经成为壮族青年婚恋的主流。

虽然如此，在当前壮族地区的青年婚恋中，也仍然存在一些与时代发展不和谐的现象，必须引起我们的高度重视。如未婚同居、早婚、"闪婚"或"闪离"现象都有增多的趋向。据广西壮族自治区统计局有关统计数据显示，2010 年广西全区仍有小比例的早婚人口，15—19 岁中有配偶人口的比重为 1.38%，比 2000 年提高 0.96 个百分点。② 受风俗习惯的影响，在农村的早婚现象较为严重。这些不良婚恋现象的存在，不仅违背了我国《婚姻法》的规定，也不利于人口控制，加剧了人口对社会经济的压力，危害了当事人的身心健康和下一代的健康成长。对于这些不良婚恋行为，也要求我们在现代社会条件下，将壮族传统家庭婚姻美德与社会主义社会倡导的婚姻道德有机结合，大力加强社会主义道德建设，大力加强对壮族青少年的婚姻伦理道德教育，帮助他们培养形成与社会发展相适应的婚恋道德观念和行为。

---

① 黄雁玲：《壮族传统家庭伦理及其现代演变研究》，中南大学博士学位论文，2013 年，第 146 页。
② 刘晓莉：《广西：15 岁—19 岁已婚人口竟占比 1.38%》，新华网，2012 年 7 月 25 日。

二、传统的婚俗形式逐渐衰落，新的婚俗形式正在兴起

恩格斯在《反杜林论》中说："一切社会变迁和政治变革的终极原因，不应当到人们的头脑中，到人们对永恒的真理和正义的日益增进的认识中去寻找，而应当到生产方式和交换方式的变更中去寻找；不应当到有关时代的哲学中去寻找，而应当到有关时代的经济中去寻找。"① 随着工业化、现代化的深入发展，使壮族传统的稻作生活方式出现了消解的趋势，一些传统的婚姻民俗日益衰落和消失。如依歌择偶和不落夫家的民俗已经不复存在了。据调查，依歌择偶的婚恋方式已经渐渐淡出了村民的视野。如对广西宜州市刘三姐乡中枧屯的调查对比发现：1986 年中枧屯村民的择偶方式虽以媒人介绍为主，但是唱情歌认识结婚的有 46 人，占 24.1%，较之亲朋介绍、其他方式的比率超出一半，仅次于媒人介绍，也占重要地位。2010 年在 206 位被调查者中，通过其他方式择偶的有 165 人，占 80.1%，数量明显增多了，而另外三种方式都呈直线下降趋势，尤其是唱情歌认识的比率，降到了最低点，与 1986 年相差 20% 左右。② 此外，由于计划生育政策的贯彻和执行，子女数量的减少，独生子女家庭的增多，在一些地区出现了新的婚姻方式，比如"两头走"③ 的婚姻模式，来解决家庭养老和生活生产问题。一个地方的"民俗变迁是一个由外部因素带动内部因素，进而双方互动，从而改变原有文化逻辑的过程，它不是个别的、孤立的现象，而是一般的、整体的运动"④。这种民俗的变迁也使婚姻伦理发生变化，如何来更好地理顺夫妇二人在婚姻中的责权利以及承担的道德责任还需进一步研究。

---

① 《马克思恩格斯选集》第 3 卷，人民出版社 2012 年版，第 797 页。

② 李素娟、贾雯鹤：《文学人类学视阈下的乡村壮族婚姻观念的现状与变迁——基于广西宜州市刘三姐乡中枧屯的调查》，《湖北民族学院学报》（哲学社会科学版）2013 年第 2 期，第 21—22 页。

③ "两头走"婚：即新婚夫妇的居住、生活、劳作不固定在男女方家庭，即既可以在男方家庭，也可以在女方家庭，在男女方家庭都享有一定自由和权利，同时要相应承担起两边家庭的生产养老等责任。详见韦艳秋：《壮族村落婚姻形式的变迁——以广西罗城马安村为例》，广西民族大学 2009 年硕士学位论文，第 6 页。

④ 陶思炎：《中国都市民俗学》，东南大学出版社 2004 年版，第 1 页。

三、男女平等的观念在夫妻关系中普遍形成

家庭是一种社会生活的组织形式，这种组织形式是以婚姻关系为基础、以血缘关系为纽带的，为一定的社会条件下的法律和道德观念所承认的。[①]我国《婚姻法》规定："实行婚姻自由、一夫一妻、男女平等的婚姻制度"。这是反映了我国婚姻家庭制度的主要特征，更是婚姻家庭道德的基本规范之一。良好的夫妻关系是家庭和谐稳定的基础。随着壮族地区经济社会的快速发展，妇女参与社会经济活动的机会大大增加，一方面增加了家庭的收入，另一方面也促进了民主平等的夫妻关系的形成。根据学者对桂林市龙胜金竹寨的 47 户家庭问卷调查，在所调查的 47 户家庭中，家庭生活中有事夫妻共同商量的 37 户，占 78.17%，男方说了算的 7 户，仅占 14.19%，妇女说了算的 3 户，占 6.14%。家务活分工共同承担的有 40 户，占 85.11%，妇女单独承担的仅 3 户。这一调查表明，90% 的妇女在家庭中有经济支配权并受到尊重，家庭关系有了明显改善。[②]

四、尊老爱幼、家庭和睦的家庭关系成为主流

尊老爱幼，是中华民族的传统美德，也是壮族家庭伦理的重要特征。随着经济社会的发展，生活水平提高，居住条件改善，人们的生育、家庭观念在改变，家庭规模随之缩小，世代结构简化。2005 年广西区平均家庭户规模为 3.37 人，其中城镇为 3.21 人，乡村为 3.46 人。全区平均家庭户规模比 2000 年减少 0.44 人。家庭户规模小型化、核心化将对今后家庭养老模式、独生子女教育、居民住房需求等产生巨大影响。[③]要解决好人口老龄化问题，一方面需要社会保障体系的建立和完善，另一方面也要发挥家庭道德的作用。长期以来，壮族家庭道德教育要求儿女对老人要尊重和赡养，回报父母的养育之恩，让父母安享晚年，实现老有所养、老有所乐、老有所医、老有

---

① 罗国杰主编：《伦理学》，人民出版社 20014 年版，第 310 页。

② 黄润柏：《壮族婚姻家庭生活方式的变迁——龙胜金竹寨壮族生活方式变迁研究之三》，《广西民族研究》2002 年第 3 期，第 66 页。

③ 广西区统计局：《人口保持低速增长就业规模不断扩大——"十五"时期广西经济社会发展系列分析报告之二》，2014 年 10 月 10 日，见 http://www.gxtj.gov.cn/ztlm/zgtjkfrzl/szgx/201209/t20120929_20235.html。

所为。因此，在日常生活中，壮族家庭中婆媳关系十分融洽，翁婿关系十分和谐，做到了相互关心、相互体贴，以诚相待、和睦相处。针对独生子女在成长过程中出现的教育失当问题——重养育、轻教育，重学习、轻道德，重娇惯、轻规范，壮族家庭教育也给予了关注。《传扬歌》也劝导父母要注重对子女的成人教育，引导子女要礼貌待人、学习文化、遵纪守法、勤劳致富等。在传统的家庭和社会教育基础上，加入现代家庭教育和社会教育理念，促进了子女的健康成长，也使父母和子女的关系趋向平等和谐，民主协商的氛围比较浓厚。

　　总之，婚姻是建立家庭的基础，家庭是婚姻的延续。壮族传统道德中有许多优秀的传统道德至今仍然在壮族人民婚姻家庭生活中发挥着调节作用。但随着社会经济的深刻变革，多元文化的影响，社会结构和关系发生了巨大的改变，怎样在现代社会传承优秀的壮族婚姻家庭道德，做到传统与现代的有机融合，以抵制现代婚姻家庭中不良倾向，促使壮族现代婚姻家庭道德建设朝着文明健康和谐的方向发展，还需要壮族人民的共同努力。

第九章　壮族经济伦理

经济伦理是人们在生产、分配、交换、消费等各个环节经济活动中所形成的伦理规范以及对社会经济行为的道德评价准则。壮族经济伦理是壮族在长期的以稻作农耕为主的生产和经济活动中所形成的伦理规范以及对壮族社会经济行为的道德评价标准，它体现在壮族生产、分配、交换、消费等各个经济活动环节，以及壮族各个职业活动领域，其基本观念和主要内容表现为：吃苦耐劳、互助互济的劳动伦理；追求平等、不贪不占的分配伦理；等价交换、诚实守信的交换伦理；量入为出、崇尚节俭的消费伦理；以稻作农耕为主，以养殖业、渔猎、医药为辅的职业伦理和道德要求。壮族这一系列朴素的经济伦理观念和道德要求，为壮族的生存和发展提供了精神动力和道德支持。

第一节　壮族经济伦理概述

一、经济伦理的内涵解读及其特殊性

（一）经济伦理的内涵解读

"经济伦理"这一概念，是德国著名社会学家马克斯·韦伯在揭示资本主义经济发展背后的精神动因时首次提出和使用的。他说："表面上相似的经济组织形式与一种极不相同的经济伦理结合起来，就会按照各自的特点产生出极不相同的历史作用。"① 在这种经济伦理观看来，任何一种成功的经济

① ［德］马克斯·韦伯：《儒教与道教》，商务印书馆 1997 年版，第 5 页。

制度中都存在一种积极健康向上的精神力量，否则，再完美的经济制度也不会发挥出好的效果。

随后，国内学者也对经济伦理进行了界定。周莉莉在《〈推销员之死〉中的经济伦理观》一文中将"经济伦理"界定为人们在从事经济活动过程中所持有的伦理价值观。经济伦理属于经济行为的道德范畴，是经济主体在道德方面的认知与自我约束。[①] 何为芳在《生态生产与绿色消费：生态文明时代的经济伦理观》一文中将"经济伦理观"界定为人们关于经济活动的伦理问题的根本观点，其内容有经济伦理原则、经济伦理规范、经济伦理理想等三方面。它在经济主体身上一般表现为一种具有伦理意义的精神气质。[②] 李志强在《浅析经济伦理与市场经济体系的关系》一文中指出："中国经济伦理思想是用以指导社会生产和经济活动，规范和评价人们经济思想和行为的伦理思想体系。它涉及到生产、交换、分配、消费等经济活动的各个方面，构成了具有中国特色的经济伦理观。"[③]

综上可知，经济伦理是人们在社会生产和经济活动中所形成的伦理规范以及对社会经济行为的道德评价准则。它不仅停留在人们的思想观念中，而且贯穿在生产、分配、交换、消费各个环节，乃至一切经济活动和经济政策中。

（二）经济伦理的特殊性

经济伦理作为一种专门研究经济道德现象的应用伦理，不仅有其不同于政治伦理、文化伦理、社会和谐伦理和生态伦理的内涵特质，而且也有其不同于经济理性和经济法则的内涵特质。也就是说，经济伦理有其作为"经济伦理"的特殊性。其特殊性主要表现在以下几个方面。

1. 经济伦理作为一种社会意识，是由一定社会经济关系决定并随着社会经济关系的变化而变化的。一定的经济伦理，归根到底是一定社会经济关

---

① 周莉莉：《〈推销员之死〉中的经济伦理观》，《南昌工程学院学报》2011年第2期，第48—51页。

② 何为芳：《生态生产与绿色消费：生态文明时代的经济伦理观》，《伦理学研究》2011年第4期，第61—65页。

③ 李志强：《浅析经济伦理与市场经济体系的关系》，《经济技术协作信息》2011年第28期，第11页。

系的反映，由一定的生产力发展水平、一定的经济运行方式和一定的生产资料所有制关系决定的。生产力发展水平决定着经济活动中人与自然、人与物的基本关系模式，也在一定程度上决定着人与人之间的组合方式，其主要内容是人们之间的经济组合方式，人们对于这种组合方式的评价和认可构成经济伦理的重要内容。经济运行方式即社会资源的配置方式，不同的经济运行方式要求不同的伦理道德调节和规范。① 如计划经济和市场经济，虽然都是资源配置方式，但是计划经济过分追求公平、市场经济过分追求效率的特点要求不同的伦理道德与之相适应。生产资料所有制直接决定着人们在经济活动中的地位、人与人之间的关系以及产品的分配关系，也决定着生产的最终目的和价值取向，因而在经济伦理规范的确立和调适中处于根本性的作用。

2. 经济伦理作为一种行为规范，通过伦理评价、认可等自律性的手段调节人们之间利益关系。② 经济伦理作为一种调节人们之间经济利益关系的行为规范，通过设定一定的善恶标准来调节个人与个人、个人与群体、群体与群体之间的利益关系，规定着人们应该做什么和不应该做什么。与法律规范相比，经济伦理对人们之间经济行为的调节是自律的而不是他律的。经济伦理是在人们的经济生活中约定俗成的行为规范，其实现程度与人们的思想道德修养水平、觉悟程度紧密相连。只有当经济伦理规范由经济主体经过认知、情感、信念、意志、行为，上升为经济主体的自觉追求时，经济伦理规范才能得到有效的实施。

3. 经济伦理作为一种伦理资源，主要体现在追求经济领域的公平和公正。追求经济领域的公平和公正是由其作为经济发展动因决定的。它不主张经济主体无私奉献、"损人利己"或者"利他害己"，而要求尊重他人，"利人利己"或者"利己不害他"。因为从长远看"无私奉献"、"损人利己"或者"利他害己"，妨碍公平和公正，将会造成经济疲软或者经济秩序混乱。

4. 经济伦理作为一种精神动力，主要体现在它能为经济参与者带来经济效益。经济伦理通过提高经济参与者的素质，调动经济参与者的能动性，协调经济参与者之间的人际关系，营造优良的经济发展环境，提高资源优化

① 贺金瑞、熊坤新、苏日娜：《民族伦理学通论》，中央民族大学出版社2007年版，第44页。
② 贺金瑞、熊坤新、苏日娜：《民族伦理学通论》，中央民族大学出版社2007年版，第45页。

配置与经济效益，推进社会经济的良性运行和协调发展。因此，许多企业家都很重视经济伦理，因为它可以带来经济效益，促进企业的经营和良性发展。①

二、壮族经济伦理界说

壮族作为一个人口众多、历史悠久的民族，在长期的以稻作农耕为主的经济生产活动和经济生活中，也形成了他们对生产、分配、交换、消费等各个环节经济活动中的道德现象、道德关系思考的经济伦理思想，并用于调节人们在经济生产和经济生活中的道德行为，成为了壮族评价人们经济行为的道德价值标准。壮族经济伦理在生产、分配、交换、消费等经济活动的各个环节，以及以稻作农耕为主的各个职业活动领域，都对调节和评价人们的经济道德关系和道德行为，提出了以勤劳、敬业、节制、互助、诚信、公平、尚义等为主要内容的一系列经济伦理观念和道德要求。这些传统朴素的经济伦理思想观念和道德要求对壮族社会经济活动有着深刻的影响。它不仅在过去是壮族生存和发展的一种强大的精神动力，而且现在和将来也仍然是这个民族振兴的内在动力。②

而在长期以来，由于壮族伦理思想尚未形成独立存在的文化形态和完整的理论形态，使得壮族人民在长期的经济生产和经济生活中形成丰富而又独有见地的经济伦理思想，大量地通过壮族的生产习俗、生活习俗、岁时节日、民间文学和信仰崇尚等壮族文化形态加以表现。在许多壮族的社会日常活动中世代沿袭、积久形成的传统社会习俗中，以及在形象地表达人们的思想感情和思想观念的壮族民间文学的各种体裁中，都能挖掘和领悟到其中所蕴涵的壮族许多质朴而时至今日仍具有重要价值的经济伦理思想观念。特别是由壮族人民创作形成并在壮族地区广为流传的《布洛陀经诗》、《传扬歌》两部经典长诗中，蕴涵有许多丰富的壮族经济伦理思想。

---

① 李志强：《浅析经济伦理与市场经济体系的关系》，《经济技术协作信息》2011 年第 28 期，第 11 页。
② 王克：《论壮族传统伦理道德与壮族地区经济建设》，《贵州民族研究》1995 年第 3 期，第 82—88 页。

第二节　壮族经济伦理的主要内容①

壮族经济伦理思想作为壮族在经济生产活动中调节人们道德关系、规范和评价人们经济行为的伦理观念和道德要求，体现在壮族经济活动各个环节，以及壮族各个职业活动领域，其主要伦理观念和道德要求体现在以下几个方面。

一、劳动伦理

劳动通常是指有劳动能力的人在生产过程中有意识地支出劳动力的活动。劳动是人维持自我生存及发展的重要手段。马克思说："任何一个民族，如果停止劳动，不用说一年，就是几个星期，也要灭亡，这是每一个小孩都知道的。"② 因此，人们只有通过劳动，才能维持其自身的生存和繁衍。劳动伦理观是指人们在劳动过程中所持有的伦理观念和应该遵循的道德规范的总和。在长期的历史发展中，壮族及其先民为了维持其民族的生存和发展，必须进行生产劳动，而在生产劳动中必然会形成一定的伦理关系以及调节这些关系的劳动伦理观念和道德准则。

（一）吃苦耐劳

壮族属于稻作民族，水稻是一种娇弱农作物，对水、旱、虫、风等自然灾害抵御能力较差，需要小心呵护，加之受"八山一水一分田"自然环境的制约，壮族先民为了生产和生活，他们与自然界进行了艰苦卓绝的斗争，养成了吃苦耐劳的良好劳动品格，把荆棘丛生的荒山野岭开辟成了"飞莺不胜瞻"的美好家园。因此，"勤劳"历来被人们视为是壮人的一种品质特征。如宋代王安石在《论邕管事宜》中对壮人作了这样评述："大率人材轻劲善走，耐辛苦，以皮为屦，陟高涉深，如履平地。"宋人周去非的《岭外代答》也证之曰："其人往往劲捷，能辛苦，穿皮履上下山如飞。……生理苟简。

---

① 本节的部分论点和论述内容，已刊发于《壮族经济伦理思想及其当代价值》一文中，载《广西民族研究》2013 年第 4 期。

② 《马克思恩格斯选集》第 4 卷，人民出版社 2012 年版，第 473 页。

冬编鹅毛木棉，夏缉蕉竹、麻苎为衣。抟饭掬水以食。"

　　壮人也一直把"吃苦耐劳"视为做人的根本，《传扬歌》中唱道："薄田苗不旺，多收靠人勤……懒汉禾苗稀，过路人人叹……父母千般想，头条是劳动……人勤我不懒，早晚不偷闲。五六月失收，饥饿没人怜……人勤我不懒，没便宜活路……不怕草茂盛，好苗靠人勤"①。正因为在壮族人心目中，"勤劳是头条"②，因此，壮族青年在找对象时，也会把勤劳作为他们择偶的一个重要标准，正如民歌所云："有钱有势不嫁他，妹爱犁耙后生家，犁嘴犁出千条路，耙齿耙出万朵花"；"妹妹爱我我爱她，妹妹爱我会种地，我爱妹妹会纺纱"。③

　　壮族人民不仅崇尚勤劳，而且对懒惰进行了鄙视。这在壮族民间文学中有许多鲜明的反映。如一首民间歌谣《劝歌》唱道："一劝开春人，父母生下你，想吃就要勤，想吃就要干，先勤后有存。做个懒惰人，坐吃金山尽，天天想玩耍，老时苦来临。"④ 还有民间谚语云："钱在高崖，不劳力它不来。勤不富也饱，懒不死也饿"；"游手好闲虽自在，饥寒呼号无人怜"。⑤以简单明了的语言，说明勤劳可以创造幸福生活，懒惰只会带来贫困潦倒。壮族民间故事《三小姐和砍柴郎》则描述了一个富家小姐嫁给一个砍柴郎，靠自己的双手勤劳致富，体现了"富贵荣华非天定，世间由人不由命"的人生观。⑥ 壮族民间故事在对勤劳进行高度赞扬的同时，也对懒惰进行了鞭挞和嘲讽。如壮族民间故事《懒鬼以叶蔽影》描述了一个好吃懒做的农夫，听说在每棵大树顶端有一片神圣的叶子，只要把它拿在胸前，别人就看不到自己，就把很多叶子拿回家，一片片地把叶子拿在胸前，问他妻子是否看得见

---

① 梁庭望、罗宾译注：《壮族伦理道德长诗传扬歌译注》，广西民族出版社 2005 年版，第120—121 页。

② 梁庭望、罗宾译注：《壮族伦理道德长诗传扬歌译注》，广西民族出版社 2005 年版，第119 页。

③ 李富强、潘汁：《壮学初论》，民族出版社 2009 年版，第 293 页。

④ 广西壮文工作委员会、广西民族学院主编：《壮族民歌选集》，广西人民出版社 1958 年版，第 18 页。

⑤ 参见李富强、潘汁：《壮学初论》，民族出版社 2009 年版，第 292 页。

⑥ 南宁师范学院广西民族民间文学研究室编：《广西少数民族与汉族民歌民间故事》第 3 集，1983 年，第 95—101 页。

他。他妻子被问得不耐烦了，就说"看不见"。于是他立刻拿着这片叶子，跑到街上去偷东西，被人发现后，他仍执迷不悟，认为是手中的叶子不能隐身，又跑回家去拿别的叶子。到家见妻子正在烧树叶时，懒汉非常气愤，举手打妻。当他明白是被别人作弄时，羞得无地自容。[1] 在壮族民间故事中，还有大量类似的故事，如：两兄弟一个勤奋，一个懒惰，结果勤奋者得到了幸福，懒惰者得不到幸福。无疑，这些民间故事形象生动地表现了壮族人民崇尚勤劳的优秀品质。

（二）互助互济

《传扬歌》中唱道："春耕待插秧，有牛要相帮，挨家轮流种，合力度大忙。""借牛给人用，不会死峒场。各人顾自己，前辈不主张。"[2] 在壮族民间故事中，还有大量类似的故事，如一则《阿更除害》的故事说：良山冲一带，一丘平川，土地肥沃，每年种的玉米长得又粗又壮，苞儿又长又大，是壮家的饭碗。可有一年，玉米苗正当拔节，不知从哪来了一只白山羊，大肆糟蹋庄稼。良山冲的年轻小伙子阿更决心为民除害，但他一个人，身孤力单，屡屡失败。后来，在仙人的指点下，全村人同心协力，才将此白山羊除掉。所以，在故事的末尾，阿更对此事做了深刻总结："一个人只能断溪沟，众人方能断江流。没有大家抱成团，只我一个怎能除掉这头害人精！老仙人的话一点不假。"这虽然只是民间故事，但壮族人民心底的互助互济的价值观念借由故事中阿更的口说了出来。[3]

在现实生活中，壮族这种互助互济的行为普遍存在。如：广西天峨县白定乡的壮族，每年旧历二三月，各家都互相帮助挑粪下田；五月插秧的季节到来时，便请亲戚来帮忙，同村中已经插完或还没有开插的人家都去帮别家的忙；同村有人建新屋，木匠将木架搭好后，各家便主动去帮主人盖茅草、编竹壁；同村中有老人逝去，村中的青年妇女便来帮主人挑水，每一个青年男子都将一担柴送给主人家使用；若是嫁娶也相互帮忙。这些互助属于一种

---

① 韦苏文：《论壮族伦理观》，首届壮侗语诸民族学术讨论会论文，1989 年。

② 梁庭望、罗宾译注：《壮族伦理道德长诗传扬歌译注》，广西民族出版社 2005 年版，第126 页。

③ 参见李富强、潘汁：《壮学初论》，民族出版社 2009 年版，第 299 页。

"打背工"的性质。他们虽有还工的习惯，但还工时不一定按照对方帮工的日数去还，有时多一些，有时少一些，双方都不计较。①这种"打背工"的习俗在壮族地区普遍存在。又如：广西南丹县拉易乡的壮族农民，在农业生产中，一向都有一种组织劳动力的换工习惯。每届农事较忙的季节，特别是在春种秋收之时，村邻之间，彼此换工互助。这虽然没有固定的组织形式，但彼此之间既已发生过换工关系，则以后你来我往，经常不断。②新中国成立后，壮族这种互帮互助的优良传统仍然普遍存在。

二、分配伦理

经济活动中的分配，一般是指按照一定的标准或规定分东西或安排任务。按其分配内容，主要包括：指按一定的标准或规定分（东西），如分配剩余劳动产品或者将生产资料或劳动力分配给不同的生产者；安排，如合理安排工作任务。生产资料所有制形式决定了社会分配的方式。生产资料的分配方式决定着社会成员在生产过程中所处的地位以及相互之间的关系。分配是社会生产和再生产不可缺少的环节，是连接生产和交换的中间环节。表面上看，分配是按照一定的标准或规定分东西或安排任务，其实在这种分配的背后，隐藏着人与人之间的关系。分配主体在分配中必须遵循一定的伦理道德规范。而社会成员之间遵循的分配伦理道德规范蕴含在分配之中。所以，分配伦理观是指人们在分配过程中所持有的伦理观念和应该遵循的道德规范的总和。壮族先民在长期的分配实践中，形成自己独特的分配伦理观念和道德准则。

（一）公平分配

传统的小农经济形态下，人们为了维持生存，对社会财富要求公平分配的愿望也越来越强烈，因而，公平问题成为了中国传统经济伦理的一大特色。然而受封建等级制度的影响，中国传统的公平分配观并不是人人均等的

---

① 广西壮族自治区编辑组、《中国少数民族社会历史调查资料丛刊》修订编辑委员会：《广西壮族社会历史调查》（一），民族出版社2009年版，第2页。
② 广西壮族自治区编辑组、《中国少数民族社会历史调查资料丛刊》修订编辑委员会：《广西壮族社会历史调查》（一），民族出版社2009年版，第154页。

分配原则，而是名分均平的等级制度分配原则。壮族也有着强烈的公平分配的观念，面对社会分配的不公，壮族人民也一直在追问，发出了愤愤不平的呼声："山上石累石，平地上无垠。天不会盘算，地不会均分。当初立天地，为何分不平。"① 《传扬歌》将矛头首先指向帝王："人们当醒悟，天下属帝王。十五妃簇拥，白银烂在仓。"② 其次是做官者："做官忘国事，掌印不为民。妻妾陪下棋，淫乐度光阴。"③ 最后是财主："三都众财主，富贵又霸道。一买百峒田，三妾共侍候。"④ 并告诫人们："善恶终有报，古人话不假。"⑤ 在壮族人民看来，以上欺下、以强凌弱都是不道德的行为，四海之内皆兄弟才是合乎道德规范的。因而在经济方面提出了"土不如石重，秤不如戥均。地不平如水，有高下之分。若以上补下，搭配才公平"⑥ 的"以上补下"公平分配思想。

在历史上，壮族较为浓厚的平均观念还主要表现在集体进行劳动和收获物的平均分配上。如在新中国成立前，南丹壮族农民在秋收完毕后，一般进行狩猎活动。每次出猎的人数不定，少则七八人，多则二三十人。持枪的先到山背上包围，带猎狗的深入草丛中搜索。猎获的野兽，除射中者多得一份外，其余都照人数和猎狗数均分。猎得黄麂，皮归射中者，肉则平均分配。若猎获物较小，不便分肉，则大家聚餐一顿。⑦ 直至新中国成立后，有些地方仍然持有平均分配的思想，如巴马瑶族自治县的壮族。这种不管劳动

① 梁庭望、罗宾译注：《壮族伦理道德长诗传扬歌译注》，广西民族出版社 2005 年版，第111 页。
② 梁庭望、罗宾译注：《壮族伦理道德长诗传扬歌译注》，广西民族出版社 2005 年版，第113 页。
③ 梁庭望、罗宾译注：《壮族伦理道德长诗传扬歌译注》，广西民族出版社 2005 年版，第113 页。
④ 梁庭望、罗宾译注：《壮族伦理道德长诗传扬歌译注》，广西民族出版社 2005 年版，第112 页。
⑤ 梁庭望、罗宾译注：《壮族伦理道德长诗传扬歌译注》，广西民族出版社 2005 年版，第114 页。
⑥ 梁庭望、罗宾译注：《壮族伦理道德长诗传扬歌译注》，广西民族出版社 2005 年版，第112 页。
⑦ 广西壮族自治区编辑组、《中国少数民族社会历史调查资料丛刊》修订编辑委员会：《广西壮族社会历史调查》（一），民族出版社 2009 年版，第 181 页。

力强弱，只要参与就可以平均分得食物的做法，显然是受人人平等观念支配的。①

（二）不贪不占

壮人认为，人要正直，应当有骨气，有志气，"人穷志不穷，不去讨残羹"。主张自食其力，"家贫双手在"，只要勤劳、肯干，"不怕风雨狂，够吃也不难"。然而壮族同时也认为"谁不想富贵"，但是"八字已安排"。在他们看来，"富贵老天定，由命不由人。一官八人抬，守多少阴功。"②。诚然，天命不可更改，但是在实际中不可见利忘义，更不能忘了仁。"仁举作壮歌，劝诫众弟兄。有心者自忖，天地如水平。"③对于掌权者，"凡事莫过头，儿孙要提防"④，"善恶终有报，古人话不假。强夺人妻女，颠倒不成家。邪路不回头，悬崖不勒马。强扭瓜不甜，丑名传天下。"⑤对于富甲一方的有钱人，则不应为富不仁，在行使自身财产权利之时，兼顾弱者的需要，以免激化社会矛盾。这在今天壮乡中都有所反映。如一家宰了猪或死了猪，要请全寨人来吃一餐，回去后还要送他一份，出外打工挣钱返家也要请人吃饭。被请的人也认为是理所当然的。富裕了的人家要常请人吃饭，要大方，有借必给，否则，将被人视为吝啬鬼，被人咒骂。

三、交换伦理

经济活动中的交换，一般是指人们在生产中发生的各种活动、能力以及产品的交换过程。按其交换流程，可分为：在生产中各种活动和能力的交换；在生产中产品的交换；在产品进入消费领域之前各个环节如包装、运输的交换；产品在消费时的交换。生产力的发展水平直接决定了交换的范围、

① 李富强，潘汁：《壮学初论》，民族出版社 2009 年版，第 300 页。
② 梁庭望、罗宾译注：《壮族伦理道德长诗传扬歌译注》，广西民族出版社 2005 年版，第 111 页。
③ 梁庭望、罗宾译注：《壮族伦理道德长诗传扬歌译注》，广西民族出版社 2005 年版，第 222 页。
④ 梁庭望、罗宾译注：《壮族伦理道德长诗传扬歌译注》，广西民族出版社 2005 年版，第 113 页。
⑤ 梁庭望、罗宾译注：《壮族伦理道德长诗传扬歌译注》，广西民族出版社 2005 年版，第 114 页。

广度和深度。交换的规模、效率反过来又影响了生产力发展的进程。交换是社会生产和再生产不可缺少的环节，是连接分配和消费的中间环节。表面上看，交换是在生产中活动、能力、产品的交换，其实在这种交换的背后，隐藏着人与人之间的关系。交换主体在交换中必须遵循一定伦理道德规范。而这种社会成员之间遵循的交换伦理和道德蕴藏在交换之中。所以，交换伦理观是指人们在交换过程中所持有的伦理观念和应该遵循的道德规范的总和。壮族在长期的交换活动中，也形成了自己独特的交换伦理观念和道德准则。

从《布洛陀经诗》第三篇《造万物·赎水牛魂黄牛魂和马魂经》后半段可以看出，养牛除可以"用来犁土造塘养鱼"、"用来耕田种粮"、"拿去讨媳妇来增加劳力"外，还可以"拿去卖得钱用"，当"牛死尽死绝，没有牛耕田多辛苦，没有牛拉耙多辛苦"时，"王装钱进袋子，去到郎寨那圩场，去到郎中那地方，郎中那里有牛卖，郎寨圩场有牛摆"。[①]《造万物·赎猪魂经》后半段可以看出，养猪可以"买塘养鱼得吃鱼"、"买田种田有粮吃"、"有钱养妻儿"、"有钱铸手镯"、"有钱来花销"、"有钱去还债"、"有钱做斋供"、"能到凌云去当官"、"有钱来放债"[②]。以上描述可以看出壮族的商品交换比较频繁。正是在这种长期频繁的商品交换活动中，壮族及其先民逐渐形成了以下的交换伦理观念和道德准则。

（一）等价交换

等价交换是壮族生产力发展到一定阶段的产物。在人类历史发展的长河中，由于劳动分工的不断深化和劳动产品的自由流动，人们最初以物物交换的形式来交换自己劳动产品以外的其他劳动产品。如 1 只绵羊 =2 把斧子，是原始物物交换的最初形式。随着生产力的进一步发展，劳动分工的进一步深化，剩余产品的逐渐增多，物物交换的范围进一步扩大。某些物品就分离出来，成为一般等价物，如黄金、白银。马克思说："金银天然不是货币，但货币天然是金银。"[③]在壮族交换贸易中，银元充当过一般等价物，如

---

① 张声震主编：《布洛陀经诗译注》，广西人民出版社 1991 年版，第 330—342 页。

② 张声震主编：《布洛陀经诗译注》，广西人民出版社 1991 年版，第 363—366 页。

③ 《马克思恩格斯选集》第 2 卷，人民出版社 2012 年版，第 132 页。

"妇女们都来问价钱，猪的价格十两银"①。在伦理观上，银元体现公平买卖、等价交换的原则。壮族除了使用银元以外，"钱"早已成为商品交换的媒介，如："女儿三次赶下圩，女儿五次赶上街，看中一头猪，看中一只鸭……鸭价一块钱"②。其实，在壮族频繁的集市贸易中，还使用一种标志着等价交换的工具——天秤，如："买一头十七个月龄的母牛，买一头十八个月龄的公牛，用天秤来称"③。

（二）诚实守信

诚实守信是壮人信守的做人处事的道德观念和行为准则，他们认为："言而无信是人渣。"壮人对那些丑恶的、尔虞我诈的行为非常痛恨。同时，在壮族人眼里，守信用是神灵的要求，不守信用是十分缺德的事，是会遭到报应的。因此，在壮乡，极少有人会失信负约。无论是贸易买卖、借贷或其他关系中，一般人是不会食言负约的，即便情况发生变化到对自己不利也不反悔。由于这种诚信的社会风气，壮乡民间的借贷通常不需要立字据、办手续的。只是在一些不动产（土地、房屋、园林等）的租赁和拍卖中，才需要请证人，立字据。④

在农业生产活动中，打草结习俗就是最好的反映。若某人夏天见野外一片茅草长得茂盛，便每隔一丈远打一草结，表示这片草地已被某人看中，打草结号定，秋天来割。人们看到草结，就自觉不到这片草地割草。在水田头插一两兜草结，表示田里已播种，人们便自觉不放鸡、鸭、猪、牛等下田。坡地边插上草结，表示地里已种上花生、玉米、黄豆等作物，人畜不要踩踏；如果玉米被掰，花生被扯，主人就在被掰或被扯处打个草结，或将玉米秆、花生藤拿回树边打个草结插在土墙上，以示警告。⑤打草结习俗看似简单、琐碎，但是壮族人民就像是执行严格的法律一样，大家自觉遵守。

在壮族人民的观念中，不守信用、见利忘义是要遭到鄙视的。壮族许

---

①　张声震主编：《布洛陀经诗译注》，广西人民出版社 1991 年版，第 362—363 页。

②　张声震主编：《布洛陀经诗译注》，广西人民出版社 1991 年版，第 1064—1065 页。

③　张声震主编：《布洛陀经诗译注》，广西人民出版社 1991 年版，第 343 页。

④　覃国生、梁庭望、韦星朗：《壮族》，民族出版社 1984 年版，第 114—115 页。

⑤　李富强、潘汁：《壮学初论》，民族出版社 2009 年版，第 293 页。

多民间故事都表达了这一思想。如《贪钱的人》讲道：从前有个叫韦卜胜的人，为人很贪。一天，一个小孩落水，老婆婆发现后，急急赶去叫韦卜胜救人，但韦卜胜不赶紧救命，而是跟人讨价还价，趁机敲竹杠，结果落水孩子被溺死，而捞起这个孩子一看，正是韦卜胜自己的女儿。① 《贪财佬钻猪笼》讲的是一个老公公生了三个女孩子。大女儿、二女儿都嫁给了有钱人，把他不喜欢的三女儿嫁给了一个卖柴火的。老公公嫌三女婿穷，对他很不好。后来由于老公公贪财，结果与老伴一起钻进猪笼，被丢到河里喂了大鱼。② 《触手成金》讲的是一个腰缠万贯的县官，希望自己能触手成金，仙人满足了他的要求。于是，他回家把儿子、老婆及家中的一切都变成了黄金。尽管家中金子灿烂发光，最终他还是饿死了。③ 这些故事虽然含有虚构成分，但也反映出壮族人民对自私贪婪、见利忘义的鄙视和憎恶。

四、消费伦理

消费是用消费品满足人们消费需求的一种经济行为。通常来说，消费包括三个要素：消费者的消费需求、满足消费者消费需求的途径以及影响消费者选择的因素。消费伦理观是"消费主体在进行消费活动时，对消费对象、消费行为方式、消费过程、消费趋势的总体认识评价和价值判断，以及由此形成的指导消费行为的思想规范，它影响甚至决定人们的消费行为"④。由于受客观环境以及社会习俗的制约和影响，壮族人民在日常消费活动中形成了自己的消费伦理观念和道德准则。

（一）量入为出

量入为出，顾名思义，根据收入的多少来决定开支的额度。在《布洛陀经诗》第三篇《造万物·赎猪魂经》后半段中有这样的描述："母猪生下第一窝崽，买塘养鱼得吃鱼；母猪生下第二窝，买田种田有粮吃；母猪生下

---

① 李富强、潘汁：《壮学初论》，民族出版社 2009 年版，第 294 页。
② 广西壮族自治区编辑组、《中国少数民族社会历史调查资料丛刊》修订编辑委员会：《广西壮族社会历史调查》（二），民族出版社 2009 年版，第 67—68 页。
③ 韦苏文：《论壮族伦理观》，首届壮侗语诸民族学术讨论会论文，1989 年。
④ 何小青：《消费伦理研究》，上海三联书店 2007 年版，第 211 页。

第三窝，有钱养妻儿；母猪生下第四窝，有钱铸手镯；母猪生下第五窝，有钱来花销；母猪生下第六窝，有钱去还债；母猪生下第七窝，有钱做斋供；母猪生下第八窝，能到凌云去当官；母猪生下第九窝，有钱来放债；母猪生下第十窝，王家旺似火。"① 由此可以看到，壮族及其先民早在古代就形成了"量入为出"的理性消费观，即先解决温饱，而后再去买手镯、放债等。《布洛陀经诗》第三篇《造万物·赎水牛魂黄牛魂和马魂经》后半段中，也有"生出第一头牛来，用来犁土造塘养鱼；生出第二头牛来，用来耕田种粮；生出第三头牛来，拿去讨媳妇来增加劳力；生出第四头牛来，拿去卖得钱用"② 的描述，这也表明，壮族的消费观念是，首先倾向于满足最基本的生活需要，然后再进一步满足更高层次的需求，如去娶媳妇、到集市上进行买卖交易等。

（二）崇尚节俭

由于长期生活在自给自足的封闭型小农经济结构中，商品交换范围狭窄，没有形成强大的利润诱惑，节俭成了壮人推崇的一种美德。加之受客观环境的制约，壮族人民十分珍惜上天赐予的一分田和一分水以及自己双手创造的一切财富。因此在日常生产生活中，他们将勤俭持家视为守则，反对一切铺张浪费的行为，《传扬歌》中就赞扬了"夫妻一条心，勤俭持家忙。不见众亲友，家贫变小康"③ 的美德，反对好吃懒做，不赞成那种"晚上不纺线，独坐懒洋洋，偷米上街卖，买布做衣裳。提秤约白米，又怕丈夫见。锅中无米煮，口水送清汤"④ 的做法，尤其不能容忍好吃懒做的行为，"背过家人面，嘴比猫还馋，只想鱼想肉，吃穷一家当"⑤。痛斥那些"一日三餐醉，出入尽贪官"的吸血鬼，告诫人们：如果挥霍无度，"万贯家财也会空"。此

---

① 张声震主编：《布洛陀经诗译注》，广西人民出版社 1991 年版，第 363—366 页。

② 张声震主编：《布洛陀经诗译注》，广西人民出版社 1991 年版，第 329—331 页。

③ 梁庭望、罗宾译注：《壮族伦理道德长诗传扬歌译注》，广西民族出版社 2005 年版，第 131 页。

④ 梁庭望、罗宾译注：《壮族伦理道德长诗传扬歌译注》，广西民族出版社 2005 年版，第 130 页。

⑤ 梁庭望、罗宾译注：《壮族伦理道德长诗传扬歌译注》，广西民族出版社 2005 年版，第 130 页。

外，《传扬歌》对特别节俭的壮族妇女给予了高度的评价，如"肚里有明灯，照亮她的心，办事人敬服，话语赛金银"① 等。

（三）适度索取

贪欲的节制也引发了壮人对自然资源的节俭利用，在改造大自然的过程中，壮族通过禁伐、禁猎、禁渔等禁忌，甚至以神灵的名义来约束人们的行为，告诫人们不能太贪婪，否则会遭到自然的惩罚。如几乎每个壮族村寨都有一片加以特殊保护的树木，俗称"祖宗神树"，这些"神树"不能随意接近，更不允许乱加砍伐，违禁者会受到神灵的惩罚。壮族民间还有"手不抓蚂蛴，不怕雷公劈"、"近水不得滥用水"、"砍伐要舍近求远"等习俗和禁令。超自然神灵的威慑、宗教信条的规范和乡规民约管理制度的约束等外部禁律，久而久之便自然内化为人们心目中根深蒂固的环境保护意识和生态道德，保护了大自然的生态平衡和生态资源的可持续发展，为壮族经济发展提供了生命源泉和物质基础。

五、职业伦理②

职业是人们由于社会分工和生产内部的劳动分工，而长期从事的专门业务和特定职责，并以此作为主要生活来源的社会活动。职业是生产力发展到一定阶段的产物，是伴随社会分工和生产内部劳动分工的深化而产生和发展起来的。

职业伦理，是指从事一定正当职业的劳动者，在职业活动中应当遵循的具有自身职业特征的行为规范，以及与之相应的道德观念。职业伦理是职业或行业范围内特殊的道德要求，是一般社会伦理在职业或行业生活中的具体体现。职业伦理的形成和发展是以社会分工为基本前提的，自原始社会末期以来，随着生产力的发展和社会分工的发展，相继出现了农业、畜牧业、手工业和商业等行业和职业，也出现了脑力劳动和体力劳动之间的分工，出

---

① 梁庭望、罗宾译注：《壮族伦理道德长诗传扬歌译注》，广西民族出版社 2005 年版，第129 页。
② 本论点的主要观点和内容，已以《壮族职业伦理思想及其现代调适》为题，刊发在《广西社会科学》2015 年第 6 期。

现相对稳定的职业形式，人们在职业实践中便形成了职业伦理的观念。可以说，职业伦理在原始社会尚处于萌芽状态，其真正形成是在奴隶社会，此后，随着社会职业分工日趋复杂与稳定，职业伦理也得到了不断的发展和完善。

壮族在自己漫长的历史发展过程中，在特定的社会生产条件下，随着生产力的发展，社会分工的形成与发展，也形成了以稻作农耕为主，以养殖业、渔猎、林业为辅的经营模式，并相应出现了各个相对稳定的职业，进而形成了在这些职业生活领域中处理人们之间关系的职业伦理观念和道德要求。

（一）稻作农耕伦理

壮族是中国也是世界上最早发明人工栽培水稻的民族之一，这已被大量的考古研究发现证明。如广西南宁市各县 14 个贝丘遗址发掘出来的加工稻谷的原始石磨、石磨棒和石杵，已经有 11000 年左右的历史。在广西桂林市甑皮岩，也挖掘出了类似的稻谷加工工具，以及用于蒸煮和保存稻米的陶罐残片，经考古研究测定，年代距今也有 9000 多年。最大的发现是 1995 年，考古专家在紧靠广西边境的湖南道县寿雁镇玉蟾官（俗称蛤蟆洞）发现了 12000 年前的炭化稻谷（《光明日报》1996 年 3 月 26 日），随后国家文物局考古专家又对其炭化稻壳进行鉴定，年代距今 18000—22000 年，其鉴定刊于《人民日报海外版》1996 年 4 月 3 日。而湖南省道县所属的零陵地区，本就是壮族祖先苍梧部的故地。这些炭化稻谷兼有野生稻和人工栽培稻（籼稻和粳稻）特征，说明这些炭化稻谷经过人工栽培，但尚未完全驯化。[1] 水稻和旱地作物不同，是比较娇气的植物，需要有稳定的田块、充足的水源和精耕细作的一系列过程，因此，以稻作生产为主的壮族对水有很大的依赖性，也需要有良好的人际合作关系，如果水源分配问题得不到妥善解决，将会严重影响水稻的收成。也正因此，壮族先民在长期的稻作农耕生产活动中，逐渐积累形成了处理人与人之间关系的行为准则。[2] 天长日久，壮族及

---

[1] 参见梁庭望、罗宾译注：《壮族伦理道德长诗传扬歌译注》（前言），广西民族出版社 2005 年版，第 52 页。

[2] 参见梁庭望、罗宾译注：《壮族伦理道德长诗传扬歌译注》（前言），广西民族出版社 2005 年版，第 53 页。

其先民形成了自己独特的稻作农耕的伦理道德观念。

1. 勤耕细作

水稻还是一种生产期较长的作物，为了取得好收成，要经过浸种、整治秧田、撒种、犁田、耙田、插秧、耘田、排灌、防虫、收割、打场等数十个生产环节，这就必然要进行精耕细作。壮族及其先民正是在稻作农耕的过程中形成了勤耕细作的职业伦理观念和品质。这在壮族的传统习俗文化和民间歌谣中多有体现。如云南壮族地区有首《下种歌》唱道："正月风吹紧，二月风吹急；种子该下田，肥料该下地；到农忙时节，到除草时节；阳雀声声叫，吊竹花报急；田里要施肥，草灰不能少；互相多帮助，弟兄不心焦；背粪施河田，没有就去挑；水田要翻泡，牯牛声声叫；头晚把田犁，二早去耙田；耙得细又细，一遍又一遍；四处撒籽种，四方无人闲；人勤秧苗壮，迎风舞翩翩。"① 在《传扬歌》中，也有相当多的篇幅阐述了农耕的头等重要和勤耕细作伦理准则。如："说千言万语，勤劳是头条。"②"薄田苗不旺，多收靠人勤。""耕田种地人，禾苗在心头。"③"人勤我不懒，早晚不偷闲。""双手造甘泉，终生用不完。"④……

2. 不误农时

勤劳还要以及时耕耘为重，不误农时也成为了壮族重要的稻作农耕伦理观念。在壮族《传扬歌》中就唱道："正月立新春，农夫睡不宁"。⑤ 它告诫人们："季节不等待"，"正月到二月，喝牛耕瘦田。早种禾苗壮，晚种草遮天。""三月不下种，六月何处收。错过好时光，秋来空双手。"⑥ 此外，壮

---

① 戴光禄、何正廷：《勐僚西尼故——壮族文化概览》，云南美术出版社 2005 年版，第 162—163 页。

② 梁庭望、罗宾译注：《壮族伦理道德长诗传扬歌译注》，广西民族出版社 2005 年版，第 119 页。

③ 梁庭望、罗宾译注：《壮族伦理道德长诗传扬歌译注》，广西民族出版社 2005 年版，第 120 页。

④ 梁庭望、罗宾译注：《壮族伦理道德长诗传扬歌译注》，广西民族出版社 2005 年版，第 121 页。

⑤ 梁庭望、罗宾译注：《壮族伦理道德长诗传扬歌译注》，广西民族出版社 2005 年版，第 120 页。

⑥ 梁庭望、罗宾译注：《壮族伦理道德长诗传扬歌译注》，广西民族出版社 2005 年版，第 120 页。

族还有不少的农事节令歌，不仅叙述了节令与农事活动的关系，还告诫人们要勤劳耕耘，不误农时。如一首《农事季节歌》唱道："正月进立春，有雨好靶田；雨水一过去，开始浸种子……五月到芒种，众人赶耘田；夏至一过去，耘过四五回……六月进小暑，开始收头造；赶紧种晚造，不超过大暑。"①

3. 敬业耐心

与旱地作物相比，水稻生长周期比较长，要经过 20 多个环节，如整治秧田、垫基肥、浸种、撒种、护秧针、整治稻田、修埂、耙烂田泥、垫底肥、插秧、护苗返青、耘田、排灌、防虫、防兽、加肥、防旱、防涝、防倒伏、防风、防畜、防倒寒、排水、收割、打场、晾晒、入仓等，而且每个环节都得小心翼翼，不得疏忽。② 所以种田之人要经常到田里查看，根据查看结果采取不同的措施。正是在漫长的农耕岁月里，壮族及其先民养成了不畏困难、吃苦耐劳、敬业不辍、耐心忍性的稻作农耕品格。《布洛陀经诗》第三篇《造万物·赎谷魂经》"牵母牛去犁地，要公牛去耙田，拿粳谷穗来踩，拿糯谷穗来踩，搓出谷种浸三天，四天捞起来，吉日拿去播，申日拿去撒……二十五天可拔秧，二十六天可插田"③ 的叙述将壮族这种稻作农耕品格描绘得淋漓尽致。

4. 团结协作

与旱地作物相比，稻作农耕仅有正常的耕作环节是远远不够的，还必须有社会安定、家庭和谐、邻里相帮这几个条件。种田的各个环节，一家劳动力都得参与，特别是岭南往往要种两季甚至三季稻，一年几无农闲之时。要想水稻收成好，一家人需要通力合作，邻里需要相互帮助，社会需要安定有序。④ 长期的稻作农耕，使壮族人民形成了团结协作的传统。

---

① 韦其麟：《壮族民间文学概观》，广西人民出版社 1988 年版，第 195—196 页。
② 梁庭望、罗宾译注：《壮族伦理道德长诗传扬歌译注》（前言），广西民族出版社 2005 年版，第 53 页。
③ 张声震：《布洛陀经诗译注》，广西人民出版社 1991 年版，第 297—300 页。
④ 梁庭望、罗宾译注：《壮族伦理道德长诗传扬歌译注》（前言），广西民族出版社 2005 年版，第 53 页。

（二）养殖业伦理

壮民族除了种水稻以外，还从事了养牛、养猪、养鸡、养鸭等养殖业。这在《布洛陀经诗》中也有诸多反映，如《布洛陀经诗》第三篇《造万物·赎水牛魂黄牛魂和马魂经》叙述了造牛、养牛、卖牛、赎牛魂的整个过程；《布洛陀经诗》第三篇《造万物·赎猪魂经》叙述了造猪、养猪、卖猪、赎猪魂的整个过程；《布洛陀经诗》第三篇《造万物·赎鸡鸭魂经》叙述了造鸡、养鸡、赎鸡魂的整个过程。在漫长的养殖业过程中，壮族形成了尊重生命、爱护生命，人与其他生命和谐相处的养殖业伦理观念和道德。

养殖业不仅解决了壮族及其先民的温饱问题，使他们生活逐渐好起来，而且还促进了他们的原始资本积累，推动商品经济的萌芽。如：养牛不仅可以用来犁土造池塘、耕田，而且还可以拿去讨媳妇和卖钱。又如：养猪不仅可以买池塘、买田、养妻儿，而且还可以买手镯、去做官和放债。但是因为牛、猪、鸡做了不该做的事情，出现牛、猪、鸡魂飞散、都死绝的后果，如"鸡出鸡舍找虫吃，该扒的地方不去扒，扒坏了王的菜园，扒坏了王的蒜苗，王的母亲拿木棍去打，王的儿子抓着鸡就摔，王的鸡跳进草丛，王的鸡跑到山坡上，老鹰唰啦扑下来，乌鸦哗哗飞下来，老鹰抓鸡进树丛，乌鸦捉鸡进树林，哪只得肝就吃肝，哪只得肠就吃肠，有的得吃肉，王的鸡魂飞散，王的鸡全死绝，冤怪就从这里出，冤怪就从这里来"①，后在布洛陀的指点下，"王依从布洛陀的嘱咐，王记住布洛陀的交待，把鸡魂召回来，王的鸡才繁殖得像蝴蝶群，王的鸡才发展得像白蚁群。"② 在《布洛陀经诗》的这些赎魂经中，虽然带有自然崇拜"万物有灵"的色彩，但却告诫人们敬奉自然万物则人畜兴旺，得罪则灾祸降临，其中就蕴含有尊重生命、爱护生命，人与其他生命和谐相处的伦理观念，也是养殖业活动要遵循的道德准则。而经诗中描述的牛、猪、鸡被惩罚，落得魂飞散、全死绝的下场，很大程度上是因为破坏农作物，没有做到"自家的鸡吃自家的东西"，同时也告诫人们不要三心二意、左顾右盼，要恪守本分做好自己的事情。

---

① 张声震主编：《布洛陀经诗译注》，广西人民出版社 1991 年版，第 385—388 页。
② 张声震主编：《布洛陀经诗译注》，广西人民出版社 1991 年版，第 392—393 页。

（三）渔猎伦理

据考证：壮族先民进入农耕前，有过漫长的渔猎生活。壮族先民古越族居住水边，以渔为主。这从壮区考古发掘出来的贝丘遗址足以证明。[1]"盘古生出百姓，造池塘养鱼来吃"[2]、"买塘养鱼得吃鱼"[3]等语句在《布洛陀经诗》中反复出现，也多少证明了壮族先民有过漫长的渔猎生活。考古发现柳州大龙潭鲤鱼嘴遗址及白莲洞遗址有很多腹足类和蚌类遗骸。从这些遗骸来看，腹足类动物口缘锐利，没长全，表明它是在生长期被捕捉的。腹足类的生长期是在雨季，这说明旧石器晚期，人类是在雨季趁腹足类蔓延与觅食时捕捉它们的，而在旱季捕捞蚌类，因为在雨季，华南地区河水暴涨，到河里捕捞非常困难。[4]浔江两岸盛产鱼花，每年农历三月二十日，即鱼汛期快要到来的时候，他们欢度第一个"鱼花节"。到七月二十日紧张繁忙的鱼汛期过去，他们又安排第二个"鱼花节"，节日期间各家都备有以鱼为主的鱼花宴来招待亲友。[5]这些节日反映了壮族人民的渔猎生产。经年日久，也形成了壮族勤学好问、爱护动物的渔猎伦理道德。

《布洛陀经诗》第三篇《造万物·赎鱼魂经》陈述了造水车、水坝、鱼栅和鱼床的整个过程。"怎样造水坝，怎样疏排溪流，去与鸬鹰同窝住，去与獐子打老庚，在獐子那里见有木炭，在鸬鹰那里见有铁，打铁时拿火炭放在右边，拿铁块放在左边，熊熊的火焰喷去喷来，铁渣往下落纷纷，真的铁水往上沸腾，铸铁来锻造宽口斧头，铸铁来锻打做扁口刀，打成斧头拿去砍枯木，打成刀拿去伐大树，伐木头来做鱼梁的柱子，砍木条来作鱼栅的柱子，拿（刀斧）去丛林中砍伐，拿（刀斧）去森林里砍伐，一天砍一根两根木条，每天砍一两条木头，拿来安在河口，拿来放在河尾，良辰吉日王去砌鱼籫，吉日良辰王去砌鱼栅，四月选申日来砌，水冲就不跨，三月选亥日来砌，太败和笃危这一天，吉日那天好砌籫，水就哗哗地流进鱼籫，水就哗哗

[1]　张声震主编：《布洛陀经诗译注》，广西人民出版社 1991 年版，第 399 页。
[2]　张声震主编：《布洛陀经诗译注》，广西人民出版社 1991 年版，第 263 页。
[3]　张声震主编：《布洛陀经诗译注》，广西人民出版社 1991 年版，第 363 页。
[4]　李富强、潘汁：《壮学初论》，民族出版社 2009 年版，第 136 页。
[5]　范玉梅：《我国少数民族的节日》，《社会科学战线》1983 年第 3 期，第 216 页。

地落下鱼栅，三天之后王去看，过了九朝王去探，见鱼簖落下一条大鱼。"①
从造水车、水坝、鱼栅和鱼床的整个陈述过程可以看出，壮族先民选择良辰
吉日来做事的做法虽然带有一点迷信的色彩，但也形象地表现了壮民族在渔
猎生产活动中善于学习、勤于钻研的职业道德观念。

　　《布洛陀经诗》第三篇《造万物·赎鱼魂经》后半段对赎鱼魂原因和做
法还做了描述：因为"王拿刀去砍，王用刀背去锤，打得鱼儿逃下深潭，赶
得鱼儿逃进海里"②，导致出现大鱼"死在溪中"和"死在鱼床"的不良后
果。在布洛陀的指点下，"王回来搭起扎花的神台，王回来操办祈祷，来给
鱼床念咒，来为鱼栅诵经，把蛟龙送回江河，把龙王送下大海"③，把鱼魂赎
回塘里来，到第二年九月，才捕得十担九抬。从这些描述可以看到，要想得
到一抬又一抬的鱼，必须要尊重生命，爱护动物，否则将受到鱼死的惩罚。
这实际上就是壮族渔猎生态伦理道德的生动表现。

　　（四）壮医伦理

　　人类为了生存，不仅要从事物质资料的生产，而且还要与各种威胁人
类生命的疾病瘟疫作斗争，这就必然产生了医药技术。由于不同地域有不同
的地理环境、气候条件以及不同的生活习惯，这些外界因素影响人类的体
质，便导致疾病的地域性和治疗方法的地域性。壮族及其先民在生产、生活
以及同疾病斗争的实践经验中，创造和发展了颇具特色的壮医。④ 壮医在致
病理论上，有重视外界因素而轻内在因素的特点，这是由于壮族长期生活在
一个相对封闭的区域，与外界交往不多，壮族聚居的岭南位于亚热带地区，
气候炎热多雨，植物茂盛，加上又濒临海洋，湿热尤重，使得恶劣的外界环
境一直是人们致病的常见病因和主要因素。在病情的诊断上，壮医除了望
诊、闻诊、问诊、切诊外，还有甲诊，即根据指甲的不同颜色、形状，可以
反映人体脏腑的病机。在病情的治疗上，主要有浅刺疗法和药物疗法，而壮
医针刺疗法至今仍在民间使用。总之，壮族人民为适应岭南独特的地理和气

①　张声震主编：《布洛陀经诗译注》，广西人民出版社 1991 年版，第 411—418 页。
②　张声震主编：《布洛陀经诗译注》，广西人民出版社 1991 年版，第 419—420 页。
③　张声震主编：《布洛陀经诗译注》，广西人民出版社 1991 年版，第 427—428 页。
④　李富强、潘汁：《壮学初论》，民族出版社 2009 年版，第 171 页。

候环境，在同疾病作斗争的实践中创造的具有民族特点的壮医药技术，不仅是壮族人民智慧的结晶，也是壮族对中华民族文化的重大贡献。①

随着壮医药技术的形成与发展，也就形成了壮医职业以及相应的壮医职业伦理。壮医的一大特色是他们既是医师又是药师，既看病也配药。为此，这就要求壮医有较高的职业道德。在壮医的医疗实践中，也十分讲究医德，他们把当医生视作"积功德"的善事，以救死扶伤、助弱济世、为民众解除病痛之苦作为行医的目的。他们看病不分亲疏贵贱，对病人一视同仁，治疗的收费很低，一般的刮痧、捏痧还不收取费用，遇到有经济困难的病人甚至分文不取。有的病患如果没有现金，还可以用自产物品（大米、花生、茶叶等）代替。壮医对待工作也很敬业，时常不分白天黑夜，随叫随到，送医药上门，深得壮乡民众欢迎。②

第三节　壮族经济伦理思想的现代调适

一、壮族经济伦理思想现代调适的必要性

（一）现代社会和社会主义市场经济健康发展的客观要求

在经济、文化、信息等领域不断全球化的背景下，在我国改革开放不断扩大、社会主义市场经济深入发展，经济体制、社会结构、利益格局都发生深刻变化的新形势下，"人们的观念、观点和概念，一句话，人们的意识，随着人们的生活条件、人们的社会关系、人们的社会存在的改变而改变。"③壮族经济伦理观倡导的互助互济、诚实守信、等价交换、公平分配、量入为出、人与其他生命和谐相处的理念对当今社会主义市场经济的健康持续发展乃至社会主义和谐社会的构建仍具有重要的意义。

但当前我国社会正经历着新的转型和发展，处于由传统农业社会向现代工业社会转变和社会主义市场经济体制完善和健康发展的重要时期。与计

---

① 李富强、潘汁：《壮学初论》，民族出版社 2009 年版，第 172—174 页。
② 戴光禄、何正廷：《勐僚西尼故——壮族文化概览》，云南美术出版社 2005 年版，第 230 页。
③ 《马克思恩格斯选集》第 1 卷，人民出版社 2012 年版，第 419—420 页。

划经济相比，市场经济最大的优越性是能够通过"无形的手"促进劳动力和生产资料从利润低的部门向利润高的部门进行流动。市场经济的逐利性能够调整人们的积极性、主动性和能动性，同时也激发人们转变思维方式、价值观念。显然，壮族经济伦理观中存在的重农抑商、平均主义、小富而安等价值观念已经不适应现代社会发展和社会主义市场经济健康发展的要求，需要加以调适使之与现代社会发展和社会主义市场经济相适应。

（二）壮族经济伦理思想中存在着一些过时的观念需要加以调适使之与时代要求相吻合

壮族经济伦理思想是在壮族经济发展的各个历史时期形成的，它与当时当地的生产力发展水平是相适应的。但随着生产力的不断发展，它的许多方面已不适应现代壮族地区经济的发展要求。如：不计报酬的互帮互助是壮族的传统美德，在现代社会则还应根据新的历史条件加以调适。又如：热情好客是壮族优良的道德风尚。但过分的好客也会产生不利的影响，在壮族地区，人们经常看到，红白喜事要宴请全村老少和亲友。婴儿过满月、老人过寿日也请族内和亲友大吃一餐，甚至连嫁女接受聘礼、儿孙升学也要请族内和亲友痛饮几杯，这在经济上往往也会造成极大浪费。[①] 对壮族经济伦理思想中的积极成分如勤劳勇敢、不贪不占、诚实守信等，我们要继承和弘扬。因此，对壮族传统经济伦理思想，不能一味地照抄照搬，而应该随着社会的发展，与时代的要求相适应，加以改造、继承，取其精华、弃其糟粕。

二、壮族经济伦理思想现代调适的原则

（一）坚持古今相承原则

壮族伦理思想博大精深，壮族经济伦理思想作为其思想的一部分，也是留给后人的一笔宝贵的思想财富，如勤劳勇敢、诚实守信、等价交换、公平交易等。这些经济伦理思想的精华不仅有利于调节经济领域的伦理关系，而且也有助于经济秩序的顺利进行。但同时壮族传统经济伦理中的一些不合时宜的观念如平均主义、安于现状、小富即安等，应该根据变化着的经济发

---

① 王克：《论壮族传统伦理道德与壮族地区经济建设》，《贵州民族研究》1995 年第 3 期，第 82—88 页。

展水平、经济运行方式、经济政策予以改造和创新，与时俱进。这样才能在现阶段社会主义市场经济体制建立、完善和健康发展过程中，在主张效率优先、更加注重公平的经济环境下，创新性地形成适应和推动现代经济发展、调节现代经济活动中人们各种关系的经济道德规范；才能正确处理现今经济领域出现的平等与差别、义与利、互助与竞争、消费与节俭之间的取舍问题，实现壮族传统经济伦理观向壮族现代经济伦理观的转型。

（二）坚持中外结合原则

中华民族自古以来就有团结友爱、和谐相处的优良传统，在历史上，壮族作为中华民族大家庭的一员，对于维护我国民族团结、社会和谐方面作出了杰出的贡献。究其原因，也离不开壮族倡导的团结合作、互帮互助的经济价值观。但如果在社会主义市场经济条件下，只强调团结合作、互帮互助的经济价值观，而不讲求经济效率，忽略构建与市场经济相适应的伦理规范，也会在一定程度上影响壮族地区经济的发展进程。为此，也应借鉴西方社会在长期市场经济发展中形成的经济伦理，为壮族地区经济发展服务。西方的经济伦理（Business Ethics）可以追溯到古希腊的先哲们，其演变过程大致可以划分为四个阶段，古希腊、罗马时期，以伦理为主导的经济与伦理的统一；中世纪时期，对经济与伦理统一关系的继承；近代西方，经济与伦理的割裂；现代西方，向经济与伦理统一的复归。[①] 从西方经济伦理演变的进程可以看出，社会经济的正常运行，离不开调节人们经济行为和经济生活的伦理规范。当前，我国的经济体制是社会主义市场经济体制。与计划经济体制相比，社会主义市场经济体制是市场在国家宏观调控下对资源配置起基础性作用。市场经济最大的优越性是能最大限度地调动人力、财力、物力等一切资源为经济服务。与此同时，市场经济也使道德与经济的矛盾更为突出。经济活动中出现了许多亟须解决的不道德行为，如权钱交易、权色交易、权力寻租、缺斤短两、坑蒙拐骗、以次充好、假冒伪劣等。这些问题也印证了市场经济离不开经济伦理。壮族传统经济伦理观要在社会主义市场经济体制大环境中，充分发挥市场在资源配置中的基础性作用，在追求团结合

---

① 鲁芳：《西方经济与伦理关系的历史演变》，《湖南师范大学社会科学学报》2003 年第 1 期，第 15—20 页。

作、互帮互助的基础上，注重效率。

（三）坚持德法共治原则

资产阶级古典政治经济学派集大成者亚当·斯密在《国民财富的性质和原因的研究》（《国富论》）中首次提出"经济人"假说。他认为人都是"自私"的，以追求自我利益最大化为行为的出发点和最终目的。同时人又是"理性"的，通过精明的计算去选择对自己最有利、能够获得最大效益的行为。亚当·斯密同时指出，只有通过市场机制这只"看不见的手"才能实现经济资源的优化配置和自我利益的最大化。后来，亚当·斯密在他的《道德情操论》中指出，经济的顺利运行应当以强有力的精神指导，自尊、自爱、同情、互利、正义和虔诚这六大原则应当成为市场运行的道德前提。斯密的这种伦理思想后来被发展成"道德人"理论。由此可知，在亚当·斯密看来，人不仅是一个"经济人"，而且还应该是一个"道德人"。在现实生活中，由于过分强调市场经济的私利性，忽略对人的品德教育，导致经济领域出现了诸多见利忘义、谋财害命的行为，严重影响了经济的正常运行。为此，在现阶段，社会主义市场经济的健康运行，除了对人们进行社会主义核心价值观教育外，还要加强法制教育，通过强有力的法律来规制经济中出现的不良行为。壮族传统伦理思想的现代调适应在坚持壮族人民原有的良好"道德人"的基础上，引入法律机制，在良好法治环境中寻求"道德人"与"经济人"的契合点。

（四）坚持共同富裕原则

贫穷不是社会主义。社会主义发展经济的最终目的是达到共同富裕。共同富裕是中国经济持续、健康、快速发展的根本价值动因和价值动力。壮族传统伦理思想的现代调适应坚持共同富裕的价值取向，在允许一部分人先富起来的基础上，实行"先富"带"后富"，最终实现"共富"的价值目标。

三、壮族经济伦理观现代调适的走向

（一）从注重平等向公平与效率相统一调适

壮族地区由于长期处于不发达的商品经济状态，壮人从小农生产出发，往往倾向于各方面的平等。人人生而平等。这个平等是指人在法律面前的平等。在现实生活中由于人的天生禀赋、后天拥有资源以及劳动能力不同，在获得消费品的数量和质量方面也有所不同。为了公平和效率，我国在社会主义初级阶段实行以按劳分配为主体，多种分配方式并存的分配制度。这种分配制度实质上反映出各种生产要素如劳动、资本、土地、技术、管理等，都按贡献参与了收益分配。同时，这种分配制度也反映出必须承认差别，不能片面地强调绝对平等或者平均主义。同样，壮族地区的经济发展，也必须承认差别。只有承认差别，才能实现真正的公平和调动壮族地区广大劳动群众的积极性、主动性和能动性。允许一部分人通过诚实劳动、合法经营先富起来，走共同富裕的道路，壮族地区的经济才能不断向前发展。

（二）从注重义气向义气与利益相统一调适

君子喻于义，小人喻于利。壮人自古就有重义轻利、"鱼和熊掌不可兼得"的思想传统。如在唐、宋时期壮族先民的俚、僚人勇敢自主、为人"质直尚言"，"重贿（慷慨给人财物）轻死"。就是说他们勇敢自信，为人直爽，重信誉，肯帮助别人甚至给他人以无偿赠与，却不怕牺牲自己，并形成历史传统。在村子里，在亲友中，一家猎获鱼、杀猪宰牛或收到食物礼品，必送赠邻间、亲友一份，宁可自己少享用点也不在意；为人慷慨正直，是他们的秉性，对于斤斤计较自己得失，不理睬别人受苦受难的，在壮族人看来，这是不能与之交往、共事的小人。① 但是，在今天壮族地区生产力发展水平低下、人们生活水平不高的情况下，迫切需要大力发展物质文明，而非仅仅是精神文明。要发展经济，就必须使追求财富和合理获得得到认可和尊重，否则，经济发展将十分缓慢，社会主义现代化发展的目标将不能很快实现。当然，一味重利轻义，经济发展将会出现倒退，社会将会毁灭。所以，壮族地区经济的跨越式发展，必须义利并举。

（三）从注重互助向互助与竞争相统一调适

壮族很注重团结互助。建房时互助，生产时互助，婚丧互助，生活困难时互助，遭危难时互助，是历来普遍的传统。这种团结、合作、互帮互助是壮族优良的传统美德。但是，从社会主义市场经济发展的客观要求出发，

---

① 沈云刚：《继承和开发壮族优良传统道德　狠抓边疆地区民族德育教育》，载《全国教育科研"十五"成果论文集》（一），2005 年。

互助不是简单的无偿援助，而是互相学习、互相理解、取长补短、彼此竞争、共同促进生产率的提高。物竞天择，适者生存。竞争通过优胜劣汰可以发挥参与者的聪明才智，激发参与者的创造才能。目前，壮族地区经济的发展，需要在互助的基础上引入竞争机制，造就一批敢想、敢干、敢于竞争的优秀人才，让他们到社会主义市场经济中呼风唤雨，以带动壮族地区经济的发展。

（四）从注重农业向农业与工业相统一调适

农业是人类的衣食之源、生存之本，也是国民经济的基础。壮族及其先民很重视稻作农业的生产。为了风调雨顺、取得好收成，他们围绕整个农事生产过程，从选秧、育秧、栽秧、祈雨、耘田、除虫到收割、归仓、过年，每一阶段都形成一定仪式，并产生相应的祭祀祈祝礼仪，形成了完整的稻作文化节庆体系，① 如三月三歌圩节、四月八农具节、六月六和六月二十四的芒那节、八月十五稻花节、九月十九尝新节、十月十仓神节等。这些稻作文化节庆体系不仅反映了壮族人民从事稻作农业的历史悠久，也反映了壮族人民对稻作农业的高度重视。随着工业化、信息化时代的到来，工业在国民经济的比重越来越大，已经上升为主导地位。工业化水平在一定程度上反映了一个地区城镇化水平、经济发展水平以及人民生活水平。与东部地区相比，西部地区的工业化水平还比较低，工商业也不发达。壮族地区经济的发展，需要立足信息化和工业化的时代背景，在巩固农业基础地位的基础上，大力引进资金、技术、人才，走科技含量高、经济效益好、资源消耗低、环境污染少、人力资源优势得到充分发挥的新型工业化道路。

---

① 雷英章：《稻作文化与隆安壮族节庆习俗》，《创新》2009 年第 8 期，第 94 页。

第十章　壮族政治伦理

政治伦理是指政治主体在政治活动与政治行为中所信奉和应遵循的伦理准则。政治伦理作为反映政治与道德关系的范畴，是人们的政治生活与道德生活相互结合、相互渗透的结果。按照马克思主义的观点，政治伦理属于上层建筑，是一定历史、社会、文化条件下的产物，是一定阶级的政治关系在道德领域中的必然反映。长期以来，在壮族的社会政治生活中，受中华传统政治伦理思想的影响，也形成了一系列以儒家倡导的修身、齐家、治国、平天下政治伦理思想为主导的政治伦理思想和观念，提出了讲信修睦、谨慎修身，整齐治家、和睦团结，民众为本、掌印为民，追求公平、抵御外侮等众多的政治伦理主张。壮族一些重要的历史人物，也在他们所处的特定历史条件下，提出了不少有益的政治伦理观念主张。这些政治伦理思想，对于调节壮族社会政治生活的道德关系，维护壮族民众的政治地位和政治权利、维护壮族地区的社会秩序和稳定以及增强民族认同与国家认同，都曾经并将继续发挥重要作用。

第一节　中国传统政治伦理思想在壮族地区的传播和影响[①]

一、修齐治平：中国传统政治伦理思想的核心

传统中国是一个"家国同构"的伦理本位社会，强调修齐治平。农耕文明在华夏大地源远流长。历代王朝均重视农业，将治下的人民划分成为

---

① 本节论述的主要观点和内容，已以《中华政治伦理在壮族地区的传承与更张》为题，刊发于《广西社会科学》2011 年第 12 期。

士、农、工、商四个阶层，并且把政治伦理化，形成了所谓的修齐治平思想。① 修齐治平是中国古代把政治伦理化的一种理论，乃儒家倡导的修身、齐家、治国、平天下政治主张的简称。在中国传统"家国同构"的社会里，天下之本在国，国之本在家，家之本在身。"古之欲明明德于天下者，先治其国；欲治其国者，先齐其家；欲齐其家者，先修其身；……身修而后家齐，家齐而后国治，国治而后天下平。自天子以至于庶人，壹是皆以修身为本。"② 因此，只有"身修"才能"家齐"；只有"家齐"才能"国治"；只有"国治"才能"天下平"。并且，传统的"修身"观点是按照仁、义、礼、智、信、忠恕、孝悌之道进行个人修养，规范自己的言行。个人具备了合乎这些要求的修养，才能使家庭成为良好的家庭，使人人都具有孝、悌、慈的品质，能正确地事君、事长和使众，从而形成"一家仁，一国兴仁"的局面。这就把修身按照结构性的映射关系（mapping）来保证从个体到家庭到国家一直贯彻到世界的各个政治层次的一贯性。通过自下而上的推广顺序，修身被视为一个人之所以能够从事其他一切活动的前提与基础，被提高到了一种"本"和"元"的地位。因而，在中国传统社会，"天下—国—家—个体"这个自上而下的政治方向与"个体—家—国—天下"这个自下而上的伦理方向构成了一个政治与伦理颉颃互涉且相互肯定的政治—伦理循环。国家的政治制度为修齐治平的伦理制度提供了权力保障，而修齐治平的伦理制度也为国家的政治制度提供政治合法性和道德有效性。

　　以个人修养为基础的修齐治平理论有两种含义：一是从控制每一个人、每一个家庭出发，以达到强化封建统治的目的；一是告诫统治者要以身作则，推己及人，以实现天下太平的目的。③ 然而，政治伦理总是为一定的社

---

① 哲学家赵汀阳先生认为，中国的政治理论总是同时又是伦理学，因为只有伦理方法被认为能够最终化解政治困难。见赵汀阳：《天下体系——世界制度哲学导论》，中国人民大学出版社 2011 年版，第 87 页。中国传统社会是一个人治的社会，侧重于"心事"（heart）和"关系"。修齐治平政治伦理是一种规范个人修心养性、处理各种社会关系、指引参与政治事务的准则、指南。

② 《礼记·大学》。

③ 中国大百科全书总编辑委员会《政治学》编辑委员会：《中国大百科全书·政治学》，中国大百科全书出版社 1992 年版，第 422 页。

会或阶级利益服务的,具有其鲜明的阶级性和时代性。所以,有权的统治者自然可不理会圣人们的告诫,而无权无势的老百姓却不能不接受圣人们带有强制性的教谕。但是,不可否认的是,在中国传统社会,修齐治平理论对于中华民族性格的形成,调和人际关系以及人与社会之间的关系有着不可磨灭的作用。而且,随着儒学在汉武帝"罢黜百家、独尊儒术"的统治策略支持下取得意识形态主导地位,修齐治平也随之成为中华传统政治伦理的内核。

二、共性传承与个性张扬:修齐治平政治伦理在壮族地区的传播

既然修齐治平政治伦理存在着一种结构性的映射关系以确保各个政治层次之间的一贯性,这就表明了整个政治系统的结构都可以映射到它所统辖的任何层次的子系统上,每一层次的子系统结构又可以映射到其他任何层次的子系统上。而所有层次间的相互映射正好证明了这个系统的内在和谐。那么,修齐治平政治伦理在中国这个以天下观为指引的传统帝国的边疆少数民族地区又是如何映射出来的呢?

儒学作为中国传统社会的官方意识形态,以修齐治平思想为核心的儒家政治伦理也随着国家的大一统王化政策不断浸润周边的少数民族地区。由于生产力落后,相比较而言,少数民族居住地区人烟稀少、土地贫瘠、环境恶劣。受天下观、华夷观支配的历代统治者认为"得其地不足以供给,得其民不足以使令"①,因而通过"修其教而不易其俗,齐其政不易其宜"②的策略以维系"华夷有别"的藩篱,既达到"守在四夷"的效果,也赢得"四夷"的政治认同,凝聚了各族人民的民心,维护了国家的统一。从今天的视角来看,这种政治伦理更是成为了传统中华民族大家庭内部各民族团结、国家统一的基础。周边的少数民族统治者为了自化以及化民的目的也积极践行以修齐治平思想为核心的政治伦理,传播儒学。儒学从国家中心向少数民族地区的地域传播共同推动和维系着中华民族多元一体格局的形成、发展与赓续。就儒学的传播渠道来看,既有中央王朝在周边少数民族地区的府、州、县官府兴办官学以推广、传播儒学,并从中开科取士,以宋代为例,广西中进士

① 《明太祖宝训》,"中央研究院"历史语言研究所校印本(台北),1962年,第26页。
② (清)祁韵士:《皇朝藩部要略稿本·序》,黑龙江教育出版社1997年版,第2页。

的就有 279 人;① 或令少数民族统治者子弟系统地接受儒学教育再承袭土司、酋长之位。也有周边的少数民族统治者基于自化以及化民的目的,派员到中原地区学习儒家经典,建学立庙,积极推广儒学。如云南省建水县至今还有保存完好的、仅次于曲阜孔庙的全国第二大孔庙;在广西壮族自治区百色市凌云县也曾建有泗城文庙②。还由于边缘少数民族地区历来都是流放谪臣之地,这一部分儒士以及诸多边塞儒臣也积极建学立庙,尊孔崇儒,推行王化政策,培育了不少少数民族儒士,对当地的儒学传播产生了深远的影响。以柳宗元谪守治理过的柳州府为例,从唐至清五代,柳州共有进士 96 名,举人 827 名。③ 概言之,儒学自成立以来就通过绵延不断的代际传承形成儒学世系,并伴随着中华帝国 2000 多年的赓续以及华夷观、羁縻政策的延续,修齐治平思想从国家中心向国家边缘少数民族地区的地域传播共同推动和维系着中华民族多元一体格局的形成、发展与运行,并内化为一种民族政治伦理。

　　在既是"异域"也是"旧疆"的壮族地区所形成的民族政治伦理,则既呈现出共性传承"居庙堂之上"的大传统的一面,但也在一个由于文化闭塞、识字率不高等缘故而形成的口述社会中呈现出个性张扬"处江湖之远"的小传统的特点,体现出了共性传承与个性张扬的特征。为此,我们也将主要通过对壮族这个善于歌唱的民族所创作的大量民歌,如《平果嘹歌》④、《传扬歌》与《布洛陀经诗》等的研究,来探析壮族如何在"口耳传承"的方式下通过歌声符号的传播,促使以修齐治平为核心的中华政治伦理思想在

① 韦玫灵:《儒学在壮族地区传播与壮、汉民族融合的历史考析》,载肖万源编:《儒学与中国少数民族思想文化》,当代中国出版社 1997 年版,第 60 页。
② 泗城文庙始建于清朝康熙二十年(公元 1681 年),是泗城州第十八代土官岑继禄家族的私塾学堂。后因公学产生,府学宫变成了文庙。它是迄今为止桂西北壮族聚居区最为金碧辉煌、庄严肃穆、规模宏大、格局完整的文庙建筑。后毁于战火,2008 年已重修。
③ 韦玫灵:《儒学在壮族地区传播与壮、汉民族融合的历史考析》,载肖万源编:《儒学与中国少数民族思想文化》,当代中国出版社 1997 年版,第 60 页。
④ "嘹歌"系壮族山歌"壮欢"之一种,因每首歌分为上下两段来唱,唱完上段两句,便拉一声"嘹——"再唱下两句,最后再拉一声"嘹——",故称"嘹歌"。"嘹歌"是由当地的男女用壮语对唱,具有严格的押韵,而后由歌师们用古壮字抄录下来,经过少数民族古籍整理专家和民间文学工作者的收集校注和翻译成汉文。现所引的内容为经过翻译的汉文。

壮族地区得到了广泛传播和认同。

第二节　壮族政治伦理的主要内容

一、修身政治伦理①

中国古代的修齐治平理论认为人应该注重修身。而修身的内容就是仁义礼智信。从整个国家的一般意义上来理解,"仁的根本意义是承认别人与自己是同类,在通常的情况下对别人应有同情心;义的根本意义是尊重公共利益,不侵犯别人的利益;礼的根本意义是人与人的相互交往应遵守一定的规矩;智的根本意义是肯定'是非善恶'的区别;信的根本意义是对别人应遵守诺言。"② 如果从多民族国家的角度来看,"五常"虽然是多元一体的中华民族"共享的思想"(shared idea),但是其在壮族地区赓续的过程中,"五常"的内容与表达形式也发生了嬗替,其内容包括了厚仁载物观、重义轻利观、明礼守法观、崇智尚勤观、讲信修睦观五个方面。

(一)厚仁载物观

1. 夫妇和谐

作为家庭的核心,夫妇须恩爱、和谐,才能保持家庭的和美;夫妇之间"小事各相让,大事好商量。言语当谨慎",克制、谦让与和睦才能"把家当"。③ 如果"夫妻不和难相处,宁愿讨饭过一生"④。夫妇恩爱则意味着他们之间须有爱情。而"爱情确实有一种高尚的品质,因为它不只停留在性欲上,而且显出一种本身丰富的高尚优秀的心灵,要求以生动活泼,勇敢和牺牲的精神和另一个人达到统一"⑤。在壮族的大量民歌中,歌颂了夫妇之间的和谐与仁爱,劝勉夫妻之间要始终相爱,既谴责丈夫的抛妻行为,也谴责妻

---

① 本小节论述的主要观点和内容,已以《壮族政治伦理之修身思想研究》为题,刊发在《百色学院学报》2011 年第 2 期。

② 张岱年:《中国伦理思想研究》,上海人民出版社 1989 年版,第 170—171 页。

③ 梁庭望、罗宾译注:《壮族伦理道德长诗传扬歌译注》,广西民族出版社 2005 年版,第 131 页。

④ 农敏坚、谭志表主编:《平果嘹歌·长歌集》,广西民族出版社 2004 年版,第 144 页。

⑤ [德] 黑格尔:《美学》第 2 卷,商务印书馆 1982 年版,第 332 页。

子的行为不检点。如："劝哥莫学陈世美，半路丢妻理不合"；① "顾人就要顾到底，千祈莫要半路丢。半路丢妻人也骂，人人痛骂假风流。"② 就是借助陈世美的故事劝勉丈夫要对妻子忠贞。如："浪情太多得罪友，顾得一头丢一头"；"浪情莫要浪太久，浪到合适就收心"；"浪情顾情不顾命，问你肩上几个头。"③ 既是劝勉未婚女子在谈婚论嫁过程中适可而止，更是警告已婚女子应安守妇道。

对于和谐，它意味着既重视差异，又重视一致。因为"差异本身、差异的存在是和谐的前提"④。因此，和谐要求须遵从事物之本性。对于这个道理，在壮族的民歌中流传着丰富的隐喻式吟唱。《平果嘹歌·长歌集》是一部记载壮族男女爱情民歌集，其中的《日歌》就有歌唱一些事物的使用不能反映其本性的内容，进而引出男女应该顺应本性择偶，过上恩爱的生活。⑤

对于仁爱，无论是夫还是妇，都需要忠贞。对于妻子，则是需要遵守妇道。倘若"为妻不知羞，贞节送他人。卖身给汉客，游荡度光阴。天黑下床去，偷汉摸出门"⑥，这就是违背伦常。因此，妻子应该明白这一道理，即："娶妇当主妇，归去快回家。若想入非非，名声受糟蹋。"⑦ 对于丈夫而言，也应遵守自身的身份规范。虽然妇女不能拥有类似丈夫惩罚妻子出轨的权力，但是，在一个面子社会里，"哥是浪子人看轻。"⑧ 因为，传统社会中道德舆论的压力显然也跟体罚这种物理性暴力一样拥有权威。正是在这种夫妻关系中注入"仁"的因素，才得以维系夫妇之间的和谐。因为"只有感情

---

① 农敏坚、谭志表主编：《平果嘹歌·新歌集》，广西民族出版社 2005 年版，第 125 页。
② 农敏坚、谭志表主编：《平果嘹歌·新歌集》，广西民族出版社 2005 年版，第 9 页。
③ 农敏坚、谭志表主编：《平果嘹歌·长歌集》，广西民族出版社 2004 年版，第 236 页。
④ 浦兴祖、洪涛：《西方政治学说史》，复旦大学出版社 2005 年版，第 53 页。
⑤ 农敏坚、谭志表主编：《平果嘹歌·长歌集》，广西民族出版社 2004 年版，第 146 页。
⑥ 梁庭望、罗宾译注：《壮族伦理道德长诗传扬歌译注》，广西民族出版社 2005 年版，第 132 页。
⑦ 梁庭望、罗宾译注：《壮族伦理道德长诗传扬歌译注》，广西民族出版社 2005 年版，第 191 页。
⑧ 农敏坚、谭志表主编：《平果嘹歌·长歌集》，广西民族出版社 2004 年版，第 67 页。

和思想融合成人对人的道德责任感，爱情才会是高尚的"①。

2. 尊老爱幼

"有男女然后有夫妇，有夫妇然后有父子"意味着存在年长者与年幼者之间的关系。当"仁"从夫妇之间扩展到整个家庭就会出现"敬老爱幼"的要求。在传统农耕社会，老人说："土司府城我走过，过桥比你走路多。"②这意味着老人拥有丰富的生活经验与知识。生活经验代表着知识，而知识则意味着权力。无论是基于对权力的敬畏，对知识的崇拜，还是基于人伦的考虑，尊敬老人、孝敬老人成为一种必然。

对于孝敬，无论是民间神话、民间故事、民间歌曲，还是经典文献，都有着大量的记述。例如在远古神话中，"那时建房造屋杀父来吃肉，那时杀了孙子用肉送外婆。"③ 这是一种违背人伦的做法。在《传扬歌》的《不忘父母恩》这首壮族民歌中歌唱了董永卖身葬母的故事，说："他见羊下仔，想娘生本身，不吃双亲肉。"④ 在宗法社会里，孝敬成为一种伦常。"祭祖"可以保佑"人们长寿繁衍"，"孝顺父母"可以保佑"子孙发达兴旺，家业日益兴隆旺盛，共享富贵万千年"。⑤ 民间故事《孝李节母歌》歌颂了李节为报答母亲的养育之恩，改变人吃人肉的陋习，以棺木安葬母亲的"孝道"。⑥对此，先秦的经典文献《墨子》在《节葬篇》中记载"楚之南有炎人国者，其亲戚死，朽其肉而弃之，然后埋其骨，乃成为孝子"即为明证。⑦ 出于血脉的延续考虑以及对富贵的渴望，孝在壮族社会现实当中得到了大力倡导与践行。如壮民族乃是稻作文化，牛是一种重要的劳动资源。如遇重要事情，往往会"要杀牛来敬父母，要杀牛来祭祖宗"⑧。因为"父子本是骨肉情，再

---

① ［苏］苏霍姆林斯基：《给儿子的信》，教育科学出版社 1981 年版，第 49 页。

② 农敏坚、谭志表主编：《平果嘹歌·长歌集》，广西民族出版社 2004 年版，第 201 页。

③ 张声震主编：《布洛陀经诗译注》，广西人民出版社 1991 年版，第 137—138 页。

④ 梁庭望、罗宾译注：《壮族伦理道德长诗传扬歌译注》，广西民族出版社 2005 年版，第283 页。

⑤ 张声震主编：《布洛陀经诗译注》，广西人民出版社 1991 年版，第 152 页。

⑥ 广西壮族自治区科学工作委员会壮族文学史编辑室编：《广西壮族文学资料》，1960 年，第 226—227 页。

⑦ 李富强：《人类学视野中的壮族传统文化》，广西人民出版社 1999 年版，第 222 页。

⑧ 张声震主编：《布洛陀经诗译注》，广西人民出版社 1991 年版，第 147—148 页。

加一片养育恩。若还这点都不懂，怎样有脸来做人"。既然"这种儿女无人性"，自是"白来世上过一生"。① 所以，年轻人在"造得好家当"、"造得好日子"的同时，应该"报答父母情"。② 由于壮族人民认为，"天定女人去出嫁，夫妻同造一个家"，这本是自然事物之本性。但是夫妻皆为一个新家繁衍血亲的同时，也是两个家庭结成了姻亲。因此，"两边父母都照顾，船打双桨两边划"，"若是长大忘父母，做人难得比乌鸦。"③ 对此，《教子歌》质问："乌鸦还有反哺意，为人岂能不报恩?"④ 乌鸦尚且懂得反哺之义，况且人乎？

如果说在一个家庭中敬老是沾亲带故的话，那么，在日常生活中走路遇见老人也要让路，如老人在挑东西，年轻人更要主动地帮忙挑上一程。又如，在壮族青年男女的婚恋情歌中往往有询问对方人品高低的内容，而孝即为其中之一。如："问妹孝顺不孝顺，重担是否帮人挑?"⑤《传扬歌》中还有不少的警世民歌，如"莫忘父母恩，辛苦养成人。如今能自立，当孝敬双亲"、"人们懂礼多，孝敬才不蠢"等。⑥ 这些都充分说明了在壮族人民中孝敬的传统习俗。

与尊老相联系的，即为爱幼。儿童是一个家庭、一个社会的未来。在《传扬诗》"养育篇"、"不忘父母恩"和"百岁歌"等篇章中记载了壮族人用心良苦养育子女。如在幼儿阶段，"刚会爬会坐，背抱有困难"；"长到两三岁，处处心牵挂"⑦；小孩长身体，自然少不了这病那痛的，"小儿逢灾难，父母心忧愁。"⑧ 父母对此只能"处处赔小心"，看见自家小孩"骨肉白不壮，

---

① 农敏坚、谭志表主编：《平果嘹歌·散歌集》，广西民族出版社 2005 年版，第 358 页。
② 农敏坚、谭志表主编：《平果嘹歌·散歌集》，广西民族出版社 2005 年版，第 342—343 页。
③ 农敏坚、谭志表主编：《平果嘹歌·散歌集》，广西民族出版社 2005 年版，第 358 页。
④ 农敏坚、谭志表主编：《平果嘹歌·新歌集》，广西民族出版社 2005 年版，第 346 页。
⑤ 农敏坚、谭志表主编：《平果嘹歌·长歌集》，广西民族出版社 2004 年版，第 56 页。
⑥ 梁庭望、罗宾译注：《壮族伦理道德长诗传扬歌译注》，广西民族出版社 2005 年版，第125、283 页。
⑦ 梁庭望、罗宾译注：《壮族伦理道德长诗传扬歌译注》，广西民族出版社 2005 年版，第118 页。
⑧ 梁庭望、罗宾译注：《壮族伦理道德长诗传扬歌译注》，广西民族出版社 2005 年版，第284 页。

千样牵动人"。哪怕是小孩长大了，还担心他的前途。"见过多少人，卖身当长工。祸福难预料，不说也心凉。"① 在家庭的呵护之下，小孩"饭熟知张口，不懂苦是啥"，"玩够回家来，肉鱼随你夹"。②

（二）重义轻利观

1. 义以为上

壮族人民聚族而居，邻里多为兄弟。兄弟有难，应挺身相助，而不能为富不仁。本着"义"的指引，"有些富人有良心，花钱修路给人行。"③ 当然也有些重利轻义、为富不仁的行为。对此，《传扬歌》规劝道："多姓同一村，肚量要宽宏。若发财做官，莫欺负乡邻。愿你财富多，财多自己用，穷人去点债，莫迟疑悭吝。"④

基于"义以为上"的观点，壮族人民热情好客，喜欢结交朋友，重情重义。"人在世上靠朋友，鸟在山里靠树林"，"鸟离大树难做窝，人离朋友难落脚。"⑤ 但是，"交友重交心"，"交心重情义"。⑥

既是兄弟、朋友，那就应该相互帮忙，发扬互助的精神。对此，无论是壮族歌谣还是生产习俗，都有诸多体现。例如民歌中唱道："壮家讲互助，莫顾自家忙"，"各人顾自己，前辈不主张"，"有事当相助，莫用话伤人。"⑦ 因此，农忙时节"春耕待插秧，有牛要相帮，挨家轮流种，合力度大忙"⑧。倘若遇上灾荒，村庄的公共粮仓就发挥了互助的精神。所以壮人

---

① 梁庭望、罗宾译注：《壮族伦理道德长诗传扬歌译注》，广西民族出版社 2005 年版，第118 页。

② 梁庭望、罗宾译注：《壮族伦理道德长诗传扬歌译注》，广西民族出版社 2005 年版，第253 页。

③ 农敏坚、谭志表主编：《平果嘹歌·恋歌集》，广西民族出版社 2005 年版，第 237 页。

④ 梁庭望、罗宾译注：《壮族伦理道德长诗传扬歌译注》，广西民族出版社 2005 年版，第190 页。

⑤ 农敏坚、谭志表主编：《平果嘹歌·恋歌集》，广西民族出版社 2005 年版，第 339 页。

⑥ 梁庭望、罗宾译注：《壮族伦理道德长诗传扬歌译注》，广西民族出版社 2005 年版，第124、226 页。

⑦ 梁庭望、罗宾译注：《壮族伦理道德长诗传扬歌译注》，广西民族出版社 2005 年版，第126—127 页。

⑧ 梁庭望、罗宾译注：《壮族伦理道德长诗传扬歌译注》，广西民族出版社 2005 年版，第126 页。

感叹："有第二粮仓，心中不发慌。谁家中断米，多家共此粮。"① 在建造房屋时候也是，壮人发扬"义以为上"的精神，亲朋戚友相互帮忙。在经济不甚发达的壮族地区，除了经济因素之外，山区的百姓还得考虑地质灾害等因素。古代壮族人民主要是以砖木结构的干栏式建筑为主，哪怕是今天已经住上了钢筋混凝土结构的房子，在面对自然灾害尤其是地质灾害时，同样是无能为力。在这种情况之下，不尚义何以生存？对此，壮人在《房屋歌》中感言："父亲起意把屋造"，然而"想建新房不容易，盘里算外费心机"，"街头街尾去传话，材料还靠众亲戚，……担子众人来帮挑"，因为"兄弟帮衬还不够"，"兄弟出力还不够"，除了兄弟，还要靠"老表"、"老同"② 与"老庚"。这样，"老同送脊木"，"亲戚帮柱子"，"朋友帮横条"，房屋就这么搭建起来了。③

2. 以义制利

如果说上述的在生产劳作或者建造房屋中还存有互助的嫌疑而谈不上"慷慨赴义"的话，那么完全不计回报的施舍、赠与，那就应该是一种"以义制利"。本着"世间仁义值千金"④ 的人生观，壮族人民往往是为了积德而非获利来仗义。如："主家实在好良心，常送棉花给别人。借钱给人不收利，大伙称他宋公明"；"这话说来也实在，做点功德也应该。同村同寨是亲友，贫富哪能扯得开。"⑤

事实上，"以义制利"的义利观早已渗入了壮族人民的骨髓并传唱千古。对此《平果嘹歌·长歌集》之《日歌》即是明证。兹引如下：

男儿交友重义气，府门石狮重千斤。女儿交友轻情意，好比山风一样轻。

---

① 梁庭望、罗宾译注：《壮族伦理道德长诗传扬歌译注》，广西民族出版社 2005 年版，第 189 页。
② 壮族人民把最知心的朋友称为"老同"，意思就是同生死共患难的朋友。交这样的朋友，就叫作"打老同"。在壮族地区，"打老同"成为一种传统的风气，几乎每一个成年壮族男子都有一个至数个"老同"。
③ 农敏坚、谭志表主编：《平果嘹歌·长歌集》，广西民族出版社 2004 年版，第 327 页。
④ 农敏坚、谭志表主编：《平果嘹歌·新歌集》，广西民族出版社 2005 年版，第 97 页。
⑤ 农敏坚、谭志表主编：《平果嘹歌·长歌集》，广西民族出版社 2004 年版，第 406 页。

女儿交友重情意，好比府门大石狮。男儿交友轻义气，好比山风摇树枝。

男儿交友义气重，好比一座大石山。女儿交友情意浅，好比一张白纸钱。

女儿交友情意重，好比一座大山峰。男儿交友义气浅，好比六月一阵风。

男儿交友义气重，好比挑水打满筒。女儿交友轻情意，好比花针放麻笼。

女儿交友情意重，井中提水满冬冬。男儿交友轻义气，好比竹篙挂灯笼。

男儿交友重义气，好比一块磨刀石。女儿交友轻情意，毛巾头上绣花枝。

女儿交友情意重，好比石狗那么沉。男儿交友义气浅，好比芒叶那么轻。

男儿交友重义气，好比砖头压纸钱。女儿交友轻情意，好比袋里半盒烟。

女儿交友重情意，好比砖头压竹壳。男儿交友轻义气，好比袋里装烟盒。①

对于壮人"以义制利"、重义轻利的习俗，除了民歌的传承，在大量的碑文、地方志中均有记载。例如《筑隆兑二州记碑文》云："厥民以忠义，信好相尚，刻竹火书以为要结。"《浔州志》曰："其土原隈活沃衍，商舟辑辏，其民亦多淳朴。"《明史》卷三百一十八亦载："眷兹两江地边南徼，风俗质朴。"② 除了以民歌地方志的正面陈述壮族社会"以义制利"的处世之道外，大量的民间故事则从反面印证了壮族人民对自私、贪婪者的鄙视。例如《贪财送命的财主》、《贪心变蛤蚧》、《贪心的朋友》、《贪利的三个朋友》、《人

① 农敏坚、谭志表主编：《平果嘹歌·长歌集》，广西民族出版社 2004 年版，第 98 页。

② 李富强：《人类学视野中的壮族传统文化》，广西人民出版社 1999 年版，第 220 页。

心不足》、《贪钱的人》、①《贪财佬钻猪笼》② 等。

3. 兴天下利

一般而言,"利"除了体现在人与人之间的小利之外,还表现为民族大利,国家大利,苍生之利。古人云:"穷则独善其身,达则兼济天下。"对此,壮人也认为,"一人富引天下富,一枝独茂不成林。"③ 诚如汉代的贾谊所言:"国而忘家,公而忘私,利不苟就,害不苟去,惟义所在。"④ 所以,"义以为上"在特定情形之下就要求"兴天下利"。那么,何种情形呢? 这就是朱熹所说:"义者,宜也。君子见得这事合当如此,却那事合当如彼,但裁处其宜而为之,则无不利之有。"⑤

在壮族历史上,存在着许多本着"义以为上"、"兴天下利"的英雄人物与事迹。例如瓦氏夫人,她本为明代田州府指挥同知、田州岑氏十三世土官岑猛之妻(妾),在丈夫和儿子(岑邦彦)被诬反叛先后含冤遇害、孙子(岑芝)应朝廷征召阵亡之后,深明大义,应诏代替年仅六岁的曾孙岑大寿率领田州俍兵赴江浙抗倭,为国立下了卓著的功勋。⑥ 而近代的太平天国起义、新民主主义革命时期的百色起义,无不体现了壮族人民反帝反封建的英雄气概。

(三)明礼守法观

1. 隆礼明德

中国是礼仪之邦。壮族人民更是崇尚礼仪,诚心诚意待客交友,对人讲真心、重情义、讲礼貌。壮族人民认为"近邻是兄弟,远客是朋友",既是兄弟朋友,那么,就应该"诚实不相欺"。在接待客人的时候,要讲究礼貌,"接待当勤快","入席先让座,朋友乐开怀"。如客人是老人,那更须"处处讲礼节,敬老席上坐,酒菜相劝让"。不仅是待客时候注重礼节,那怕

---

① 广西壮族自治区科学工作委员会壮族文学史编辑室编:《壮族民间故事资料》(第 2 集),1959 年,第 275—278 页。

② 广西壮族自治区编辑组、《中国少数民族社会历史调查资料丛刊》修订编辑委员会:《广西壮族社会历史调查》(二),民族出版社 2009 年版,第 67 页。

③ 农敏坚、谭志表主编:《平果嘹歌·新歌集》,广西民族出版社 2005 年版,第 326 页。

④ 《汉书》卷四十八《贾谊传》。

⑤ 《朱子语类》卷二十七。

⑥ 黄明标:《瓦氏夫人研究》,广西民族出版社 2008 年版,第 207 页。

只是自我介绍，壮族人民一般也甚少使用第一人称。如学生拜见老师的时候一般自称"学生"或"某某"小名，而不称"我"。由外在的隆礼观之，实乃壮族人民明德之故。如《传扬歌》说：只有"心地要光明"，①"相敬又相让"，"莫挑拨是非，守阴功到老"，②"做个正直人"，才"不枉寿百年"。③

2. 恪守法律

法作为一种阶级统治工具，它的施行得到了国家强制力的保障。然而，"法律必须被信仰，否则它将形同虚设。"④ 但法律被信仰的前提则是法律必须得到公布和宣传。明清时期，法律明确规定了"讲读律令"的条文，民间百姓如能做到熟读通晓律意，可以享受减轻刑罚的待遇。在法律实践中，国家宣传法律的主要途径包括：宣传国家的基本法令，张挂法律摘要、特别条例及各类告示，公布案件裁决，宣传圣谕等。作为一种政治统治的策略和知识控制的手段，国家法律的公布与宣传的目的在于向民众表达一种意欲建构和维护社会秩序的理想蓝图。⑤

由于壮族乃一个歌唱的民族，在其口述传统中，存在着大量的规劝百姓恪守法律的民歌。例如，规劝人们不要有偷盗的行为。"同是受苦人，出门莫贪财。牵得大牛走，引出阎王来。""专靠抢靠偷，一生不到头。骗些不义财，富贵何处有？他家有灶王，报神祸临头。见几个贼头，空剩两只手。"⑥"劝你贪心者，莫去贪他人。土官查到时，罪惹上你身。要有啥规矩，先找人家问。恐来日受苦，受罚罪不轻。"⑦

---

① 梁庭望、罗宾译注：《壮族伦理道德长诗传扬歌译注》，广西民族出版社 2005 年版，第120 页。
② 梁庭望、罗宾译注：《壮族伦理道德长诗传扬歌译注》，广西民族出版社 2005 年版，第185 页。
③ 梁庭望、罗宾译注：《壮族伦理道德长诗传扬歌译注》，广西民族出版社 2005 年版，第137 页。
④ [美]伯尔曼：《法律与宗教》，生活·读书·新知三联书店 1991 年版，第 28 页。
⑤ 对于明清时期中国的法律宣传问题详尽的分析，可参阅徐忠明：《明清国家的法律宣传：路径与意图》，《经济与社会发展》2010 年第 1 期，第 3—25 页。
⑥ 梁庭望、罗宾译注：《壮族伦理道德长诗传扬歌译注》，广西民族出版社 2005 年版，第123 页。
⑦ 梁庭望、罗宾译注：《壮族伦理道德长诗传扬歌译注》，广西民族出版社 2005 年版，第184 页。

　　单纯的法律的暴力也只能恐吓那些畏惧法律的人，法律需得到内在的认同才能更好地得到遵守。对此，壮族人民有着深刻的认识。所以，"劝你众男儿，善恶要分明"，[①] "人要走正道"，[②] "行为要端正"，"人穷有骨气"。[③] 要"听教诲，莫要行不义"，[④] 如果"邪路不回头，悬崖不勒马"，那将是"强扭瓜不甜，丑名传天下"[⑤]。如果身败名裂，在一个聚族而居的熟人社会里，那将无法立足，家庭也将分裂，害人害己。对此，《平果嘹歌·恋歌集》之《布林恋歌》也有着生动的描述，兹引如下：

　　　　你莫嫌我太啰嗦，我还有话对你说。男人若是干坏事，一人跌山九人拖。

　　　　妹你好心来教育，阿哥听了也信服。只是阿哥胆子小，谅我坏事做不出。

　　　　跟着坏人会偷盗，跟着鬼师会跳神。若要犯罪把牢坐，起码耽误小半生。

　　　　哥不偷牛不偷马，保证不会去犯法。法律好比高压电，碰上就会冒火花。

　　　　你做好事我就跟，你做坏事我就逃。留你做个单身汉，好比浮萍水上漂。[⑥]

　　纵然一个人不侵犯他人的财产，但若生活不检点，也为法律不允许。

①　梁庭望、罗宾译注：《壮族伦理道德长诗传扬歌译注》，广西民族出版社 2005 年版，第119 页。

②　梁庭望、罗宾译注：《壮族伦理道德长诗传扬歌译注》，广西民族出版社 2005 年版，第123 页。

③　梁庭望、罗宾译注：《壮族伦理道德长诗传扬歌译注》，广西民族出版社 2005 年版，第122 页。

④　梁庭望、罗宾译注：《壮族伦理道德长诗传扬歌译注》，广西民族出版社 2005 年版，第186 页。

⑤　梁庭望、罗宾译注：《壮族伦理道德长诗传扬歌译注》，广西民族出版社 2005 年版，第114 页。

⑥　农敏坚、谭志表主编：《平果嘹歌·恋歌集》，广西民族出版社 2005 年版，第 67 页。

对此，壮族民歌倡导人们要"做个正直人，不枉寿百年"①。做人应该洁身自好，做事应该依靠己身努力。"偷赌嫖毒我最恨，只在种养下功夫。"②"你有力气能耕种，原本不该这么穷。你又不嫖又不赌，立家不会挨落空。"如果"依靠本事来吃饭，阿哥做人也正经"③。

（四）崇智尚勤观

1. 尚智苦读

壮族世居岭南，但历朝历代的统治者都奉行"以其故俗治"的同时还"以诗礼化其民"，以达到"和辑百越"的目的。④为了把中原先进的文化介绍到岭南地区，更为了改变壮族地区的落后文化，各朝各代都设立学校、书院以求有效地推动中原汉族文化在壮族地区的传播，但这都是本着教化的目的而为之。基于"劳心者治人，劳力者治于人"的认识，在专制统治下，老百姓没有接受教育的权利。对此，俄国女皇叶卡捷琳娜说，如果农民到了受教育的时候，就是她的统治垮台的时候。⑤这句话不仅适用于俄国沙皇专制统治，同样也适用于中国封建专制统治和运行在广大壮族地区的土司统治。然而，没有权利接受教育，并不等于壮族人民不崇尚智慧。在传统中国"耕读"传统文化浸润下，壮族人民也认为"耕种和读书，两条路最美"⑥。在新时代，壮族人民依旧认为"读与耕"是"保家之基"⑦。但是，他们在肯定"耕"的同时更加偏重了"读"，认为"人间不废读与耕"，但是"不读只耕能填肚，耕了还读希望存"。人类已经步入知识经济时代，一个人如果不读书，就会像"像哑巴"、"像聋子"，而"聋哑怎能把财发?"⑧在目前文凭已经有点走向极端的情形之下，壮族人民对"读"也有着深刻的认识："如今

---

① 梁庭望、罗宾译注：《壮族伦理道德长诗传扬歌译注》，广西民族出版社 2005 年版，第 137 页。

② 农敏坚、谭志表主编：《平果嘹歌·新歌集》，广西民族出版社 2005 年版，第 13 页。

③ 农敏坚、谭志表主编：《平果嘹歌·恋歌集》，广西民族出版社 2005 年版，第 362 页。

④ 覃乃昌：《"那"文化圈论》，《广西民族研究》1999 年第 5 期，第 46 页。

⑤ 参见王亚南：《中国官僚政治研究》，中国社会科学出版社 1981 年版，第 5 页。

⑥ 梁庭望、罗宾译注：《壮族伦理道德长诗传扬歌译注》，广西民族出版社 2005 年版，第 119 页。

⑦ 农敏坚、谭志表主编：《平果嘹歌·新歌集》，广西民族出版社 2005 年版，第 321 页。

⑧ 农敏坚、谭志表主编：《平果嘹歌·新歌集》，广西民族出版社 2005 年版，第 322 页。

社会讲实在，没有文凭吃不开。没有文凭进市委，板凳未暖就拜拜。""要是高中不读满，选个镇委你难当。""要是专科不读满，选进县委也下台。""就算选你进区委，板凳未暖就夭夭。"① 正是基于这种认识，壮人认为"男儿入学堂，家中出贵才"②，"谁是聪明人，用心读诗文"③。

2. 勤耕苦种

在壮族地区，耕作环境艰苦，唯有勤耕苦种才能更好地生活。所以壮族人民认为"勤劳是头条"，④"双手造甘泉"。⑤ 在壮族神话《布洛陀经诗》第三篇《造万物·赎谷魂经》中描述了一幅壮人勤劳的画卷。"二三月到了交春，人们都早起，初春杜鹃啼，仲春蝉虫鸣，杜鹃啼催犁耙田，蝉在草丛中鸣叫催播种，蝴蝶飞舞催运肥。"⑥ 而流传甚广的《传扬歌》也提到壮族人民的勤劳。如："正月本如此，早晚吃丰餐。到初三初四，吃饭在田间。"⑦

作为人类生存和发展的基本条件，一个人唯有勤劳，才能奠定家庭生活的物质基础。倘若没有勤劳做保证，那么，家庭兴旺这只是痴人说梦。对于穷人家而言，"父母无田地"，"家贫无寸土"。这种情况下，只能依靠勤劳，所以，"十月寒冬到，入山垦新荒"。⑧ 在山区开垦，"每日斗黄土"，只要发扬愚公移山的精神，"功夫不放闲"，也可"双手造甘泉"，而"最怕无心人"。在山上开垦出来的土地尽管不能播种水稻，但是"杂粮随手种"，也能维持生存。所以说，对于穷人家而言，勤劳是"开路找财源，穷途又变

① 农敏坚、谭志表主编：《平果嘹歌·新歌集》，广西民族出版社 2005 年版，第 321 页。

② 梁庭望、罗宾译注：《壮族伦理道德长诗传扬歌译注》，广西民族出版社 2005 年版，第 253 页。

③ 梁庭望、罗宾译注：《壮族伦理道德长诗传扬歌译注》，广西民族出版社 2005 年版，第 120 页。

④ 梁庭望、罗宾译注：《壮族伦理道德长诗传扬歌译注》，广西民族出版社 2005 年版，第 119 页。

⑤ 梁庭望、罗宾译注：《壮族伦理道德长诗传扬歌译注》，广西民族出版社 2005 年版，第 121 页。

⑥ 张声震主编：《布洛陀经诗译注》，广西人民出版社 1991 年版，第 294—295 页。

⑦ 梁庭望、罗宾译注：《壮族伦理道德长诗传扬歌译注》，广西民族出版社 2005 年版，第 183 页。

⑧ 梁庭望、罗宾译注：《壮族伦理道德长诗传扬歌译注》，广西民族出版社 2005 年版，第 120 页。

通"的唯一保证。而对于经济条件宽裕的家庭而言，也许更为应该铭记"遗产是流洪，流过地平干"①的道理，不能坐吃山空、立地吃陷，而应该"闲时做生意，得利不亏本"②。所以，人应立志，"有志贫穷不会久，有心栽花会结球。没有家产我俩造，勤洒汗水会有收。"③ 这样才能"终生用不完"。

说到勤劳，自然延伸到节俭以及勤劳的对立面懒惰的问题。对于俭，只有做到勤俭结合，才能家业兴旺。对此，壮族人民认为只有"夫妻一条心，勤俭持家忙"，才能实现"枯藤结甜果，家贫变小康"的结果。而对于懒惰，因为它背离了勤劳的美德，自然也受到了壮族人民的谴责。所以，在广大的壮族地区，流传的众多的民间故事、民歌中都有谴责懒惰和好吃懒做的说法。如流传于南丹县的《懒汉仔》即是谴责懒惰。④ 懒惰往往表现为好吃懒做。倘若"贪吃遍邻里，出门传丑名"⑤。由于壮族人民热爱勤劳、厌恶懒惰这种风气已经渗入骨髓血液当中，所以，不单是对己身有着严格的规制作用，在社会层面上，尤其是在择偶方面，更是看重一个人是否勤劳。对此各地的恋歌均有明证，例如《平果嘹歌·恋歌集》之《龙律恋歌》："若能和妹结成亲，阿哥做事更殷勤。家务做到月落岭，农活做到月西沉。"⑥ "若能同哥结成亲，妹也不会差过人。鸡啼起床去种地，月照头顶才回门。"⑦

（五）讲信修睦观

1. 言而有信

民无信不立，古人对此有着深刻的认识。《论语·为政》记载说："人而无信，不知其可。"为政离不开诚信。为人也是如此。那么，什么是"信"？

---

① 梁庭望、罗宾译注：《壮族伦理道德长诗传扬歌译注》，广西民族出版社 2005 年版，第121 页。
② 梁庭望、罗宾译注：《壮族伦理道德长诗传扬歌译注》，广西民族出版社 2005 年版，第122 页。
③ 农敏坚、谭志表主编：《平果嘹歌·恋歌集》，广西民族出版社 2005 年版，第 399 页。
④ 参见广西壮族自治区编辑组、《中国少数民族社会历史调查资料丛刊》修订编辑委员会：《广西壮族社会历史调查》（二），民族出版社 2009 年版，第 72 页。
⑤ 梁庭望、罗宾译注译：《壮族伦理道德长诗传扬歌译注》，广西民族出版社 2005 年版，第119 页。
⑥ 农敏坚、谭志表主编：《平果嘹歌·恋歌集》，广西民族出版社 2005 年版，第 383 页。
⑦ 农敏坚、谭志表主编：《平果嘹歌·恋歌集》，广西民族出版社 2005 年版，第 409 页。

信者，诚信。"诚者，天之道也；诚之者，人之道也。"① 做人须有诚意。"诚意，只是表里如一。若外面白，里面黑，便非诚意。"② 据此可知，"诚"本是一种内心世界的思想状况，同时也转化为行为。"诚"基于言说就产生了"信"问题。故"言之所以为言者，信也。言而不信，何以为言?"③ 所以，为人应该"言必信，行必果"，④ "不食所言"。⑤ 这是为人处世的一般道理。"道之浩浩，何处下乎? 惟立诚才有可居之处，有可居之处则可以修业。"⑥ 正是长期在这种诚信传统的教化之下，壮族人民认为"做个正直人，不枉寿百年"⑦。做一个正直的人，那就须勤劳，遵纪守法，不行坑蒙拐骗偷之道，"无论富或穷，莫骗钱坑人。要上下掂量，莫挑拨纷争。"⑧ 因为这些行为是违背诚实信用美德的。直到当下，在一些新编的壮族民歌中还存在讴歌诚信的内容。如："不讲诚信哪样旺?"应该"以诚以信去经商，以诚以信财路广"⑨。

基于这种道德诉求，壮族人民严重鄙视失信的人，认为"言而无信是人渣"⑩。所以，在壮族民歌中存在着大量劝诫人们要诚信的话语。如："劝告青年人，思想要诚实"，"劝贫家子弟，假话不可听"，"一生来世间，安分走正道。"⑪ 除了告诫，还提出了要求，要为人忠厚，不能"欺压忠厚者"，否则，"天地也不容"。⑫ 因为，"为人忠厚是古训，不忠不厚哪样行。"⑬

① 《礼记·中庸》。
② 《朱子语类》卷十六。
③ 《春秋穀梁传·僖公二十二年》。
④ 《论语·子路》。
⑤ 《法言·重黎》。
⑥ 《朱子语类》卷九十五。
⑦ 梁庭望、罗宾译注：《壮族伦理道德长诗传扬歌译注》，广西民族出版社 2005 年版，第137 页。
⑧ 梁庭望、罗宾译注：《壮族伦理道德长诗传扬歌译注》，广西民族出版社 2005 年版，第227 页。
⑨ 农敏坚、谭志表主编：《平果嘹歌·新歌集》，广西民族出版社 2005 年版，第 321 页。
⑩ 农敏坚、谭志表主编：《平果嘹歌·新歌集》，广西民族出版社 2005 年版，第 209 页。
⑪ 梁庭望、罗宾译注：《壮族伦理道德长诗传扬歌译注》，广西民族出版社 2005 年版，第119 页。
⑫ 梁庭望、罗宾译注：《壮族伦理道德长诗传扬歌译注》，广西民族出版社 2005 年版，第123 页。
⑬ 农敏坚、谭志表主编：《平果嘹歌·新歌集》，广西民族出版社 2005 年版，第 321 页。

2. 睦邻友好

人基于合群性，邻里朋友之间必然倡导"信"。如果人人躬行"信"，必然达到睦邻友好的状态。壮族传统社会是一个宗法社会，倡导邻里朋友之间讲信修睦，谴责言而无信的行为。唯有如此，才能很好地与大自然抗争以及有效地对抗外来入侵。对此，无论是壮族民歌的传唱还是地方县志等记载的民间生产习俗，都很好地印证了壮族人民关爱邻里的习俗。

在《传扬歌》中唱道，"交亲戚朋友，都和睦相让。"① 为人"莫挑拨同辈，让人结冤家。有时偶顶撞，让两句也罢"②。在传统壮族社会，由于历代统治者"以俗而治"，壮族的族老、寨老、头人等发挥着维护村庄秩序的功能。对于这些人，他们应该"讲话要公平，说话莫刁钻"，否则，可能"不服人心"；再者，"讲话再啰嗦，气恼心中生"；更为严重者，这种行为"阳间可混过，阴间成罪人"③。这些都从反面规范着人们应该努力维持邻里和睦。除了言语谨慎之外，在生产中也应注意睦邻。壮族是农耕民族。牲畜是必不可少的。但是，在放牧牲畜，例如黄牛、羊等时，应该注意放养，不要让它们踩踏或者吃庄稼，因为"头苗是根基"。此外，生产中应该做到"莫为鸡相吵，莫为猪相斗。……莫为树相争，莫为菜动手"，"既然做邻居"，就应该"相敬如亲友"！倘若"学狗咬人"，那只能落得"乡里名声臭"！④

既然奉承"相敬如亲友"的宗旨，壮族人民在生产中相互帮助，形成了"帮工"的习俗。如："春耕待插秧，有牛要相帮。挨家轮流种，合力度大忙。"⑤ 明代的《赤雅》记载了壮族人民"有无相资，一无所吝"的现象。

---

① 梁庭望、罗宾译注：《壮族伦理道德长诗传扬歌译注》，广西民族出版社 2005 年版，第 257 页。

② 梁庭望、罗宾译注：《壮族伦理道德长诗传扬歌译注》，广西民族出版社 2005 年版，第 127 页。

③ 梁庭望、罗宾译注：《壮族伦理道德长诗传扬歌译注》，广西民族出版社 2005 年版，第 185 页。

④ 梁庭望、罗宾译注：《壮族伦理道德长诗传扬歌译注》，广西民族出版社 2005 年版，第 126 页。

⑤ 梁庭望、罗宾译注：《壮族伦理道德长诗传扬歌译注》，广西民族出版社 2005 年版，第 126 页。

清代羊复礼修撰的《镇安府志》第八卷中记载了壮族人民"凡耕获，皆通力合作，有古风"。光绪年间编撰的《归顺直隶州志》第三卷也提到壮族人民"春耕通力合作，田亩多少勿较也，秋收亦然"。这种"古风"壮族人民谓之"换班"或"变工"或"帮工"等。新中国成立后，国家民委和广西壮族自治区政府所组织的对广西壮族社会历史调查的结果也表明，这种习俗在广西壮族聚居地依然普遍存在，如宜山县洛东乡①、天峨县白定乡、龙胜各族自治县龙脊乡、南丹县拉易乡、②西林县那劳区维新乡、环江县城管乡③都有此类习惯，遍布广西壮民族居住的各个地区，流传甚广。直到 20 世纪末的 1990 年，人类学学者李富强教授到广西东兰县长江乡调查时还发现帮工的习惯在当地壮族仍普遍存在。④这就说明了这种古风流传甚久。

二、齐家政治伦理⑤

家庭既是一种"社会共同体最古老的一种形式"⑥，也是一个"给定的生活场所"和一种"先在的人际制度"，"具有纯粹属于家庭概念的先验生活形式和道德意义"。⑦但是，野蛮时代，人仅仅是一个生物性的人。人类早期的神话故事中关于违背人伦的记载，信手拈来。如壮族的《布洛陀经诗》就记载道："那时建房造屋杀父来吃肉，那时杀了孙子用肉送外婆，那时家公与儿媳共枕席，那时女婿和岳母共床眠。"⑧然则，步入文明时代，家庭也就

① 参见广西壮族自治区编辑组、《中国少数民族社会历史调查资料丛刊》修订编辑委员会：《广西壮族社会历史调查》（一），民族出版社 2009 年版，第 8 页。
② 参见广西壮族自治区编辑组、《中国少数民族社会历史调查资料丛刊》修订编辑委员会：《广西壮族社会历史调查》（五），民族出版社 2009 年版，第 2、72、154—155 页。
③ 参见广西壮族自治区编辑组、《中国少数民族社会历史调查资料丛刊》修订编辑委员会：《广西壮族社会历史调查》（二），民族出版社 2009 年版，第 150、256—257 页。
④ 李富强：《人类学视野中的壮族传统文化》，广西人民出版社 1999 年版，第 226 页。
⑤ 本小节论述的主要观点和内容，已以《壮族政治伦理之齐家思想研究》为题，刊发于《百色学院学报》2011 年第 4 期。
⑥ [奥] 迈克尔·米特尔尔、雷因哈德·西德尔：《欧洲家庭史：中世纪至今的父权制到伙伴关系》，赵世玲、赵世瑜、周尚意译，华夏出版社 1987 年版，第 2 页。
⑦ 赵汀阳：《天下体系——世界制度哲学导论》，中国人民大学出版社 2011 年版，第 45 页。
⑧ 张声震主编：《布洛陀经诗译注》，广西人民出版社 1991 年版，第 137—138 页。

不仅仅是一个生殖的单元，而且它还是一个政治的、经济的、社会的、教育的、宗教的、娱乐的单元，具有维系整个社会凝结的基本力量。[①]"没有家庭就没有社会。"[②]针对上述认知，传统中国形成了一套"齐家"思想，形成了以"孝"为轴心的一套价值系统来维系父权社会关系。壮族在这一点上，也不例外。因此，分析壮族齐家政治伦理，应先分析壮族关于男女在婚姻方面的婚嫁观以及由此衍生的夫妇之间的婚义观、父子之间的慈孝观、妯娌之间的"手足观"和邻里之间的和睦观。

（一）男女婚嫁观

婚姻家庭问题是关系到社会生活和社会生产的重大问题。家庭须经由婚姻产生，即所谓"有夫有妇而后有家"[③]。婚姻是男女两性的合法结合。在壮族传统社会中，壮人的婚姻成立均须遵循"父母之命，媒妁之言"，满足一定的实质性条件以及程序性条件。对此，《平果嘹歌·长歌集》之《三月歌》即是明证。这首民歌唱道："我俩首次来谈情，还要先问父母亲，堂上两老都同意，哥才放胆下定金"，"我俩首次来谈情，还要先问父母亲，堂上两老都开口，妹才有胆领定金"。[④]倘若未婚男女之间相互倾慕、相恋而结为夫妇，则被斥之为"淫奔"、"私逃"。由此可知，"父母之命，媒妁之言"构成了婚姻不可或缺的实质性构成要件。除此之外，古代的婚姻还须满足"六礼"——纳采、问名、纳吉、纳征、请期、亲迎——的程序性要件。这不仅是习俗或者家规的要求，同时更是国家法律规范的约束。

既然当时社会存在着早婚习俗，那么"父母之命，媒妁之言"就具有其历史合理性。因为在一个熟人社会里面，只有媒人才能够承担起择偶的媒介作用、担保作用。而从遗传学的角度来看，尚处身体发育阶段的年轻男女在择偶之时仍未成年，是否存在一定的缺陷自然无法判断。而通过双方父母的体格即可推知青年男女在婚后的可能发展状况。如此，也就确保了家族血

①　金耀基：《从传统到现代》，中国人民大学出版社 1999 年版，第 24 页。

②　[法] 安·比尔基埃等：《家庭史：遥远的世界，古老的世界》第一卷上册，袁树仁等译，生活·读书·新知三联书店 1998 年版，第 100 页。

③　毕诚：《中国古代家庭教育》，商务印书馆 1997 年版，第 6 页。

④　农敏坚、谭志表主编：《平果嘹歌·长歌集》，广西民族出版社 2004 年版，第 60 页。

缘能够很好地延续，达到"上以事宗庙，下以继后世"婚姻目的。^① 这种婚姻模式对于壮族而言更具有重要性。尽管壮族青年男女可以通过"以歌传情"，但是生活在一个多山河谷地域，交通不便，如何才能更好地判断"妹人品高不高"、"妹孝顺不孝顺"、"重担是否帮人挑"、"哥手艺有几招"、"哥是否睡懒觉"、"是否同人发牢骚"^②，这就必须依赖媒人。但是，关于媒人，虽然自古就被视为婚姻不可缺少的中介人，但是，媒人之言不可信，早已为人们所认识。例如宋代袁采在其所著《世范·睦亲》中说："古人谓周人恶媒，以其言语反复，给女家则曰男富，给男家则曰女美。近代尤甚，给女家则曰男家不求备礼，且助出嫁遭之资，给男家则厚许其所迁之贿，且虚指数目。若轻信其言而成婚，则责恨见欺，夫妻反目，至于仳离者有之。大抵嫁娶固不可无媒，而媒者之言不可尽信如此，宜谨察于始。"^③ 而壮族人民对于媒人等婚嫁中间媒介的不道德的现象，也有所批评。例如：一恨道公乱算命、乱打卦；二恨笔墨乱批文、乱打叉；三恨媒人乱讲话、太多嘴；四恨家长太狠心、关卡压。^④ 总的来说，壮族青年男女尽管可以通过对歌来传情，但是，若是要谈婚论嫁，还需经过"父母之命，媒妁之言"的程序，如果不合前述所说的婚姻的实质性要件和程序性要件，纵然"我俩虽然有情意"^⑤，但如生辰八字等不合，"心想结交也不能"^⑥，这也就酿造了不少的婚姻悲剧，哪怕是今天的壮族地区，也是时有发生。综上所述，在壮族男女婚嫁这个问题上，婚姻的成立既要遵循"父母之命，媒妁之言"的客观性要求，同时也在"以歌传情"的恋爱过程中发挥一定的主观能动性。哪怕"时代发展到如今，谈爱多由众后生"，婚姻自由成为时代的风尚，但是壮族青年男女在婚姻这个问题上还是认为"也要父母讲句话，毕竟要做一家人"^⑦。

---

① 参见苏力：《制度变迁中的行动者——从梁祝的悲剧说起》，《比较法研究》2003 年第 2 期，第 1—15 页。

② 农敏坚、谭志表主编：《平果嘹歌·长歌集》，广西民族出版社 2004 年版，第 56 页。

③ 史凤仪：《中国古代婚姻与家庭》，湖北人民出版社 1987 年版，第 93 页。

④ 农敏坚、谭志表主编：《平果嘹歌·长歌集》，广西民族出版社 2004 年版，第 116 页。

⑤ 农敏坚、谭志表主编：《平果嘹歌·恋歌集》，广西民族出版社 2005 年版，第 103 页。

⑥ 农敏坚、谭志表主编：《平果嘹歌·恋歌集》，广西民族出版社 2005 年版，第 101 页。

⑦ 农敏坚、谭志表主编：《平果嘹歌·恋歌集》，广西民族出版社 2005 年版，第 25 页。

（二）夫妇恩义观

夫妇有义。夫妇之恩义主要体现在夫妇之间应该相互恩爱、忠诚、和谐与"平等"，保持家庭的和美。

夫妇恩爱则意味着他们爱情的存在，也内在产生了忠诚的要求。"爱情确实有一种高尚的品质，因为它不只停留在性欲上，而且显出一种本身丰富的高尚优秀的心灵，要求以生动活泼，勇敢和牺牲的精神和另一个人达到统一。"① 在代代传承的壮族民歌中，既有歌颂夫妇之间始终相爱的内容，也有严厉谴责抛妻行为、谴责妻子的行为不检点等不忠的内容。如："劝哥莫学陈世美，半路丢妻理不合"②；"顾人就要顾到底，千祈莫要半路丢。半路丢妻人也骂，人人痛骂假风流。"③ 就是借助陈世美的故事劝勉丈夫要对妻子忠贞。如："浪情太多得罪友，顾得一头丢一头"；"浪情莫要浪太久，浪到合适就收心"；"浪情顾情不顾命，问你肩上几个头。"④ 既是劝勉未婚女子在谈婚论嫁过程中适可而止，更是警告已婚女子应安守妇道，忠诚于丈夫，不应背弃丈夫，不可"一藤缠三树，情义薄如水"。因此，无论是夫还是妇，都需要忠贞。对于妻子，则是需要遵守妇道。倘若"为妻不知羞，贞节送他人。卖身给汉客，游荡度光阴。天黑下床去，偷汉摸出门"⑤，这就是违背伦常。因此，妻子应该明白这一道理，即："娶妇当主妇，归去快回家。若想入非非，名声受糟蹋。"⑥ 对于丈夫而言，也应遵守自身的身份规范，不能滥赌滥喝，做那些耗财败家的事情。虽然妇女不能拥有类似丈夫惩罚妻子出轨的权力，但是，在一个面子社会里，"哥是浪子人看轻。"⑦ 因为，传统社会中道德舆论的压力显然也跟体罚这种物理性暴力一样拥有权威。正是在这种夫妻关系中注入"仁爱"的因素，才得以维系夫妇之间的忠诚，确保夫妇有

① ［德］黑格尔：《美学》（第 2 卷），商务印书馆 1982 年版，第 332 页。
② 农敏坚、谭志表主编：《平果嘹歌·新歌集》，广西民族出版社 2005 年版，第 125 页。
③ 农敏坚、谭志表主编：《平果嘹歌·新歌集》，广西民族出版社 2005 年版，第 9 页。
④ 农敏坚、谭志表主编：《平果嘹歌·长歌集》，广西民族出版社 2004 年版，第 236 页。
⑤ 梁庭望、罗宾译注：《壮族伦理道德长诗传扬歌译注》，广西民族出版社 2005 年版，第 132 页。
⑥ 梁庭望、罗宾译注：《壮族伦理道德长诗传扬歌译注》，广西民族出版社 2005 年版，第 191 页。
⑦ 农敏坚、谭志表主编：《平果嘹歌·长歌集》，广西民族出版社 2004 年版，第 67 页。

义。因为"只有感情和思想融合成人对人的道德责任感，爱情才会是高尚
的"①。对此，壮族道德长诗《传扬歌》就告诫年轻夫妇应该谨记"相敬在花
山，四季花长鲜"②的爱情，夯实婚后夫妻恩爱的感情基础。婚后，夫妻合
力共同抚养儿女、赡养老人和担负起持家兴业的责任，做到"和和睦睦一家
亲，互相照顾过一生"③，以求"咱俩寿百年，阴府还成双"④。

　　然而，在共同的夫妻生活中，自然难免遇到各种困难，甚至引发争执，
哪怕夫妻拌嘴也不应该记仇，应该本着"小事各相让、大事好商量"的态
度，互相谅解，通过坦诚交换意见来解决，切"莫要脸长过三秋"，更不应
该虐待妻子。因为只有"恶狗才咬鸡，蠢汉才打妻"。所以，夫妇和谐不仅
体现在语言方面，也体现在行为方面。夫妇之间应该"言语当谨慎"，克制、
谦让与和睦才能"把家当"。⑤如果夫妻不和睦，定然难以相处，如此"宁
愿讨饭过一生"。⑥

　　但是，和谐意味着既重视差异，又重视一致。因为"差异本身、差异
的存在是和谐的前提"⑦。因此，和谐要求须遵从事物之本性。从今人的观点
看来，任何事物之间均存在着差异。婚姻之间的男女两性也是如此。但是中
国传统的父权社会却基于男女两性阴阳地位而引出了夫为妻纲的理论，使得
女性隶属于男子。但是，广大壮族地区长期以来却形成了一个比较突出的女
性文化的氛围。从《布洛陀经诗》的有关内容来看，壮族保留了诸多男女合
力、男女同德的思想。如遇到事情即"去请老师公，去请老巫婆"。而在生产
劳动领域，随处可见大量的妇女忙里忙外与男子共事耕种，重新回到公共劳
动中去。在婚姻家庭生活中，也大量存在着对女性权利地位的某种承认的民

① ［苏］苏霍姆林斯基：《给儿子的信》，教育科学出版社1981年版，第49页。
② 梁庭望、罗宾译注：《壮族伦理道德长诗传扬歌译注》，广西民族出版社2005年版，第
　 132页。
③ 农敏坚、谭志表主编：《平果嘹歌·恋歌集》，广西民族出版社2005年版，第410页。
④ 梁庭望、罗宾译注：《壮族伦理道德长诗传扬歌译注》，广西民族出版社2005年版，第
　 132页。
⑤ 梁庭望、罗宾译注：《壮族伦理道德长诗传扬歌译注》，广西民族出版社2005年版，第
　 131页。
⑥ 农敏坚、谭志表主编：《平果嘹歌·长歌集》，广西民族出版社2004年版，第144页。
⑦ 浦兴祖、洪涛：《西方政治学说史》，复旦大学出版社2005年版，第53页。

歌，例如，"妹的八字在妈手"①就是对母亲在子女婚姻问题方面的自主权的承认。这些明显的性别意识囿于时代的局限而使得壮族男女无法做到实质性平等，但是在保持家庭和谐之余，时至今日，我们仍不得不承认其历史价值。

（三）父子慈孝观

在漫长的封建社会中，家长制是表明了家庭这个生活共同体中这样的一种关系：家长是家庭中的权威，握有极大的权力，家长与其他成员，尤其是在父子关系这个问题上形成了支配与被支配、统率与从属的不平等关系。②但是，这个仅是从政治的层面上而言。如果从社会家庭的角度来看，父子之间基于血缘的关系，基于传宗接代因素的考虑，势必产生了"父慈子孝"的伦理要求。这对于任何一个民族而言，都是如此，壮族也不例外。而在以主要从事农业耕作的"那文化"的氛围中，"父慈子孝"的伦理要求，尤其是"子孝"更为突出。纵览《布洛陀经诗》、《传扬歌》以及有关壮族民歌，我们发现关于"父慈"的内容仅是寥寥数句，如"宝儿刚会爬，笑成一朵花，养到两三岁，怕摔又怕扎"。又如"刚生下地哭哇哇，肚饿对娘开嘴巴"。但是，在反映了父母的慈爱之余，更是突出强调了"子孝"的要求。如果人长大了就忘记父母，"做人难得比乌鸦"。③鉴于此，在此侧重于分析壮族人民关于"子孝"的看法。

家庭既是一个自然共同体，也是一个社会共同体。它不仅是个体从自然人向社会人过渡的过程中所面对的最早的共同体，也是最小的共同体。作为一个自然共同体，每一个人都会经过"从摇篮到坟墓"的过程。无论国家的渗透能力有多强、行政疆域有多宽、社会保障体系有多健全，国家的给付行政都不能完全取代家庭的社会功能。今天的福利国家业已被证明存在"国家失灵"的局面，而在古代，由于财力有限，哪怕是本着民本治国方略，还是大大依赖于家庭的社会保障功能。家庭既然承担着生殖功能、教育功能、政治功能、经济功能，因此，无论哪个民族都必须注重家庭的伦理道德。作为一个社会共同体，在中国传统的宗法社会中，家庭的精神纽带与灵魂在于

① 农敏坚、谭志表主编：《平果嘹歌·新歌集》，广西民族出版社2005年版，第37页。

② 王玉波：《历史上的家长制》，人民出版社1984年版，第1页。

③ 农敏坚、谭志表主编：《平果嘹歌·散歌集》，广西民族出版社2005年版，第358页。

孝与伦常，孝构成了传统社会中家庭伦常价值体系的核心。① 家是国的缩影，国是家的扩大化。"家国同构"也决定了在忠孝的逻辑关系上，子女对于父母的孝扩大化到国家就演变成为对君主的忠。而且，从知识学习与传承的角度来看，在教育不发达的年代，老年人凭借自己的阅历和经验对年轻人进行教育，正如《荷马史诗》中涅斯托尔所说："我依然要和乘车的战士生活在一起，在劝告和言语上对他们进行教育，这是老年人的权利。"② 这种情形同样也存在于不同的民族。基于三个方面的考量，我们即发现，家庭强调孝道，既是人之常情，也是人之常理，更是国家进行道德教化的基础。所以，自汉高祖刘邦揭开了尊父倡孝的序幕之后，我国历代封建统治者都"以孝治天下"，鼓励人们孝敬父母，并且集中一切力量使人民恪守孝道。因此，自秦汉以来，以血亲氏族为基础、以血亲之爱为原则的孝文化迅速在岭南地区传播。

家庭始于男女婚姻结合。但是在择偶阶段，孝顺与否即关系到壮族男女青年的婚姻是否成立。大量的婚恋情歌歌词均涉及这方面的内容。如平果的《那海恋歌》中即唱道："父母把你养成人，委屈嫁进哥家门。任凭我俩多潇洒，不该忘记你双亲"。③ 而至于为什么孝顺，恋歌中也明确提及了孝何以成为一种基本伦理，因为年轻时孝顺父母，也使得自己将来年老时"也有孝子与孝孙"④。因此，对于父母的养育之恩，在自身能自立的时候，应该孝敬双亲。在相信万物有灵以及师公教甚为普遍的壮族地区，人们会认为孝顺将会使得家庭人口兴旺、家业兴隆。倘若不孝顺，这不仅仅被谴责为"枉生身体长"，更有可能被诅咒败家，甚至断子绝孙。这就意味着上无以事宗室、下无以继后世。例如，"这种孩子别让他发家，生女让她死，生男让他灭，脚跟没有福血染，腰间没有背带缠，堂屋无人拜，上梯无人扶，下田无人陪，下地无人跟，走亲戚无人送，杀鸡无人吃巴腿，糍粑无人尝，火灭无人添，鳏寡无生育，背痒无人抓，头虱咬无人捡"；⑤ "不让这种儿女繁衍，

① 金耀基：《从传统到现代》，中国人民大学出版社1999年版，第25—26页。
② [古希腊] 荷马：《伊利亚特》，罗念生、王焕生译，人民文学出版社1997年版，第322页。
③ 农敏坚、谭志表主编：《平果嘹歌·恋歌集》，广西民族出版社2005年版，第62页。
④ 农敏坚、谭志表主编：《平果嘹歌·恋歌集》，广西民族出版社2005年版，第97页。
⑤ 张声震主编：《布洛陀经诗译注》，广西人民出版社1991年版，第927—930页。

有仔拿去水坑埋，有仔拿去池塘淹，有仔就拿去地里活埋，无母的小鸡养不大，无娘的孩子长不高，无儿女来抱，成不了父亲"。① 这些诅咒甚为恶毒。同时也在警醒着世人要孝顺，要敬老。尤其是在父母染病在床的时候，儿女更应该悉心治疗照料，"卖掉禽畜不足惜，但求良药把病医"，"不怕脏和累，但求好如初"。对于媳妇，在嫁到夫家之后，"媳妇进了门，就忘父母恩"，这是不可取的。而对待家公家婆也要像对待自己的亲生爹娘一样，做到"婆媳情义重"，而不能只顾夫妻恩爱。家有一老，如有一宝。壮族人民对此有着深刻的认识。老人在家庭当中从事着力所能及的家务活之外，更是衍化为一个幸福的化身，保佑着儿孙整个家庭，"保佑你家的儿子成公公……保佑后代长大成人，保佑后代兴旺发达，保佑孩子能发家，保佑孩子能长寿，世世代代得保佑，世代不再受灾难"。②

（四）妯娌手足观

宗法社会的血缘特征决定了壮族家庭内部兄弟之间的密切关系。而一般来说，在传统的三纲五常中，夫为妻纲。妻子处于从属的地位。所谓"妻子如衣服，兄弟如手足"。但是，在传统壮族家庭当中，尽管女子的地位依旧低于男子，但是，壮族妇女的地位相对于汉族妇女在家庭的地位而言略高些。其中的原因既与汉文化在壮族地区未能完全渗入有关，也与壮族妇女在家庭中所承担的责任有关。在经济相对落后的壮族地区，妇女与男子承担着一样的经济重任。在壮族地区，一个家庭之中的兄弟成家之后并没有立即分家，而是一起共同创业，还会共同生活、共同劳动一段时间，赡养老人。因是之故，壮族家庭内部的兄弟妯娌之间的关系就成为齐家思想所关注的重点问题之一。而壮族妇女稍高的地位也使得在壮族家庭的兄弟之间、妯娌之间形成了深厚的手足之情。"妯娌如姐妹，和睦一对花"，那怕争吵也不记仇。"兄弟妯娌间，不伤手足情"。③ 因为，"妯娌不齐心，挣钱难到手。兄弟不齐心，不如老朋友。"而如果兄弟妯娌之间"有事好商量，家庭不添忧。兄

---

① 张声震主编：《布洛陀经诗译注》，广西人民出版社 1991 年版，第 980—982 页。
② 张声震主编：《布洛陀经诗译注》，广西人民出版社 1991 年版，第 1118—1120 页。
③ 梁庭望、罗宾译注：《壮族伦理道德长诗传扬歌译注》，广西民族出版社 2005 年版，第 134 页。

弟拧成绳，外侮不临头"。① 如果兄弟妯娌之间为了各自的私利在相互算计对方，那只会徒增烦恼。既然大家都无心从事生产，兴家立业自然也就是镜中花、水中月。

而兄弟妯娌之间一起创业到了一定程度，他们也会分家析产，各自创业。对此，壮族伦理道德长诗《传扬歌》认为，兄弟妯娌在分家析产的时候应该本着互谅互让、公平合理的原则对田地、房屋、财产进行分割，同时在此后的独立生活中更应该要相互照顾、相互帮助，协助劳动能力弱的兄弟妯娌建造新屋、修造农具，解决劳动生产以及日常生活中所遇到的各种困难，为他们顺利创家立业添一把力。"家分道理在"，这种手足之情应该贯穿于兄弟妯娌分家之后终生的劳动生活过程。如果"弟富为兄穷，丢面坏门风。有六亲九眷，宴席难与共。若谁心明理，上座让亲兄。好歹不吃亏，分忧手足情"②。分家中最重要的一件事情就是要安排好老人的赡养问题。在壮族地区，如果哪个家庭能够将老人赡养得很好，将受到社会的赞誉。相反，如果没有赡养好老人，甚至出现虐待老人的行为，这个家庭势必遭到社会谴责。所以，兄弟妯娌在分家析产时务必要安排好老人的生活起居问题，使得老人晚年"老有所养、老有所医、老有所终"。一般而言，家中的老人会跟不同的儿子安度晚年，"爹跟我度日，娘给你管家"，同时，也应该尊重他们的意愿，并结合各自家庭的实际做到"公婆谁赡养，秤砣要公平"③。

（五）邻里和睦观

传统壮族社会中，人民聚族而居，形成了一个熟人社会。同时由于壮族人民重农轻商的观念，使得村落共同体中的人们生于斯、长于斯以及老于斯。对此，壮族地区各地的地方志，例如清嘉庆年间修订的《西隆州志》就记载了当地（今属广西壮族自治区百色市隆林各族自治县）的壮族人民"风尚朴素，人为礼貌，俗鲜伦常，田无方块，种稻山岭，不事商贾"。清光绪

---

① 梁庭望、罗宾译注：《壮族伦理道德长诗传扬歌译注》，广西民族出版社2005年版，第133页。
② 梁庭望、罗宾译注：《壮族伦理道德长诗传扬歌译注》，广西民族出版社2005年版，第224页。
③ 梁庭望、罗宾译注：《壮族伦理道德长诗传扬歌译注》，广西民族出版社2005年版，第134页。

十八年（1892 年）所修订的《镇安府志》就记载了镇安府（今百色市德保县、靖西县、那坡县一带）、天保县（今属百色市德保县）、奉议州（今属百色市田阳县）等地的壮族人民"惟知务农，不学工匠，不习商贾"，"鲜知贸易"，"无别生活"。① 近代中国被纳入世界资本主义经济体系以来，壮族人民还是认为经商是"谋取不义之财的勾当"。这不仅是在流传至今的《传扬歌》，还是在刘锡蕃所著的《岭表纪蛮》等著作中，均有体现。壮族人民"衣食住三者以自力经营，外求者少"，他们"仅完全以一农夫之资格"。② 综上所述，由于壮族人民聚族而居以及重农轻商的缘故，壮族村落共同体中的邻里关系就显得尤为重要。因为，在中国的传统社会结构，最重要同时也最为特殊的莫过于家族制度了。③ 对此，壮族人民认为"邻里众兄弟，莫用话相伤"。邻里之间难免有所争执，但是，吵过就应该再次和好，而不应该随意告状。"若告到土司，便宜当官佬。"这不仅是因为中国古代息讼思想而使得壮族人民对于诉讼有所节制，同时也因为壮族人民认为"人人讲逞能，钱财挣不到"，这种行为不利于发家致富，也更由于壮族人民谦让的性格，使得他们认为"少一句也罢，何必话相咬"④。

邻里兄弟之间，应该和睦相处、共同创造美好生活。所在，在壮族传统经诗《布洛陀经诗》的第六篇《伦理道德·唱罕王》中即记载："最亲还是长兄最亲……我们宁愿承担一切苦楚，我们不谋算别人，哪天有酒有茶，找兄弟先来喝，如果不让兄弟先吃，碰到倒霉落败的日子。"⑤ 尤其是"不要欺负祖宗，不要欺负兄长，欺负长兄不合伦理"。⑥ 否则将招致非议，惹得天怒人怨，家庭不和，邻里不睦。为此，在壮族地区，直到今天，壮族人民依旧普遍提倡互助，不仅是在生产上互助，生活上也应该互助，尤其是在婚姻上的互助更为典型。例如笔者在广西壮族自治区桂平市蒙圩镇上

① （清）羊复礼等：《镇安府志》卷八，清光绪十八年刊本，第 170—172 页。

② 刘锡蕃：《岭表纪蛮》，商务印书馆 1934 年版，第 129 页。

③ 金耀基：《从传统到现代》，中国人民大学出版社 1999 年版，第 24 页。

④ 梁庭望、罗宾译注：《壮族伦理道德长诗传扬歌译注》，广西民族出版社 2005 年版，第 224 页。

⑤ 张声震主编：《布洛陀经诗译注》，广西人民出版社 1991 年版，第 876—878 页。

⑥ 张声震主编：《布洛陀经诗译注》，广西人民出版社 1991 年版，第 892 页。

贯屯的调研就发现，在当地的壮族人民至今依旧存在着"汇谷"的习俗。"作汇"的农户数量或 10 户或 15 户不等。如某家中有婚丧等红白喜事，其他的家庭则会为有红白喜事的家庭提供一定的粮食，然后等到自家也有类似的事情的时候再到别家去把相应数量的粮食称回来。之所以出现这种习俗，既由于客观上的壮族人民所耕作的土地相对贫瘠而低产，也更因为主观上壮族人民相互提携的民族性格。因此，邻里之间就会在农业生产、建造房屋等方面将自家的人力、耕牛、农具等相互调剂，通过彼此相帮解决所遇到的困难。

三、治平政治伦理①

《传扬歌》、《布洛陀经诗》这两部在"那"文化圈广大壮族地区流传的经典名篇当中记载了大量的壮族治平政治伦理，具体而言，包括了天命观、民本观、反抗观、公平观与民权观等内容。其中，《传扬歌》侧重于以民歌传唱的方式宣扬治平的思想并教化百姓。《布洛陀经诗》则通过宗教禁忌来规范人们的言行。

（一）天命观

任何一种政治体系都必须寻找自身的政治合法性。在古代，人们往往把政治统治的合法性归结为天。在《传扬歌》、《布洛陀经诗》中对壮族政治伦理之天命观有较多的论述。

在人类社会早期，并无公权力。记载壮族先民思想行为的这两部经典史诗，对这一政治现象均有描述。那时"天下没有首领和土司，没有土司来作主，没有皇帝管天下"。但是，一个社会没有公权力维持社会秩序，人类必将陷入"利维坦"的世界，弱肉强食。"世间就乱纷纷，出了坏事无人理，有了好事无人赞。这样才不断出乱子，蛮人和强人结成伙，到处乱抢又乱吃，到处乱吃又乱抢。蛮强欺压弱小，天天互相打斗……天下无人管理，天下不成章法。"② 所以，必须"造一个人来作主，造一个人做君王，造一个人

---

① 本小节论述的主要观点和内容，已以《壮族政治伦理之治平思想研究》为题，刊发在《百色学院学报》2011 年第 5 期。

② 张声震主编：《布洛陀经诗译注》，广西人民出版社 1991 年版，第 488—491 页。

来掌印，造出土司管江山，造出皇帝管国家。……造了官又造府，建了州又建县，天下从此才有主。众人的事才有人来管，出了事有人来治理"①。

公权力的建立有利于社会秩序的维持。但是公权力该如何行使呢？早期的君主基本上在利用马克斯·韦伯所谓的"卡里斯玛"的魅力，但是同时还保留着氏族公社时期共治的精神。壮族的历史典籍也印证了这一点。"王把写有字的纸拿来装订，王把写有字的纸订成册，造成了一本历书。造出上旬和中旬，造出初一和十五，定出年和月，定出了年号，定出了大月小月，造出了大败和白扶②，定出了建和除③，定出满和平，定出丙和戊，造出了五富和要安④，建起房屋和仓库，三十天为一个月，十二个月为一年，造出好坏时辰。"⑤事实上这些都是根据生活习惯或者经验总结而成，富含自然法的精神。然而，"刑不可知，则威不可测。"对此，一些律法必须要公开。所以，"朝廷把书发下来，皇帝把书送下来，敢卡⑥把书来分发，发给天下众百姓，皇帝的书流行天下。"⑦律法公开之后，统治者则须根据律法与天下共治，社会方方面面均须按照律法方能有条不紊，和谐有序。因此，各个主体，如"土官掌印怕动乱，就按照书来管理。皇帝治国怕动乱，也按照书来治理"⑧，"病痛照书来医，生病照书来治，照书办事得兴旺，书上道理永远记取，造福天下百姓得益。"⑨

在崇信万物有灵的社会里，人们在各方面都必须祈祷。在政治统治方面，倘若不祈祷，将可能失利。"从前人们不会造祈祷，那时父王去做贼，抽剑抽不出鞘，率众兵拱推城寨推不动，撬寨墙不倒塌。王的长子在征战中死亡，做贼战死了王的继承人，征战中死去五位能征善战的攻掠者，征战中

---

① 张声震主编：《布洛陀经诗译注》，广西人民出版社 1991 年版，第 492—495 页。

② 大败、白扶是道家自称的好坏日子。

③ 建、除均是时辰。

④ 五富、要安是道家自称的好坏日子。

⑤ 张声震主编：《布洛陀经诗译注》，广西人民出版社 1991 年版，第 520—523 页。

⑥ 敢卡是女神。壮语意为"大腿下的岩洞"，即女性生殖器。在壮族巫师经诗中，常有敢卡（gamjga）王出现。更多关于敢卡的解释见《布洛陀经诗译注》，第 253 页。

⑦ 张声震主编：《布洛陀经诗译注》，广西人民出版社 1991 年版，第 526—527 页。

⑧ 张声震主编：《布洛陀经诗译注》，广西人民出版社 1991 年版，第 524—525 页。

⑨ 张声震主编：《布洛陀经诗译注》，广西人民出版社 1991 年版，第 531 页。

死去七个熟练武艺的战士。"① 只有祈祷，会做祈祷，"王去征战做贼，做贼
问得不吉祥的鸡卜卦兆，王就祈祷请神灵来解鸡卜凶兆。王的宝刀抽出鞘，
王攻城寨全攻下，王撬寨墙全倒塌，征战中掠得三千件衣服，征战中虏得
白头老奴，征战中俘得红颜美女。"② 在日常生活方面，人们须"信奉皇书，
奉古代礼仪，卜卦才显灵，卜'六壬'才应验，才请得布洛陀到家里的神
台来，才请得布洛陀来到家里的神座"③。否则，"请来道公不会扶持，请来
麽公不会念经。"④ 对于万事万物，必须遵从自然法，否则将招致各种灾难。
如："原来并没有冤怪，牛践踏秧苗才产生冤怪，马闯进水田会产生冤怪，
羊儿挤破篱笆也会结冤，折断竹笋也会结冤，掰断南竹笋也会结冤，多说一
句话也会结冤，告发兄弟也会结冤，偷别人塘里的鱼也会结冤，做长老评理
也会结冤，做媒人也会结冤，妻子去找情人也会结冤，贩牛犊会结冤，拐卖
别人的孩子也会结冤，用轻秤砣卖出也会结冤，用重秤砣买进也会结冤，偷
别人谷仓的谷子也会结冤，搬弄是非也会结冤，猴子争果也会结冤，水獭争
鱼也会结冤，老鹰抢鸡也会结冤，土司争夺地盘也会结冤，帝王争夺大印也
会结冤。"⑤

　　正是千百年来壮族人民反复遵循着这种具有禁忌功能的天命观，所以
各阶层的人们往往奉天承运，顺应天命，各安本分。

　　（二）民本观

　　虽然天命不可违，但是"天"的含义又是什么呢？只有清楚"天"的
含义，天意才具有操作性，人们才能很好地处理世间的事情。

　　毫无疑问，天下太平是任何人的大同理想，尤其是君主（除了极个别
的昏君之外）。只有天下同享太平，"黎民百姓才像土司一样享福，做土司的
才成为土司，当皇帝的才成为皇帝。"⑥ 但是，大同世界只是一种最优选择。
在百姓与统治者的利益发生冲突的时候，又该以谁的利益为重呢？对于这个

---

① 张声震主编：《布洛陀经诗译注》，广西人民出版社 1991 年版，第 1162—1163 页。
② 张声震主编：《布洛陀经诗译注》，广西人民出版社 1991 年版，第 1191—1193 页。
③ 张声震主编：《布洛陀经诗译注》，广西人民出版社 1991 年版，第 534—535 页。
④ 张声震主编：《布洛陀经诗译注》，广西人民出版社 1991 年版，第 190 页。
⑤ 张声震主编：《布洛陀经诗译注》，广西人民出版社 1991 年版，第 596—601 页。
⑥ 张声震主编：《布洛陀经诗译注》，广西人民出版社 1991 年版，第 498 页。

问题，中国历代各种政治哲学著作进行了不少的探讨，并富有洞察力，影响了中国几千年的政治文明，直至当下。

《尚书》云："民惟邦本，本固邦宁。"①"本"者，根基、主体也。在器用的意义上，"本"为不可离却的基础、来源或凭持；在本体意义上，"本"指事物的内核、主体。《尚书》里讲"民惟邦本"，不仅讲民为国之根基、源泉或凭持，而且是讲民为国之主体。此乃民本思想的最初含义。民本的主体不是君主，不是君主以民为本，而是以民为主题，民为本，君为末。②《尚书·泰誓》又云："天视自我民视，天听自我民听。民之所欲，天必从之。"《尚书·皋陶谟》云："天聪明自我民聪明，天明威自我民明威。"在这里，民已经成了自行与天相通的独立的人格主体和政治实体。③因此，在传统的政治统治中，农民是农业生产的主体，居士农工商四民之次席。须做到以民为本，要重视农民，权为民所谋。壮族那文化与汉文化同属农耕文明，对以民为本的思想有相同理解。但是壮民族地区是栽培稻起源地之一，壮族先民作为稻作民族，有别于牧畜民族、旱作民族。因此，壮族先民以独有的方式表达自己的民本观。假如农业出了问题，农民"我不种田地，叫你肚子扁"④。

但是，在政治斗争中，利益永远都是各方考虑的主要因素。尽管"天下属帝王"，但是帝王却"嫔妃拥在后，白银烂在仓"。无论是"富人或穷人，各自打算盘"。"人们当醒悟"。所以，"官家掌大印，百姓最可怜。养肥猪牛羊，为官添利钱。""做官忘国事，掌印不为民。妻妾陪下棋。淫乐度光阴。倘若六畜少，心机他用尽。养肥众官人，今生享不尽。"⑤这些歌谣在一定程度上都在规劝掌权者须为民考虑。倘若穷人"辛苦不如人"，长年累月"饥肠软如蒙，拔草流虚汗。日晒土冒烟，无一天得闲"；倘若穷人"种地不

①　喻中：《风与草：喻中读〈尚书〉》，北京大学出版社2011年版，第57页。

②　夏勇：《中国民权哲学》，生活·读书·新知三联书店2005年版，第7页。

③　夏勇：《中国民权哲学》，生活·读书·新知三联书店2005年版，第9页。

④　梁庭望、罗宾译注：《壮族伦理道德长诗传扬歌译注》，广西民族出版社2005年版，第113页。

⑤　梁庭望、罗宾译注：《壮族伦理道德长诗传扬歌译注》，广西民族出版社2005年版，第113页。

得吃，墨面菜当餐"；倘若"穷人操碎心，富人吃不完"，穷人势必会追问"活路在何方"，而不是仅仅"深夜泪沾裳"。① 穷人定会反抗。

（三）抗争观

《礼记·礼运》记载："大道之行也，天下为公。"《吕氏春秋·贵公》曰："天下非一人之天下也，天下之天下也。"所以，"天之生民，非为君也。天之立君，以为民也。"② 然而，"自秦以来，凡为帝王者皆贼也。"③ 因此，人们严厉谴责专制统治者的自私与暴虐，揭露统治者打江山时，"屠毒天下之肝脑，离散天下之子女，以博我一人之产业"；坐江山时，"敲剥天下之骨髓，离散天下之子女，以奉我一人之淫乐"；视天下为"我产业之花息"。因此，"为天下之大害者，君而已矣"。④

由于"天之生民，非为王也。而天立王，以为民也。故其德足以安乐其民者，天予之。其恶足以贼害民者，天夺之"。面对暴君的统治，"夫夺其食，不得不怒；竭其力，不得不怨。"⑤ 在广大的壮族地区，无论是土司统治还是改土归流之后的流官治理，人们都受到不同程度上的压迫。在土司统治时期，人们问道："虽说同种又同宗，为何有富又有穷？"在流官代表皇帝统治地方的阶段，尽管"土司官运完，汉官管地方，来掌地方权"，百姓依旧"像喂虎以羊"。⑥ 面对残暴统治，"积怨诉不完，知者明我冤。虽然同祖宗，理不通当反。猛虎扑京城，东京人震撼。越想越有气，天理在何方？"⑦ 人民"顺乎天而应乎人"，有权反抗暴君统治。"有为生民立命者，自有为生民伸权利者。"⑧ 壮族人民千百年来为反抗残暴的统治进行了无数次抗争，如宋代

---

① 梁庭望、罗宾译注：《壮族伦理道德长诗传扬歌译注》，广西民族出版社 2005 年版，第 114 页。
② 转引自夏勇：《中国民权哲学》，生活·读书·新知三联书店 2005 年版，第 10—11 页。
③ 转引自萧公权：《中国政治思想史》（二），辽宁教育出版社 1998 年版，第 565 页。
④ 夏勇：《中国民权哲学》，生活·读书·新知三联书店 2005 年版，第 17 页。
⑤ 夏勇：《中国民权哲学》，生活·读书·新知三联书店 2005 年版，第 15—16 页。
⑥ 梁庭望、罗宾译注：《壮族伦理道德长诗传扬歌译注》，广西民族出版社 2005 年版，第 222 页。
⑦ 梁庭望、罗宾译注：《壮族伦理道德长诗传扬歌译注》，广西民族出版社 2005 年版，第 116 页。
⑧ 夏勇：《中国民权哲学》，生活·读书·新知三联书店 2005 年版，第 9 页。

侬智高率领壮族人民起义、明代韦银豹率领壮族人民起义、近代的太平天国起义和邓小平领导的百色起义等。

（四）公平观

面对社会的不公，壮族先民一直在追问："天理在何方?"追问："当初立天地，为何分不平?"①

在思考这个问题的时候，壮族先民首先控诉了所存在的阶级矛盾和等级森严的制度，以及由此而造成的种种不合理现象，对其从道义上进行了揭露。如官吏"做官忘国事，掌印不为民。妻妾陪下棋，淫乐度光阴"，财主"天下众财主，楼房比山高。一家百峒②田，三妾来伺候"，而穷人"三叹穷苦人，度日如度年。断炊寻常事，鼎锅挂房梁"③。其次，面对这种不平现象，他们还质问上天，发出了愤愤不平的呼声："山上石累石，地上土无垠。天不会平算，地不会均分。当初立天地，这样分不平。"因而在政治、经济方面提出了"以上补下，搭配公平"④的朴素的平等思想。

"谁不想富贵"，但是"八字已安排"。由于"混沌再造天下，盘古重造百姓，造出三百六十谷米，造出三百六十姓人，定下聪明人和愚蠢人，定下穷人和富人，定下好人和坏人"⑤。在当时人看来，天命不可违。普通人都是"随大流出世，祸福忘问天"。所以，"富贵老天定，由命不由人。一官八人抬，守多少阴功。"⑥诚然，天命不可更改，但是在实际中不可见利忘义，更不能忘了仁。"仁举作壮歌，劝诫众弟兄。有心者自忖，天地如水平。"⑦

---

① 梁庭望、罗宾译注：《壮族伦理道德长诗传扬歌译注》，广西民族出版社 2005 年版，第 111 页。

② "峒"是指一片田，而"那"仅指一块田。见覃乃昌：《壮族稻作农业史》，第 67 页。

③ 李资源：《文明的呼唤——中国少数民族传统伦理道德研究》，广西人民出版社 2004 年版，第 67 页。

④ 梁庭望、罗宾译注：《壮族伦理道德长诗传扬歌译注》，广西民族出版社 2005 年版，第 112 页。

⑤ 张声震主编：《布洛陀经诗译注》，广西人民出版社 1991 年版，第 270—271 页。

⑥ 梁庭望、罗宾译注：《壮族伦理道德长诗传扬歌译注》，广西民族出版社 2005 年版，第 111 页。

⑦ 梁庭望、罗宾译注：《壮族伦理道德长诗传扬歌译注》，广西民族出版社 2005 年版，第 222 页。

他们要求掌权者，"办事要公正"，"善恶要分明"，"不要坏名声，要听父老劝，谨防祸上身。"① 因为"善恶终有报，古人话不假"，"凭是官是皇，怕病入膏肓。花钱如流水，还得见阎王。钱买不到命……不怕你嚣张。"②

更因为在古代，人们都认为天命无常。上天的天命会因为一个人无德而丧失，进而转移到另外有德之人身上。人民认为"天下众百姓，背时命贫寒。往后命如何，谁能知来年"，所以，"量人莫量尽，他日会转运"，免得出现"富家样样有，香火还断根"③。基于此，为官者就不应该"道理他不讲"，"满嘴胡言"，而"只会多要钱"④。

由于在中国古代行政权力基本无法下沉到基层，在"王权不下县"的格局中，基层治理任务就只能由士绅来承担。在远离中央政府权力的壮族地区，历朝历代基本上采取羁縻统治，而将地方的治理交给土司、长老。由于古代政府确立起"德主刑辅"的施政方针，采取德治方略教化百姓，对于纠纷多采取息讼态度，同时人民也不愿意花费更多的时间精力去打官司。地方上的纠纷多由长老来处理。某种程度上，在古代社会，老人拥有丰富的生活经验，"老人的嘴巴藏真言，老人的嘴里有良方，真言良方见效应。"⑤ 同时，如果选择诉讼，可能还面临司法不公。因为当官的"道理他不讲，只会要多钱"。由于当官的"满嘴胡言者，只会多要钱"，所以壮族人民宁愿"有事乡下说，莫要去找官"⑥。因此，"地方上寨老，当以理服人"，做到"办事圆，断事要秉公"，"若只管眼前，后代必受损"⑦的禁忌在某种程度上确保了长

① 梁庭望、罗宾译注：《壮族伦理道德长诗传扬歌译注》，广西民族出版社 2005 年版，第 111 页。
② 梁庭望、罗宾译注：《壮族伦理道德长诗传扬歌译注》，广西民族出版社 2005 年版，第 114 页。
③ 梁庭望、罗宾译注：《壮族伦理道德长诗传扬歌译注》，广西民族出版社 2005 年版，第 116 页。
④ 梁庭望、罗宾译注：《壮族伦理道德长诗传扬歌译注》，广西民族出版社 2005 年版，第 222 页。
⑤ 张声震主编：《布洛陀经诗译注》，广西人民出版社 1991 年版，第 182 页。
⑥ 梁庭望、罗宾译注：《壮族伦理道德长诗传扬歌译注》，广西民族出版社 2005 年版，第 223 页。
⑦ 梁庭望、罗宾译注：《壮族伦理道德长诗传扬歌译注》，广西民族出版社 2005 年版，第 227 页。

老的公断。

（五）民权观

在对公平发出呼声的同时，壮族先民在民权方面也发表了自己的观点。

在封建等级社会中，存在士农工商四大阶层。不同的阶层拥有着不同的政治权利。且当时的社会乃是私有制社会，贫富差距悬殊，因而，不同的阶层所拥有的经济权利也截然不同。因此，在壮族的传统政治伦理中，包含着各种对为官者、有钱人的规劝。

对于为官者，由于官员代表着王权来治理百姓，也慑于"民惟邦本"，因此须行仁政，又或者出于"水能载舟，亦能覆舟"考虑，应尽职尽责，做到"掌印为民"，若"掌印不为民"，"百姓最可怜"。[1] 除了规劝官员要尽职为民办事之外，还规劝官员对君王忠心，尤其是手握重兵者，更应各安本分。如果"人心总不足，提督想当皇。背后八万兵，专往高里攀"，觉得"享福嫌不够，日夜梦黄粱"，势必"结怨尚无边"，[2] 招致大小兵祸，导致民怨沸腾，民不聊生。正是如此规劝，壮民族地区千百年来甚少重大战事，人民安居乐业。

对于富甲一方的有钱人，则不应为富不仁，在行使自身财产权利之时，兼顾弱者的需要，以免激化社会矛盾。由于壮族先民多聚族而居，邻里多为"同种同宗"，哪怕"多姓同一村，肚量要宽宏"，"若发财做官，莫欺负乡邻。愿你财富多，财多自己用，穷人去点债，莫迟疑悭吝。"[3] 对于"家有点米粮"、"家有钱放债"的富人，对于他们"贵时抛现货，贱时沙皮赚"的行为，壮族人民规劝他们"人前莫逞强，莫要乱逞狂"，不能"贪婪没有边"。毕竟"鸡豖能生利"，过分的贪婪，势必为钱所异化，为天命所唾弃。因为在壮族人民看来，贫贱富贵都是天定，且天命靡常。三十年河东，三十年

---

[1]　梁庭望、罗宾译注：《壮族伦理道德长诗传扬歌译注》，广西民族出版社2005年版，第113页。

[2]　梁庭望、罗宾译注：《壮族伦理道德长诗传扬歌译注》，广西民族出版社2005年版，第113页。

[3]　梁庭望、罗宾译注：《壮族伦理道德长诗传扬歌译注》，广西民族出版社2005年版，第190页。

河西。"大路还长草，石崇也饥寒。"① 人们应该"有钱莫张狂，恐祸身上惹。不见山竹笋，就怕虫蛀节。龙骨虽龙骨，也怕龙变蛇。月亮十六时，还有蟾吞月"②。

除了上述对于权贵者的规劝之外，壮族人民还对抽象的人的权利有一定的思考。在私有制社会，人的经济地位有三六九等，分别隶属于不同的阶级、阶层，所以出现"土不如石重，秤不如戥均。地不平如水，有高下之分"③ 的局面。尽管穷人"位卑没名堂"，但是，"人皆父母生，家贫人不贱"。这就是壮族先民在人的尊严方面提出要求，尤其是要"莫欺穷家汉"④，避免拉大贫富差距，激化社会矛盾。

诚然，上述所阐述的这些权利应是属于原始权利、道德权利，是人类最早享有的权利。但这种原始权利还不能被称作"人权"（human rights），只能说，它具有后世权利所缺乏的公平性，为后来人权的产生奠定了历史基础。⑤

综上所述，壮族的政治伦理之治平思想所蕴含的天命观、民本观、抗争观、公平观、民权观是经由壮族使用有别于中原的汉族表达方式所表达出来的，呈现出一种"地方性知识"或者"区域文化"特征，壮族地区俨然是一个"异域"。然而，这种"地方性知识"事实上都是中华文明的一部分。基于中国社会、政治、文化、认同、经济等方面早在国族主义兴起之前已经具有了高度整合的一面，政治体制的大一统一直保持着以儒家思想为意识形态对不同人群的规范，使得传统中国在很大程度上并不是一袋马铃薯，即不是一个离散的社会。⑥ 所以，壮族广大地区一直都是中国的"旧疆"，而非

① 梁庭望、罗宾译注：《壮族伦理道德长诗传扬歌译注》，广西民族出版社2005年版，第116页。
② 梁庭望、罗宾译注：《壮族伦理道德长诗传扬歌译注》，广西民族出版社2005年版，第223页。
③ 梁庭望、罗宾译注：《壮族伦理道德长诗传扬歌译注》，广西民族出版社2005年版，第112页。
④ 梁庭望、罗宾译注：《壮族伦理道德长诗传扬歌译注》，广西民族出版社2005年版，第116页。
⑤ 夏勇：《中国民权哲学》，生活·读书·新知三联书店2005年版，第24页。
⑥ 温春来：《从"异域"到"旧疆"：宋至清贵州西北部地区的制度、开发与认同》，生活·读书·新知三联书店2008年版，第2页。

"异域"。这也有力地驳斥了壮族是一个"被创造出来的民族"。

第三节　壮族重要历史人物的政治伦理思想

一、瓦氏夫人的修齐治平观和政治道德理想①

（一）边疆的抗倭将军瓦氏夫人

瓦氏夫人，生于 1498 年，卒于 1556 年，姓岑名花。瓦氏夫人的称呼，是人们在朝廷因其抗倭有功而诏封其为"二品夫人"之后对她的尊称。瓦氏夫人出生于南疆边陲归顺州（今广西靖西县）岑氏世袭土官家庭，自幼接受姐夫黄安② 传授的汉文化，并长期浸润在父亲岑璋的事必躬亲、威严果断的办事作风，母亲贤妻良母的品德以及大环境的布洛陀文化和民间尚武风气的熏陶之中，正是在这种环境熏陶下，瓦氏夫人养成了一套美德标准规范自己的言行，并将之运用于后来的政治事务的处理当中。到了瓦氏夫人适婚的年龄，岑璋基于政治联姻的考虑，将其女嫁与了田州③ 土官岑猛。瓦氏夫人的夫家田州岑氏土司的传袭史，可以说是壮族封建土司制度的一个缩影。瓦氏夫人生活的年代，田州土司已经走过了祖辈励精图治的巅峰时期，也经过了骨肉相残的黑暗时期。在明嘉靖五年（1526 年）九月岑猛被诬谋反，"猛惧，谋出奔，而归顺知州岑璋，猛妇翁也，其女失爱屏居。璋欲藉此报猛，乃甘言诱猛走归顺，鸩杀之，斩首归官军。"④ 岑猛遇害之后，瓦氏夫人没有怨天尤人，不愠夫冷，不怒父酷，而是博大其怀，继承了岑猛的远大抱负，抚孤

---

① 本小节论述的主要观点和内容，已以《瓦氏夫人的修齐治平观和政治道德理想研究》为题，刊发在《百色学院学报》2012 年第 5 期。

② 黄安是宣化巨人，正宗的汉人知识分子，曾任常州知府，后到归顺州任汉官。详情参阅黄明标：《瓦氏夫人研究》，广西民族出版社 2008 年版，第 8—9 页。

③ 根据《田州岑氏源流谱》及史志记载，鼎盛时期的田州所管辖的范围包括了今天出德保县、靖西县、那坡县、西林县以外的百色全部地区，以及东兰、巴马、凤山、天峨、南丹、天等、隆安等县，还有都安、宾阳、武鸣的一部分，占据了桂西的大部分地区。

④ 转引自白耀天：《瓦氏夫人述论》，《广西民族研究》1995 年第 4 期，第 31—55 页。关于岑璋杀害岑猛的原因，有观点认为这完全是明朝官员为了掩饰分化离间岑璋与岑猛关系，威胁、收买岑璋毒死岑猛而寻找的借口。不管真实情况如何，这并不影响瓦氏夫人在岑猛死后继承岑猛的远大抱负，追随其未竟的事业，振兴田州。更多内容，可参阅黄明标：《瓦氏夫人研究》，广西民族出版社 2008 年版，第 72—73 页。

恤后，加强对晚辈的教育，以团结为重，以大局为重，苦心孤诣，重新振兴田州，重新振兴岑氏家族，从而出现了长时期政治稳定与经济繁荣的景象，为边疆地区的稳定和发展作出了应有的贡献。

由于明成祖迁都北京，政治中心北移以及蒙古游牧民族的扰边入侵，加上海禁政策，明代整个国家的防务中心是在于北方的边防，而非海防。至今巍峨雄立的万里长城即是明证。防务中心的北移使得江南防守废弛，与明朝初期重视海防形成截然相反的态度。面对倭寇的入侵，官军屡战屡败。新上任的总督，督江南、江北、浙江、山东、福建、湖广诸军的南京大司马、兵部尚书张经深知官军武备松弛，士气低落。而田州俍兵，因其"可死不可败"①的能战精神均受历代封建王朝的器重，也受到兵家和史家的好评，认为"诸土司惟田州、泗城最强，南丹次之。田州濒临大江，地势平衍，沃野方数百里，精兵万人，一呼即应"②。同时，由于总督张经曾在广西督府任职，且经历了嘉靖五年（1526 年）的岑猛事件，对于田州俍兵的骁勇善战有着直接的体验。更为重要的是，此后总督张经与王守仁招抚田州，为俍兵所服戴。于是总督张经上疏朝廷要求派员前往田州、归顺、南丹、东兰、那地等州，征调俍兵抗倭，借广西俍兵的骁勇善战改变"寇强民弱"的局面，扭转战局。面对朝廷的征调，岑氏官族摆出诸多理由，力主休兵养民。但当时瓦氏夫人作为尚年幼的田州土官的代署人则力排众议，因其曾孙岑大寿（当时的田州土官）年幼，"不能任兵事，请于督府，愿身往。督府壮之，题授女官参将总兵"③。嘉靖三十三年（1554年）十月，瓦氏夫人应诏代年仅 6 岁的岑大寿出征，率领 7500 多名以田州勇士为主的广西俍兵前往江浙，被分配到了总兵俞大猷部抗击倭寇。④ 在之后短短半年时间内，瓦氏夫人打了不少胜仗，这一历史功绩受到从朝廷到国人的一致肯定。对此，朝廷

①　转引自黄明标：《瓦氏夫人研究》，广西民族出版社 2008 年版，第 117 页。

②　转引自黄明标：《瓦氏夫人研究》，广西民族出版社 2008 年版，第 117 页。

③　参见黄明标：《瓦氏夫人研究》，广西民族出版社 2008 年版，第 120—121 页。

④　《壮族简史》编写组、《壮族简史》修订本编写组：《壮族简史》，民族出版社 2008 年版，第 79 页。也有观点认为瓦氏所率领的部队是 13000 人，见黄明标：《瓦氏夫人研究》，广西民族出版社 2008 年版，第 124 页。还有一种观点认为是 4000 多人，见粟冠昌：《广西土官制度研究》，广西民族出版社 2000 年版，第 79 页。

下诏赏赐"瓦氏及其孙男岑大寿、大禄各银二十两，丝缎二表里，余令军门奖赏"。后来，朝廷还特封瓦氏为"二品夫人"。① 江浙一带的民众还编写了"花瓦家，能抗倭"的民谣到处传唱，颂扬瓦氏及其俍兵英勇抗倭的事迹②。嘉靖三十四年（1555 年）十一月，随着总督张经蒙冤遇害，瓦氏夫人不满朝廷奸臣当道、忠良被害而告老还乡，率领俍兵解甲归田，荣归故里。③ 之后，瓦氏夫人修庙祭祀出征的阵亡将士，修建官塘与民同乐。1556 年夏天，瓦氏夫人去世，终年 59 岁。关于她的事迹，流传至今。后人称其为中华民族的女英雄、中国历史上第一位实名实姓的女将军。

（二）瓦氏夫人的修齐治平伦理

瓦氏夫人生活于"家国同构"的社会环境中。从统治者的角度来看，无论是对于中央王朝的天子来说还是远在天边的土司"皇帝"④ 来说，"家国同构"表明了家天下的政治运行理念与政治制度安排。天下均为统治者的私人事务，而非公器，尽管天下由所有人所组成。也就是说，天下除了地理意义上表明所有土地之外，也表现出了心理意义上的民心，如得民心者得天下。当然，天下更表现为一种伦理政治意义，即中国乃世界之中心。只要认同并接受中华文化的教化，不管何处，不管何种民族，都被认为是中华之组成部分。相反，如果脱离了中华文化，那就是野蛮人。如果从被统治者的角度来看，被统治者必须接受统治者的教化。在家天下的年代里，国家的公共事务显然与绝大多数的普通人没有关系。然而，家庭是国家的缩影。对于绝大多数人来说，接受国家的教谕，修身齐家即是最大的政治任务。否则，将游离于国家的主流文化之外而被视为蛮夷。逃逸于国家主流文化之外，显然会遭受到灭顶之灾。这种灾难也许来自于国家的打击，也许来自于自然界的自然法则。因为人不可能过着一种"非神即兽"的生活。壮族世居岭南地区，早在秦汉时期就开始接受中原的汉文化。作为历代中央王朝的正统指导

① 参见黄明标：《瓦氏夫人研究》，广西民族出版社 2008 年版，第 156 页。
② 黄明标：《瓦氏夫人研究》，广西民族出版社 2008 年版，第 162 页。
③ 黄明标：《瓦氏夫人研究》，广西民族出版社 2008 年版，第 207 页。
④ 土司制度起源与羁縻制度。二者均是历代中央王朝推行于少数民族地区的政策措施与统治形式。元、明、清王朝在总结羁縻制度的基础上，随着中央集权的强化以及国家公权力对边疆民族地区的深入，建立了土司制度。

思想——儒家学说在壮族地区得到了广泛的传播。① 到了明代，儒家学说在桂西壮族地区得到了广泛的传扬。瓦氏夫人生活的政治大环境即是如此。而就她生活的小环境而言，又处于一个土司家族内部不断纷争的局面。在一种内忧外患的政治格局下，瓦氏夫人体现出了何种政治伦理呢？

就修身层面而言，第一，瓦氏夫人厚仁载物。田州经历了近 40 年的战乱，民不聊生。用王守仁的话来说，田州的惨状达到了"伤心惨目，诚不忍见"② 的地步。宅心仁厚的瓦氏夫人招集亡散，扶绥遗民，重建家园。同时也将抗倭士兵解甲归田，与民生息。而对于将士，瓦氏夫人"告家庙厚恤随征诸目兵丁"③，以朝廷赏赐的银两修建"昭忠祠"，借此纪念阵亡将士。第二，瓦氏夫人重义轻利。瓦氏夫人一生遭遇过不少义利冲突的心理困境，但她总能重大义而轻小利。例如，关于在岑猛事件与此后出兵抗倭的取舍上，当时，田州岑氏官族族人提出诸多理由加以反对：一是鉴于朝廷贪官的诬告致使岑猛及其子岑邦彦蒙冤而死和大军压境带来了百姓流离失所；二是骁勇善战的田州俍兵在嘉靖二十九年（1550 年）应诏出征海南四年之后解甲不到两年又再次征召，民众难以承受；三是时任田州土官岑大寿年仅 6 岁而无法带兵，且其父亲岑芝也刚于嘉靖三十二年（1553 年）尽忠朝廷后，尚处于丧期。面对族人的众多理由，瓦氏夫人认为岑猛事件最终已经得到了朝廷公正的处理，恢复了田州岑氏土司的职位与信任。尽管岑芝丧期未满，但是壮族是一个具有浓厚的忠孝传统的民族，在"人生在世，忠孝为大。不忠不孝，枉来人世"的伦理观的指引下，瓦氏夫人在忠孝难以两全的情况下做出了为国家尽忠的决定。这些都表明了瓦氏夫人重义轻利的价值取向。第三，瓦氏夫人明礼守法。传统中国治国的方略是德主刑辅。德的外在形式就是礼。法的外在形式主要是刑。瓦氏夫人以身作则，明礼守法。对于礼，尤其是在亡夫之后，瓦氏夫人恪守妇道，并承担起养育儿孙的重任。对于法，她吸取了亡夫的教训，严格遵守朝廷关于土司的各种规定。例如在是否出兵抗

---

① 关于儒学南传的研究，可以参阅何成轩：《儒学南传史》，北京大学出版社 2000 年版；韦玖灵：《儒学南传与壮族思想发展》，香港新闻出版社 2003 年版。
② 转引自黄明标：《瓦氏夫人研究》，广西民族出版社 2008 年版，第 86 页。
③ 转引自黄明标：《瓦氏夫人研究》，广西民族出版社 2008 年版，第 3—4 页。

倭的问题上，既不违背朝廷的征诏，也不违背朝廷制定的关于土司的祖制。尤其是关于一些冒袭争袭的事件，瓦氏夫人更是按照朝廷的法制来处理，而非擅作主张。与此同时，瓦氏夫人以法治军，赏罚分明，规定"不如令者斩，退缩者斩，走者斩，言惑众者斩，敌伴以金帛遗地，或争取，不追蹑者斩"。① 此外，瓦氏夫人还严禁部队扰民，因此民间有评价说瓦氏夫人所率领的部队"泊胥关月余，驭众有法度，约所部不犯民间一粒"②。第四，瓦氏夫人崇智尚勤。关于智，瓦氏夫人自小接受先进的汉文化教育，跟随丈夫熟读兵书，深谙《岑氏兵法》并将之运筹帷幄地运用于抗倭战场上，并赢得了高度评价："俍兵是法，可以为用兵者之要诀，不可谓为夷见而不之师也"。③ 在瓦氏作为代署人辅政促使田州政局稳定之后，还能进一步思考民众读书益智的问题，她根据土民们世代缺乏教育，导致子女没文化、思想愚钝的情况，做出"修建义学，择土民子弟教诲之"的决策，修建了被战争毁坏的学堂房舍，在满足官族商贾子弟入学的同时，欣然接受了农家子弟中的优秀者入学。④ 关于勤，瓦氏夫人更是在夫死儿亡媳妇殉夫之后作为代署人勤于辅政，先后辅助了孙子岑芝和曾孙岑大寿、岑大禄两代土官，为权力的平稳过渡保驾护航，确保了田州政局的稳定和经济的发展。第五，瓦氏夫人讲信修睦。田州经历内忧外患的大乱之后，随着岑猛的亲政，其提出的"革新面貌，扶绥移民，矢心报国"⑤ 深得瓦氏夫人的赞赏。要做到这一点，最重要的是对邻州、对朝廷讲信修睦。对于邻州而言，那就是不计前嫌，主动到泗城、思恩、东兰以及镇安等周边州府登门拜访，主动示好，采用陈兵守土的策略，一改丈夫之前出兵守土的方针。瓦氏夫人并不因为田州是老大而随便干涉其他州府的内政。对于朝廷而言，那就是与督府保持良好的沟通关系，尤其是对于一些争袭、冒袭的事件，瓦氏夫人并不像丈夫岑猛那样动辄

---

① 转引自《壮族简史》编写组、《壮族简史》修订本编写组：《壮族简史》，民族出版社 2008 年版，第 79 页。

② 转引自《壮族简史》编写组、《壮族简史》修订本编写组：《壮族简史》，民族出版社 2008 年版，第 79 页。

③ 黄明标：《瓦氏夫人研究》，广西民族出版社 2008 年版，第 165 页。

④ 黄明标：《瓦氏夫人研究》，广西民族出版社 2008 年版，第 92 页。

⑤ 转引自黄明标：《瓦氏夫人研究》，广西民族出版社 2008 年版，第 87 页。

出兵，而是在第一时间通报朝廷，由朝廷出面处理，毕竟明王朝一直以土司制度为治理南方少数民族的基本政策，形成了较为完备的制度并在土司土官的任用、升迁、惩处等各方面都制定了具体的规定。[①] 这样在避免谋反的嫌疑的同时，更为重要的是确保了各州府之间的和睦。毕竟，朝廷为了确保少数民族地区之间的均势，往往采取"以夷制夷"的策略。因此，对邻州、对朝廷讲信修睦，这才是明哲保身的王道。

就齐家层面来看，瓦氏夫人与丈夫岑猛的关系融洽，尽管在政务方面有时候存在着分歧，岑猛并不听取瓦氏夫人的意见。但是这并不影响他们之间的感情，并非像史书记载的那样，"失爱"于岑猛。哪怕是在岑猛去世之后，瓦氏夫人仍遵守传统社会中在婚姻方面的嫁娶观以及由此衍生的夫妇之间的婚义观。瓦氏夫人并非岑猛唯一的妻室。根据《明史》卷三百一十八记载，岑猛拥有包括瓦氏夫人在内的五位妻妾。但是瓦氏夫人跟岑猛的其他妻室关系要好，情同姐妹，尤其是在岑猛遇害、岑芝生母赵氏（即瓦氏夫人儿媳妇）自缢之后，在极度艰难的状况下，与姒娌林氏共同抚养岑芝。然而，林氏体弱多病，此后瓦氏夫人也就承担起了全部的养育儿孙重任。就其家庭而言，田州岑氏家族曾被明太祖朱元璋赞誉为"五百年忠孝之家"[②]。只有在家庭内部传承忠孝精神，才能维系家庭内部的团结，取得朝廷的信任，延续田州岑氏的辉煌。因此，瓦氏夫人注重忠孝传家的教育，强调历代朝廷关于田州的恩德，消弭对于朝廷关于岑猛事件处理的非议。岑芝临死之前曾说："土司之设，原以屏翰中邦；况吾宗几覆，蒙圣恩浩荡，得延一线，今日虽肝胆涂地，不足以报高厚于万一，忍以身家之念而偾事乎！尔等努力，无以我为念。"[③] 从岑芝的遗言即可看出瓦氏夫人的忠孝教育是卓有成效的。从更大范围的家族来看，田州岑氏官族在经历长时间的内忧外患之后，已经没有稳定的权力交接习惯。尽管是同宗共祖、血脉相连，但是依旧同室操戈，为了争袭，岑氏族人大开杀戒。如何齐家，除了常规的忠孝教育、礼德教育之

---

① 　钱宗范、梁颖等：《广西各民族宗法制度研究》，广西师范大学出版社 1997 年版，第 217 页。

② 　参见黄明标：《瓦氏夫人研究》，广西民族出版社 2008 年版，第 93 页。

③ 　转引自粟冠昌：《广西土官制度研究》，广西民族出版社 2000 年版，第 77 页。

外，瓦氏夫人在必要的情况之也展现出了其铁腕的一面。例如在处理岑邦相
事件上。尽管岑邦相已经承袭，但是他却担心其他兄长以及侄子岑芝的挑
战，因此他通过各种手段，名为分封，实为流放兄长，甚至要侵削瓦氏夫人
的食庄田和从肉体上消灭岑芝。瓦氏夫人当机立断与岑氏家族忠臣卢苏合
作，铲除了岑邦相等人，并奏请朝廷允许岑芝袭职，确保了官族宗室之间的
和睦。

　　就治平层面来看，瓦氏夫人早年可谓是奉天承运，顺应天命，安守一
名壮族妇女的本分。但是，在岑猛去世之后，尤其是在处理岑邦相事件之
后，瓦氏夫人破除了"女人不参与政治"的藩篱，撇开女人的"无知之幕"，
开始走上政治前台，为岑芝以及此后的岑大寿辅政，确保权力的和平过渡。
打破了天命之后，瓦氏夫人是如何施政的呢？传统中国以农为本。壮族也不
例外。田州地处右江河谷，地势平坦，沃野百里，属于典型的"那文化"。
况且，田州岑氏土司的俍兵中，都是战时为兵，平时务农。然而，"田州连
年兵火杀戮，官府民居悉已烧毁破荡，虽箆屋寻丈之庐亦遭翻挖发掘，曾无
完土，荒村僻坞不遗片瓦尺椽。"① 面对这片废墟，瓦氏夫人扶绥遗民、行善
济贫，制定了"户帮户、邻帮邻、亲帮亲"的自赈措施，本着陈兵守土的方
针精兵裁员，让士兵复土归田，恢复农业、发展生产。且瓦氏夫人事必躬
亲，经常深入民间了解疾苦，了解民情，视民间百姓如同姐妹，从而创造了
良好的发展环境，也为此后的抗倭出兵奠定了良好的物质基础。面对强大而
残暴的倭寇，瓦氏夫人"誓不与贼俱生"②，英勇反抗。倭寇是明朝中叶东南
沿海海防所面临的大规模入侵势力。倭寇所到之处，"官府民舍，焚劫一空；
驱掠少壮，发掘冢墓；夹婴竿上，沃以沸汤，视其啼号，拍手笑乐；捕得孕
妇，十度男女，视中否为胜负饮酒，荒淫秽恶，至有不可言者，积骸如陵，
流血如川，城野萧条，过者俱涕"③。这种惨象自然而然勾起瓦氏夫人及其将
士回忆起当年田州的惨状，自然也激起瓦氏夫人及其将士的斗志，如果"不

----

① 转引自黄明标：《瓦氏夫人研究》，广西民族出版社 2008 年版，第 92 页。
② 转引自《壮族简史》编写组，《壮族简史》修订本编写组：《壮族简史》，民族出版社 2008
　 年版，第 80 页。
③ 转引自黄明标：《瓦氏夫人研究》，广西民族出版社 2008 年版，第 121 页。

效尺寸（即不建立功劳），何以归见乡党?"① 瓦氏夫人及其部属奋勇杀敌，与其他各族人民一起共同抗击倭寇，保卫祖国东南沿海老百姓的人身财产权利。

（三）瓦氏夫人的政治道德理想

瓦氏夫人是一个生于封建时代的历史人物。她的政治道德理想，不可避免地带着时代的痕迹。然而，判断一个历史人物的功绩，"不是根据历史活动家没有提供现代所要求的东西，而是根据他们比他们的前辈提供了新的东西。"② 因此，探讨瓦氏夫人的政治道德理想，应该在还原史实的情况下，在当时的历史情境中加以分析，才能"正读"而非"误读"或者"异读"。

瓦氏夫人是一名土官的女儿，长大后嫁给了一名土官当妻室。在家庭遭遇变故、国家遭遇内忧外患的情况下，她所表现出来的政治道德理想，既体现出一般大众的政治愿望，也深深烙上自身所处阶级的政治心理。从普通大众的角度来看，"连年兵火杀戮"已经让田州"伤心惨目，诚不忍见"③。在中国历史上一乱一治的历史循环率驱使下，大乱之后，必然需要大治。这不仅是统治者巩固延续江山一统的愿望，更是广大老百姓厌战求和的愿望。同时，这也是民本思想的应有之义，因为为田州土司官族征战的士兵均来源于普通百姓，这些人战时为兵，平时为农。连年战火导致了大量的青壮年男子伤亡，势必影响到农业生产。从这个角度来看，瓦氏夫人在岑猛遇害之后辅政田州，励精图治，建立并稳定了以瓦氏夫人为核心的田州政治格局，完善了未成年土官代署制度，确保了土司传袭制度的权力和平交接。同时，通过在意识形态方面，以身作则，以自己的忠孝言行为榜样，在家庭内部传承忠孝教育，此后的历代岑氏土司均为国征战，为国尽忠，孝祖孝宗。例如战死海南的岑芝、不食清禄的岑廷铎、应诏出征战死安南的岑宜栋等。此举不仅改变了先前官族内部将近 40 年的骨肉相残的历史，更是保持了族人内部的团结。田州岑氏官族内部的团结稳定，不仅对于家庭内部具有重要意义，

---

① 转引自《壮族简史》编写组、《壮族简史》修订本编写组：《壮族简史》，民族出版社 2008 年版，第 80 页。

② 《列宁全集》第 2 卷，人民出版社 1984 年版，第 154 页。

③ 转引自黄明标：《瓦氏夫人研究》，广西民族出版社 2008 年版，第 86 页。

对于田州人民以及邻州百姓，也是如此。战争的减少，可以让百姓安居乐业。上述这些，既是瓦氏夫人的政治道德理想，也是她的历史功绩。

当然，瓦氏夫人的政治道德理想也曾受人误解。例如，《倭变事略》、《殊域周咨录》等书中就认为瓦氏夫人不远万里奔赴抗倭战场的目的在于"锐欲建功"，"冀立殊勋，以复同知之职与其孙也"。① 显然，这种观点有失偏颇，是以小人之心度君子之腹的一种妄加猜测。传统中国采取德主刑辅的治国方略，外儒内法，在明代，更是隆礼重法。面对朝廷的征诏，普天之下莫非王土，率土之滨莫非王臣，作为臣子的瓦氏夫人岂有不应征的道理和权力？而且，就瓦氏率兵亲征抗击倭寇建立战功的爱国行为看，虽然也可能包含有要为岑氏家族和乡党而立功的成分，但仍然足以表明瓦氏具有远大的政治道德理想。

二、广西忻城莫氏土司的政治伦理思想②

地处桂中偏西的广西忻城，现今还保留有一座历史悠久、气势宏大、建筑艺术精湛、文化内涵厚重并被世人誉为"壮乡故宫"的莫土司衙署。掌权土司衙署的广西忻城莫氏土司始于明代，止于清代，共20任，长达近五百年。在广西197家（明正德年间统计）土司中，忻城莫氏土司是"改土归流"较晚，统治时间较长的土司之一。③ 莫氏土司何以能世袭统治忻城近五百年？从伦理学视野观之，不难发现，随着壮族土司与中央王朝联系的加强，汉文化在壮族地区的传播，莫氏土司不断接受了中央王朝尊崇的儒家政治伦理的熏陶，在以"修身、齐家、治国、平天下"为核心内容的中华传统政治伦理文化影响下演绎出的有自身个性的政治伦理观，成为了他们统治忻城近五百年的重要理论基础和精神支撑。在此，主要通过对莫氏土司留下的一系列箴言、训示条规和诗文楹联的研究，进而分析探究莫氏土司所主张倡导的政治伦理思想。

---

① 转引自粟冠昌：《广西土官制度研究》，广西民族出版社2000年版，第82页。
② 本小节论述的主要观点和内容，已以《广西忻城莫氏土司的政治伦理思想研究》为题，刊发在《广西社会科学》2014年第12期。
③ 杨联奋：《莫氏土司凭什么统治忻城五百年》，《广西文物》1990年第4期，第60—64页。

（一）莫氏土司统治忻城近五百年

土司制度是宋、元、明、清中央王朝在包括广西在内的我国西南少数民族地区普遍实行的一种政治制度。我国历史上，自秦汉以来逐渐形成了统一的中央集权的多民族国家，历代中央王朝对西南少数民族地区的统治，采取了"以夷治夷"的政策。在此政策下，汉唐时期中央王朝对少数民族地区实行的"羁縻之治"，到宋元明时期发展成为更加制度化的土司制度。在土司制度下，中央王朝根据西南少数民族地区与中原汉族地区发展形态不同的特点，对其施行"因俗而治"的特殊政策，对当地少数民族中有威望有势力的首领册封官职，划其疆界，准予官职由子孙世袭，代代相承，使之"世领其土，世有其民"。这些当地首领与中央保持一定的联系，相对于中央政权派遣的"流官"，这类地方官员被称为"土官"，土官在职守上通称为"土司"。作为一种政治制度，土司制度的建立顺应了历史潮流，缓和了中央王朝和边疆少数民族的矛盾，保持了社会稳定，有利于促进少数民族地区经济社会的发展和国家的巩固统一。至清朝初年，国力强盛，为免地方势力过大，消除藩乱的隐患，逐步推行"改土归流"政策，土司制度淡出了历史舞台。

忻城莫氏土司就是在这一历史背景下走上政治舞台的。忻城位于广西中部，辖区内居住着壮、瑶、仫佬、苗、侗、回、毛南等少数民族，其中壮族人口达90%，是一个壮族人口占绝大多数的少数民族聚居县。据史料记载，莫氏土司始祖莫保于元至正年间（1341—1368），因有战功，被授予宜山八仙屯土官千户。明朝洪武年间（1368—1398），被罢官为民后，莫保遂率子孙就近迁入忻城县居住，率弟子以耕种为业。不多久，忻城等地瑶、壮人民不堪重负而起义，流官知县未能戡乱而举荐申报莫保为忻城县副理，领兵平息地方之乱，凸显其能力和威望。莫保由此成为莫氏土司的始祖，开始了莫氏家族统治忻城的漫长历史。① 至莫保玄孙莫敬诚，因镇压当地农民起义有功，于明正统七年（1442年），得朝廷授为土知县协理忻城县事，并获世袭，形成忻城"流土合治"局面（流官握空印，土官掌实权）。明弘治九

---

① 参见韦业猷：《忻城土司志》，广西人民出版社2005年版，第22—23页；蓝承恩：《忻城莫氏土司五百年》，广西人民出版社2006年版，第17页。

年（1496年），两广总督邓廷瓒奏准朝廷，降忻城为土县，裁革流官知县，由莫敬诚之孙莫鲁独任土知县，仍予世袭，莫氏土司由此全权掌管忻城，成为一方土皇帝[①]。莫氏子孙前后世袭土司一职达二十任，至清光绪三十二年（1906年），朝廷以末任土官莫绳武"纵匪殃民，世济其恶"为由，革除其土知县职务，结束了莫氏土司在忻城持续统治近五百年的历史。[②] 莫氏土司统治忻城近五百年的历史，虽然其在本质上是封建王朝对壮族等少数民族实行政治统治的工具，在漫长的历史过程中，也曾多次发生内讧和外乱，统治几近失控。但莫氏土司仍能保存并发展自己，审时度势不断调整与朝廷的关系，制定与完善一套适合忻城各个历史时期社会经济发展规律的政策，积极发展农耕生产和商品经济，传播儒家思想文化，融合民族关系，对推动社会历史发展起到了积极的进步作用。

（二）忻城莫氏土司尊崇"道统"，力主"德治"、"仁政"为其治理之道

莫氏土司最初是靠武力协助中央王朝镇压农民起义"有功"而被起用走上政治历史舞台的，随着社会历史的发展，他们意识到光靠"跃马操戈"难以维持其统治地位，需要有一定的纲常法纪，把他们宗族的"纲纪"建立在国家的"纲纪"之下。还由于"以夷制夷"土司制度的实行，加速了自汉代以来中央王朝的正统思想——儒家文化在忻城等桂中壮族地区的传播。历任莫氏土司在治理忻城的过程中，也不断接受中央王朝尊崇的儒家政治伦理思想的教育和熏陶，并根据孔、孟、程、朱等"群贤"的儒家伦理制定了诸多的家训条规，极力训导官族子弟以儒家"德治"、"仁政"之道统学说作为维系其官族统治忻城的治理之道。

根据清乾隆九年（1744年）第十六任土官莫景隆首次主修的《莫氏宗谱》记载：莫氏历任土官先后著有《力田箴》、《官箴》、《分田例议》、《训荫官》、《遗训》、《劝官族示》、《教士条规》、《芝州家训》等训示条规，还作有许多诗文楹联，通览这些规训诗文，无一不贯穿着"崇道统"这一尊儒重道的思想，表达了土司官族"武定祸乱，文致治平"的认识，深刻体现了"正心、修身、齐家、治国平天下"的儒家政治伦理主张，强调尊崇"道统伦

①　韦业猷：《忻城土司志》，广西人民出版社2005年版，第7页。

②　韦业猷：《忻城土司志》，广西人民出版社2005年版，第15页。

常"，力主土官行"德治"、"仁政"，以儒家学说作为维系其土司家族统治的精神准则。① 第十五任土官莫振国为督促当地义学发展，强化土司官族的教育，亲手制定了《教士条规》十六则，首则即为"崇道统"，其中写道："道统渊源为纲纪万化之本，由尧、舜、汤、文以及孔子，始集群圣之大成……务期寻源溯流，毋使正学为异端所窃也。"② 显然，《教士条规》强调了由孔子所开创，经孟子、程、朱日臻完善的儒家道统的重要性，称其是社会秩序和国家法纪以及各种教化的根本，土司官族有必要学习儒家思想，务必不要背离儒家正统学说。第四任土官莫鲁作《官箴》对官族提出"仁民爱物，为官本根"的训示，无疑是对孔子"为政以德"③ 和孟子"行仁政而王，莫之能御也"④ 的王道仁政的领悟和彰显。在《官箴》中，莫鲁还要求官族要"勿贪富贵，须知艰难。蒙养为正，长人勿残。锦可学制，琴也须弹。……有劳当尽，得情勿欢。猛不堪命，宽易藏奸。无作侥幸，暮夜自安。寸心能尽，始免素餐"⑤ 等，在正心、修身、齐家等方面作努力，以行"仁政"，得"民心"，巩固其土司家族统治。

莫氏历任土官尊崇儒家的"德治"、"仁政"的政治伦理思想为其治理之道，这在当时的条件下，的确也起到了调整、缓和社会阶级矛盾，安定社会秩序，推动忻城经济社会发展的积极作用。在莫氏世袭治理下，一些有作为的土司，在任期间施行"王道"，采取了建桥修路、建立学堂、勉励耕田、发展商品贸易等一些"仁政"措施，促进了忻城经济、文化事业的进步，促使忻城曾出现过郡大夫题赠楹联所肯定的"彩江浪静，夜泛歌声"、"松岭不惊花下犬，彩江常放夜中舟"的升平景象。⑥

（三）忻城莫氏土司提出的官族政治伦理规范主张

莫氏土司受中华文化和儒家政治伦理思想的影响，为了维持其家族"本支百世"的长期统治，推行其"德治"、"仁政"的伦理治理之道，在历

① 韦业猷：《忻城土司志》，广西人民出版社 2005 年版，第 151 页。

② 韦业猷：《忻城土司志》，广西人民出版社 2005 年版，第 204 页。

③ 《论语·为政》。

④ 《孟子·公孙丑上》。

⑤ 韦业猷：《忻城土司志》，广西人民出版社 2005 年版，第 63 页。

⑥ 莫汉中：《忻城莫氏土司官族诗文选注》，融水县印刷厂 2000 年印刷，第 133 页。

任土司撰写制定的诸多箴言、训示、条规和诗文中，提出了一系列政治伦理规范主张，向土司官族训诫为官之道，以调整和规范土司官族政治道德生活和地方治理的各种关系和行为。

1. 效忠王朝

在中国封建君主专制时代，统治阶级的最高道德原则是"三纲五常"，"君为臣纲"是为三纲之首，由此派生出的忠君之德成为了巩固封建统治最重要的道德规范。而在君主政体中，君主是国家的代表，在"臣事君以忠"①的"忠君之德"背后，也总是与报效国家的爱国精神相联系。凭借中央王朝的力量而登上统治忻城世袭土官之位的莫氏土司，自然对封建王朝倡导的忠君之德甚为膜拜，以效忠王朝作为历代土司为官的宗旨，对王朝的政令和调遣唯命是从。自莫氏莅政统治忻城后，曾有十来位土官奉召率土兵外出，进行规模大小、次数多寡、时间久暂的征战讨伐，极力协助中央王朝镇压大藤峡、八寨等处农民起义，未曾有丝毫怠慢。明天顺七年（1463 年），莫氏土官莫凤代父莫敬诚（第三任土官）应朝廷调遣，率土兵征剿大藤峡农民起义，无奈因病大功未告成就病死于军中。临终前召各目及亲丁列于寝前，留下遗言："吾以频年征战，尽瘁驰驱，只欲代父报国，无负君恩。乃大寇未平，获病回师，是天将夺吾志，无可如何。惟此微躯捐效而已。"②而莫凤对明王朝的舍身报效，也进一步巩固了莫氏在忻城的袭官地位。第七任土官莫镇威，多次应调率土兵随征罗旁、八寨等地农民起义，因征剿有功，获得王朝给予官加四品服色，赐黄伞、金帛等物③，故对朝廷感恩不尽，在其所著《训荫官》中言："我托斯宇，谁其予之。我食斯禄，谁其赐之。天王之恩，皇祖之力。"④可见，中华传统伦理文化倡导的效命王朝的忠君之德，已为忻城莫氏土司所接受并表现在行动之中。

2. 仁民爱物

在儒家传统伦理思想中，居于核心地位的是关于仁爱的学说。孔子以

---

① 《论语·八佾》。

② 蓝承恩：《忻城莫氏土司五百年》，广西人民出版社 2006 年版，第 80 页。

③ 蓝承恩：《忻城莫氏土司五百年》，广西人民出版社 2006 年版，第 19 页。

④ 韦业猷：《忻城土司志》，广西人民出版社 2005 年版，第 66 页。

仁为最高道德原则，解释为"仁者，爱人"①；孟子则近一步宣扬为"亲亲而仁民，仁民而爱物"②，提出了"民为贵，社稷次之，君为轻"③的政治伦理思想。汉朝以后，"仁"被列为封建王朝推崇的基本道德规范"五常"之首。据史料记载，莫氏能升任忻城土司，也是经当地土民公举推荐，经朝廷准奏而得世袭为官的，为此莫氏土司也深知民意的向背对其统治维系的影响。因而对儒家仁民、亲民的思想也极为尊崇，并引以为其官族莅政的伦理规范。土官莫鲁在其所作《官箴》中，就对其官族子弟提出了"仁民爱物，为官本根"的莅政原则。土官莫镇威更是深得儒家一贯倡导的仁政学说之精髓，在其《训荫官》文中，引述了唐太宗李世民"君舟民水"的治国伦理思想，指出："若乃百姓，君为舟，民为水，水滥舟覆，可不惧哉。人善普存，勿厚敛。民亦劳止，毋烦作。"④后世土官训诫为官之道，主张为官要关心民众疾苦，不可欺民。而莫振威本人作为历任土司中较有建树者，一方面是因极力效忠明王朝镇压农民起义而获得官升四品；但另一方面，也深谙民意不可违之要则，在其任职期间，也能费尽心力，矢志建设，发展农业生产，开办社学，传播文化，收到人心归向、经济繁荣的积极效果。

3. 勤于政事

勤政也历来是儒家传统伦理对为官执政者的重要道德规范要求。孔子主张君主、官吏对于政事要"居之无倦，行之以忠"⑤。唐太宗也常自警"不敢纵欲"⑥，告诫侍臣"天下稍安，尤须兢慎"，"日慎一日，虽休勿休"⑦。深受中华传统伦理和唐王朝贞观盛世政治文化影响的莫氏土司，也要求其官族子弟要勤勉耕耘，勤于政事。早在莫氏土司始祖莫保移居忻城后就写下《力田箴》，主张："复思后生，稼穑为先。……将争战之力，瘁厥犁锄。"并告诫后代要勤劳创业，"勿荒于嬉，山头岭角皆金珠。勿舍乃业，耕耘收获是

---

① 《论语·颜渊》。
② 《孟子·尽心上》。
③ 《孟子·尽心下》。
④ 韦业猷：《忻城土司志》，广西人民出版社 2005 年版，第 66 页。
⑤ 《论语·颜渊》。
⑥ 《贞观政要·论君道》。
⑦ 《贞观政要·论政体》。

根本。"① 土官莫镇威作《训荫官》要求为官者"勿荒于嬉，惟精于勤"②。第十四任土官莫元相在所作《劝官族示》中曰："切勿游手好闲"③。第十五任土官莫振国著《教士条规》指出："人生斯世，前责我，后待我，事为许多，勤且做不了，懒如何做得？"④ 因而要求官族力戒怠惰。而在莫氏莅政忻城近五百年间，不少土官也能谨遵为官勤政之德，采取积极措施，推行一些较为开明的政策，务农事，修水利，教纺织，拓衙署，筑围墙，建桥梁，办学校，取得较多政绩，从而促使忻城这个穷乡僻壤保持着比较稳定和缓慢发展的势头。

4. 节俭勿奢

尚俭、崇俭历来是中华民族的道德传统，在儒家看来，节俭不仅是持家立身之道，还是安邦治国之策，进而要求官吏"俭以养德"，廉洁为政。作为以农业为主要经济来源的忻城一方土官莫氏，自然也深知节俭、廉德对其官族长久统治忻城的重要，在历任土司制定的不少训示条规、官箴诗文中，也极力告诫官族及其子弟要勤俭持家，节俭勿奢。土官莫鲁在经历战争的残酷及对民生的威胁后，不仅感叹于"鞍马无歇，皮骨仅存"⑤，亦害怕后人不知艰辛而导致衰败，因而作有《官箴》，告诫子孙要"勿贪富贵，须知艰难"，"锦可学制，琴也须弹"⑥，并制定《分田例议》，规定"凡为官弟，不论嫡庶，均酌予以田，食至三世，仍将原给田归官"，以此激励官族子弟要自食其力、勤俭节约，有危机感，促使他们"俱知亲尽之日，不得长享斯业，则必勤俭余积，早自创建"⑦。土官莫镇威在《训荫官》也训示官族："一日万钱，不过一饱。百笥千裘，不过一暖。珠玉非衣，珍宝莫食。吁，宁朴勿华，宁俭勿奢。"⑧ 至乾隆年间，第十六任土官莫景隆著《芝州家训》对其

① 蓝承恩：《忻城莫氏土司五百年》，广西人民出版社2006年版，第29页。

② 韦业猷：《忻城土司志》，广西人民出版社2005年版，第66页。

③ 韦业猷：《忻城土司志》，广西人民出版社2005年版，第161页。

④ 韦业猷：《忻城土司志》，广西人民出版社2005年版，第207页。

⑤ 韦立安：《忻城土县莫氏历代土官的历史功过》，《广西文物》1990年第4期，第65—69页。

⑥ 韦业猷：《忻城土司志》，广西人民出版社2005年版，第63页。

⑦ 蓝承恩：《忻城莫氏土司五百年》，广西人民出版社2006年版，第44页。

⑧ 韦业猷：《忻城土司志》，广西人民出版社2005年版，第66页。

官族提出了十条家规，首要一条即为"为家主，先节奢欲。淫心之害，靡所底止"①。

4. 睦族匡政

在中国古代社会长期以来以小农经济占主导地位为经济基础形成的"家国同构"的政治格局中，"修身、齐家、治国、平天下"的"大学之道"一直是儒家政治伦理的本质和核心，强调天下之本在国，国之本在家，因而要求"欲治其国者，先齐其家"。在经历了艰辛耕耘和长期征战凭借家族的实力方能登上统治忻城政治舞台的莫氏土司，自然对"家齐而后国治"的"大学之道"有更为深刻的感悟，历任土司为使其官族多行"仁政"而提出的系列政治伦理规范要求中，也特别强调要"家国相通"，慈爱齐家，睦族匡政。在第十四任土官莫元相所作《劝官族示》中要求官族"明事理亲族兄"，"逊让亲睦"，互相团结尊重，规定其族人不得"犯上作乱"②。第十三任土官莫宗诏针对其之前土官莫恩威因违背儒家伦常，私娶民女，以致酿成明朝万历后期到清朝康熙年间长达百年的土官争袭内讧，导致政权不稳的惨痛历史教训，特作《遗训》告诫后人："嗣后，尊者以礼待之，勿使慢；挚者以心待之，勿使离，则诸不怨。"要求官族之家庭、婚姻、兄弟、叔伯、亲友等人伦关系，必须遵循儒家伦常规范，约法三章，不准违背，"罹于法者，即申大义灭亲"③。后任土官莫景隆更作有《芝州家训》，强调"自古以来，未有不教家而能膺民社"，较全面地向其官族子弟训示了家庭伦理孝悌之德，主要内容有如：为家主，先节嗜欲、淫心之害；为主母，贵慈祥，毋嫉妒；教子侄，须勉读书，尽孝弟；诲子女，当婉娩时，知妇道之当然；和妯娌，礼法相待；爱奴婢，以庄慈两字治之；待朋友，以礼相维，以心相与等。④ 力求以家庭伦常约束官族后代整齐治家，和谐安定，从而达到睦族匡政、齐家治域之目的。

---

① 韦业猷：《忻城土司志》，广西人民出版社 2005 年版，第 167 页。
② 韦业猷：《忻城土司志》，广西人民出版社 2005 年版，第 161 页。
③ 韦业猷：《忻城土司志》，广西人民出版社 2005 年版，第 72 页。
④ 韦业猷：《忻城土司志》，广西人民出版社 2005 年版，第 167—169 页。

（四）忻城莫氏土司倡导的官族品德修身基本方法

忻城莫氏土司也深知，欲使其官族明了和遵循儒家道德伦常规范，以达其官族齐家、治域而后世袭统治忻城之政治目的，则必当要求其官族遵循内圣外王的"大学精神"，以修饬自身为根本，首先正身修己。诚如土官莫镇威所著《训荫官》指出的"为官有本，慎乃修身"。在历任土司撰写制定的诸多箴言、训示、条规和诗文中，对其官族子弟倡导提出了不少道德修身的基本方法。

1. 博读经史

格物向学，历来被儒家尊崇为自我修身重要之道，要培养修炼自身道德品质，首先就要学习。孔子曰："君子学以致其道"①。把"学"作为"君子"和自立的先决条件。孟子也指出"学则三代共之，皆所以明人伦也"②，学习的目的在于"明人伦"。忻城莫氏土官，从其祖辈长期"操弓挟矢，绝少文事"③的经历中感悟到缺少文化难于莅治地方，实现长治久安，认识到向学明理之重要，因而将博读经史作为其官族修身的重要方法。土官莫元相《劝官族示》第一要则就明确告示其族人要读书明理，才不会犯上作乱、暴戾凌人。其子莫振国世袭土官后，为使官族土民革除陋俗，深感读书之重要，于是捐建义学三间于衙署右侧，聚官族子弟及挑选堡目和土民中较聪颖之少年入学，并亲手著《教士条规》十六则悬挂于学堂以期感化县民。条规中一条重要原则即为"博经史"，特别强调"凡读书、稽古，要明理而达事。经专于道理，史专于时事。读经者学问之原本可得；读史者，治术之是非可明"④。莫氏土司统治忻城近五百年的史实也表明了，博读经史，善于吸收和接受其中正反两面的历史教训来莅政治域，是莫氏土司巩固统治的主要原因之一。

2. 敦行慎言

慎言力行，即强调躬行实践，少说空话，多干实事，也是儒家倡导的

---

① 《论语·子张》。
② 《孟子·滕文公上》。
③ 韦业猷：《忻城土司志》，广西人民出版社 2005 年版，第 151 页。
④ 韦业猷：《忻城土司志》，广西人民出版社 2005 年版，第 205 页。

重要修身方法。孔子曰"力行近于仁"①，又说："君子欲讷于言而敏于行"②。朱熹也讲"论先后知为先，论轻重行为重"③。受儒家伦理思想影响，忻城莫氏土司也主张"敦行慎言"应成为其官族子弟修饬自身的重要方法。土官莫振国所著《教士条规》，既是莫氏关于教育治学的重要教规，也精辟地阐释了儒家这一品德修身的重要方法。整篇共十六则，其中一曰敦实行，一曰慎言行，强调了学以致用、行重于言的修身理念。如何敦实行?《教士条规》指出："人生天地间，躬行为先。""自古忠臣孝子，未有不从饬励中来。"④教导官族人生在世，躬行实践，注重个人行为才是最重要的，只有经过艰苦整饬和磨炼，才能成为忠臣孝子，齐家报国，体现个人价值。如何慎言语?《教士条规》又言：既不能信口开河，"漫不经心，一言失出，驷马难追。"也不应口不能言，而成"呐呐形状，难以对人"⑤，如此，才是谨慎言语的最佳境界，也即儒家中庸思想所指的境界。《芝州家训》在训诫其官族要"教子侄，须勉读书"的同时，还进一步指出"蒙童之际，文行交养，造于有成"⑥，特别强调从启蒙教育开始就要教予实践，以达成功。

3. 乐善改过

积善与"慎独"亦为儒家倡导的修养重要方法和最高境界。荀子说："积善成德，圣心备焉。"⑦积善的过程就是品德修养的过程。慎独最早见于《礼记·中庸》："莫见乎隐，莫显乎微，故君子慎其独也。"作为修养方法，"慎独"是指在个人独处、无人监督的情况下仍能坚持道德自律，自觉按道德要求行事。特别强调要在"微"处和"隐"处下功夫，"不因小善而不为，不因小过而为之"，以微见著，表里如一。莫氏土司对儒家提出的这一修养方法也有很好的参悟，提出了乐善改过的修身方法。莫振国作《教士条规》十六则对官族子弟的督促告诫，其中两则着重阐述了"乐为善"、"速改过"

---

① 《礼记·中庸》。

② 《论语·里仁》。

③ 《朱子语类》卷九。

④ 韦业猷：《忻城土司志》，广西人民出版社 2005 年版，第 205 页。

⑤ 韦业猷：《忻城土司志》，广西人民出版社 2005 年版，第 205 页。

⑥ 韦业猷：《忻城土司志》，广西人民出版社 2005 年版，第 167 页。

⑦ 《荀子·劝学》。

的修身方法。关于乐善，其指出："为善最乐"，"若好事不做，专于行险侥幸"，则必堕落"无形陷阱"，"悔之无及"；若能每日于好事"乐此不疲，自是天地间一完人"①。关于改过，也强调要用"行年五十而知四十九年之非，圣贤且不敢自言无过"的辩证思想来对待过错，如若"忽然蒙垢，拂去仍复光明"，应有迅速改正错误的决心，如此方能"更上一层楼"，奋发进取。②

总之，忻城莫氏土司在统治忻城近五百年期间，受中华传统伦理文化影响所形成的政治伦理思想，对当时其统治忻城，促进忻城社会发展起到了重要的历史作用，也对壮族的历史文化产生了重要影响。但用历史唯物主义观点审视，忻城莫氏土司传统的政治伦理思想，也是糟粕与精华共存。应当看到，忻城莫氏土司提倡的为官从政者的道德，是封建剥削阶级道德的一部分，他们的"忠君之德"是建立在为封建统治者利益服务的基础上的；他们提出的"仁民爱物"、以民为本，在阶级对立的私有制社会中也是难以真正实现的；他们力主的行"仁政"，由于阶级和时代的局限性，在实践过程中也常常偏离了"仁政"的精神；等等。对这些消极落后的糟粕是必须予以批判和摒弃的。然而同时也应该认识到，忻城莫氏土司政治伦理思想中也不乏积极有益的成分，他们在治理忻城近五百年的历史中，提出倡导的一系列土司官族的政治伦理规范主张和修养方法，不仅在当时的历史条件下发挥了一定的积极作用，现今，对加强当代中国从政道德建设和社会伦理治理，增强社会主义人民公仆的德性修养也有着重要的启示。

---

① 韦业猷：《忻城土司志》，广西人民出版社 2005 年版，第 209 页。
② 韦业猷：《忻城土司志》，广西人民出版社 2005 年版，第 209 页。

第十一章　壮族道德教育与道德修养

道德教育和道德修养是道德实践活动的两种重要形式，是一定社会道德规范要求转化为人们个人的道德意识、情感、意志、信念和行为习惯，促使道德规范由他律转向自律的道德规范运行机制的重要构成。壮民族在长期的历史发展和道德生活实践中也形成了关于道德教育、道德修养的观念认识，以及进行了道德教育和道德修养的实践探索，在吸纳了以儒家伦理为主流的中华传统道德教育和道德修养思想的基础上，还形成了具有本民族特色的传承伦理的道德教育方式和躬行道德的修养方法与途径，这对于壮族社会道德规范的传播和传承，道德规范由他律转向自律，培养人们形成良好的道德观念和道德品质，起到了极为重要的作用。

第一节　壮族传承伦理的德教方式

道德教育是一定的阶级或社会为了使人们遵守其道德规范体系，从而有计划、有组织地对人们施加系统的道德影响的活动。具体而言，就是教育者按照一定社会的道德要求，对受教育者进行观念上、心理上的教育和影响，把一定的道德观念、道德要求、行为规范转化为受教育者的认识、观念、思维方式、品格和行为的教育活动。道德教育是人类社会生存和发展的产物，是社会有机体的一个重要组成部分，对社会活动有独特的调控作用，对人们形成良好的道德品质和行为有重要的作用。每个民族都有自己的历史发展过程与生存发展条件，在此基础上也形成了本民族特有的道德教育方法。壮族作为一个历史悠久的民族，在自己千百年的历史发展中，也积淀形成了长者言传身教、艺术形象熏陶、生活实践教育、乡约民规教化、文体活动渗透等独特的道德教育方式。千百年来,壮族以具有自己风格特色的道德教育方法,传承着本民族的道德观念、道德传统,促使本民族的外在社会道德规范内化为人们的道德思想认识和道德行为,从而对培养壮族人民形成爱国爱家、团结互助、尊老爱幼、勤俭持家等道德观念,起到了极其重要的作用。

一、壮族传承伦理的多种教育方法

在社会发展的历史长河中,每个民族都在社会实践中形成了具有本民族特点的传承伦理的道德教育方法。壮民族也不例外,在长期的历史发展和社会道德生活中,壮族也形成了独特的传承伦理、实施道德教育的诸多方法,常见的有以下方法。

（一）长者言传身教

家庭是最基本的社会组织,特别是在传统自然经济和农业经济社会中,家庭教育的功能就尤为凸显,在家庭教育中,长者的言传身教起到了重要作用。许多人错误地认为,只有在教训和命令孩子的时候,才是进行教育,其实不然,在生活中长辈们的言行举止时时刻刻都会对孩子产生教育影响,长辈的穿戴、谈话、对待朋友和敌人的态度等一切行为都对孩子有重要的影响。在壮族地区,长者言传身教有非常重要的作用。在家庭活动中,吃饭时,帮老人和小孩盛饭,把最好吃的饭菜夹给老人和小孩,家里有好吃的也先给老人和小孩;与老人意见有分歧时,即使是老人的错,也不能给老人脸色,而是慢慢地开导老人;这就能让小孩从小在长者的言行举止中,养成了尊老爱幼的道德品质。在邻里关系中,如果跟乡亲邻里有矛盾,人们不会用武力来解决,而是找族中的长者来调节,族中长者调解不成,则找寨中德高望重的长者来调解。总之,尽量避免用武力来解决问题。这一调解过程其实也是对青少年的教育过程,无形中就在教育青少年在遇到纠纷时,不要采取武力解决,要坚持以和为贵的原则,跟他人和睦相处。在社会交往活动中,有客人到家时,要把最好吃的拿出来,跟客人分享;小孩吃东西时,教小孩先拿给老人,自己再吃;跟他人谈话时,对他人要用尊称,对自己要用谦称；若看见路上的茅草边上打有小结或牛粪插有树枝等插有标志的东西，就会告诉子女，这些东西不能要；路上遇到长者，就教子女让路、问安，如见长者需要帮助，就给予帮助；等等。正是在家庭日常生活的方方面面，长者通过自己的言行，经常性地对青少年进行道德教育，让青少年在耳濡目染的道德教育环境下，自觉或不自觉的把外在的道德约束内化成自身的道德品质。

（二）艺术形象熏陶

壮族是一个善歌的民族，自古就有着"以歌会友，以歌传情，以歌为乐，以歌传教"的传统习俗。例如在壮族地区流传很广、影响很大的刘三姐歌谣和传说故事中，刘三姐是一个聪明、善歌、勤劳、美丽的姑娘，具有开朗、活泼、倔强的可爱性格和热爱生活、追求自由、不畏强暴、敢于反抗的精神品质，刘三姐的歌声，充满了劳动的欢乐、智慧的力量、爱情的纯真和斗争的勇气。千百年来，能歌善唱的壮族人民借歌仙刘三姐这位人们喜爱的人物形象来表达思想感情和传播道德观念，通过刘三姐的歌声颂扬壮族劳动人民热爱生活、勤劳勇敢、追求自由、不畏权势的道德品质，也使人们在歌谣艺术的陶冶下提高道德认识，培养形成乐观向上、勤劳勇敢的精神品质。壮族道德经《传扬歌》里也记录了很多形象、艺术、给人以启发的歌词，如："妯娌不齐心，挣钱难到手。兄弟不齐心，不如老朋友。有事好商量，家庭不添忧。兄弟拧成绳，外侮不临头"[1]。告诫兄弟妯娌之间不要为自己的利益而算计对方，应该齐心协力，兴家立业。"莫忘父母恩，辛苦养成人；儿孝敬双老，邻里传佳名。娘忍饥吐哺，爹挑担打工；疼妻嫌父母，贱如狗蜷身"[2]。告诫子女长大后，要孝敬父母，对父母不孝敬的儿女会受到社会的谴责和耻笑。壮族人民往往遇事即歌，以歌代言，让各种各样的民歌渗透在生活中的各个角落，给予人们艺术化的道德熏陶。

壮剧是深受壮族人们喜爱的戏剧之一，是在壮族民间文学、歌舞、说

---

① 梁庭望、罗宾译注：《壮族伦理道德长诗传扬歌译注》，广西民族出版社 2005 年版，第 133 页。

② 梁庭望、罗宾译注：《壮族伦理道德长诗传扬歌译注》，广西民族出版社 2005 年版，第 125 页。

唱艺术的基础上发展形成的艺术形式，已经有几百年的历史，主要流行于云南省文山壮族苗族自治州的富宁、广南一带和广西壮族自治区西南部。壮剧中的人物形象都表现出乐观、正义、勇敢的品质，让观众在愉悦身心的同时，道德品质也得到了升华。2011 年 7 月，笔者有幸在广西靖西县博物馆观看壮剧田园矮人舞蹈《喜庆丰收》，这个剧目是以壮乡人民"扛粮食回家"为情节，舞蹈由 4 个胖子出场表演，每个胖子赤着上身，在肚皮上画着"笑逐颜开"的头像，每个人头上分别盖着写有"喜庆丰收，五谷丰登"字样的箩筐，然后通过音乐节奏、表演的手势、脚步以及幽默的动作来展示人们经过艰辛的劳动，获得粮食丰收的喜悦心情和欢庆丰收的热烈气氛。激昂的音乐，优美的舞蹈，幽默的动作，让人赏心悦目。同时也向人们传递着对美好生活的执着追求和勤劳勇敢的道德情操。壮族曲艺也是壮族民众喜闻乐见的艺术形式之一，在唱师演唱《布伯》曲艺时，一人扮成鸟喙、禽足的雷王像，右手持斧，与布伯的扮演者一边对唱一边做动作[1]，表现了雷王专横跋扈、凶残暴戾而又十分狡猾的恶神形象，刻画了布伯面对恶神毫不畏惧、勇敢斗争，为维护正义而奋斗的人物形象，向人们传递着一种无私奉献、勇敢机智、不畏强暴的奋斗精神。人们通过欣赏艺术作品中栩栩如生的人物形象，让具有感动人、鼓舞人、启发人的艺术魅力，在潜移默化中塑造人们的心灵，培养人们的乐观、正义、勇敢等道德品质。

（三）生活实践教育

实践活动是人类社会活动的基础，是形成道德观念的来源。在壮族地区，人们非常注重在生活实践中实施道德教育，其教育途径主要有生产劳动、日常生活、节日习俗、红白事礼仪等等。在生产劳动中，成年人向青少年传授劳动、耕作、制造工具等生产劳动经验和技术，让其懂得了劳动的艰辛，并深切体会到长辈经常说的"一粒米九滴汗"的内涵，让其在劳动过程中，学会勤劳勇敢、勤俭节约、艰苦奋斗的道德品质。在日常生活中，父母让儿女在招待客人和结伴同行走村串寨时，帮长辈做力所能及的事情等，让他们在这些活动中学习待人接物的礼仪知识，遵守社会公德，培养他们热情

---

① 梁庭望：《壮族文化概论》，广西教育出版社 2000 年版，第 517 页。

好客、通情达理的情操。壮族的许多节日活动也具有深刻的教育意义。如流传在广西大新、靖西一带的霜降节，是壮族纪念反抗外来侵略者的民族英雄的节日。相传在明代初倭寇侵犯中国沿海，壮族姑娘岑玉音奉命率兵前往广东、福建沿海一带抗击倭寇，多次打败倭寇，威震东海，她率兵凯旋归来之日正值霜降，人们举行了隆重欢庆仪式，迎接卫国英雄，以后相沿成节俗，流传至今。显然，参加这一年一度的节日庆典对培养壮家青少年热爱祖国、维护国家统一的精神品质，起到了很好的教育作用。在广西靖西一带，每年正月期间，壮族晚辈都会选个黄道吉日为上了年纪的老人做寿，并按"福"、"寿"、"康"、"宁"这4字顺序来表达对老人寿礼的名称，49岁祝福寿、61岁祝寿寿、73岁祝康寿、85岁祝宁寿。为老人做寿时，人们请道公念祝寿经，举办祝福寿礼，操办宴席，宴请亲戚朋友热闹庆贺，并为老人添粮祝寿。前来祝寿的人们还会送上写有"福如东海"、"寿比南山"的镜框或对联及其他等祝福礼品。寿礼的举办充分表达了他们对老人的尊敬，壮人期盼自己的长辈"福寿康宁"，表明了老人和长辈在壮人心中有着极为重要的地位。①

（四）文体活动渗透

在壮族地区，重大节日都会举行各种各样的文娱体育活动。参与活动过程中，人们不仅可以锻炼身体、愉悦身心，还可以从中学会做人的道理。如靖西县城每年元宵节舞龙舞狮队都进行游街庆祝，在这过程中，队员凭着娴熟的技艺，或一跃而起，或叠成罗汉。若两条龙不巧遇到一起，还上演二龙戏珠的壮观场面，舞龙舞狮队员不仅需要高超的技艺，更需要艺人不畏艰险、勇敢顽强的精神。在壮族地区流传最广泛的是抛绣球活动，无论是男女老少都能参与这个活动，人们在参与活动中得到无穷的乐趣，抛绣球不仅要求运动员具有很好的个人技术，还需要有良好的心理素质和准确的判断力。因此，抛绣球活动不仅能锻炼人的身体素质和意志力，更有利于培养人们果敢坚毅、积极向上、自信乐观的道德情操。还有深受壮族人们喜爱的"抢花炮"和"板鞋竞技"活动，是由多人共同参加的体育项目，要求所有参加者默契配合、齐心协力、勇于拼搏才能完成并取胜。可见，参与这些活动对于

① 黄碧功、谢昌紧主编：《百色七彩风情》（下），中国文史出版社2007年版，第73页。

培养人们的责任感、进取心、集体协作的团结精神以及严格的组织纪律性有着积极作用。

（五）乡约民规教化

道德习惯的养成光靠人们的内心力量是不够的，还必须依靠外部的压力和权威，才能养成良好的行为习惯和道德作风。[①] 因此，壮族人非常重视道德自律性与他律性有机结合。人们不仅在日常生活中进行潜移默化的道德教育，还制定乡约民规来规范和制约人们的行为。壮族的乡约民规有两种形式，即口头教育和文字订立规约。对个别违反道德规范的人，由村中德高望重的长者主持开会，对其进行口头教育工作，限期悔过。如广西龙胜县龙脊十三寨，为了维护寨中良好的社会风气，由十三寨头人共同商议制定乡约民规，然后由各寨的寨头人回本寨开会传达，要求寨中的居民不得违反[②]。为了进一步强化村民的道德规范，有些村寨还订立文字规约，要求村民共同遵守。如靖西县新靖镇那耀村为了规范村民的道德行为，促进村民之间的团结协作和维护村里良好的社会风气，全体村民订立了村规民约。其内容主要有：禁止偷窃；禁止家禽、牲畜践踏他人的农作物；禁止赌博公共财产；禁止乱砍伐国家、集体、个人的林木；禁止在河里炸鱼、毒鱼；禁止在稻田正在灌水时堵河抓鱼；禁止打架斗殴，损坏他人财物；禁止对他人进行人身威胁；禁止拐卖人口。[③] 对违反这些乡俗规约的村民不仅要对损失进行赔偿，还要被罚款，如情节严重者，交由司法机关处理。通过乡规民约外在的教化，启发人们道德规范的自觉性，以形成人们和谐相处、睦邻友好、团结协作的良好社会风气和道德行为。

二、壮族道德教育方法的特点

壮族的道德教育方法是壮族人民在长期实践中创造的，由于壮族历史上没有形成统一流行的文字，道德教育主要是口口相传，在实践活动中进

---

① 龚海泉、万美容、梅萍：《当代公民道德教育》，中央文献出版社 2000 年版，第 123 页。
② 参见覃乃昌：《论壮泰民族传统文化教育的异同及原因》（上），《广西民族研究》2002 年第 2 期，第 39 页。
③ 广西靖西县县志编纂委员会：《靖西县志》，广西人民出版社 2000 年版，第 876—877 页。

行。因此，壮族道德教育方法具有直观朴素、灵活运用、形式多样等特点，通过这些方式和手段使社会道德观念和道德要求能够传播和渗透到壮族人民社会生活的各个方面，让人们乐于接受，达到良好的效果。

（一）直观朴素，潜移默化

壮族人民对子孙后代的道德教育主要不是依靠专门的场所或特定的教材，而主要是通过代代口耳相传、言传身教，将壮族社会倡导的道德观念传播和融入人们生活的各个角落，使人们在各种活动中接受道德教育，在生活实践中潜移默化地养成良好的道德品质。如上述这些长者言传身教、艺术形象熏陶、生活实践教育等教育方法贴近人们的生活，使得许多深奥的道理以直观朴素的教育方法得以体现，使人们易于理解和接受，从而达到潜移默化的效果。壮族是个富于诗性思维的民族，在壮族的日常生活、生产劳动、嫁娶寿辰、节庆习俗等活动中，人们都会以"歌化"的民族文化，"以歌代言"，表达思想感情，传播伦理观念。人们在直接参与这些现实生活的各种活动的同时自然会受到教育和熏陶。又如壮族成年人会带小孩参加田间劳动，通过在田间辛苦的劳作，让小孩从小就知道"人勤地生宝"的道理，美好的生活是来之不易的，依靠勤劳的双手才能过上美好的生活。而在尊老爱幼的道德教育方面，在吃饭时要帮长辈盛饭，路上遇见长辈要打招呼，还有人们对长辈的尊称和对自己的谦称等，通过言传身教使得青少年从小就养成了尊敬师长、礼貌待人的优秀品德。

（二）灵活运用，寓教于行

壮族的道德教育方法贴近生活，来源于实践，简便灵活，遇事即教。陶行知先生曾说过"行是知之始，知是行之成"。壮族人民对子孙后代的教育不仅仅是单纯的传授劳动技巧和生活经验，还更为注重引导后代将所传授的知识和经验付诸实践，在实践中获得做人道德的启迪。因为"人们在头脑里形成的各种看法、观念是否正确，不能靠人们自己作判断的，只能靠社会实践来检验"①。如果孩子的社会经验仅仅来自于长辈对他们的言传身教，而没有进行实践，就会脱离社会实际，他们所思所想的是否正确就无法得到检

---

① 郑永廷：《思想政治教育方法论》，高等教育出版社 2010 年版，第 135 页。

验，日后若遇到这样的事情将不会处理。如父母让孩子帮忙做家务活，在实践活动中培养孩子热爱劳动、勤劳勇敢的品质；让孩子结伴去亲戚家串门，让孩子在社会交往活动实践中，学会待人接物及为人处世。如壮族长辈会针对年龄阶段的心理特征，教符合那个年龄阶段心理特征的歌曲，《传扬歌》里就记载有"赶圩或串亲，娇儿不离娘。骨肉疼不够，甜比莓醮糖。公婆不在世，找人带儿郎。怕儿白不壮，同伴瞧不上"①。让人们在唱歌的同时明白父母养育自己的辛苦，对父母要有感激之心，长大后要孝敬父母。

（三）形式多样，生动活泼

从古至今，每个民族在长期的社会实践中都形成了独特的民风习俗、历史文化和思想道德，这些习俗、文化及思想道德的传承也通过本民族独具特色的方法传递给后代。壮族人居住的地区，四周边缘多山，受喀斯特地貌的影响，很多壮族村寨交通闭塞。壮族青少年除了接受学校正规的教育外，还通过长者言传身教、艺术形象熏陶、生活实践教育、文体活动渗透、乡俗民约教化等多种形式，对人们进行生动活泼的教育熏陶，教会其做人做事的道理。② 如在《布伯》、《特康射太阳》等神话故事中所反映的壮族先祖在遭遇苦难生活和自然灾害时，没有怨天尤人，而是用智慧去跟苦难的生活斗争，用不屈不挠的毅力去战胜灾害的精神；在许多节日习俗中所传递的国家团结统一、家庭团圆和睦、人与自然和谐相处等观念，以及勤劳勇敢、坚毅顽强、积极有为的精神品质等等，都让人们通过多种教育方法的潜移默化把这些道德观念和精神内化成为自己信守的行为规范和品德。

第二节　壮族躬行道德的修身实践

道德修养作为人类道德实践活动的重要形式之一，是指个体依据一定社会的道德原则和规范在道德认识、道德情感、道德意志、道德行为等方面所进行的自我教育、自我反省、自我完善，从而锻炼自己的道德品质，提高

---

① 梁庭望、罗宾译注：《壮族伦理道德长诗传扬歌译注》，广西民族出版社 2005 年版，第118 页。

② 唐凯兴：《民族院校德育与素质教育论》，贵州教育出版社 2006 年版，第 52 页。

个人精神境界的道德实践活动。道德修养在我国有着源远流长的历史传统，早在先秦时期，古代先贤就十分重视人们的道德修养，以后经过历代思想家的继承和发挥，形成了一整套内容丰富、自成体系的道德修养理论。儒家的创始人孔子提出"修己以敬，修己以安百姓"①的思想，并强调"内省"的修身方法；孟子强调人们经过坚持不懈、诚心诚意的修养，才能达到"富贵不能淫，贫贱不能移，威武不能屈"的道德境界。宋明时期的理学家继承和发展了儒家的道德修养理论，强调"居敬穷理"和"省察克治"的修养方法。壮族在长期与汉族及其他少数民族共处交往中，也受到以儒家伦理为主流的中华传统道德修养思想和理论的影响，并在本民族社会道德生活的实践中形成了笃行践履、勤学崇智、乐善改过、明礼守法、正直诚实等一系列独具民族特色的道德修养方法，这些道德修养的观念和实践对壮族人民的品德养成，以及社会良好风尚的形成都产生了重要的作用。

一、道德修养的重要性与壮族的品德修养观念

（一）道德修养的重要性

在中国传统文化中，尤其是儒家文化中，非常重视和强调人的道德修养。如孟子说："存其心，养其性，所以事天也。夭寿不贰，修身以俟之，所以立命也。"②《荀子》、《大学》、《中庸》等古籍都从多方面论述了道德修养的意义和价值，而"修养"这一概念是北宋理学家程颐第一次正式使用的，他认为："修养之所以引年，国祚之所以祈天永命，常人之至于圣贤，皆功夫到这里则有此应。"③充分揭示了道德修养对于人们的重要性。马克思主义伦理学也认为，道德修养对于培养人们的道德意识、塑造人们的道德品质、确立人们的道德理想，都具有重要意义。

为何人们如此注重道德修养？这是由于：第一，道德修养是扶正祛邪、改过迁善的需要。人的本质是社会关系的总和。在人们的社会生活中，总是会与他人打交道，在复杂的人际关系和社会交往中也难免会出现错误的

---

① 《论语·宪问》。
② 《孟子·尽心上》。
③ 《河南程氏遗书》卷十五，见《二程集》上，中华书局2004年版，第150页。

言行或精神懈怠，这就需要加强道德修养。如荀子曰："君子养心，莫善于诚。"①"君子博学而日参省乎己，则知明而行无过矣。"②就说明了一个人如果想要成为君子，就必须陶冶和提高自己的思想情操，而只有善于学习，经常反省自己，抱着诚心诚意的信念进行自我修养，才能积极地自我省察、自我克制和自我规约交往中可能发生的过错、邪念等，使人向善发展。

第二，道德修养是共同生活的需要。每个人都有一个共同生活的群体，都受制于共同生活的人的发展，共同生活是个体与世界建立关系的条件，是个体的思想、意识、行为得以形成的基本前提，只有在共同生活中才能使"地域性的个人为世界历史性的、经验上普遍的个人所代替"③。共同生活充满了各种矛盾和冲突，要缓解、避免这些矛盾和冲突，就需要人们学会宽容与理解，学会培育内心深处的善良与正义，懂得加强自身的道德修养。

第三，道德修养是自我完善的需要。人的一生从出生到死亡，是一个复杂的发展过程。在这个过程中，人的自觉能动性也会随着实践经验的增加而不断增强，而道德修养正是体现了这种自觉能动性的必要的生活方式。只有通过这种方式，个人才能形成道德人格，提升道德境界，进而实现自我完善。刘少奇在《论共产党员的修养》中说过："革命实践的锻炼和修养，无产阶级意识的锻炼和修养，对于每一个党员都是重要的，而在取得政权以后更为重要……为了保持我们无产阶级的先锋战士的纯洁，提高我们的革命品质和工作能力，每个党员都必须从各方面加强自己的锻炼和修养。"④也说明了人们在追求完善的目标和追求成为完善的人时，必须加强道德修养。

（二）壮族的品德修养观念

壮族在长期的历史发展过程中，不仅创造了独具特色的"那"文化，还形成了具有本民族特点的品德修养观念。壮族伦理道德长诗《传扬诗》对恪守优秀伦理道德的行为给予热烈的赞扬和歌颂，对社会上种种违反社会倡导的伦理道德的行为进行了猛烈的抨击和鞭挞，反映了壮人对善与恶、美与

---

① 《荀子·不苟》。
② 《荀子·劝学》。
③ 《马克思恩格斯选集》第 1 卷，人民出版社 2012 年版，第 166 页。
④ 《刘少奇选集》（上卷），人民出版社 1981 年版，第 103 页。

丑、真与假的鲜明态度和善恶观。并且，还以大量的篇幅具体地阐述了人生在世，应该注重加强个人品德修养以养成辛勤劳动、生活节俭、为人诚实、正直善良、团结互助等道德观念和优良品行。如《传扬歌》中道："儿幼怕不长，儿长怕败家。"① 因而，就要从小嘱咐和引导子女学会做人，做到"一生来世间，安分走正道"②。就说明了加强个人的道德修养对壮家后代的成长非常重要。而要使其成为一个勤劳勇敢、诚实正直、好客知礼的人，一个有道德的正派的人，就必须要依据壮族社会提出的做人道理和道德规范要求，自觉的在实践生活中，积极地加强自我学习、自我锻炼、自我改造和自我提高。

受到儒家传统伦理思想的影响，壮族也十分重视品德修养。壮族伦理道德长诗《传扬歌》之《百岁歌》就将一个人一生的一百年划分为十个时段，对人生每个时段应该有怎样的品德修养，有怎样的权利和义务，都作了阐明。如：进入青年时期的修为是"到二一二二，读书又立家，丹砂红唇美，谁见谁不夸。新衣身上穿，懂打扮谋划，今生儿如意，温柔会讲话"③。强调人到二十后要读书达礼，立家长智。不惑之年则是"四十到中年，力气用不尽。家业正兴旺，养幼子双亲。人们要立业，当持续勤奋。若父母体衰，侍奉要殷勤"④。告诫人们勤劳、养育子女、侍奉双亲，是不惑之年应当具有的品德和承担的义务。

二、壮族品德修养的途径方法

儒家文化造就了中华民族重视道德修养的优良传统，在长期的道德实践中积累了许多宝贵经验，形成了一套行之有效的道德修养方法。壮族在长

---

① 梁庭望、罗宾译注：《壮族伦理道德长诗传扬歌译注》，广西民族出版社 2005 年版，第 118 页。
② 梁庭望、罗宾译注：《壮族伦理道德长诗传扬歌译注》，广西民族出版社 2005 年版，第 119 页。
③ 梁庭望、罗宾译注：《壮族伦理道德长诗传扬歌译注》，广西民族出版社 2005 年版，第 253 页。
④ 梁庭望、罗宾译注：《壮族伦理道德长诗传扬歌译注》，广西民族出版社 2005 年版，第 254 页。

期的历史发展中与中华文化相互交融，也创造了灿烂的"那"文化，并形成了本民族独具特色的道德修养方法。

（一）笃行践履

强调躬行实践，少说空话，多干实事，是儒家倡导的重要修身方法。马克思主义也认为人类的生产活动是最基本的实践活动，是决定其他一切活动的东西。壮族也非常重视在实践中培养人们的道德品行，将践行作为道德修养的重要方法。壮族自古以来就是一个勤劳的民族，在壮族诗歌中我们经常看到对"勤"的赞颂。在壮族地区，耕作环境艰苦，在这样恶劣的生存条件下，壮族人民认为"说千条万条，勤劳是头条"①。如不辛勤劳作，温饱都没法保证，那兴旺只能是痴人说梦。对穷人而言，只有勤劳，才能"开路找财源，穷途又变通"，摆脱困境；对富人而言，再多遗产，若不劳作，也会有"流过地平干"的时候。因此，壮家儿女在很小的时候就要参加各种实践活动，做到学以致用。如小孩到十岁的时候就要参加耕作，在耕作过程中，不仅学会了基本的劳动技巧，还能在劳动中改造自己，把自己塑造成为一个勤俭节约、热爱生活的人。曾掌权广西忻城土司衙署近 500 年的莫氏土司第十五任土官莫振国，为强化土司官族的教育，制定了《教士条规》十六则，也精辟地阐释了躬行实践的品德修身的重要方法。《教士条规》十六则中，一曰敦实行，一曰慎言行，强调了学以致用、行重于言的修身理念。如何敦实行？《教士条规》进一步指出："人生天地间，躬行为先。""自古忠臣孝子，未有不从饬励中来。"② 教导其官族子弟人生在世，躬行实践，注重个人行为才是最重要的。又如明朝年间壮族著名的抗倭英雄瓦氏夫人在其夫死儿亡后，作为其孙儿代署人辅政田州期间，面对经历 40 多年战乱之后的残局，亲自到民众、官族中去调查，掌握民情，并提出"户帮户，邻帮邻，亲帮亲"的自赈措施。③ 瓦氏夫人在实践中，掌握民情，提出对策，不仅提高了自己的执政能力，也促使民众在这实践过程中养成了团结互助的道德品质。

---

① 梁庭望、罗宾译注：《壮族伦理道德长诗传扬歌译注》，广西民族出版社 2005 年版，第 119 页。

② 韦业猷：《忻城土司志》，广西人民出版社 2005 年版，第 205 页。

③ 黄明标：《瓦氏夫人研究》，广西民族出版社 2008 年版，第 92 页。

（二）勤学崇智

壮族不仅仅是一个勤劳的民族，更是一个有着聪明才智的民族，凭借自己勤劳的双手以及聪明才智创造出灿烂的"那"文化。壮族人认为，"耕种和读书，两条路最美。"① 是一个人一生中的两大法宝，只有辛勤劳动、用心读书才能改变命运。尤其是对壮族劳动人民而言，大多数人都吃过没文化的亏，因而更倾心于读书，《传扬歌》中就有"谁是聪明人，用心读书文"②、"男儿入学堂，家中出贵才"③ 的主张。在当今社会，更是由于知识的力量与文凭的重要，使壮人深刻体会到："如今社会讲实在，没有文凭吃不开。没有文凭进市委，板凳未暖就拜拜。要是高中不读满，选个镇委你难当。要是专科不读满，选进县委也下台。就算选你进区委，板凳未暖就夭夭。"④ 基于这样的认识，壮族人认为只有知识才可以改变命运。壮族长辈们鼓励孩子多读书，不管有多困难，都不能让孩子辍学在家。壮族孩子也通过自己的努力奋发向上，每天要翻过一座山甚至几座山上学也绝不退缩。云南马关有首《一心想读书》的民歌就道出了壮家儿女不惧艰难、勤奋求学的心声和毅力，歌中唱道："一个小阿妹，家里没有钱，无法把书读，自己找出路，上山去干活，山高路又陡，爬坡累又苦；不怕路坎坷，不怕命运苦，勤快意志坚，一心想读书！"⑤ 笔者的很多学生就是勤奋求学的壮族孩子的真实写照，有位出生于靖西县魁圩乡一个小山村的壮家女儿，由于实行一村一校，上学只能到村里去，她每天早上5点多就要起床翻越一座山去上学。生活在大石山区的壮族人，几乎都和这位壮家女儿一样，他们渴望知识，追求梦想，大山也无法阻挡他们前进的步伐。

---

① 梁庭望、罗宾译注：《壮族伦理道德长诗传扬歌译注》，广西民族出版社2005年版，第119页。

② 梁庭望、罗宾译注：《壮族伦理道德长诗传扬歌译注》，广西民族出版社2005年版，第120页。

③ 梁庭望、罗宾译注：《壮族伦理道德长诗传扬歌译注》，广西民族出版社2005年版，第253页。

④ 农敏坚、谭志表主编：《平果嘹歌·新歌集》，广西民族出版社2005年版，第322页。

⑤ 范西姆主编：《壮族民歌100首》，广西人民出版社2009年版，第250—251页。

（三）乐善改过

从古至今，人们在进行道德修养时都要求坚持善行，《孟子·公孙丑上》中说："取诸人以为善，是与人为善者也。故君子莫大乎与人为善。"说明善行对个人修养的重要。善行，其实就是要求人们在社会交往中，要善待他人、要乐于助人，懂得关心他人等。壮族人们自古就有着善有善报、恶有恶报的因果轮回的道德观念。广西靖西鹅泉景区有这样一个美丽的神话传说，相传古时一位叫杨媪的老婆婆救助了两只神鹅，神鹅为了报答杨媪之恩，搅动田间沟洫成潭，沂流成川，使沿河两岸良田得以灌溉，人们丰衣足食，安居乐业。虽然这只是一个神话传说，但也体现了壮族人们赞扬善行的道德评价思想。忻城莫氏土司第十五任土官莫振国在《教士条规》中也指出："为善最乐"，"若好事不做，专于行险侥幸"，则必堕落"无形陷阱"，"悔之无及"；若能每日于好事"乐此不疲，自是天地间一完人"。① 要求官族子弟要多做好事，反对专门冒险行事以求得意外成功。壮族在社会生活中，还主张不欺压忠厚者，不恃强凌弱，否则就会"天地也不容"、"家败祸临头"。在道德修养中，除要求人们乐善外，更重要的是能够改过。常言道："人非圣贤，孰能无过，过而改之，善莫大焉"，一个人的一生中，难免会犯错误，所谓人无完人。所以，犯错误的时候就要敢于承认错误，接受批评并改正，而不是用一个错误去掩盖另外一个错误。为此，要求人们在进行道德修养中，要勇于改过，只有勇于接受批评、敢于改正才能不断地进步。壮族一直秉承"小洞不补，大漏难缝"的思想，面对小小的错误都不能忽视，要及时地改正，以免造成难以弥补的局面。

（四）明礼守法

中国素有礼仪之邦的美称，历来注重礼节，诚心待人是为人处世的基本原则。《朱子语类》中提出："凡人所以立身行己，应事接物，莫大乎诚敬。诚者何？不自欺不妄之谓也，敬者何？不怠慢不放荡之谓也。"中华民族大家庭中的壮族也是一个很注重礼仪、热情好客的民族。壮族人民认为青年人要"会应酬"、"知礼节"、"礼数周"。在接待客人的时候，要讲究礼貌，"客

---

① 韦业猷：《忻城土司志》，广西人民出版社 2005 年版，第 209 页。

来知礼节，父母不担忧。""儿女当有礼，客来勤款待。入席先让座，亲朋乐开怀。"① 串村走寨访客时，要"热情又慷慨"，学会"人情还重礼"，才会"名声传在外"。在交谈时，对长辈要尊称，对自己要谦称，否则会被认为是一种粗鲁的行为。而对不懂礼貌的行为，如："男儿不懂礼，就怕见同伴。朋友并排坐，嘴巴上门闩。若有客人来，只会端饭碗。前辈不招呼，同辈不招唤。"② 被认为是缺乏涵养的表现，是被批评谴责的。壮族人家的孩子，在长辈的教育下，从小就热情好客，有客到家里来，给客人搬凳子、倒酒、拿家里好吃的东西出来跟客人分享。懂得长幼有序，吃东西要分给长辈和比自己小的人；路遇他人要打招呼，对长辈不能直呼名字或说"你"，因为那样是很不礼貌的。

　　法是人类社会长期发展的产物，是维护社会稳定的重要工具。一个社会如果没有法律来规范人们的行为，维护社会的秩序，那么这个社会将是一片乱象。每个朝代都有自己的法律法规来规范人们的行为，壮族有很多规劝人们遵纪守法的歌谣，如："专靠抢靠偷，一生不到头。骗些不义财，富贵何处有？他家有灶王，报神祸临头。见几个喊头，空剩两只手。"③ 告诫人们不要偷盗、诈骗，否则会遭到报应的，到头来还是一无所有。但是法律只能用来恐吓那些害怕法律的人，所以，不管是哪个朝代，都还存在偷盗、抢劫、诈骗的事情，让法律要达到更好的效果，就要得到人们内在的认同。壮族人民对此有着深刻的认识，因此，"劝你众男儿，善恶要分明"④，"青年听教诲，莫要行不义"⑤，"叮嘱众后生，人要走正道"⑥，等等，规劝人们要善恶

---

① 梁庭望、罗宾译注：《壮族伦理道德长诗传扬歌译注》，广西民族出版社 2005 年版，第 124 页。
② 梁庭望、罗宾译注：《壮族伦理道德长诗传扬歌译注》，广西民族出版社 2005 年版，第 124 页。
③ 梁庭望、罗宾译注：《壮族伦理道德长诗传扬歌译注》，广西民族出版社 2005 年版，第 123 页。
④ 梁庭望、罗宾译注：《壮族伦理道德长诗传扬歌译注》，广西民族出版社 2005 年版，第 119 页。
⑤ 梁庭望、罗宾译注：《壮族伦理道德长诗传扬歌译注》，广西民族出版社 2005 年版，第 186 页。
⑥ 梁庭望、罗宾译注：《壮族伦理道德长诗传扬歌译注》，广西民族出版社 2005 年版，第 123 页。

分明，听从长辈的教诲，不要走歪门邪道，懂得多行不义必自毙的道理，做一个遵纪守法的人。

（五）谨慎言行

谨言慎行出自《礼记·缁衣》："君子道人以言而禁人以行，故言必虑其所终，而行必稽其所敝，则民谨于言而慎于行。"谨言慎行指言语行动小心谨慎，是儒家重要的道德修养方法之一。受儒家伦理思想影响，壮族也主张"谨慎言行"应成为人们品德修养的重要方法。如《传扬歌》有云："嘱咐年轻人，说话当谨慎。若出言不逊，恐挨打难容。"[①]教导年轻人在人际交往中，要注重言语，不要出言不逊。要做到"讲话当讲顺，温和莫高傲"[②]。特别强调对每句话都经过仔细斟酌，说话要注意语气，做一个谈吐大方、举止得体的人。因此，壮族晚辈从小就被长辈教育说话要当心，不要跟人顶撞。如笔者一位壮族学生曾告诉笔者，其小时候因和邻家的小孩吵架，被母亲知道后受到了教育叮咛，自此养成温和谨慎的行为习惯。忻城莫氏土司莫振国所作《教士条规》十六则中，就很强调慎言语，如何慎言语？《教士条规》又言：既不能信口开河，"漫不经心，一言失出，驷马难追。"也不应口不能言，而成"呐呐形状，难以对人"[③]，如此，才是谨慎言语的最佳境界，也即儒家中庸思想所指的境界。

除了谨慎言语，更需要谨慎行为。壮族还尤为注意引导儿女后代切记行为端正，正直做人，注重行为修养。这在《传扬歌》中也有诸多阐述，如："一生来世间，安分走正道。""儿女要做人，牢记在心间。""儿女会做人，地是聚宝盆。""儿行为不轨，惹祸家难保。儿行为不端，父母百操劳。"[④]

---

① 梁庭望、罗宾译注：《壮族伦理道德长诗传扬歌译注》，广西民族出版社2005年版，第184页。

② 梁庭望、罗宾译注：《壮族伦理道德长诗传扬歌译注》，广西民族出版社2005年版，第185页。

③ 韦业猷：《忻城土司志》，广西人民出版社2005年版，第206页。

④ 梁庭望、罗宾译注：《壮族伦理道德长诗传扬歌译注》，广西民族出版社2005年版，第119页。

第三节　壮族道德教育和道德修养方法的当代启迪

一、壮族道德教育方法对当代道德教育的启示

方法是教育过程中所运用的重要手段，要在教育中取得良好的效果，必须讲究方法。正确的教育方法，人们容易接受，会收到事半功倍的效果，错误的教育方法，往往会事倍功半，甚至引起人们的逆反心理。在壮族传统道德教育中，有许多生活化、多样化、制度化、大众化等切合人们生活实践的教育方法，使人们对社会倡导的道德规范要求易于理解和接受，并达到预期的教育效果。壮族这些形式多样、富于特色的道德教育方法对于当代加强改进家庭、学校和社会道德教育，以增强道德教育的实效性有着重要的启示。

（一）壮族道德教育方法对当代家庭道德教育的启示

家庭教育是道德教育的基础和起点，也是人出生后学会做人的第一所学校及成长的摇篮，家庭教育对孩子的言行举止有着重要的影响。俗话说"有其父必有其子"，说明父母的言行举止对孩子日后的品德起重要的影响，要培养一个有责任心、有良好品德的孩子，不仅需要良好的家庭环境，更需要有良好道德品行和教育方法的父母。

1. 家长要以身作则

在家庭道德教育中父母担负着对子女传授知识、培养道德品质、规范道德行为等责任，是教育的主体。要使孩子有良好的道德品质，父母就要以身作则，这样才能被受教育者接受和认可。这就需要长辈能针对家庭成员的接受能力、认知能力和年龄阶段，通过自身的行为示范来对他们进行道德教育。为此，有必要借鉴壮族注重长者言传身教的教育方法，通过父母的以身作则来影响其他人。在幼儿时期，幼儿的意识有极大的可塑性，他们善于模仿，而在生活上、心理上又对父母等家中长者有依赖和爱恋，使得家长的言行举止在他们幼小的心灵打上烙印，在日后的成长和学习中不知不觉地把长辈的言行举止作为一个参照体系来认同，把家庭道德规范变成自己的生活准则。因此，在日常生活中，父母要教育引导他们遇见长辈要问好，有好的东

西要与他人分享，不能与他人抢东西，等等，培养他们尊敬长辈、和睦相处等品德。青少年时期是品德、责任意识和生活态度形成的关键时期，自我意识和独立性逐步增强的时期，但是还不成熟，判断能力也不够强，很多事情都需要长辈的帮助才能完成。因此，在这个时期，长辈应该加强青少年的道德品质的教育，当遇到与人产生纠纷时应该协商解决，如协商解决不了，就应该通过正当的途径来解决，而不是采取暴力手段去解决纠纷。在这个过程中，告诉青少年遇到问题要理智，通过正当途径去解决，不要做违反道德规范和法律的事情。在子女成年后，遇到问题时，长辈应能够放手让青年人去解决，面临选择时也应让年青人学会自己选择，并教育年青人要有担当，要对自己的行为负责，培养年轻人的责任心和独立自主的品格。

2. 家长要寓教于实践

对孩子的教育不能采用单一的说教方法，应该把说教和实践有效地结合起来，达到教育的最优效果。壮族的传统道德教育方法形式多样，生动活泼，在家庭道德教育中应该借鉴壮族独特的教育方法，让孩子在实践中学习，在身心愉悦的实践活动中激发他们的求知欲。一般而言，故事对人们有极大的吸引力，尤其是对儿童。故事里面的主人公都是机智勇敢、不畏艰险的英雄，在玩乐中讲着这些吸引人们的故事，让人们感受着这些故事的精神内核，潜移默化地培养他们善良正直的品质。在当代，大部分家长都有"望子成龙，望女成凤"的心理，因此从孩子上学前班起就给孩子报各种各样的培训班，占用了孩子的休息时间，殊不知，孩子在学校学习，放假了还要学习，这种单一的学习方式，会导致孩子的厌学心理。对此，家长可变换孩子的学习方式，例如，在节假日时鼓励孩子出去旅游，俗话说"读万卷书不如行万里路"，孩子通过旅行也能获取到课堂上学不到的有益知识。或者是因为孩子在海边捡到贝壳，有可能会促使他们对自然课中有关海洋的单元特别投入；或者是孩子在旅行中接触到不同的民风民俗，会激发他们的好奇心和求知欲，从而有利于孩子接受新事物和新观念；抑或是在旅途中会不断地遇到新的考验，也能使孩子在应对这些考验中，学习到如何适应周围的环境，培养他们的顽强毅力和处事能力。

（二）壮族道德教育方法对当代学校道德教育的启示

1.学校道德教育要贴近学生实际

壮族道德教育主要通过长者言传身教、艺术形象熏陶、生活实践教育、文体活动渗透、乡俗规约教化等多种方式渗透到人们社会生活的各个方面，让人们在实践活动过程中，受到潜移默化的影响，在学校教育中更应如此。美国著名学者杜威说："学校中道德教育最重要的问题是关于知识和行为的关系"①，在学校教育中，课堂教育虽然重要，但是来源于生活、贴近学生实际的教育更具生命力。因此，学校在实施道德教育过程中，应该善于利用学生熟悉的身边的人和事，引导学生领悟其中的思想内涵。如每年端午节学校可举办有关纪念屈原的活动，让学生在活动中了解历史，培养学生的正义感和爱国情怀。清明节结合祭奠先祖，组织学生去烈士陵园、纪念碑等开展悼念革命烈士的活动，感恩他们为我们创造了美好的生活，学习他们不怕困难、不屈不挠、舍己为人的精神。寒暑假期间，学校可组织学生回乡开展社会实践活动，让学生利用假期考察了解自己民族的传统习俗、礼仪节庆文化和传统道德，使他们在社会调查过程中，受到自己熟悉的民族传统道德的熏陶，提高自身的道德修养。这些贴近学生实际的方法，让学生有新鲜感和实在感，更为贴切、直观地受到道德的影响，从而更有利于他们理解和接受社会道德的要求。

2.学校道德教育要重视情景陶冶

如上所述，壮族实施道德教育注重场景陶冶和艺术形象熏陶。为了达到当代学校道德教育的目的，学校也应该善于创设教育情景和氛围，采取寓教于景的方法，让教育内容在不知不觉、润物无声中，潜移默化地影响教育对象的思想和行为。在学校对学生进行教育过程中，只有把教育理论、情景和实践相结合，按照科学、合理、有效的原则，创造良好的校园环境，让学生在校园的学习和生活中，感受到浓浓的校园文化氛围，进而达到良好的教育效果。诸如，在学校的草坪上，时常看到"爱护花草"、"不要随意践踏草坪"等字样，能提醒学生爱护花草树木，学会与自然和谐相处；在食堂里，

① ［美］约翰·杜威：《民主主义与教育》，王承绪译，人民教育出版社1990年版，第54页。

看到"谁知盘中餐，粒粒皆辛苦"，会时时告诫学生食物来之不易，要珍惜粮食，不要浪费；在校园里，"学而不思则罔；思而不学则殆"、"知识改变命运"等激励性的标语，可使学生明白付出才有回报的道理；走进教室，经常看着墙上贴着"为中华之崛起而读书"、"吾爱吾师"等条幅，可激发学生的爱国热情和尊师敬长的道德观念；等等。这些情景教育方法使学生在学校校园环境的熏陶下，不知不觉地受到了感染，从而激发他们的上进心，培养正确人生观、价值观和道德观。

3. 学校道德教育要讲求实践锻炼

学校在进行道德教育时，不仅仅是在教学过程传授学生做人的道理，更应该渗透到生活实践中。在课堂上，我们得到的往往是他人研究的成果，感受没那么深刻，如果把学到的成果运用到实践中去，能够强化我们学到的知识，进而实现社会道德观念的内化。因此，学校应该通过开展多种类的实践活动来加强教育，让学生学以致用。如学校应该举行多种多样的实践活动，在清明节、建军节、建党节等节日，学校通过组织学生"唱红歌"、"看红片"、"走红路"等多种方法，培养学生的爱国主义精神；学校开展篮球赛、三人板鞋竞技，需要团体成员间的互信理解、互相信任，才会获得胜利，培养学生的集体荣誉感；组织学生到偏远地区进行政策和法律宣传，不仅让人们了解更多知识，同时也培养了人际交往、处事能力。在日常生活中，安排学生打扫教室、老师办公室等卫生，培养学生的劳动实践能力，爱护校园；组织学生会定期进行宿舍卫生检查评比，让每个同学都养成注重卫生、保持整洁的习惯，提高学生的自觉性；见到老师要问好，同学需要帮助时，要给予帮助，培养学生尊敬师长、互相帮助的道德品质。

（三）壮族道德教育方法对当代社会道德教育的启示

1. 社会道德教育要善用多种传媒手段

大众媒体一直以来都是人们传播道德思想的重要载体，在壮族道德教育中就善于利用山歌、故事、节日庆典、文娱活动等大众传媒的方式潜移默化地对人们进行道德教育。如今，网络、多媒体、闭路电视等现代大众媒体超越时空的限制把大量的信息结合起来，并通过声、像、图、文并茂的方式传播给观众，以一种"润物细无声"的方式影响着观众的思想观念，改变着观众的生活方式。据喻国明学者研究认为："目前我国青少年对社会的基本认识及其人生价值观的形成，90%以上的内容都是通过传播媒介获得的。"①因此，政府部门要充分利用大众媒体迅速、快捷、方便、极具影响力的特点，发挥网络、媒体、电视等积极作用，宣传社会的正能量，谴责社会低俗的行为。如中央电视台社会与法频道（CCTV—12）有专业的道德和法制类节目，以社会、道德、法律等为主要内容，用主题鲜明、形态丰富、扣人心弦的故事内容吸引观众，最大限度地满足观众的心理。让观众从故事中受到启发，潜移默化中加深观众对社会道德规范的认识，在一定程度上提高了观众的道德责任感。

2. 社会道德教育要强化制度约束

邓小平曾经说过："制度好可以使坏人无法任意横行，制度不好可使好人无法充分做好事，甚至走向反面。"②而壮族传统道德教育能产生较好的效果，是得益于壮族各村寨都有乡俗规约来约束人们的行为，在村寨中设立了比较完善的奖惩制度。道德的自律性主要是受制于外界的力量，近几年，出现了老人摔倒"扶不起"的现象，这种现象的出现主要是缺乏完善的道德制度。在前几年，靖西进行"城乡清洁"工程时，对人们乱丢垃圾的行为，处50元的罚款，强制人们遵守道德规范，让人们在长期的强制作用下内化成自觉的遵守。这样的举动不仅可以保持城市的清洁，更重要的是可以让人们在长期的强制作用下养成良好的习惯。乱丢垃圾、随地吐痰、闯红灯，对某个人来讲，不是什么事。但是如果每个人都不守规矩，我行我素，社会就会陷入混乱。这些"小事"关系到整个社会的道德建设，如果道德体系崩溃，其他的体系也就无从谈起。文明和谐社会的建设，离不开社会道德的净化和公民道德素质的提升。

3. 社会道德教育要注重生活教育

壮族道德教育一个鲜明特点就是道德教育方法生活化，例如寓教于节日习俗，壮族在几千年的发展历程中，形成了很多具有本民族特色的节日，

---

① 参见郝以宏：《拟态环境下大学生的媒介素养教育》，《经济视角：下》2011年第11期，第128页。

② 《邓小平文选》第二卷，人民出版社1994年版，第333页。

如蚂蜗节、尝新节、霜降节等蕴含着丰富的思想道德。这些节日不仅仅是庆祝而已，更重要的是具有教育功能，通过节日习俗教育人们纪念先祖、尊重自然、知恩图报等，从而形成良好品德。壮族这些寓教于节日、寓教于日常生活的教育形式贴近生活，体现了道德教育方法生活化的特征。当代社会在通过大众媒体等对人们进行教育时，也应该借鉴壮族道德教育生活化的方法，在生活中开展教育。例如：重阳节可由各种群团机构组织青少年开展多种形式的敬老活动，每年植树节应该积极组织人们去种树，把可持续发展观、与自然和谐相处的理念参透到生活中去。让人们在实践中接受良好的生活教育。因此，借鉴壮族传统道德生活化的教育方法，改进当代社会教育方法，有利于增强道德教育的实效性。

二、壮族道德修养方法对当代个人品德修养的启迪

壮族的道德修养方法不仅对壮族人民形成文明礼貌、尊老爱幼、勤劳勇敢、诚实正直等道德观念及养成良好的道德品质有重要的影响。对于当今社会提高人们的道德修养水平，从而促进良好社会道德风尚的营造以及社会主义和谐社会建设也有重要的作用。因此，在当代，壮族道德修养的方法对于人们加强个人品德修养仍有着重要的启迪。

（一）要注重社会实践，养成勤劳节俭的习惯

马克思主义认为，道德源于实践，成于道德实践。实践是道德修养的基础，道德修养必须通过一定的道德实践来完成，离开了实践，道德修养就会成为无源之水、无本之木。一个人如果仅仅有学习，而不去实践，那他可能只知道为什么应该做一个有修养的人和树立做一个有修养的人的目标和理想，决不可能成为一个真正有修养的人。要成为一个真正有修养的人就要进行社会实践，按照社会的道德规范做事。因此，我们不仅要懂得尊老爱幼、睦邻友好、热情好客等道理，更要把这些道理运用到生活中，使自己成为一个真正有道德的人。对老人要孝顺，不能虐待老人，路遇长者要问好、让路。要与乡亲们和睦相处，要把一家有难四方相助的道德观念付诸行动，不要恃强凌弱。有客到家，就要热情接待，而不是爱理不理，等等。只有把道德认知与修养实践统一起来，才能不断进行自我锻炼、自我改造、自我完

善，逐步养成良好的道德品质。

勤劳是中华民族的传统美德，是修身齐家治国的基础。古人云："勤能补拙"，壮族《传扬歌》也有"勤劳是泉水，长流不枯竭"、"双手造甘泉，终身用不完"①、"嘱世间百姓，要认准劳动"② 等诗句教育人们辛勤劳动，不怕艰苦，切戒懒汉思想，用自己的双手去创造美好生活的甘泉。从壮族的道德思想中，可以看出勤劳是人生存的必要条件，是物质生活的重要保障。如今，人们都过着衣食无忧的生活，但也有些人因懒惰而走上违法犯罪之路。因此，做一个勤劳的人是我们这个时代赋予的一种责任，每个人都不能丢勤劳的本色。因为，勤劳能让人们抵制腐败、享乐主义等社会上歪风邪气的诱惑。作为 21 世纪的人，不应该丢掉勤劳的传统美德，要做一个乐于吃苦、勇于奉献、勤劳勇敢的人，为创造良好社会风气尽一份力量。

（二）要养成勤学善思的习惯

黄宗羲在《明儒学案》中指出："学则智，不学则愚；学则治，不学则乱。"说明了学习是提高能力的基本，是修身养性的重要方法，是成功的本源。在这个物欲横流的社会，人们都在为生计奔波劳碌，常常忽略了学习的重要性。因此，我们要静下心来学习，树立终身学习的观念。要努力克服各种外在环境的制约和内在惰性，不管有多忙都要挤出时间学习，不断学习，用知识来充实自己，陶冶高尚情操。要使自己成为一个有知识素养、高尚情操的人，除了学习之外，还要善思。孔子在《论语·为政》中曰："学而不思则罔，思而不学则殆。"说明了学习是基础和前提，思考则是关键。一个人如果一味学习，而不去思考，去总结，终究是沙上建塔，一无所得。只有把学习和思考结合起来，才能学到切实有用的真知。所以，我们不仅仅要学习先人留下的宝贵的道德修养方法，进行自我改造，自我锻炼，更要善于总结，总结前人的经验，去粗取精，做到物为己用。在学习和思考中不断地提高自己的能力，不断地更新知识，不断地自我改造和完善，使自己成为一个

① 梁庭望、罗宾译注：《壮族伦理道德长诗传扬歌译注》，广西民族出版社 2005 年版，第 121 页。
② 梁庭望、罗宾译注：《壮族伦理道德长诗传扬歌译注》，广西民族出版社 2005 年版，第 183 页。

有知识、有修养的人。

（三）做一个明礼守法的人

中华民族以礼仪著称，尽管社会形态发生了变化，而重礼仪的思想却一直延续至今。壮族作为中华民族的重要组成部分，也非常注重礼仪，尤其是待客的礼仪，如："儿女当有礼，客来勤款待。入席先让座，亲朋乐开怀。"在现代社会中，人们更应该讲礼仪，不管是经商、应聘、个人交往等方面，讲文明、懂礼貌，都会给你带来机会。俗话说："你敬人一尺，人敬你一丈"，在生活中，要学会尊重他人、关心他人；在与人交往时，要做到热情诚恳、稳重大方、谦恭有礼。礼仪固然重要，但是除了礼仪之外我们更要守法，法律是道德的底线，我们不能打破这个底线。常言道，"国无法不治，民无法不立"，"没有规矩，不成方圆"，说明法律的重要性。胡锦涛同志在社会主义荣辱观中指出"以遵纪守法为荣，以违法乱纪为耻"，高度地概括了社会主义法治国家建设的核心要素。一个没有法制的国家，一个没有道德规范的社会，是绝对无法生存的。如瓦氏夫人吸取了亡夫的教训，严格遵守朝廷关于土司的各种规定，对一些冒袭、争袭的事件，按照朝廷的法制来处理，而不是擅作主张，说明了遵纪守法的重要性。作为一个领导者不能为所欲为，必须恪守法律。在生活中，不仅领导者需要遵纪守法，每个人都应该遵纪守法。法律、法规、规章制度是社会生活中行为准则的最底线，是不可逾越的"高压线"。人们应该从小就要养成遵纪守法、遵守社会公德的良好习惯。加强自我修养，自我调节、自我完善，自觉抵制违法犯罪行为。不做损人利己，损害社会、集体的事，要学会关心他人、热心公益事业，成为有益于他人和社会的人。

（四）做一个诚实守信的人

诚实守信是为人之本，从业之要，是开阔胸襟、培养高尚人格的基本要求。无论是待人接物，还是提高个人道德修养，都离不开诚实守信。如今，言而无信、欺骗亲朋好友的事情屡见不鲜。很多人感叹：朋友很多，能交心的朋友却很少。有些所谓好朋友只能"有福同享"，不能"有难同当"，当你有困难时，会以各种理由躲得远远的；很多做传销的人，都先拿"熟人"开刀，越熟的朋友就越可能骗自己。这种诚信的缺失，让当代人渴望真正的友谊。党的十六届三中全会通过的《中共中央关于完善社会主义市场经济体制若干问题的决定》中也指出："增强全社会的信用意识，政府、企事业单位和个人都要把诚实守信作为基本行为准则。"明确提出在道德建设中要以"诚实守信为重点"的指导思想。诚实守信，无论是对个人，还是对国家都很重要，国家是由个人组成的，我们每个人都有义务做一个诚实守信的人。如壮族《传扬歌》中的"交心重情义，朋友不分开"，① 就是告诉人们朋友之间，要重情义，坦诚相待，不欺骗朋友，互相帮助，同享福共患难。人们应该从小就养成诚实守信的良好道德习惯，在与他人接触和交往中，要学会尊重别人，在与他人聊天时，要做到态度诚恳和气，举止大方得体。

（五）勤于反思，勇于改过

唯物辩证法认为事物的内因是事物变化发展的根源，外因是事物变化发展的条件，外因通过内因而起作用。道德修养离不开外部环境的影响，但主要还是依靠个体的主观努力和高度的自觉性。因为道德修养的本质是个体在心灵深处进行自我认识、自我分析、自我教育、自我改造和自我完善。因为道德品质是个人在进行长期的一系列的道德行为中所表现出来的稳定的心理特征，而不是在一两次道德行为中表现出来的，所以人们在进行道德修养时，不可能是没有犯过错的，只有经历了长期的修养才能成为一个有道德的人。我们在进行道德修养时，要从生活中的点滴做起，并坚持不懈地努力。面对错误要秉承"小错不改，大漏难补"的理念，"勿以善小而不为，勿以恶小而为之"，要做到知错能改。如今，在这个到处充斥着浮躁和虚荣的社会，我们更应该注重反思自身的言行，善于解剖自己，严格要求自己，要做到"严于律己，宽以待人"。只有善于反思，才能找到自己的错误，只有敢于承认错误并改过，才能洗刷自己思想中的灰尘，提高自己辨别是非、荣辱、美丑的能力，才能不断改正自己，完善自己，才能成为一个具有真正智慧、有道德品质的人。

总之，在社会主义现代化建设的新形势下，一些适应新时代的现代道德观念如平等公正观念、利益价值观念、义利并重观念等应运而生，但封建

---

①　梁庭望、罗宾译注：《壮族伦理道德长诗传扬歌译注》，广西民族出版社 2005 年版，第 226 页。

迷信思想、享乐主义、拜金主义等落后的思想观念也仍然存在。这些旧的、落后的思想观念也对人们产生了一定的影响，甚至使一些人们丧失道德理想和道德信念，找不到明确的方向。为此，我们应该对壮民族在长期的历史发展和道德生活实践中创造形成的道德教育和道德修养的方式方法加以正确的审视，借鉴运用壮族进行道德教育和道德修养实践探索的积极成分，并结合当今社会的道德要求和鲜活的时代生活内容加以调适、创新和发展，使之成为当代人们强化道德教育、进行道德修养的有效方法。

现代价值篇

    道德是人类社会生活发展到一定阶段的产物，它源于人们的社会生活需要，又服务于人们的社会生活。壮族伦理思想作为壮族文化的核心内容和中国伦理思想的重要组成部分，不仅对壮族地区经济社会的发展和中华民族的文明进步曾经发挥了重要的历史作用，在当代，壮族伦理思想的优秀成果也仍然具有不可忽略的现实价值。诸如热爱国家民族、维护祖国统一的爱国主义精神，讲礼尚义、济困扶危的社会公德观，尊老爱亲、邻里和睦的家庭道德观，诚信敬业、团结协作的职业道德观，勤劳节俭、诚实守信的经济伦理观，民众为本、掌印为民的政治伦理观，尊重自然、保护环境的生态伦理观，以及笃行践履、勤学崇智的修身观念和实践等壮族人民大力传扬的道德观念、道德精神和道德传统，对于促进我国社会主义市场经济的健康发展、推动壮族地区全面建成小康社会目标的实现，对于我们加强社会主义民主政治建设和推进政治体制改革、维护国家边疆的安全稳定，对于加强社会主义先进文化建设、培育和弘扬社会主义核心价值观和改进社会道德教育，对于构建社会主义和谐社会和加强生态文明建设等都具有非常重要的现实价值。为此，必须坚持以社会主义核心价值体系为指导，正确审视和大力挖掘壮族伦理思想中有利于社会主义现代化建设的积极因素，多手段开发利用壮族丰富的优秀伦理文化资源，促使壮族优秀伦理思想的现代价值得到有效实现。这也是理论工作者应尽的历史责任。

第十二章　壮族伦理思想与现代
市场经济建设

经济和伦理是人类生活的两重空间，任何一个国家，任何一种形态的经济都有与之相适应的伦理道德。美国伦理学家 R. T. 诺兰曾指出："经济体制是一个价值实体，它包含着一整套关于人的本性及其人与人之间的相互关系的价值观。""每一种经济体制都有自己的道德基础，或至少有自己的道德含义。"① 没有道德的融入，那么经济与道德都将会走向没落，而没有道德作为支点的经济则是不科学而且无法维持长久的。自古以来，伦理道德思想作为一种精神力量，为经济发展提供了不可或缺的精神动力和道德支持。壮族先民在长期的以稻作农业生产为主的生产实践中，培养和形成了本民族独特的优良道德观念和民族品格，凝炼了以勤劳、节制、互助、诚信、公平、尚义等为核心的伦理思想，这些伦理思想及其精华至今仍是我国社会伦理重要的一部分，它们对于社会的和谐与进步，特别是对于市场经济的建设和健康发展仍有着积极的促进作用。

第一节　市场经济建设的伦理诉求

经济与伦理的关系问题是伦理学的基本问题。经济发展与道德进步，可以说是任何一个社会的共同追求，然而在实践发展中，两者却经常处于"鱼与熊掌不可兼得"的矛盾冲突状态，究其原因在于经济主体对"利"的

---

① ［美］R. T. 诺兰等：《伦理学与现实生活》，姚新中等译，华夏出版社 1988 年版，第322—324 页。

追求与社会对"义"的内在要求的冲突。随着现代市场经济的不断推进，经济活动与伦理道德之间产生了许多摩擦和冲突，如果解决不好，将影响到市场经济的建设和发展。因此，在市场经济纵深发展的同时，也引发了我们对市场经济建设的道德支持与道德诉求的思考。

一、伦理道德是市场健康稳健运行的理性杠杆

从伦理道德的起源与本质看，伦理道德作为一种社会意识形式，是由经济基础决定的，是人类为了维持生产、分配、交换、消费等经济活动的秩序，协调人们之间利益关系而产生的，正如恩格斯所说的："人们自觉地或不自觉地，归根到底总是从他们阶级地位所依据的实际关系中——从他们进行生产和交换的经济关系中，获得自己的伦理观念。"① 这就从根本上决定了任何社会的经济活动都内含着道德的胚胎，道德是所有社会经济活动的内在要求。从伦理道德的功能看，调节人与人之间的利益关系是其重要功能，也是市场经济活动的客观诉求。在市场经济中，人们的利益关系日益亲密，人们之间的利益矛盾和冲突变得更加频繁和突出，因此，作为调节人们之间利益关系的规范和准则，伦理道德仍是市场经济社会必不可少的调节力量。市场经济活动领域不可能是道德调节的空场。作为一种经济形式，为保证经济活动的良性运行，市场必然会对维系市场秩序的道德基础提出要求，如对个人利益的道德评判，自利与他利关系问题的处理，公平交易和自由竞争的秩序保障，等等，都是市场经济运行中亟须解决的问题，如果这些现实的道德问题得不到解决，市场伦理失序、道德失范就会成为市场经济正常运行和健康发展的阻碍。因此，伦理道德是市场经济健康运行的理性杠杆，少了伦理道德的支撑，市场经济将陷入无序的深渊而无法自拔。

二、伦理道德是市场经济发展的精神动力和内在指导

从道德的社会属性看，道德也具有相对独立性，对社会经济生活具有一定能动作用，道德一旦产生，就必然以自己特有的方式为经济基础服务，

---

① 《马克思恩格斯选集》第3卷，人民出版社2012年版，第470页。

对社会历史的发展产生巨大的能动作用。一般认为，道德的功能是多元的，其中认识功能和调节功能是其最基本的功能，此外，还有导向功能、教育功能、激励功能等形态。马克思主义认为，道德反作用于社会经济基础时，是以"实践精神的"方式进行的，它一方面是从个人与社会、个人与他人的利害关系中反映或认识当时社会的经济关系状况，并借助于道德观念、准则、理想等形式把现实社会中的现象、关系和行为，区分为利与弊、善与恶、正义与非正义等，以此来显示社会的现实道德需求，为社会存在的合理性提供辩护，从而为其社会经济基础的存在和发展提供道义上的支持，以此来调整人们的行为，指引人们自觉为巩固和发展其社会经济基础而努力，对其赖以产生的经济基础的形成、巩固和发展起到促进和维护作用。另一方面，道德在经济领域中通过评价、教育、激励等方式和途径，来调节人与社会、人与人的利益关系，对人际关系的协调和社会生活秩序的稳定具有维护和保证作用，从而为社会经济生活的正常运行提供保障。总而言之，伦理道德作为一种特殊的上层建筑和社会意识形态，对社会经济发展的能动作用是其他意识形态所不能替代的，它为经济建设和人类物质文明的发展提供了必不可少的精神动力和道德支持，并为他们的正确发展提供有力的思想保证。

第二节　壮族伦理思想对现代市场经济建设的价值

在当前市场经济发展和体制改革的变革中，潜藏在社会结构深层、与社会经济发展进程不相适应的传统文化及其道德观念，不仅仅会以观念意识方式，而且也以社会风俗和个人习惯方式，以国民心理和潜意识等种种方式，渗透到人们的各种基本关系准则和各种新建的体制中不断起作用，从而直接影响着经济的发展和改革的进程。稻作文化使壮族社会相对稳定，形成了人们温和内向、吃苦耐劳、互相礼让、绵里藏针的民族性格，凝炼了以勤劳、节制、互助、诚信、公平、尚义等为核心的伦理思想，这些伦理思想对今天壮族地区经济建设和现代市场经济持续健康发展仍有着重要的参考价值。

一、促进现代市场经济健康可持续发展[①]

市场经济既是一种法制经济，同时也是一种德性经济。"经济体制是一个价值实体，它包含着一整套关于人的本性及其人与人之间的相互关系的价值观。"[②] 所以完善意义上的市场经济应是道德完美性的经济，市场经济要持续健康发展，需要一定的道德基础为其保驾护航。亚当·斯密在《道德情操论》中就指出"自爱、自律、劳动习惯、诚实、公平、正义感、勇气、谦逊、公共精神以及公共道德规范等，所有这些都是人们在前往市场之前，就必须拥有的"。[③] 首先，市场经济是信用经济。诚信既是一个人安身立命、为人处世应当遵循的基本准则，也是一个社会维持正常秩序和有效运行的必然。市场经济越发达，对诚实守信的道德要求就越高。现代市场经济条件下，它要求企业或商品生产者、经营者在产品竞争、交换等经济活动中诚实守信、童叟无欺、公平交易。它要求各行各业的从业人员在自己的工作岗位上，都要诚实劳动、实事求是，杜绝弄虚作假、虚报浮夸现象。其次，市场经济是一种公平经济。价值规律要求人们遵守等价交换、平等互利的原则；竞争法则要求人们树立公平的竞争观；经济交往的复杂性要求市场主体尊重契约和合同的客观性和公正性。可以说，诚实、守信与公平是调节不同经济主体之间关系的道德规范，是保证社会主义市场经济正常运行的基本经济原则，也是现代市场经济条件下处理个人与个人、个人与社会关系的道德基础，更是各行各业的人们交往的基本行为准则。没有了诚信与公平，市场经济将失去存在的基础和发展的保障。最后，市场经济也是效益经济，讲究效益优先，讲究一分耕耘一分收获，尊重每个人的努力，承认差别。因此，勤劳致富也是市场经济的重要道德要求。只有每个人都勤劳致富，诚信经营、安守本分，才能使市场经济健康持续发展。然而市场经济又遵循利益最大化原则，具有趋利性，它使金钱和利益在生活中的地位变

[①]　本小节论述的主要内容，已刊发于《壮族经济伦理思想及其当代价值》一文中，载《广西民族研究》2013 年第 4 期。

[②]　[美] R. T. 诺兰等：《伦理学与现实生活》，姚新中等译，华夏出版社 1988 年版，第 322—324 页。

[③]　王正中、周中之：《现代伦理学》，中国社会科学出版社 2001 年版，第 94 页。

得重要和突出。因此，并不是所有的人都是靠辛勤劳动和诚信经营富起来的，在市场化的浪潮中，人们不同程度走向富裕的同时，尔虞我诈、投机取巧、以权谋私、贪污腐败等不断涌现，严重影响了市场经济秩序的健康和稳定发展。

因此，在我们努力发展市场经济的今天，更要注意发挥包括诚信、公平、勤劳等在内的道德力量对推动社会主义市场经济健康发展的巨大推动作用。壮族经济伦理思想中推崇的诚实守信、公平正直、勤劳自强等伦理追求正是今天我们发展市场经济不可或缺的公共道德资源和精神。其蕴涵着的主张勤俭，反对懒惰；主张正直善良，反对坑蒙拐骗；主张真诚交友，反对欺诈；主张先义后利，反对见利忘义；主张睦邻，反对相互侵害等伦理追求，至今仍闪耀着光芒，对于培养和谐的个体、协调人们之间的关系和利益分配、重构价值体系、修复失范的社会秩序起着不可或缺的作用。又如壮人在社会交往和贸易往来中秉承的事先讲好的承诺和买卖，哪怕后来情况变得对自己极为不利也绝不反悔、变卦的诚信思想，对于今天我们建立公平公正、诚信友善的市场秩序和重建诚信社会就具有十分重要的借鉴意义。此外，壮族主张平等宽容、和睦礼让、重义轻利、互助互利的伦理品格为我们更好地协调人际关系和利益冲突，化解民族内部利益冲突和矛盾纠纷，巩固友好、和谐、团结、稳定的大好局面，构建稳定的市场秩序提供了重要保障，也为我们处理与周边国家的交流与合作关系，维护周边市场秩序提供了参考。

总之，壮族伦理思想中的诸多积极成分至今仍是我们构建现代市场经济的重要道德基础，为今天我们发展市场经济营造一个平等、和谐安定的社会秩序，提供了道德指引和利益保障。

二、促进壮族地区新农村经济建设和可持续发展[①]

我国是农业大国，农业是我国的第一产业，也是我国经济社会发展的基础。因此，农村经济可持续发展是关乎我国国民经济可持续发展的重要内

---

① 本小节论述的主要内容和观点，已以《壮族伦理思想与壮族地区新农村建设》为题，刊发在《广西民族师范学院学报》2015 年第 6 期。

容。为进一步促进我国农村的建设和发展，党的十六届五中全会提出了建设"生产发展、生活宽裕、乡风文明、村容整洁、管理民主"的社会主义新农村建设目标。建设社会主义新农村的着力点就在于发展农村经济的同时，保护和改善农村的生态环境，提高农民的思想素质和农村的整体风貌，最终促进农村的人口、经济、社会和生态环境的全面、协调、可持续发展。然则，在目前壮族地区新农村建设过程中，由于受政府政绩和短期经济效益的负面影响，壮族地区在新农村经济建设过程中出现了重生产发展，轻环境治理；重短期效益，轻长远利益；重物质条件改善，轻乡风文明建设的不良现象，由此而导致了新农村经济发展失去了可持续力。如何从当前新农村所面临的发展困境中解脱出来，使社会主义新农村经济建设由追求经济上的发展向生态、健康、和谐的方向上转变，已是当前新农村经济建设的当务之急。壮族先民在长期的稻作农耕生产实践中，形成了以稻作农耕为主，以养殖业、渔猎、林业为辅的生产发展模式，并在各自领域形成了处理人与人之间、人与自然之间、人与社会之间关系的伦理观念和道德传统。其中的生态伦理观和社会公德观对今天我们建设社会主义新农村，促进新农村经济健康可持续发展具有重要借鉴意义。

（一）壮族生态伦理观有利于促进壮族地区新农村经济建设的可持续发展

作为一种理念，生态伦理观运用道德来规范人们的行为、告诫人们在认识自然和改造自然的过程中，控制人对生态环境的破坏行为，使得人与自然共同生存、和谐发展，这与新农村经济可持续发展的目标是一致的。壮族先民在长期的以稻作农业生产为主的生产实践中，凝练了以量入为出、崇尚节俭、适度索取的生态伦理观和消费观。他们遵循"靠山吃山，靠水吃水"的生态消费观，在经济利益与生态环境之间找到平衡点，并通过经济超自然神灵的威慑、宗教信条的规范和乡规民约的约束等外部禁律，保护了大自然的生态平衡和生态资源的可持续利用，为壮族经济可持续发展提供了生命源泉和物质基础。如在施肥方式上，壮族地区表现出鲜明的环保意识。每年农历四月，壮族人到山上把嫩仙桃枝叶、枫叶、蕨类、草莽等砍好后，捆紧，用田泥盖好，过十天半月，用长柄柴刀将成捆的树叶砍得粉碎，此为砍绿肥。农历八月，禾苗抽穗时，又施一次绿肥，耘田后，将所采绿肥放进禾苗行间，踩进泥里，因踩时上下跳跃，称"跳绿肥"。① 此目的是为了保持水土的肥沃，以利于来年水稻的苗壮成长。又如林业是壮族重要的生产门类，许多壮族地区都重视植树造林活动，有些地方认为砍伐树木时应砍老留嫩，砍倒后还要抓一根树枝插在树根的斧口上，表示祈其再度生长，禁用斧头再劈这些树根。为保障生产，保护农作物生产和收成；壮族还利用习惯法等禁令规范人们的行为。对破坏生产和损坏庄稼的行为不论轻重多寡，原则上予以赔偿。如在清末民初时广西龙胜县龙脊乡的习惯法规定有"禁地方至春忙栽种之际，各户不许放牛、羊、鸡、鸭踩食田禾，如有走头等情，各将田苑赔苗，如有不遵，任凭送究"等。② 总而言之，壮族先民在土地开垦、水源利用、树林砍伐、石山开采等方面，都坚持适度索取和可持续发展原则以阻止人们经济等方面的短视行为，维持生产和生活资源的可持续发展，体现了最纯朴的生态伦理情怀和道德观念。在建设社会主义新农村的今天，我们可以通过挖掘、整理、保护和推广壮族优秀的生态伦理文化和道德观念，一来为政府部门制定壮族地区新农村经济发展规划、政策提供理论政策向导；二来可以提高壮族地区农民的生态保护意识，树立可持续发展观，促进壮族地区新农村经济、社会、环境的可持续发展。

（二）壮族社会公德观可为壮族地区新农村经济建设和可持续发展提供精神动力

在新农村建设过程中，存在"两个"拉动，即：经济大发展拉动文化的发展；文化的进步拉动经济的发展。就目前壮族地区新农村的发展状况来看，农村经济发展不充分导致农村的乡风文明建设滞后，而农村落后的文化习俗和不良风气则阻碍了新农村经济的持续发展。乡风文明的建设能在农村发展中给予经济发展以精神动力和智力支持，能凝聚力量和稳定局面。壮族村落历来重视乡风建设，在长期的社会实践中形成了遵守公共秩序、维护公共利益的公共道德传统，遵守规约、恪守法律是壮族乡土社会提出和力主的

---

① 王付新：《西南民族地区少数民族优秀传统生态德育资源开发研究》，西南大学 2009 年硕士论文，第 22 页。

② 广西壮族自治区编辑组、《中国少数民族社会历史调查资料丛刊》修订编辑委员会：《广西壮族社会历史调查》（一），民族出版社 2009 年版，第 99 页。

道德行为规范。为了维护壮族农村的公共秩序和社会稳定，调整人们之间的关系，保障人们的共同利益，壮族农村在历史发展过程中也创制形成了一系列系统详尽并为壮族社会广大民众所信守的社会公德。其内容包括在维系和调节壮族社会公共生活中人与人、人与社会、人与自然的关系方面提出的一系列基本道德行为要求，包括乡规民约、村规民约、族规、款规、禁忌、风俗等类型。内容涉及生产生活的各个方面，多是维护当地的社会秩序和生产秩序的条律，且相当多的内容属于道德行为规范。如一些传统习惯法作为一种约束壮族人们公共生活行为的社会规范，在维护壮族社会的共同利益，保障社会正常的生产生活秩序中发挥了重要的作用。习惯法围绕维护社会公共秩序和共同利益，主要有以下方面内容：严禁偷盗，保护民众私有财产；防止抢劫，维护生命财产安全；保障生产，保护农作物生产和收成；保护林木，禁止乱砍滥伐；严禁赌博窝匪，维持地方治安等。[①] 壮族注重维护集体利益和乡风文明的社会公德观有效地解决了内部成员间的冲突与纠纷，维护着壮族社会的延续和发展，从而形成了一种良好的社会风气，很好地协调了各方面的关系，保证了壮族地区的稳定发展。在建设社会主义新农村的今天，我们应该重拾和重视壮族的这些优良公德传统，使其在壮族地区新农村乡风文明建设中注入时代的内涵，成为凝聚集体力量，净化农村社会风气的有力武器，从而为壮族地区新农村经济建设创造良好的人文环境，促进"生产发展、生活宽裕、乡风文明"一体化的壮族新农村早日实现，并在壮乡遍地开花。

三、推动壮族地区全面建成小康社会目标的实现[②]

当前我国各族人民正在正在努力进行社会主义市场经济建设，朝着全面建成小康社会目标而努力。全面建成小康社会是一项系统而复杂的工程，涵盖了经济建设、政治建设、文化建设、社会建设和生态文明建设多个方面。作为相对落后的西部民族地区，壮族地区在全面建设小康社会中将面临

---

① 方素梅：《近代壮族社会研究》，广西民族出版社 2002 年版，第 134—136 页。
② 本小节论述的主要内容，已刊发于《壮族经济伦理思想及其当代价值》一文中，载《广西民族研究》2013 年第 4 期。

着更大的困难，经济基础薄弱、生态环境脆弱、交通、文化、教育、思想的开放等相对滞后都是急需解决的问题。但是壮族拥有着优秀民族文化资源和深厚的道德传统，这些也都是我们全面建成小康社会不可或缺的道德资源，继承和弘扬这些优秀道德传统可以使它在全面建成小康社会建设中焕发出新的光彩。"一个民族，没有振奋的精神和高尚的品格，不可能自立于世界民族之林。"[1]壮族人民在长期的历史发展、生产实践和特殊的地理环境中，总结出了一系列的生存智慧和伦理规范，孕育了伟大的民族精神，从而激励着他们与艰苦的环境作斗争，创造出了壮锦、干栏建筑、铜鼓文化等光辉灿烂的、具有壮族特色的"那文化"体系。其中蕴含着的勤劳勇敢、艰苦奋斗、奋发创新、自强不息、团结互助的民族精神，已成为今天我们发展社会主义市场经济，建设全面小康所需要的精神动力。

对于壮族地区而言，在资金、技术、人才等的引进相对困难，生产条件比较艰苦的情况下，其一方有难、八方支援的团结互助精神，艰苦奋斗、靠双手勤劳致富的务实拼搏精神，无疑为今天壮族地区突破小农经济思维，克服等、靠、要思想提供了重要的精神动力和道德支持。我们可以借鉴和利用壮族在自己的历史发展中形成的吃苦耐劳、有无相资、扶危济难、集体至上等优良伦理品格，激发人民参与到市场经济建设和改革发展中，激励他们开拓进取、艰苦创业，用勤劳的双手创造财富，建设美好家园。同时这些也是凝聚壮族人民的力量、实现壮族地区全面小康目标的重要精神推力。因为实现全面小康是一项极其艰巨而漫长的历史工程，它需要全体社会成员，尤其是经济发展落后地区的各行各业的从业者要有勤劳刻苦、努力拼搏的精神，以迎接来自各方面的困难和挑战，并需要内化成为每个人的信念，提高为祖国的社会主义建设作贡献的自觉性和积极性，以此来进一步推动社会主义市场经济建设的发展。因此，在我国今后的经济发展中，我们还需要进一步继承和发扬壮族勤劳勇敢、自强不息等民族精神，并将它们与社会主义精神文明建设有机结合起来，从而夯实全面建成小康社会的道德基础。如果没有民族传统道德的支撑，市场经济建设将失去动力和方向，全面建成小康社

[1]　中共中央文献研究室编：《十六大以来重要文献选编》（上），中央文献出版社2005年版，第30页。

会将失去精神支柱和道德支持。我们在努力发展经济、面对全球化挑战的同时，不要忘记我们民族文化的根基才是我们立足于世界、走向世界的不竭动力。

四、为培育现代企业文化提供优秀民族文化资源①

企业是市场经济的细胞，企业文化则是一个企业的核心和灵魂，因此，建设现代市场经济，需要有优秀的企业文化作为支撑。企业文化是指在一定的社会经济条件下通过社会实践所形成的并为全体成员遵循的共同意识、价值观念、职业道德、行为规范和准则的总和，是一个企业或一个组织在自身发展过程中形成的以价值为核心的独特的文化管理模式。② 在现代市场经济条件下，企业作为市场的主体，企业的生存发展对整个社会的发展起着重要的引领作用。然而在现代企业转型和市场经济发展过程中，企业存在的各种问题也随之暴露出来，企业诚信度不高、无凝聚力、缺乏创新能力、竞争乏力等已是现代企业发展面临的重要瓶颈。究其原因，企业文化的缺失是主要的。全球化现代化市场经济条件下，我们注重了企业的市场化运作和发展，而相对忽视了企业文化的建设，忽视了企业文化对于企业发展的凝聚功能、导向功能、激励功能和约束功能。在这种时代背景下，加强企业文化建设，提高企业的整体道德素质，就成为完善社会主义市场经济体制重要的课题。

任何文化总是依附在一定的民族基础上而存在的。企业文化作为社会文化体系中的一个重要组成部分，是民族文化和现代意识在企业内部的综合反映和表现，是民族文化现代化的延伸和表达。任何一种优秀的企业文化，必定融合了民族文化的精华，必定会注重吸取民族传统文化中的营养来丰富企业文化的根基。如壮族伦理思想里面蕴含着的诚信守信、以和为贵、以义兴利等伦理精神正是我们构建现代企业文化必不可少的精神实质和内涵。在现代市场经济条件下，我们仍可以从中吸取力量，扩展其内涵，培育优秀的企业文化，为企业发展提供道德力量。

---

① 本小节的主要内容和论述观点，已以《壮族伦理思想与壮族地区企业文化建设》为题，刊发在《柳州师专学报》2015 年第 6 期。

② 李程宇：《企业文化与制度建设之互动关系分析》，《企业活力》2008 年第 8 期，第 64 页。

（一）诚实守信、公正公平的经营观是现代企业的立身之本

诚信和公平是现代市场经济的两大基石和准则，也是企业立身之本。在市场经济中，诚信经营和公平竞争是企业存在和健康良性发展的基础，只有诚信不欺、重约守信，自觉维护公平和自由竞争的市场秩序，维护社会公共利益和消费者利益，才能树立企业良好的形象，企业才能在激烈的市场竞争中生存和发展。因此，构建诚实守信和公平公正的经营理念是现代企业文化的核心内容，也是现代企业的立身之本。在日趋成熟的市场环境中，诚实、守信、公平等道德因素不但内含于经济活动的实践中，而且可以带来实际的经济效益。企业只有把诚信和公平当成立身之本，才能在社会上立足，进而得到社会和大众的认可，为企业创造良好的舆论氛围和声誉，从而获得人力、财力、物力等社会资本的大力支持和回报。企业声誉和效益好了，企业员工也会以饱满的激情投入其中，积极支持和参与企业的经济活动。因此，诚信就是一笔巨大的无形资产，要构建现代企业，必须坚守"诚信"的伦理原则。然而在利益最大化原则驱动下，企业为了追求个体的短期利益和发展，不惜钻国家法律、政策的空子，采取种种不正当手段获取经济利益，他们或搞投机倒把、买空卖空；或以次充好、偷工减料，造成了市场经济秩序的混乱，更是损害了广大消费者的利益，这些行为不仅与社会道德相悖，也为国家法律所不容，最终企业也会受到相应的惩罚。壮族传统道德一贯推崇守信重诺，讲究为人处世做到公平公正，谴责言而无信和有违公平的行为。无论是在贸易买卖、借贷还是其他关系中，只要有言在先，各方都信守承诺，即便情况发生变化到对自己不利也不反悔。因为壮人认为"言而无信是人渣"，不守信用是会遭到神灵的报复的。这种一诺千金的做人准则，正是现代企业人所需要坚守的道德本质和职业操守，也是我们构建和培育现代企业文化的核心所在。同时，壮人认为为人要公平正直，不做坑蒙拐骗和损人利己之事，要靠自己的双手创造财富，谴责好逸恶劳、不劳而获和嫌贫爱富的行为，做人做事要兼顾社会公平，避免社会矛盾激化。这些也都是现代市场经济条件下，企业管理者和员工所要具备的重要品质，缺少了公平公正的处事准则，企业就会被遵循市场规则的社会所淘汰。可见，壮族诚实守信、公正公平的伦理准则和追求，正是现代企业立足于市场的重要道德要

求，是企业文化建设必不可少的内容。

（二）以和为贵、团结和睦的人伦观是现代企业的凝聚剂

天时不如地利，地利不如人和。就企业而言，企业经营的好坏不仅取决于企业家个人的决策能力和市场的运作，还取决于企业内部凝聚力的大小和发挥。而企业凝聚力的大小取决于企业内部人际关系是否和谐，因为和谐的企业环境直接关系到企业员工积极性、创造性的发挥，从而影响企业凝聚力的大小。在企业发展中，如果企业内部人与人之间关系和谐，企业领导无高高在上的感觉，企业员工之间心无芥蒂，团结一致，同心同德为企业发展献计献策，企业凝聚力就大大增强，从而产生巨大的企业效益。反之，如果企业内部成员之间心存芥蒂、钩心斗角，领导层离心离德，企业成员就没有道德责任感可言，这样企业就会在成员间的争名夺利中内耗能量，从而无法产生经济效益。因此，和谐的企业文化和管理文化是现代企业的凝聚剂，也是我们构建现代企业文化必不可少的内容。要保持企业自身的持续向上发展，企业有必须创造一种和谐、融洽、向上的企业文化氛围，从而对内形成凝聚力，对外形成吸引力。今天我们构建和谐企业文化，可以从中国传统文化中去吸取精华。以和为贵的道德追求一直是壮族传统社会中调节人与人、人与社会矛盾非常重要和有效的道德准则。壮人认为只有团结和睦才能内抗自然，外拒倭寇。因此从家庭成员内部到邻里乡里之间，甚至在兄弟民族之间，壮人都讲求和气生财、和睦相处、守望相助，以应对恶劣的生存环境和实现自我发展。这正是物欲横流的市场经济条件下，企业应对复杂的利益多元化的内外环境所需要的重要精神品质。道德力产生团体凝聚力，只有充分认识和发挥道德基于经济和生产力发展的作用和价值，使道德更好地辐射和渗透于经济和生产力发展之中，才能真正实现道德力量向经济收益的直接和间接转化。现代企业从传统民族文化资源中吸取资源建立以和为贵的企业伦理文化，不仅仅是达到表面的和气生财，而更重要的是要做到对内注重部门间、员工之间以及管理者与被管理者之间关系的协调和沟通，对外注重企业与顾客、企业与同行及竞争对手乃至政府之间的和谐，以达到双赢的效果。

（三）以义兴利、义利双修的价值观是现代企业发展的动力

现代企业的价值观指的是企业全体成员通过亲自参与生产经营活动而

形成的对企业价值的共同评价标准。企业拥有良好的价值观不仅能增强企业的凝聚力，而且能调动员工的积极性、主动性和创造性。利益观是企业价值观的核心内容，也是企业发展的重要道德标杆。注重经济效益和物质利益是市场经济的内在特性，企业要发展，同样要追求经济效益和物质利益。但同时还必须要正确处理义与利的关系，义利关系处理不好，将会影响到企业的前途和发展。正如马克思所说："既然正确理解的利益是全部道德的原则，那就必须使人们的私人利益符合于人类的利益。"① 现代市场经济条件下，企业要发展，除了要最大限度追求物质利益，还要从国家和社会发展的整体需要考虑，也就是还要做到以义制利。企业不能只为眼前小利而损害整个民族和社会的利益，那种为了获利不惜牺牲社会的整体和他人的利益的行为不仅会危害到社会发展，也会断送企业自身的发展前景。因此，在现代商业经营活动中恪守利从义生、以义兴利的原则，不但可以树立良好的商业信誉和商业形象，取得短期的显赫业绩，更是企业长远经济收益的内在道德保障。树立以义制利、义利双修的价值观就成了现代企业文化建设的重要内容。而现实条件下，由于企业对物质利益追求的过度膨胀，企业整体道德水平有所下降，不可否认整个现代企业的道德出现"滑坡"现象。不少企业丧失了道德自律精神，心目中没有国家和民族，缺少责任意识和奉献精神。更有一些企业信奉金钱至上的原则，为一家一己之私利，不惜坑蒙拐骗，损害他人和社会利益，而最终也被国家法律和道德所不容许而葬送企业前途。可见，在今天，企业要长远发展，谋利的同时也不要忘却守义的道德准则。壮族传统道德一贯积极追求义重于利、以义取利的原则，强调见利思义，反对见利忘义、为一己之利不惜损害集体、国家和民族利益的行为。在社会主义市场经济条件下，壮族伦理思想蕴含的义利观以及集体观念，与现代企业仍然需要提倡的个人利益服从社会整体利益的集体主义精神、个人对集体与国家的责任感和牺牲精神，所蕴含的意思是一致的，它对于增强企业的凝聚力无疑具有积极的意义。因此，今天我们仍然需要倡导壮族伦理所提倡的"见利思义"、"以义取利"、"义利双修"的利义观，虽然着眼点、侧重点与壮族传统

---

① 《马克思恩格斯文集》第 1 卷，人民出版社 2009 年版，第 335 页。

倡导的"先义后利"有所不同，但从本质上来说，在强调义利统一上是一致的，仍可为今天我们构建现代企业的核心价值观所借鉴。

第三节　壮族伦理思想对现代市场经济建设价值实现的路径

一、正确审视和合理挖掘壮族伦理思想中有利于现代市场经济建设的积极因素

经济基础决定上层建筑，每个时代的伦理思想总是依据当时的经济关系和生产关系的要求而变化发展的。在社会发展过程中，伦理道德思想不断积淀并发展完善。一方面，对以往的道德遗产进行扬弃，摒弃不利于该时代社会发展要求的内容，继承其中积极进步的内容；另一方面，在以往道德观念的基础上，研究和概括本时代的道德现状，从而总结出符合本时代要求的道德体系和观念。因此说，道德总是在批判继承中不断发展的。正如恩格斯所言："每一种新的进步都必然表现为对某一神圣事物的亵渎，表现为对陈旧的、日渐衰亡的、但为习惯所崇奉的秩序的叛逆"。[①] 壮族伦理思想作为壮族重要的思想文化遗产，是壮族人民在漫长的历史长河中积淀下来的生存智慧和民族品格，对推动壮族经济社会的发展曾产生过巨大的推动作用。但从现代化发展角度审视，其既有积极、进步、革新的一面，也有消极、保守的一面。我们应该清醒地看到壮族传统伦理思想中有的内容与道德标准与现代市场经济的发展已不相融，甚至成为其发展的阻碍，因此，对其进行批判和反思是其能融入现代市场经济并能继续发光发热的历史前提。如壮族不计报酬的互帮互助的美德，若搬到现代市场经济社会则必须加以改造，因为市场经济条件下不可能完全否定个人利益，而应提倡在合理保障个人利益的前提下尽量去帮助别人，互帮互助。壮族人重义轻利、讲究平等的利义观，在市场经济环境下也需要与时俱进，需要把重义与重利结合起来，努力做到精神与物质平衡发展，树立公平与效率相统一的伦理道德观念。因为平等不等于平均，只有秉持效率优先、勤劳先富的原则，才能更好地体现个体的努力

---

① 《马克思恩格斯选集》第 4 卷，人民出版社 2012 年版，第 244 页。

和付出，从而更好地去激励更多的人走向共同富裕。又如壮人"靠山吃山、靠水吃水"的生态消费观，与现代化市场化进程中需要我们积极面对自然、合理改造自然，甚至是再造自然的时代需求之间也存在一定冲突。因此，对于壮族伦理思想，我们既不能全盘否定，也不能全盘继承，而是要在时代变革中不断地传扬和更新，加以宣传和有效利用，使之为现代市场经济的发展服务。

二、以壮族伦理道德精神促进壮族地区经济建设和社会发展

　　作为少数民族地区，壮族地区要完成市场经济的现代转型，实现全面建成小康社会这一战略目标，必须立足文化这一高度，从本民族的文明根源处汲取力量，发掘并整合传统文化资源尤其是道德资源，继承和发扬其积极的一面，摒弃其消极的一面，为经济建设和社会发展提供助力。

　　在市场经济建设中，要改变"惟事耕农，不乐工商"的传统经济发展思维，打破平均主义和安贫乐命的小农意识，树立商品意识、市场意识和竞争意识，树立勤劳先富的思想，为实现全面小康奠定思想基础。面对市场经济的开放性和利益诱惑性，政府部门应引导壮族人民继续发扬战天斗地的艰苦奋斗精神，去迎接市场经济的到来。可是也不要丢掉和忘记诚实守信、勤劳致富、公平公正、爱国爱家、团结和睦、开放包容等这些优良传统对市场经济发展的作用。如可以通过用媒体宣传、拍摄纪录片、树市场经济发展典型等途径，将壮族优良的道德传统融入市场经济发展大潮中，让人们感知走市场经济道路和现代化道路不等于完全抛弃传统，而是要根植于传统之中。在壮族聚居最多的广西壮族自治区就提出了"团结和谐、爱国奉献、开放包容、创新争先"的广西精神，里面无不凝练和包含着壮族深厚的伦理道德传统，这些精神和品质，就成为激励广大壮族同胞在市场经济大潮中昂扬前行的重要精神引导。又如壮族开放包容的优良品德可以和市场经济的开放性包容性结合起来，政府可以以此引导人们树立开放的发展观念和人才观念，摒弃地方保护主义观念，通过内引外联，引进资金、技术和人才，改善和提高壮族地区生产力。如今的北部湾大开发、中国—东盟博览会的成功举办，无疑也是壮族地区人民开放包容的重要体现，也是壮族伦理思想推动市场经济建设的重要例证。总之，壮族优秀伦理精神只要经过转换和与时代要求结合，将会进一步地推动壮族地区市场经济建设和发展，推动壮族地区早日实现全面小康。

在生态文明建设中，要合理传承和革新壮族传统生态伦理思想，引导人们的经济行为，倡导文明、节约、绿色、低碳消费模式，促进经济社会发展与人口资源环境相协调发展，建设和谐美丽的生态壮乡。壮族生态伦理思想植根于壮族稻作的生产生活方式，广泛渗透于壮族民间信仰、习俗、神话和自然崇拜中，体现了壮民族独特的生存智慧和民族节操。它不仅是一种民族文化的认同，更是整个壮民族思想文化的根基，是壮民族保持不竭生命力的源泉。但随着时代的发展，壮族传统生态伦理思想不可避免地有其时代局限性，作为一种直观、朴素、经验性的自然生态观，它不可能对人与自然关系做出系统和全面理性的阐释，因此，在今天也不可能被直接用来作为当代壮族地区生态文明建设的现成良药。只有立足于当代的生产生活方式和人文环境，立足于壮族地区生态文明建设的现实需求，完成壮族生态伦理思想从传统形式向现代形式的转换，把壮族传统生态文化的意义性和生态文明建设的普遍规律性结合起来，才能有效避免传统观念与时代要求间的冲突，实现壮族传统生态伦理思想在现代社会发展中实现调适和超越。如我们可以把以宗教信仰、禁忌等形式表现出来的壮族传统生态伦理思想纳入现代的生态环境保护法律法规体系和地方性的生态经济管理体系中，这样既去除了壮族传统生态文化中迷信和神秘的一面，又能引发壮族地区人们的共鸣，从而转化为一种自觉行动，而不仅仅是基于规则的威慑。因为壮族传统生态伦理强调保护自然生态环境的行为规范与当代生态文明建设，特别是生态环境立法有一定的耦合之处，它对民众的行为构成了重要的强制性约束力量。这些道德规范在引导和约束人们在人与自然关系中的行为选择上起到很重要的作用。在现实生活层面，要重视壮族传统生态伦理思想的群众化和生活化转换，以多种形式加强壮族祖先在解决生态环境问题方面获得的智慧和财富的宣传和教育，让传统文化给人以实效感和亲切感，让体现时代需求的伦理思想融入当地民众生活之中，并得以生根发酵，代代相传。如壮族的"砍伐要舍近求远、实行轮伐"、"结婚等喜事时要植树"、"不吃蚂蚜"等生产生活习俗中蕴含着的生态伦理智慧在今天仍然有其时代价值，传承和发扬这些生活习俗和观念，可以让壮族生态伦理思想的合理成分在壮族人们的日常生活中传承并得以强化，从而内化为人们的道德观念。使壮族人民自觉保护生态平衡，形成人与自然和谐相处的良好局面。总之，在推进壮族生态文建设过程中依然进一步继承和发扬这些宝贵的精神财富，让"生态文明"、"美丽中国"等观念深入人心，推动实现壮族地区的经济、社会、环境的可持续发展。

在新农村经济建设中，针对目前壮族地区普遍存在"有新村无新貌"的尴尬局面以及经济建设与环境保护不相协调的现状，应不断继承壮族优秀传统文化，以文化氛围来凝心聚力，加强乡风文明建设，将优秀伦理道德思想渗透到新农村经济建设中。建设新农村说到底是个文化问题，没有农村思想道德素质的全面提升，新农村建设就举步维艰。壮族优秀伦理思想主要体现于神话传说、歌曲传唱、节庆文化、集体劳作中，主要凸显和注重个人作为家庭、社会、国家一分子的作用和责任，彰显人与人、人与自然、人与社会和谐相处的伦理规范，这恰恰是新农村经济建设中所需要和必备的。因此，加强新农村经济建设首先要加强文化建设。政府要加大对壮族地区农村文化建设的投入力度，引导农民积极参与农村文化建设并让他们成为文化的主体。如建立具有壮族地方特色的公共文化服务建筑如圩场、壮剧戏台、山歌表演台、民俗体育广场（抛绣球、三人板鞋、踢毽子等场所）等举办民族节庆活动时所需要的服务设施，这些民族活动和交流服务的场所和设施是村寨凝聚力的体现，也是村寨民族文化的表达，是宣扬壮族优秀伦理思想，加强新农村乡风文明建设的群众舞台。通过打造民族文化品牌，还可以发展农村生态旅游文化，为当地新农村经济建设注入活力。二要加强农村文化队伍建设。如通过成立农民剧团、农民舞蹈团、歌唱团、民族体育代表团等，稳定和发展专兼职结合的农村文化队伍，逐步提高农民队伍的整体素质。通过当地农民自发组织、排练、表演，并一代一代流传下来，既活跃了身心，又传承了民族优秀文化和道德精髓，无形之中形成一种民族文化自豪感和荣誉感，形成一种动力，潜移默化到新农村经济建设之中。桂林阳朔的"印象·刘三姐"文化品牌就是一个很好的例证，它既活跃了农村经济，也传扬了壮族歌仙刘三姐不畏强权、争取自由和平等的优良品质。如果经常性地组织农民参与活动，民风会得到很大改善，"黄赌毒"等现象会逐渐消除。这样，既减少了不文明现象，又净化了农村社会风气，从而使新农村建设的观念和要求真正深入人心，为推动新农村经济建设发展提供良好道德氛围。

三、将壮族优秀伦理文化融入当代职业道德建设和企业文化建设中

党的十六大提出了要"坚持弘扬和培育民族精神。民族精神是一个民族赖以生存和发展的精神支柱"。传统道德的优秀成分，是经营各种企业的立足点，也是企业文化的基础。在建立和完善现代企业制度的同时，企业应从传统文化中吸取营养，培育具有民族特色的现代企业文化和精神。壮族的见利思义、以义制利、克勤克俭、爱岗敬业、讲信修睦、集体为上、团结互助的伦理传统，以及艰苦奋斗、自强不息的民族精神，都对当前的企业文化建设具有积极的启示作用。在壮族地区，企业应结合自己发展的具体实践，对这些有价值的伦理道德思想作出新的诠释，予以创造性的现代转化，在建设现代企业文化过程中吸取传统道德的积极成分。一是从壮族的传统道德中凝练出适合自己企业特色的企业精神，如务实、拼搏、自强、尚义等。二是开展形式多样的教育和培训，提升企业员工的道德素质和职业道德。在壮族地区，企业自身开展职业教育和培训工作要结合本民族地区及企业的现状和特点，在学习先进科学技术和职业技能的同时，将民族文化和道德教育融入企业职业教育和培训中，使企业员工对本民族的文化和优秀道德传统有更深的了解，从而摒弃消极的观念和意识，保持发扬好的观念和精神，使其与市场经济相适应。如可对壮族伦理思想中包含的勤劳、勇敢、正直、善良、诚实、宽容、节俭等美德进行改造和继承，使壮族传统生产性文化中的吃苦耐劳精神和精耕细作意识等转化成现代企业创业观念和效益观念。可将壮族传统人伦文化中和乐包容的观念转变为现代企业的开放包容观念，可将壮族伦理思想中的禁忌性文化中蕴含的自律意识发展为现代民主法制观念，可将壮族伦理思想中自由平等的婚恋观发展成现代企业男女平等观念，进而提高女性员工的主人翁意识和企业地位。三是借鉴壮族传统文化的各种文娱形式，开展健康有益又丰富多彩的企业文化娱乐活动，如举行对歌、抛绣球、三人板鞋、拍毽子等壮族传统文娱活动，这些带有浓郁地方特色的民族风情活

动，不仅受到企业员工的普遍喜爱，而且也是教育企业员工的良好方式，能激发他们对生活和集体的热爱以及积极向上的热情和进取心。通过开展民俗文娱活动，寓教于乐，员工们倍感亲切，既可消除企业职工的职业疲劳和烦恼，又可陶冶企业员工的情操，增强他们的民族自豪感，从而激励他们秉承本民族良好的做人道德和精神风貌，树立良好的职业道德，从而为企业发展增添活力。企业还可将民族文娱活动中蕴含着的讲信修睦、团结互助、肝胆相照等规范和品德赋予时代内容，用以处理企业内部和外部关系。

第十三章 壮族伦理思想与现代 民主政治建设

文化是一个国家、一个民族的灵魂，更是促进民族认同与国家认同相统一的纽带。中国是一个历经五千年风雨锻造而成的"多元一体"的多民族国家，多元的民族文化价值取向与国家主流政治文化价值取向能否相融共生则关系到一个国家的和谐与发展。萌发于先秦远古时代，并在与以儒家伦理思想为主流的中华各民族伦理思想相互融合中不断传承发展的壮族伦理思想，作为壮族文化的核心，它是传统中国的国家认同与壮族认同相融共生的纽带，既引导着壮族人民的认知，培育着他们的情感，也联络着国家主流政治文化的价值取向，尤其是壮族人民在日常生活实践中所形成的厚德重信、仁者爱人、重义轻利、勤劳俭朴等伦理思想，使得其与国家主流政治文化相得益彰，为凝聚人心、维护国家统一发挥着至关重要的作用。因此，对于中国而言，现代民主政治建设离不开国家主流政治文化和多元民族文化政治取向的融合。随着时代的发展，壮族政治伦理思想中的些许内容依然璀璨，研究壮族政治伦理思想的价值取向及它对我国现代民主政治建设的价值和价值实现路径，将有利于我国现代民主政治建设及中国特色社会主义和谐社会的构建。

第一节 壮族政治伦理思想的价值取向

由于民族文化的形成受地域、经济生活等因素的影响，每个民族都有属于自己的独特文化。壮族作为人口最多的少数民族，其政治伦理思想中的政治价值取向与国家主流政治文化能否兼容并蓄，可以说是处理中华民族这个大家庭与各个民族的小家庭之间关系的重中之重。尤其是在我国深化改革的转型时期，如果二者关系处理不好，将会影响到国家的稳定与发展。而研究壮族政治伦理思想的价值取向并发掘其与国家主流政治文化的融合情况，将有助于我们更为理性地对待和运用历史悠久的壮族政治伦理思想，也将更有利于我们客观科学地处理好二者之间的关系。

一、厚德重信，促成善德形成

任何一种政治伦理都存在着一定的价值取向。就个人而言，在由众多人所组成的社会当中，首要的价值取向就是让一个人能够立足于社会。孔子认为民无信不立。这是从人与人之间的社会关系的角度来说的。因此，一个人，无论是王侯将相，还是政府官员，又或者普通老百姓，言而有信是必须的。这不仅是人与人之间的道德诉求，也是国家与社会对一个人最基本的道德诉求。只有做到人与人之间有信，人与国家之间有信，个人与国家各自承担其道德使命，个人才能实现道德养成，国家才能够实现德治的目标。在对这个问题的看法上，壮族人民有着深刻的认识，表现出强烈的价值取向，要求人民注重修身养性，以实现道德养成。那么，就个人而言，该如何修身养性？首先，壮族人民注重诚信，不可以讲假话，不可以听信谎言，尤其是年轻人，要"安分走正道"[1]，以免误入歧途。其次，在壮族人民生活的社会环境中对失信行为形成了强大的社会舆论压力，让人们在舆论监督下趋于诚信化。在这一点上，壮族人民基于信的道德诉求强烈谴责失信者，认为"言而无信是人渣"[2]。

就国家而言，中国传统政治思想尚行"民本观"，形成了德政、仁政的伦理政治观。在物质分配这个问题上，中国历来是不患贫而患不均。因此，国家最大的信在于实行仁政，确保社会公平。在这个问题上，壮族人民

---

① 梁庭望、罗宾译注：《壮族伦理道德长诗传扬歌译注》，广西民族出版社 2005 年版，第 119 页。

② 农敏坚、谭志表主编：《平果嘹歌·新歌集》，广西民族出版社 2005 年版，第 209 页。

规劝执政者在处理公务的时候"善恶要分明","办事要公正",不能"满嘴胡言",更不能"只会多要钱"①,与民争利。否则,轻者坏掉名声,重者没准会惹祸上身。总之,"要听父老劝,谨防祸上身。"②并且,壮族人民的天命观中含有丰富的德治观念。在传统中国尚行天命观,在壮族地区也不例外。对此,《布洛陀经诗》中提到在一个政治共同体没有公权力之前,首先需要寻找一个符合天命的人,即:"造一个人来作主,造一个人做君王,造一个人来掌印,造出土司管江山,造出皇帝管国家。造了官又造府,建了州又建县,天下从此才有主。众人的事才有人来管,出了事有人来治理。"③不仅仅是担任君主、官员,壮族人民认为甚至家族兴旺、飞黄腾达都与天命牵涉到了一起。在古代,天命是与德性紧密勾连的。如果一个人丧失了德性,那么,天命终将转移到了有德之士身上。由于每个人的天命都有可能因为有德或者无德而发生改变,因此,对于普通的壮族老百姓而言,也许"背时命贫寒",但是"往后命如何,谁能知来年"。如果一个人行善积德,修得好阴功,在壮族人民看来,"他日会转运";如果不行善积德,尽干些缺德的事情,那么,哪怕是"富家样样有",但是,"若只管眼前,后代必受损"④,也可能会出现"香火还断根"⑤的下场。基于这种德性天命观,无论是官还是民,是富还是贫,人终将一死,因为"善恶终有报","钱买不到命"⑥。

　　因此,在厚德重信这个问题上,由于在壮族人民中存在着德性天命观的信仰或者禁忌,对于为人者,应该要忠厚,这是一种古训,"不忠不厚哪

① 梁庭望、罗宾译注:《壮族伦理道德长诗传扬歌译注》,广西民族出版社2005年版,第222页。
② 梁庭望、罗宾译注:《壮族伦理道德长诗传扬歌译注》,广西民族出版社2005年版,第111页。
③ 张声震:《布洛陀经诗译注》,广西人民出版社1991年版,第492—495页。
④ 梁庭望、罗宾译注:《壮族伦理道德长诗传扬歌译注》,广西民族出版社2005年版,第223—227页。
⑤ 梁庭望、罗宾译注:《壮族伦理道德长诗传扬歌译注》,广西民族出版社2005年版,第116页。
⑥ 梁庭望、罗宾译注:《壮族伦理道德长诗传扬歌译注》,广西民族出版社2005年版,第114页。

样行？"① 如果"欺压忠厚者"，那更是"天地也不容"②。因为这是有违天命的事情，也是一种不仁的表现。

二、凝聚人心，促进国家认同

单个自然人是组成任何一个社会组织的最基本的细胞，无论这个组织是一个家庭，还是一个政治共同体。传统中国是一个家国同构的政治共同体。在家国同构的政治环境中，治理国家势必兼顾家国两端，从个体着眼强调修身，从家庭着眼强调齐家，从执政着眼则强调治平，从而达到社会人与政治人的自治，国家与社会的内在伦理逻辑的平衡。由此，强调壮族政治伦理的价值取向之二在于强化政治共同体的合法性，其目的更在于凝聚人心以促进国家认同。

凝聚人心，首要是强调仁，厚仁载物。仁意味着人们，即"两个人"或社会中的人。③ 从人与人之间的关系来看，仁强调爱人。人与人之间所构成的各种社会关系如果以仁作为行为准则，无论是父母、夫妻、兄弟、姒娌还是邻里之间，人世间将是一个美美与共的世界。从人与国家的角度来看，作为国家的微观单元，则强调统治者要爱民，施行仁政，唯有"天下同享太平，黎民百姓才像土司一样享福，做土司的才成为土司，当皇帝的才成为皇帝"④。如果帝王"嫔妃拥在后，白银烂在仓"，天天过着荒淫无度、穷奢极欲的生活，如果政府官员十羊九牧却天天想着横征暴敛，"做官忘国事，掌印不为民。妻妾陪下棋，淫乐度光阴。倘若六畜少，心机他用尽。养肥众官人，今生享不尽。"⑤ 而"穷人操碎心"，"无一天得闲"，"养肥猪牛羊，为他添利钱"，"种地不得吃，墨面菜当餐"，"饥肠软如蒙"，"深夜泪沾裳"，"辛

① 农敏坚、谭志表主编：《平果嘹歌·新歌集》，广西民族出版社 2005 年版，第 321 页。
② 梁庭望、罗宾译注：《壮族伦理道德长诗传扬歌译注》，广西民族出版社 2005 年版，第 123 页。
③ 夏光：《东亚现代性与西方现代性：从文化的角度看》，生活·读书·新知三联书店 2005 年版，第 137 页。
④ 张声震主编：《布洛陀经诗译注》，广西人民出版社 1991 年版，第 498 页。
⑤ 梁庭望、罗宾译注：《壮族伦理道德长诗传扬歌译注》，广西民族出版社 2005 年版，第 113 页。

苦不如人"。①这肯定有违仁政。因此，"人们当醒悟"，尤其是掌权者须为民考虑，而不能"各自打算盘"。如果"富人吃不完"，而穷人势必会追问"活路在何方"。面对残暴统治，包括壮族在内的各族人民自然是"积恨诉不完，知者明我冤。虽然同祖宗，理不通当反。猛虎扑京城，东京人震撼。越想越有气，天理在何方?!"②

　　凝聚人心，另外一方面就是强调义，重义轻利。自古以来义利即存在着冲突，因而古人也在强调不能见利忘义，否则，轻者身败名裂，重者国破家亡。从执政的角度来看，最大的义莫过于兴天下利，用今天的术语来说，即国家利益或者公共利益。但是，在任何政治共同体中，都存着小利与大义的冲突。传统中国强调忠孝为本，壮族也不例外。在壮族历史上就存在着众多本着"义以为上"、"兴天下利"的英雄人物与事迹。例如瓦氏夫人，她本为明代田州府指挥同知、田州岑氏第十三世土官岑猛之妻（妾），在丈夫和儿子（岑邦彦）被诬反叛先后含冤遇害、孙子（岑芝）应朝廷征召阵亡之后，深明大义，力排众议，应诏代替年仅6岁的重孙岑大寿率领田州俍兵赴江浙抗倭，为国立下了卓著的功勋。③在这一事例中，从政治道德的角度来看，对瓦氏和田州民众而言，在岑猛与岑邦彦被诬遇害事件中，朝廷没有就流土纠纷尽到明察秋毫的国家义务，即为不义。这是其一。而且，在瓦氏丈夫、儿子均去世的情况下，重孙尚年幼，朝廷依旧征调俍兵出战，于情于理，实属不仁。这是其二。此外，在抽调壮族俍兵方面，由于明朝中后期卫所窳败，朝廷军队战斗力羸弱不堪，如有重大军情，朝廷一般都征用俍兵。但是朝廷却要求俍兵自己负责粮草或者配备给俍兵的军饷低于政府军队。如此差别对待显然也是朝廷之不义。须知壮族地区虽然为稻作地区，但是毕竟是自然环境恶劣，且耕地面积少。加上频繁征调俍兵，势必影响农业生产，进而影响人民的生活，如此看来，无论是对于壮族土司还是壮族人民，都是

---

① 梁庭望、罗宾译注：《壮族伦理道德长诗传扬歌译注》，广西民族出版社2005年版，第113—114页。
② 梁庭望、罗宾译注：《壮族伦理道德长诗传扬歌译注》，广西民族出版社2005年版，第116页。
③ 黄明标：《瓦氏夫人研究》，广西民族出版社2008年版，第207页。

不义。这是其三。但是，朝廷在无人可依、无兵可战、无计可施的情况下，为了东南沿海的安定，也唯有抽调俍兵进行抗倭。由此观之，朝廷与瓦氏之间及俍兵之间存在着多种小利与大义之间的冲突。然而，不管是瓦氏夫人还是壮族俍兵，面对朝廷对待他们的种种不义，仍然能以忠为上，以大义为先，即本着兴天下利的原则，凝聚人心，抗击倭寇，收拾破碎山河。

三、建构秩序，维护社会稳定

任何社会若要维持社会稳定，都需要建构一定的社会秩序。传统中国社会是一个家国同构的熟人社会，在壮族地区也不例外，而且，特征更为明显，持续的时间也更为久远。因此，壮族政治伦理的价值取向之三在于建构秩序以维护社会稳定。而建构秩序在家国同构的时代则需要从家庭与国家两个方面着眼。从社会秩序的形成与运行来看，家国同构时代的社会秩序可以区分为家庭内部的运作秩序与国家公权力运行秩序。而家庭秩序又可以区分为家庭生活秩序与生产秩序。

从家庭内部的运作秩序来看，其前提是要组成家庭。就家庭形成与发展的视角来分析，家庭的核心组成部分为夫妻，上至父母，下至儿女。随着儿女的成家立业进而分家析产，经过多年的繁衍即成为家族。因而，家庭关系的内核是夫妻关系、父子关系，进而是外围的邻里关系，并由此形构出一种礼法秩序的差序格局。就夫妻关系的形成而言，壮族青年男女可以通过"以歌传情"，但是自由恋爱的同时并不排斥传统的结婚秩序。男女双方在确定了"妹人品高不高"、"妹孝顺不孝顺"、"重担是否帮人挑"、"哥手艺有几招"、"哥是否睡懒觉"、"是否同人发牢骚"[1] 等人品、能力方面的素质之后，依旧需要经过"父母之命，媒妁之言"，符合"生辰八字"等婚姻礼俗方面的实质性要件和程序性要件。否则，壮族青年男女纵然"虽然有情意"[2]，但是"心想结交也不能"[3]。从今天的视角来看，这固然存在着封建愚昧的一面，但是，从大历史的视野来看，不可否认，这一套婚姻礼俗却建构出有序

---

① 农敏坚、谭志表主编：《平果嘹歌·恋歌集》，广西民族出版社 2005 年版，第 56 页。

② 农敏坚、谭志表主编：《平果嘹歌·恋歌集》，广西民族出版社 2005 年版，第 103 页。

③ 农敏坚、谭志表主编：《平果嘹歌·恋歌集》，广西民族出版社 2005 年版，第 101 页。

的结婚秩序，从而确保了壮族人民的生生不息，也符合传统齐家政治伦理的要求。就家庭生产秩序而言，壮族那文化中形成了"勤劳是头条"、①"双手造甘泉"②的观点，认为在耕作环境艰苦的壮族地区唯有勤耕苦种才能过上美好的幸福生活。因此，每年的"二三月到了交春，人们都早起，初春杜鹃啼，仲春蝉虫鸣，杜鹃啼催犁耙田，蝉在草丛中鸣叫催播种，蝴蝶飞舞催运肥"③。哪怕是在春节期间，壮族人民也是"到初三初四，吃饭在田间"④。这完全有别于其他少数民族"从正月初一起，七天内不出工种地"⑤。壮族人民在勤劳的理念支配下，哪怕是"父母无田地"，哪怕是"家贫无寸土"，只要勤劳，能够"每日斗黄土"，"功夫不放闲"，"十月寒冬到，入山垦新荒"⑥，也可能"开路找财源"，实现"穷途又变通"。因为在山区开垦出来的土地哪怕不能种植水稻，也可以种植玉米等杂粮，这也足以维持生存。总的来说，无论贫富，壮族人民的观念认为只有"勤俭持家忙"才能实现"枯藤结甜果，家贫变小康"的结果。如果说勤俭是维系家庭生产秩序的必须要件，那么它并非充分必要条件。勤俭的对立面是懒惰，是奢侈。因此，维系家庭生产秩序在强调勤俭的同时，还需要谴责懒惰，因为懒惰在背离了勤劳美德的同时，更有可能损害到社会生产秩序。在这方面，壮族地区流行着诸多民间故事，例如《懒汉仔》⑦。可以说，壮族人民热爱勤劳、厌恶懒惰风气已经渗入骨髓血液。

从国家公权力的运行秩序来看，由于传统中国是一个礼法社会。因此，从政治伦理的价值取向来看，国家公权力势必要求在社会层面上隆礼重法，

---

① 梁庭望、罗宾译注：《壮族伦理道德长诗传扬歌译注》，广西民族出版社 2005 年版，第 119 页。

② 梁庭望、罗宾译注：《壮族伦理道德长诗传扬歌译注》，广西民族出版社 2005 年版，第 121 页。

③ 张声震主编：《布洛陀经诗译注》，广西人民出版社 1991 年版，第 294—295 页。

④ 梁庭望、罗宾译注：《壮族伦理道德长诗传扬歌译注》，广西民族出版社 2005 年版，第 183 页。

⑤ 段兴龙：《论湘西苗族传统伦理及其现代价值》，中南大学 2007 年硕士论文，第 32 页。

⑥ 梁庭望、罗宾译注：《壮族伦理道德长诗传扬歌译注》，广西民族出版社 2005 年版，第 120—121 页。

⑦ 参见广西壮族自治区编辑组、《中国少数民族社会历史调查资料丛刊》修订编辑委员会：《广西壮族社会历史调查》（二），民族出版社 2009 年版，第 72 页。

维护社会稳定。就壮族地区而言，壮族是一个稻作民族。牛对于壮族人民来说是一种重要的财产。因此，壮族人民认为不能偷盗，尤其是偷牛。没有了牛，势必影响农业生产，进而影响到了家庭生计，破坏社会稳定。从这个角度来看，壮族人民认为偷牛会引发严重的后果，"牵得大牛走，引出阎王来。"哪怕是一般的偷鸡摸狗，"专靠抢靠偷，一生不到头。骗些不义财，富贵何处有？他家有灶王，报神祸临头。见几个贼头，空剩两只手。"① 因此，在壮族民歌中，人们认为一个人"行为要端正"，②"安分走正道"，③"莫要行不义"，④ 否则，"邪路不回头，悬崖不勒马"，就会"丑名传天下"⑤。在一个熟人社会当中，一个人没有信誉，将无法立足，更遑论成家立业。哪怕是已经成家，也有可能导致家庭解体。

第二节　壮族伦理思想对现代民主政治建设的价值

现代民主政治的构建是形成中国特色社会主义和谐社会的必要条件之一。对于我国这个统一的多民族国家而言，边疆稳则国家安，而这安稳和谐的局面离不开人们对于国家政治文化的认同及对国家政治文化所构建的秩序的认可与维系。因此，现代民主政治的建设既需自上而下的主流政治文化的洗礼，也需要自下而上的多元民族文化政治取向的融合。这就需要我们依据中华民族多元一体格局的理论框架，以及现代政治文明衍生于古典政治文明，而又始终是在现代民族国家的架构中发生作用的理论前提，探讨和发掘壮族伦理思想对于我国现代民主政治建设的价值，以增强超越于具体民族之

---

① 梁庭望、罗宾译注：《壮族伦理道德长诗传扬歌译注》，广西民族出版社 2005 年版，第 123 页。

② 梁庭望、罗宾译注：《壮族伦理道德长诗传扬歌译注》，广西民族出版社 2005 年版，第 122 页。

③ 梁庭望、罗宾译注：《壮族伦理道德长诗传扬歌译注》，广西民族出版社 2005 年版，第 119 页。

④ 梁庭望、罗宾译注：《壮族伦理道德长诗传扬歌译注》，广西民族出版社 2005 年版，第 186 页。

⑤ 梁庭望、罗宾译注：《壮族伦理道德长诗传扬歌译注》，广西民族出版社 2005 年版，第 114 页。

上的国家认同，培养民族共性，使民族认同与国家认同相辅相成，使现代民主政治建设更具有民族包容性和国家整体性。

一、增强民族认同与国家认同

（一）民族认同与国家认同的关系

关于民族与国家的关系，吴文藻先生认为："民族乃一种文化精神，不含政治意味，国家乃一种政治组织，备有文化基础。民族者，里也，国家者，表也。民族精神，实赖国家组织以保存而发扬之。民族跨越文化，不复为民族；国家脱离政治，不成其为国家。民族跨越文化，作政治上之表示，则进为国家；国家脱离政治，失政治之地位，则退为民族"；"故民族性不应视为政治上之观念，必视为文化上之观念。"[①] 这段话表明民族与国家是一个表里关系，民族文化应该在国家的范围内得到弘扬与保护，并构成国家的文化基础，但是国家与民族又各自有着相互独立的范围。民族之于文化，国家之于政治，这是民族与国家最重要的活动舞台。二者如果越出了各自的范围，将出现民族进化为国家或者国家退化为民族的局面。由此观之，民族应该从文化层面上阐释，国家则主要从政治层面上统摄。在一个多民族国家，民族认同与国家认同相颉颃，存在着诸多的复杂面相，存在着冲突论、替代论与共生论等观点。

冲突论者认为多民族国家内的民族认同会形成一种疏离意识，造成去中心化的负面影响，挑战甚至否定国家认同。当前的主要国家形式大多数为多民族国家，而大多数民族也为跨界民族。由此形成的次国家认同（即国内民族认同）或者跨国认同（如跨界民族认同）都有可能影响族际关系，消解国家认同，激发社会矛盾，威胁国家安全。美国著名政治学家塞缪尔·亨廷顿（Samuel Huntington）在其作品《我们是谁？美国国家特性面临的挑战》中即持类似观点。替代论者认为由于民族总是隶属于国家，作为个体的民族生活在国家的整体范围之下。作为更大范围的国家认同足以囊括民族认同，因此无须强调所谓的民族认同，只需要明确国家与公民的身份即可。在

---

① 吴文藻：《吴文藻人类学社会学研究文集》，民族出版社 1990 年版，第 26、36 页。

今天，人民的身份应该从过去帝国框架下的臣民向民族国家框架下的公民转变，因为现代意义上的民族是在国家出现以后才形成的，换而言之，民族只是一种想象的共同体。美国学者安德森即持类似的观点。综合两种论断，我们即可发现，二者实际上都不足以解释中国的民族问题。冲突论强化了国家认同与民族认同的对峙性，容易引发民族分离主义。替代论则突出了国家主义的立场，是大民族主义的一种体现，不利于民族团结。而根据金志远先生的研究，在认同主体、客体、目的和依据等方面，国家认同与民族认同是存在着明显区别的。从认同主体的区别来看，民族认同主要侧重于本民族群体，国家认同侧重于整个国家。从认同客体的区别来看，民族认同主要是从经济文化、社会权利等角度而谈，国家认同不仅包括以上内容，同时还涉及国家政权、主权、社会制度等，有较强的政治色彩。从认同目的区别来看，国家认同具有政治目标，而民族认同只有文化目标。从认同依据的区别来看，国家认同往往依赖于国家所拥有明确的疆域和居民数量、主权范围和历史档案或记录等比较准确的、可考证的数据，而民族认同往往依赖于体质体貌特征、记忆、血缘纽带和历史文化传统等要素。[1]"当民族身份对个体不再具有任何价值时，中国就进入了一个更加美好的社会。"[2]但公民化在当下的国情背景下，将是一个比较漫长的过程。在现阶段，鉴于国家认同与民族认同不可能相互替代，且可能存在潜在冲突，强调二者之间的共生共存不失为一个次优的选择。

（二）民族认同与国家认同在壮族文化认同中共生共存

不可否认，壮族作为我国人口最多的少数民族，它是一个自在自觉的民族，有着自己的民族意识，当然也有着基于壮族人种的体质、体貌、特征、血缘纽带，以及关于壮族人文始祖布洛陀等方面的传说以及各种民族历史文化传统。然而，"民族的始祖笼罩在神圣和神秘中，并以神话的形式加以赞颂。在民族成员的心目中，始祖是民族的标志。而实际上，任何民族的始祖都是虚构的，其原型可能就是氏族或部落的首领。民族的形成是多血缘

---

[1]　金志远：《论国家认同与民族（族群）认同的共生性》，《前沿》2010年第19期，第129—130页。

[2]　都永浩：《论民族的观念性》，《黑龙江民族丛刊》2010年第2期，第28页。

混杂的结果，单一的血缘只能作为氏族、部落的依据和基础，早已和民族的内涵和本质无关。"① 始祖传说其最大的作用无非在于形成一种社会记忆和相关的文化传统。就社会记忆与文化传统而言，这些内容都属于观念性层面上的东西。都永浩研究员认为："民族的本质是观念性的，是观念性或精神的实体，它的依据是对神圣的、不可分割的始祖、同一血缘的崇拜和笃信。民族是不可怀疑和不可论证的，因为民族的原则一旦被怀疑、被论证，民族便不复存在。"② 这段话表明，民族是一个自然形成的实体，而非想象的共同体。如果一个民族没有神圣的、不可分割的始祖，没有同一血缘的崇拜和笃信，自然难以在论证方面取得共识。在这方面，一个民族的民族博物馆，尽管是一个地方博物馆，也往往会摆放着该民族的历史圣物，而向世人叙述着该民族的历史发展过程以及它的社会历史文化。还必须指出的是，一些民族有类似的传说，也存在此类的崇拜，但是，从考古学的角度来看，未必真正支持一处始祖遗迹。就此而言，位于广西壮族自治区百色市田阳县百育镇敢壮山上的布洛陀遗址和位于百色市右江区迎龙山上的右江民族博物馆，通过各种陈列物讲述壮族的历史源头、社会文化等方面的内容唤起人民的情感，形成民族认同。在壮族的社会文化方面，最值得一提的就是壮族的歌圩及歌谣文化。在壮族歌谣中所歌唱的内容恰恰反映了壮族人民对于美好生活的追求，其背后恰恰又与国家的道德生活保持着高度一致。就这一点而言，从前述第十章诸多来自《传扬歌》的引文即可看出。

从社会进化的角度来看，人首先是一个自然人，他必然拥有属于自己群体的血缘族群的身份。这种与生俱来的身份呈现出基础性的特征，同时也是首要的。但是，除了自然属性，人还有社会性的一面。而且，社会文化属性会持久地浸染人的自然属性，这也使得人作为一种历史性的存在。在传统中国，壮族世居岭南，但是长期接受中原文化，在历代王朝德治教化的熏陶下，壮族的社会文化属性与国家的主流意识形态保持着高度的一致性，在共同的文字（汉字）、政治仪式（天地君亲师的结构性权力）、文化符号（文庙等）与国家权力中心形成结构性联系，使得壮族自觉地认同于国家权力中心

---

① 都永浩：《论民族的观念性》，《黑龙江民族丛刊》2010 年第 2 期，第 27 页。
② 都永浩：《论民族的观念性》，《黑龙江民族丛刊》2010 年第 2 期，第 23 页。

的边缘和国家权力中心的拱卫地位。由此观之，从历史发展的角度去看，历代王朝借助制度和规范的力量促进壮族的文化认同，在传统中国的历史长河中，壮族逐渐融合、形成共同的道德生活规范、民族精神和伦理价值体系。使得壮族在民族认同、国家认同与文化认同内在属性方面存在着逻辑上的自洽性。从整个中华民族来看，这种多元一体的民族文化格局进而奠定了中国国家认同的历史基础。

"社会联合一直是社会组织的基础。"① 作为国际法上最重要的主体依旧是国家，而非民族。正如英国学者鲍伯·杰索普（Bob Jessop）指出的："在当前全球化的以知识为基础的经济当中，民族国家仍然重要，它不是正在消亡，而是正在被重新想象、重新设计、重新调整以回应挑战……"② 从这个角度出发，当文化中国向政治中国完成转变的时候，强调国家认同实际上成为一国公民最基本的政治认同。为了保持国家的安全和统一，为了维护社会的和谐与稳定，在全球化的时代，我们更应该夯实国家认同的基础，而非强化民族认同。强化次国家认同只会削弱国家能力。但是民族认同又切切实实存在。那么，该如何处理二者的关系呢？

在传统中国，民族认同与国家认同在壮族文化认同中共生共存。这一历史经验以及当前的国际环境表明，我们依旧应该强化国家认同。否认了这一点，实际上就是无视中国近现代历史长达一百五十年的革命历程，抹杀了无数仁人志士为了赢得民族独立所做出的历史功绩。但是民族与国家一样，不会在短时间内消亡。因此，最合理的选择就是将国家认同置于民族认同之上，而不能将二者颠倒过来。进而，在文化认同方面，"应该通过构造中华民族文化共同的文化基础和文化象征符号的重建，增加民族认同与国家认同的重叠内容，以形成统一的中华民族共同体。"③ 正如本书研究所梳理的壮族政治伦理中的各种思想与儒家修齐治平的思想存在一致性一样，文化融合得

---

① ［美］帕西克：《文化的国际关系理论：需要拓展》，载于拉彼德、克拉托赫维尔：《文化和认同：国际关系回归理论》，金烨译，浙江人民出版社 2003 年版，第 141 页。

② ［英］鲍伯·杰索普：《重构国家、重新引导国家权力》，何子英译，《求是学刊》2007 年第 4 期。

③ 韩震：《论国家认同、民族认同及文化认同———种基于历史哲学的分析与思考》，《北京师范大学学报》（社会科学版）2010 年第 1 期，第 106—113 页。

越深，文化认同与国家认同中的共识部分就越大。壮汉之间的文化共同性就会大于差异性，尽管文化的表现形式可能不一样，例如汉族也许是通过书写的方式来传承修齐治平思想，而壮族是通过歌唱的方式来传承。综上所述，我们必须在历史进程和历史空间中形成和增加中华民族多元一体的共同性，而非各民族的"他性"和差异，在多元一体的格局中促进壮族对国家公民身份的认同。①

二、促进从政道德建设

传统儒家学说强调"内仁外礼"。在儒家学说上升为国家的意识形态之后，历代王朝遵循"德主刑辅"的治国方略，以德治国，重视道德教化，无论是在国家的权力中心还是帝国的边陲，都形成了天地君亲师的结构性联系。儒家的修齐治平思想在国家的中心以及边缘沁入人心，尽管表现形式不一。具体到政治领域，"为政以德"成了重要的施政方略。在传统社会，"以民为本"是"为政以德"的思想根本，"德主刑辅"是"为政以德"的思想主线，"修身为本"是"为政以德"的逻辑起点。对于包括壮族人民在内的普通老百姓而言，最大的德无非就是贯彻儒家所倡导的民本学说，施行仁政。在前述第十章中在壮族政治伦理之治平思想中，我们已经有了具体的分析。但是，我们必须指出，"为政以德"的思想是文化中国时代的执政方针，其政治目的是服务于封建统治阶级的，是封建社会时期的政治遗产。历史唯物主义的观点认为，我们应该以一种既批判又继承的态度对待各民族的历史文化，尤其是传统伦理道德，"剔除其封建性的糟粕，吸收其民主性的精华"②。而从道德生活史的角度来看，任何一种道德的形成都有其历史源头。社会主义伦理道德则是在传统伦理道德的精华部分进行继承和发展形成的。因此，在今天，重新梳理壮族伦理思想对于从政道德建设，具有特定的时代意义。

在人民主权的中国，为人民服务成为了执政和从政的最根本宗旨。关于对权力价值的认识也有别于封建社会。但是，在社会转型期，尽管已经没

---

① 关凯：《族群政治》，中央民族大学出版社 2007 年版，第 85 页。
② 《毛泽东选集》第二卷，人民出版社 1991 年版，第 707—708 页。

有封建社会时期的"屠毒天下之肝脑"、"敲剥天下之骨髓"的残暴统治，但是公权力肆意侵犯公民权利的事例依旧时有发生，腐败的问题却较为突出。贪污腐败尽管没有直接"夺其食"、"竭其力"，但是人民"不得不怒"、"不得不怨"①，因为这最终是侵犯了人民的利益。因此，从贪腐行为的指向来看，都是指向了普通老百姓，只不过在传统中国，这个行为的后果可能由君主来负责，而今天则是执政党。古代强调为政以德，遵循德治教化官员和百姓。但是，在今天，"为政以德"则要求必须以德治党，以德治政，尤其是注重官员的道德建设。从人的社会属性来看，人要求全面发展。而全面发展的首要基础则是道德。一个人如果没有道德，不受社会伦理的约束，他的才能越大，权力越大，潜在的社会危害性就越大。

因此，为官者，他不仅代表上级政府来行使公权力，同时他还是人民的公仆，努力做到"掌印为民"②，"办事要公正"，"善恶要分明"。③ 如果官员"掌印不为民"④，"道理不讲"、"满嘴胡言"而"只会多要钱"⑤，"百姓最可怜"⑥。可怜的普通老百姓长久受到欺压，就会"越想越有气"，追问"天理在何方"⑦，社会上自然会形成一种反抗的怨气，甚至是戾气。对于气，我们不可以仅仅把它理解为"中国人在人情社会中摆脱生活困境、追求社会尊严和实现道德人格的社会行动的根本促动力"和"融会了本能和理性、道义与利益的激情"⑧，还可以把它理解成为"现实性社会冲突与非现实性社会

---

① 夏勇：《中国民权哲学》，生活·读书·新知三联书店 2005 年版，第 15—16 页。

② 梁庭望、罗宾译注：《壮族伦理道德长诗传扬歌译注》，广西民族出版社 2005 年版，第 113 页。

③ 梁庭望、罗宾译注：《壮族伦理道德长诗传扬歌译注》，广西民族出版社 2005 年版，第 111—112 页。

④ 梁庭望、罗宾译注：《壮族伦理道德长诗传扬歌译注》，广西民族出版社 2005 年版，第 113 页。

⑤ 梁庭望、罗宾译注：《壮族伦理道德长诗传扬歌译注》，广西民族出版社 2005 年版，第 222 页。

⑥ 梁庭望、罗宾译注：《壮族伦理道德长诗传扬歌译注》，广西民族出版社 2005 年版，第 113 页。

⑦ 梁庭望、罗宾译注：《壮族伦理道德长诗传扬歌译注》，广西民族出版社 2005 年版，第 116 页。

⑧ 应星：《"气"与抗争政治：当代中国乡村社会稳定问题研究》，社会科学文献出版社 2011 年版，第 217 页。

冲突融合在一起的一种状态，是人对最初所遭受到的权利和利益侵害，而后这种侵害又上升为人格侵害时进行反击的驱动力，是人抗拒蔑视和羞辱、赢得承认和尊严的一种人格价值展现方式"[①]。当气积累达到一定程度[②]，老百姓就会觉得"理不通当反"，在时机成熟的时候，积恨就会爆发，百姓就会"猛虎扑京城"[③]，武力推翻政府，通过革命建政的方式重新选择公权力的代表。如果为官者安于本职工作，努力做到"掌印为民"[④]，于人民有功，这才是最大的政绩。如果无功于人民，当权者却又是"人心总不足……专往高里攀"，觉得"享福嫌不够，日夜梦黄粱"，[⑤] 违反党纪国法的事情也就不可避免地发生了。由此观之，"做官忘国事，掌印不为民"的道德谴责无论是在古代的封建社会还是在今天社会主义社会，它的道德规劝依旧有着重要的社会影响力，这应该是壮族传统伦理思想遗留给我们的宝贵财富。但是，从另外一个角度来看，我们也不应该夸大这方面的作用。因为传统的壮族伦理思想所展现出来的修齐治平的内核与传统儒家文化一样，都是基于性善论为逻辑起点，通过修身律己可以达致完美的道德彼岸。实际上这是一种道德万能的论调，体现出了道德理想主义的空想性。我们承认道德的作用，也承认道德的重要性。但是，在强调道德自律的同时，更为重要的是建立健全道德他律机制，即德治离不开法治的保驾护航。如果说传统社会体现出的是"德主刑辅"的治国方略，那么在今天，法治与德治应该齐头并进才能确保从政以德，确保官员明德、立德、守德、行德、养德、律德、严德、崇德、扬德、重德，执法为民。

---

① 应星：《"气"与抗争政治：当代中国乡村社会稳定问题研究》，社会科学文献出版社 2011 年版，第 16 页。
② 应星教授认为气一般经由"气的凝聚"、"气的初始释放"、"气的再次加压"、"气的导引"、"气的失控"五个阶段。具体详阅应星：《"气"与抗争政治：当代中国乡村社会稳定问题研究》，社会科学文献出版社 2011 年版，第 219—220 页。
③ 梁庭望、罗宾译注：《壮族伦理道德长诗传扬歌译注》，广西民族出版社 2005 年版，第 116 页。
④ 梁庭望、罗宾译注：《壮族伦理道德长诗传扬歌译注》，广西民族出版社 2005 年版，第 113 页。
⑤ 梁庭望、罗宾译注：《壮族伦理道德长诗传扬歌译注》，广西民族出版社 2005 年版，第 113 页。

三、弘扬爱国主义，维护国家统一

爱国主义主要表现为对祖国的忠诚和热爱，核心是对民族和国家的生存发展、繁荣兴旺等根本利益的关心与维护。[1] 爱国主义产生的前提是人们对于自己的生存、命运、情感与国家紧密联系的共同体认，因此在没有国家认同存在的情况下是没有爱国主义的。[2] 同时，爱国主义是民族之魂，是千百年来中国民族伟大复兴的精神支柱。因此，弘扬爱国主义，对于提高民族凝聚力，维护国家稳定和统一仍然至关重要。

自古以来，壮族人民和中华各民族人民在长期共同生活和社会实践中形成了对自己故土家园、民族和文化的归属感、认同感、尊严与荣誉感，体现为强烈的爱国主义精神。壮族人民这种深厚的爱国主义情感，在壮族悠久的历史文化中得到充分的体现。诸如，壮族人民对祖国、家乡的无比热爱的爱国主义精神在壮族许多民间歌谣及神话故事或民间传说都有反映。如在壮族地区流传的《侬智高的故事》讲述的是北宋时期壮族英雄侬智高率领壮族人民对频繁进犯我国的交趾王英勇抗击，打败了交趾王的故事。[3] 更为人们所赞颂并流传于壮乡各地的是瓦氏夫人抗倭的英雄事迹。相传在明朝嘉靖年间，在倭寇频繁侵扰我国东南沿海的民族危难之际，为了反抗外来入侵，年近花甲的壮族女英雄瓦氏（归顺州土官岑璋之女，田州土官岑猛之妻）主动请缨，亲自挂帅率领壮族子弟兵远征，重创倭寇，建立奇功。壮族许多独具特色的传统体育活动，也在不断地传承中成为了维系壮民族感情的纽带和表现爱国主义情感和民族团结精神的重要载体。如流行于红水河流域的蚂𧊅节是壮族民间一个规模盛大的传统节日，也是一次民族的隆重聚会，在蚂𧊅节期间，人们唱蚂𧊅歌、跳蚂𧊅舞，举行丰富多样的文娱体育活动，众多民族兄弟欢聚一堂，尽情抒发情感，表达美好愿望，沟通感情，增进了解，促进了民族团结，增强了民族凝聚力。[4] 这些流传至今的人物事迹和壮族习俗，既表现了人们的爱国主义情怀，又表现出爱国主义精神的强大凝聚力。

---

[1]　罗大文：《试析爱国主义的内涵、结构与功能》，《学术论坛》2006 年第 6 期，第 58 页。

[2]　张建军、李乐：《论国家认同与爱国主义》，《前沿》2013 年第 7 期，第 24 页。

[3]　胡仲实：《壮族文学概论》，广西民族出版社 1982 年版，第 61—63 页。

[4]　覃彩銮：《神圣的祭典——广西红水河流域壮族蚂𧊅节考察》，广西人民出版社 2006 年版。

当下中国正处于全面深化改革时期，各种社会矛盾交织在一起。这些社会矛盾既影响着我国的发展，又影响着民族凝聚力的提升。因此，充分弘扬具有深厚历史底蕴的爱国主义精神，对于维护国家的稳定统一和各民族的团结，在中国共产党引领下各族人民共同攻坚克难，实现中华民族伟大复兴之梦具有重要意义。

第三节　壮族伦理思想对现代民主政治建设价值实现的路径

在今天，关于壮族伦理思想的重新建构，以下几个维度是必须要考虑的，第一个维度是群体差异。群体差异既包括不同民族之间的差异，也包括本民族内的个人差异。总的来说，在这个问题上，爱己利他是一个行为的底线，既要热爱本民族也要热爱其他民族。这是基于人的自然属性的要求，也是社会属性的要求，因为个人总是在一定的社会关系中出生和成长，无法摆脱其既有的原生的群体性，更无法消除其社会属性，除非他像鲁滨孙一样漂流到一个孤岛上，与世隔绝。第二个维度是差异与共生的问题。当前不同的民族之间差异较大，但是又共生共存在祖国的大家庭中。因此，唯有加强民族之间的交流，才能在差异中寻找共识，在共识中达到共生的目的，实现美人之美，美美与共，观念中的民族才会消融。因此，如何继承、发扬、创新壮族伦理思想中的精华部分，既会影响着民族间的融合，又会影响由多民族构成的当代中国的民主政治的发展。探寻壮族伦理思想对现代民主政治建设价值实现的路径无疑对民族的融合、民主政治的发展有着不同寻常的意义。

一、弘扬壮族诚信精神，强政治诚信之根基

政治诚信即存在于政治领域中的诚信关系和现象，是政治主体用其诚实言行获得政治客体的相信、信赖、信托以建构和积累自己信用的过程。[①]政治诚信作为当代政治文明建设的基础及政治道德观的核心内容，它的发展对于现代民主政治发展起着关键性的作用。同时，政治诚信作为诚信体系的

---

① 姜正冬：《政治诚信涵义和内容刍议》，《理论学刊》2003 年第 5 期，第 118 页。

一个组成部分，它的发展既受诚信体系本身的状况束缚，同时，又会对诚信体系的构建起反作用。壮族伦理思想表现出强烈的价值取向，要求人民养成良好的道德，其核心要义则是要求人们注重诚信精神的培养与坚守。伴随着市场经济的发展，市场诚信的重要性日益凸显。但是，市场诚信并不能支撑起诚信大厦的脊梁，因为市场经济本身有其难以克服的弊端，即市场失灵现象。在整个诚信体系中，政治诚信的作用则显得尤为重要。因为，社会是一个复杂的系统和过程，政治实际上是一个社会统治或管理过程，因此政治诚信也必然会以全部社会过程为背景显示出自己的作用。这主要表现在：首先，它是社会政治统治的起点。其次，它是社会稳定的基石。① 由上可知，弘扬壮族诚信精神，对于政治诚信的发展和完善至关重要。具体实现路径如下：

首先，加强至上而下的宣传机制，打造人人知晓、人人认可、人人行动的良好氛围。第一，通过将壮族伦理思想中诚信精神包装成公益广告类形式在电视及网络媒体界推广，营造家喻户晓的情境。第二，借助企事业单位的宣传部门，大力宣传壮族伦理思想中的诚信精神。尤其是在小学、初中、高中、大学等教育单位的宣传教育，即通过课堂、学生社团活动、展报、板报等形式进行的宣传教育，加强青年人的诚信意识的培养。第三，借助短信服务平台，地铁、出租车或公交车等交通工具的宣传平台，报纸、杂志、书籍等途径，通过宣传朗朗上口、通俗易懂的壮族伦理思想中诚信精神的精美字句或者图片、语音、视频等方式，加强社会人士对壮族伦理思想中诚信精神的认识、认可、理解、接纳，进而养成良好的诚信习惯，形成良好的道德品质。

其次，构建一定的激励机制，为更多的人们愿意接受、愿意改变、愿意养成诚信精神保驾护航。第一，可通过问卷调查或者随机走访的方式，在壮族聚居区域或更大范围内开展一次民意抽查活动，了解人们对于壮族伦理思想中的诚信精神的态度及认知，然后以数据的方式将其量化处理，以更好地把握人们对于壮族伦理思想中的诚信精神的认知现状。第二，在国内外寻

---

① 姜正冬：《政治诚信涵义和内容刍议》，《理论学刊》2003 年第 5 期，第 119 页。

找有关伦理学方面的知名专家，形成专家咨询小组，并将数据化处理的壮族伦理思想中的诚信精神的认知现状反馈给专家们。通过专家们对于壮族伦理思想中的诚信精神的认知现状的解读，尤其是针对不足之处的改进方案，有关部门可以制定既能拥有民意基础，又能确保科学性的量化引领指标，即结合壮族伦理思想中的诚信精神所构建的量化、科学的诚信评价体系，进而借助该体系组织开展一些讲诚信的评比活动，对于活动中表现优秀的人给予一定的物质奖励或者精神奖励，以激发更多的人行动起来。

二、承壮族从政道德建设，拓为民服务之底蕴

始于 20 世纪 80 年代的"新公共管理"运动倡导现代服务型政府改革。所谓"服务型政府"是指在公民本位、社会本位理念指导下，在民主制度框架内，把服务作为社会治理价值体系核心和政府职能结构重心的一种政府模式或曰政府形态。[①] 现代服务型政府的核心要义则是公仆理念。而这种理念不仅契合中国共产党"为人民服务"的政治理念，也与传统壮族伦理思想中的从政道德建设有异曲同工之妙，前者是一种政治理念，后者是一种历史经验积累中所产生的道德诉求。需要注意的是，理念的践行最终依赖行政人员。良好行政人格的形成和发展能够为服务型政府的构建提供道德支撑、伦理约束和意志支持。[②] 但是，行政人员作为社会中的一分子，他们自身也会有一定的利益需求，因此，如何培养行政人员个体良好的从政道德品质，构建健康的行政组织体系，以更好地服务于国家、服务于人民就显得尤为重要。具体而言，可从以下几方面努力：

首先，吸纳壮族从政道德建设思想中的精华部分，培植合理而科学的社会从政期待，以更好地促进服务型政府的构建及其持续健康地发展。第一，以文化为纽带，形成良好的现代从政道德思想。可由相关部门组织本部门录用、晋升、调任等流入性及流动性的行政人员到展示壮族从政道德思想

---

① 施雪华：《"服务型政府"的基本涵义、理论基础和建构条件》，《社会科学》2010 年第 2 期，第 3—4 页。

② 陈建斌、谭望：《行政人格与构建服务型政府的关系研究》，《上海交通大学学报》（哲学社会科学版）2009 年第 2 期，第 18 页。

的博物馆中进行观摩学习，诸如百色起义纪念馆、右江民族博物馆，通过讲述各种有关从政道德建设的陈列物的历史源头、社会文化等方面的内容唤起人民的情感，形成情感认同。第二，以大众媒介为载体，通过诸如前文所提到的深明大义，力排众议，应诏代替年仅六岁的曾孙岑大寿率领田州俍兵赴江浙抗倭，为国立下了卓著功勋的瓦氏夫人的英雄事迹的宣传，使更多的从政人员能够更为生动形象地感受壮族从政道德思想精华的现代价值所在，尤其是突出"以义为上"、"兴天下利"的整体利益观，促进为民服务的公仆理念的传播与推广。

其次，健全公务员管理制度，使行政人员的人格塑造不仅有品德的熏陶，更有制度的保障。第一，可借鉴壮族从政道德思想的精髓、历史背景、英雄人物及事迹等方面的内容，合理插入部分内容于行政人员的录用考试、理论培训等常规管理活动形式之中，加强行政人员从政道德建设，提升其行政人格。第二，搭建模范行政人物评比平台，以促使行政人格的培养呈持续发展势头。比如，将当下涌现出良好行政人格的行政人员事迹与具备良好壮族从政道德思想的壮族历史人物进行比较，使更多的行政人员感受到服务型政府公仆理念的历史渊源，同时，促使更多的行政人员以此为榜样，提高自身的行政人格。第三，健全行政人员公仆行为的激励机制。通过借鉴壮族从政道德思想形成的社会基础，形成科学合理且受民众认可的行政人员公仆行为表彰机制，对于各行政单位中涌现出的优秀先进分子的良好行政人格给予一定的物质奖励及精神奖励。

三、抒壮族秩序建构情怀，助政治稳定之维持

社会发展是经济、政治、文化三要素全面进步的历史进程和系统工程。[①]21 世纪以来，我国社会主义市场经济不断发展，并取得显著进步。但是，市场经济中的不良现象，尤其是因利益熏心而产生的恶劣违法乱纪行为仍然大量存在，这些负面现象的存在既影响着我国社会的发展，又激励着我国社会的完善。因此，市场经济要求政治发展与之相适应。市场经济要求政

---

① 杨超：《转型时期中国政治发展中的政治稳定机制》，《理论探讨》1999 年第 4 期，第 20 页。

治运行机制具有容纳、疏导、控制和调适利益矛盾和冲突的能力。经济运行依靠民主化法制化的轨迹运行并向前推进。这些要求是现有政治运行机制难以充分满足的，必须以政治改革求得政治发展，满足市场经济的要求。① 发展与稳定之间呈相辅相成的关系，稳定是发展的前提和基础，发展是稳定的保障。任何一个国家都会面临发展与稳定之间关系的处理，作为处于社会转型期的中国，更需要采取以民主化为基本取向的政治体制改革，并将其与政治稳定有机地结合起来。② 壮族伦理思想中的秩序建构情怀有其特定的思想基础，借鉴它的社会基础对于我们维护国家的政治稳定，促进民主政治建设具有重要意义。具体如下：

首先，借鉴壮族秩序建构方式，构建当下的政治秩序观，以更好的促进我国健康持续的发展。第一，强调在我国仍处于社会构成基本单元——家庭和谐的重要性。借鉴壮族伦理思想中的秩序观，尤其是以夫妻关系为核心，以父子关系、邻里关系为延伸，由此，构建出一种礼法秩序的差序格局，打造家庭的民主、和谐、有序的文化氛围及行为方式。第二，对于当下中国而言，基层稳则社会稳。因此，重点抓好基层社会秩序建构，尤其是通过民主恳谈会、民主听证会、村务公开报栏及走访座谈等形式，广泛征求党员、村民代表、群众的意见和建议，将广大村民们关于社会秩序建构的认知及壮族伦理思想中的秩序建构方式相比较，通过壮族伦理思想中有效、积极的秩序建构方式的采纳和借鉴，诸如便于识记的民歌、民谣、民谚的传播，将政治稳定的构建与维护不仅依赖于上层政治，更依赖于下层政治的支撑，以更好维护我国当下的政治稳定，为我国更好地发展营造良好的环境。

其次，健全利益矛盾协调机制。矛盾的产生归根到底源于人们相互之间的利益冲突。人们对于利益的追求是政治发展的直接动力。③ 第一，大力宣传壮族人民热爱勤劳、厌恶懒惰的情怀。诸如，壮族人民的观念认为只有"勤俭持家忙"才能实现"枯藤结甜果，家贫变小康"的结果。同时，对于

① 臧乃康：《论市场经济过程中的政治稳定与政治发展》，《求实》1993 年第 4 期，第 2 页。
② 王振耀：《中国政治发展战略选择论纲：在稳定状态下推进政治体制改革》，《科学社会主义》2007 年第 4 期，第 66 页。
③ 王中汝：《利益表达与当代中国的政治发展》，《科学社会主义》2004 年第 5 期，第 39 页。

懒惰、奢侈的行为，给予谴责，如上述，这方面很多都体现在壮族的歌谣、传说故事等民间文学以及壮族生活生产习俗等多种文化形态中。可以说，壮族人民热爱勤劳、厌恶懒惰这种风气已经渗入他们的骨髓血液。第二，完善社会不同层次之间的良性流动机制。壮族人民的秩序情怀朴实地表现在对待勤劳与懒惰的态度上，但是，就当下中国而言，如果没有健全的社会阶层流动机制，就会出现勤劳而无法改变命运的状况，社会固化进而使得人们对于一些积极、向上的秩序规则熟视无睹。因此，通过法律法规、规章制度、组织规则、监督机制等方式的联动机制，构建出良性的社会阶层流动机制，才能促使有着不同自身利益群体的民众有着明确的行为处事的标准及积极向上的行动，进而推动我国社会的稳定发展。

第十四章　壮族伦理思想与现代
先进文化建设①

任何一个国家和民族的根基既离不开物质的丰盈，又离不开精神的引领，而这种引领性的精神文化会影响着一个国家和民族的发展。我国有着丰富而又漫长的社会发展史，在悠久的历史发展中有着不同的思想观念或思想理论的冲突与融合，尤其是在当下社会，伴随着改革开放政策的深入推行，精神文化的多样性更加突显，这种多样性主要表现为传统与现代、国内与国外文化思想的冲突与融合，而要实现先进文化的大发展、大繁荣，就要对先进文化有一个全面的认识和了解。

当代中国的先进文化主要包括以下五个方面的基本内容：一是必须坚持以马克思列宁主义、毛泽东思想和中国特色社会主义理论体系为指导；二是必须以爱国主义、集体主义、社会主义思想为核心；三是必须继承弘扬中华民族优秀传统文化、吸收借鉴国外的优秀文化成果；四是必须充分体现时代精神；五是必须是民族的科学的大众的社会主义文化。

先进文化建设，就其内容而言，由两部分组成，即思想道德建设和教育科学文化建设。它的根本任务是坚持以马列主义、毛泽东思想和中国特色社会主义理论体系为指导思想，着力培养有理想、有道德、有文化、有纪律的公民，切实提高全民族的思想道德素质和科学文化素质。而不断深化社会主义建设就需要我们从以下两个方面来考虑：一方面，巩固和弘扬主流文化，引领我国先进文化的发展。需要注意的是，在当下的多样化文化中，中

---

① 本章论述的部分内容，已以《论壮族伦理思想对我国社会主义文化建设的价值》为题，刊发于《百色学院学报》2011 年第 3 期。

国特色社会主义核心价值体系是我们必须要巩固和发展的主流文化的灵魂，它关乎到整个民族的团结与国家的繁荣、稳定；另一方面，坚持全面发展的原则，引导非主流文化的建设和发展，既要贴近我国普通老百姓当下的实际生活，又要深入挖掘具有各个民族区域的传统文化的现实价值，以更好地服务于我国社会主义先进文化的建设和发展。而壮族作为我国人口最多的少数民族，壮族传统文化现实价值的挖掘对丰富和完善我国社会主义先进文化建设具有重大现实意义。

第一节　壮族伦理思想对现代先进文化建设的现实价值

一、促进壮族地区公民道德建设的深入开展

公民，既是一种身份，也是一种责任。加强公民道德建设更是不断推动和完善我国社会主义核心价值体系建设的题中应有之义，是加强先进文化建设的重要任务。因为公民道德文化建设关系到人们对于一个国家和民族的认同，更关系到我国社会主义核心价值体系构建与践行。尤其需要警惕的是，随着30多年来我国改革开放的深入推进，我国经济有了翻天覆地的大变化、大发展，取得了令世人瞩目的改革开放和现代化建设的成就，但是，我们也同时面临着公民道德危机事件频发的事实。当下社会整体上呈现出物欲横流、精神空虚、信念淡薄、信誉危机、诚信缺失、见利忘义、社会责任感淡化等方面的特征。具体而言，在社会公德方面，一些人不敢做好事，一些人不愿意做好事，好事似乎不再成为大多数人们实现自我价值的一种渠道，而是呈现出一种事不关己、漠不关心的淡漠心态。例如，在现实生活中，在公共秩序上，横穿马路、开霸王车、乱闯红灯，在周边环境中，旅游景点刻满"某某到此一游"，或随地吐痰，在电线杆上、墙壁上贴满了小广告，公园中的座椅被搞坏，等等。在职业道德方面，追求个人利益甚于集体利益，权钱交易、以公谋私的职场现象也很普遍。例如，我们看到一些国家公职人员或者企事业单位某些人员为了个人的私利，不再对原来道德价值怀有崇敬感、神圣感，不再满腔热情地赞扬道德行为，不再仰慕道德人格的崇高，也不再嫉恶如仇的去揭露、谴责坏事并与之作斗争而是置若罔闻、避而

远之。自己做了违背道德的事，不是感到内疚、羞愧和自我谴责，而是避免被发现或受到法律的制裁且暗自庆幸。在家庭美德方面，夫妻之间的忠实度及对父母的孝敬程度都在一定程度上呈现了功利化的色彩。例如，有些人虽然有钱有势，但不能善待自己的父母，没能尽到孝心。这些道德观念淡薄、道德情感麻木、道德行为缺失的种种表现，严重败坏了社会的道德风尚和伦理秩序，影响了我们国家的文明形象，与先进文化建设的根本要求相矛盾，与我们提倡的社会公德相违背。壮族传统文化中有关真、善、美的思想是与我国特色社会主义文化相通的。我们应该深入挖掘其中蕴含的丰富且珍贵的传统伦理思想，借鉴和利用壮族伦理思想，调节人们的思想行为，增强人们对我国所提倡的道德价值观念的认同感，进而形成全民族共同的社会价值观和共同的精神追求，提高人们的道德素质。

（一）"同类有无相资，一无所吝"的美德有助于形成友善的人际关系

团结协作、慷慨助人的美德在壮族的社会生活中随处可见。一家盖房子，全村每户出人力来帮忙；一个妇女生小孩，邻里亲友都像办喜事那样送红糖、甜酒、鸡蛋、肉类等营养品让产妇补养；一家有丧事，亲朋邻居也会自动出人帮助料理，出米、酒、肉款待前来吊丧的人；村中有人生重病，旁边的邻居问寒问暖。在农忙时，左邻右舍互帮插秧、收割，直到农忙结束。在日常生活中，他们希望平等往来，那些爱斤斤计较自己的得失、不关心别人的人，也得不到邻居的帮助。在壮族地区广为流传的壮族民间伦理道德长诗《传扬歌》中就唱道："春耕待插秧，有牛要相帮，挨家轮流种，合力度大忙。"[1]"左邻或右舍，早晚常相逢。有事当相助，莫用话伤人。"[2]这些思想在市场经济负面作用和西方价值观的影响日益加深的背景下有着极其重要的现实意义，它有利于帮助人们增强对社会的责任感，热心帮助身边的亲朋好友，形成团结互助、平等友爱、共同前进的人际关系。

---

[1]　梁庭望、罗宾译注：《壮族伦理道德长诗传扬歌译注》，广西民族出版社2005年版，第126页。

[2]　梁庭望、罗宾译注：《壮族伦理道德长诗传扬歌译注》，广西民族出版社2005年版，第127页。

（二）勤劳节俭的品德有助于增产增收，促进可持续发展

壮人信奉一个朴素的道理：小到个人、家庭，大到一个民族、国家，凡是勤劳、节俭的就能兴旺发达；凡是懒惰、浪费的就会破败灭亡。自古以来，壮人就尊重劳动，珍惜一切物质和劳动成果，把勤劳节俭视为一种美德。早在远古，壮族的祖先就用自己勤劳的双手改造自然、创造文明。随着历史的发展，勤劳的美德成了壮族的传家宝，无论做工、务农还是经商，人们都勤勤恳恳地努力劳作，并常常用"勤俭持家远，耕读继世长"、"遍地是黄金，单等勤劳人"等信条告诫后人：只有通过辛勤的劳动，才能开创美好的生活。在《传扬歌》中也记载了这一美德，歌中把勤劳当成人生的第一美德，加以反复咏唱，诗歌中唱道："勤劳无价宝"，"勤劳是头条"，"双手造甘泉，终生用不完；遗产如洪水，流过地平干"，"不怕寒冷和风雨，就会丰衣足食"，"夫妻一条心，勤俭持家忙"。① 随着人们物质生活水平的提高，因人们的精神文化生活的相对滞后和传统文化价值挖掘的不足，壮族地区也渐渐呈现出了拜金主义、功利主义、享乐主义等思想的蔓延之势，壮乡昔日勤劳节俭的优良传统在全球化及市场经济冲击下有所消退，传统的价值观念不断受到冲击。为此，需要继承发扬壮族勤劳节俭的传统美德，教育人们要热爱劳动，用自己的双手改变和创造自己的生活，同时也教育人们要节制自己的消费行为，克服铺张浪费的坏习惯，从而更好地促进社会可持续发展。

（三）壮族追求和谐的伦理观念，有助于加强壮族地区生态道德建设

长期生活的自然环境和社会实践形成了壮族人民追求和谐的伦理观念。岭南属于亚热带气候，适合水稻的耕作，世代栖身于此的壮族是一个稻作农耕的民族，漫长的稻作农耕对壮族的生产、生活及生态伦理观念都产生了持久的影响。他们追求和谐，崇拜自然，"有林才有水，有水才有粮"成了壮家历来的古训，他们封山育林，对参天大树加以崇拜，并封为神树。壮族民间还流传有许多关于人与植物、动物之间的亲密关系的神话故事，如在壮族地区广泛流传着花婆神话传说。这些都体现了壮人追求和谐，与大自然和谐

---

① 梁庭望、罗宾译注：《壮族伦理道德长诗传扬歌译注》，广西民族出版社 2005 年版，第 121、131 页。

相处的生态伦理观念。另一方面，壮族民族地区多属于山区，在传统社会，对于山区人们而言，农业发展及其他副业的经营依赖于大自然界的馈赠，更依赖于彼此人际关系的和谐，这种长期依赖自然更需借助人类力量的生产生活方式，使得壮人深刻地意识到和谐的人际关系的重要性。但是，人与人之间的交往不可避免地会出现一些矛盾，在漫长的社会实践中，人们逐渐探索并形成了一系列人际交往的社会伦理规范。而这种和谐人际关系的壮族传统伦理思想所折射出的意蕴与我国当下和谐社会理念有着相融合的共同元素。因此，借鉴和弘扬我国壮族传统伦理思想中的追求和谐、与大自然和谐相处的生态伦理观念，对壮族地区加强生态道德建设，构建社会主义和谐社会具有重大现实意义。

（四）壮族传扬的家庭美德有利于促进社会文明进步

家庭美德建设是社会主义思想道德建设的一项基础工程，家庭成员的道德意识和文明行为，对于社会公德和职业道德的形成有着直接的影响和作用，是发展先进文化的重要内容。以"尊老爱幼、男女平等、夫妻和睦、勤俭持家、邻里团结"为内容的家庭美德，是每个公民在家庭生活中应该遵循的行为准则。壮族在长期发展中形成和提倡的家庭美德与社会主义家庭美德建设的内容是一脉相承的，壮族伦理思想也十分重视家庭道德，把家庭关系的协调、家庭生活的和睦看作治理国家的基础。重视家庭、关心家庭，建立符合礼仪要求的家庭，是中国的优良传统和中国传统文化的一大特色，这一点在壮族伦理思想中也有充分的体现。

1.有助于家庭和睦。孝敬父母，尊老爱幼，是壮族的最基本的道德观。反映古代壮族生活画面的《布洛陀经诗》中有这样的故事：以前父母死后都将他的肉分送给大家吃。有一次，一个叫童灵的小孩去放牛，恰遇母牛生崽，痛苦异常。童灵心里非常难过，回家后，便把母牛生崽的痛苦情形告诉其母亲。母亲说其在生童灵的时候，也和母牛生崽一样痛苦。童灵由此知悟，不该在父母死后再吃其肉。从此，凡有人送父母的肉来时，他都不吃，只是收藏好。后来童灵母亲死了，村里人索要他母亲的肉。他便向大家说母亲生儿育女是那样的痛苦，实不该吃，遂将原来各人送的父母肉交还给他们，并用牛肉代其母肉分送给众人享用。于是，这种做法相沿成俗，成为了人们孝敬父母的缘由。人们从中知道父母之恩，孝敬父母就更加自觉了。在广泛流传于壮族地区的《传扬歌》里，孝敬父母、尊老爱幼也作为最重要的人伦道德加以传明，以教育后代。这种伦理价值取向在壮族传统节日中也得到了充分反映。例如，三月三，既是壮族的盛大歌节，也是壮族祭拜先人的清明节。壮族人民感激先人赐予生命，感念先人在瘴疬之地艰难创业为后人留下基业，所以对祭扫十分看重，在每年农历三月初三这天，各家各户祭扫祖坟，全家出动，并用糯米加工成红、白、黑、紫、黄等五色饭或糍粑，带上熟肉、鸡、酒、纸钱、香烛、鞭炮和纸幡等祭品及锄、铲等工具，到祖先坟上去供，行拜礼、祭祖扫墓，一家人、一族人，追贤思孝、认祖归宗。壮家人孝顺父母，懂得感恩，以及与亲人之间的情感联系及其尊老敬祖的美德就在年复一年的祭祀活动中得到传递和弘扬。①

2.有助于真正实现男女平等。女性作为社会群体的重要组成部分，她们的发展也会影响到一个国家和民族的发展。尤其是新中国成立以来，越来越多的女性成为当下社会各行业不容小觑的一股主力军。此外，我国法律上明文规定保障男女平等，使广大妇女的解放得到法律的保障和支持。但是，妇女解放，实现男女平等，是一个艰难的过程。由于各种主客观因素的限制，当下社会中歧视妇女的现象依旧在较大范围内存在，并阻碍了一些妇女的职业发展和身心发展。比如在社会就业方面，一些企业不适当地大量裁减女性，下岗失业女性再就业难度较男性大。即便广大女职工通过各种努力找到了工作，但仍有不少女职工，尤其是私企单位的女职工，她们的婚姻自由权、婚假、产假等方面的合法权益也会不同程度地受到侵害；在政治生活方面，与男性相比，女性参与国家事务管理和社会生活管理的机会还不平等，干部格局通常是女性干部少，正职领导女性干部更少，高决策层的女性干部则寥寥无几。在社会意识形态方面，重男轻女的思想仍普遍存在，尤其是在广大农村地区，重男轻女的思想更为严重，加之受西方腐朽思想观念和生活方式的影响，对一些从事服务行业的女性的轻视、歧视乃至排斥的现象仍然随处可见，甚至虐待、残害女性的事件也时有发生。或许从不同的层面来

① 唐凯兴：《论壮族传统节日文化的伦理意蕴》，《学术论坛》2012年第12期，第75页。

看，上述这些内容更多的是个别现象，但在这些不平等的背后有着更深刻的历史和社会原因，比如经济、文化、社会习俗等。而男女平等、互敬互爱是壮族维护夫妻关系的基本准则。壮人男女地位平等，体现在女方经常与男方共商家庭事务，共同持家，在《传扬歌》中就唱道："一家两夫妻，相敬不相吵；有事多商量，和睦是个宝。"① 壮族还有"女大招郎"的习俗，入赘男子不被歧视，寡妇再嫁不难，这也表明了壮族人民思想开明、男女平等、婚姻自由的淳朴民风。在进一步宣传男女平等基本国策及保障妇女权益的法律法规和政策时，壮族伦理思想中的性别平等观念，男女两性互相尊重、平等发展的思想可以作为有效内容和形式，从而形成男女平等的良好社会风尚，营造尊重妇女、支持妇女发展的良好氛围。

3. 有助于邻里关系和谐。邻居，是伴随人类社会形成的一种客观存在。邻里关系实际是社会关系的一个基本单元，邻里关系的好坏关系到社会的安定程度，体现着社会的文明水平。和睦的邻里关系能使邻里彼此之间受到道德的熏陶和感染，从而有利于促进社会和谐和社会文明的发展。因此，我国历来特别注重邻里关系。《左传》有言："亲仁善邻，国之宝也"，把善邻看作是国家之宝，这从政治治理的角度把善邻提到了一个很高的地位。而"孟母三迁，择邻而居"、"百万买宅，千万买邻"、"远亲不如近邻"，更是中华民族重视邻里关系的真实写照。但随着时代的变迁、社会的发展，地域之间的距离越来越近，而人与人之间的距离却显得越来越远。新型住宅小区打破了原有的同一单位职工住在同一区域的模式，快速的生活节奏割裂了原有的邻里关系。一扇扇门、一幢幢楼，就像一道道鸿沟，在一定程度上阻隔了比邻而居的人们交流情感，给居住者带来孤独感和不安全感，甚至产生自闭、抑郁等心理疾病。据调查显示，有 68% 的居民与邻居的交流仅限于打招呼，88% 的居民表示不知道同层楼居民的名字，而经常参加邻里活动的居民仅占 9%，现代社区中邻里之间的距离感和陌生程度可见一斑。与此相反，有近 60% 的被调查者希望改善自己的邻里关系，其中 45% 的居民表示会通过

---

① 梁庭望、罗宾译注：《壮族伦理道德长诗传扬歌译注》，广西民族出版社 2005 年版，第 131 页。

参加社区活动和主动打招呼的方式与邻居增加接触。① 可见，人们越来越对"自扫门前雪"、"老死不相往来"的现状感到不满，构建适应现代社会的新型邻里关系已成为人们的强烈渴望。而壮族还是一个邻里和睦、热情好客的民族。邻里之间有互助互济，一家有事百家帮的风尚，从建房子、生产到婚嫁、丧葬，以及危难都互相帮助；有客到访，壮家人必定要用自家酿制的米酒给宾客敬酒，"不问识否，辄具牲醴，饮啖，久敬不衰。"② 并且还"酒杯不让干，蘸碟常添菜"③，不如此，会被认为很失礼。尽管邻里关系在现代发生了很大的变化，出现了诸多的新特点，但壮族传统处理邻里关系的经验和道德传统仍然具有很强的现实意义与价值。

二、有助于丰富当代青少年的教育资源，改进和加强青少年道德教育

当代壮族青少年，在全球化、社会主义市场经济深入发展，以互联网和手机通信为代表的现代传媒手段蓬勃兴起的环境中成长。他们思想政治状况的主流是好的，他们思维敏捷、好奇心强、积极向上、尊师守纪、勤奋好学。但是，毋庸置疑，随着生活方式和生活水平的变化与发展，当代壮族青少年也出现了一些新问题。主要表现为：首先，理想信念淡薄，缺乏远大志向。对自己的未来没有明确的目标，没有忧患意识，认为有个好父母就什么都有了，一些壮族青少年贪图安逸，热衷享受，喜欢"追星"，他们喜欢的业余爱好都是一些消磨意志、不求上进的活动，对网络的迷恋到达了空前程度。其次，缺乏情感，行为自私，以自我为中心，缺乏爱的付出，不懂得感恩，因此，也就缺乏对家庭、对他人、对社会的责任感。如以各种谎言欺骗父母，骗得的血汗钱上网打游戏，而且把这些都视为自然。最后，热衷于享受生活，但排斥劳动生活的思想。开放改革以来，大部分农村家庭主要劳动力采取外出务工的方式增加家庭收入，更通过丰富青少年物质生活的方式来

---

① 吴征：《调查显示：现代社区中邻里关系陌生化趋势十分严重》，人民网天津视窗，2011年6月8日，见 http://www.022net.com/2011/6-8/472820182769193.html。

② （明）邝露：《赤雅》。

③ 梁庭望、罗宾译注：《壮族伦理道德长诗传扬歌译注》，广西民族出版社 2005 年版，第 124 页。

弥补远在外地无法照顾子女的愧疚，青少年的生活水平随着大部分家庭的收入的增加不断提高了。但是，由于隔代亲的弊病及青少年易受到社会不良风气的影响，有些壮族青少年盲目追求奢侈品，倾向于高消费、高享受的物质生活，不愿意坚持艰苦朴素、勤俭节约的传统美德，甚至有些青少年将学习看作一种沉重的负担，并将学习通过一种金钱交易的方式来完成。

壮族青少年是壮族地区发展的栋梁，只有培养出德才兼备的人才，才能使壮族地区繁荣发展，所以，必须加强壮族青少年的道德教育。借鉴和利用壮族伦理思想，有利于加强和改进壮族青少年的道德教育，增强其有效性，有利于壮族青少年树立正确的世界观、人生观、价值观，使他们正确对待顺境与逆境。

（一）有助于提升青少年个人品德修养

在壮族传统文化中，有许多关于个人品德修养途径及方法的思想观念与实践探索，这些宝贵文化遗产至今还影响着壮家青年一代。受儒家"修身、齐家、治国、平天下"这一道德修养理念的影响，壮族也很重视人们尤其是青少年的个人品德修养，壮族伦理道德长诗《传扬歌》就以民歌传唱的独特方式宣扬了这种个人品德修养模式。如"人懒地长草，何处来吃穿"；"劝诫年青人，行为要端正。勤劳无价宝，做贼人憎恨"。[1] 壮民族把正直善良视为一种值得人们追求的人格理想，对那些有骨气、志气的人非常敬重，强烈反对偷、赌、欺、抢等不良行为；青年人被劝导要端正自己的行为，以获取好的名声："叮嘱众后生，人要走正道。倾听老人言，世间名声好。父母无田地，本事自己找。家兴走亲戚，人前脸面高"；"来人间一回，凡事当要强"。[2]

（二）有助于帮助青少年增强责任意识

责任意识是每个公民都应具备的基本思想道德素质，人来到社会中，要生存和发展，必须要承担相应的责任。责任意识更是一种高尚的道德情

---

① 梁庭望、罗宾译注：《壮族伦理道德长诗传扬歌译注》，广西民族出版社 2005 年版，第 122 页。

② 梁庭望、罗宾译注：《壮族伦理道德长诗传扬歌译注》，广西民族出版社 2005 年版，第 123 页。

感，古语中的"任重道远"、"当仁不让"、"天下兴亡，匹夫有责"等无不体现了对责任意识的首肯。子曰："少成若天性，习惯成自然。"意思是说，人在幼年时期形成的习惯，就如同人天生就有的一样，很难更改。因此，从小加强对青少年责任意识的培养尤其重要，效果也会更加显著。壮族伦理思想中的优秀品德对壮族青少年责任意识的培养具有重要作用。勇敢正直是壮族人民的传统美德，这一道德品质在远古壮族先民的生产生活中早有反映。古代壮族先民居住的岭南处于亚热带地区，气候炎热，古时森林茂密，荆棘丛生，毒蛇猛兽猖狂，这种恶劣的环境赋予了壮族先民顽强勇敢、富于抗争的精神，他们为了生存下去，必须与大自然及猛兽作斗争，这就锻炼了他们勇敢顽强的意志。这些斗争以及所形成的勇敢美德反映在壮族许多民间故事中，如有与恶劣气候环境"雷王"、"风公风母"作斗争的故事《布伯的故事》、《侯野射太阳》，有与毒蛇猛兽作斗争的故事《杀蟒哥》、《石良》等，有与妖魔鬼怪作斗争的故事《勇敢的阿刀》等。正直是壮族人民倡导的品德，壮族民间伦理道德长诗《传扬歌》也传唱了壮族人民诚实守信、正直的品格，歌中要求为人父母须教育儿女为人正直，学会做人，"儿女要做人，牢记在心间。""一生来世间，安分走正道。""儿女会做人，地是聚宝盆。"①教导年轻人要做个正直的人，"劝穷家子弟，假话不可听。"②"劝诫年青人，行为要端正。"③唯有行为端正，正直诚实，才能得到他人的信任支持，才是做人、成才的起码要求。此外，壮人团结互助、勤劳节俭、诚实守信、尊老爱幼的美德，有效地抵制了壮族青少年拜金主义、享乐主义和极端的个人主义的滋长，克服铺张浪费的坏习惯，有力地倡导壮族子女在父母年老时，孝敬父母，让他们安度晚年，这些美德都是对壮族青少年道德教育的良好资源。

因此，教育者在进行道德教育时，整合壮族伦理思想教育资源，改进

---

① 梁庭望、罗宾译注：《壮族伦理道德长诗传扬歌译注》，广西民族出版社 2005 年版，第 119 页。

② 梁庭望、罗宾译注：《壮族伦理道德长诗传扬歌译注》，广西民族出版社 2005 年版，第 119 页。

③ 梁庭望、罗宾译注：《壮族伦理道德长诗传扬歌译注》，广西民族出版社 2005 年版，第 122 页。

教育方式方法，使受教育者在接受教育时，发挥主观能动性，积极进行自我教育，努力成为"有理想、有道德、有文化、有纪律"的人才。

三、有利于促进壮族地区新农村文化建设

建设新农村，经济发展是根本，文化建设是关键。社会主义新农村建设开始后，壮族地区农村经济快速发展，但农村文化发展相对落后，制约着壮族地区新农村建设的协调性发展。主要表现为：其一，封建思想宗法观念牢固。在壮族地区农村中，许多农民遇到重大灾难，不找党和政府，不去寻求科学的解决办法，而是去求神拜佛问菩萨，算命相面、看风水等迷信活动盛行，这些落后习俗和封建迷信思想对广大农村人们造成了消极的影响，严重地污染了壮族地区农村文化建设的环境，成为壮族地区新农村文化建设的重大障碍。其二，外来文化的强劲冲击，传统文化逐渐散失。一方面，改革开放以后，随着社会主义市场经济的发展，壮族人们生活水平的提高，他们的文化需求激增，大量的外来文化产品如影视、音乐和书籍等产品蜂拥而入，满足了他们的文化需求，但是各种盗版书刊和宣传封建迷信、暴力、色情的书刊、光碟也随之流入了壮族地区农村市场，被大量出租和出售。壮族地区农村目前的文化市场状况，影响其农村优秀传统文化的传承。不仅如此，受市场经济的冲击，壮族地区农村传统道德中的一些基本思想道德规范在逐步丧失，农民道德观念淡薄。

民族传统文化是一个民族的灵魂和象征，民族文化的独立存在是一个民族得以保持特色并保持自己民族生存空间的基础。壮族的优秀传统文化和伦理思想，在新农村建设中具有重要意义和作用。

（一）有助于破除旧观念，树立新观念

新农村文化建设，自始自终都要牢牢把握先进文化的前进方向，而传统文化中的道德精神就是文化发展的历史基础。壮民族的文化源远流长、丰富多彩，涵盖了壮民族生活的方方面面，根植于壮民族的社会实践之中，具有很强的、多方面的社会功能，如感化功能、教育功能等。借鉴和利用壮族优秀伦理思想，引导纳入新农村文化建设的全过程，能够在一定程度上抵制新农村建设过程中市场经济带来的诸多负面影响，激发和鼓励壮族农民自觉

参与爱国主义教育活动的热情，用壮族的爱国主义精神把农民群众凝聚起来，艰苦创业，用勤劳的双手创造美好的生活。利用壮族伦理思想的主要内容来教育人们，调节人们的思想行为，帮助人们树立正确的世界观、人生观、价值观，有效地帮助人们抵制带有迷信、愚昧、庸俗的落后文化和外来文化，逐渐破除迷信，铲除封建思想意识，摒弃不良的习俗；有利于壮族人民团结互助，树立共同的理想，坚持正确的发展方向，保持昂扬向上的精神状态，共同构建和谐新农村。

（二）有助于新农村文化建设的开展

社会主义新农村文化活动，要坚持贴近实际、贴近生活、贴近群众，运用通俗易懂的语言教育农民，采用多种活动方式，丰富农民群众的文化生活。如壮族喜爱唱歌，逢事必唱，以歌为乐，壮族伦理道德长诗《传扬歌》就以其强大的生命力融合在壮族人民的生活里，以人民喜闻见乐的诗性语言来传唱传播壮族伦理道德思想观念；以刘三姐歌谣为代表的壮族民歌也承载着丰富的文化资源，蕴含着丰富的民族精神和人文精神，成为维系民族精神的感情纽带，是壮族民间教育的源泉和重要载体。壮族还有抛绣球、舞狮子、抢花炮、三人板鞋竞技等许多传统文娱体育活动，举办活动的目的既是为了娱乐，又达到传播道德观念，教人学会做人道理的目的。总之，壮族人们善于利用山歌、故事、文体活动等大众传媒手段占领人们思想阵地，形成独特的教育形式。在新农村文化建设中，我们可以利用壮族歌圩文化、体育文化等独特的教育形式，将壮族的伦理思想融在教育中，并把广大农民群众组织起来，使他们在丰富多彩的有益的活动中受到良好的道德教育。同时这些教育形式要与时俱进，从而更有利于新农村文化建设活动的开展。

四、有利于壮族地区培育和践行社会主义核心价值观

社会主义核心价值观是社会主义核心价值体系的内核，体现社会主义核心价值体系的根本性质和基本特征，反映社会主义核心价值体系的丰富内涵和实践要求，是社会主义核心价值体系的高度凝练和集中表达。党的十八大报告从三个层面对社会主义核心价值观做出凝练概括，即：在国家理想层面，倡导富强、民主、文明、和谐；在社会秩序层面，倡导自由、平等、公正、法治；在个人行为规范层面，倡导爱国、敬业、诚信、友善。刘云山强调：源远流长、博大精深的中华优秀传统文化，积淀着中华民族最深层的精神追求，包含着中华民族最根本的精神基因，是社会主义核心价值观的深厚源泉。① 壮族伦理思想是中华民族伦理思想的重要组成部分，两者彼此交融，双向互动，共同发展，中华民族伦理思想与壮族伦理思想是共性与个性的关系。在漫长的发展历程中所形成的壮、汉民族文化的交融性和同质性，为社会主义核心价值观的培育及践行提供了思想文化基础。

（一）壮族伦理思想的精华是壮族地区践行社会主义核心价值观的思想基础

壮族是一个具有历史悠久的民族，在长期的社会发展历程中，创造了特色鲜明、丰富多彩的传统民族文化，形成的民间文学、风俗习惯、文体活动等传统文化，不仅具有自己的独特的民族风格和民族形式，而且蕴含着丰富的伦理思想。壮族优秀文化是中华民族精神的重要组成部分，就壮族伦理文化来看，由于壮族地区人民有着自己独特的历史传统、生活环境、习俗规范等，他们的伦理文化在一定程度上也伴随着鲜明的民族特色，但在道德行为规范、道德生活的价值追求等方面与社会主义核心价值观又有着契合性、一致性的地方。壮族人们在长期的社会生活实践中，逐渐积累形成的调节人们社会交往和公共关系的社会公德规范如倡导人们要爱国爱家、遵纪守法、乐于助人、诚实勇敢、团结互助、追求和谐等；壮族人们在职业道德方面提倡爱岗敬业、诚实守信、公平公正；在家庭伦理方面倡导尊老爱幼、男女平等、互敬互爱；等等。这其中蕴含着丰富的"富强和谐"、"平等公正"、"爱国敬业"、"诚信友善"等思想和观念。

壮族伦理思想中的这些道德要求和价值理念体现在壮民族的民间文学、风俗习惯、文体活动、村规民约乃至崇尚、禁忌之中，从个人、社会、国家三个层面对人们的行为进行规范和引导，渗透到壮人社会生活的各个方面，并在社会生活的各个领域中发挥着重要作用。壮族伦理思想中的这些价值理念和道德要求与社会主义核心价值观具有相似性、相通性。可以说，在一定

① 刘云山：《着力培育和践行社会主义核心价值观》，新华网，2014 年 1 月 30 日，见 http：//news.xinhuanet.com/politics/2014-01/30/c_126081680.htm。

程度上，和谐文明、公平正义、诚实守信、互助友爱等这些社会主义核心价值观提倡的道德观念，也早已通过壮族社会主张和传播的道德规范要求，深入到壮族地区人与人、人与社会之间的文明交往和道德生活中，并细化为人们点点滴滴的具体行为。换而言之，社会主义核心价值观的一些思想已蕴含在壮族的伦理思想中并在壮族人民的社会生活中得到具体践行。

（二）壮族伦理思想的多种表现形式是壮族地区培育和践行社会主义核心价值观的重要载体和平台

壮族伦理思想形式多样，载体丰富，是壮族地区弘扬和践行社会主义核心价值观的重要平台和载体。

其一，壮族文化艺术多姿多彩。壮族是一个勤劳、智慧的民族，壮民族在长期的历史发展过程中创造了多姿多彩的和别有特色的民族艺术。如神话、史诗、歌谣、音乐、舞蹈、戏曲、曲艺、绘画、雕刻、刺绣、印染等各种艺术、技艺及礼仪、节庆和体育竞技活动种类，[①] 建造了很多雄伟壮观、绚丽多彩、富有民族特色的建筑，充分展示了壮族先民的聪明才智与独特的艺术风采。这些优秀的历史文化艺术遗产，既是壮族伦理思想的精神财富，又是我国传统文化的重要组成部分。在我国目前公布的前三批国家级非物质文化遗产目录中，广西共有国家级非物质文化遗产 28 项。在 193 项广西区级非物质文化遗产项目中，133 项是少数民族文化遗产，占总量的 68.91%，其中有 13 项是多民族融合文化遗产。其中，壮族"非遗"项目共 58 项，占少数民族"非遗"项目的 43.6%。[②]

其二，壮族风俗习惯特色鲜明。主要表现在饮食、服饰、居住、日常礼仪、节日及婚丧嫁娶等方面。比如壮族的交往礼仪蕴涵着待人热情、真诚、正直、重义，讲文明礼貌，尊老爱幼、推崇孝道等伦理思想，并成为壮族社会生活的行为准则和道德规范；壮族的传统饮食文化是其生活习俗的重要组成部分，其中包括食物的种类加工及烹调方法，饮食礼仪、宴客礼仪等

---

① 黄桂秋、黄燕熙：《广西非物质文化遗产保护问题与对策》，《广西师范学院学报》（哲学社会科学版）2009 年第 2 期，第 196 页。

② 戴其文、刘俊杰、吴玉明等：《基于区域视角探讨广西非物质文化遗产的保护》，《资料科学》2013 年第 5 期，第 1108 页。

方面，包含着勤劳节俭、和谐相处、长幼有序、热情待客等思想；壮族在恋爱婚姻习俗方面，一直都有自由恋爱、倚歌择偶，仔大出嫁、女大招郎的习俗，反映了壮族人们恋爱自由、婚姻自由、男女平等、一夫一妻制的传统婚姻伦理思想观念。

其三，壮族节日种类繁多。壮民族的节日繁多，形式多样，有"四季皆聚庆，无月不过节"之称，包括春节、社节、清明节、三月三歌节、端午节、莫一大王诞辰、七月七、中元节、中秋节、大年三十等。这些节日有些是来源于生产生活，有些是来源对祖先的祭祀，以求神灵护佑，有些是来源于对自然的崇拜，有些是来源对英雄的纪念，有些是群众自己的娱乐，给生活增添乐趣和表达对未来的美好祝愿，等等。在众多丰富多彩的壮族传统节日中，既有表现热爱生活、壮族祭拜先人的三月三，也有反映壮族人民勤劳勇敢的莫一大王节，有表现壮族人民崇尚自然的蚂蚜节，又有表现尊老孝亲、慎终追远的中元节，以及团结和睦的春节等。壮族节日是壮族民众表达内心情感的重要途径，是壮族民众精神寄托的重要方式，对提升壮族民众的凝聚力具有重要意义。壮族传统节日因其贴近生活实践，贴近壮族人民心理感情而被壮族民众喜爱和广泛接受，壮族传统节日中的伦理思想所具有的形式多样、内涵丰富，影响深远、寓意深刻，潜移默化、寓教于乐等独特的方式，也可借鉴成为倡导和传播社会主义核心价值观的有效方式和载体。

第二节　壮族伦理思想对现代先进文化建设价值实现的路径

在全球化和文化多元复杂的背景下，壮族伦理思想对现代文化建设价值的实现要走以社会主义核心价值体系为指导、和壮族传统伦理思想相承接、与壮族地区经济社会发展相协调、与中华民族伦理思想相结合的道路。通过开辟有效的传播平台，依托地方文化优势，增强传播的广泛性和有效性，得到受众的认同、接受和理解，才能最大限度地实现它的价值功能。

一、以社会主义核心价值体系为指导

社会主义核心价值体系是社会主义先进文化的精髓，凝聚着中华民族

自强不息的精神追求，是历久弥新的精神财富，是发展社会主义先进文化的深厚基础，是建设中华民族共有精神家园的重要支撑。借鉴并弘扬优秀壮族伦理思想是一项复杂的系统工程，尤其是当下社会，非主流意识形态也影响着广大社会公民，传统文化的传承更需慎重切入当下主流文化及现实生活的需要，更需坚持社会主义核心价值体系的指导，筛选出既贴近现实生活，也有助于我国社会主义文化建设的传统壮族伦理思想中的精华思想，亦是弘扬壮族地区优秀壮族伦理思想及其价值实现的有效途径。

壮族伦理思想是壮族人民生产、生活方式的现实反映，它不仅折射出壮民族发展的历史脉络，也是壮民族文化存续和发展的血液。众所周知，各民族之所以成为她自身而不是别的民族，各民族之所以在文化全球化和多样性的当今时代显现其特殊的地位和独特的价值，正是因为其独特的民族文化的存在。[①] 但是，传承并不意味着简单的顺序传递，而是以社会主义核心价值体系为引导，对壮族伦理思想进行整合、提炼和扬弃，将改革创新的时代精神和民族传统优秀文化有机地结合在一起，打造出既具有民族特色，又具有时代特征的壮族伦理思想。开辟新的道路需要新的价值观念来引领，以新的价值理解表达社会发展的新要求。在西部地区科学发展的新阶段，需要坚持社会主义核心价值体系的指引，在建设中国特色社会主义，深化"两个大局"构想的实践中，用以爱国主义为核心的民族精神传承民族文化，用以改革创新为核心的时代精神创新民族文化，用新的价值标准和文化方向改进传统民族文化精神，为西部地区的科学发展提供与时俱进的源动力。

二、正确对待壮族伦理思想

壮族伦理思想是一个复杂的思想体系，其中既有积极、革新、进步的思想文化，也有消极、保守、落后的思想文化。对待不同层面的壮族伦理思想，我们要坚持马克思主义的指导思想，坚持解放思想、实事求是的原则，既不能全盘肯定或全面照搬，也不能全盘否定、全面抛弃它。对壮族伦理思想，既要善于正确地扬弃，又要兼收并蓄而使其保持一种开放精神，在继

---

① 李金合：《用社会主义核心价值体系指引西部地区的民族文化大开发》，《理论与当代》2011 年第 10 期，第 20 页。

承、吸收、借鉴、利用异文化和己文化中优秀文化成果的基础上，根据社会发展的时代要求，善于创新，大胆求索，勇于开拓。①

壮族传统文化中蕴含着丰富的伦理思想，涉及壮族人民生活的方方面面。其中一些伦理思想在当下也不失其积极意义，更值得我们借鉴和利用。例如，壮族人民的团结互助、勤劳节俭、诚实守信、尊老爱幼等美德，不仅没有过时，还是今天应该大力提倡的传统美德；壮族追求的"和谐"伦理观，对协调人与自然的关系，保护自然生态环境，维护生态平衡，曾起到了重要的作用。在生态危机凸显的今天，这一思想对西部大开发、经济可持续发展和解决生态危机仍具有宝贵的借鉴价值。还比如壮族人民在艰难困苦的生产、生活活动中所表现的克难攻坚、坚韧不拔、勇于革新的斗争精神，在思想观念中的人本主义、乐观向上和道德理想等意识，在今天对于现代化建设也仍然有着积极的价值。但同时，我们也必须指出，由于壮族传统文化是不同历史时代发展的产物，这就决定了其所蕴含的伦理思想不可避免地要受到当时在思想上占统治地位的意识形态的影响，具有一定的消极成分。如平均主义思想观念，严重的乡土观念，容易满足和缺乏竞争的观念，相信天命、听天由命、不思进取的观念等。我们应在对壮族传统文化中的伦理思想进行全面的考察和深入分析的基础上，对有利于社会主义文明建设的"精华"部分，应当继承、弘扬和更新，反之，对不利于社会主义文明建设的"糟粕"部分，则应当摒弃和改革，而对于那些既无利亦无害的"中性"文化，可尊重其民族的意愿，暂缓改革或保留，同时还要注意加以引导。②

三、大力挖掘与利用壮族伦理思想的优秀成分

党的十七大报告提出要"加强对各民族文化的挖掘和利用，推进文化创新，增强文化发展活力"。壮族传统文化源起于原始社会末期，形成或成熟于农村公社时期或封建社会时代。可见，其传统文化是构建在小农的自给

---

① 央西：《以马克思主义文化观正确认识和对待藏族传统文化》，《西藏民族学院学报》（哲学社会科学版）2000 年第 3 期，第 2—3 页。
② 覃彩銮：《论壮族传统文化的继承与改革》，《社会科学家》1990 年第 6 期，第 51 页。

自足经济基础之上，是其经济基础及其与之相适应的意识形态的产物①，必然呈现出精华和糟粕错综交织的复杂状态，因此，在先进文化建设中，需要我们运用马克思主义、毛泽东思想和中国特色社会主义理论体系加以科学的分析，立足现代，依据壮族地区人民群众的利益和壮族地区经济社会发展的客观需要，科学地加工改造，赋予现代意义，要充分挖掘和利用壮族伦理思想中积极向上的思想文化。

首先，由壮族地区的政府主导，组织专家及工作人员制定壮族文化发展规划，增加投入，区分类别，突出重点，加强对壮族伦理思想优秀成分的搜集、整理、翻译和出版，形成作品，利用大众传媒去宣传，让更多的壮乡百姓学习和了解。

其次，运用壮族伦理思想的优秀成分作为壮族青少年的教育资源，把壮族伦理思想的主要内容渗透到各门课程中去，发挥各自育人的优势。例如，中小学语文课可以利用壮族民间故事、神话传说关于爱国爱家的内容进行介绍，对学生进行爱国爱家的教育；音乐课可以介绍壮族的山歌，不仅充实教学内容，增强教学吸引力和感染力，而且让学生领略到其中蕴涵的伦理思想；体育课可以开展板鞋舞、舞狮子等活动，在活动中学生既可以锻炼身体，又了解这些活动的内容、教育意义。

① 覃彩銮：《论壮族传统文化的继承与改革》，《社会科学家》1990 年第 6 期，第 51 页。

第十五章　壮族伦理思想与和谐社会、
　　　　　生态文明建设

　　构建社会主义和谐社会、加快生态文明建设是当前我国国家建设的时代主题，是全国各族人民面临的一项光荣而艰巨的历史使命。要建设和谐、生态的社会主义社会，既要重视生产力的发展，更离不开对民族传统文化和优秀道德资源的挖掘与利用。胡锦涛同志曾指出：一个社会是否和谐，一个国家能否实现长治久安，很大程度取决于全体成员的思想道德素质。[①] 壮族作为我国人口最多的少数民族，有着悠久而影响深远的伦理道德传统，其中蕴含着调节人与人、人与社会、人与自然和谐相处的和谐思想和纯朴的和谐理念，合理挖掘和利用这些传统道德资源，对于我们构建社会主义和谐社会，进行生态文明建设具有着重要的指导意义和时代价值。

第一节　壮族伦理思想对社会主义和谐社会建设的价值[②]

　　人无德不立，国无德不兴，从一定意义上说，任何社会秩序，都表现为一种道德秩序。道德从人类社会一经产生，就发挥着维系社会生活的有序和稳定的功能作用。古今中外，不少思想家从德性角度出发，描绘了一幅幅以德治国的美好蓝图。进入 21 世纪后，我党从全面建设小康社会、开创中

[①]　胡锦涛：《在省部级主要领导干部提高构建社会主义和谐社会能力专题研讨班上的讲话》，《人民日报》2005 年 6 月 27 日。

[②]　本节的主要论点和论述内容，已以《中国梦视域下壮族伦理思想的当代价值——以〈传扬歌〉为例》为题，刊发在《河池学院学报》2014 年第 3 期。

国特色社会主义事业新局面的高度出发，明确提出构建社会主义和谐社会的战略任务，并将其作为加强党的执政能力建设的重要内容。社会主义和谐社会，既是社会发展的一种理想目标，也是一种社会发展的价值取向，更是一种渗透着伦理精神的道德化的社会，包含并体现着深厚的伦理道德意蕴。胡锦涛同志指出："我们所要建设的社会主义和谐社会，应该是民主法治、公平正义、诚信友爱、充满活力、安定有序、人与自然和谐相处的社会。"[1] 这就道出了构建社会主义和谐社会蕴含的人与人、人与社会、人与自然整体和谐的道德意蕴和要求。壮族伦理思想内涵丰富，影响久远，涉及社会生活的方方面面，其中蕴含了构建社会主义和谐社会需要的人际道德基础：平等尊重、和睦友善、宽容谦让、团结互助等；社会道德基础：重义轻利、公平正直、爱国爱家等；环境道德基础：热爱自然、善待自然、适度索取等，这些重要的道德品质正是今天我们构建社会主义和谐社会所需要的道德基础。

一、和谐家庭关系，构建和谐家庭

孟子曾说："天下之本在国，国之本在家，家之本在身。"[2] 作为国家的基本组成细胞，家庭的和谐稳定与否，对于国家而言，影响巨大。可以说，国家的长治久安、稳定和平，来自于每一个家庭的和睦融洽。而"欲治其国者，先齐其家。欲齐其家者，先修其身"[3]，家庭的和谐融洽离不开家庭伦理的支撑和家庭美德的弘扬。家庭伦理作为每个人在家庭生活中应该遵循的行为准则，是调节家庭内部成员和与家庭生活密切相关的人际交往关系的行为规范，涵盖了夫妻、兄弟、妯娌、长幼、邻里之间的关系。在长期的家庭生活和社会交往活动中，壮人形成了男女平等、夫妻恩爱、尊老爱幼、兄弟情深、妯娌相亲、睦邻友好等家庭美德观念，对于今天我们构建和谐家庭仍有着重要的借鉴和启示。

---

[1] 胡锦涛：《在省部级主要领导干部提高构建社会主义和谐社会能力专题研讨班上的讲话》，《人民日报》2005 年 6 月 27 日。

[2] 《孟子·离娄上》。

[3] 《礼记·大学》。

（一）夫妇恩义、相互敬重的婚恋观有利于婚姻关系的和谐

夫妻关系、婚姻关系作为为家庭关系的核心，影响着家庭关系的和谐与发展。随着社会的进步，夫妻在家庭中的核心地位越发凸显出来，夫妻双方在家庭中既要负责家庭的生计，抚养、教育子女，承担赡养、照顾老人的责任，还要处理兄弟、妯娌、邻里间关系等，共同担当着家庭发展的主要责任，是家庭存在和发展的前提和基础。改革开放以来，随着社会经济的高速发展，人们的生活方式和精神追求发生了巨大转变，传统的婚恋观念也在发生着变化，如追求家庭稳定和睦、白头偕老、相夫教子的婚姻观念在逐步淡化，周末夫妻、丁克、网恋、闪婚等许多新的婚姻形式开始流行，原有的婚恋观念正在经受着极大的挑战。人们的婚恋观日益变得自由和开放，随之产生了一定的负面影响，离婚攀升、婚外恋、家庭暴力等社会问题不断涌现。据我国民政部 2012 年的数据显示，中国离婚率已连续 7 年递增，"中国式离婚"成为一个令世人关注的现象。从 20 世纪 70 年代末开始，我国离婚人数和离婚率持续上升，近 5 年来增速明显，增幅高达 7.65%。而根据民政部网站提供的近 10 年数据对比发现，2012 年中国离婚率的增幅首次超过结婚率增幅，且呈年轻化增长趋势。2012 年，20 岁至 24 岁办理结婚登记的公民占结婚总人口比重最多，占 35.5%。[①] 离婚率不断攀升并呈年轻化发展趋势，给我国家庭和社会的和谐稳定带来了巨大的挑战。由于失去婚姻家庭的基础，妻离子散、家庭暴力、离婚家庭中子女性格扭曲和老人无人孝养等等家庭问题日渐增多，一个家庭的破裂带来的却是一连串的社会问题。

由此，今天我们应该重新审视我们的婚恋观，在追求自由和平等的同时，重拾对婚姻的忠诚，对家庭的责任。壮人追求男女平等、夫妇恩义、相互敬重的婚恋观无疑给我们以重要启示。壮人认为夫妻之间应该相互敬重、相互平等，才能保持家庭的和美。因此，共同持家、互敬互爱、相互忠诚是壮族维护夫妻关系和婚姻关系的基本准则。壮族道德长诗《传扬歌》就教导壮族夫妇要和睦相处，相亲相敬，因为"一家两夫妻，相敬不想吵，有事多

[①]　民政部：《2012 年社会服务发展统计公报》，中华人民共和国民政部官网，2013 年 6 月 19 日，见 http://www.mca.gov.cn/article/zwgk/mzyw/201306/20130600474640.shtml。

商量，和睦是个宝"①。遇到困难和摩擦，应互相谅解，相互谦让，做到"夫妻一条心，勤俭持家忙……小事各相让，大事好商量，言语当谨慎，和睦把家当。"② 今天，壮族地区也和其他地区一样，经济社会结构和家庭结构都在随着社会的发展而慢慢发生改变，但对婚姻的忠诚和夫妻间相互尊重、共同持家的伦理传统一直在潜移默化地影响着壮族家庭，维系着壮族家庭的和谐稳定。据2012年民政部网站的数据显示，壮族聚居的广西、云南等省份离婚率在全国排名都相对比较低，分别排名26和24位，这其中有多方面原因，但传统道德的规范和约束是我们不能忽视的隐性力量，正如冯友兰所说："人发展人性必须遵循道德律，道德律是文化与文明的根本。"③ 因此，今天我们构建和谐家庭，维持家庭的稳定发展，首先要学习和遵循的就是夫妻互相尊重、相互忠诚的"道德律"。

（二）尊老敬老、兄弟情深、妯娌相亲的家庭美德观有利于保持家庭的和美

家庭的和睦融洽除了夫妻间的相濡以沫、互敬互爱外，还包括兄弟间的手足情深，互相扶持；妯娌间的姐妹相亲，互相体谅；长幼间的尊卑有序，互相尊重。当前，我国家庭的伦理结构并没有发生根本上的变化，同辈之间、代际之间依然保持着比较密切的伦理关系。然而，随着现代家庭不断向小型化发展，家庭的重心由父子关系向夫妻关系转移，传统的以纵向的父慈子孝为轴心的伦理关系出现了异位，从而出现了"代际"关系的危机——亲子关系的疏远和"孝亲"观念的淡化。由此引来了一系列的家庭问题：兄弟妯娌间为了财产分割和赡养老人等问题反目成仇，尊老往往因爱幼而丧失了应有的地位，尊老不足、爱幼有余现象比比皆是。尤其是尊老敬老问题现已成为影响我国社会发展和稳定的一个重要问题。据我国民政部发布的数据统计，2012年我国60岁及以上老年人口是19390万人，占总人口的14.3%，

---

① 梁庭望、罗宾译注：《壮族伦理道德长诗传扬歌译注》，广西民族出版社2005年版，第131页。

② 梁庭望、罗宾译注：《壮族伦理道德长诗传扬歌译注》，广西民族出版社2005年版，第131页。

③ 冯友兰：《中国哲学简史》，北京大学出版社1996年版，第170页。

其中 65 岁及以上人口是 12714 万人，占总人口的 9.4%。[1] 在日益严峻的人口老龄化形势下，尊老敬老成为了我国解决老龄化问题的重要道德诉求。而与此同时，随着老年人在家庭生活中的实际作用的减弱，权威地位逐渐丧失，日渐成为社会的弱势群体。有的老人忙碌了一生，到了该享受生活的时候，在家庭内的基本权利却得不到子女的起码尊重。还有的老人被视为家庭的包袱、累赘，尤其是年老多病的时候，不能为家庭再创造价值时，子女对其冷眼相待，不愿尽赡养的义务，造成很多老人"老无所依"，甚至流浪街头，孤苦伶仃过下辈子。这不仅给社会造成了负担，也影响着社会的和谐与安宁，更在拷问着社会的良知度。

在孝亲观念淡薄的今天，壮人重视亲情和尊老敬老的传统美德尤其值得我们弘扬和尊重。由于氏族社会的血缘制度及其思想观念影响，壮族伦理道德是以家族为本位的，他们尤为重亲情，重血缘关系。在壮人眼里，父子、兄弟姐妹之间的关系是最亲近、最可靠的。因此，形成了尊老敬老、兄弟情深、妯娌相亲的家庭观念。《传扬歌》中有一章专门唱"不忘父母恩"的道理，它教诲壮族儿女："莫忘父母恩，辛苦养成人，如今能自立，当孝敬双亲。""父母不赡养，儿女昧良心。"[2] 严厉谴责那些娶妻成家后嫌弃、虐待父母的人。直到今天，哪个壮族家庭有长寿老人，哪个家庭就备受赞扬和推崇。《传扬歌》还教诲兄弟妯娌之间要互相尊重，互相团结，如"有事好商量，家庭不添忧。兄弟拧成绳，外侮不临头"、"有幸共一家，结为手足情。小姑也相让，今世巧相逢。嫁来才相识，讲话要公平。相亲如姐妹，白天共耕耘"[3] 等等。尊重传统、尊老爱幼、兄弟相亲、妯娌和睦的家庭伦理道德观念在壮人当中代代相传，当中尽管不免因时代变迁而有这样那样的变异，但其基本的传统观念都永恒地保存下来了。直至今日，很多壮乡群众仍以此作为为人处世的道德标准。而这些优良传统正是今天我们构建和谐家

---

[1]　民政部：《2012 年社会服务发展统计公报》，中华人民共和国民政部官站，2013 年 6 月 19 日，见 http://www.mca.gov.cn/article/zwgk/mzyw/201306/20130600474640.shtml。

[2]　梁庭望、罗宾译注：《壮族伦理道德长诗传扬歌译注》，广西民族出版社 2005 年版，第 125 页。

[3]　梁庭望、罗宾译注：《壮族伦理道德长诗传扬歌译注》，广西民族出版社 2005 年版，第 133 页。

庭，保持家庭和美所必需的正能量。

（三）和睦友善、团结互助的公德观有利于维持邻里关系的和谐

邻里关系是家庭与家庭之间的关系，是家庭内部人际关系的延伸，融洽的邻里关系是家庭和谐的重要外部环境。俗话说，"远亲不如近邻"，可见，建立和睦的邻里关系至关重要。但随着经济和社会的发展，由于我国城镇化的发展，新兴的住宅代替了传统的里弄四合院，钢筋水泥的现代文明挡住了人们的视线，也锁住了人们的情感。尤其在现代城镇和城市里，邻里之间家居之声相闻，老死不相往来，十年相邻不相识则成了真正的现实。人们仅仅维持着少数朋友之间、同事之间的关系，邻里之间多了层现代社会特有的戒备与猜疑，缺少了一份坦诚与尊重，"远亲不如近邻"的传统邻里信条在现代社会慢慢隐退。现代生活节奏下，彼此近邻多年却互不相识，见面不打招呼，有困难不互相帮助，甚至躲得远远的，已是邻里关系的通病，这给社会带来了不稳定和不和谐的因素。因为现实需求是，人们在社会转型期，为了满足自己的需要和社会的需要，远离亲戚朋友，从祖国四面八方汇集到一起，在遇到困难时更需要邻里间守望相助，及时伸出援手以解决远方的家人无法及时解决的困难。钢筋水泥的现代住宅里，小孩需要有一起游戏的小伙伴，大人需要有可以倾诉工作和家庭压力的朋友和停靠的港湾，老人需要有可以一起共度晚年的伙伴。因此，在今天，我们应该重视邻里关系淡漠的问题，重构和谐的邻里关系，共同营造一个温馨和睦的邻里环境，以促进家庭和社会的和谐发展。壮人的和睦友善、团结互助的邻里观就对我们今天构建和谐的邻里关系有着重要启示。由于聚居而住，壮人认为邻里皆兄弟，邻里之间只有和睦相处，团结互助，才能内抗自然，外拒强敌，共同创造美好生活。因此，在日常生产和生活中都和睦相处，遇到矛盾和纠纷，都尽量做到大事化小，小事化无，做到"莫为树相争，莫为菜动手，既然做邻居，相敬如亲友"①。邻里间有困难，从建房子、生产到婚嫁、丧葬，以及危难都互相帮助，通过彼此相帮解决所遇到的困难。"春耕待插秧，有牛要相帮。挨

---

① 梁庭望、罗宾译注：《壮族伦理道德长诗传扬歌译注》，广西民族出版社 2005 年版，第 126 页。

家轮流种，合力度大忙。"① 因此，邻里间的和睦相处、守望相助使得过去乃至今天壮人面对"八山一海一分田"的艰苦环境依然能保持着生产和生活的热情，坚守着自己的家园。

在社会日益发展，城镇化水平越来越高的今天，邻里间已由传统亲属型关系转换为社区型关系，在同一个社区里，邻里间共享的空间越来越有限，接触的机会越来越多，随之而来的社会摩擦也越来越多，现代社会压力下，人们遇到的困难和压力也越来越多。因此，我们在今天更应该学习壮人相互守望、团结互助、宽容谦让的社会公德观和人伦品格，共同营造一个温馨和睦的邻里环境，从而为越来越多的老人们提供舒心的晚年生活，为孤单的孩子们营造人情味浓厚的社区环境，为处于激烈的社会竞争中的成年人提供良好的温暖的港湾。

综上可见，忠于婚姻、重视家庭、仁爱礼让、孝敬父母、友爱互助作为壮族传统家庭伦理文化的精华，在当今社会变革中依然具有强大的生命力，对于我们构建和谐家庭、维护社会稳定仍有着许多价值参考和可取之处。

二、和谐人伦关系，维护南疆安全稳定

维护社会稳定是构建社会主义和谐社会的必然要求，邓小平曾指出："中国的问题，压倒一切的是需要稳定。没有稳定的环境，什么都搞不成，已经取得的成果也会失掉。"② 边疆民族地区特定的地理文化环境、发展状况、社会构成和地缘格局，使得发展、稳定和安全问题的重要性相对突出。壮族地区作为我国西南边疆安全稳定的前沿哨所，两千多年来，壮民族内部极少有大的社会波动和反社会倾向的思想和行为，壮族很少主动与周边国家和民族交恶，这对巩固和稳定祖国西南边疆安全和稳定起到了积极的作用。这种团结稳定局面的形成与壮族民众特有的与人为善、与社会为善的伦理修为密切相关。恩格斯曾说："我们断定，一切以往的道德论归根到底都是当

---

① 梁庭望、罗宾译注：《壮族伦理道德长诗传扬歌译注》，广西民族出版社 2005 年版，第 126 页。
② 《邓小平文选》第三卷，人民出版社 1993 年版，第 284 页。

时的社会经济状况的产物。"① 不同的自然环境给人类提供了不同的生活资料和劳动对象，形成了不同的生产方式和生活方式，从而给人们带来了文化生理、思维方式和价值观念上的差异。稻作的农业生产方式，造就了壮人安土重迁、与人为善、外柔内刚、爱国爱家的民族性格，他们所期望的是五谷丰登、人人相亲、家庭和美、社会安宁，这也正是几千年来壮族地区保持民族团结、和谐稳定大好局面的重要道德基石，为维护祖国南疆安全稳定作出了重要贡献。

（一）安土重迁、与人为善的伦理品格有利于维护壮族地区的安定和谐

人类文明发展的规律显示，自然环境决定生产方式，生产方式决定文明类型。壮族属于稻作民族，稻作民族不同于游牧或工业民族。"游牧的人可以逐水草而居，飘忽无定；做工业的人可以择地而居，迁移无碍；而种地的人却搬不动地，长在土里的庄稼行动不得，伺候庄稼的老农也因之像是半身插入了土地。"② 因为水稻的种植离不开土地和水源，故而在漫长的稻作农耕生产活动中，壮人本分地守护自己的家园，年复一年地耕耘，与世无争，温饱而足，小事谦让，大事化小，不愿与人争斗而招惹祸灾影响他们正常的生产和生活，更不随意远离家门或外出经商，故壮族民间有"宁愿喝粥，不愿见官"之说。相对固定的生产和生活方式，使得壮人很早就认识到和谐稳定的人际关系对壮人生产生活的重要性，因此形成了和谐的人伦观，凡事以息事宁人、与人为善为原则。只要他人不侵占其土地，不损害其耕种利益，不危害其生计，他们都尽量忍让，与他人和平相处、共生共荣。《传扬歌》就有"好心人相让，恶少者蛮横。人人如咱善，凡事可通融"③ 的传唱。

人是社会中最基本的组成单位，人与人之间的和谐稳定也是民族团结稳定的前提和基础。马克思曾经说过："人的本质不是单个人所固有的抽象物，在其现实性上，它是一切社会关系的总和。"④ 从某种意义上说，人与人

---

① 《马克思恩格斯选集》第 3 卷，人民出版社 2012 年版，第 471 页。

② 费孝通：《乡土中国》，生活·读书·新知三联书店 1985 年版，第 2 页。

③ 梁庭望、罗宾译注：《壮族伦理道德长诗传扬歌译注》，广西民族出版社 2005 年版，第 184 页。

④ 《马克思恩格斯选集》第 1 卷，人民出版社 2012 年版，第 135 页。

之间关系的和谐程度，决定着社会的质量，决定着社会发展的方向。早在先秦时期，孟子就提出了"天时不如地利，地利不如人和"的名言警句。壮族安土重迁的民族品格造就了他们与人为善的伦理修为，使千百年来壮族内部形成以和为善、以和为贵的伦理价值观，维护了壮族地区人伦关系的和谐，促进了壮族地区民族团结，从而为祖国南疆安全稳定奠定了基础。

（二）集体至上、爱国爱家的社会伦理有利于促进壮人紧密团结、坚守祖国南疆安全稳定

恩格斯曾经指出："部落始终是人们的界限，无论对其他部落的人来说或者对他们自己来说都是如此：部落、氏族及其制度，都是神圣而不可侵犯的，都是自然所赋予的最高权力，个人在感情、思想和行动上始终是无条件服从的。"[1] 壮族先民时代生活在荆棘丛生、穷山恶水的祖国西南边疆地带，凭着勤劳、勇敢、坚韧的精神品格以及互助互济、团结胜敌的生存理念在祖国南疆一代一代地繁衍生息、并且创造出了灿烂的"那"文化。为了维护共同利益、抵御外族的入侵和生产的需要，壮人紧密地团结在一起，产生了最原始的维护集体、爱护集体的观念，这个观念进一步发展，进而形成了壮人集体至上和家国一体的爱国主义传统和社会伦理追求。如北宋时期侬智高英勇抵抗交趾国的烧杀掳掠，明朝嘉靖年间的壮族女英雄瓦氏夫人率领俍兵奔赴东南沿海勇斗倭寇等保家卫国行为已成为壮族家喻户晓的爱国传唱。近代以来，壮人更是为世人谱写了一曲曲誓死保卫家园的英雄赞歌。不管是戍守祖国南大门、反抗法帝国主义的抗法战争；还是驱除日寇、保卫家园的抗日斗争，广大壮族人民始终与全国各族人民共命运、同患难，感受到唇亡齿寒，国强族兴、国衰族亡的道理，坚守着祖国南疆的安全与稳定，为保卫祖国领土安全和边疆稳定作出了重要贡献。

在和平与发展成为主题的今天，壮人依然受到家国一体的伦理精神的激励和熏陶，与其他国家和地区的人民和平相处，时刻守护着祖国南疆的安宁。今天在国家经济发展战略面前，壮人往往也能舍弃自己眼前的小利，顾全国家的发展大计，如大化、岩滩、右江水利枢纽等大型电站以及平果铝矿

---

[1] 《马克思恩格斯选集》第4卷，人民出版社2012年版，第110页。

等大型项目的开发，壮族地区所受的损失不小，但成千上万的壮民在搬迁、重建家园中都能顾全大局，政府要求搬到哪就搬到哪，用自己的勤劳在政府的帮助下重建家园，维护了壮族地区的稳定与发展，进一步巩固了祖国南疆的稳定与和谐。

可见，不管是国难当头的危难时刻，还是和平与发展的今天，与人为善、集体至上、爱国爱家的伦理观一直激励着壮人团结向上、共同坚守着自己的家园，守护祖国南疆的安全与稳定。

三、和谐民族关系，增强民族凝聚力

民族是社会的基本构成单位。民族关系是当今世界比较普遍存在的社会现象，是具有特定内涵的特殊的社会关系。它是一种在人们的交往联系中，不仅具有社会性，而且具有民族性的社会关系，本质上是涉及民族这个社会人们共同体的地位和待遇，民族这个社会利益群体的权利和利益，民族及其成员的民族意识和感情的社会关系。① 民族关系和谐与否关系到国家和社会的和谐与稳定，只有民族间关系和谐融洽，才能够更好地促进民族平等和团结，增强各民族的凝聚力和向心力，使得各民族朝着共同的目标奋进。壮民族地区是少数民族聚居地，生活着壮、瑶、彝、苗、侗、京等十多个少数民族。长期以来，壮族同其他兄弟民族一起共同劳动，相互学习，团结友爱，形成了团结和谐、共生共荣的民族关系，成为了我国民族团结的典范，对我国民族团结和统一作出了积极的贡献。壮民族地区民族关系的和谐发展和团结稳定的局面与壮民族平等友善、亲和包容的民族品格和伦理道德传统密不可分。

（一）平等友善的交往之道有利于促进民族平等，增强民族团结

和谐的民族关系是民族平等、团结、互助、和谐之间相互协调的民族关系。平等是基石，是民族团结、互助、和谐的基础，团结是主线，是贯穿于民族平等、互助、和谐的红线，互助是平等、团结、和谐的动力和保障，和谐是社会主义民族关系的本质。可见，民族平等是构建和谐的民族关

---

① 金炳镐：《民族理论通论》，中央民族大学出版社 1994 年版，第 262—263 页。

系、促进民族团结的前提和基础。受"万物皆有灵魂"、"众生平等"的自然生态观的影响，壮人认为人生来平等，因而讲究人与人之间平等相处，相互尊重。因此，日常交往中，壮人认为尊重他人就等于尊重自己，与每个人都融洽地相处，对人对己都有好处。对于外来民族的迁入，壮人也以平等友善的态度去接纳他们，帮助他们早点安家立业。《传扬歌》就有"人迁来同住，盼他创成家"，"无论近或远，催他去犁耙。生气莫乱骂，要看上看下""我们接他来，山边地莫吝。难种他丢荒，留给咱村人。"①基于人人平等的观念，壮人热情好客，与人为善，对于远道而来的客人，壮人总是热情相待。明代的邝露在《赤雅》卷上说："人至其家，不问饭否，辄具牲醴，饮啖，久敬不衰。"壮族民间也有谚语云："千金难买客登门，杀牛难得亲友来。"有客到访，壮家人必定要用自家酿制的米酒给宾客敬酒，盛情款待。直到今天，壮族依然沿袭着热情好客的优良传统，壮族村寨任何一家做客的客人都被认为是全寨的客人，往往几家轮流请吃饭，有时一餐饭吃五六家。正是壮族这种平等亲和的民族品格，使得壮人和其他兄弟民族能够睦邻友好而居，形成守护相望、友爱互助、同饮一江水、同赶一条圩、同耕一峒田的睦邻友好关系，从而为壮族地区民族关系的和谐与发展创造了良好的社会人文生态环境，也为祖国南疆的稳定繁荣奠定了基础。在现代化变迁中，我国民族间的利益分化日益明显，民族冲突时有发生，壮族平等友善的交往之道正是今天各民族间消除隔阂、平等相处、团结和睦的重要前提。

（二）开放包容的伦理品格有利于促进民族融合，增强民族凝聚力

中国是个由56个民族组成的大家庭。如何协调好各个民族多元力量、多种因素之间的关系，加强各民族间的紧密团结，最充分地调动一切积极因素，构建多元一体的高度和谐体，就成为凝聚中国力量、实现中国梦的重要课题。而要构建和而不同的和谐统一体，需要各个民族间拥有"海纳百川、有容乃大"的博大胸襟，以开放包容的民族态度在多元差异中去相互吸收、相互促进，才能共同进步，团结向上。壮族开放包容的伦理胸襟在今天就值得我们去学习和借鉴。稻作文化具有外向型、兼容性的特点。作为稻作文化

① 梁庭望、罗宾译注：《壮族伦理道德长诗传扬歌译注》，广西民族出版社2005年版，第189页。

载体之一的壮民族，是一个外向型、开放性、兼容性的民族。但凡能满足自身发展需要的事物，壮人都以宽阔的容胸怀纳它。开放包容的伦理胸襟，使得壮族与其他民族在交往过程中，相互吸收，相互影响，形成了互融、互涵和互化的文化交融局面。以壮汉文化交融为例，中原的汉文化传入壮族地区后，壮族人民主动学习和吸收中原地区先进的生产方式、生产技术以及先进的文化，使得壮族慢慢发展成为了我国第二大民族。在长期的民族文化融合与民族经济发展中，壮汉民族相互之间形成了"谁也离不开谁"的良好民族关系，这种友好团结局面，也反映在壮族的民间文学作品中，如壮族民歌《马骨胡之歌》这样唱道："土人爱华夏，汉人爱壮家。明透与君达，好比松与杉。""壮汉一家亲哩，团结像一人；琴歌谱传奇哩，从古唱到今。"这首民歌，生动地反映了壮汉两族人民水乳交融、和睦相处的美好画面。文化的交融也进一步促进了壮经济、政治等的交往和融合。正是基于这种开放包容的民族品格，才使得自秦代开发岭南的两千多年以来，作为土著的壮族与入迁的汉族和其他少数民族始终保持一种和谐共生的态势。而开放包容的伦理品质也正是今天我们建立多元一体的民族和谐体，凝聚各民族力量，实现中国梦的重要道德保障。

四、协调社会矛盾，构建和谐社会

《中共中央关于构建社会主义和谐社会若干重大问题的决定》中指出："任何社会都不可能没有矛盾，人类社会总是在矛盾运动中发展进步的。构建社会主义和谐社会是一个不断化解矛盾的持续过程。"当前随着改革开放的不断深化和推进，我国在摆脱贫困繁荣发展的同时也进入了社会矛盾凸显期，面临着发展中的各种社会矛盾。经济上主要表现为贫富差距的拉大，包括东西部贫富差距、民族地区与发达地区尤其是沿海地区之间。于是，较高的需求愿望与有限的生产发展之间形成了越来越突出的矛盾，导致了拜金主义、地方保护主义、个人主义等不良思想的滋生，以及尔虞我诈、急功近利等不良经济行为的蔓延，贫富差距的拉大还引发了对其他民族、民族成员甚至对党和国家政策的不满等社会矛盾的滋生。政治上主要表现为因市场经济改革而带来滥用职权、贪污腐败、假公济私等不良政治作为的负面影响，以及由此而阻碍民族地区自治权利以及公民政治权利的实现和有效履行。此外，民族地区还存在着复杂而尖锐的敌我矛盾，敌对势力利用宗教、犯罪、毒品贸易，以及利用我国在改革与发展进程中遇到的诸如贫富差距、贪污腐败、社会保障体系不健全、就业难等社会问题，煽动群众闹事，肆意破坏祖国的统一与发展，这给社会的和谐与稳定发展带来了巨大的挑战。如何解决和协调好这些矛盾，是构建社会主义和谐社会的重要着力点和任务之一。马克思曾说："人们为之奋斗的一切，都同他们的利益有关"①。人与人之间由于利益等问题产生摩擦、冲突，继而发生矛盾。因而和谐从某种意义上说就是人们之间的利益和谐，和谐社会是各种利益关系协调的社会，只有人们之间的利益关系和谐了，矛盾才会得到化解，整个社会才能够和谐。道德和法律作为调节人们利益冲突的基本行为规范，是构调节社会矛盾必不可少的手段。法律依靠的是外在强制性约束调节人们的行为，效果明显但缺乏持续性。道德主要是依靠人们的内心信念、社会舆论和传统习俗来对人们的行为进行软约束，通过人们的内心认同达到解决社会矛盾。这就决定道德调节的深度是法律不能相比的，道德深入人们的内心，深入社会生活的各个方面，道德约束持久而有力。道德在矛盾冲突出现前或者扩大时，能够最大限度地化解各种矛盾，避免矛盾的尖锐化，把矛盾消灭在萌芽之中。因此，构建和谐社会，既需要有法律等外在制度的硬约束，更需要充分发挥道德的软实力，通过弘扬社会正气，净化人们的心灵来达到缓和社会矛盾的效果。壮人一直推崇的重义轻利、爱护集体、正直善良、公平公正等伦理追求对于今天我们协调人们之间的利益冲突、维护社会公平正义，促进社会矛盾的解决有着重要的借鉴作用。

（一）重义轻利、集体至上的利益观有利于协调人与人之间的利益冲突

历史经验告诉我们：利益问题始终处在整个社会的核心地位，决定着社会的走向。因此，要把协调利益关系作为维护社会和谐稳定的首要问题来抓。当前，随着我国市场经济的深入发展，不同经济利益群体、不同社会阶层、不同社会成员的经济利益差别越来越大，经济利益摩擦愈来愈突出。尤

---

① 《马克思恩格斯全集》第 1 卷，人民出版社 1995 年版，第 187 页。

其是民族地区，由于受历史、地理、政治、经济、文化等多种因素的影响，民族地区与发达地区相比发展速度较缓慢，经济发达地区的发展无疑会刺激民族地区人民的发展需求，故而较高的需求愿望与有限的生产发展之间形成了越来越突出的矛盾，由此引发了个人主义、地方保护主义、急功近利等不良现象的滋生，在个人与国家和整体的利益矛盾关系上，出现了只顾本民族本地区的利益，而不顾其他民族和其他地区的利益，只顾眼前的、局部的利益，而不顾长远和整体利益的现象。同时引发出对其他民族、民族成员甚至对党和国家政策的不满，从而在经济交往中，为了发泄不满情绪和尽快满足私利而急功近利、尔虞我诈，搞地方保护主义等，严重影响了社会的经济秩序和社会稳定。当前民族地区的主要矛盾实际上也是我国整个社会主义阶段所面临的主要矛盾的具体延伸。民族地区的人们迫切要求加快经济文化的发展、满足日益增长的物质文化的强烈愿望，在此基础上产生的经济利益差距、民族之间纠纷是人民根本利益一致基础上的矛盾，属于人民内部矛盾性质。但是如果处理和引导不当也很容易使非对抗性矛盾激化为对抗性矛盾，尤其是在敌对势力的挑拨离间下，人民内部矛盾有可能转化为敌我矛盾，影响社会的和谐与稳定。因此，我们应注意引导和疏导，使人民内部矛盾向良性方向转化。壮人以义制利以及集体至上的义利观就值得我们推崇和借鉴。义利观一直是中国经济伦理思想的核心内容，人们往往在是追求物质利益还是遵从道德规范中陷入两难选择。因为义和利如同"鱼和熊掌二者不可兼得"那样对立。在义与利的关系问题上，壮人强调的是取利必须合乎于义，而当两者冲突时，他们往往取义舍利、重义轻利。在如今的壮乡，我们还经常可以看到人们日常生产生活中互相帮忙不计报酬，不求回报，在国家经济发展大局面前，壮人往往能舍弃自己眼前的小利，顾全国家的发展大局，不管是搬迁还是要放弃自己耕种一辈子的土地，壮人都很少有怨言，默默地舍弃自己的小利而顾全国家的大利。基于"义"为上的原则，壮族人素来都很热心于公益事业，把集体利益放在了比较重要的位置。在壮乡，同一宗族里面或者邻里间，往往是有钱出钱，有力出力，修筑乡里公路、桥梁、庙堂、校舍等公共设施，并自发组成维护队等（一般是留守在家的男性老人），对这些设施进行维护和完善，而他们是不拿报酬的，因为他们觉得这些是理所应当的义务。就是凭着对集体的责任和对义的追求，壮人一步步走出大山，翻身致富。只有在道德允许和保障的范围内，我们的生活秩序才能得到更好的保障，利益冲突才能得到更好的解决，从而使得我们的利益有保障，生活有保障。壮人的重义轻利、集体为上的利义观在市场经济条件下不免有其局限性的一面，但在市场经济条件下，不能不说是我们处理个人与个人、个人与集体间利益冲突和矛盾，维护好集体和国家的整体利益的一剂良方。

（二）正直善良、公平公正的做人准则有利于维护社会公平公正

社会主义和谐社会蕴含着公平正义的道德追求。"公平正义就是社会各方面的利益关系得到妥善协调，人民内部矛盾和其他社会矛盾得到正确处理，社会公平和正义得到切实维护和实现。"[1]公平正义作为社会文明程度的重要体现，也是和谐社会的重要道德基础，是社会矛盾得以控制和解决的重要推进器，只有能够给每个人以公平竞争的权利和机会，切实保障所有公民的各项权利，使全体人民平等地享有社会的政治利益、经济利益和文化利益，共享改革发展成果，消除两极分化，社会矛盾才有可能消除和淡化，社会环境才能和谐稳定。当前，全国人民在享受改革发展成果的同时，由于历史和现实的原因，社会上还存在着一些影响和制约社会公平正义的现象，对构建和谐社会产生了一定程度的影响。如在经济方面，发达地区与少数民族地区在经济社会发展上的差距明显拉大，贫富差距比较大。在政治方面，由于滥用职权、贪污腐败、假公济私等不良政治作为的产生，有些民族自治地方的自治权未能得到切实保障，公民权利的有效行使受阻。在文化方面，各民族的交往中存在无视党的民族文化和宗教政策，对少数民族传统文化、民族风俗、宗教信仰不尊重、不理解等存在民族歧视的现象，刺激和伤害了民族感情，加剧了社会矛盾的滋生。而与此同时国外国内敌对势力相互勾结，利用改革和发展中的各种问题在民族地区进行多种形式的分裂渗透活动，这些都极大地影响和危害着民族团结，破坏祖国统一。

要解决上述问题和矛盾，需要个人和社会的共同努力，个人方面要有刚正不阿的社会正义感和与人为善、与社会为善的道德认知和追求；而社会

[1]　胡锦涛：《在省部级主要领导干部提高构建社会主义和谐社会能力专题研讨班上的讲话》，《人民日报》2005年6月2日。

方面则需在全社会倡导公平、正义的社会道德，维护社会公平公正，从而使人们各得其所、各尽所能，社会各方面的利益关系得到妥善协调，各方面的社会关系融洽、协调，才能营造出积极向上安定有序和睦相处的社会关系与社会秩序，保障整个社会的和谐稳定。面对社会的不公，壮人主张以正直善良的修身之道以及安守本分的处世之道去净化社会的不正之风，提出"以上补下，搭配公平"的节制思想去弱化社会的矛盾，这对今天我们缓解社会矛盾的激化，维护社会公平正义具有重要现实意义。面对阶级和利益的分化，壮族先民也一直在追问："当初立天地，为何分不平？"而壮人同时也认为"谁不想富贵"，但是"八字已安排"。因为"富贵老天定，由命不由人"①，诚然天命不可违，但是在实际生活中壮人认为"人穷志不穷"，为人处世要正直善良，公平公正，反对坑蒙拐骗，欺贫凌弱。"人穷有骨气，黑夜不行偷，他人一叶菜，过路绕开走。"②《传扬歌》就劝诫年青人不走歪门邪道，不偷、不赌、不抢、不占，要靠自己的双手勤劳致富。"儿女要做人，牢记在心间。""一生来世间，安分走正道。"③"劝诫年青人，行为要端正，勤劳无价宝，做贼人憎恨"④对于掌权者，"办事要公正"，"善恶要分明"。"谁人当寨老，讲话要公平。"⑤对于富甲一方的有钱人，则不应为富不仁，"劝你有钱人，莫欺穷家汉。人皆父母生，家贫人不贱。"⑥在行使自身财产权利之时，兼顾弱者的需要，"愿你财富多，财多自己用。穷人去典债，莫迟疑悭吝。"⑦如

---

① 梁庭望、罗宾译注：《壮族伦理道德长诗传扬歌译注》，广西民族出版社2005年版，第111页。

② 梁庭望、罗宾译注：《壮族伦理道德长诗传扬歌译注》，广西民族出版社2005年版，第122页。

③ 梁庭望、罗宾译注：《壮族伦理道德长诗传扬歌译注》，广西民族出版社2005年版，第119页。

④ 梁庭望、罗宾译注：《壮族伦理道德长诗传扬歌译注》，广西民族出版社2005年版，第122页。

⑤ 梁庭望、罗宾译注：《壮族伦理道德长诗传扬歌译注》，广西民族出版社2005年版，第185页。

⑥ 梁庭望、罗宾译注：《壮族伦理道德长诗传扬歌译注》，广西民族出版社2005年版，第116页。

⑦ 梁庭望、罗宾译注：《壮族伦理道德长诗传扬歌译注》，广西民族出版社2005年版，第190页。

今大多数壮人还恪守着这种"有福同享"的做人道理，哪家宰了猪或牛，要请邻里乡亲来分享，出外打工或者做生意挣钱了返乡也要请亲戚朋友吃饭，而被请的人也觉得是理所当然的，因为反过来他们也会这么做。故而今天壮族地区即使也面临着市场经济带来的利益分化多样化复杂化、社会矛盾日益凸显的挑战，但是壮人主张正直善良，维护社会公平正义的伦理追求使得壮族地区依然保持着相对淳朴的社会风气，经济政治文化秩序平稳而有序，各民族、各阶层、各团体都互相尊重，共同监督，各得其所，这对于我们营造和谐社会关系与社会秩序、维系社会和谐稳定具有重要指引。虽然"以上补下"的分配观念在市场经济条件下有些不可取，但兼顾上下平衡对解决现今社会贫富的两极分化，缓解社会矛盾的激化，维护社会公平正义，具有重要的现实意义。只有我们每个人都树立崇高的道德正义感，社会形成鼓励和褒奖公平正义、贬斥和谴责不公正行为的道德激励和评价机制，才能更好促进社会矛盾的解决，维护社会公平公正，构建和谐社会。

第二节　壮族伦理思想对生态文明建设的价值

"给自然留下更多修复空间，给农业留下更多良田，给子孙后代留下天蓝、地绿、水净的美好家园。""我们一定要更加自觉地珍爱自然，更加积极地保护生态，努力走向社会主义生态文明新时代。"党的十八大报告首次把生态文明建设放在突出地位，融入经济建设、政治建设、文化建设、社会建设各方面和全过程，提出努力建设美丽中国，实现中华民族永续发展的宏伟目标。党的十八大报告关于加强生态文明建设的论述实质上勾勒了一个美丽中国的生态梦，赋予了中国梦的生态维度，诠释了生态文明在中国梦中的地位，旨在为实现国家富强、民族振兴和人民幸福的中国梦奠定坚实的自然基础。这无疑是对构建和谐社会的进一步延伸和注解。正如2013年习近平总书记在海南考察时强调的："良好生态环境是最公平的公共产品，是最普惠的民生福祉。"建设生态文明，关系人民福祉，关乎民族未来。

"社会是人同自然界的完成了的本质的统一，是自然界的真正复活，是人的实现了的自然主义和自然界的实现了的人道主义。"① 马克思的这句话深刻地指出了人与自然的辩证统一与互为存在的哲理，离开了人与自然的和谐相处这个前提，和谐社会将无从谈起，生态文明建设也将成为空中楼阁。而在当前，在社会转型与现代化变迁中，人们不得不面对能源高耗与生态资源有限供给之间的两难选择，为求生存和发展，人们自觉或不自觉地舍弃原有的有利于生态平衡和环境保护的生产生活方式。在经济利益面前，人们开始对大自然进行掠夺式开发，因而面临着资源日益匮乏、自然灾害频繁、生存环境日趋恶劣等大自然的报复。"消费异化必然导致生产异化，永无止境地向自然索取，最终导致人与自然之间的激烈冲突，这就是生态危机的根源。"② 人类的经济活动要受到大自然规律的制约，应符合自然界生态平衡的要求，否则，即便获得眼前的经济利益，也必将损害长远的经济利益。因为"不以伟大的自然规律为依据的人类计划"只会带来灾难。在新的时代背景下，人们越来越深刻地认识到，现代文明并不能解决人类社会的所有问题，而且会带来更多的社会难题，更多的时候，人们还要回到各民族的传统文化中去，寻求平衡、和谐及解决问题的良方。壮族先民一直推崇的大地万物各有其道、相生相亲和相互依存的生态观念，具有以原始宇宙观为基础，以自然崇拜、图腾崇拜为内涵和以禁忌及习惯法规为约束机制的特征，并且与其民族的耕作方式相适应，其主旨在于追求人与自然的平衡和和谐关系，主张人类要珍惜自然资源，利用和开发要适度，保持自然生态的平衡。③ 这其中蕴含着的丰富的人与自然和谐共生的科学思想的使用价值，正是我们今天协调人与自然、经济发展与生态环境之间的矛盾，建设生态文明的重要道德基础和行动指南。

一、敬畏自然、善待自然的生态道德观是生态文明建设的道德基础

生态道德不仅是指个人在自然界中生存所应遵守的生态规律及由此制定的生态规范的总和，更指个人根据自然的承受能力，以最优的方式解决

① 《马克思恩格斯文集》第 1 卷，人民出版社 2009 年版，第 187 页。
② 韩秋红、李白玲：《断裂还是传承》，中央编译出版社 2004 年版，第 192 页。
③ 覃彩銮：《试论壮族文化的自然生态环境》，《学术论坛》1999 年第 6 期，第 119 页。

人类与自然关系方面的生态情感和生态自觉性。① 康德曾说："有两样东西，我们愈经常愈持久地加以思索，它们就愈使心灵充满日新月异、有加无已的景仰和敬畏：在我之上的星空和居我心中的道德法则。"② 这是西方著名哲人对待自然和人类理性的深刻思考。实现人与自然的和谐相处，建设生态文明，除了依靠国家法律制度的宏观调控和硬性控制外，人们的生态责任和道德意识的提高才是最深层次的要求，只有整个社会的人们充分认识到自己对生态环境所承担的道德义务与责任，他们才能发自内心地去规范和调节自己的经济行为，从而以平等的态度关爱自然，善待自然，种种不利于生态环境保护的行为才能从源头和根本上得到抑制，人与自然的和谐状态才有可能。壮族及其先民在漫长的稻作农耕生产中，认识到人与自然和谐共生的重要性，并通过自然崇拜、神话禁忌、民间信仰信俗、习惯法等调适人与自然的关系，久而久之形成了敬畏自然、热爱自然、善待自然的生态伦理观。这些生态道德观念至今仍有着时代的合理性和价值。首先，在人与自然矛盾日益凸显的今天，我们需要学习和传承壮人敬畏自然、尊重自然的优良传统。敬畏是对大自然最大的保护和尊重，只有我们认识到大自然基于人类的重要性和神圣性，而不应是把它凌驾于人类活动之下，才能真正保护好人类的家园。壮族先民认为万物皆有灵、众生平等，这样的宽广胸怀就是对大自然最大的敬畏。在壮族地区，花草树木、飞鸟鱼兽莫不有灵，都受到壮人的尊重和顶礼膜拜。当今壮族的许多节日和风俗仍然充分反映了壮族人民对大自然的敬畏和保护之情。如花婆节、开耙节（或称插秧节）、青苗节、送雷公节、蛙婆节、土地公诞节、牛魂节等等节庆活动无不反映了壮人与自然的心理认同。在人与自然关系日益恶化的现代社会，我们需要重拾壮人对大自然的敬畏和尊重，才能更好地为经济建设提供物质基础。其次，我们需要秉承壮族先民真心热爱自然、保护自然的生态伦理观念。由于早期壮族生产力的落后，壮族先民强烈地依从于自然，他们与周围的山水树木、土地禽兽有着密切的联系，因此，壮民族对自然生态有一种与生俱来的保护意识。如几乎

---

① 戴尊红：《生态道德教育与理性生态人的培养》，山东师范大学 2002 年硕士学位论文，第 2 页。

② ［德］康德：《实践理性批判》，韩水法译，商务印书馆 2000 年版，第 177 页。

每个壮族村落都有一片保护林，俗称"祖宗神树"，这些"神树"作为村寨和村侗涵养水源的重要保障和阻挡风水的"保护林"在壮人心中具有至高无上的地位，因此不能随意接近，更不允许乱加砍伐，违禁者会受到神灵的惩罚。壮族还有"手不抓蚂蚓，不怕雷公劈"等信俗，因为在壮人的信仰中，雷公不仅打雷下雨救众生，还将蚂蚓放到田间，为人类捕捉害虫。因此，人们尊称蚂蚓为"蛙婆"，把她当作母神的化身，当作吉祥的象征，至今广西北部红水河流域的河池东兰、南丹一带还保留着过蚂蚓节（或叫蛙婆节）的习俗。广西上林、忻城等县壮人仍笃信谁若乱捉小蚂蚓，雷公就会发怒，就要劈死他。这些无不体现了壮人仁慈好生的伦理情怀。在人类对大自然掠夺式开发的当下，我们需要拥有这样的生态伦理情怀，大自然才能还我们更多青山绿水。总之，超自然神灵的威慑、宗教信条的规范和乡规民约的约束等外部禁律，久而久之，便自内化为壮人心目中根深蒂固的环境保护意识和生态道德观念，从而保护壮族地区的生态平衡和生态资源的可持续发展，为今天我们构建美丽中国、建设生态文明提供道德借鉴和基础。

二、尚简节约、适度索取的消费伦理观是生态文明建设的实践要求

人对自然的道德义务就在于在尊重自然规律的基础上，通过自觉的行为选择与价值调整，实现人与自然的和谐相处、协同发展，使人类社会的发展与自然环境的优化达到和谐一致，为人类社会的稳定、有序、和谐、可持续发展提供安全、舒适、优美的环境依托。今天我们构建美丽中国，建设人与自然和谐相处的生态文明，需要我们在生态自觉的基础上付诸行动，以协调社会的无限需求与有限的生态资源间的矛盾。

没有对生态资源的珍惜与爱护，人类剩下的最后一滴水只能是自己的眼泪，我们就会被赖以生存的自然所淘汰和报复。正如恩格斯所说："不要过分陶醉于我们人类对自然界的胜利。对于每一次这样的胜利，自然界都对我们进行报复。每一次胜利，起初确实取得了我们预期的结果，但是往后和再往后却发生完全不同的、出乎预料的影响，常常把最初的结果又消除了。"[1] 因

---

[1]　《马克思恩格斯选集》第 3 卷，人民出版社 2012 年版，第 998 页。

此，面对伟大而又有限的大自然，我们需要做到"贪欲的节制"。由于长期
生活在自给自足的小农社会，市场经济落后，加之受自然条件的制约，壮人
十分珍惜上天赐予的一分田和一分水。因此，勤俭节约成为了壮人推崇的一
种美德，被壮人视为重要的做人准则。贪欲的节制也引发了对壮人对自然资
源的节俭利用，在改造大自然过程中，壮人通过禁伐、禁猎、禁渔等禁忌，
甚至以神灵的名义来约束人们的行为，告诫人们不能太贪婪，否则会遭到自
然的惩罚。壮族民间还制定结婚、乔迁等大喜日子要植树造林、"近水不得
滥用水"、"砍伐要舍近求远"等习惯法和禁令。"禁忌体系尽管有其一切明
显的缺点，但却是迄今所发现的惟一的社会约束体系。它是整个社会秩序的
基石，社会体系中没有哪个方面不是靠特殊的禁忌来调节和管理的。"① 在人
类社会最早的民俗——禁忌中，无疑隐藏着道德的胚胎。壮族对自然资源利
用的有效节制和禁忌体系，体现了壮人最原始的生态情怀和生态自觉，也体
现了壮人对大自然最真诚的爱护与行动，这对于生活在物欲横流的现代社会
下的人们无疑是一种警示。因此，当下我们应该以积极的态度尊重和挖掘壮
民族和谐生态伦理思想的价值，遵循壮人"靠山吃山，靠水吃水"、适度索
取的生态消费观，在经济利益与生态环境之间找到平衡点，从而更好地保护
好我们的生态环境，为加快我国生态文明建设、构建美丽中国贡献自己的一
份力量。

第三节　壮族伦理思想对和谐社会、生态 文明建设价值实现的路径②

当前我们构建社会主义和谐社会，建设生态文明不是以中断历史或文
化传统为代价来另起炉灶，恰恰相反，是要从传统文化和道德资源中吸取养
分，完成传统的现代续接，更好地形成具有中国特色的现代化伦理思想，巩
固社会主义和谐社会的伦理秩序和道德基础。毛泽东曾指出："对于中国古

---

① [德] 卡西尔：《人论》，甘阳译，上海译文出版社 1985 版，第 134、138 页。
② 本节的主要论点和论述内容，已以《壮族伦理思想的和谐意蕴及其当代价值》为题，刊
　发于《广西民族研究》2011 年第 4 期。

代文化，同样，既不是一概排斥，也不是盲目搬用，而是批判地接收它，以利于推进中国的新文化。"① 壮族伦理思想是在壮族社会发展的各个历史时期形成的，是世世代代的壮族人民辛勤劳动和努力创造的智慧结晶和品格的沉淀，对推动壮族社会的发展曾产生过巨大的作用，在今天也仍有着不可磨灭的当代价值。但其既有积极、进步、革新的一面，也有保守过时的一面，因此，我们要对其进行现代的传承和转换，才能更好地为社会主义和谐社会服务，实现其当代社会价值。

一、澄清认识，取长补短

思想是行动的先导，要更好地实现壮族伦理思想对社会和谐稳定的价值，首先要澄清人们对壮族伦理思想的偏差认识。不少人尤其是年轻一代认为，壮族伦理思想很多是过去的东西，与现代社会不相适应，没有必要去弘扬这些"土气兼俗气"的东西。还有人认为，壮族传统伦理思想中的落后因素颇多，保护传统是保护落后。必须要承认的是，壮族伦理思想有些观念与现代社会是不相适应的，还有些是原始的、非科学的感悟，带有一些迷信的、神秘主义的色彩。如追求平等思想里包含有一些平均主义、容易满足、缺乏竞争等小农意识色彩，尚义思想里有不分青红皂白为兄弟两肋插刀的哥们义气，但只要经过现代转换，其积极的成分在今天仍有着重要的价值导向。如不计报酬的互帮互助的美德，若搬到现代社会我们则必须加以改造，因为现代市场经济社会不可能完全否定个人利益，而应提倡在合理保障个人利益下的互帮互助。又如壮族人重义轻利，讲究平等，但在市场经济环境下必须把重义与重利结合起来，努力做到精神与物质平衡发展。因此，在今天弘扬壮族和谐的伦理思想并不是保护落后，而是为了取其精华，更好地为现代壮民族地区实现和谐发展服务。其次，要澄清对传统的保护不是要排斥外来文化和现代文明。壮族与人为善、宽容开放的和谐心态恰恰是今天壮民族地区处理传统与现代、本土与外来矛盾应有的姿态。因此，在构建和谐社会的今天，壮民族在积极地面向未来的同时，更重要的是要澄清认识，取长补

---

① 《毛泽东选集》第三卷，人民出版社 1991 年版，第 1083 页。

短，汲取传统的优秀文化和伦理精神的精华。

二、与时俱进，创新形式

壮族伦理思想很多是通过人们喜闻乐见的形式如民间传说、神话故事、山歌、节庆文化等传承和传播的。如壮族人民喜爱山歌，壮族伦理道德长诗《传扬歌》就以人们喜闻见乐的山歌形式弘扬传播壮族伦理思想。众多的壮族传统节日如三月三、花婆节、蛙婆节以及以这些节庆文化为载体的民俗活动如唱山歌比赛、抢花炮、抛绣球、踏板鞋等，让壮族人民在节庆娱乐的过程中增进了对壮族平等、互助、和乐、诚信、尚义等优秀伦理精神的认识，促使和谐的伦理观念得到广泛的传扬。但随着信息时代的到来，人们对传统的文化和形式越来越疏远，加之年轻一代基本都远离家乡去城市打拼，传统文化的传承方式已不大适应时代的要求，也不利于壮族伦理思想的现代传承。因此，要弘扬和实现壮族和谐伦理的当代价值需要与时俱进，创新形式，充分利用现代信息技术和传媒手段弘扬和宣传壮族和谐的伦理思想。其中从 1999 年开始的一年一度的南宁国际民歌艺术节就是传统与现代的经典结合，使年轻一代的壮人在享受现代气息的同时也受到了壮族传统优秀文化的熏陶，而且也使壮族传统文化走出了世界。借鉴这个成功的范式，我们可以对承载壮族优秀伦理资源的民间故事、神话传说、传统节日、民风民俗进行现代的转换，使其富有现代气息，更易于被年轻一代壮人接受，如可把花婆神话、布洛陀神话等神话传说改编成现代影视题材，或者可透过网络把更多的承载壮族伦理思想的传统节日、习俗传播出去，让更多人去了解和感受壮族传统文化的魅力，品味其中蕴含着的和谐思想和生态伦理思想。

三、健全机制，全民参与

壮族伦理思想内容丰富，有积极的也有消极的，有成文的也有不成文的，有易于被人所接受的传唱如《传扬歌》，也有比较深奥的创世史诗如《布洛陀经诗》。因此，在今天要让世人更好更全面地去了解和传承壮族和谐伦理思想，实现其当代价值，需要建立健全壮族伦理思想的传承和保护机制，需要全社会的共同努力，全民的参与。首先，要发挥政府在挖掘、保护和传承壮族伦理思想中的主导作用。一要组织相关专家及工作人员加强对壮族伦理思想优秀成分的搜集、整理、翻译和出版，如可以考虑用小册子的形式出版《壮族伦理故事选集》、《壮族伦理山歌精选》、《壮族传统民风民俗读本》等壮族传统伦理道德通俗读物，让更多的壮乡百姓学习和了解壮族和谐伦理思想。二要加大对农村广电网络、文化广场、图书馆等文化基础设施的投入和建设，为壮族和谐伦理思想的现代传播搭建平台。三要设立专项经费，对农民文化骨干、都老寨老等在传承壮族优秀伦理道德方面有带头作用的人给予一定的经济补助，鼓励他们传承壮族和谐伦理思想和文化。其次，要发挥民间文艺爱好者、文艺团体、民间组织等群众力量在传播壮族和谐伦理思想中的积极作用。如百色平果的哈嘹乐队就把现代流行音乐元素与平果嘹歌结合起来，让更多年轻人了解壮族的伦理山歌，田林的北路壮剧、靖西的木偶戏等都是宣传壮族和谐伦理思想的百姓平台。最后，要发挥学校在宣传、研究壮族和谐伦理思想中的重要作用。学校要积极开发壮族和谐伦理思想作为壮族青少年的特色教育资源，如中小学语文课、品德课可引入壮族民间故事、神话传说中勇敢正直、爱国爱家等丰富的道德教育资源，音乐课可引入壮族的山歌文化资源，体育课可引入抛绣球、三人板鞋等壮民族特色体育文化资源，从而让学生学习和领略到其中蕴涵的和谐伦理思想，实现其育人功能。高校要发挥科研优势，用壮族和谐伦理思想的研究成果去教育学生，使他们把文明带回家乡，影响家人的品行，共同建设和谐美丽家园。

参 考 文 献

一、著作

1.《马克思恩格斯选集》第 1、2、3、4 卷，人民出版社 2012 年版。

2.《马克思恩格斯文集》第 1 卷，人民出版社 2009 年版。

3.《马克思恩格斯全集》第 2 卷，人民出版社 1957 年版。

4.《马克思恩格斯全集》第 1 卷，人民出版社 1995 年版。

5.《马克思恩格斯全集》第 2 卷，人民出版社 2005 年版。

6.《列宁选集》第 2、3、4 卷，人民出版社 2012 年版。

7.《列宁全集》第 2 卷，人民出版社 1984 年版。

8.《斯大林选集》（上卷），人民出版社 1979 年版，

9.《毛泽东选集》第一、二、三、四卷，人民出版社 1991 年版。

10.《邓小平文选》第一、二卷，人民出版社 1994 年版。

11.《邓小平文选》第三卷，人民出版社 1993 年版。

12.《刘少奇选集》（上卷），人民出版社 1981 年版。

13. 中共中央文献研究室编：《十六大以来重要文献选编》（上），中央文献出版社 2005 年版。

14. 罗国杰主编：《伦理学》，人民出版社 1989 年版。

15.《伦理学》编写组编：《伦理学》，高等教育出版社、人民出版社 2012 年版。

16. 魏英敏主编：《新伦理学教程》（第二版），北京大学出版社 2003 年版。

17. 王泽应编著：《伦理学》，北京师范大学出版社 2012 年版。

18. 龚海泉、万美容、梅萍：《当代公民道德教育》，中央文献出版社 2000 年版。

19. 罗国杰主编：《中国伦理思想史》（上、下卷），中国人民大学出版社 2008 年版。

20. 张岱年：《中国伦理思想研究》，上海人民出版社 1989 年版。

21. 张岱年、方克立主编：《中国文化概论》（修订版），北京师范大学出版社 2004 年版。

22. 黄钊等：《中国道德文化》，河北人民出版社 2000 年版。

23. 万俊人：《寻求普世伦理》，北京大学出版社 2009 年版。

24. 郭广银、陈彦斌、杨明等：《伦理新论：中国市场经济体制下的道德建设》，人民出版社 2004 年版。

25. 高发元：《中国少数民族道德概览》，云南民族出版社 1992 年版。

26. 高力：《民族伦理学引论》，新疆人民出版社 1998 年版。

27. 熊坤新：《民族伦理学》，中央民族大学出版社 1997 年版。

28. 李资源：《文明的呼唤——中国少数民族传统伦理道德研究》，广西人民出版社 2004 年版。

29. 贺金瑞、熊坤新、苏日娜：《民族伦理学通论》，中央民族大学出版社 2007 年版。

30. 郑英杰：《中国少数民族伦理文化通论》，中国文史出版社 2002 年版。

31. 李伟、潘忠宇：《回族伦理文化导论》，黄河出版传媒集团、宁夏人民出版社 2011 年版。

32. 杨国才：《白族传统道德与现代文明》，云南人民出版社、云南大学出版社 2011 年版。

33. 何小青：《消费伦理研究》，上海三联书店 2007 年版。

34. 王正中、周中之：《现代伦理学》，中国社会科学出版社 2001 年版。

35. 黄现璠、黄增庆、张一民编著：《壮族通史》，广西民族出版社 1988 年版。

36. 张声震主编：《壮族通史》（上、中、下），民族出版社 1997 年版。

37. 《壮族简史》编写组、《壮族简史》修订本编写组：《壮族简史》，民族出版社 2008 年版。

38. 郑超雄：《壮族文明起源研究》，广西人民出版社 2005 年版。

39. 方素梅：《近代壮族社会研究》，广西民族出版社 2002 年版。

40. 黄庆印：《壮族哲学思想史》，广西民族出版社 1996 年版。

41. 李富强、潘汁：《壮学初论》，民族出版社 2009 年版。

42. 张声震主编：《布洛陀经诗译注》，广西人民出版社 1991 年版。

43.梁庭望、罗宾译注：《壮族伦理道德长诗传扬歌译注》，广西民族出版社2005年版。

44.梁庭望：《壮族文化概论》，广西教育出版社2000年版。

45.范宏贵、顾有识等：《壮族历史与文化》，广西民族出版社1997年版。

46.戴光禄、何正廷编著：《勐僚西尼古——壮族文化概览》，云南美术出版社2005年版。

47.杨宗亮：《壮族文化史》，云南民族出版社1999年版。

48.黄懿陆：《壮族文化论》，云南教育出版社2001年版。

49.李富强：《人类学视野中的壮族传统文化》，广西人民出版社1999年版。

50.梁庭望编著：《中国壮族》，宁夏人民出版社2011年版。

51.覃国生、梁庭望、韦星朗：《壮族》，民族出版社1984年版。

52.李富强、白耀天：《壮族社会生活史》（上、下卷），广西人民出版社2013年版。

53.《壮族百科辞典》编纂委员会编：《壮族百科辞典》，广西人民出版社1993年版。

54.广西壮族自治区编辑组、《中国少数民族社会历史调查资料丛刊》修订编辑委员会：《广西壮族社会历史调查》（一至七册），民族出版社2009年版。

55.云南省编辑组：《云南少数民族社会历史调查资料汇编》（一），民族出版社2009年版。

56.郝时远、任一飞主编：《中国少数民族现状与发展调查研究丛书——田阳县壮族卷》，民族出版社2008年版。

57.《文山壮族苗族自治州概况》编写组编写：《文山壮族苗族自治州概况》，民族出版社2008年版。

58.《连山壮族瑶族自治县概况》编写组编写：《连山壮族瑶族自治县概况》，民族出版社2007年版。

59.覃圣敏主编：《壮泰民族传统文化比较研究》第四、五卷，广西人民出版社2003年版。

60.周光大主编：《壮族传统文化与现代化建设》，广西人民出版社1998年版。

61.覃德清：《壮族文化的传统特征与现代建构》，广西人民出版社2006年版

62.韦玖灵：《儒学南传与壮族思想发展》，香港新闻出版社2003年版。

63.欧阳若修、周作秋、黄绍清等编著：《壮族文学史》（一、二、三册），广西人民

出版社 1986 年版。

64. 周作秋、黄绍清、欧阳若修等：《壮族文学发展史》（上、中、下），广西人民出版社 2007 年版。

65. 梁庭望、农学冠编著：《壮族文学概要》，广西民族出版社 1991 年版。

66. 韦其麟：《壮族民间文学概观》，广西人民出版社 1988 年版。

67. 胡仲实：《壮族文学概论》，广西人民出版社 1982 年版。

68. 农冠品、曹廷伟编：《壮族民间故事选》，广西人民出版社 1982 年版。

69. 农冠品编注：《壮族神话集成》，广西民族出版社 2007 年版。

70. 覃乃昌等：《盘古国与盘古神话》，民族出版社 2007 年版。

71. 蓝鸿恩：《广西民间文学散论》，广西民族出版社 1981 年版。

72. 蓝鸿恩主编：《壮族民间故事选》，上海文艺出版社 1984 年版。

73. 蓝鸿恩搜集整理：《神弓宝剑》，中国民间文艺出版社 1985 年版。

74. 过伟主编：《中国民间故事集成·广西卷》，中国 ISBN 中心出版社 2001 年版。

75. 农冠品、莫新银、陆上来等：《女神·歌仙·英雄——壮族民间故事新选》，广西民族出版社 1992 年版。

76. 方大伦、黄宗信：《红水河的传说》，广西民族出版社 2000 年版。

77. 陈金文：《壮族风物传说的文化研究》，民族出版社 2011 年版。

78. 黄勇刹等：《壮族歌谣概论》，广西民族出版社 1983 年版。

79. 范西姆主编：《壮族民歌 100 首》，广西人民出版社 2009 年版。

80. 覃乃昌主编：《壮族嘹歌研究》，广西民族出版社 2008 年版。

81. 潘其旭、韦玺：《歌海传奇——歌仙刘三姐》，广西人民出版社 2009 年版。

82. 农敏坚、谭志表主编：《平果嘹歌·长歌集》，广西民族出版社 2004 年版。

83. 农敏坚、谭志表主编：《平果嘹歌·散歌集》，广西民族出版社 2005 年版。

84. 农敏坚、谭志表主编：《平果嘹歌·恋歌集》，广西民族出版社 2005 年版。

85. 农敏坚、谭志表主编：《平果嘹歌·新歌集》，广西民族出版社 2005 年版。

86. 蒙元耀编著：《壮语熟语》，民族出版社 2006 年版。

87. 韦苇、向凡：《壮剧艺术研究》，广西人民出版社 1990 年版。

88. 黎方、何朴清编著：《云南壮剧史》，文化艺术出版社 2008 年版。

89. 政协田林县委员会编：《广西北路壮剧教程》，北京燕山出版社 2011 年版。

90. 覃圣敏：《骆越画魂——花山崖壁画之谜》，广西人民出版社2009年版。

91. 蒋廷瑜：《千古传响——铜鼓铿锵震四方》，广西人民出版社2009年版。

92. 蒋廷瑜：《壮族铜鼓研究》，广西人民出版社2005年版。

93. 胡勖主编：《中华舞蹈志》（广西卷），学林出版社2004年版。

94. 韦晓康：《壮民族传统体育文化研究》，中央民族大学出版社2004年版。

95. 胡小明：《民族体育》，广西师范大学出版社2005年版。

96. 梁庭望：《壮族风俗志》，中央民族学院出版社1987年版。

97. 刘映华：《壮族古俗初探》，广西人民出版社1994年版。

98. 黄全安等主编：《壮族风情录》，广西人民出版社1991年版。

99. 过伟主编：《中国民俗大系·广西民俗》，甘肃人民出版社2003年版。

100. 马建钊、陆上来主编：《粤北壮族风情辑录》，民族出版社2007年版。

101. 黄碧功、谢昌紧主编：《百色七彩风情》（上、下），中国文史出版社2007年版。

102. 覃乃昌：《壮族稻作农业史》，广西民族出版社1997年版。

103. 陈丽琴：《壮族服饰文化研究》，民族出版社2009年版。

104. 覃彩銮：《神圣的祭典——广西红水河流域壮族蚂蚂节考察》，广西人民出版社2006年版。

105. 严凤华：《壮行天下》，广西民族出版社2010年版。

106. 罗志发：《壮族的性别平等》，黑龙江人民出版社2007年版。

107. 李甫春：《驮娘江畔女人国——桂滇边壮族欧贵婚姻渊源、现状、趋势》，民族出版社2008年版。

108. 梁庭望主编：《壮族原生型民间宗教调查研究》（上、下册），宗教文化出版社2009年版。

109. 廖明君：《壮族自然崇拜文化》，广西人民出版社2002年版。

110. 廖明君：《壮族始祖——创世之神布洛陀》，广西人民出版社2009年版。

111. 黄桂秋：《壮族社会民间信仰研究》，中国社会科学出版社2010年版。

112. 黄桂秋：《壮族麽文化研究》，民族出版社2006年版。

113. 玉时阶：《壮族民间宗教文化》，民族出版社2004年版。

114. 邱振声：《壮族图腾考》，广西人民出版社2006年版。

115. 陈建新、李洪钦：《壮族习惯法研究》，广西人民出版社2010年版。

116. 黄明标：《瓦氏夫人研究》，广西民族出版社 2008 年版。

117. 粟冠昌：《广西土官制度研究》，广西民族出版社 2000 年版。

118. 韦业猷：《忻城土司志》，广西人民出版社 2005 版。

119. 蓝承恩：《忻城莫氏土司 500 年》，广西人民出版社 2006 年版。

120. 覃桂清：《广西忻城土司史话》，广西民族出版社 1987 年版。

121. 陆秀祥编：《东兰农民运动》，广西民族出版社 1986 年版。

122. 刘锡蕃：《岭表纪蛮》，商务印书馆 1934 年版。

123. 费孝通主编：《中华民族多元一体格局》（修订本），中央民族大学出版社 1999 年版。

124. 林耀华主编：《民族学通论》（修订本），中央民族大学出版社 1997 年版。

125. 宋蜀华、陈克进主编：《中国民族概论》，中央民族大学出版社 2001 年版。

126. 吴仕民主编：《中国民族理论新编》，中央民族大学出版社 2006 年版。

127. 金炳镐：《民族理论通论》，中央民族大学出版社 1994 年版。

128. 金炳镐：《民族关系理论通论》，中央民族大学出版社 2007 年版。

129. 图道多吉主编：《中国民族理论与实践》，山西教育出版社 2001 年版。

130. 钟敬文主编：《民俗学概论》（第二版），高等教育出版社 2010 年版。

131. 乌丙安：《中国民俗学》，辽宁大学出版社 1985 年版。

132. 陶立璠：《民俗学》，学苑出版社 2003 年版。

133. 过伟主编：《中国民俗大系·广西民俗》，甘肃人民出版社 2003 年版。

134. 王玉德：《文化学》，云南大学出版社 2006 年版。

135. 陈建宪主编：《文化学教程》，华中师范大学出版社 2004 年版。

136. 佟德富、宝贵贞：《中国少数民族哲学专题研究》，中央民族大学出版社 2006 年版。

137. 徐万邦、祁庆富：《中国少数民族文化通论》，中央民族大学出版社 1996 年版。

138. 周明甫、金星华主编：《中国少数民族文化简论》，民族出版社 2006 年版。

139. 胡起望、项美珍：《中国少数民族的节日风情》，中共中央党校出版 1991 年版。

140. 陈万柏、张耀灿：《思想政治教育学原理》，高等教育出版 2007 年版。

141. 郑永廷：《思想政治教育方法论》，高等教育出版社 2010 年版。

142. 唐凯兴主编：《民族院校德育与素质教育论》，贵州教育出版社 2006 年版。

143. 王宏建主编：《艺术概论》，文化艺术出版社 2000 年版。

144. 吴天明：《中国神话研究》，中央编译出版社 2003 年版。

145. 杨大文：《婚姻法学》，北京大学出版社 1991 年版。

146. 定宜庄：《满族妇女生活与婚姻制度研究》，北京大学出版社 1999 年版。

147. 史凤仪：《中国古代婚姻与家庭》，湖北人民出版社 1987 年版。

148. 陶毅、明欣：《中国婚姻家庭制度史》，东方出版社 1994 年版。

149. 浦兴祖，洪涛：《西方政治学说史》，复旦大学出版社 2005 年版。

150. 王亚南：《中国官僚政治研究》，中国社会科学出版社 1981 年版。

151. 赵汀阳：《天下体系——世界制度哲学导论》，中国人民大学出版社 2011 年版。

152. 金耀基：《从传统到现代》，中国人民大学出版社 1999 年版。

153. 毕诚：《中国古代家庭教育》，商务印书馆 1997 年版。

154. 王玉波：《历史上的家长制》，人民出版社 1984 年版。

155. 夏勇：《中国民权哲学》，生活·读书·新知三联书店 2005 年版。

156. 温春来：《从"异域"到"旧疆"：宋至清贵州西北部地区的制度、开发与认同》，生活·读书·新知三联书店 2008 年版。

157. 夏光：《东亚现代性与西方现代性：从文化的角度看》，生活·读书·新知三联书店 2005 年版。

158. 关凯：《族群政治》，中央民族大学出版社 2007 年版。

159. [德] 黑格尔：《历史哲学》，生活·读书·新知三联书店 1956 年版。

160. [德] 黑格尔：《美学》第 2 卷，商务印书馆 1982 年版。

161. [德] 黑格尔：《精神现象学》（下卷），贺麟、王玖兴译，商务印书馆 1979 年版。

162. [美] 约翰·杜威：《民主主义与教育》，王承绪译，人民教育出版社 1990 版。

163. [奥地利] 弗洛伊德：《图腾和禁忌》，中国民间文艺出版社 1986 年版。

164. [奥] 西格蒙德·弗洛伊德：《图腾与禁忌》，上海人民出版社 2005 年版。

165. [英] 马林诺夫斯基：《巫术宗教与科学》，李安宅译，中国民间文艺出版社 1986 年版。

166. [美] 许烺光：《宗族·种姓·俱乐部》，薛刚译，华夏出版社 1990 年版。

167. [美] 费勒克·沙尔：《家族进化论》，许楚生译，大东书局 1930 年版。

168. [德] 马克斯·韦伯：《儒教与道教》，商务印书馆 1997 年版。

169. [美] 伯尔曼：《法律与宗教》，生活·读书·新知三联书店 1991 年版。

170. [奥] 迈克尔·米特罗尔、雷因哈德·西德尔：《欧洲家庭史：中世纪至今的父权制到伙伴关系》，赵世玲、赵世瑜、周尚意译，华夏出版社 1987 年版。

171. [法] 安·比尔基埃等：《家庭史：遥远的世界，古老的世界》第一卷上册，袁树仁等译，生活·读书·新知三联书店 1998 年版。

172. [古希腊] 荷马：《伊利亚特》，罗念生、王焕生译，人民文学出版社 1997 年版。

174. [美] R. T. 诺兰等：《伦理学与现实生活》，姚新中等译，华夏出版社 1988 年版。

175. [德] 康德：《实践理性批判》，韩水法译，商务印书馆 2000 年版。

176. [德] 卡西尔：《人论》，甘阳译，上海译文出版社 1985 版。

二、古籍史料、地方文献

1.（汉）司马迁：《史记》，中华书局 2013 年版。

2.（汉）班固：《汉书》，中华书局 2007 年版。

3.（南朝）范晔：《后汉书》，中华书局 2007 年版。

4.（晋）陈寿：《三国志》，中华书局 1982 年版。

5.（唐）魏徵等：《隋书》，中华书局 1973 年版。

6.（后晋）刘昫等：《旧唐书》，中华书局 1975 年版。

7.（宋）欧阳修等：《新唐书》，中华书局 1975 年版。

8.（清）张廷玉等：《明史》，中华书局 1974 年版。

9. 杨天宇：《礼记译注》，上海古籍出版社 2010 年版。

10. 杨伯峻译注：《论语译注》，中华书局 2006 年版。

11. 杨伯峻译注：《孟子译注》，中华书局 2005 年版。

12.（宋）朱熹：《四书章句集注》，中华书局 2011 年版，

13.（宋）马端临：《文献通考》（第十四册），上海师范大学古籍研究所、华南师范大学古籍研究所点校，中华书局 2011 年版。

14.（宋）李曾伯：《可斋杂稿》。

15.（宋）李昉、扈蒙、李穆等：《太平广记》，中华书局 1961 年版。

16.（宋）乐史：《太平寰宇记》，中华书局 2007 年版。

17.（宋）周去非著，杨武泉校注：《岭外代答校注》，中华书局1999年版。

18.（宋）范成大著，齐治平校补：《桂海虞衡志校补》，广西民族出版社1984年版。

19.（明）邝露著，蓝鸿恩考释：《赤雅考释》，广西民族出版社1995年版。

20.（清）黄誉：《龙州纪略》下册《风土诗十二首》。

21.广西壮族自治区地方志编撰委员会编：《广西通志·民俗志》，广西人民出版社1992年版。

22.广西通志馆编：《太平天国革命在广西调查资料汇编》，广西人民出版社1962年版。

23.（清）王锦修、吴光升纂：《柳州府志》。

24.（清）夏敬颐纂修：《浔州府志》。

25.（清）羊复礼等纂修：《镇安府志》。

26.何其英等修：《柳城县志》。

27.广西靖西县县志编纂委员会编：《靖西县志》，广西人民出版社2000年版。

28.那坡县志编撰委员会编：《那坡县志》，广西人民出版社2002年版。

29.《柳州地区志》编纂委员会编：《柳州地区志》，广西人民出版社2000年版。

30.柳城县志编辑委员会编：《柳城县志》，广州出版社1992年版。

31.《隆林壮族历史名胜风物选》编撰委员会：《隆林壮族历史名胜风物选》，右江日报印刷厂1997年印刷。

32.广西壮族自治区科学工作委员会壮族文学史编辑室：《壮族民间故事资料》第2、3集，1959年。

33.广西壮族自治区科学工作委员会壮族文学史编辑室编：《广西壮族文学资料》，1960年。

34.南宁师范学院广西民族民间文学研究室编：《广西少数民族与汉族民歌民间故事》第1、3集，1983年。

35.莫汉中：《忻城莫氏土司官族诗文选注》，融水县印刷厂2000年印刷。

36.中共广西区委党史资料征委会、《左右江革命根据地》编辑组：《左右江革命根据地》（下），中共党史资料出版社1989年版。

37.左右江革命历史调查组：《左右江革命史料汇编》（第一辑：史料综述），内部资料，1978年印。

38.《中国现代革命史资料丛刊·左右江革命根据地资料选辑》（内部发行），人民出版社 1984 年版。

39. 中共广西壮族自治区区委宣传部等编：《百色红旗》，中共党史出版社 2001 年版。

三、论文

1. 张声震：《壮族历史文化与〈壮学丛书〉——〈壮学丛书〉总序》，《广西民族研究》2003 年第 1 期。

2. 张声震：《建立壮学体系当议》，《广西民族研究》1997 年第 1 期。

3. 梁庭望：《布洛陀文化——壮族价值观的摇篮》，载李富强主编：《中国壮学》第二辑，民族出版社 2006 年版。

4. 张岱年：《中国伦理思想发展规律的初步研究》，载《张岱年全集》第 3 卷，河北人民出版社 2007 年版。

5. 高发元：《少数民族传统道德浅论论》，《思想战线》（云南大学人文社会科学学报）1999 年第 1 期。

6. 黄庆印：《壮族人民传统道德观念初探》，《广西民族学院学报》1985 年第 3 期。

7. 梁庭望：《壮族〈传扬诗〉的伦理道德观》，《学术论坛》1983 年第 4 期。

8. 岑贤安：《壮族道德哲学探论》，《学术论坛》1992 年第 5 期。

9. 李一鸣：《试论壮族民间故事所体现的壮族人民的伦理道德观》，《广西民族学院学报》1994 年第 6 期。

10. 王克：《论壮族传统伦理道德与壮族地区经济建设》，《贵州民族研究》1995 年第 3 期。

11. 凌春辉：《论壮族民间传说的道德意蕴及其现代价值》，《广西右江民族师专学报》2005 年第 1 期。

12. 覃毅克：《古代壮族神话歌谣中的哲学萌芽》，《广西右江民族师专学报》1998 年第 2 期。

13. 韦达：《壮族谚语与人生经验》，《广西社会科学》2003 年第 9 期。

14. 李小文：《壮族麽经布洛陀文本产生的年代及其"当代情境"》，《中央民族大学学报》（哲学社会科学版）2005 年第 6 期。

15. 覃彩銮：《试论壮族文化的自然生态环境》，《学术论坛》1999 年第 6 期。

16. 戚卫红、杨明：《上古时代中国伦理思想之演变》，《求索》2012 年第 1 期。

17. 徐金城：《中国古代神话伦理思想初探》，《道德与文明》1985 年第 3 期。

18. 方素梅：《巫、道思想和壮族文化的结合》，《广西民族研究》1990 年第 2 期。

19. 覃毅克：《古代壮族神话歌谣中的哲学萌芽》，《广西右江民族师专学报》1998 年第 2 期。

20. 陈金文：《人与自然的捭阖——壮族神话〈布伯〉的文化解读》，《长江大学学报》(社会科学版) 2008 年第 2 期。

21. 石丽琳：《刘三姐歌谣与壮族民间教育》，《广西民族大学学报》(哲学社会科学版) 2008 年第 6 期。

22. 覃静、石红：《寓教于歌的壮族歌谣》，《歌海》2006 年第 5 期。

23. 覃彩銮：《蛙纹铜鼓的文化内涵及社会功能初探》，《广西民族研究》1997 年第 3 期。

24. 易嘉勋：《民族民间工艺美术纹饰的比较研究——西南民间铜鼓纹饰艺术探析》，《民族艺术研究》2005 年第 4 期。

25. 袁华韬、黄万稳、唐剑玲：《铜鼓文化保护与传承——以东兰县长江乡兰阳村周乐屯为例》，《广西民族学院学报》2005 年第 4 期。

26. 张利群：《论花山崖壁画影象造型的生命意识及其人类学意蕴》，《贵州民族研究》2003 年第 2 期。

27. 李妍：《世俗神器的艺术灵光——壮族天琴文化研究之一》，《广西民族研究》2010 年第 4 期。

28. 秦红增、毛淑章、秦琴：《中越边境布傣天琴文化变迁：喻天、娱人与族群标识》，《民族研究》2008 年第 10 期。

29. 农瑞群、何芸：《天琴：骆越文化一朵不朽的奇葩——古壮天琴文化初探》，《南宁师范高等专科学校学报》2008 年第 3 期。

30. 肖净：《广西壮族天琴文化艺术研究》，《广西民族大学》2012 年第 12 期。

31. 农瑞群、何明智：《壮族布傣求务仪式文化符号解读》，《玉林师范学院学报》2012 年第 4 期。

32. 刘德琼：《壮族传统体育活动特征与发展趋向》，《广西民族研究》2000 年第 2 期。

33. 周宗贤：《壮族的传统美俗》，《学术论坛》1984 年第 2 期。

34.陈丽琴：《论壮族服饰变迁的缘由》，《广西师范学院学报》（哲学社会科学版）2008年第1期。

35.覃彩銮：《壮族自然崇拜简论》，《广西民族研究》1990年第4期。

36.辉煌：《壮族祭龙习俗与珠江源域生态保护》，《今日民族》2005年第4期。

37.邱漩：《壮族的榕树崇拜》，《广西民族研究》1992年第2期。

38.廖明君：《壮族石崇拜文化——壮族自然崇拜文化系列研究之二》，《广西民族研究》1997年第2期。

39.覃彩銮：《试论壮族民居文化中的"风水"观》（下），《广西民族研究》1996年第3期。

40.曾维加：《壮族地区的三元信仰崇拜》，《世界宗教文化》2005年第4期。

41.许晓明：《近十年壮族民间信仰研究综述》，《广西民族学院学报》2006年第6期。

42.韦树关：《壮族禁忌风俗探源》，《广西民族研究》1994年第3期。

43.丘振声：《壮族蛙图腾神话》，《民族艺术》1992年第4期。

44.丘振声：《壮族凤图腾考》，《社会科学家》1996年第2期。

45.黄达武：《壮族古代蛇图腾崇拜初探》，《广西民族研究》1991年第1期。

46.曾杰丽：《壮族民间信仰的和谐生态伦理意蕴》，《广西民族大学学报》2008年第6期。

47.李慧：《壮族祖先崇拜研究》，《河池学院学报》2007年第6期。

48.黄庆印：《壮族的宗教思想试探》，《广西民族学院学报》1984年第1期。

49.王耿红、谭正伟：《广西壮族中元节与祖先崇拜》，《科教文汇》2007年第9期。

50.徐赣丽：《壮族先民以神谕人的社会教化准则——〈布洛陀经诗〉文化意蕴之四》，《广西民族研究》1999年第4期。

51.魏建功：《西南边疆壮族地区社会和谐稳定的原因分析》，《曲靖师范学院学报》2009年第3期。

52.覃主元：《广西壮族习惯法探究》，《桂海论丛》2004年第12期。

53.潘其旭：《壮族"不落夫家"婚俗初探》，《学术论坛》1981年第2期。

54.李甫春：《驮娘江流域壮族的欧贵婚姻》，《民族研究》2003年第2期。

55.王晓南、廖胜：《广西地方婚俗与太平天国寡妇再嫁问题》，《人文杂志》2004年第1期。

56. 李素娟、贾雯鹤:《文学人类学视阈下的乡村壮族婚姻观念的现状与变迁——基于广西宜州市刘三姐乡中枧屯的调查》,《湖北民族学院学报》(哲学社会科学版)2013年第2期。

57. 黄润柏:《壮族婚姻家庭生活方式的变迁——龙胜金竹寨壮族生活方式变迁研究之三》,《广西民族研究》2002年第3期。

58. 周莉莉:《〈推销员之死〉中的经济伦理观》,《南昌工程学院学报》2011年第2期。

59. 何为芳:《生态生产与绿色消费:生态文明时代的经济伦理观》,《伦理学研究》2011年第4期。

60. 李志强:《浅析经济伦理与市场经济体系的关系》,《经济技术协作信息》2011年第28期。

61. 王克:《论壮族传统伦理道德与壮族地区经济建设》,《贵州民族研究》1995年第3期。

62. 韦苏文:《论壮族伦理观》,首届壮侗语诸民族学术讨论会论文,1989年。

63. 黄东桂、张锐、陈玉冲:《壮族〈传扬歌〉对当前伦理文化建设的启示》,《传承》2008年第12期。

64. 范玉梅:《我国少数民族的节日》,《社会科学战线》1983年第3期。

65. 鲁芳:《西方经济与伦理关系的历史演变》,《湖南师范大学社会科学学报》2003年第1期。

66. 沈云刚:《继承和开发壮族优良传统道德　狠抓边疆地区民族德育教育》,载于《全国教育科研"十五"成果论文集》(一),2005年。

67. 雷英章:《稻作文化与隆安壮族节庆习俗》,《创新》2009年第8期。

68. 韦玫灵:《儒学在壮族地区传播与壮、汉民族融合的历史考析》,载肖万源主编:《儒学与中国少数民族思想文化》,当代中国出版社1997年版。

69. 覃乃昌:《"那"文化圈论》,《广西民族研究》1999年第5期。

70. 杨联奋:《莫氏土司凭什么统治忻城五百年》,《广西文物》1990年第4期。

71. 韦立安:《忻城土县莫氏历代土官的历史功过》,《广西文物》1990年第4期。

72. 覃乃昌:《论壮泰民族传统文化教育的异同及原因》(上),《广西民族研究》2002年第2期。

73. 刘武军:《壮族传统道德对民族院校德育的价值》,《学术论坛》2007年第3期。

74. 刘武军：《壮族传统道德教育方式对民族院校德育的价值》，《经济与社会发展》2008 年第 1 期。

75. 王付新：《西南大学西南民族地区少数民族优秀传统生态德育资源开发研究》，西南大学 2009 年硕士论文。

76. 韩震：《论国家认同、民族认同及文化认同——一种基于历史哲学的分析与思考》，《北京师范大学学报》（社会科学版）2010 年第 1 期。

77. 金志远：《论国家认同与民族（族群）认同的共生性》，《前沿》2010 年第 19 期。

78. 都永浩：《论民族的观念性》，《黑龙江民族丛刊》2010 年第 2 期。

79. ［美］帕西克：《文化的国际关系理论：需要拓展》，载于拉彼德、克拉托赫维尔：《文化和认同：国际关系回归理论》，金烨译，浙江人民出版社 2003 年版。

80. ［英］鲍伯·杰索普：《重构国家、重新引导国家权力》，何子英译，《求是学刊》2007 年第 4 期。

81. 罗大文：《试析爱国主义的内涵、结构与功能》，《学术论坛》2006 年第 6 期。

82. 张建军、李乐：《论国家认同与爱国主义》，《前沿》2013 年第 7 期。

83. 姜正冬：《政治诚信涵义和内容刍议》，《理论学刊》2003 年第 5 期。

84. 施雪华：《"服务型政府"的基本涵义、理论基础和建构条件》，《社会科学》2010 年第 2 期。

85. 陈建斌、谭望：《行政人格与构建服务型政府的关系研究》，《上海交通大学学报》（哲学社会科学版）2009 年第 2 期。

86. 杨超：《转型时期中国政治发展中的政治稳定机制》，《理论探讨》1999 年第 4 期。

87. 臧乃康：《论市场经济过程中的政治稳定与政治发展》，《求实》1993 年第 4 期。

88. 王振耀：《中国政治发展战略选择论纲：在稳定状态下推进政治体制改革》，《科学社会主义》2007 年第 4 期。

89. 王中汝：《利益表达与当代中国的政治发展》，《科学社会主义》2004 年第 5 期。

90. 黄桂秋、黄燕熙：《广西非物质文化遗产保护问题与对策》，《广西师范学院学报》（哲学社会科学版）2009 年第 2 期。

91. 李金合：《用社会主义核心价值体系指引西部地区的民族文化大开发》，《理论与当代》2011 年第 10 期。

92. 覃彩銮：《论壮族传统文化的继承与改革》，《社会科学家》1990 年第 6 期。

后 记

　　壮族是中华民族大家庭中人口最多的少数民族，在悠久的历史长河中，壮族形成了具有本民族特色的丰富的伦理思想。作为一种特殊的社会意识和一个民族文化的核心内容，壮族伦理思想在壮族人民精神生活和物质生活中居于特殊重要的地位，对壮族的社会历史发展发挥了多样性的功能和重要的作用，也为中华伦理思想宝库增添了丰富的内容，作出了创造性的贡献。因而，深入研究壮族伦理思想具有重要的理论意义和现实价值。然而，迄今为止，学界对壮族伦理思想尚缺乏全面、系统和深入的研究，对其的应然研究与实然状态不相称。

　　我与我们研究团队的成员正是长期在壮族地区生活工作的过程中，一方面日益被深厚丰富的壮族伦理文化所感染和感动，另一方面也忧虑于对壮族伦理思想研究的相对滞后，从而萌发了基于伦理学的视角研究壮族文化的学术使命和担当意识。2009 年，我们以"壮族伦理思想研究"为选题向全国哲学社会科学基金规划办公室提出项目申请，并获准立项（项目批准号：09XZX008）。经过团队成员的努力与付出，这一项目的最终研究成果于2015 年 7 月通过专家鉴定审核，鉴定等级为良好，准予结项（结项证书号：20151025）。本课题研究由我主持，课题组成员有：百色学院梁银湘副教授、孟立永老师、徐洪刚老师、黄修卓副教授（博士）、张志巧副教授、钟红艳老师、张艳敏老师、温新荣老师，广西农业职业技术学院陈成志教授与广西民族大学唐鹏教授。此外，百色学院政治与公共事务管理学院的吴敏老师、思想政治教育专业 2009 级本科班学生黄秀草也协助参与了课题研究的部分工作，成为研究团队的重要一员。

　　呈现在读者面前的这本专著正是我所主持的国家社会科学基金西部项目"壮族伦理思想研究"的最终研究成果。本书是我和课题研究团队成员共同努力完成的，是集体协作的结晶。承担本书各章写作任务的具体情况是：唐凯兴，总体设计、提出书稿提纲，并撰写绪论、第一章、第三章、第四章第二节、第五章、第七章；张志巧，第十二章、第十五章；钟红艳，第四章第一节、第六章；梁银湘，第十章；梁银湘、吴敏：合作撰写第十三章；徐洪刚，第二章；孟立永，第八章；温新荣，第九章；黄秀草，第十一章；张艳敏，第十四章。全书初稿完成后由唐凯兴进行统稿、补充和修改，张志巧、钟红艳协同校对。

　　在本项目的立项研究和书稿撰写过程中，我们虽然付出了许多艰辛的劳动，却也得到了许多支持、鼓励和帮助，收获了许多无以言表的感动和感激。

　　感谢全国哲学社会科学规划办公室对本课题立项、过程管理、结项的支持与指导，以及给予的经费资助。

　　感谢素未谋面的各位评审专家对本课题立项的肯定与对课题最终成果结项鉴定给予的"良好"评价。

　　感谢百色学院领导对学术研究的高度重视，学校制定出台了鼓励项目研究的科研政策，并给予了配套经费的大力支持；感谢学校科研处的领导与同人对课题研究整个进程的严格管理和精心指导。

　　感谢百色学院政治与公共事务管理学院的领导和老师在本课题研究过程中给予的大量帮助和支持；感谢李元勇副教授、吴德群博士、蒋平博士、李冠福博士、黄学荣副教授、赵连跃副教授、张行生老师、胡优玄老师等这些与我的学科专业相同相近、教学与科研志趣相投的学者，他们在项目研究的整个过程中，从课题论证提出，到研究框架的设计、书稿的撰写都给予了许多鼓励、建议和帮助。

　　感谢我的许多壮族同学和朋友，我先后任教的百色高中、右江民族师专和百色学院的少数民族学生尤其是壮族的学生，他们在父辈传承下来的壮族伦理文化浸润下形成的珍贵道德品行激发了我对这一课题研究的思考和兴趣；在课题研究过程中，也是他们为课题研究提供了许多文献资料、田野调查的基础性材料和实际案例。百色学院思想政治教育专业 2006 级、2007 级、2008 级、2009 级本科班的壮族学生，还帮助我们收集了大量有关课题研究的资料。

感谢在赴各地开展田野调查时给予了我们许多帮助、支持的所有专家、学者和其他相关人员，他们为课题研究提供了大量的文献资料和田野考察材料，并对我们的研究思路给予了很多的启发。

最后，感谢人民出版社孔欢博士及其他工作人员，他们为本书的出版提供了积极的帮助和付出了许多辛劳。

诚然，限于我们的水平和对壮族文献资料掌握的不足，以及田野考察的不充分，致使我们对壮族伦理思想这一历史积淀厚重而又广博丰富的课题研究，尚有许多不完善、不成熟的方面。在此，真诚的期望各位专家、同人和读者不吝赐教，以帮助我们更为深化和拓展壮族伦理思想的研究。

唐凯兴

2015 年 12 月 22 日

责任编辑:孔 欢
封面设计:吴燕妮
版式设计:董晋伟
责任校对:吕 飞

图书在版编目(CIP)数据

壮族伦理思想研究/唐凯兴 等著. —北京:人民出版社,2016.7
ISBN 978-7-01-016173-0

Ⅰ.①壮… Ⅱ.①唐… Ⅲ.①壮族-伦理研究-研究-中国 Ⅳ.①B82-092

中国版本图书馆 CIP 数据核字(2016)第 093313 号

壮族伦理思想研究
ZHUANGZU LUNLI SIXIANG YANJIU

唐凯兴 等著

人民出版社 出版发行
(100706 北京市东城区隆福寺街 99 号)

环球东方(北京)印务有限公司印刷 新华书店经销

2016 年 7 月第 1 版 2016 年 7 月北京第 1 次印刷
开本:710 毫米×1000 毫米 1/16 印张:33
字数:506 千字 印数:0,001-2,000 册

ISBN 978-7-01-016173-0 定价:68.00 元

邮购地址 100706 北京市东城区隆福寺街 99 号
人民东方图书销售中心 电话 (010)65250042 65289539

版权所有·侵权必究
凡购买本社图书,如有印制质量问题,我社负责调换。
服务电话:(010)65250042